한 자 무 죄
漢字無罪,
한자 타자기의
발달사

THE CHINESE TYPEWRITER: A HISTORY

한 자 무 죄
漢字無罪,
한자 타자기의 발달사

토머스 멀레이니 Thomas S. Mullaney 지음
전주범 옮김

한울
아카데미

漢字無罪

한자는 아무 잘못이 없다

저우허우쿤(周厚坤)

1915

차 례

들어가기

여기에는 알파벳이 없어요

우리 중국인들은 단지 타자기라는 특권이 우리의 4000년에 빛나는 고전들이나 문학과 역사를 쓰레기통에 버릴 만큼 충분히 매력적이지는 않다고 말하고 싶다. 타자기가 영어에 맞게 발명된 것이지, 타자기를 위해 영어가 발명된 것은 아니다.

_「서방의 견해로 동방의 사물을 판단하다

(Judging Eastern Things from Western Point of View)」, 1913

2008년 베이징올림픽 개막식은 중화인민공화국의 극적인 부상을 그리는 데서 미국 연대표상의 새로운 이정표가 되었다. 중국을 관찰하는 사람들은 지난 20여 년 동안의 중국의 경제적 성과와, 과학, 의약 및 기술에서의 중국의 발전에 이미 익숙해져 있었다. 하지만 세계는 중국이 지닌 21세기 힘과 자신감을 한번에 같이 본 적은 없었다. 8월 8일은 최고의 극장이었다. 그날 치러진 의식은 그때까지의 올림픽 역사상 가장 긴 성화 릴레이를 끝냈고(129일간 13만 6800km), 약 1만 5000명의 공연자를 등장시켰으며, 개막일의 모든 화려한 행사에만 3억 달러의 제작 예산을 자랑했다.[1] 경기 전체의 기간시설과 베이징 및 여러 도시의 엄청난 기간시설을 포함하면 총 예산 규모는 440억 달러 정도였다.[2]

이 구경거리의 엄청난 비용 — 출연진 비용, 전기료, 식비, 의상 디자인비, 건설 인부 비용, 장이모 감독의 급여 등등 — 을 생각하면, 유일하고도 참으로 혁명적인 순간은 가장 비용이 소요되지 않고 가장 쉽게 간과된 순간이었다는 사실이 흥미를 불러일으킬 것이다. 그 순간은 바로 국가들의 행진으로, 국가 대표팀들이 냐오차오(鳥巢, Bird's Nest) 운동장을 도는 순간이었다.

운동장에 들어온 첫 팀은 올림픽 전통에 따라 그리스였다. 그리스는 영원한 경기 주관자인데, 이는 올림픽 경기가 고대 그리스 사회와 서양 민주주의, 과학, 논리, 그리고 인문학의 발상지를 숭배하는 데 역사적으로 뿌리를 두었기 때문이다. 행진은 교묘한 방식으로 그리스에 경의를 표한다. 즉, 국가대표팀이 알파벳 순서로 운동장에 입장하는 것이다. 『서양 문해성의 기원(Origins of Western Literacy)』에서 에릭 헤이브록(Eric Havelock)은 그리스 알파벳 글자에 대해 평가하면서, 그리스 알파벳은 모든 알파벳이 뿌리를 두고 있는 페니키안 알파벳을 포함한 이전 모든 쓰기 방식을 뛰어넘는 혁명적인 발명이라고 기록했다.[3] 역사학자, 철학자이면서 현대언어협회의 회장을 역임한 월터 웡(Walter Wong)은 그리스가 페니키안 알파벳을 채택하고 적용한 것을 민주주의의 추진력으로 여겼는데, 이는 "아이들이 아주 어리고 어휘가 부족할 때도 그리스 알파벳을 배울 수 있었"[4]기 때문이다. 아직도 어떤 사람들은 그리스 알파벳의 발명은 그때까지 휴면 상태였던 인간의 좌뇌를 활성화했고 그럼으로써 인간 자아실현의 새 시대를 열었다고 주장하면서 의심스러운 신경학적 주장을 내세우기도 한다.[5] 그리스는 우리들에게 '영광스러운 알파벳'을 주었고 그래서 우리는 2년마다 하계 올림픽과 동계 올림픽 개막식에서 그 사실을 기념한다.

국가들의 행진 규칙은 1921년 국제올림픽위원회에 의해 문서로 처음 제정되었다.[6] "게임에 참여하는 모든 대표단은 국가 이름을 적은 표지를 앞세우고 국기가 따라야 한다"라고 규정에 적혀 있다. 그 뒤에는 괄호 안에 다음과 같은 문구가 있다. "(국가들은 알파벳 순서대로 행진한다.)"[7] 이 문구는 1949년까지 계속되다가 범세계적 형식을 띠도록 약간 수정되어 오늘날까지 유지되고 있다. 개정된 규정에는 개막식 행진을 개최국 언어에서 행해지는 알파벳의 순서에 따라 조직하는 것은 개최국의 특권이라고 명시되었다.[8] 이렇게 수정함으로써 국제올림픽위원회는 올림픽이라는 국제적 행사의 규정을 상대화시키고 국제화하는 단계를 밟았다.

1964년 도쿄올림픽에서 일본이 간지(한자에 기반을 둔 일본 문어체의 한 부분) 또는 가나(일본 문어인 히라가나와 가타카나를 포함하는 음절어) 대신 영어 알파벳을 사용하기로 결정하지 않았더라면 전 세계 텔레비전 시청자들은 비서양식으로 그리고 비알파벳으로 된 글에 처음으로 노출될 수 있었을 것이다. 그 대신 사람들은 1988년 서울올림픽에서야 이 존경스러운 올림픽 전통에 적용된 비서양식 알파벳을 볼 수 있었다. 한국의 한글에서는 '가'가 첫 음절이므로 가나, 그리고 가봉이 그리스의 뒤를 따랐다.[9]

2008년 그리스 국가 대표팀이 경기장인 냐오차오 ― 중국 예술가 아이웨이웨이(艾未未)가 디자인한 불가사의한 건축물 ― 에 들어오면서 베이징에서의 행진은 통상적인 대본을 따랐다. 텔레비전 진행자인 밥 코스타스, 맷 라우어, 톰 브로커, 그리고 여러 사람이 자신의 역할대로 종합 분석을 끊임없이 이어나갔다. 그들은 유교, 당 왕조의 세계주의, 태극, 명나라 환관으로서 선원이자 탐험가인 정화, 서예, 중국 북서쪽에 있는 둔황 동굴의 불교 탱화, 그리고 한족이 아닌 소수 민족들의 다채로운 다양성 같은 여러 주제를 건드렸다.[10] 종합 분석은 가끔 헷갈렸고 어색한 말로 실수를 저질렀다("대장정(Long March)을 _옮긴이) "대대장정(Long Long March)"이라고 하거나 ("대약진(Great Leap Forward)"을 _옮긴이) "대도약(Great Step Forward)"이라고 했던 실수가 생각난다. 그럼에도 이들 장면마다의 해설은 드물게 사랑스러운 실수였다.

하지만 두 번째 팀인 기니가 운동장에 들어오자 45초간 해설이 심하게 흔들렸는데, 이는 그전의 계속된 멘트와 크게 대조되었다. 코스타스와 그의 동료들은 당황했다.

코스타스: 기니가 뒤따라 들어옵니다. 중국어에는 알파벳이 없으므로 다른 나라에서와 같은 일반적인 개회식을 기대한다면 다시 생각하세요.

라우어: 맞아요, 운이 나쁘군요. 국가 이름을 나타내는 한자어의 획수를 기준으로 하기 때문에 (조용한 웃음소리) A로 시작하는 국가를 R로 시작하는 나라가 뒤따르거나 그 반대인 경우도 쉽게 볼 수 있습니다. 그러므로 화면 하단에는 어느 나라가 터널로 입장하는지 알 수 있도록 그림을 보여줄 것입니다.

그리스(Greece), 기니(Guinea), 기니비사우(Guinea-Bissau), 터키(Turkey), 투르크메니스탄(Turkmenistan), 예멘(Yemen), 몰디브(Maldives), 몰타(Malta).

G, T, Y, M?

여기에는 알파벳이 없어요

코스타스가 이야기하는 중에 당황했더라도 그를 비난할 수 없었다. 2008년은 국가들의 행진을 어떤 종류이든 알파벳에 따라 조직하지 않은 국가가 올림픽 게임을 개최한 역사상 처음인 해였다. 알파벳을 전혀 갖지 않은 언어를 보유한 나라에서 경기가 개최된 것은 최초였기 때문이다.

한 세기가 넘도록 국제올림픽위원회의 규정은 문화적 차이를 포용하거나 보편적인 것으로만 세계에 보여왔을 뿐이다. 2008년, 국제올림픽위원회의 규약이 세계주의 왕좌로 잘못 위장되었음이 밝혀졌다. 선택과 문화적 상대성이라는 생각을 근거로 정해진 '주최국의 언어로 작동되는 알파벳 순서'라는 규정은 올림픽 경기와 주최국인 중국을 당황스러운 교착 상태로 몰고 갔다. IOC 규정은 중국에게 논리적으로 불가능한 것을 집행하는 '허가'를 제공했던 것이다. 사실상 존재하지 않는 '중국 알파벳'에 따라 행진을 조직하도록 말이다.

그러나 2008년 행진은 무작위로 순서가 정해진 것이 아니었다. 중국에는 그리스 로고스(logos)에 상응하는 중국식 다오(dao, 道)가 있는데, 이 다오는 중국에서는 잘 알려진 두 개의 시스템에 따라 작동한다. 우선 중국의 글자는 글자를 만드는 데 필요한 획수에 따라 순서가 정해지는데, 이는 수백 년 동안 대들보 역할을 한 조직 설계이다. 기니 — 그리스를 뒤따르는 첫 나라인 — 를 뜻하는 세 글자로 된 중국 명칭 几内亚(Jineiya)는 가장 간단한 글자로 시작한다. 철자법으로 말하면 几는 단 두 개의 획으로 되어 있다. 그에 비해 세 글자로 된 터키의 중국 명칭 土耳其(Tu'erqi)는 土로 시작하는데, 土는 모두 세 획이 필요하다. 결과적으로 기니가 터키에 앞섰다.

같은 획수로 구성된 한자는 많으므로 획수 계산은 순서를 만드는 데 충분하지 않다. 예를 들어 예멘을 뜻하는 중국 명칭 也门(Yemen)은 또 다른 3획 글자인 也로 시작한다(〈그림 1-1〉). 그럼 누가 냐오차오 경기장에 먼저 들어오는가? 터키 국가 대표팀? 아니면 예멘?

그림 1 | 几와 也의 획 순서

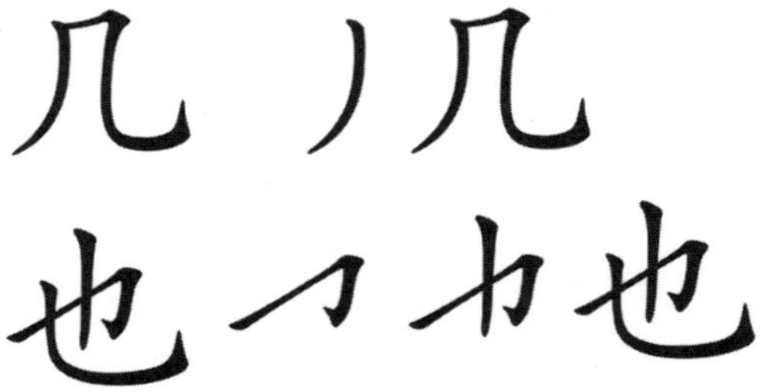

几 丿几
也 乛 𠃌也

　　조직화의 두 번째 단계는 적어도 진 왕조의 서예가 왕희지(王羲之, 303~361)까지 거슬러 올라가는, 중국 서예의 수백 년 묵은 원칙에 기반을 둔다. 이 원칙에 따르면 모든 한자는 여덟 가지 기본 유형의 붓질로 구성되는데, 간단한 체계로 순서가 매겨져 있다. 1. 점(點, dian), 2. 수평(横, heng), 3. 수직(竪, shu), 4. 좌대각선(撇, pie), 5. 우대각선(捺, na), 6. 위로(挑, tiao), 7. 하향/우향 굽은 선(折, zhe), 8. 고리(勾, gou)(〈그림 1-2〉). 터키와 예멘에 대한 질문으로 돌아가면 土耳其(터키)의 土는 수평/수직/수평, 또는 각 붓놀림의 순서로는 2-3-2이고, 也门(예멘)의 也는 하향 굽은선/수직/하향 굽은선, 또는 7-3-7로 되어 있다. 2-3-2의 순서가 7-3-7보다 앞서므로 터키가 예멘에 앞서 냐오차오 경기장에 들어왔다.

　　중국 철자법에 익숙하지 않은 서양 관람객들은 음모론에 기대었다. techmuse라는 아이디 사용자가 2008년 8월 9일 저녁 슬래시닷(Slashdot)에 "NBC가 '올림픽' 개막식을 변질시켰나?"라는 글을 올리자 48시간 동안 500개가량의 댓글이 연이어 달렸다.[11] 국가 대표팀의 순서가 ― 정연한 진

그림 2 | 영자팔법(永字八法, 글자 永의 여덟 가지 기본 획)

행과는 분명 거리가 먼 — 영리를 목적으로 한 텔레비전 방송국 집행부의 결정의 일부로 왜곡되어 다시 순서가 정해졌다는 주장 같은 것이 바로 만들어졌다. 미국 시청자들이 미국 팀이 등장한 후에는 텔레비전을 꺼버린다고 생각하고 NBC가 원래 순서를 바꾸고 미국 대표팀을 행진의 끝 쪽으로 놓도록 재구성해서 시청자들이 좀 더 오래 TV를 볼 수 있게 했다는 음모론이 제기되었다. techmuse가 선제를 날리자마자 kcbanner는 "미국 방송 매체가 채널11에서 방영하는 영화의 평가를 올리기 위해 진실을 바꾸었다"라고 익살을 떨었다.

　명백한 사실 — 중국어에는 알파벳이 없으므로 다르게 설명할 수 있다는 — 을 밝히려는 시도가 드문드문 있긴 했지만 온라인에서는 "다시 생각하세요"라는 코스타스의 충고를 아주 심각하게 받아들이는 것처럼 상상의 심연으로 끌고갔다. 어떤 이들은 불쾌하고 짜증나는 냉소주의를 끌어다가 그

설이 정당하다고 믿었다. wooferhound는 "올림픽 행사는 테이프를 바꿀 때 항상 재편되어 왔다. 그럴 거라고 생각한다. 왜 아니겠는가? 미국이 개최할 때도 맞는 순서로 입장하지 않았다"라며 끼어들었다. Minwee의 멘트에서는 더 심한 추측이 비쳤는데, NBC의 행동을 "1936년 베를린올림픽에서 독일 뉴스 방송이 모든 육상 경기의 네거티브만 내보내서 하얗게 보이는 제시 오언스(Jesse Owens)가 팬츠 벗겨진 모든 흑인 선수를 이기는 것을 볼 수 있게 했던 방식"에 비유했다.

실황 방송의 둘째 날이 되어서야 전날 제기된 논리의 사기성이 제대로 취급되기 시작했다. NBC가 2008년 대표팀 행진을 조작하지 않았으며, 순서는 단순히 다른 조직의 논리를 따랐을 뿐이라는 것이었다. 맹렬하고도 흥분된 추측으로 시작된 논란은 smith1276의 수사 가득한 감탄과 함께 끝났다. "이것이 완전히 부정확한 주장이라는 것은 그 누구에게도 문제가 아니지? 순서는 전혀 변경되지 않았다. 그렇다고 주장한 사람들이 웃긴 거다." 이렇게 폭풍은 시작한 지 이틀 만인 8월 11일 저녁에 끝났다.

2008년 8월 8일 8시 8분의 화려한 행사 ─ 줄 곡예, 폭죽, 동시 함성, 공중부양, LCD 스크린, 소수민족 의상을 입은 한족 중국 어린아이들, 인력으로 만든 중국 이동장치 형식의 강렬한 체조 행사, 그리고 어린이 모델 린먀오커(林妙可)가 재능은 더 많지만 얼굴은 덜 귀여운 양페이이(杨沛宜)의 천사 같은 목소리로 미리 녹음된 「조국에 바치는 노래」를 립싱크한 공연 ─ 에 비하면 비알파벳에 따른 국가 대표팀 행진 순서는 당황과 반전을 노리면서 세밀하게 준비된 영악하고도 뱅크시 스타일의 장난 같았다.

그리스(Greece), 기니(Guinea), 기니비사우(Guinea-Bissau), 터키(Turkey),

표 1 | 2008년 올림픽 국가별 행진 순서(첫 10개국)

행진 순서	국가명	중국어 명칭	병음	중국어 명칭의 첫째 둘째 글자의 획수
1	그리스	希腊	Xīlà	7, 12
2	기니	几内亚	Jǐnèiyà	2, 4
3	기니비사우	几内亚比绍	Jǐnèiyà Bǐshào	2, 4
4	터키	土耳其	Tǔ'ěrqí	3, 6
5	투르크메니스탄	土库曼斯坦	Tǔkùmàn Sītǎn	3, 8
6	예멘	也门	Yěmén	3, 3
7	몰디브	马尔代夫	Mǎ'ěrdàifū	3, 5
8	몰타	马耳他	Mǎ'ěrtā	3, 6
9	마다가스카르	马达加斯加	Mǎdájiāsījiā	3, 6
10	말레이시아	马来西亚	Mǎláixīyà	3, 7

투르크메니스탄(Turkmenistan), 예멘(Yemen), 몰디브(Maldives), 몰타(Malta).

G, T, Y, M.

여기엔 알파벳이 없다.

중국이 라틴 알파벳에 따라 행진을 구성해서 국제올림픽위원회의 신화대로 쉽게 할 수도 있었다는 것을 생각하면 베이징의 장난은 더욱 맛깔나게 느껴진다. 40년 이상 동안 중국의 어떠한 사전, 참고서, 또는 색인 체계도 행진에 적용된 획수를 채용했던 적은 없다. 반대로 1950년대에 중국은 한어병음(漢語拼音) 또는 짧게 병음(拼音)이라는 라틴 알파벳 기반의 음성화 체계를 개발·공표했다. 1949년 공산당 정권이 수립되고 나서 얼마 후에 중국 언어학자들이 만든 병음은 중국에서 언제 어디서나 쓰이고 있으며 문자 기반의 중국어 쓰기를 실행하고 지원하는 파라텍스트적 기술로 작동되고 있지만 중국어를 대체하지는 않는다. 병음은 '중국 알파벳'이 아니다. 중국이 다양한 목적을 위해 라틴 알파벳을 사용하는 것뿐이다. 중국 어린이들은 한자의 읽고 쓰기를 처음 배울 때 처음에는 사투리가 아닌 표준 발음을 기억하도록 돕기 위해 병음을 배운다. 더욱이 중국 본토의 컴퓨터 사용자들이 랩톱에서 사용하는 자판은 표준 쿼티(QWERTY)인데, 이 자판은 완전한 한자를 화면상에 출력시키는 데 사용된다(이 주제는 좀 더 뒤에서 다룰 것이다).[12]

베이징은 코스타스와 라우어가 당황하지 않게, 그리고 전 세계 시청자들이 어리둥절해 하지 않게 할 수 있었다. 그러나 그렇게 하지 않았다. 분명 중국 조직위원회는 전 세계인을 봐주지 않았고 이를 통해 베이징의 미묘한 반발 행위를 보였다. 이는 2008년 행사에서 가장 혁명적인 순간이었는데, 치솟는 예산에 기여하지 않은 유일한 순간이기도 했다.

알파벳 시대에서의 중국어

이 책은 현대 중국 정보 기술의 전 세계적인 역사를 다루는 두 권 중 첫째 권이다. 일곱 개의 장으로 구분되어서 1840년대 전신의 등장부터 1950년대 컴퓨팅의 등장까지 대략 1세기를 훑어간다. 앞으로 나올 책에서는 이 역사를 현재 시대의 중국 컴퓨팅과 새로운 매체로 끌고 갈 것이다. 이 역사의 과정을 통해 중국 문자와 국제올림픽위원회의 만남은 중국 문자와 이런저런 형식의 잘못된 알파벳 세계주의의 많은 만남 중 하나였을 뿐임을 알게 될 것이다. 모스부호, 점자, 속기, 타자, 식자, 모노타이프, 펀치 카드, 문자 입력, 도트 매트릭스 프린터, 워드 프로세싱, 미국 정보 교환 표준부호, 개인 컴퓨팅, 광학 문자 인식, 디지털 조판, 또는 지난 2세기 동안 등장한 다른 예들의 호스트, 이 모든 시스템 하나하나가 라틴 알파벳을 염두에 두고 우선 개발되었고, 후에 비라틴 알파벳을 — 그리고 아마도 비알파벳인 중국어도 — 포함하도록 확장되었다.

이 정보 기술들은 전 세계로 퍼졌고 유럽의 제국주의와 미국의 세계 장악이 확산됨에 따라 많은 이들에게는 이러한 정보 기술이 언어와 무관하고 중립적이고 '보편적'인 체계인 것처럼, 즉 모든 사람과 모든 언어에 통하는 체계인 것처럼 보이게 되었다. 그러나 사실 그런 '보편화'라는 신화는 중국 문자를 이 이야기에서 없애거나 배제한 정도에서 통하는 것이었다. 레밍턴(Remington)사와 올리베티(Olivetti)사는 자신들의 타자기가 보편성을 지니고 있다고 자신 있게 말하고 있었고, 메르겐탈러 라이노타이프(Mergenthaler Linotype)와 모노타이프(Monotype)는 자신들의 조판기가 보편성을 지니고 있다고 주장했지만, 이 회사들 중 어느 누구도 중국 언어 시장을 뚫는 데 성공하지 못했다. 어쩌면 대단한 성공 스토리가 빠진 것이었다. 2008년 개막식 때처럼 중국 문자가 나올 때마다 어색한 상황이 생길 뿐이었다. 중국과 다른 여러 곳의 기술자들이 중국 문자를 이런저런 기술들과 맞춰보려 할 때면 새로운 알파벳 중심 기술이 발명되고 유포되어 어려움을 재연시켰고, 이는 또한 경제학, 정치학, 전쟁학, 공공행정학, 과학 등등 세계를 바꾸는 '다가온 커다란 일'에 중국 문자의 출입이 거부되고 참여를 거부당하게 만들었다. 묶어서 보면 '중국 정보위기의 귀환'이라는 150년의 역사를 마주하게 된다.

우리는 이 연구 전체를 통해 문자 기반의 중국어 글쓰기를 현대의 글로

벌 정보 시대로 밀어 넣으려고 애썼던, 그리고 한 역사적인 인물의 "한자는 아무 잘못이 없다(漢字無罪)"[13]라는 주장을 지지했던 기술자, 언어학자, 기업가, 언어 개혁가, 그리고 일상의 활용자들에게 깊은 주의를 기울일 것이다. 현대 중국이 직면한 언어기술적 도전에 대한 책임은 한자 자체에 있는 것이 아니라 분명 사람들에게 — 자신들이 추측하는 바대로 풀 수 있는 수수께끼의 열쇠를 아직 찾지 못한 기술자에게, 그리고 중국어 글쓰기가 현대에 살아남는다면 아마도 전례 없는 근본적으로 새로운 방식이 될 이 언어를 기꺼이 사용하려고 하는 일상생활의 사용자들에게 — 있었다. 하지만 이 문제는 중국 문자가 현대와 양립할 수 있는지를 판단하는 문명 재판과 다르지 않았으므로 이 수수께끼를 하루빨리 풀어야만 했다.

이 잘못된 보편화의 긴 역사에 어떤 이름을 붙여야 할까? 언어 제국주의가 떠오른다. 일단 맞는 것 같긴 하다. 이런 만남의 역사는 결국 유럽-미국 제국주의에 중국이 엮인 광범위한 역사와 분리될 수 없다. 19세기 초 중국어 글쓰기는 중국이 갖지 않은 것에 의존하는 기반 시설에, 그리고 단순히 '채택'할 수밖에 없었던 새로운 세계 정보 질서, 즉 알파벳에 점점 더 얽혀 들어갔다. 그러나 언어 제국주의는 한 가지 치명적인 이유로 단명했다. 여기서의 문제는 언어 제국주의가 특정 언어 — 그것이 영어이든, 프랑스어이든, 또는 다른 언어이든 — 중 하나의 헤게모니이거나 지배가 아니었다는 것이다. 현대 일부 식민지 언어 정책에서 보았던 대상 인구에게 강요된 지배적인 언어의 경우는 아니었다.

서구 제국주의, 그리고 유럽 중심주의라는 용어는 맞지 않다. 만일 국제올림픽위원회가 2008년 경기를 카이로, 예레반, 방콕, 또는 양곤에서 주최하게 했었다면 국제올림픽위원회 규정의 위조된 보편화가 적어도 언어적으로는 그런 가정된 상황과 맞아 들어갔을 것이다. 아랍 언어, 그리고 아르메니아 언어는 알파벳 글자이다. 태국어와 버마어는 분절어 또는 아부기다(자음과 모음을 포함한 기호가 하나의 단위 음절을 이루는 문자 표기 체계_옮긴이)이다. 이런 곳에서 개최되었다면 국가별 행진은 기존의 규칙대로 펼쳐질 수 있었을 것이고 보편주의자의 신화는 또 다시 여러 날을 혼란스럽게 할 수 있었을 것이다.

이제 주도권은 주로 서양과 동양, 서쪽과 동쪽, 로마와 이방, 또는 유럽과 아시아의 문제가 아니다. 그런 어설픈 이분법으로 축소될 수 있는 것이 아니다. 대신 그 구분은 모든 알파벳과 음절 문자 대 어느 쪽도 아닌 주요 세계 문자 가운데 하나, 즉 글자 기반 중국어 쓰기를 가르는 것이다. 그것은 글쓰기의 새로운 체계로서, 어떤 알파벳과 음절어는 현대성에서 더욱 호환적이지만 모든 알파벳과 음절어는 중국어보다 우월하다는 자부심을 가질 수 있음을 의미한다. 하지만 우리 논의에서 빠진 내용이 있는 듯하다. 바로 우리에게 유럽-미국 제국주의 패권 체계의 역사적 기원에 대해 깊은 주의를 기울이게 하는 동시에 이 주도권이 어떻게 서양과 비서양의 대단히 다양한 글자들을 그 권력의 틀에 등록시켰는지를 인식시키는 것이다. 여기에서 진짜 잘못된 경계는 서양과 나머지라는 경계가 아니라 문자 고유 의미(pleremic)와 합성(cenemic)이라는 경계이다. 문자가 합성(cenemic)이면 — 그리스어에서 '비어 있다'라는 의미를 가진 'kenos'에 기반을 둔 문자소로, 무의미, 표음요소를 가진 쓰기 방식을 뜻한다 — 국제올림픽위원회의 보편성 주장은 힘을 얻는다. 이는 레밍턴, 언더우드, 올리베티, 메르겐탈러, IBM 같은 곳에서 만든 타자기들에 대해서도 마찬가지이다. 이 보편성이 무너지는 것은 2008년 8월 8일에 그랬듯이 문자 고유 의미(pleremic)인

문자 — 그리스어로 '꽉 차다'라는 의미를 가진 'pleres'에 근거한 문자소가 언어의 의미 있는 내용을 나타내는 것으로, 중국어 같은 쓰기 방식을 뜻한다 — 의 경우일 뿐이다. 따라서 패권의 뿌리는 의심의 여지없이 현대 제국주의의 역사에 연결되어 있다. 그럼에도 불구하고 그 표현법은 다른 종류의 이분법 형태를 취해서, 다양한 많은 합성글자들을 한쪽 편에 놓고 엄청난 범위와 역사적 폭을 가진 단 하나의 고유 의미 문자인 중국어를 가르고 있다.

존재해야 하는가 존재하지 않아야 하는가, 그것이 문제가 아니다

중국은 지난 500년 동안 엄청난 변화를 겪었다. 지난 1000년의 중반쯤 명 왕조는 세계 경제 엔진 중 하나이자 인구 집중의 중심 중 하나였으며, 비교할 수 없는 문화적, 문학적, 그리고 예술적 산물의 지역이었다. 뒤이은 수백 년 동안 중국은 북쪽 대초원 지역에서 온 비중국 왕조에 의한 변혁적 정복을 경험했고, 오늘날의 몽고, 신장으로, 그리고 그 이상의 유라시안 군사 행동의 결과로 제국의 규모를 두 배로 늘렸다. 18세기 동안은 중국이 경제적·민주적으로 전례 없이 성장한 시기였다. 인류 역사상 가장 크고 파괴적이었던 내전을 초래한 생태적·민주적 위기가 출현하고, 세계적인 무력 회로를 장착한 다수의 서양 국가들에 의해 식민주의 침입을 받고, 200여 년간 이어져 온 제국 체제가 붕괴되고, 정치적·사회적 실험이 확산된, 불확실성의 시대였다.

특히 고뇌에 찬 19, 20세기 동안 정치적 신념을 지닌 다수의 중국 개혁가들은 중국이 당면한 고민의 원인을 진단하고 새로운 세계 질서로 확실히 진입하려면 중국 문화의 어떤 면을 개혁해야 하는지 찾기 위해 아주 철저한 비판적 재평가에 착수했다. 비판의 대상에는 유교, 정부 조직, 그리고 가부장적인 가족 단위도 포함되어 있었다.

수는 적지만 목청 큰 중국 현대화 주창자들에게 가장 간절했던 비판은 중국 언어와 연결되어 있었다. 중국 공산당의 창당 회원인 천두슈(陳獨秀, 1979~1942)는 "귀족들의 화려하고 아첨하는 문학"을 타도하고 "인민들의 평이하고 표현적 문학"을 진작시키는 "문학 혁명"을 요구했다.[14] "유교 사상을 폐지하기 위해" 언어학자 첸쉬안퉁(錢玄同, 1887~1939)은 "우리는 한자를 폐지해야 한다. 그리고 평균적인 인간이 지닌 아이 같고 순진하고 미개한 사고방식을 없애기를 원한다면 문자를 폐지할 필요는 더 커진다"라고 주장했다.[15] 저명한 작가인 루쉰(魯迅, 1881~1936) 역시 문자를 반대하는 합창의 또 다른 일원이었다. "한자는 중국의 가난하고 힘든 대중 몸에 있는 혹인데 그 안에는 박테리아가 있다. 그걸 치우지 않으면 사람이 죽는다. 만일 한자가 전멸하지 않는다면 중국이 소멸될 것이라는 데에는 의심의 여지가 없다"[16]라고 주장했다. 이들 개혁가에게는 문자 폐지가 자신들이 묶여 있는 거대한 과거로부터 자신들을 풀어주는 중국 현대화로의 기반 행위로 여겨졌다.

하지만 문자 기반의 쓰기를 폐지하는 것은 심각한 위험을 불러왔다. 모두 한자로 적힌 중국의 철학, 문학, 시, 그리고 역사의 어마어마한 말뭉치들은 어찌 할 것인가? 이 헤아릴 수 없는 유산이 앞으로 금석학자와 전문가가 아닌 사람들에게서는 사라져야 하는가? 더욱이 중국이 문자를 포기한다면 이 나라의 확연한 언어적 다양성은 어찌 할 것인가? 광둥어, 민난어, 그리고 이른바 중국의 '사투리'들은 프랑스어와 포르투갈어처럼 서로 특징이 있다. 사실 많은 이들이 중국 정부의 형태, 문명, 그리고 문화는 공통 문자에 기반한 글이라는 통일적인 영향력을 적잖이 기반으로 한다고 주장해 왔다. 중국이 표음식 쓰기의 길로 나아가 이들 구어체에서의 언어적 차이가 쓰기로 공식화된다면 더욱 대처할 수 없게 되고 정치적으로 문제가 되지 않을까? 문자 기반의 쓰기를 없애는 것은 언어 단층을 따라 나라가 나누어지는 것을 촉발시킬 수 있지 않을까? 중국은 한 나라이기를 포기하고 유럽처럼 여러 나라로 이루어진 대륙이 될 수도 있지 않을까?

그렇다면 중국 언어 현대화라는 수수께끼는 완전히 풀 수 없는 것처럼 보일 것이다. 문자는 중국을 하나로 묶었지만 또한 중국을 뒤떨어지게 만들기도 했다. 문자는 중국을 그 과거와 연결시켰지만 마찬가지로 헤겔식 역사 발전에서 중국을 소외시키기도 했다. 그러면 중국은 이 불가능해 보이는 변화를 어떻게 만들어나가려는 것이었을까?

루쉰과 천두슈의 이야기가 수많은 중국사(학술 작문을 포함하여) 학과의 강의 계획을 지속적으로 장식하고 있는 21세기로 가보면 20세기의 여명기에는 누구도 상상하지 못했던 세상을 보여주고 있다. 한자는 없어지지 않았으며 중국이 소멸되지도 않았다. 한자는 분명 우리와 함께할 뿐만 아니라 가장 열렬한 방어주의자들이 꿈꾸던 것보다 더 활기차게 중국의 정보 기술 세계에 들어맞는 언어적 기질을 만들어냈다. 엄청나게 크고 성장하는 전자 매체의 등장, 널리 보급된 문해성, 점점 더 늘어나는 공자학원의 네트워크와 중국어를 제2외국어로 습득하려는 외국인들의 관심으로 촉진된 조기 교육 몰입 프로그램, 그리고 드물지 않은 유감스러운 문신으로 분명해진 한자에 대한 지속적인 대중적 매력이 그것들이다. 이전보다 중국어는 더욱 세계적인 글자가 되었다. 지난 세기의 대부분 동안에는 중국이 문자 기반의 쓰기를 포기해야만 그런 결과가 잉태될 수 있다고 대부분의 사람들이 생각했고 중국어에 대해 철저한 알파벳화를 진행했었다. 하지만 그렇지 않았다. 이 결과는 가능해 보이지 않았지만 우리는 여기에 있다. 무슨 일이 있었던 것일까? 무엇을 빠뜨렸던 것일까?

이 질문에 대한 답은 복잡하다. 하지만 처음에는 하나의 핵심 요소를 간단하게 설명할 수 있다. '승자가 역사를 쓴다'라는 유명한 비유와는 반대로, 현대 중국어 개혁의 경우 학자들의 커다란 관심을 이끌어낸 것은 역사의 패자인 천두슈파, 루쉰파, 그리고 첸쉬안퉁파였다. 종합적으로 보자면 사람들은 '쉬운 인습타파'라는 이 목청 큰 소수자들의 구호에 매혹되었었다. 그 소수자들은 강렬하고 유혹적이어서 인용할 만했지만, 결국은 문자를 폐지하자는, 또는 중국어 쓰기를 도맷값에 영어, 프랑스어, 에스페란토 또는 다양한 로마 글자 체계 중 하나로 대체하자는 순진한 요청을 했었다. 헌데 우리는 오늘날 중국의 정보 환경을 가능케 한 사람들에 대해서는 실제로 아무것도 모른다. 그들은 문자 폐지론자들 못지않게 열정적이었지만 자신들이 수행하는 작업의 지독히 기술적이고 아주 다루기 힘든 도전들로 괴로워했던, 그러나 결국은 비할 수 없는 성공과 의미를 가지게 된 인습 타파주의자들이었다. 저명하고 잘 알려진 폐지론자와 달리, 현대 중국 정보 기반시설을 만들고 사용한 사람들은 학과 강의 계획에 나오지 않았고 그들의 저술 역시 현대 중국 역사에 대한 개요에도 오르지 않았다. 실제 그들은 자신들이 살던 시대에서도 무명이어서 자신들의 작업에 대해 단편적인 자료만 남겨놓았으며, 결국 어떤 유명세도 거의 얻지 못했다.

이 언어 개혁가들이 중국어의 언어 현대화에 대해 품은 의문은 루쉰과 천두슈가 옹호하던 것과 같은 극명한 이분법, 즉 현대에는 한자가 존재해야 하는가 존재하지 않아야 하는가 하는 것이 아니었다. 그들의 주장은 훨씬 방대하고, 더 열렸으며, 그래서 더 복잡한 의문이었다. 현대 시대, 그리고 특히 현대 정보 시대에서는 한자가 어떻게 될까, '정보 시대' 자체가 이 과정 중에 변형될까 하는 것이 매력적일지 모른다. 하지만 '존재해야 하는가 존재하지 않아야 하는가' 하는 것은 중국 언어 현대화의 주요 질문이 아니었다. 중국 언어 현대화에 대한 질문은 바로 '존재해야 한다, 그러나 어떻게 존재해야 하는가' 하는 것이었다.

우리가 문자 폐지론자들의 단순한 인습 타파 주장으로부터 비켜서서 보면 중국어의 완전히 새로운 역사가 초점으로 들어온다. 한자는 반현대적 사고의 창고라고 비난받았던 공자의 도덕이나 도교의 형이상학의 영역에 더 이상 있지 않으며, — 천두슈의 폐지론자 보석함에서 또 다른 보석을 꺼내면 '독이 든, 그리고 부패한 사상이 깃드는 바로 그 둥지와 은신처'로서[17] — 덜 획기적이지만 분명 더 중요한 영역인 중국 도서관 카드 목록, 전화번호부, 사전, 전신 부호, 스테노그라프 기계, 폰트, 타이프라이터 등등 — 기입, 검색, 복제, 분류, 입력, 그리고 전송의 체계에서 — 중국 글의 기반인 장치가 이러한 배경의 '중국어 규범'을 작동시킨다는 것을 알게 된다. 우리는 중국어의 하수도와 전기 배선을 마주하고 있는 것이다.

20세기 초반 내내 일부 언어 개혁가들이 공자의 고전들을 비판했듯이 많은 출판업자들과 교육자들은 그 당시 주요 사전에서 한자를 찾는 데 필요한 평균 시간을 매도했다. 도서관 학자들은 중국 카드 목록을 살펴보는 데 얼마나 많은 시간이 걸리는지를 탓했고, 정부 관료들은 중국의 엄청난 그리고 늘어나는 인구에 대한 인적 정보와 이름 등을 검색하는 데서의 비효율성을 한탄했다. 한 비평가는 1925년에 이렇게 말했다. "글자들이 알아보기 어렵고 기억하기 어려우며 쓰기 어렵다는 것을 누구나 알고 있다. 이 세 가지 외에 네 번째 어려움이 있다. 찾기 어려운 것이다."[18] 더욱이 이 것들은 문해성 확대, 문자 단순화, 국어화, 또는 '언어 개혁' 같은 의미로 취급되는 여러 종류의 행동을 통해 해결되지 않는 문제들이었다. 이 문제 들이 해결 불가능하다고 — 중국어를 위한 전신 인프라를 구축하거나 또는 중국 어 타자기, 중국어 컴퓨터를 만드는 것이 불가능하다고 — 판명된다면 문해성을 확대하고 자국어화하려는 이른바 가장 선의의 노력 역시 최종 목표 — 중 국을 현대 시대로 인도하는 것 — 를 실현시키는 데 충분치 않을 것이다.

연속성은 이상하다

'존재해야 한다, 그러나 어떻게 존재해야 하는가?'라는 공간 안에 온전 히 속해 있는 몇 안 되는 유명한 한자 연구 중 하나는 학문의 세계로부터가 아니라 설치 미술(개념 미술)로부터 왔다. 1988년 쉬빙(徐冰)이라는 미술 가가 '천서(Book from the Sky)'라는 작품을 내놓았는데, 이것은 4000개의 가짜 한자로 구성된 작품이었다. 진짜 한자와 묘하게 닮았음에도 '천서'를 구성하고 있는 그림들은 그 글자를 읽으려는 관객들의 시도를 거부하고 관객들이 알 만한 소리(音), 의미(義), 또는 형태(形)를 보이지 않는다.[19]

이 3요소 — 소리-의미-형태 — 는 중국에서 아주 기원이 오래된 것으로, 많은 이들은 이 3요소를 중국어 쓰기에서 구조적, 형태적, 표음적, 그리고 경험적 내용을 정하고 이해하는 근본적인 요소로 생각한다. 고서학자와 서예가들에게 이 세 가지 요소에서 가장 중요한 부분은 형(形) 또는 형태인

데, 이 축을 통해 한자는 한자의 다른 역사적인 형태들 — 기원전 1000년까지의 전서, 또는 진 왕조와 한 왕조 시대의 예서 — 과, 또는 '행서' 또는 '초서' 같은 다른 서예체와 통하게 된다. 반면에 시인과 언어학자들에게 한자를 고대 발음 또는 위대한 서정적 우아함을 지닌 기교 있는 문장에 대해 생각하게 하고 그 문장과 연결하도록 만드는 존재론적 축으로서 가장 중요한 것은 음(音) 또는 소리이다. 하지만 언론인과 수필가에게는 의(義) 또는 의미가 관심의 핵심이자 정확한 표현(le mot juste) 또는 '새로운 생각을 위한 새 용어'[20]를 만들어낼 수 있는 축이다. 이 축들은 의심의 여지없이 공존하면서 협력하기 때문에 수필가들은 그만큼 소리에도 신경을 쓴다고 주장한다. 우리에게 중요한 것은 이 세 가지 축을 구별하는 것이 아니라 이 세 가지 축이 중국어 글쓰기란 무엇인지 그리고 어떤 것이 될 수 있는지에 대한 무수히 많은 해석을 완전히 해낼 것처럼 보인다는 것을 아는 것이다.

쉬빙의 '천서'는 이 생각을 쏟아내고 있다. 쉬빙은 소리-의미-형태의 세계 전부를 떠나, 즉 이 3차원을 떠나 자신의 가짜 중국어 그림, 그 그림들과 소리, 의미, 또는 형태로 소통하려고 하는 누군가 — 시인이건, 수필가이건, 서예가이건, 언어학자이건, 또는 단순 독자이건 간에 — 와의 사이에 있는 무한대 깊이의 해자를 그리고 있다. 근본적으로는 그것들은 '중국어'가 되어서는 안 된다. 하지만 무언가 잘못되었다. '천서'가 소리-의미-형태 3요소를 완전히 파괴한 것으로 여겨지지만, 또 이 3요소가 중국어를 중국어답게 하는 전부라고 한다면, 우리는 어떻게 여전히 '천서'를 명백하게 중국어로 인식할 수 있겠는가?

그 답은 소리-의미-형태 3요소가 사실상 한자를 만드는 전부가 아니라는 것이다. 이 3차원의 공간은 역사의 커다란 부분에서 우리의 관심을 끌었던 한자의 여러 면을 설명하면서도, 대부분 보이지 않고 들리지 않으며 의미와 관련 없는 글쓰기의 또 다른 차원 안에 둥지를 틀고 있다. 이 책에서는 이들 차원을 종합적으로 언어기술적이라고 부른다.

언어기술적 영역에 대한 논의를 시작하기 위해 인쇄공이자 인쇄 역사학자인 해리 카터(Harry Carter)로부터 영감을 끌어왔는데, 그는 기본 사항의 지겨운 부분을 일깨워주었다.

> 활자는 여러분이 골라서 손에 들 수 있는 것이다. 그러나 서지학자 대부분은 활자가 관념일 뿐이라고, 즉 종이 위에 흔적을 남기는 눈에 보이지 않는 것일 뿐이라고 생각하는 부류의 사람들이다. 그들은 자신의 편의대로 활자란 활자 하나의 윗면 또는 조립된 활자 여러 면의 윗면인 것이 아니라 잉크를 묻혀 종이에 찍어 낸 자국을 뜻하는 것이라고 말하는 것이 관행이었다.[21]

쉬빙은 완성된 작품만큼 뛰어났던 '천서'의 창작 과정을 설명하면서 이러한 차원들이 무엇인지 분명한 느낌을 갖도록 도와준다. "이 문자들에 대해 내가 요구한 바는 상당한 정도로 한자를 닮았으면서 한자가 아닌 것이었다"라고 시작한다. 이 목적을 달성하기 위해 쉬빙은 자신의 유사 폰트에 채울 내용들을 뽑아냈고, 이를 위해 진짜 한자들을 공들여 분석했다. 우선, 만들기로 정한 가짜 문자의 특정 숫자 — 100개 또는 100만 개와 비교되는 4000개 — 는 무작위로 나온 것이 아니라 실제 중국어에서의 문자 빈도와 일반적인 용례의 통계적 진실을 흉내 낸 것이었다. 쉬빙은 "4000개 정도의 유사 문자를 만들기로 했다. 평균적인 독서물이 약 4000개의 서로 다른 문자들로 만들어지기 때문이다"라고 설명했다. "4000자 또는 그 이상의 문자를 배우면 읽을 수 있으며, 그러면 소위 지식인이라고 불린다." 쉬빙은 또한 유사 문자들을 창작하는 것은 "문자들의 내부 구조적 원리를 살피게 했다"라고 설명했다. 구조적 원리를 파악하기 위해 쉬빙은 『강희자전(康熙字典)』을 주의 깊게 조사해 실제 한자의 평균적인 획수, 하단으로부터의 곡선과 위로부터의 커브 획수에 걸친 분포를 알아냈다. 이것들이 전부 그의 창작 과정을 알려주었다. 한편 형태적으로나 미학적으로는 '천서'를 위해 '가짜' 서체를 개발하지 않고 대신 가장 일상적인 서체 중 하나를 따라 자신의 문자 형태를 본떴는데, 바로 현재까지도 인쇄물에 널리 쓰이고 있는 송나라 시대 문자[宋體] 또는 명조체이다. 쉬빙은 "서체에 관해, 나는 송나라 시대의 문자 형태를 사용하자고 생각했다. 송나라 문자 형태는 '궁정 스타일'이라고도 불린다. 중요한 문서들과 심각한 일에 자주 사용되었기 때문에 송나라 스타일은 개인적인 취향이 최소한으로 반영되었고 가장 표준적인 서체이다"라고 설명했다.[22] 쉬빙은 분류체계 속에서 신빙성까지 추구했다. 그는 이동할 수 있는 블록을 조직하는 고유의 체계를 만들어서 실제 식자공처럼 인쇄 과정에서 검색할 수 있도록 했다.

소리-의미-형태 구조를 통해 보면 '천서'는 파멸과 단절 속의 실행처럼 여겨질 수 있다. 하지만 분류체계, 수단, 통계, 그리고 물질성이라는 언어기술적 영역 안에서 보면 '천서'가 이와 정반대임을 알게 된다. 즉, 천서는 연속성 안에서의 실행 또는 좀 더 정확하게는 언어기술적 연속성을 얼마나 멀리 벌릴 수 있는지 알아보고 동시에 고전적인 소리-의미-형태 3요소의 한계 속에만 존재하도록 되어 있는 한자의 모든 것을 위반한 한자를 만든 것이다.

우리의 연구는 글자가 (카터가 자신의 연구에서 언급한 것처럼) "금속에서 떨어져 나와" 소리-의미-형태 3요소로 이루어진 것이라는 관습적인 허구를 통해 한자의 역사를 추구하기보다는, 소리-의미-형태 3요소를 가능하게 하는 언어기술적 영역에 주로 머물 것이다.[23] 우리는 의미가 반응하게 하는 복잡하고 매혹적인 무의미성의 모든 것을 알아보면서 중국어의 맨홀, 좁은 구석, 그리고 통풍굴로 기어올라갈 것이다.

우리의 관심을 언어기술적인 것으로 돌리면 어떤 일이 벌어질까? 카터의 관찰을 따라 금속에서 면이 떨어지지 않게 하면 어떻게 될까? 첫째, 우리가 덜 준비되어 있음을 알게 된다. 전통적으로 중국의 학자들은 소리-의미-형태의 3요소로부터 의미를 발굴해 내는 데 아주 잘 훈련되어 있고 그 속에서 변화를 찾는 데 익숙했다. 실제로 '중국어 개혁'이 발의되자마자 역사가들의 생각은 거의 본능적으로 다음과 같은 친숙한 주제로 돌아갔다. 그것은 바로 다른 언어들로부터 새로 만들어진 중국 단어들의 쇄도, 1910년대의 국어화와 쓰기, 말하기와 중국어 간의 더 많은 조화에 대한 요구, 화석학, 미학, 법학, 헌법 개정, 민족학, 페미니즘, 그리고 파시즘 등 다양한 분야에서 전문적이며 특화된 중국 언어의 담론에 대한 광범위한 개발, 서로 이해할 수 없는 넘쳐나는 방언들 속에서 '국어'를 구축하려는 노력과 같은 주제였다. 다른 일반적인 기원은 중국어의 로마어화, 그리고 대중 문해성을 위한 한자의 단순화에 대한 요구들이었다.

중국의 학자들은 이런 변화에 대해 비판적으로 생각하는 데에는 익숙한 반면, 언어기술적 영역의 변혁에 대해서는 덜 준비되어 있다. 중국 전화번호부를 만드는 데서 변화가 일어나는 것, 중국어 문장에 서양식의 구두점을 적용하는 것, 수직에서 수평 줄 맞춤으로 중국어 문장의 방향을 바꾸는 것, 한자를 전선 너머로 전송하는 숫자식 입력을 채택하는 것, 컴퓨터가 기억장치에서 한자들을 검색하는 변수를 정하기 위한 문자 빈도를 통계적으로 분석하는 것 ─ 줄여서 중국 글이 '작동'하게 하는, 수수하지만 엄청난 정보 인프라 ─ 등, 이 모든 것은 언어 역사 안에서 '비파괴적'인 편집과도 같다. 확실히 그것들은 변화이긴 하지만 구조적 구성에서나, 음성 값에서나, 또는 구문적 의미에서와 같이 어떤 핵심적 의미에서 한자를 변혁시키는 것은 아니다. 중국어 문장을 위에서 아래로 읽던 방식에서 왼쪽에서 오른쪽으로 읽는 방식으로 조정되는 것은 어떤 문제를 유발할까? 서양식 구두점 또는 색인, 페이지 수 또는 바코드가 추가되면 어떤 문제가 있을까? 한때 종이 묶음이던 중국어 문장이 PDF 같은 디지털 형식이 되면 어떤 문제가 있을까? 문자의 구조, 표음적 내용, 의미들이 똑같은 한, 중국어는 같은 것 아닌가? 중국어와 함께 세계에서 '가장 오래 지속된 문명'의 5000년 줄거리가 아직 끊어지지 않고 함께하는 것 아닌가?[24]

그 대답은 '아니다'이다. 언어기술 영역은 더 잘 알려진 소리-의미-형태 3요소와 별개가 아니다. 사실 그 안에서 벌어지고 있는 역사적 변혁이 ─ 그리고 특히 그 역사적 변혁을 위기로 몰아넣는 것들이 ─ 소리, 의미, 그리고 형태보다 틀림없이 더 중요하다. 예를 들어 중국 역사학자들이 '중국 언어 개혁'이라는 주제와 같은 의미라고 취급하는 세 가지 주제 ─ 한자의 단순화, 중국어의 국어화, 그리고 대중 문해성 추구 ─ 에 대해 언어기술적 견해를 가진다면 어떤 일이 일어날지 생각해 보라. 인지주의자적 그리고 사회문화적 접근법을 통해 보면 이 세 가지 움직임은 언어 위기라는 질문을 맴돌고 있는 언어 개혁 추구의 핵심이다. 하지만 언어 개혁에 대해 아주 열정적인, 그리고 중국어 전신 부호, 중국어 타자기, 중국어 점자, 중국어 스테노그라피 부호, 중국어 워드 프로세싱, 중국어 광학 문자 인식, 중국어 컴퓨팅, 중국어 점 매트릭스 인쇄 등등을 창조하는 것을 목표로 하는 역사적 행동가들과 마주할 때면 어떤 일이 일어나는가? 이 개혁가들에게 언어 개혁에 대한 많은 통상적인 주제는 실제로 중국어라는 언어의 현대화 문제를 더 풀기 어렵게 만들었거나 또는 그들의 추구에 아무런 영향을 미치지 않았다.

단순화된 문자가 관심거리 가운데 하나이다. 문자의 단순화는 의심할 여지없이 문해성과 언어 교육이라는 문제와 관련되어 있었다. 하지만 龍 (용)을 예로 들면, 16획(龍)에서 단 5획(龙)으로 줄어들긴 했으나 그렇다고 해서 전선으로 송신하거나, 이동 가능한 형태로 만들거나, 또는 중국어 타자기로 타자하는 데 '전통적' 방식보다 상대적으로 더 쉬운 것도 아니었다.

토착 중국어, 또는 백화(白話)는 실제로 상황을 명백하게 나쁘게 만들었다. 토착 중국어 문장은 문학이나 '고전' 중국어에서 그와 상응하는 문장보다 항상 길었고, 그래서 20세기 초의 이런 운동은 전송, 입력, 그리고 검색이라는 도전 과제를 말 그대로 크게 증가시켰다. 토착 중국어로 메시지를 보내려면 더 긴 메시지를 보내야 했기 때문에 한자를 ─ 어떤 한자이든지 간에 ─ 어떻게 전송, 타자, 저장, 또는 검색해야 하는가에 대한 근본적인 의문을 더 심화시켰다.

가장 반직관적이게도 대중 문해성 ─ 언어 개혁의 두드러진 관심사인 ─ 이 중국 정보 기술의 문제를 무엇보다 더 악화시켰다. 이제는 특정 부류의 유식한 대상자들 ─ 예를 들어 지식인과 과거 수험생 ─ 에게 의존할 수 없었다. 따라서 현대 중국어 정보 기반 개발자들은 새롭고 어려운 언어기술적 체계 모두를 만들어야 했을 뿐 아니라 자신들이 개발한 체계를 사용하는 수백만 명의 새로운 중국어 사용자들이 어떨까에 대해 단지 희미하고 부정확하게 이해하는 가운데 만들어야만 했다. 이 사용자들은 얼마나 글을 알고 있으며 어떤 방식으로 글을 알게 되었는가? 그들은 어떤 사투리를 사용하는가? 그들의 직업은 무엇이고 교육적 배경은 어떠한가? 그들은 남자인가 여자인가, 소녀인가 소년인가? 그들은 어떤 기술적 환경에서 일하는가? 이러한 질문들은 만들어질 체계에 영향을 주었지만 역사상 어느 때에도 아무도 안정된 답을 갖지 못했다.

그리고 그런 결정을 내릴 권한을 정확히 누가 가지고 있었을까? 중국 지식인들과 정치적 엘리트들은 청 제국 인민에서 새 공화국의 정보를 갖춘 (정보력 있는) 시민으로 골치 아픈 변화를 겪고 있는 집단이었기 때문에 자신들 나름대로 고통스러웠다. 19세기 후기를 통해, 그리고 특히 1905년 과거제도의 폐지 과정을 통해 정부와 기성 지식인들이 중국 언어에 대해 누렸던 지배가 점차 허물어졌고, 새로운 언어 체계가 언제 어떻게 자리 잡을지, 그럴 경우 어떻게 될지, 그리고 누가 새로운 질서의 정점에 자리 잡을지에 대한 고뇌들이 제기되었다. 이 시기의 불확실성은 사업 문화 계급의 등장, 즉 개인적인 사람들과, 영리 문화 기업을 세우려는 희망을 갖고 정부 권력이 해체된 공백기로 달려 들어간 사람들의 등장으로 더욱 복잡해졌다. 현대 정보 관리에 대한 관심이 극도의 열병 상태에 다다랐을 때, 정부 통제의 부재와 '문화 사업'의 등장이 합쳐져 더욱 어지럽고 불안한 시간이 지속되고 있었다.[25]

무엇보다도 우리는 언어기술적인 것에 관심을 돌림으로써 연속성이라는 것이 얼마나 이상한지 이해하게 되었다. 이 점이 우리를 쉬빙과 그의 '천서'로 돌아가게 하는 지점이다. 연속성이라는 것은 이상하다. 왜냐하면 상식적인 이해에도 불구하고 보수주의와는 전혀 동의어가 아니기 때문이다. 무언가를 지속하는 것 — 이 경우에는 문자 기반의 중국 글을 지속하는 것 — 은 전위적일 수도 있고, 인습 타파적일 수도 있고, 급진적일 수도 있고, 심지어 파괴적일 수도 있다. 다르게 말하면, '파괴'가 창조의 행위를 수반한다고 이야기하는 것은 상투적이지만, 파괴를 연속성 행위의 중심으로 생각하는 경우는 드물다. 더욱이 연속성과 불연속성은 우리가 쉬빙과 그의 가짜 문자에서 볼 수 있듯이 정반대의 개념이 아니다. 문제는 지속해야 하는가 지속하지 않아야 하는가 하는 것이 아니다. 문제는 무엇을 지속해야 하는가, 그리고 어떤 종류의 중단이 목적을 달성하는 데 필수적인가 하는 것이다. 우리 역사상 다양한 주역이 공통적인 세계관을 갖고 있었다고 한다면, 그 세계관은 20세기 이탈리아 소설가 주세페 토마시 디 람페두사(Giuseppe Tomasi di Lampedusa)가 쓴 『들고양이(Il Gattopardo)』의 유명한 구절을 통해 요약될 수 있다. 시칠리아의 부유한 귀족 집안의 젊은 왕자와 책의 주인공이자 그의 조카인 탄크레디 팔코네리가 얘기한 짧막한 구절은 그의 고향이던 시칠리아에서 북으로 휩쓸고 지나간 리소르지멘토(이탈리아 통일 운동)의 소란스러운 통일 충격에서도 그 집안의 위상이 어떻게 살아남을 수 있었는지를 생각하게 한다.

Se vogliamo che tutto rimanga com'è, bisogna che tutto cambi.
모든 것이 그대로 있기 위해서는 모든 것이 변해야만 한다.

주세페 토마시 디 람페두사는 전환기의 중국어 개혁가는 아니지만 이 구절은 우리 역사에서 만나게 될 많은 주역을 밀고 가는 신념과 충격을 점잖게 보여주고 있다. 탄크레디처럼, 그들 역시 모든 것이 그대로 있기 위해서는 모든 것이 변해야만 한다고 믿었다. '모든 것' — 또는 투토(tutto) — 은 여기에서 중요한 용어인데, 반복하면 두 개의 각각 다른 것에 대응한다. 첫 번째 투토 — 우리가 그대로 있기를 바라는 것 — 는 바로 위에서 논의한 소리-의미-형태 3요소이다. 첫 번째 투토는 엄청난 중국어 말뭉치가 적히고 읽히고 이해되는 등등을 하게 하는, 표면 위에 있는 문장의 일부분이다. 이것이 순진한 인습 타파자들이 없앤 부분인데, 그들의 완전히 비현실적인 구상 때문에 에스페란토, 프랑스어, 또는 여러 가지 알파벳 체계로 문장의 일부분이 대체된 것을 보게 되었다. 반면에 두 번째 투토는 완전히 다른 것에 상응하는데, 이 전체적인 변형이 소리-의미-형태를 구제해 주었다. 이 투토는 우리의 언어기술, 즉 언어가 작동토록 하는 언어의 기반시설과 상응한다. 이 투토가 산산조각 나고 무너져서 다시 만들어질 수 있다면 — 한자가 분류되고 검색되고 전송되고 구체화되고 존재론적으로 그리고 실제로 개념화되는 방식 — 아마도 중국 글이 살아남아서 알파벳의 패권에도 불구하고 번성하게 될 것이다.

심연을 답사한 기록

이 책에서 우리는 19세기와 20세기의 중국어 언어기술적 개혁에서 가장 중요하고도 눈에 보이는 영역, 바로 중국어 타자기에 초점을 맞출 것이다. 현대 정보 기술의 역사에서 가장 중요하지만 잘못 이해된 발명들 중 하나인 이 기계는 (대상물로서든 비유로서든 간에) 기술의 사회적 건축물, 사회적인 것의 기술적 건축물, 그리고 중국어 쓰기와 세계적 현대화 사이의 염려스러운 관계를 보여주는 뛰어난 선명도를 가진 역사의 렌즈이기도 하다.

성공과 승리의 순간들로 넉넉하게 양념을 치면 중국어 타자기, 그리고 좀 더 넓게 중국 정보 기술은 더욱 간단해지고 얘기하기가 더욱 즐거워질 것이다. 어느 역사학자가 썼듯이 서양의 타자기가 '생산성 혁명'으로 기록된 것이라면, 그리고 "글로 된 서류 생산에 드는 비용을 줄이고 속도를 크게 향상시켰던 것"[26]이라면, 우리가 바라는 바는 중국어 타자기에 대해서도 비슷한 주장을 하는 것이다. 즉, 서양식 타자기에 비해 많이 알려지지는 않았으나 중국어 타자기도 동등한 것으로 자리 잡는 것이다. 또 다른 전략은 아주 인기 있는 '사물 역사'가 닦아놓은 길을 따라가는 것인데, 브루스 로빈스(Bruce Robbins)가 말했듯이 "저자들은 자신들이 선택한 물건을 과장되고 신비하며 거의 신적인 힘으로 본다".[27] 튤립, 대구, 설탕, 그리고 커피가 세상을 바꾸었다면 아마 중국어 타자기도 그랬다고 추론할 만하다.

그런 승리를 자축하는 이야기가 독자들을 기다리지는 않는다. '중국의 찰스 배비지(Charles Babbage)', '중국의 그레이스 호퍼(Grace Hopper)', 또는 '중국의 스티브 잡스(Steve Jobs)' 같은 역사적 인물을 확인해 보는 것은 재미있겠지만, 그것은 산만한 잔재주에 지나지 않을 것이다. 우리가 보게 되듯이, 중국어 타자기는 주요 중국 회사들뿐 아니라 나라 전체에 걸쳐 대도시와 지방 정부로도 들어갔지만 현대 중국 회사 또는 중국 정부의 기능을 개혁하지는 않았다. 좋든 나쁘든 중국어 타자기의 역사가 '충격'이었다는 주장을 할 수는 없다.

이 모든 것을 염두에 두고 이 시점에서 제기할 수 있는 정당한 비판은 다음과 같다. 중국은 타자기라는 게 전혀 필요하지 않았는가, 그렇지 않다면 왜 그 역사가 필요한가? 마치 세계 어느 지역에서 지상 통신을 뛰어넘어 이동통신의 세상으로 직접 들어간 것과 같은 방법으로 중국도 타자기를 "건너뛰고" 전산 시대로 직접 들어갔다고 하는 게 더 정확한 건 아닐까?[228]

한 면에서 보자면 그 답은 '맞다'이다. '타자기'라는 범주 — 현대의 업무 교신이자 기록의 역사를 변화시킬, 사무실 인력 여성화의 근본적인 이유가 될, 사무용 기기 이상으로 확장된 대중문화에 영향을 미치는 문화적 아이콘이 될 — 에 들어가기에 앞서 기술에서 어떤 것을 요구하는 정도에 따라 보자면 우리가 살펴보려는 중국어 타자기는 전혀 '타자기'처럼 보이지 않을 수도 있다. 그렇다면 간단하게 정리하고 중국 문자가 타자기에 맞지 않는 것을 인정하고, 알파벳과 비알파벳 사이에 '기술적 심연'이 있다는 사실을 인정하는 것이 최상이 아닐까?[229]

하지만 또 다른 더 중요한 면에서 보자면 그 답은 분명히 '아니다'이다. 중국어 타자기가 세계 다른 곳에 있던 타자기의 규모나 중심성 근처에는 다다르지 못했으나, 다방면에서 중국은 알파벳을 가진 세계보다 훨씬 더 집중적으로 타자 시대 — 특히 통신과 컴퓨팅 시대 — 를 경험하고 참여했다. 이미 1870년대에 신기한 입력 기술이 중국에 알려졌고 이 기술을 존경심을 가지고 우러러 보았다. 1876년 필라델피아에서 개최된 미국 독립 100주년 기념 전시회에 대한 설명에서 중국인 세관 관리 리규이(李圭)는 '기발한' 기기에 대해 다음과 같이 썼다.

그것은 작은 사각 책상 위에 설치되었고 겨우 30cm 높이에 약 20cm 폭이며 쇠로 만들어졌다. 그 중간에 잉크가 장착되어 있는 똑똑한 기기였는데, 철판이 있고 그 밑에 마치 장기판처럼 외국 알파벳 26개가 놓여 있으며 직원 중에서 여성(즉, 타이피스트)에 의해 작동되었다. 종이가 철판 위에 놓이고 외국에서 피아노를 치는 것과 비슷한 기술을 사용해 그녀의 손이 어떤 알파벳 키를 누르면 어떤 글자들이 인쇄되고, 기계 안에서는 각 글자의 상이 찍힌다. 이것들이 같이 연결되어 민첩하고 빨리 글을 만들어낸다. 모든 사무실이 이 기계를 하나씩 사고 있는데, 용도가 많은 데다 그 비용은 100달러를 조금 넘는 수준이기 때문이다. 그러나 아쉽게도 한자는 인쇄하지 않는다.[30]

중국어 타자기를 만드는 일 ― 리규이의 마지막 발언에 숨은 소회와 희망 ― 은 결코 쉬운 일이 아니다. 알파벳을 염두에 두고 만들어진 기술적인 영역으로 비알파벳 문자를 끌고 가기 위해 기술자, 언어학자, 기업가, 그리고 일상 사용자들은 글과 기술을 공유된 중요한 공간으로 가져와서 오늘날에도 풀리지 않는 화두이긴 하지만 원래 문맥에서는 아주 실질적인 질문을 던져야 했다. 글자 없는 모스 코드는 무엇인가? 문자키가 없는 타자기는 무엇인가? 당신이 입력하는 것을 출력하지 않는 컴퓨터는 무엇인가? 중국어 타자기는 새로운 방식의 굴착기도 아니었고, 새로운 대포도 아니었으며, 현대에 외국에서 수입한 대부분의 기술과 같은 것도 아니었다. 자신들 나름의 방식으로 무형의 문화적·정치적·경제적 관습과 세계관을 틀림없이 요구하긴 하겠지만 중국 땅에 닿는 순간 최소한 '불이 켜졌던' 기술이다. 언어로 심어지고 중개되어야 하는 기술인 중국어 전신, 타자, 그리고 컴퓨팅은 여러 산업, 군사, 그리고 기기와 방법들이 발명 장소인 서양에서 이를 적용하는 장소인 비서양으로 어떻게 흘러왔는가에 대한 우리의 이해를 오랫동안 설명해 왔던 '기술 이전,' '확산'이라는 기존 서사들을 만발하게 만들었다.[31] 타자, 전신, 속기, 그리고 컴퓨팅 같은 언어기술적 시스템의 요구사항은 훨씬 급격했다. 이 시스템들은 알파벳 문자와의 직접적인 연계 속에서 구상되고 발명되었기 때문에, 발명가, 제조업체, 운영자들은 중국어 타자기 또는 중국어 전신 코드의 가장 기본적인 기능에서조차도 중국 문자와 기술 자체를 전례 없는 형태의 분석 및 재개념화에 적용하면서 중국어와 타자, 전신기기, 컴퓨팅 등등을 면밀히 조사해야 했다. 한자에 대한 모든 것이 그대로이기 위해서는 한자의, 그리고 현대 정보 기술의 모든 것이 바뀌어야만 했다.

그리고 무엇인가가 분명히 급진적으로 변했다. 오늘날의 세상에서는 중국이 지구상 최대의 IT 시장일 뿐 아니라 전자 글쓰기 시대에서 가장 빠르고 가장 성공적인 글을 가진 나라이다. 중국어가 비알파벳임에도 불구하고 말이다. 그런데 19세기 이후 알파벳과 비알파벳 사이에 '기술적 심연'이 실제로 존재했음을 인정하면 이 심연에서 우리가 완전히 놓친 무엇인가가 벌어졌다는 것을 알 수 있다. 실제로 이 책에 하나의 중심 요지가 있다면, 그것은 바로 세상이 관심을 기울이지 않는 동안 형태가 잡혀진 대단히 중요한 무엇인가를 찾아내기 위해서는 우리가 기술적 심연 속으로 들어가야 한다는 것이다. 통상의, 기념하는 식의, 영향 중심의 기술역사로는 파악할 수 없는 것을 찾아서 말이다. 하지만 이 여행은 우리에게 문자 폐지론자들이 주장한 인습 타파를 무시하게 하고 모든 기술의 역사가 똑같이 승리의 역사라는 무언의 희망을 없애게 한다. 우리의 이야기는 수명이 짧은 실험, 시제품, 그리고 실패물들의 긴 폭포수라고 불릴 수밖에 없는 것으로 짜이는데, 가장 성공적인 구상도 어둠 속으로 사라지기 전 잠깐

밖에 존재하지 못했다. 실제로 많은 중국어 전신 코드, 글자 검색 시스템, 그리고 타자기는 알파벳 패권 시대 속에서 중국어가 어떻게 살아남고 작동해야 하는가에 대한 추측과 서투른 생각에 불과했다. 하지만 직관과 달리 언어기술적 현대화라는 숙제와 중국어가 연계된 강도를 가장 명확히 보여주는 것은, 그리고 현대 중국어 정보 기반 시설의 물질적·기호학적 기초를 놓은 것은 정확히 이러한 추측들, 잠깐의 성공들, 그리고 당장의 실패들이다. 현대 중국 정보 기술의 역사는 당장 나타나는 효과의 크기에서가 아니라 그 연계의 강도와 지속성에서 그 중요성과 상관성을 도출해 낸다.

중국어 타자기를 들을 수 있을까?

우리가 심연의 가장자리에 서서 그 깊숙한 곳으로 여행을 떠나기 위해 마지막 정리와 준비를 할 때면 다음과 같은 어려운 질문이 남는다. 이 심연에 있는 수많은 요소 — 이상한 부호들과 상상 속의 기계들 — 를 접하고 나면 우리는 이 요소들과 세상 어딘가에 있는 '실제의' 대응물을 허망하게 모조한 것이 아닌 다른 어떤 것으로서 진지하게 관계 맺을 수 있을까? 1930년대에 전형적인 중국어 타자기의 타자수가 분당 몇 자를 쳤는지 알게 되면 우리는 레밍턴과 언더우드의 작업자가 달성한 속도로 알고 있는 것과 나란히 놓아보려 하지 않을까? 중국 타자기 본체를 보게 되면 우리의 심미적 감각이 올리베티사에서 출시된 레테라22의 우아하고 아주 감각적인 디자인과 본능적으로 대비시키지 않을까? 처음 중국어 타자기의 소리를 듣기 시작하면 쿼티 자판의 탁탁 소리와 유사하게 들리는 현대화의 사운드트랙과 다른 것을 들을 수 있을까? 우리의 의문은 중국어 타자기가 소리를 낼 수 있는가 하는 것이 아니라 소리를 낼 때 우리가 들을 수 있는가 하는 것이다.

미국 현대주의 작곡가 리로이 앤더슨(Leroy Anderson, 1908~1975)은 1950년 「타자기(The Typewriter)」라는 열광적인 작품으로 데뷔했는데, 그는 이 서양식 사무기기를 악기로 변형시켰다. 독주자 — 아마도 심포니 타악기 연주자 — 가 무대의 가장 하단이자 오케스트라 앞에 높인 기계식 타자기 앞에 자리를 잡았다. 멜로디를 따라 타자수 타악기 주자는 격렬하고도 끊어지지 않게 스타카토 30초 악보를 시작했고, 절묘하게 배치된 쉼표와 정말 웃기게도 줄의 끝에 거의 다다른 것을 알리는 타자기 종소리로 시간을 맞췄다. 이 작품은 림스키 코르사코프의 「범블비의 비행(The Flight of the Bumblebee)」을 연상시키는 분당 160비트의 '알레그로 비바체' 또는 '브라이트 템포'로 연주되었다. 앤더슨의 유명한 작품 「고장 난 시계(Syncopated Clock)」보다는 다소 덜 알려졌으나 1950년의 이 작품도 인기 있었으며 연주 목록으로 자주는 아니어도 항상 뜨겁게 환영받았다(최근에는 독일의 루트비히스하펜에서 슈트라우스 페스티벌 오케스트라 비엔나에 의해, 그리고 멜본 프린지 페스티벌에서 연주되었다). 1963년 영화 〈누가 가게를 신경 쓰고 있나?(Who's Minding the Store?)〉에서 이를 흉내 내는 연주를 연기한 코미디언 제리 루이스(Jerry Lewis)는 아마도 심포니 세계 밖에서 온 최고의 광고인 가운데 한 사람일 것이다.

앤더슨이 금세기 중반에 내놓은 이 작품은 흥미로운데, 알파벳 타자기의 둥근 스펙트럼을 20세기 현대화의 우상처럼 보여주기 때문이다. 타자기의 일상적인 기능은 입력 기계이자 사무기기이지만, 한편으로는 대규모 현대화를 상징하는 역할도 했다. 한 세기 이상 우리와 함께해 온 16분음표와 32분 음표의 사운드스케이프를 전산 시대의 흐름이 우리 세계에서 당연한 기능이 되기까지 계속 흡수했다. 더욱이 이 사운드스케이프는 만드는 데 오래 걸렸다. 앤더슨보다 20년 전인 1928년에, 어떤 사람이 킹 암스 톰슨사의 기막히게 좋으면서도 끔찍한 기관총 소리를 말로 표현해 보려고 시도했다. 어떤 사람들은 그 타자기를 그 회사의 이름을 따라 '토미 건'이라고 불렀고 어떤 사람들은 '시카고 타자기'라고 불렀는데, 타자기의 탁탁 소리가 기관총에서 총알이 나오는 탕탕 소리에 비유되었다. 이 별명은 남북전쟁 당시 무기 제조사였던 레밍턴의 조립 라인에서 생산된 첫 번째 대량 생산 타자기 — 프리드리히 키틀러(Friedrich Kittler)가 타자기를 가리켜 '두서없는 기관총'이라고 말한 유명한 비유를 만들게 한 — 가 출시됨에 따라 역사 속으로 사라졌다는 것은 알아둘 만하다. 1930년대에는 타자기가 더 이상 기관총으로부터 이름을 따오지 않았다. 오히려 기관총이 타자기로부터 이름을 따왔다.[32]

　청각적인 것은 타자기 형상화의 한 부분일 뿐이다. 영화 역사 속에서 타자기는 단순한 부속물에서 제대로 대접받는 배역의 일원으로 올라선 지 오래되었다. 〈그의 연인 프라이데이(His Girl Friday)〉, 〈400번의 구타(The 400 Blows)〉, 〈샤이닝(The Shining)〉, 〈모두가 대통령의 사람들(All the President's Men)〉, 〈톱니바퀴의 칼날(Jagged Edge)〉, 〈바톤 핑크(Barton Fink)〉, 〈네이키드 런치(Naked Lunch)〉, 〈미저리(Misery)〉, 〈쉰들러 리스트(Schindler's List)〉, 〈타인의 삶(The Lives of Others)〉, 그리고 여러 다른 영화에서 타자기는 이야기의 대리인이 되기도 했고, 심지어는 모든 장면과 이야기가 회전하는 지지대가 되기도 했다. 기계가 대담하게 등장했던 작품 중 하나는 1970년에 개봉된 영화 〈봄베이 토키(Bombay Talkie)〉였는데, 영화의 대표적인 음악의 한 부분으로 배우들이 거대한 기계 위에서 춤을 추는 장면이 있다. 타자기를 '운명의 기계'라고 부르는 이 영화는 다음과 같이 설명하면서 이 극적인 별명을 확장한다. "타자기의 키는 인생의 열쇠를 나타내며, 우리 인간들은 그 위에서 춤춘다. 그리고 우리가 춤출 때, 우리가 기계의 키들을 누르면서 쓴 이야기가 우리 운명에 대한 이야기이다." 영화에서 유명한 발리우드 음률인 '타자기 팁 팁 팁'은 연상되는 의성어로 이 같은 감정을 잡아낸다.

타자기가 간다. 팁 팁 팁
인생의 모든 이야기를 적는다.[33]

이 책에서 만나게 될 중국어 타자기는 앤더슨의 명연주 같은 소리도 내지 않았고 팁 팁 팁 하며 가지도 않았다. 유명 중국어 작가에 대한 흔적도 단 하나 남기지 않았다. 루쉰, 장아이링(張愛玲), 또는 마오둔(茅盾)이 믿음직한 중국어 기계와 함께 제임스 딘처럼 아랫입술로 담배를 씹는 장면을 담고 있는 중국어로 된 커피 테이블 책도 볼 수 없을 것이다. 마찬가지로 중국어 타자기를 위한 박물관도 없고, 약간의 예외가 있긴 하지만 알파벳식 주변에 형성되어 있는 전 세계에 걸친 수집가들 또는 그 향수와 겨룰 만한 것도 없다. 여러 면에서 중국어 타자기는 전혀 타자기처럼 보이지 않을 수도 있다.

이 기계에 대해, 그리고 현대 중국 정보 기술의 폭넓은 역사에 대해 조사하고 이해하려고 할 때면 항상 다음과 같은 의문이 제기된다. 우리가 그렇게 할 능력이 있는가? 소리의 비유로 돌아가면, 중국어 타자기를 앤더슨의 악보, 토미 건, 그리고 발리우드의 팁 팁 팁을 통하지 않고서는 들을 수 없다면 이 기계소리는 과연 실제로 들을 수 있는 것인가? 이것이 이 책의 주요 방법론적 과제이다.

이 책은 독자의 성향에 따라 순진해 보일 정도로 낙관적으로 보일 수도 있고 참담하도록 비관적으로 보일 수도 있는 이 질문에 대한 답들을 내놓는다. 중국어 타자기에 대한 역사를 쓰는 것, 그리고 그와 함께 중국어가 이루어온 언어기술적 현대화의 역사를 쓰는 것이 가능하다고 생각하지만, 이 기계의 '고유의 방식'의 소리를 들으려는 어떤 환상 그리고 모든 환상을 포기하는 정도까지만이다. 그런 청각과 관련한 내용은 존재하지 않거나 존재했던 적이 없다. 역사학자들에 의해 재구축되기를 기다리고 있는 독자적이고 때 묻지 않은 사운드 스테이지는 그 가치가 재발견될 때 중국어 타자기를 제자리로 돌려보냄으로써 자신의 결점을 보완할 것이다. 중국어 타자기 소리는 서양의 '진짜' 타자기 소리와는 분명히 다르지만 그 안에 완전히 둘러싸여 있었으며 항상 어떻게든 연결되어 있었다. 중국어 기계 소리를 들을 때면 하이파이 스피커를 통해 좋은 질감의 소리를 누리는 것과 같은 무반향실의 평화와 적막의 고립을 꿈꿀 수는 없다. 우리가 차지한 분석 공간은 음악이 온통 쿵쾅거리는 붐비는 카페에서 희미한 소리를 들으려고 애쓰고 있는 것과 같다. 중국어 타자기의 '중국 중심'의 역사, 즉 중국어 현대화의 역사는 존재하지 않는다.[34]

방법론적으로 이 책에서 내가 취하고 있는 입장은 논쟁적이라는 말로 가장 잘 설명될 수 있다. 우리의 궁극적인 목적은 문제의 역사에 대해 단일하고 조화롭고 논란 없이 최종적인 설명에 도달하는 것이 아니라, 불협화음, 모순, 심지어 불가능성 — 생산적이고 긍정적이며 결국 인간 역사가 실제로 형성되는 방식에 더욱 충실한 것으로 이해되는 — 까지 받아들일 수 있는 넓은 공간을 만드는 것이다. 중국어 타자기를 듣기 위해서는 언어기술적 현대화 — 지금까지는 자연스럽게 역사학자에게 갔던 관행 — 에 대한 우리의 오래된 가정들을 추궁하며 해체해야 하지만 비판적 성찰 행위가 이 가정들로부터 우리를 자유롭게 하는 힘을 가지고 있다는 기대를 삼가야 한다고 나는 주장한다. 지난 10년간 열심히 중국어 타자기를 들어왔지만, 내 마음속에서 끝없이 돌고 있는 레밍턴 기계와 쿼티기계 자판의 억양으로부터 벗어나려고 열심히 애써왔지만, 중국어 타자기의 소리만 들을 수 있었던 때는 없었다.

중국어 타자기는 물론 소리를 낸다. 중국어 타자기는 의성어로 된 〈봄베이 토키〉의 팁 팁 팁에 대한 자기만의 상대역을 가지고 있기도 하지만 그 상대역이라는 것은 쉽게 알 수 없고 대중문화에서 전혀 좋아하지도 않는다. 중국어 타자기의 소리는 그 타자기와 일하며 같이 살았던 이들이 경험했던 대로 보관 문서에 묻혀 있는데, 중국어 기계의 확연한 리듬과 음색은 클립을 잠그는 듯한 가다 가다 가다(嘎哒嘎哒嘎哒)로 잡힌다. 이 방식에서 가(嘎)는 타자 레버를 누르는 시작 움직임을 가리키는데 타자 공간에 금속 알을 밀어 넣고 압반을 치는 것이다. 다(哒)는 타이프 공간이 원래의 위치로 되돌아오는, 그리고 금속 알을 글자판의 원래 위치로 되꽂아 넣는 두 번째 순서를 가리킨다.

하지만 소리는 청각과 같은 것이 아니다. 기계 소리를 가다 가다 가다 리듬으로 혼자 들을 때에도 이 소리의 뒷배경을 계속 만든 것은 앤더슨의 타자기였다. 가다 가다 가다는 확실히 그 자체의 리듬이 있지만 그 속도에 관해서 내 마음은 실제 타자기의 팁 팁 팁, 그리고 랏 아 탓 탓이라는 음을 지닌 32분 음표의 절반 또는 온음표 소리를 따라 들을 수밖에 없었다.

이 조사과정을 통해 알게 된 것은 앤더슨의 악보가 내 역사적 인물들이나 내가 '견해를 갖고 있는' 또는 '알고 있는' — 대상물과 사람 사이에 어느 정도 의미 있는 거리가 있다는 표현 — 그런 것이 아니었다는 것이다. 더 정확하게 말하자면, 현대의 언어기술적 인식은 레밍턴이고, 중국어 타자기를 연계시키는 것은 항상 레밍턴의 범주 안에서 이루어진다. 기본적인 관찰로 시작되는, 앞에서 거론한 논쟁적인 질문으로 다루는 것이 우리의 탐구를 의미 있고 생산적이게 한다. 가정들, 그리고 그 조건들을 해체하는 것이 그 안에서 그리고 그 자체로 이 가정들과 조건을 없애지는 않는다. 무엇인가를 역사화하고 해체하는 것은 그것을 단지 잠깐 동안 불안정하게 만들어서 주어진 개념이 무감각하고 멍한 수면 상태라면 불가능했을 무엇인가가 — 아무것이나 — 일어났던 간단하고 흘러간 시간의 창을 여는 것이다. 그리고 해체 행위는 길지 않다. 기껏해야 주어진 개념 또는 '작동 중'인 것이 한 순간만 더 가도록 하는 집단적이고 끝없는 투쟁에 조그마한 에너지 맥박을 기여하는 것이다. 이 행동을 통해 우리는 모든 것이 가차 없이 미끄러지는 벼랑 끝에서 개념들을 단지 몇 인치라도 뒤로 당기려고 끊임없이 노력한다. 이 벼랑은 비판적 사고 영역을 주어진 거대한 황무지에서 분리해 내는 벼랑이다. 비관적으로 들리겠지만 나는 이 활성화시키는 노력이 비판적 사고에 주된 의미를 주는 것이라 생각한다. 이것은 특히 인본주의적 사고가 심문자의 램프 아래에 놓여 있어서 그 존재를 정당화하도록 요구받는 지금 같은 기술 지향적·반지성적 시대에 내가 할 수 있는 가장 명쾌한 답변이라고 생각한다. 더욱이 이 논쟁적인 과정을 피하거나 물러서는 것은 역사주의를 격감시키며 논쟁적 과정이 가진 단 하나의 진정한 힘을 해체하는 것이라고 나는 주장한다. 어떤 사물의 모양새를 보여주고 이렇게 해체된 사물을 어떤 식으로든지 초월하거나 무시하는 듯한 학자들, 자기 접근법의 비편향성을 떠들면서도 어떤 식으로든지 이 중심으로 우리 지도를 얼룩지게 하려는 학자들, '대서사'를 복수화 또는 승수화(현대화/현대성, 계몽/계몽성)함으로써 축출해 버리고 다른 수단으로 대서사를 강화하는 것 외의 다른 일이 일어난 듯이 생각하려는 학자들에게는 그런 행위들이 자신의 위치를 포기하는 것, '지력이 조금 떨어져' 점점 더 어려워지고 있는 투쟁에 몰두하고 있는 동료들을 버리는 것, 지적 투쟁에서 완전히 나가는 것을 의미한다. 중국어 타자기와 중국 정보 기술의 역사를 이해하려면 우리는 반드시 '레밍턴 자아'와 비판적인 관계를 만들어야 한다. 하지만 비판적 자각이라는 행동만으로는 이런 체험적이고 경험적 구도로부터 자유로울 수 없다는 것을 항상 되새겨야 한다. 우리는 레밍턴이 아니지만, 레밍턴이기도 하다.

자료들에 대한 첨언

이 책은 10년 동안 다방면에 걸쳐 모은 자료에 기반을 두고 있다. 구두 역사, 자료, 가족 역사, 그리고 50여 개의 기록보관소, 박물관, 개인 소장가들, 그리고 거의 20개 국가의 특별 수집품으로부터 모은 기록 문서를 포함한다. 이 보관 기록의 방대한 규모와 다양성은 두 가지 면에서 관심을 받을 만하다. 첫째, 현대 중국 정보 기술의 역사를 기록하는 과정에서, 특히 이 역사를 위해 필요한 기록들을 갖추는 과정에서 경험한 도전과 불평등에 대해 이야기하고 있다는 것이다. 서양의 정보 시대 역사는 이 주제에 맞는 수많은 박물관과 보관소의 수집품들을 향유하고 있는 반면, 중국에서는, 그리고 논란은 있겠으나 더 넓게 비서양 세계에서는 정보화 시대의 역사가들이 비슷한 것을 향유하지 못하고 있다. 이런 이유로 나는 중국, 타이완, 일본, 미국, 이탈리아, 독일, 프랑스, 덴마크, 스웨덴, 스위스, 영국 등등에서 기록보관소를 만드는 일부터 시작해야 했다. 현대 중국 정보 기반시설의 역사는 거대하고 복잡한 협업으로 만들어진, 색인, 목록, 리스트, 사전, 점자, 전신, 속기, 조판, 타자, 그리고 컴퓨팅을 지배하고 있는 언어기술 체계의 내용들을 꾸며낸 다양하고 범세계적이며 간과되어 오던 인물들로부터 조각조각 모아야 했다.

둘째, 이 기록의 규모와 다양성은 이 역사가 지닌 근본적으로 범세계적인 성격을 말하고 있다는 것이다. '중국어 타자기'를 논의하고 있지만 중국어라는 용어가 우리 모든 주인공의 국적, 모국어, 또는 민족을 표현하는 형용사로 보여서는 안 된다. 우리 이야기에 등장하는 인물들은 간단히 구분하기 어려울 정도로 전 세계로부터 모였고, 현대의 중국어 쓰기라는 수수께끼를 풀기 위해 노력했던 다양하고 비상한 인물들로 구성되어 있다. 중국어 타자기에 대한 이야기를 쓰면서 우리는 상하이, 베이징, 퉁저우, 그리고 중국 내 여러 곳뿐 아니라 방콕, 카이로, 뉴욕, 도쿄, 파리, 포스커노, 필라델피아, 그리고 실리콘밸리를 여행했다. 중국어 타자기에 대해 쓰다 보면 정보 시대의 범세계적 역사 속으로 어쩔 수 없이 들어가게 된다.

중국어의 언어기술적 현대화 탐구를 시작하기 위해 실제로 샌프란시스코로 먼저 향하는데, 그곳에서 세계적인 명성을 누리고 현대 중국 정보 기술에 관한 대중적 생각들을 바꿀 중국어 타자기의 발명을 살펴보려고 한다. 이 특정 중국어 타자기는 실제로 존재하지 않는다는 사실에도 불구하고 말이다.

제1장

현대성과 맞지 않다

중국어 타자기가 어때야 하는지를 생각하면 마음이 어지러워진다.

_≪파 이스턴 리퍼블릭(The Far Eastern Republic)≫, 1920

중국어 타자기를 다루는 것은 농담이 아니다. 정말 그렇다.

_앤서니 버지스(Anthony Burgess), 『시계태엽 오렌지(A Clockwork Orange)』 저자, 1991

표준 서양식 타자기의 자판이 모든 한자를 담기 위해서 확장된다면 길이 15피트, 폭 5피트가 되어야 할 것이다. 이것은 탁구대 두 개를 합친 크기 정도이다.

_빌 브라이슨(Bill Bryson), 1999

　　최초의 대량 생산 중국어 타자기는 인기 있었던 상상 속 허구였다. 그 타자기는 1900년 1월에 처음 선보였는데, ≪샌프란시스코 이그재미너(San Francisco Examiner)≫가 듀퐁가에 있는 신문사 사무실 뒷방에서 도시의 차이나타운 인근에 들여놓은 이상한 기계에 대한 말을 퍼트렸다. 그 기계는 5000개의 키를 장착한 12피트 크기의 자판을 자랑하고 있었다. 기자는 "방 두 개로 만들어진 한 아파트가 이 놀라운 장치를 위한 안식처를 제공하고 있다"라고 설명하면서 기계가 너무 커서 '타자수'는 커다란 지역을 관장하는 사람과 비슷하다고 묘사했다(〈그림 1-1〉). 그 기사에 따르면, 그

그림 1-1 | ≪샌프란시스코 이그재미너≫에 실린 작업 중인 중국어 타자기(1900)

림 속의 발명가는 의자 위에 앉아서 '커다란 주석 메가폰을 들고 근육질 몸매의 네 명의 키 운전자'에게 광둥 사투리로 다음과 같이 횡설수설 외치고 있다.[1] "샷 후-라 마 쑈 공 엄 홈 탁 티-왁 옛 기 삼 세 바아 고우!!!!"[2]

1년 후에는 동쪽으로 1700마일 떨어져 있는 ≪세인트루이스 글로브 데모크라트(St. Louis Globe-Democrat)≫가 놀랄 정도로 비슷한 그림을 실었다. 중국어 기계는 모양으로는 당시 인기가 더해가고 있던 레밍턴 타자기와 유사했지만 크기는 대단했으며, 베이징의 자금성에 있는 것을 본뜬 두 개의 계단을 갖추고 있다(〈그림 1-2〉).[3] 여기서 중국어 '타자수'는 글자 그대로 키 계단을 기어 오르내리며 힘들게 원하는 글자를 찾고 있었다.

그림 1-2 | ≪세인트루이스 글로브 데모크라트≫에 실린 만화(1901)

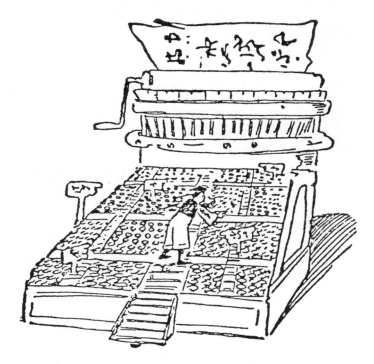

A CHINESE TYPEWRITER AT WORK.

  1903년, 이 출처가 모호한 상상 속 기계의 발명가에게 드디어 이름이 주어졌다. 사진사이며 컬럼니스트인 루이스 존 스텔먼(Louis John Stellman)이 그 발명가를 가짜 광둥어이자 의성어인 교묘한 말장난으로 탭-키라고 명명했던 것이다.[4] 스텔먼은 "한 신문에서 어느 중국인이 천상의 언어를 쓰는 타자기를 발명한 것을 보고 있다"라고 썼다. 그의 묘사에는 이상하게 큰 장치의 그림이 더해졌다(〈그림 1-3〉). 다섯 명 이상의 중국인 작업자들

그림 1-3 | 중국어 타자기를 다룬 만화(1903)

이 동시에 이 커다란 자판에서 딸깍거리고 있었고 다른 다섯 명이 엄청난 양의 종이를 산업용 롤러에 집어넣고 있었다. 분명 중국어 타자기를 움직이는 데 필요한 인원은 기계가 처음 나온 3년 전보다 두 배가 되었다.

탭-키와 괴물스러운 기계는 실제로 존재하지 않았다. 외국인들의 상상 속에만 존재할 뿐이었다. 하지만 다르게 보면 이 상상 속의 기계는 역사상 최초로 '대량 생산'된 중국어 타자기이며, 우리가 만나게 될 많은 실제 기계보다 공간과 시간 면에서 더 널리 알려진 것이다. 1900년에 처음 등장했을 때부터 이 거대한 중국어 기계는 인쇄, 음악, 영화, 또는 텔레비전 등 인기 문화 행사에서 자주 보이는 카메오였고, 매번 문자 기반의 중국어 쓰기의 기술적 불합리성을 보여주었다. 이러한 환상, 그리고 중국어와 중국 사람들에 대한 혼란스러운 초상은 불쾌한 과거 흔적에만 그친 것이 아니라 잘 살아남아 현재에 이르렀다. 이 상상 속 물건의 더 특이한 모습 가운데 하나는 1979년에 텔레비전용 영화인 〈중국어 타자기(The Chinese Typewriter)〉에 등장했다. 이 영화에는 톰 셀렉이 사설탐정인 바람둥이 무기 전문가로 출연했다.[5] 이야기는 자기 회사에서 수백만 달러를 횡령하고 남미로 도망가는 고위 임원 도널드 데브린(윌리엄 대니얼 분)이 훔친 여객기를 톰 보스턴 역할을 하는 셀렉이 잡으려 하는 내용을 중심으로 전개된다. 데브린의 탐욕스러운 성향을 간파한 보스턴과 그의 파트너인 짐 킬브라이드(제임스 휘트모어 주니어 분)는 새로운 창업 아이템인 중국어 타자기 사업의 전망을 미끼로 삼아 연고 많고 조심성 많은 범죄인을 꼬여내는 계획을 세운다.

> 킬브라이드: 도널드 데브린의 재미는 돈이야. 맞지? 그렇다면 그놈을 부자로 만들 수 있는 방법을 찾아낼 수 있다면 그놈은 그걸 가지러 선인장 공장에서 춤추며 나올 거야. 맞지? 그렇다면 그건 아직 발명되지 않은 무엇이어야만 하는데. 사업 노다지나 외국 수출을 위한 제품 같은….

카메라는 그의 책상 위 쿼티 타자기를 잡았다가 웃기 시작한 킬브라이드를 비춘다.

킬브라이드: 중국어 타자기.

보스턴: 중국어 타자기?

킬브라이드: 그래, 그래. 그래, 중국어 타자기.

장면은 킬브라이드의 사무실로 이동한다. 그곳은 복잡한 시제품, 도면, 그리고 방정식 등을 여러 방법으로 서투르게 다루는 풀어놓은 천재들이 있던, 실리콘 밸리가 설립되기 전 이데오 코퍼레이션(IDEO corporation) 같은 류의 싱크탱크이다. 킬브라이드는 다음과 같이 설명한다.

킬브라이드: 너도 알다시피 중국에는 타자기가 없잖아. 중국어 알파벳은 100여 개의 사투리, 3000개의 문자를 가지고 있어. 그래서 한 사람이 글자를 찍고 싶으면 다른 사람에게 가서 글자 하나하나를 뽑기 위해 커다란 선반 앞에 서야 해. 한 문장을 찍는 데 반나절은 걸린대.

보스턴: 그런데?

킬브라이드: 그래서 여러 해 동안 싸고 전산화된 중국어 타자기, 대당 50에서 100달러에 만들고 팔 수 있는 것을 만들려고 노력해 왔어. 그 개떡 같은 컴퓨터는 너무 커서 만들 수 있는 가장 싼 버전이 수천 달러씩 하잖아. 대량으로 만들기엔 너무 비싸고. (킬브라이드가 중국어 타자기 도면을 찾는다.) 그런데 그 컴퓨터들이 작동되지 않으니 이런 계획은 소용없는 거야.

하지만 가장 기억될 만하고 인상적인 중국어 타자기를 환기시킨 업적은 오클랜드 태생의 래퍼 스탠리 버렐(Stanley Burrel), 무대 이름으로 더 유명한 엠시 해머(MC Hammer)에게로 간다. 1990년 자신의 최고 히트곡 「넌 이걸 건드릴 수 없어(U Can't Touch This)」의 뮤직비디오에서 해머는 당시 가장 잘 알려진 춤인 발재간 박자를 내놓았다. '중국어 타자기' — 이 이름은 예술가가 만든 게 아니라 그냥 갑자기 새로 만들어진 것으로 보인다 — 로 알려진 이 춤은 해머가 빠르고 정신없는 동작들로 옆걸음 치는 것이 특징이다. 이 스텝은 말도 안 되게 커다란, 수만 개의 문자로 꽉 찬 자판을 헤매고 다니는 중국어 타자수의 낯선 기술을 흉내 낸 것이다. 탭-키가 계단을 오르내리는 것과 달리 해머의 상상 속 타자수는 엄청난 속도로 먼 거리를 횡단했다. 하지만 이것은 아무것도 만들어내지 못하는 쓸모없는 거대한 물체가 생명력을 마비시키는 희망 없는 비효율을 구현한 것이었다.

해머와 셀렉이 인기 있는 문화 분야에서 상상 속 중국어 타자기를 언급했다면, 다른 이들은 그것을 인기 있는 학문적 연구 분야로 가져왔다. 1999년 유명 작가인 빌 브라이슨(Bill Bryson)은 영어를 다루는 자신의 인기 있는 연구에서 독자들에게 "중국어 타자기는 거대해서 가장 숙련된 타자수도 분당 10개 단어 이상을 다룰 수 없다"라고 확신시켰다.[6] 활기찬 상상력, 정보 처리에 대한 알파벳 중심적 사고, 자신이 말한 기술에 대한 완전한 이해 부족을 바탕으로 브라이슨은 75평방피트쯤 되는 엄청난 크기의 설비 — '탁구대 두 개가 합쳐진' — 를 언급하면서, 가장 숙련된 타자수라 하더라도 우스꽝스러울 정도로 느린 속도로 조작할 수밖에 없다고 했다. 월터 옹(Walter Ong)은 『구술문화와 문자문화(Orality and Literacy)』라는 기념비적인 작품에서 "중화인민공화국 국민 모두가 동일한 중국어('방언'), 즉 지금 어디서나 가르치고 있는 만다린을 배우게 된다면 문자가 로마 알파벳으로 바뀌게 되리라는 것은 의심의 여지가 없다"라고 동의했다. 이어서 옹은 "중국의 문학적 손실은 엄청나겠지만 그 손실이 4만 개 넘는 문자

를 사용하는 중국어 타자기만 하지는 않을 것이다"라고 썼다.[7]

탭-키, 그리고 그의 괴물스러운 기계로 돌아가자면, 우리는 즉각 비인간적이고도 이국적인 타자기의 모습에 놀란다. 여기서 우리가 주로 관심있는 것은 이 이미지에 부과된 인종차별이 아니라 쉽게 눈에 띄지 않는 또다른 측면이다. 신화적인 중국 기계들에 대한 이 많은 묘사에서 사람들은 반드시 수천 개의 키로 이루어진 엄청난 자판을 만나게 된다. 이 장에서 던질 질문은 아주 간단하다. 왜 키인가? 왜 스텔면은 자신의 소설 속 주인공을 탭-키라고 불렀을까? 빌 브라이슨이 중국어 타자기를 떠올렸을 때 어째서 그의 마음은 길이 15피트, 폭 5피트의 자판을 향했을까? 오늘날의 우리는 왜 1900년대 사람들과 마찬가지로 '중국어 타자기'라는 말을 들으면 수만 개 글자가 각각의 키에 얹혀 있는 엄청난 자판을 갖춘 괴물스러운 루브 골드버그 기계(생김새나 작동원리는 아주 복잡하지만 하는 일은 아주 단순한 기계를 일컫는 말 _옮긴이)를 떠올리는 걸까? 만일 '중국어 타자기는 어떻게 생겨야 하는지 생각하는 것이 어지럽다면' 우리의 정신적 어지러움은 정확히 어디에서 오는 것일까?

이 질문에 대한 솔깃한 반응은 '상식'을 거론하는 것이다. 자고로 타자기란 키와 자판으로 된 기계라고 정의되므로 이 기기의 중국식 '버전'을 상상할 때면 우리 마음이 그런 비유로 전환되는 것은 매우 자연스럽다. 우리는 이 논리를 좀 더 뻗어서 우리가 알지 못하지만 타자기와 연관된 많은 미묘한 속성을 생각해 볼 수도 있다. 우리는 마음속에 기계식 영어 기계를 시각화할 때 'A'라고 쓰인 키를 누르면 기계가 종이 위에 상응하는 글자를 소문자로 찍는 것을 떠올린다. 그러면 자동으로 캐리지가 수평으로 한 칸씩 왼쪽으로 이동한다. 'L'이라고 표시된 키를 누르면, 'l'과 'a' 간의 폭 차이에도 불구하고 캐리지는 정확히 다시 같은 거리만큼 나아간다. 자판 위에서 자세를 취하는 우리의 손과 손가락도 주목할 만하다. 기계의 형태 자체는 손가락별로 차이나는 '힘'의 강도, 약지는 약하고 검지는 강하다는 것을 본능적으로 구분한다. 캐리지 리턴을 누르면 고무판은 설정된 거리만큼 회전하며 기계는 사선을 가로질러 다시 수평으로 되돌아온다. 하지만 이번에는 오른쪽으로 돌아간다. 이것이 타자기의 '본질'이다.

이런 속성들이 지금의 우리에겐 상식적으로 들리겠지만 이것들 중 어느 것도 우리가 당연하다고 생각하는 것처럼 예정되어 있지는 않았다. 타자 기술이 막 형성되어 신기한 연습 대상이던 1880년경에 동일한 사고 실험을 수행했다면 더 많은 이미지가 떠올랐겠지만, 그 이후 대부분은 우리의 집단적 기억에서 사라졌다. 유럽과 미국에서 타자기술이 발명되던 초기에는 우리가 지금 타자기 고유의 본질이라고 생각하는 기능을 포함하지 않은 다양한 유형의 타자기가 있었다. 어떤 기계는 한 손으로만 작동되도록 설계되었는데, 덴마크 발명가인 라스무스 멀링-한센(Rasmus Malling-Hansen, 1835~1890)이 설계하고 프리드리히 니체가 급속히 건강이 악화되던 시기에 편지를 쓰기 위해 1880년대에 소유했던 것으로 유명한 멀링-한센 라이팅 볼이 그러한 방식이었다. 1904년의 램버트 타자기 같은 것은 회전하는 원판 위에 알파벳 글자들을 배열했다. 1891년 아메리칸 비저블 타자기의 경우에는 키 또는 자판이 아예 없었다. 사실 타자기의 한 형태만이 우리가 지금 타자의 필요조건이라고 생각하는 모든 기능을 구현했다.[8] 바로 자판 기반의 싱글 시프트 기계로, 레밍턴, 언더우드, 올리베티가 여기에 해당한다.

탭-키와 상상 속의 중국어 타자기로 돌아가서, 이 장에서는 직관에 반하는 주장을 시작한다. 바로 괴물스러운 중국어 기계를 폄하하는 만화들 또는 중국어의 언어기술적 '비효율'에 대해 중립적인 것처럼 언급한 내용들을 보는 것은 실제로는 우리가 한때 활기 넘치던 언어기술적 상상력에 드리운 죽음의 그림자를 보고 있는 것이다. 한때 풍요했던 기계 생태계는 붕괴되었고 그 후 기계에 대한 사고방식은 레밍턴의 세계라는 단일 문화 속으로 사라져버렸다. 그 붕괴의 여파로, 그리고 레밍턴 단일 문화라는 맥락에서 키와 자판 이외의 타자기 형태는 점점 더 상상하기가 어려워졌다. 그래서 수천 개의 키를 장착한 괴물스러운 부조리한 중국어 타자기밖에 상상할 수 없게 되었다. 우리 마음속의 중국어 괴물은 고정된 이미지, 즉 우리가 때때로 찾아서 들여다보는 앨범 속의 사진 같은 것이 아니다. 그 중국어 괴물은 휴면상태에 있다가 가끔 충격을 받고 깨어나서 정해진 과정을 실행하도록 만들어진 일종의 정신적 프로그램의 결과물이다. 그 프로그램은 다음과 같이 작동한다.

타자기는 키를 가진 물건이다.
이들 각각의 키는 알파벳 글자 하나와 상응한다.
중국어는 알파벳이 없지만 '문자'라고 부르는 실체를 가지고 있다.
중국어에는 수천 개의 글자가 있다.
중국어 타자기는 수천 개의 키를 가진 엄청난 기기여야만 한다.

이 과정이 시도될 때마다 이 개념의 알고리즘은 똑같이 생동감 없는 결론으로 사람들을 끌고 가면서도 한편으로는 사람들로 하여금 자신들이 자발적이고 자율적으로 결론에 도달했다고 믿게 만든다. 이 중국어 타자기의 어마어마함은 심사숙고해야 할 만한 것이 아니다. 단순히 그렇다고 하니까 사실처럼 느낀다. 우리가 어지러움을 느끼는 원인은 중국어가 아니라 이런 개념의 알고리즘이다.

괴물스러운 무엇인가인 '중국어 타자기'는 이런 식으로 20세기 미국과 유럽에서 언어기술적 상상이 붕괴된 데 따른 부산물이었다. 이것은 중국이 이국적이고 다른 나라들과 다르다는 대중적인 관념에서 비롯되었지만, 더 중요하게는 알파벳 세상에서 언어와 기계 사이의 '정상적'인 관계를 만드는 것에 대해 새로 부상한 믿음, 그리고 종종 무의식적인 믿음으로부터 나왔다. 상상 속 중국어 타자기를 이해하려면 이 '중국어 타자기'라는 한 쌍의 단어에서 '중국어' 부분에는 덜 관심을 가지고 '타자기' 자체와 관련한 초기 서양 개념에 대해서는 훨씬 더 관심을 가져야 한다고 나는 주장한다. 왜냐하면 유럽과 미국 세계의 많은 사람들은 타자기 같은 기계를 통해 자신들의 언어에뿐만 아니라 비서양, 비라틴, 그리고 특히 비알파벳 문자에까지 깊이 뿌리박은 의견을 형성했기 때문이다. 우리는 '자판'과 '키'가 '타자기'에 대한 이해에서 떼려야 뗄 수 없게 된 역사 속으로 깊이 들어가야 한다.

괴물스러운 중국어 타자기라는 이 개념이 어디에서 비롯되었는지 우리가 알게 된다면 오랜 기간 동안 그 개념이 행한 강력한 사상적 작업을 이해할 수 있게 된다. 루이스 스텔먼, 빌 브라이슨, 톰 셀렉, 그리고 엠시 해머는 중국 역사, 또는 현대 정보 기술에 대한 세계 역사를 이해하기 위해 자주 찾는 개인적인 인물 목록에서 높은 자리를 차지하지는 않지만, 그럼에도 불구하고 다양한 집단의 개인이 '중국어 타자기'라는 단어를 보면서 대체로 똑같이 괴물스럽고 모순덩어리라는 결론에 도달하는 과정을 이해하는 것은 심오한 분석적 가치가 있다고 나는 주장한다. 이 정신적 알고리즘은 대단히 중요하다. 왜냐하면 더 큰 이야기의 핵심 질문에 대한 통찰을 이 알고리즘 안에서 찾을 수 있기 때문이다. 그 큰 이야기란 한 세기 이상 뿌리박았던 진화론자와 다위니스트들의 주장이 쇠퇴하는 와중에서도 19세기의 오래된 중국 작문에 대한 비판이 살아남은 역사적 과정을 말한다. 우스꽝스러운 중국어 자판의 이미지는 하찮은 것도 아니고 무해한 것도 아니다. 그 이미지는 이전 세기의 인종 계층과 진화론이라는 견해에 뿌리를 두고 있는 담론의 후계자이다. 사실 이 기술적 괴물은 후계자 이상의 역할을 담당해, 20세기 동안, 그리고 그 이후까지도 서양 문화의 우월성 또는 한자의 진화적 부적합성에 대한 서투르고 피로 얼룩진 논의 속에서 한자 폐지에 대한 요구가 더 이상 거론될 필요가 없을 만큼 동양학자들의 담론을 되살리고 활기를 회복시켰다. 이제는 같은 주장들을 비교기술 적 합성이라는 정리되고 중립적이며 객관화된 용어를 통해 보다 강력하게 만들 수 있다. 결국 중국어 타자기가 실제로 탁구대 두 개를 합쳐 놓은 크기여야 한다면 중국어의 부족함에 대해 더 이상 말하지 않아도 될 것이다.

다음 장에서 시작하는 실제의 중국 정보 기술을 조사하기 전에 우리가 착각하고 있는 중국 정보 기술의 역사를 살피는 것은 필수적이다. 왜냐하면 실제의 중국 정보 기술(특히 실제 중국어 타자기들)이 자신의 역사로부터 벗어날 수 없게 만든 강력하고도 널리 퍼진 해석적 틀이 이 착각의 역사로부터 등장했기 때문이다. 무너지는 언어기술적 구상의 역사는 4단계를 거쳐 일어났다. 첫째는 서양에서 다원화와 유동화의 초기 시기인 1800년대 말로, 기술자, 발명가, 일상 사용자들이 타자 기술 자체뿐만 아니라 비영어와 비라틴 글쓰기 시스템으로의 잠재적 확장까지 상상할 수 있었던 다양한 종류의 기계가 존재했다. 둘째는 세기가 전환되면서 가능성이 붕괴된 시기로, 특정한 타자기 형태(시프트 자판 타자기)가 독보적인 우위를 차지함에 따라 이전의 대안들을 처음에는 시장에서, 나중에는 생각 속에서 지워버렸다. 셋째는 1900년대 이후부터 진행된 빠른 세계화의 시대로, 시프트 자판 타자의 언어기술적 단일 문화가 전 세계를 점유함에 따라 시프트 자판 타자기는 '효율성' 및 계속 증가하는 세계 여러 문자의 현대화를 측정하는 기술적 비교 대상이 되었다. 마지막은 안타깝게도 이러한 범세계적인 범위 바깥에 있던 하나의 세계 언어인 중국어와의 만남이다. 이 역사를 통해 우리는 특히 레밍턴이 등장한 이후로 타자에 대한 모든 세계 언어의 사고방식이 물질적, 개념적, 그리고 재정적 출발점에서 어떻게 탈바꿈되었는가를 보게 될 것이다. 레밍턴이 세계를 정복했을 때 세계 구석구석으로 퍼진 것은 추상적 의미에서의 '타자기'가 아니었다. 그것은 전 세계적으로 포화 상태를 달성한 싱글 시프트 자판이었다. 이 특별한 유형의 타자기는 세상의 모든 문자 체계를 측정하는 기계가 되었고 흡수한 모든 문자에 심대한 영향을 끼쳤다. 그리고 자신이 흡수하지 못했던 하나의 문자에는 더더욱 큰 영향을 미쳤다.

레밍턴 이전의 아시아

탭-키, 그리고 가상의 중국어 타자기에 대한 역사는 중국도 미국도 아닌 시암(태국의 옛 이름 _옮긴이)에서 시작했다. 1892년 첫 번째 태국어 타자기는 새뮤얼 갬블(Samuel Gamble)과 제인 헤이스 맥팔런드(Jane Hays

McFarland) 사이에서 난 네 자녀 중 둘째인 에드윈 헌터 맥팔런드(Edwin Hunter McFarland)가 발명했다.[9] 아이들이 태어나기 전 맥팔런드 가족은 시암에 뿌리를 내리고 선교사, 의사, 교육자, 그리고 귀족 사회에 접근할 수 있는 자선 사업가로서 가문을 만들었다.[10] 에드윈은 1884년 워싱턴 앤 제퍼슨 대학을 졸업하고 시암으로 돌아와 몽쿠트 왕 라마 4세, 추알라 롱콘 왕 라마 5세의 배다른 동생인 담롱 라자누하브 왕자의 개인 비서로 일했다.[11] 1891년 담롱 왕자는 아주 특별한 임무를 주어 에드윈을 미국으로 보냈다. 그것은 바로 많은 궁정 개혁과 현대화 계획 중 하나로 태국어 문자를 위한 타자기를 개발하는 것이었다.[12]

에드윈은 이 임무를 수행하는 데 상당한 자원을 사용했다. 그는 아버지와 함께 인쇄 기술을 배웠고 아버지의 도움으로 최초로 인쇄된 태국어 사전을 냈다.[13] 더 중요했던 것은 에드윈은 몇 십 년 뒤에나 밝혀질 타자에 대한 아주 다양한 접근 방식을 접했다는 것이다. 서양 타자기들이 우리가 지금 당연히 여기는 형태로 자리를 잡기 전에 에드윈은 선택할 수 있는 여러 타자기를 보았는데, 각각의 타자기는 이국적이고 비라틴어인 태국어 문자와 관련된 또 다른 출발점을 제공했다.

44개의 자음, 32개의 모음, 5개의 성, 10개의 숫자, 그리고 8개의 맞춤법 부호를 가진 태국어 글쓰기를 연구하면서 에드윈은 세 가지 타자기 형태를 접했는데, 각 타자기는 서로 다른 행동 유도성과 한계들을 안고 있었다. 그중 하나는 인덱스 타자기인데, 키 또는 자판이 없는 타자기 형태였다. 그 대신 알파벳 글자들이 새겨져 있는 평판 또는 회전판을 사용했다. 포인터를 사용하는 방식으로, 타자수는 원하는 글자에 포인터를 옮기고 타자 기계장치를 눌러서 기계를 작동시켰다.[14] 인덱스 기계로 알려진 가장 초기의 타자기는 맹인들을 위한 휴즈 타자기(1850년), 회전 인덱스(1860년경, 제조사 불명), 미국 발명가이자 사업가인 토머스 홀이 1881년에 개발한 홀 타자기였다. 인덱스 기계의 장점 중 하나는 활자, 폰트의 호환성이었고, 그래서 언어가 호환된다는 것이었다. 발명가들과 사업가들은 잠재고객들에게 이 기능을 홍보했다. 홀은 동시대인들과 마찬가지로 자신의 발명에 대해 세계적인 야심을 가지고 있었으므로 첫 번째 모델이 매사추세츠주 세일럼시에서 나오자마자 실질적으로 국제화하기 시작했다. 1886년부터 홀은 아르메니아어, 네덜란드어, 프랑스어, 독일어, 그리스어, 이탈리아어, 노르웨이어, 포르투갈어, 러시아어, 스페인어, 그리고 스웨덴어로 교환 가능한 이 타자기판을 홍보했다.

하지만 홀 기계는 에드윈의 목적을 달성하는 데에는 한계가 있었다. 다른 미국 타자기 발명가들처럼 홀은 라틴어, 그리스어, 키릴문자 등 서유럽식 문자 체계를 전적으로 고려하여 동일한 8×9 매트릭스 형식으로 교환 가능한 판을 포맷했다. 가능한 부호가 총 72개였던 홀의 기계는 이탈리아어, 러시아어 같은 언어는 꽤 잘 제공했으나 태국어에 필요한 숫자에는 모자랐다.[15]

두 번째 가능성은 싱글 시프트 자판 타자기로, 레밍턴 타자기회사의 제품으로 나왔다. 1816년 엘리팰릿 레밍턴(Eliphalet Remington)이 설립한 이회사는 뉴욕주 리옹에 기반을 둔 내전 시대 무기 제조업체로 시작했다. 격동의 전쟁이 끝나고 미국 연방이 전후시대로 들어서면서 레밍턴은 타자기회사인 요스트와 덴스모어, 그리고 발명가인 크리스토퍼 숄스(Christopher Sholes), 칼로스 글라이든(Carlos Glidden), 새뮤얼 루이스(Samuel Lewis)와 협력하면서 그 노력을 재분배했다. 1873년 레밍턴은 숄스 타자기와 글라이든 타자기를 내놓았다. 이 싱글 시프트 시스템은 각 키가 각 글자의 대소문자 모두에 상응하도록 하는 접속장치를 갖췄다. 타자수는 이제는 친숙한 '시프트'키를 사용해서 대소문자를 켤 수 있었다.

하지만 레밍턴 기기의 단점은 에드윈에게 분명했다. 영어에서는 소문자와 대문자가 빈도수 면에서 뚜렷한 차이가 있다. 따라서 대문자들을 멀리 있는 '시프트' 위치로 격리시키는 것이 분명 일리가 있었다. 영어에서는 대문자가 모든 인쇄의 2~4%이고, 소문자가 나머지 대부분이었다. 예를 들어 제인 오스틴(Jane Austen)의 『오만과 편견(Pride and Prejudice)』을 구성하는 264만 1527자 중에서 단 1만 4177자 또는 2.56%가 대문자이다. 멜빌 (Melville)의 『모비딕(Moby-Dick)』은 이보다 약간 높은 2.91%이다. 제임스 조이스(James Joyce)의 『율리시스(Ulysses)』와 셰익스피어(Shakespeare)의 『햄릿(Hamlet)』은 각각 4.58%, 5.61%가 대문자이다.[16] 적게 사용되는 이 대문자 글자들을 이차적인 '시프트'로 떠넘김으로써 타자기는 사용 편의성이나 결과물에 영향을 미치지 않은 채 크기를 줄일 수 있었다.

같은 이야기가 태국어에는 해당되지 않는데, 태국어의 알파벳은 대소문자를 구분하지 않기 때문이다. 그러므로 싱글 자판 기계의 '시프트' 기능은 에드윈으로 하여금 절반의 태국어 알파벳을 번거롭게 두 번 작동하도록 격하시켰다. 그것은 물론 가능했지만 적절하지는 않았다.

세 번째 가능성이자 에드윈이 최종적으로 선택한 것은 스미스 프리미어(Smith Premier) 타자기회사가 만든 더블 자판 기계였다. 뉴욕주의 코틀랜드 출신 발명가인 알렉산더 브라운(Alexander T. Brown)은 1880년에 회사를 설립했고, 레밍턴의 동료들처럼 무기 제조업체인 리만 스미스와 팀을 짰다. 그들은 시라큐스에 있는 공작소에서 타자기를 개발했고 결국은 타자기를 자신들 사업의 주요 초점으로 만들었다. 실제로 그들이 이스트 워터가 700번지에 건설한 커다란 공장 덕분에 시라큐스는 많은 이들에게 '타자기 도시'라고 알려지게 되었다. 당시 회사의 주력 모델은 넘버 4(Number 4)였다. 스미스 프리미어는 제조업체들이 자신들의 디자인을 지칭했던 대로 더블 자판 또는 '완전한 자판' 기계의 선두로 자리매김했다.[17] 84개의 키로 구성된 더블 자판 기계는 '모든 글자에 키를 제공하며' 시프트 자판보다 훨씬 더 정확하고 타자수의 시간을 줄이며 기계의 수명을 연장한다는(사용하는 데 따른 부담이 과도하고 닳아 없어지거나 부서질 수도 있는 '시프트'키가 없다는) 회사 광고로 큰소리쳤다. 스미스 프리미어 회사는 "시프트키 기계에서는 타자수가 자연스러운 자세를 벗어나 시프트키를 누르는 오류를 범할 위험이 있다"라고 설명했다.[18]

에드윈이 제조 합의서를 체결하기에 이르렀을 때 그는 홀이나 레밍턴의 공장이 아닌 시라큐스가 태국어의 현대화 노력에 가장 적절한 것으로 판단했다. 태국어는 스미스 프리미어의 나라가 되었다.

에드윈은 언어기술적 출발점을 선택했으므로 태국어 글쓰기의 특정 사항들에 부응할 수 있도록 기계의 통합 디자인 원칙들을 다시 살피기 위해 기술자들과 일할 필요가 있었다. 가장 중요한 요구사항은 소위 '비작동 키'(글자를 입력한 후 고무판이 전진하지 않는 키)를 더 많이 장착하도록 기계를 개조하는 것이었다. 그런 비작동 키들을 장착한 에드윈의 개조된 스미스 프리미어는 태국어 악센트를 다룰 수 있게 되었는데, 먼저 악센트를 넣고 그 뒤에 글자를 덧붙이는 방식이었다.[19] 글자가 완성되면 캐리지는 다음 줄을 입력하기 위해 앞으로 나아간다.

태국어 문자 역시 바뀌어야 했는데, 이 언어기술적인 협상은 어쨌든 손

그림 1-4 | 스미스 프리미어의 더블 자판 타자기

실이 없는 것은 아니었다는 사실을 일깨워준다. 에드윈의 동생 조지의 회
상에 따르면, 84개라는 많은 키를 가지고도 스미스 프리미어 기계에는 "완
벽한 태국어 알파벳 쓰기에 필요한 두 개의 숫자가 빠져 있었다. 에드윈은
모든 알파벳과 모든 성조 표시를 기계에 담을 수는 없었다(〈그림 1-5〉). 그
래서 아주 과감한 작업을 했는데, 태국 알파벳에서 두 글자를 없애버렸

그림 1-5 | 태국어 타자기의 자판

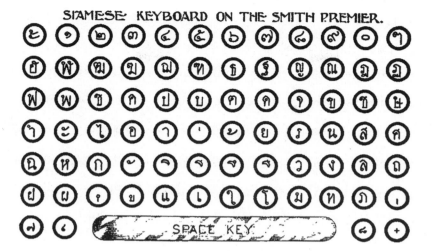

다". 조지는 이어서 말했다. "오늘날까지도 그 알파벳들은 완전히 쓸모가 없다."[20]

1895년, 태국 왕실과 맥팔런드 가문에 불운이 동시에 닥쳤다. 태국 왕좌의 지명 계승자인 마하 와치루니스 세자가 장티푸스로 죽자 마하 와치라웃이 라마 5세의 장남으로서 왕위를 계승했던 것이다.[21] 같은 해 에드윈역시 일찍 죽어서 가족들에게 슬픔을 안겼는데, 에드윈은 동생 조지에게맥팔런드 태국어 타자기 일을 남겼다. 조지는 "1895년부터 타자기는 내생활의 일부분이 되었다. 에드윈이 죽자마자 태국어 타자기 사용을 소개하는 일이 내게 주어졌다. 형이 만들었지만 아직은 평가받지도, 수요가 있지도 않았다"라고 회상했다.

조지 맥팔런드는 발명가가 아니었다. 그는 치과의사였다. 다른 가족들처럼 태국 사회에 깊이 자리 잡은 그는 시암 시리라즈 병원을 관리했으며, 1891년경 방콕에서 최초의 개인 치과 병원을 설립했다.[22] 조지는 환자들을 위해 자신의 사무실에 고인이 된 형의 타자기를 개인 박물관의 전시물처럼 전시했다. 아마도 그 타자기가 만들어낸 호기심들에 자극 받아, 또는 에드윈에 대한 추억으로부터 영감을 받아 조지는 2년 후 훨씬 과감한 조치를 취했다. 방콕에 자신 소유의 스미스 프리미어 가게를 열고 거기서 시라큐스와 태국 수도 간의 묘한 자매결연을 계속 이어갔던 것이다.[23] 조지는 "그 후 몇 년 동안 이 기계가 수천 대 수입되었고 스미스 프리미어 없이는 정부 사무실이 일을 할 수 없는 날이 왔다"라고 회상했다.[24]

망가지는 우리의 언어기술적 상상력

1915년은 태국 타자 역사에서 두 번째이자 갑작스러운 변화를 기록한 해로, 결국에는 맥팔런드 가문을 타자기 사업에서 완전히 밀어냈다. 이러한 변화는 시암 내에서의 역학 때문이 아니라 지구 반 바퀴 저쪽에서 일어난 기업 책략 때문이었다. 스미스 형제는 1893년 캘리그라프, 덴스모어, 레밍턴, 그리고 요스트 타자기를 아우른 신탁회사인 유니언 타자기회사에 가입했는데, 여기에 가입한 후 언더우드 회사가 개척하고 있는 '보이는 타자기'라는 새로운 개혁 때문에 자신들의 이익이 위협받고 있음을 알게되었다. 당시까지만 해도 주요 타자기 모델은 타자수가 기계의 타자 바를 향해 안쪽을 보도록 되어 있어 지면의 인쇄를 볼 수 없는 방식으로 만들어졌다. 타자수는 자신이 입력하는 문장을 확인하려면 본체를 들어 올려 입력된 문장을 봐야 했다. 언더우드의 새 모델은 널리 인정받고 소비자 수요를 충족시키는 완전히 가시적인 대안을 뽑냈다.

하지만 타자기에 대한 전면적인 구조 변경을 막는 신탁 규정 때문에 스미스 형제는 모든 지분을 스미스 프리미어 타자기회사에 팔고 신탁회사를 떠나 L. C. 스미스 앤 브라더스 타이프라이터라는 회사를 차렸다. 그들의 첫 모델인 '스탠더드'는 보이는 타자 디자인을 채택했으며, 원래의 더블 자판 형식 또한 포기하고 점점 더 시장을 장악하고 있는 싱글 자판, 시프트키 타자기 형태로 나아갔다. 그 결과 더블 자판 기계의 세계적인 공급은 고갈되었다. 이러한 변화는 영어 시장에서는 별 문제가 되지 않았으나 그 시점까지 태국 타자의 기본을 형성했던 기기를 유통에서 없앤 것이었다.

이 변화는 1915년에 레밍턴이 스미스 프리미어를 인수했을 때 확고해졌다. 조지가 회상했듯이, 그것은 "비시프트 타자기를 더 이상 생산하지 않기로 정한 것이었다".25 이 변화는 그 시절 한 쌍의 사진에 찍혔는데, 첫 번째 사진은 인수 전 조지의 상점을, 두 번째 사진은 세계적인 네트워크의 새로운 거점이 된 레밍턴사를 보여주는 것이다(〈그림 1-6〉). 조지는 "그것은 시암에 특별히 어두운 날이었다. 왜냐하면 스미스 프리미어는 그렇게 많은 글자를 가지고 있는 언어에 경탄스러울 정도로 잘 맞았기 때문이다"라고 한탄했다.26 새 모델에 대해서는 "아무도 원하지 않았다". "시프트키를 어떻게 사용하는지 아무도 몰랐다. 모든 사람이 오래된 4번, 그리고 5번을 찾았다. 나는 어찌할 바를 몰랐다. 무엇을 해야 할지도 몰랐다."27

조지는 시프트 타자 쪽으로 바꾸거나 사업을 전부 포기하는 것 외에는 선택의 여지가 없었다. 휴가 중에 그는 레밍턴을 도와 자신의 첫 번째 태국어 기계를 개발했다. 조지는 후에 이렇게 고백했다. "그 작은 기계는 너

그림 1-6 | 오래된 맥팔런드 상점과 레밍턴사

그림 1-7 | 1925년 레밍턴사가 만든 태국어 타자기(미국)

자료: 피터 미테르호퍼 타자기 박물관/이탈리아 파르치네스의 타자기 박물관

무나도 매력적이고 편리해서 사람들은 시프트 기계를 사용하도록 유인되었다."[28] 레밍턴 자판은 결국 모든 태국어 타자기 제조업자들에 의해 채택되었고, 동시에 그런 기계들의 모델과 형태는 다른 언어들과 동일선상에서 확산되었다. 레밍턴은 곧 태국어 포터블, 태국어 표준형, 그리고 태국어 계산기뿐 아니라 터치 패드를 중심으로 한 태국어 타자학교 네트워크도 판매하기 시작했다. 그중 적어도 한 군데는 맥팔런드 집안에서 직접 설립하고 감독했다(〈그림 1-7〉).[29] 태국어 타자기의 미래는 레밍턴에 의해 유명해진 타자기 형태에 속해 있었다.

싱글 자판 디자인으로 옮겨가면서 한때 타자 기술과 양립 가능하다고 생각되었던 태국어 글쓰기의 요소들이 갑자기 '문제'로 등장했다. 레밍턴의 경쟁사인 언더우드 회사와 새로운 태국어 모델을 개발한 발명가이자 프랑스 신부인 아벨 조세프 콘스탄츠 커즌(Abel Joseph Constant Cousin, 1890~1974)은 "글자 수가 정말 많다"라고 했다.[30] 커즌이 느끼기에 이것은 태국어뿐 아니라 더 넓게는 '아시아권의 외국어' 모두에 해당되었다. 그는 특히 신청서에서 "태국어를 42개의 키만 가진 표준 타자기 자판에 적용하는 문제는 풀리지 않은 채 있다"라고 주장했다. 커즌은 "해야 할 일은 94개의 글자를 42개의 키 기계로 입력해야 하는 것 간의 불일치를 조정하는 것이다. 42개의 키 기계는 각 키가 두 글자씩, 또는 모두 84개의 글자만 작업 가능했다"라고 했다. 그러나 특정한 제한사항을 준수해야 했다. 그는 "시장에 공급할 만큼 충분한 추가 활자와 키를 가지고 있는 확장된 기계를 만들기 위해서는 기계를 몽땅 실질적으로 재설계해야 하고 새로 설계된 제조 금형, 패턴, 그리고 설비들에 대해 엄청난 비용을 지출해야 했으므로 엄두를 낼 수 없었다"라고 설명했다. 태국어 문자를 더 정리해야만 "태국어 타자를 현대 유럽 언어와 실질적으로 같게" 할 수 있었다.

커즌이 쓴 이 문장은 세 가지 이유에서 흥미롭다. 이를 통해 우리는 첫째, 태국어가 어떻게 '문제'가 되었는지 실시간으로 보게 되고 이 문제가 태국 철자법과 변화하는 타자 세계의 언어기술적 상상력 간 관계의 일부분으로서 어떻게 모양을 잡아가는가를 보게 된다. 둘째, 커즌이 이 새로운 '문제'에 대해 비난을 돌리는 특별한 방법을 보게 된다. 즉, 커즌에게는 언더우드가 태국어에 맞지 않는 게 아니라 태국어가 언더우드에 맞지 않는 것이었다. 마지막으로 커즌이 태국어에 대한 주장을 하는 데 활용한 넓은 범주를 보게 된다. 사실 태국어가 지닌 문제는 태국어에 국한된 것이 아니고 '아시아'가 지닌 넓은 문제를 예시하는 것이었다. 여기에서 '아시아'는 커즌의 기계 용량을 초과하는 많은 철자 모듈을 보여주는 문자들과 실질

그림 1-8 | 레밍턴 타자기 행사 사진

적으로 동의어였다.

1938년 조지 맥팔런드가 회고록을 냈을 때는 많은 것이 바뀌어 있었다.[31] 우표보다 약간 크고 진흑백으로 인쇄된, 그리고 맥팔런드 논문의 일부분으로서 버클리 뱅크로프트 도서관에 남아 있는 사진 몇 장이 이 변화를 증언하고 있다. 이 사진에는 바닥에 무릎을 꿇고 간판을 잡고 있는 두 어린 소녀가 보인다. 간판에는 레밍턴이라고 쓰여 있다. 그 옆의 사진에는 넥타이를 매고서 화환으로 장식된 날개 달린 레밍턴 타자기를 든 다른 두 명의 소녀가 섰는데, 그 타자기는 마치 공중을 날아다니는 것 같은 모양이었다(〈그림 1-8〉).

소녀들 뒤의 더 넓은 화면에는 말을 타고 있는 라마 5세의 동상과 아난타 사마콤 왕궁을 배경으로 타자기에 대해 경의를 표하는 25명 이상의 학령 아동들이 서 있다.[32]

태국은 이제 레밍턴 제국의 일부였다.

"세계 곳곳에 레밍턴"

레밍턴이 부라파와 차로엔 크룽가의 맥팔런드 상점을 인수한 것은 수십 년이 걸린 전 세계적인 노력의 일부에 불과했다. 레밍턴은 1876년 미국 독립 100주년 기념 전시회에서 신제품을 처음 세상에 소개했지만, 그곳에서는 세계적인 관심을 끈 알렉산더 그레이엄 벨의 전화기에 가려져 별 반응을 얻지 못했다. 레밍턴사가 국내외 시장에서 어느 정도 점유를 늘린 것은 1880년대, 그리고 1890년대 초가 되어서였다. 1881년에 레밍턴사는 모두 합쳐 1200대를 채 팔지 못했다. 하지만 1882년에는 위코프(Wyckoff), 시먼스(Seamans), 그리고 베네딕트(Benedict)가 판매 대리인을 맡으면서 세계 시장에 기계를 소개하기 시작했다.[33] 1883년에는 직거래 판매상이 독일에 자리를 잡았으며, 프랑스에 1884년, 러시아에 1885년, 영국에 1886년, 벨기에에 1888년, 이탈리아에 1889년, 네덜란드에 1890년, 덴마크에 1893년, 그리고 그리스에 1896년 각각 자리를 잡았다. 1897년이 되어서 이 회사는 여러 유럽 도시 중 파리, 보르도, 마르세유, 릴리, 리옹, 낭트, 앤트워프, 브뤼셀, 리스본, 오포르투, 마드리드, 바르셀로나, 암스테르담, 로테르담, 그리고 헤이그에 지점을 두고 있었으며, 미국 대륙, 아시아, 아프리카, 그리고 중동(알제리, 튀니지, 오란, 알렉산드리아, 카이로, 케이프타운, 더반, 이스트 런던, 요하네스버그, 베이루트, 봄베이, 캘커타, 마드라스, 심라, 콜롬보, 싱가포르, 양곤, 마닐라, 오사카, 홍콩, 광저우, 푸저우, 마카오, 한커우, 톈진, 베이징, 자오저우, 호치민, 그리고 하이퐁 지역)에 판매상을 두고 있었다.[34]

1897년 레밍턴은 넘버7 모델을 회사의 모든 언어용 대표 상품으로 알리기 시작했다. 넘버7 모델은 '로마 글자를 이용하는 모든 언어'뿐만 아니라 러시아어, 그리스어, 아르메니아어, 아랍어, 그리고 '다국어 자판의 완벽한 라인'까지 포함하고 있었다.[35] 10년 후인 1907년에 이 회사는 전면 입력이 가능한 최초의 타자 기계인 넘버10을 선보였는데, 넘버10은 1915년 샌프란시스코에서 열린 파나마 - 태평양 국제박람회의 공식 타자기로 선정되었다(당시 파나마 - 태평양 국제박람회는 뛰어난 레밍턴관을 갖추었고 모든 공식 통신문은 레밍턴 기계를 사용토록 했다).[36]

레밍턴이 지배력을 행사할 수 있었던 핵심은 에드윈 맥팔런드가 얼마 전까지 고려했던 다른 대체 타자기 형태가 쇠퇴하고 퇴장했기 때문이다. 초기 타자기를 특징지었던 다양한 접근 방식의 생태계는 점진적으로 옅어져, 싱글 시프트 설계의 다양성만 독점적으로 자리 잡은 언어기술적 단일 문화로 교체되었다. 과거에 에드윈과 조지가 선택했던 더블 자판 기계는 시장에서 완전히 사라졌고 비자판 인덱스 기계도 거의 사라졌다.[37] 더욱이 맥팔런드 세대가 다음 세대에게 길을 내주면서 새로운 발명가 집단은 외국어 기계의 설계를 고안할 때 거의 예외 없이 싱글 시프트 기계를 자신들의 기계적 출발점으로 사용했다. 싱글 시프트 자판 타자기는 계속 늘어나는 특허 신청을 끌어들이는 자석처럼 되어서 레밍턴과 여러 회사들을 세계적 판매와 마케팅, 유통 네트워크의 중심으로 만들었다.

타자기의 세계화는 이 회사들에게 엄청난 자부심과 권위의 원천이었다. 레밍턴은 "여행갈 때 가방에 휴대용을 가져가세요"라는 간결한 문구를 삽입한 광고에서, 아랍 상인이 코끼리를 타고 이름 모를 사막을 가로지르는 길을 따라가면서, 작은 밧줄로 묶은 표시 없는 나무 상자 짐을 운반하는 모습을 묘사했다(〈그림 1-9〉).[38] 1930년 ≪월스트리트 저널≫은 사설에서 "몽고에 조직된 정부가 있다는 것을 모든 사람이 아는 게 아니다. 그

그림 1-9 | "세계 곳곳에 레밍턴": 레밍턴 타자기 광고

러나 레밍턴은 그 정부로부터 500대의 레밍턴 타자기 주문을 받았다"라고 썼다.[39] 이탈리아 제조 회사인 올리베티(1908년 창립)는 이브레아에 위치한 본사에서 이러한 세계적 타자에 대한 담론을 받아들였다. 리비스타 올리베티가 발행한 지면을 통해 독자들은 베트남, 캄보디아, 그리고 라오스 시장에 이 회사가 침투한 사실을 알게 되었다. 회사 보고서가 설명하듯이 이 사회들에는 고대의 형태가 매력적으로 남아 있었지만 또한 "현대 생활에 적응되어 있었다". 또한 보고서는 "올리베티가 타자기를 공급함으로써 이 사회들의 전진에 이바지한 것은 자랑스러운 일이다"라고 적었다.[40] 올리베티는 아랍어 타자기 발명 역시 칭찬하면서, 이 타자기가 아랍 세계에 실질적으로 문명을 변화시키는 영향을 줄 것이라고 했다. 올리베티가 발행한 한 기사는 마치 믿을 수 없는 독자와 대화하는 것처럼 이렇게 말했다. "그렇다. 아랍 사람들도 타자기를 가지고 있다. 그리고 아랍 사람들이 이제까지 유럽인에 대해 가지고 있던 마지막 실질적인 차이로부터 자유로울 수 있다면 그것은 지금 그들이 매일 사용하는 타자기 덕분이다."(〈그림 1-10〉)[41]

이 기술의 세계화는 기술적 단일 문화권화와 결부되어 글, 기술, 현대화에서의 문화적 상상에 심대한 영향을 끼쳤다. 카이로에 있는 타자기는 이제 방콕, 뉴욕, 또는 캘커타에 있는 것과 정확히 똑같게 보이고 느껴지고 소리가 날 것이다. 이 싱글 시프트 타자기(곧 그냥 타자기라고 불리는)의 통일된 랏-아-탓 소리는 새로운 세계 현대화의 사운드트랙의 일부가 될 것이다.

싱글 시프트 기계의 절정은 세계에서 가장 큰 타자기 박물관과 개인 소장물들을 자세히 살펴보면 가장 잘 이해할 수 있다. 파친스에 있는 피터

그림 1-10 | 올리베티의 아랍어 타자기 광고

미터호퍼 타자기박물관, 로잔에 있는 타자기박물관, 또는 밀라노에 있는 타자기박물관에서 전시하고 있는 기계에서 언어를 식별하기 위해서는 얼굴을 유리에 실제로 붙여야만 한다. 유대어, 러시아어, 힌두어, 일본 가나, 태국어, 자바어 등등은 실제로 구분할 수 없어서 언어 자체가 단순히 기계의 기능이거나 편의장치쯤으로 보이게 하는 이상한 효과를 제공한다.[42] 이로 인해 반짝이는 표면이 검정, 회색, 빨강, 녹색으로 '되는' 것과 같은 방식으로 버마어, 한국어, 조지아어, 체로키어로 '되는' 다국적이고 전능한 당신의 타자기라는 효과가 나타난다.

이러한 효과를 성취한 것은 작은 성공이 아니라 주목할 만한 일이었다.

실제로 싱글 시프트 자판이 세계화되는 데에는 기술적 우월성 이상의 것이 필요했다. ≪레밍턴 뉴스(Remington News)≫와 ≪노티지 올리베티(Notizie Olivetti)≫ 같은 사내지가 자판 이외에는 모든 것이 같은 것이라고 하면서 아랍어, 유대어, 러시아어, 프랑스어, 그리고 이탈리아어 타자기 간의 구분을 흐릿하게 했지만, 기술자들은 자판만으로 아랍어, 유대어, 또는 러시아 타자기가 만들어지는 것은 아니라는 걸 잘 알고 있었다. 키와 자판은 영어 기계의 물질성을 다른 언어와 글을 다룰 수 있는 형태로 바꾸는 고도의 기술 과정 가운데 가장 눈에 띄는 징표 ― 사람들이 피상적이라고 부르곤 하는 ― 였을 뿐이다.

타자기가 언어를 '쓸 수 있다' 또는 언어용 '이다'라고 말할 수 있는 것은, 캐리지 전진 메커니즘, 칸 띄우기 메커니즘, 죽은 키의 선별적 사용 같은 부품들의 합주에 둘러싸여 기계 내부에 있을 때뿐이다. 사실, 기술자들과 제조업체들에게 언어가 있는 곳은 기기 자체 안이 아니라 주조, 다이스, 금형, 압착기, 선반, 그리고 공장의 조립 공정 안이다. 영어를 만든 것은 레밍턴 타자기라기보다는 레밍턴 타자기 공장이었다. 영어 레밍턴 기계를 아랍어, 크메르어, 러시아어, 또는 유대어로 바꾸는 것은 실제로는 레밍턴 공장 자체를 바꾸는 것이었다.

에드윈 맥팔런드처럼 시야를 전 세계적으로 돌린 발명가들은 그 과정에서 여러 도전과 복잡성에 직면했다. 각각의 '문제', 그리고 실제로 각각의 작은 조정과 사소한 문제는 그들이 목표로 하는 언어와 언어기술적 출발점 사이에서 변증법적 방법으로 풀어야 하는 것으로, 글쓰기 방식이나 기계의 근본적인 속성으로부터 발생하는 것이 아니고 글쓰기 방식과 기계 사이의 긴장과 우연한 호환성으로부터 발생하는 것이었다.

레밍턴의 시대에는 글이 어떤 추상적인 의미에서의 '영어' 또는 '라틴 알파벳'과의 비교로 평가되는 것이 아니고 영어를 위해 만들어진 싱글 시프트 자판 기계의 구체적이고도 언어기술적인 환경 설정 — 제한된 키 세트, 제한된 문자 합성 용량, 그리고 일정한 간격으로 왼쪽으로 이동하는 캐리지를 포함하는 — 과의 비교로 평가되었다. 영어 타자 맥락에서는 '보이지 않고' '자연스러워' 보이는 이 모든 특성이 유용하거나 방해되는 속성이 되었으므로 이러한 특성은 하나하나 재구상되고 재설계되어야 했다.

이국적인 문자체계와의 관계는 자기와 남을 대비하거나 또는 알파벳 대 비알파벳을 대비해 보는 식의 간단한 이진법이 아니었다. 그것은 전 세계 각각의 알파벳 또는 음절 문장과 현대와의 호환성이 높거나 낮은 척도로 매겨진 복잡한 스펙트럼이었다. 한쪽 끝에는 당연히 영어가 있었고, 그 이웃에는 자판과 키 표면의 외관 정도만 조정하면 되는 문자들이 자리하고 있다. 예를 들어 프랑스어, 스페인어, 이탈리아어의 경우는 우연히 알파벳이 같았으므로 서로 다른 언어 안에서 상대적인 빈도에 맞을 만큼 기껏해야 문자를 새로 배치하면 되었다. 러시아어는 약간 더 복잡한 변형을 필요로 했는데, 이 경우는 33개 글자밖에 없는 키릴 자모를 기계에 장착해야 했다.

하지만 스펙트럼의 다른 쪽 끝에는 언어기술적 성능에서 훨씬 많은 도전 과업을 요구하는 문자들이 놓여 있었다. 예를 들면 타자기 형태의 적응성과 보편성은 유대어와 아랍어에서 훨씬 크게 시험받았다. 이 문자들은 새로운 문자 빈도 분석, 서체 개발, 자판에 대한 새로운 처리 같은 이제까지의 손쉬운 변화 모두보다 더 많은 것을 요구했을 뿐 아니라 더 복잡한 형태 변화까지 요구했다. 유대어에서 기술자들이 걱정한 운영상의 차이는 알파벳의 차이가 아니라 문장의 좌우 방향성이었다. 기계적인 의미에서 유대어는 뒤로 가는 영어였으므로 영어 기계의 핵심적인 부분 가운데 수정이 필요하다고 보는 부분, 즉 캐리지 전진 메커니즘에 관심을 집중했다. 1909년 새뮤얼 해리슨(Samuel A. Harrison)이 '동양 타자기'라는 특허를 등록했는데, 이 타자기는 미국에서 만든 요스트 기계에 근거를 둔 것이었다. 해리슨의 특허는 요스트 타자기를 조정하는 것에만 초점을 맞추었는데, "특정한 조정을 통해 동일한 장치가 상대적인 전진을 유발시키는 것으로 … 전진된 부분이 반대 방향으로 가게 해서 거꾸로 만드는"[43] 방식이었다. 해리슨은 "이 방법을 적용하면 타이프 바 또는 타자를 이동시키는 메커니즘이 두 개 이상의 서로 다른 알파벳 언어를 이동시킬 수 있는데, 그러면 그중 하나는 영어처럼 종이 위에 왼쪽에서 오른쪽으로 찍히고 다른 하나는 유대어처럼 반대 방향인 오른쪽에서 왼쪽으로 인쇄가 읽힌다"[44]라고 설명했다. 1913년 런던에 사는 발명가 리처드 스퍼진(Richard A. Spurgin)이 동일한 성과를 거두었는데, 이 경우는 해먼드(Hammond) 타자기회사의 위탁인으로서였다. 해먼드 기계를 시작으로 그는 "영어와 거꾸로 가는 방식의 기계 동작을 필요로 하는 유대어 및 기타 언어"[45]들을 위해 "반대로 갈 수 있는 캐리지"를 개발하는 데 노력을 집중했다.

약간 수정된 이 기계들을 만드는 중에 서양 설계자들과 제조업체들은 영어 장치의 구조와 동작 내에서 특정한 '블랙박스'를 다시 열었다. 이 경우에는 당연시되던 좌향 전진 캐리지 메커니즘이었다. 여기서의 타자기 형태는 거울 속 이미지를 아우르기 위해서 커져야 했다. 키를 누르면 왼쪽이 아니라 오른쪽으로 움직였고, '리턴' 키는 그 반대로 움직였다. 이를 위해 법적인 영역에서는 새로운 특허 등록 및 메커니즘에 대해 적절하게 설명한 문서 초안이 필요했다. 제조 영역에서는 주형, 금형, 타자기 형태의 새로운 유대어 '판'을 만드는 데 사용될 빈 공간을 조정하는 작업이 필요했다. 이 조정 과정 전체에서 기술자들은 세심한 주의를 기울여야 했다. 처음의 '타자기-자체'는 물론 늘어나거나 비틀릴 수 있지만 기술자들은 타자기를 '자르거나' '찢어버릴' 정도로 늘리거나 비틀지는 않도록 애써야 했다. 이것은 어떤 근본적인 면에서 출발 조건을 위반하는 것이었다. 정상적인 영어 타자기의 기본 본질은 변함없어야 했다. 유대어는 타자기의 전면적인 재구상이 아닌 성능의 변형만 요구해야 했다.

운 좋게도 유대어 문제를 해결하는 방안이 기술자들에게 오른쪽에서 왼쪽으로 쓰는 아랍어 문제의 절반도 해결했다. 하지만 아랍어의 문제는 여전히 타자기 형태의 또 다른 조정을 필요로 했다. 바로 아랍어 글의 흐름을 관장하는 흘려 쓰는 서체를 다루는 것이었다. 타자기 기술자들은 아랍어 글자의 상대적인 '경제성'에는 만족했다. 하지만 전체 숫자 면에서 보자면 많은 아랍어 글자들은 글 속에서 상대적인 위치에 따라 다음 네 가지 방식 중 하나의 방식으로 쓰인다. 글자들은 글의 시작 부분에 나올 수도 있고, 중간에 나올 수도 있고, 글의 말미에 나올 수도 있고, 혼자 나올 수도 있다. 따라서 기술자들은 각각의 문자소 변형을 그 문자들을 모두 다룰 수 없는 기기에 맞춰 넣어야 했다.

1899년에 자칭 예술가인 카이로의 셀림 하다드(Selim Haddad)가 아랍어 타자기의 초기 설계 하나를 특허 등록했다.[46] 하다드는 특허에서 아랍어는 글자 수가 29개밖에 되지 않지만 여러 가지 모양과 관계로 "글자 수와 형태가 638개라는 굉장한 숫자로 늘어났다"라고 설명했다.[47] 하다드는 현명한 해결책을 제시했는데, 각각의 아랍어 글자에 대해 네 개가 아닌 두 개의 변화만 사용하는 것이었다. 하나의 변화는 모든 초성과 중성을 처리하는 것이고, 다른 하나의 변화는 모든 종성과 독성을 처리하는 것이었다. 하다드는 "오른쪽에만 이음줄이 없는 새로운 글자를 만들고 왼쪽에 이음줄이 있는 중성과 초성을 만듦으로써 대단히 중요한 이점을 도출했다"[48]라고 설명했다. "그 결과 초성과 중성 모두에 하나의 같은 글자를 사용하게 되었고 종성과 독성에도 하나의 같은 글자를 사용할 수 있게 되었다."[49] 이 혁신을 통해 그는 전체 변화된 형태의 수를 600개 이상에서 싱글 자판 기기의 범위에 맞게끔 불과 58개로 줄일 수 있었다.[50]

발명가들은 그런 언어기술적 성능을 달성하기 위해 싱글 자판 타자기의 형태를 바꾸는 가장 좋은 방법에 항상 뜻을 같이하지는 않았다. 아랍어 정자법을 변화시키는 문제는 후에 러시아 상트페테르부르크의 바이론 폴 체르카소프(Baron Paul Tcherkassov), 그리고 시카고의 로버트 어윈 힐(Robert Erwin Hill)이 다시 다루었다.[51] 체르카소프와 힐이 자신들의 기계를 '범용적 동양 알파벳 타자기'라고 부른 것은 아랍어, 터키어, 페르시아어, 힌두어 같은 문자를 집합적으로 묘사하기 위해서였는데, 그들은 실제의 아랍 글자와 합쳐져 필요한 모든 글 묶음을 만들 수 있는, 특별히 제작되었으나 의미론 면에서는 무의미한 문자소들을 사용하면 '아랍어 문제'가 해결된다고 주장했다. 간단히 말하면 그들의 아랍어 타자기에서는 어떤 글자는 통상의 싱글 자판 입력 행위를 사용해 만들고 어떤 글자는 여러 번의 키 입력(일부는 실제 아랍어 문자이고 일부는 의미 없는 '연결사'이다)을 통해 '만들' 필요가 있었다.[52]

하지만 종종 서로 의견이 다르긴 해도 20세기의 모든 타자기 발명가는 한 가지 강력한 정설을 지지한다. 바로 이국의 문자와의 만남이 싱글 자판이라는 타자기 형태 자체에 어떤 근본적인 의문을 던져서는 안 된다는 것이다. 한 발명가가 정설을 간결하게 인용하면서 "이런 종류의 특별한 기계를 만드는 것은 대단히 바람직하다. 기계의 가능한 한 많은 부분이 일반적인 표준 형식이고, 공장이 조직되고 장치들이 적용된 정상적인 제조 과정을 가능한 한 많이 가동시킬 수 있는, 그런 종류의 특별한 기계를 만드는 것은 대단히 바람직하다"라고 적시했다.[53] 그런 생각은 언어를 만드는 장으로서의 공장에 대한 앞의 논의로 되돌아가면 충분히 이해할 만하다. 레밍턴, 언더우드, 올리베티, 올림피아, 그리고 여러 회사들은 금속 부품을 찍고 조립하기에 알맞은 공장을 만들었고, 수익성이 좋은 세계 시장에 정밀 기기를 실어내도록 조립했다. 강력한 경제적 동기는 가능한 한 다양한 형식의 외국어 기계를 만드는 것이긴 했지만 당시의 요구는 당연히 최소한으로 변경하는 것이었다.[54]

세기 중반까지 싱글 시프트 자판은 실질적으로 전 세계를 정복해, 그 자판이 지닌 역사적 특성의 흔적은 거의 지워졌다. 태국어, 유대어, 그리고 아랍어가 타자기 형태에 도전하면서 영어와 라틴 알파벳 이상으로 펼치도록 요구했고 기술자들에게 좌향 캐리지 전진, 죽은 키 등등 같은 '블랙박스'를 다시 열도록 했지만, 그런 변경이 기계의 핵심적인 기계 원칙들은 위협하지는 못했다. 출발점에서의 근본적인 청사진은 모든 경우 동일했는데, 이는 기계에 깔려 있는 금형, 조립 공정도 마찬가지였다. 싱글 자판 기계는 전 세계 타자기 시장만 정복한 게 아니고 글쓰기도 정복한 듯이 보였다.

싱글 시프트 자판 타자기의 세계화는 확장되는 제품군에 흡수된 글쓰기 시스템에 심대한 영향을 끼쳤다. 그러나 가장 심대한 영향은 보류되었는데, 흡수에 실패한 세계적인 문자, 바로 중국어 때문이었다.

탭-키, 그리고 괴물스러운 중국어 기계

중국어는 레밍턴을 피했고, 눈에 띄게 그리고 실망스럽게도 그 회사의 늘어나는 등록 명단에도 빠져 있었다. 수천 대의 서양식 자판 타자기가 중국 시장에서 팔렸지만 그 타자기들은 전적으로 외국인들과 중국에서 조차된 항구, 선교지의 서양 식민지 사무소들을 지원하기 위한 것이었다. 타자기회사들은 자신들의 기계가 모든 언어를 다룰 수 있다면서 자신들 기계의 범용성에 대해 널리 주장했지만 그런 주장들은 인류 인구의 어마어마한 부분을 조용히 제외하고 있었다. 타자기의 '범용성'은 글쎄였다.

기술자와 발명가들의 접근 방식을 되돌아보면 중국어가 빠져 있는 이유를 추측하기 어렵지 않다. 유대어가 기계를 양방향이 만들도록 기술자들을 자극했다면, 수직 방향의 중국식 글쓰기는 다른 축으로 움직이는 기계를 상상토록 했다. 자판 설계자들이 태국어, 러시아어, 아랍어, 그리고 유대어의 통계적 분석 때문에 부담스러웠다면 중국어는 완전히 비알파벳인 문장을 마주하게 했다. 의도치 않게도 중국어 글쓰기는 초월자인 척하는 타자기 형태의 가짜 범용성에 대해 경계하는 중인 역할을 했다. 중국어가 이 역할을 하는 것은 미리 예정되었던 것이 아님을 알아야 한다. '아랍어 타자기 문제' 또는 '태국어 타자기 문제'에 아무 해결책이 없었다면 하나 이상의 문자가 타자기의 신축성 있는 범위를 넘어섰을지도 모른다. 이 문자들 중 하나 이상은 단순히 '하나의 다른 종류'가 아닌 '다른 것'이라는 위상을 얻을 수 있었을 것이다. 그 과정에서 서양식 타자기 자체를 없앨 정도로 급진적으로 변화하는 것을 제외하면 말이다. 이들 각 수수께끼에 대한 해결책은 때로는 점잖게 때로는 어색하게 발견되었다. 유대어는 '후진하는' 영어, 아랍어는 '흘려 쓴' 영어, 러시아어는 '글자가 다른' 영어, 태국어는 '글자가 많은' 영어, 프랑스어는 '악센트가 있는' 영어 등등이 되었다. 여러 면에서 달랐지만 아랍어, 유대어, 태국어는 근본적인 의미에서 타자기 및 그 타자기가 대표하는 언어기술적 현대성과 어울렸다.

예상되는 경제적 이유들 때문에 타자기 개발자와 제조업체들은 다루기 힘든 중국 문자에 직면해 가짜 범용 타자기 형태를 포기하라는 의견을 전혀 반기지 않았다. 그들이 추구한 것은 정확히 그 반대였다. 그들은 다른 언어와의 관계를 특징짓는 문명화 가능성이라는 낭만적 견해를 배제했다. 그들은 타자기 형태들의 가장 당연시되는 많은 기능을 따져보고 재구상한다는, 겉으로 보기에는 한계가 없어 보이는 의지조차 포기했다. 대신 그들은 모든 물질적·상징적 자원을 끌어모아서 중국 문자 자체를 가차 없고 다면적으로 훼손하는 작업, 즉 일종의 언어기술적인 중국어 배제 행위에 착수했다. 이 시점부터 '불가능'이라는 중국어 타자의 모든 책임의 무게를 짊어진 것은 싱글 자판 형식이 지닌 한계가 아니라 중국 문자였다. 중국어가 언어기술적으로 '형편없다'면 문자 혼자 그에 대한 책임을 져야 했다. 다르게 말하면 싱글 자판 타자기 형태는 이 세상에서 가장 오래되고 가장 널리 쓰이는 글쓰기를 축출함으로써 마침내 그 범용성을 실현시키려 했다. 기호학자 줄리아 크리스테바(Julia Kristeva)에게 중국 문자는 '절망적인 형태', 즉 주어진 시스템이나 상황에 대해 실체적으로 감당할 수 없는 대상이므로 존재 자체가 사라져야 하는 그런 것으로 표현되었다.

여기서 우리는 탭-키와 상상 속 중국어 타자기의 우스꽝스러운 괴물로 돌아가서 이 장의 시작에서 제기한 두 번째 질문에 대해 알아보려고 한다. 이런 상상과 아이디어들에 의해 수행되는 이데올로기적 작업은 무엇인가? 중국어 타자기가 엠시 해머, 월터 웡, 빌 브라이슨, 〈심슨 가족〉, 첸쉬 안퉁, 앤서니 버지스, 톰 셀렉, ≪파 이스턴 리퍼블릭≫, ≪세인트루이스 글로브 데모크라트≫, ≪샌프란시스코 이그재미너≫, ≪시카고 데일리 트리뷴≫, 루이스 존 스텔먼, 그리고 수많은 다른 사람들로부터 조롱받고 폄하되는 것은 무엇을 의미하는가?

이 질문에 답하려면 잠시 중국어 글쓰기에 대한 비판이 기술보다는 인종이나, 인식, 그리고 진화에 더 근거를 두었던 타자기 이전의 시간으로 돌아가야 한다. 『역사 철학(The Philosophy of History)』에서 게오르그 빌헬름 프리드리히 헤겔은 중국어 글쓰기의 본질은 "처음부터 과학 발전에 커다란 장애이다"[55]라고 상정하고 있다. 헤겔은 중국어 문법의 구조가 현대식 사고의 습관과 성향을 사용할 수 없게 해서 말로 표현할 수도 상상할 수도 없도록 만들었으며, 중국어로 생각하고 말하는 사람들은 자신들이 사용하는 언어 때문에 대문자 H로 시작하는 발전적 역사의 단계를 밟지 못했다고 주장했다. 모든 인간 사회는 언어에 의해 지배되는데, 다르게 말하면 중국 사람들은 현대적 사고와 양립할 수 없는 언어에 지배당하는 불운을 가졌다는 것이다.

반중국 담론의 큰 역사 속에서 헤겔의 역할은 전달하는 사람 또는 대중화하는 사람 중 하나였지만, 개혁가는 아니었다. 많은 학자들이 주장했듯이, 19세기에는 사회 진화론 사상에서 강력한 긴장이 형성되는 것을 목격했는데, 이 사회 진화론 사상은 자신의 모(母)이론과 마찬가지로 인간 언어의 전체성을 진보와 후진의 계층구조로 조직화한 것이었다.[56] 지식 유산을 반영하는 조직화 원리는 인도 - 유럽 어족 언어 계열을 공식화하면서 어형 변화나 활용, 무엇보다도 알파벳 같은 속성이 결여된 언어를 발전 면에서 후진된 것으로 여겼다. 언어학자, 선교사이자 중국학자인 새뮤얼 웰스 윌리엄스(Samuel Wells Williams, 1812~1884)는 "중국어, 멕시코어, 이집트어는 모두 형태문자이다. 때로는 표의문자라고도 한다"라고 말했다. 이들 중 멕시코어는 서양 침입자들에 의해 야만적으로 말살되었고, 이집트어는 결국 표음식 철자화되었다. 중국 혼자만 이 죽어가는 글쓰기 방식을 완강하게 붙잡고 "그 문학에 의해 인정되었고, 고립으로 강화되었으며, 문자를 가지고 있지 않았던 그 국민과 이웃나라들로부터 존경을 받았다".[57] 뒤따라 온 것은 "언어 때문에 생긴 정신적 고립"이었다. "그것이 그들을 문학에 집착하게 했고, 자만심을 키웠으며, 자립심을 주었고, 다른 민족에 대한 경멸을 유발했으며, 발전을 막았다."[58] 그런 언어들은 억지된 발전 상태에 갇혀 있는 것으로 취급되었고, 이 언어를 통해 말하고 그 속에서 그 언어와 함께 그리고 그 언어를 통해 생각하는 사람들을 동결시켜 얼어붙게 만들었다.

중국어는 오랫동안 사회 진화론자들이 좋아하는 목표물이었다. 비교론자들은 '표의문자', 성조, 활용, 어형 변화, 성별, 그리고 복수의 결여에 대해 곱씹고 있었다. 많은 사람들에게 중국어는 본질적 대척점이었고 확신이 너무 커서 중국어에 대한 사과마저도 중국어에 대한 비판처럼 빨려 들어갔다. 1838년 피터 뒤 퐁소(Peter S. Du Ponceau, 1769~1844)가 중국어가 표의문자라는 오래된 생각을 논박하는 공들인 주장을 시작하면서 글자의 대다수가 사실상 명확하며 표음적 요소로 구성되었음을 보여주었다.[59] 뒤

풍소의 연구를 검토한 비평가들은 중국어와 비중국어 사이에 있는 서로 다른 공간을 없애버렸을 수도 있는 불안정해 보이는 이 명제에 직면하자, 이 반-표음화라는 생각을 근거로 그 언어가 진화적으로 중간 단계라고, 즉 아직 도달하지는 못했으나 완전한 알파벳을 향해 나아가고 있는 단계라고 재조명했다. 한 리뷰에 따르면, 뒤 풍소는 "중국의 글쓰기 체계는 표의적이라는 오래되고 일반적인 견해에 성공적으로 맞서고 있다. 또한 중국의 글쓰기 체계는 글자가 생각을 묘사하는 것이 아니라 생각을 떠올리게 하는 말을 묘사하는 것임을 보여주었다".[60] 동시에 그 리뷰는 뒤 풍소는 중국어가 언어학적으로는 '신세계의 야만족'보다도 열등하다는 것을 보여주었다고 말했다. 야만족들은 "문학이나 문자 언어가 없긴 하지만 대단히 복잡하고 기교 있는 형식의 말을 가진 것으로 확인된다. 한편 아주 오래 전부터, 그리스와 로마의 영광스러운 시절 이전부터 문명화되었고 민족 문학을 가졌던 독창적인 중국인은 4000년 동안 거칠고 기교가 없는 것은 아니지만 대단히 간단한, 그래서 일반 이론으로는 인간 언어의 유아기로 보이는 언어를 가져 왔었다".[61] 새로운 세계의 가장 낮은 곳이 옛 세계의 가장 높은 곳을 누르는 것처럼 보였다.

알파벳에 대한 숭배는 많은 학문 분야에서 강력한 예시로 작용했으며, 서양 학자들은 언어 문자들을 서로 비교하고 그 문자들 간의 상대적인 장단점을 따져보는 경향이 있었다. 1853년 헨리 노엘 험프리스(Henry Noel Humphreys)는 『글쓰기 기술의 기원과 발전(The Origin and Progress of the Art of Writing)』에서 중국인들은 "글쓰기 기술을 완벽한 표음 알파벳을 만드는 정상적인 발전까지 가져가지 않았다"[62]라고 썼다. 1912년 한 논문집에서는 "중국 언어는 멀쩡한 사람이 배우기에 가장 겁나는 언어이다",[63]

"중국 언어는 전진해야 한다"[64]라고 썼다. W. A 메이슨(W. A. Mason)은 1920년 논문집 『글쓰기 기술의 역사(The History of the Art of Writing)』에서 "중국어처럼 만드는 과정에 있는 표음문자는 문장 글자의 발전에서 초기 단계에 오랫동안 묶여 있다"[65]라고 말했다. 베른하르트 칼그렌(Bernhard Karlgren)은 1926년 자신의 고전 연구 『철학과 고대 중국(Philology and Ancient China)』에서 "오래된 표의문자에서 벗어나 표음식 글쓰기로 바꾸어야 한다"[66]라고 선언했다. 1932년 보고서는 더 직설적으로 "중국 방식으로 중국어 글쓰기를 하는 것은 간단히 말해 '너무 고약하다'"라고 썼다.[67]

그러나 20세기를 통해 사회과학 안팎에서는 사회 진화론자 프로그램에 의문이 제기되기 시작했고, 그와 함께 중국어가 진화론적으로 '부적합'하다는 견해에도 의문이 제기되었다. 1936년 미국의 중국학 학자인 헤얼리 글레스너 크릴(Herrlee Glessner Creel, 1905~1994)은 「중국어 표의문자의 성격에 대하여(On the Nature of Chinese Ideography)」라는 수필을 발행했는데, 이 글에서 그는 중국 문자가 모든 서면 언어에 대해 상정되어 있는 기원(상형문자)과 완전한 표음문자에 대해 상정되어 있는 운명 사이에서 철자법상의 잡종으로 구성되어 있다는 널리 공유된 믿음에 대해 공들여 비판했다. 크릴은 반중국어 담론뿐 아니라 음소 문장에 대한 서양의 폭넓은 집착에 대해서도 비판했다. 그는 "우리 구미인은 오래된 습성 때문에 생각을 그래픽 표현으로 구성한 글쓰기 방식 ― 글쓰기가 원래 하려던 것에 어떤 면에서는 미치지 못하는, 소리를 그래픽으로 표현한 체계가 아닌 ― 은 진정한 의미의 글쓰기가 아니라고 생각하게 되었다"라고 주장했다.[68] 크릴은 알파벳의 우월성을 믿는 저자들, 그리고 중국어 문법이 어떤 사고방식 ― 특히 현대성에 중요한 것으로 여겨지는 방식 ― 을 표현하지 못하게 한다는 것과 관련된 생각을 믿는 저자들을 직접 겨냥했다.

크릴의 주장은 당시 비교 문명과 인종 과학이라는 폭넓은 견해에 맞서는 중추적인 비판을 기반으로 하고 있었다. 이런 비판은 프란츠 보아스(Franz Boas, 1858~1942)의 작품에서 볼 수 있다. 크릴은, 보아스 작업의 영향을 다른 학설에서는 느낄 수 있으나 중국어와 같은 비알파벳 언어의 글쓰기에서는 아무런 변화가 없었다는 것은 슬퍼해야 한다고 말했다. 크릴은 "철학, 사회학, 생물학에서 우리는 마침내 단선 진화 이론을 포기했다"라고 설명했다.

우리는 더 이상 모든 생물이 원생동물부터 인간까지 한 줄로 되어 있다고 생각하지 않는다. 우리는 현상들이 다양하며 다루기 힘들어서 선입관으로 만든 틀에 쉽게 맞지 않는다는 것을 안다. 우리는 이론에 사실들을 맞추는 것이 아니라 사실에 이론들을 맞추어야 한다는 것을 배웠다. 그러나 이 글쓰기 문제에서는 오래된 생각이 어른거리고 있다. 중국어가 미리 정해져 있는 저울추에 맞지 않다고 해서 중국어를 원시적이라고 한다.[69]

크릴의 주장을 정리하자면, 심오하지만 믿을 수 없을 정도로 간단한 선언이다. "중국인들이 표의적으로 글을 쓰는 것은 우리가 표음적으로 글을 쓰는 것만큼이나 자연스러운 일이다."[70]

시간이 지나면서 중국어를 폄하하는 진화론자들의 주장이 점차 수상쩍은 입장으로 바뀌었다. 1985년 논문인 「글쓰기 방식(Writing Systems)」에서 제프리 샘슨(Geoffrey Sampson)은 중국어에 결함이 있다는 견해를 논박하는 폭넓은 생각을 실었다.[71] 그러는 사이 한때 그런 주장에 자신들의 권위를 빌려주고 있던 자들이 뒤돌아서기 시작했다. 잭 구디(Jack Goody)는 『전통사회에서의 문식성(Literacy in Traditional Societies)』이라는 영향력 있는 책에서 본인과 다른 사람들의 작업을 인용하면서 "우리는 의사소통 측면에서 '서양의 독창성'에 필요 이상으로 큰 무게를 실어왔는데, 이는 우리만의 문제는 아니었다"라고 말했다.[72] 구디는 중국어 문제에 대해 조심스럽게 다루기 시작했고 서양 예외주의라는 이전 주장에서 물러섰다. 구디는 이전 주장과 동일한 선에서 "표의문자는 민주적인 문학 환경의 발전을 억제했다"라고 덧붙이면서도, "표의문자가 과학, 학습, 그리고 문학 분야에서 주목할 만한 목적을 달성하기 위한 글쓰기의 활용을 막지는 않았다"라고 말했다.[73] 구디는 한때 자신과 뜻을 같이하던 동료들 및 '그리스 기적'의 촉매제로서 자신 있게 알파벳을 내세우던 지나치게 유럽 중심적인 학자들과 점차 거리를 두었다.[74] 에릭 헤이브룩이 중국 문자는 역사와는 무관하다고 가정하는 것이 적절하다고 보았음에도, 그리고 로버트 로건(Robert Logan)이 중국에서 과학 혁명이 부재한 것은 중국 문자 때문이라고 비난했음에도, 구디는 이제 중국의 장점과 서양의 단점이라는 가능성을 시사할 정도까지 나갔다.[75] 2000년에 구디는 다음과 같이 썼다. "대폭 감소된 구성요소로 인해 처음에는 더 어렵겠지만 결국에는 배우기가 더 쉬워진다. 한자 같은 표의문자는 하나하나 배울 수 있다. 학교에 가지 않거나 언어를 배우지 않더라도 누구나 부분적으로 글을 읽을 수 있다. 일본에서는 주차장이나 화장실을 이용하려면 입구 또는 남자라는 단어가 아닌 부호만 인식하면 된다. 알파벳에서처럼 전체 시스템을 이해할 필요가 없다."[76] 구디는 이어서 이렇게 말했다. "한자 중 약 8000개가 현재 사용되고 있지만 대중문학을 위한 기본적인 중국어는 1000~1500자 정도만 필요하다. 이런 면에서 이 시대의 글쓰기 시스템 중에 그 수가 가장 적다."[77]

알파벳의 우월성과 중국어의 언어적 부적합성이라는 개념은 쉽게 축출되지 않았지만 그런 견해를 계속 주장하는 사람들은 자신들이 점점 더 수세에 몰리는 것을 알았다. 1979년대 말, 그리고 1980년대 초 언어학자이자 심리학자인 앨프리드 블룸(Alfred Bloom)은 비현대로서의 중국어 캠프를 위해 횃불을 들었다. 블룸은 1979년 자신의 논문에서 중국어에 가정법이 없는 것은 중국인 사상가들로 하여금 조건법적으로 구상할 수 없게 했고, 그럼으로써 과학의 발전과 개혁에 아주 중요한 가상 명제를 구상하거나 만들어내는 능력을 제한했다고 주장했다.[78] 중국학자 더크 보드(Derk Bodde) 또한 이와 같은 견해를 자신의 논문에서 썼는데, 중국을 "언어적으로 장애를 가진" 것으로 묘사했던 그는 "글로 된 중국어는 여러 다양한 방법으로 중국에서의 과학적 사고방식의 발전을 돕기보다는 이를 방해했다"[79]라고 주장했다. 중국어의 반현대성에 대한 오랜 전통을 물려받고 자세히 설명한 윌리엄 한나스(William Hannas)는 중국어, 일본어, 그리고 한국어의 철자법은 "창조성을 억제"하고 기술과 혁신의 세상에서 아시아가 경쟁할 수 없는 이유를 설명하는 데 도움이 된다고 주장하면서 많은 동일한 주장들을 되살리려고 시도했다.[80]

하지만 윌리엄 볼츠(William Boltz)는 블룸의 논문과 관련하여, 더 나아가 인지적 한계에 대한 생각을 바탕으로 논쟁을 벌이는 모든 사람들과 관련하여 "'중국어를 아는 제대로 된 언어학자는 그것을 논박하는 데 어떠한 어려움도 겪지 않아 왔다'라고 침착하게 적시했다. 볼츠는 크릴의 "효용성 원칙"과 같이 빠르게 사실로 받아들여진 주장을 강조했다. "인간의 사고를 표현하는 능력을 가진 언어는 모두 동등하다. 적어도 모든 언어가 그

화자가 표현하고자 하는 바를 표현할 능력 또는 가능성을 가지고 있다는 면에서 말이다."[81]

인종 과학의 쇠퇴와 함께 문화 비교주의의 등장으로 20세기의 이야기는 점진적으로 커져가는 교차 문화적 참여와 이해 가운데 하나가 될 것으로 보인다. 중국어의 언어학적 '부적합성'이라는 견해들은 대체로 사라졌거나 결정적으로 조용해졌으며 자신감도 없어졌다. 이전 세대의 횃불을 들었던 사람들은 고풍스럽게 유럽 중심적일 뿐 서투른 것처럼 보였다. 공항 서점의 싸구려 페이퍼백까지는 아니더라도 진지한 지적 작업을 할 가치는 없어 보였다.

하지만 사실상 중국어의 언어학적 부적합성이라는 개념은 진화론과 인종 과학이 쇠퇴하는 와중에서도 살아남았을 뿐 아니라 새로운 세기에도 번성했다. 이러한 회춘과 강화는 기술 덕분에 두 번째 생명을 얻었다. 중국어의 언어적 적합성이라는 질문은 인종이라는 정치적으로 쉽게 견딜 수 없는 영역에서 벗어나 타자기 같은 기술적 기기의 오염되지 않은 영역으로 옮겨갔다. 중국어를 폄하하는 무리들 가운데 가장 주된 인물은 기술자들 본인이었다. 1950년대 초반 레테라22의 광고를 보면 "고대부터 올리베티까지"라는 슬로건이 한 쌍의 대조적인 이미지 위에 눈에 띄게 표시되어 있었다. 이 광고에서 올리베티 타자기는 매끈하고 기능적인 현대성을 상징하고 있고, 상왕조(商朝, BC1600~1046) 시대에 제단 뼈에서 발견된 한자들은 고대의 증표로 사용되었다(〈그림 1-11〉).

20세기의 하반기에는 중국어의 언어기술적 모순성과 무관성이라는 비유들이 걸러지지 않은 채 무비판적으로 울리고 반복되던 세계적인 메아리 공간이 있었다. 1958년 올리베티는 자신들의 기계가 "모든 언어를 입

그림 1-11 | 올리베티의 타자기 레테라22 광고

력한다"라고 선언했다(〈그림 1-12〉).⁸² 레밍턴과 언더우드처럼 올리베티 역시 안타깝게도 품을 수 있는 범위 밖의 문자, 즉 중국어를 넣지 않는 선에서만 그런 말을 할 수 있었다.

그러는 동안 자판 타자기에 대한 나머지 전 세계의 사랑은 이전보다 더 열정적으로 커져갔다. 타자기는 무엇보다도 입력 기계였지만 그 이상으로 상상, 미학, 도해, 그리고 향수로 만들어진 강한 상징적 생태계가 되었다. 저자를 숭배하는 데 기여함으로써 타자기는 예술가에게 적당한 표식

그림 1-12 ǀ 1958년 올리베티 관련 기사

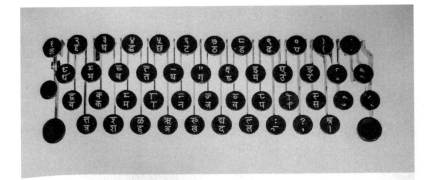

Le macchine Olivetti
scrivono in tutte le lingue

Le nostre fabbriche producono per tutti i mercati
macchine per scrivere con 170 diverse tastiere

« Illustre A;ieo, Le ;andia;o un elenco di L wone... ».
La perfetta dattilografa, la campionessa delle 500 battute al minuto alle gare di dattilografia, la segretaria modello che scrive — secondo i rigidi canoni dei libri didattici — senza degnare di uno sguardo la tastiera ed il foglio di scrittura, facendo due errori di battuta su trenta lettere quotidiane, rimane esterrefatta davanti a tale ignominia, da lei commessa. « Che mai succede? Capogiro? Reazione del subconscio? ».
Si tranquillizzi, signorina, lei sta benissimo. Non stia a disturbare Freud. Suo unico difetto è stato quello di non controllare, prima di iniziare la lettera, che la macchina su cui scrive fosse veramente la sua, quella che adopera abitualmente. Qualcuno, infatti, forse per scherzo, ha sostituito la sua macchina, con tastiera italiana, con una inglese, che ha alcuni tasti disposti differentemente. Le battute erano precise, e se fossero state eseguite sulla solita macchina la frase sarebbe risultata esatta: « Illustre Amico, le mandiamo un elenco di 5 zone... ».
Questo episodio, probabilmente non accaduto, ma che

potrebbe benissimo succedere, serve ad introdurci nelle non semplici vicende delle tastiere delle macchine per scrivere, assillante preoccupazione di inventori e costruttori.
Già l'avvocato Giuseppe Ravizza di Novara, sfortunato predecessore dei fabbricanti di macchine per scrivere (i suoi « cembali scrivani », realizzati artigianalmente dal 1855 al 1881, erano strumenti rudimentali che anticipavano i principi base delle moderne macchine per scrivere), intuì che il problema della tastiera rappresentava un elemento di primaria importanza nella sua invenzione.
« Decisamente — egli annotava — il maneggio del "cembalo scrivano" è ben diverso da quello del pianoforte. In questo la mano scorre e salta continuamente ed ha bisogno di un certo agio, nel mio la mano deve stare ferma o quasi raccolta, e le sole dita lavorare, quindi in questo gesto la mano deve stare ed in lunghezza ed in larghezza quanto più si può concentrata e ristretta ed i tasti avere quella sola larghezza che comporta la dimensione delle dita e non più ».

1

이 되었다. (실제로이든 상상에 의해서이든 간에) 명성 있는 작가라면 누구나 어느 시점엔가 자신이 좋아하는 타자기 모델 앞에서 사진이 찍혀 창작을 스모키화하고 영구보관 처리를 해야 했다. 세기 중반에는 타자기에 대한 광신이 너무 강해져서 앨런 긴스버그(Allen Ginsberg)는 『울부짖음(Howl)』의 유명한 맺음말에서 이 입력기기에 대해 기기 자체의 신성함을 선언하기에 이르렀다. 긴스버그가 느낀 것보다 더 많은 면에서 타자기는 실제로 신성한 것이었다![83]

그러는 동안 상상 속의 '중국어 타자기'는 한자에 대한 되살아난 재판에서 다른 어느 상징물보다도 가장 널리 알려지고 저주받는 증거, 즉 중국 문자는 현대성과 양립할 수 없어 폐지될 만하다는 증거가 되었다. 중국어 타자기가 처음에는 더 지배적인 진화론자 상대역을 그리는 것을 돕는 데 그쳤으나 곧 중국어의 부적합성이라는 개념을 활용하는 유일하게 그럴듯한 모드라는 왕좌를 물려받았다. 괴물스러운 중국어 타자기라는 우스꽝스럽고 부조리한 인상을 활용함으로써 중국어에 대한 비판은 진화론자의 주장에 대항해 예방주사를 맞았고, 깨끗하며 객관적으로 보이는 기술적 적합성이라는 언어로 재구성되었다. 어떤 사람이 보드, 헤이브룩, 블룸에게 동조하는 것, 그리고 진화론자인 사람들이나 좀 더 멀게는 헤겔 시대의 선조들에게 동조하는 것이 몰락한 귀족처럼 되었음에도 불구하고, 중국 언어의 현대성에 대해 진행 중인 재판은 중립적으로 보이는 언어기술이라는 영역으로 인해 20세기에도 배가된 활력으로 계속되었다. 아마도 중국어를 사용하는 사람들 역시 서양 언어를 쓰는 사람들만큼 인식적인 면에서 완벽하게 자기를 표현할 수 있었다는 점에서, 헤겔은 틀렸다. 하지만 기술적으로 중국어로 말하는 사람과 작가들이 전신, 타자, 속기, 펀치 카드, 전산 등등과 같은 현대 정보 기술의 채용을 방해하는 번거로운 문자 때문에 눈에 띄게 고전하고 있었다는 점에서는, 헤겔은 옳았다. 중국어에 대한 이 같은 현대 기술적 비판 — 인식, 문화, 인종, 사회적 다위니즘, 진화론 같은 체온적 용어가 아닌, 깨끗하고 플라스틱과 금속으로 된 캐리지와 압판의 세계로 구성된 — 이 늙고 방황하던 조상의 마지막 유언과 증언이 되어 교묘하고도 조용하게 전체 담론적 재산의 상속자로 지명될 것이었다.

이제 실제의 중국어 타자기를 만나 우리 눈으로 보고 우리 귀로 들을 준비가 되었으므로, 우리는 그런 시각과 소리를 파악하고 이해하는 해석적 틀이 우리가 방금 알게 된 상상 속 중국어 기계에 의해 형성되고 굴절된다는 사실을 항상 의식해야 한다. 우리의 눈과 귀는 우리 자신의 소유물이 아니라 이 장에서 살펴본 바로 그 역사의 산물이다. 탭-키를 무시하거나 탭-키와 그 후속물들로부터 자유스러운 척하기보다는 — 이는 솔직하지 않을 뿐 아니라 비생산적인 노력이다 — 우리는 오히려 불편한 포옹 같은 자세를 취해야 한다. 레밍턴, 언더우드, 올리베티, 올림피아, 그리고 여러 회사들에 의해 세계화된 타자기 형태는 우리와 데카르트식 공간으로 분리되어 거리를 두고 있다는 점에서 우리와 '관계'를 가지고 있는 대상이 아니다. 타자기 형태는 20세기에 등장해 더 넓은 도상학으로 퍼져나갔는데, 타자기 형태는 우리가 그것에 관해 생각하는 대상(an object we think about)이 아니라 우리가 그것과 함께, 그리고 그것을 통해 생각해야 하는 대상(an object we think with and through)이다. 역사의 우연으로 인해 시간 속 이 특정 시점에서의 우리의 의식은 레밍턴이다.

우리는 이제 중국 남동쪽의 닝보(寧波)로 가는데, 타자기가 등장하기 이전의 시기이다. 앞으로 살펴보겠지만, 중국어 타자라는 '수수께끼 풀기' —

즉, 수천 개의 글자를 가진 비알파벳 문자를 신기한 정보 기술 안에 맞춰넣는 것 — 는 1800년대에 중국어와 두 개의 언어기술적 초기 시스템(이동식과 전신) 간의 관계에 대해 생각했던 외국인들 사이에서 처음 등장했다. 중국어 타자라는 수수께끼 풀기가 처음 모양을 잡기 시작한 것은 타자기가 등장하기 전 1800년대 이곳에서였다.

제 2 장

수수께끼 풀기 같은
중국어

알려진 세상 모든 언어 중에서 활자로 나타내기 가장 어려운 것은 논란의 여지없이 중국어이다. 중국어는 가장 솜씨 좋은 서양 인쇄공들조차 곤혹스럽게 했다.

_마르셀린 레그랑(Marcellin Legrand), 1838

모기날개처럼 얇은 종이로 된 윌리엄 갬블(William Gamble, 1830~1886)의 노트가 4년이라는 지루한 세월 동안 살아남은 것은 기적이다. 이 노트는 아일랜드에서 탄생한 미국인 인쇄공인 갬블이 가져간 것인데, 갬블은 상하이에서 남쪽으로 100마일 떨어진 닝보에 있는 장로교 선교 출판사의 운영을 감독하기 위해 파견되었고, 이 노트는 한자들을 연습한 갬블의 연습장이었다.

매 페이지는 15×15 격자로 나뉘어 있어 갬블은 다음 장으로 넘어가기 전 200자 이상의 한자를 연습할 수 있었다. 각각의 칸 안에는 4×4 격자무늬가 있어 인쇄공이 글자들을 구조적 균형에 맞는 우아한 치수로 만들도록 돕는 인도자 역할을 했다. 현재 워싱턴 의회 도서관에 보관되어 있는 이 책은 갬블 컬렉션 가운데 가장 친밀한 것 중 하나이다.[1]

하지만 갬블은 이 연습장을 글쓰기 연습에 사용하지 않았다. 대신 그는 이 연습장을 계산 장부 같은 용도로 사용해 그와 두 명의 중국인 조수는 엄청난 중국어 문장 안에서 한자들의 상대적 빈도를 계수한 자료를 집계했다. 4년이라는 각고의 세월 끝에 그와 중국인 동료들(갬블은 이들을 '창' 그리고 '추'라고 불렀다)은 대략 130만 개의 한자를 조사했고 이 글자를 4000페이지 이상에 펼쳐놓았다.[2] 줄마다 이 글자들을 하나하나 기록했고 글자가 나올 때마다 숫자를 세고 그 자료를 손으로 만든 표에 적었다.

이 세 사람이 수행한 일을 타임랩스 영화로 볼 수 있다면 그들 과업의 강박적인 강도가 분명해질 것이다. 『대학(大學)』과 『도덕경(道德經)』 같은 문장을 기계적으로 거꾸로 읽으면서, 그 안에 내용을 기본 단위로 해체하고 분해한 후 이 요소들을 빈도수 등급으로 순서를 매긴다.[3] 실제 문장에서의 『장자(莊子)』 ─ "지금 나는 내가 나비이기를 꿈꾸는 사람인지, 또는 사람이기를 꿈꾸는 한 마리의 나비인지 모르겠다" ─ 는 당혹스럽기도 하고 즐겁기도 하지만, 그것은 갬블의 주 관심사가 아니었다. 갬블에게 이 4년 동안 중요한 것은 『장자』의 실제 구성을 조사하는 것이었다. 그 결과 『장자』가 약 8%의 之, 5%의 而, 5%의 不, 4%의 也, 그리고 단지 약간의 나비[蝴(호) 그리고 蝶(접)]로 되어 있다는 것을 알아냈다.[4]

윌리엄 갬블이 가졌던 알고리즘적 강박을 보면 본능적으로 이런 의문이 떠오른다. 그는 무엇을 찾아냈는가? 어느 한자가 가장 빈도가 높고 낮은가? 이것은 우리가 좇고 있는 중국어의 언어기술적 현대성이라는 질문에 어떤 의미가 있는가? 이것이 과연 답이었을까? 이 장에서는 이러한 중요한 의문들을 다루겠지만 우리의 주 관심사는 갬블의 작업을 파헤쳐 다음과 같이 묻는 것이다. 어째서 그는 특히 이 수수께끼에 꽂히게 되었는가? 그리고 이 특정 수수께끼의 결과는 무엇이었는가? 모든 한자에 대해 던질 수 있는 모든 가능한 질문 중에 이것이 4년 동안 자신의 노동과 집착을 장악할 것이라고 그는 어떻게 결정하게 되었는가? 중국어 글쓰기라는

'수수께끼'를 조사하기 시작할 때 우리가 묻게 될 첫 질문은, 이 수수께끼의 해결책에 대한 것이 아니라 그 수수께끼 자체에 대한 것이다. 우선 어떻게, 그리고 왜 중국 문자가 해결책이 필요한 수수께끼로 보이게 되었는가? 얼마나 중독성이 있으면 4년 동안 누군가의 집중을 끌어냈는가 하는 것은 차치하고 왜 갬블은 중국어를 이런 종류의 수수께끼, 즉 그 해답이 계산과 통계에 전제되어 있는 수수께끼로 바꾸었는가?

중국어의 생경한 방대함 때문에 이런 류의 강박적인 조사가 필요하다고 가정하고 싶을 것이다. 중국어의 어휘 수는 몇 만 개에 달하고 이는 역사의 과정을 통해 점진적으로 확장해 왔다(〈그림 2-1〉). 동한 왕조시대의 허신(許慎)(약 58~147년)이 편찬한 초기 옥편 『설문해자(說文解字)』는 9353개의 글자와 1163개의 변형이 포함되어 있어 이후의 글자 편찬 작업의 기반을 만들었다.[5] 1011년 진팽년(陳彭年)에 의해 완성된 『대송중수광운(大宋重修廣韻)』은 『설문해자』의 두 배 이상을 싣고 있어 총 글자 수가 2만 6000개가 넘었다. 1716년 『강희자전』의 완성으로 글자 수는 도합 약 4만 7000개가 되었다. 20세기에는 세 개의 엄청난 편찬 프로젝트로 그 수가 더 늘어났는데, 『대한화사전(大漢和辭典)』, 『한어대자전(漢語大字典)』, 그리고 『중화자해(中華字海)』가 각각 4만 9964자, 5만 4678자, 8만 5568자였다. 실질적으로 인쇄공, 학자, 학생 누구든지 본능적으로 동일한 수수께끼에 도달하는 것이 자연스러워 보인다. 누가 어떻게 이 엄청난 양의 중국어를 인간 기억, 인쇄공의 선반, 전신 코드, 또는 타자기의 제한 범위 안에 '집어넣을 수' 있을까? 언어 자체가 이 수수께끼의 불가해성에 대해 필요한 모든 증거인 것처럼 보인다.

하지만 흔히 그렇듯이 여기서 상식은 안 통한다. 이 장에서 주장하듯이,

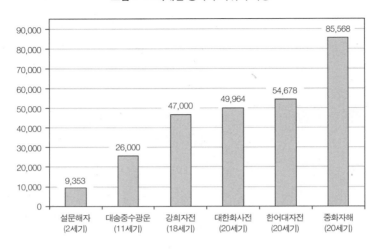

그림 2-1 | 시대별 중국어 어휘의 확장

돌이켜보면 어느 특정 '중국어 수수께끼 풀기'가 아무리 자연스럽거나 피
할 수 없어 보일지라도, 모든 '중국어 수수께끼 풀기'는 사실상 역사적으로
만들어졌고 가변적이다. 다르게 말하면, 중국어가 "수수께끼 같다"라고
표현되려면 우선 특정 집단의 사람들이 특정한 시점에 그리고 특정한 언
어기술적 틀 안에서 수수께끼를 풀어야 한다. 내재적이거나 선험적인 '중
국어 수수께끼 풀기' ― 중국어 글쓰기의 내재적인 복잡성 또는 이상함 때문에
그냥 생긴 ― 는 없었고, 특정 역사적 그리고 언어기술적 맥락 안에서 만들
어진 특정한 수수께끼 풀기만 있었다. 그중 어느 것은 성공하고 어떤 것은
성공하지 못했다. 수수께끼를 푸는 데 성공한 경우, 안정되고 자연스럽고
우선적인 것으로 입력되고 기억되도록 진행되었다. 반면 수수께끼를 푸
는 데 실패한 이유는, 무슨 이유에서든 수수께끼를 풀 것 같은 사람을 유
희적인 작업에 끌어들일 수 없었기 때문이다. 수수께끼가 되지 못하고 조

용히 잊히는 수수께끼들도 있다. 여기서 '중국어 수수께끼 풀기(Chinese puzzle)'가 아닌 '수수께끼 풀기 같은 중국어(puzzling Chinese)'라는 단어를 선택한 것이 처음에는 이상에게 보이겠지만, 여기에는 두 가지 핵심 관찰이 기반을 이루고 있다. 첫째, 중국 문자에는 알파벳 글쓰기 방식이 없기 때문에 내재적으로 헷갈린다고 생각하기 쉬운데, 역사를 보면 중국의 역사는 대부분 동안 알파벳을 가진 다른 여느 이웃만큼 엄청난 문명적 성취와 재앙의 스펙트럼으로 점철되어 있음을 알 수 있다. 지난 1000년의 중반, 명 왕조는 세계 경제의 엔진 중 하나였고 가장 많은 인구가 집중되어 있었으며, 비교할 수 없는 문화적, 문학적, 그리고 예술적 생산권이었다. 이 모두를 알파벳 없이 이루었다. 16세기, 그리고 17세기의 중국을 보면 가속되는 도시화, 인구 폭발, 그리고 활발한 인쇄 문화를 경험한 사회라는 것을 알 수 있다. 커져가는 지역 간 무역의 일원으로서, 그리고 범제국적 금융 및 재정 시스템으로서 신세계였던 포토시(Potosí) 광산에서 엄청난 양의 은을 확보함으로써 부를 일군 환상적으로 부유한 집안도 등장했다. 이 모든 것도 알파벳 없이 이루었다. 러시아 혁명 6년 전인 1911년을 생각해 보면 중국 혁명가들은 2000여 년이나 된 제국 시스템을 알파벳 없이 타도했다. 1940년 이후 인류 역사상 가장 큰 공산주의 국가가 수립되었고, 대약진 운동이 대격변의 목적을 가지고 시작되었으며, 문화대혁명, 마오 이후의 개혁 시대가 시작되었고, 새로운 경제 초강국이 만들어졌다. 이 모두 알파벳 없이 말이다. 중국어는 본질적으로 곤혹스럽다고 생각하는 것, 그리고 항상 그래왔다고 생각하는 것은 틀린 생각이다. 둘째, 19세기가 되어 강력한 알파벳 중심의 정보 기술이 중국 문자를 객관적으로 불리한 위치에 세운 시기에 돌입하고 나서도 중국 문자는 따로 제대로 된 '수수께끼'

가 된 적이 없다. 반대로 구경꾼들 눈에는, 그리고 특정 언어기술적 맥락 안에서는 '수수께끼 풀기 같은' 중국어의 성격이 항상 중국 문자의 내재적 인 속성 때문은 아니었다.

이 장에서 우리는 중국어의 확실히 다른 세 가지 '수수께끼 풀기'를 살펴 볼 것이다. 그 각각은 19세기에 등장했다. 우리는 이 세 가지 수수께끼 풀 기를 일상 용법(common usage), 결합식(combinatorialism), 그리고 대리모 (surrogacy)라고 부른다. 앞에서 윌리엄 갬블의 작업에서 예시되었듯이, 첫 번째인 일상 용법은 너무 널리 알려져 있고 당연시되어서 적시할 필요 조차 없는 중국어에 관한 가정을 전제하고 있다. 즉, 중국어 글쓰기의 기 본 단위는 '글자'이고 중국어에는 수만 개의 글자가 있다는 것이다. 이 출 발점에서 시작해 중국어의 언어기술적 현대화를 위한 일상 용법 접근법 은 중국어의 어휘 수를 가장 필수적인 단위들로 줄이는 것이다. 이는 갬블 과 그의 동료들이 수행했던 지난한 통계적 작업을 필요로 한다. 이 일상 용법 접근법의 언어기술적 목적은 전체 언어 내에서 가장 빈번히 사용되 는 글자들만 담고 있는 입력 기술을 만드는 것이다. 중국어의 언어기술적 현대화를 위한 일상 용법 접근법은 이 장 첫 부분의 초점이 될 것이다.

하지만 갬블이 중국어의 수만 개 글자를 열정적으로 세고 있던 것과 정 확히 같은 시간에 다른 사람들은 문자에 대한 전혀 다른 가정을 기반으로 하는 극적인 방법으로 중국어를 문제시했다. 바로 두 번째 방식인 결합식 으로, 이는 중국어 글쓰기를 유사 알파벳 형식의 글쓰기로 재구상하는 것 이다. 결합식은 한자를 모듈 모양의 조합으로 해체하여 작업자가 다시 글 자를 조각조각 조립하거나 '철자(spell)'하는 데 사용할 수 있었다. 한자는 표음문자라는 개념으로 '철자'할 수 없지만 반복되는 모듈 모양의 조합을 쓰면 '철자'할 수도 있다. 이 접근법에서 요청되는 것은 중국어 어휘를 줄이는 것이 아니라 중국어 글쓰기 자체의 핵심을 신중하게 재구상하는 것으로서, '글자', 그리고 '철자하다'라는 개념을 중국어 글쓰기의 맨 위로 놓고 한자의 구조적 부속물들 ― 종종 '부수(部首)'라고 불리는 ― 을 라틴 알파벳에 있는 동일한 글자들처럼 재구상하는 것이다. 이 방식으로 수수께끼를 푸는 과정에서 결합식은 가장 자명해 보이고 '명백한' 중국어의 특성, 즉 중국어는 '한자'라고 부르는 엄청나게 많은 수의 기본 단위들로 만들어졌다는 생각을 변형시켰다. 일상 용법 접근법에서처럼 한자가 더 줄일 수 없는 중국어 글쓰기의 원자가 아니라면(더 근본적이고도 반복적으로 글자를 더 나눌 수 있는 무언가가 존재한다면), 중국어의 언어기술적 현대화라는 실제 수수께끼가 이 수준에서 해결될 수도 있다. 이 수수께끼로부터 자라난 방식은 '분할식'으로 알려지게 되었고, 이 장의 두 번째 부분에서 중점적으로 다룰 것이다.[6]

여전히 다른 이들은 중국어를 또 다른 방법으로 궁금해 하고 문제시하고 있었다. 세 번째 방식은 우리가 대리모라고 부른다. 일상 용법, 결합식과 대조적으로, 이 세 번째 방식은 한자의 수를 세거나 순서를 매기거나 부분으로 나누는 것이 아니라 한자 대신 사용할 수 있는 또는 한자를 지칭하는 데 사용할 수 있는(특히 새로운 전신 기술 분야에서 사용할 수 있는) 상징적인 시스템을 전제로 하고 있다. 이 방식에서 한자는 중국어의 기본 단위이지만 직접 거래되지는 않는다. 오히려 한자는 공간을 분리하기 위해 글자 코드북, 데이터베이스, 또는 아주 추상적으로 인간 기억 영역과 '마음의 눈' 영역이라는 별도의 공간으로 격리되었고, 그 후 특정 방식에 따라 '검색'되었다. 수수께끼 같은 중국어를 푸는 이 같은 방식에서 수수께끼를 푸는 사람의 주요 과제는 일상 용법에서처럼 중국어 어휘를 통계적으로 정복하는 것도 아니고, 결합식에서처럼 한자를 부속 요소들로 해체하는 것도 아니었다. 바로 자료화, 기록, 데이터베이스, 검색, 회수와 관련된 보다 효율적인 기술을 개발하는 것이었다. 대리모 방식은 이 장의 마지막 부분에서 우리의 관심을 끌 것이다.

이 장은 '중국어 수수께끼 풀기'를 우리 역사의 당연한 출발점으로 다루는 대신, 이 특출한 형식의 수수께끼 풀기들을 상상할 수 있게 하고 의미 있게 하고 풀 수 있게 하는, 그리고 우선은 풀 만한 가치가 있게 하는 저변에 깔린 종종 보이지 않는 가정들을 파헤친다. 더욱이 이어지는 장들에서 보겠지만, 갬블과 그의 동료들이 잊힌 한참 후에도 오랫동안 남아 중국어의 언어기술적 현대화를 계속 모양을 잡아가는 것은 이러한 논리와 가정들일 것이다. 이 세 가지 논리는 다가올 타자 시대에 다시 등장할 것이다.

서서 일하는 식자공을 자리에 앉히기:
활자, 일상 용법, 언어 둘러싸기에 대한 욕구

이 장의 서두에서 제기했던 질문 — 무엇이 윌리엄 갬블로 하여금 알고리즘적 통계 작업을 하게 했는가 — 으로 돌아가보면, 우리는 인쇄공의 설명에서 중요한 단서를 얻는다. 갬블은 1861년 『성경과 27개 책에 모두 실려 있는 두 개의 선별된 문자 목록(Two Lists of Selected Characters Containing All in the Bible and Twenty Seven Other Books)』의 서두에서 중국어 서체를 가리키면서 "각 활자가 공간을 많이 차지할 뿐 아니라 각각 활자의 모든 꽉 사이를 다녀야 하는 식자공은 많은 시간을 쓸 수밖에 없어 식자가 비싸지고 지루해진다"[7]라고 설명했다. 언어학자, 기술자, 그리고 언어 개혁가들이 중국어와 타자 기술 사이의 '비양립성'을 해결하려고 시도하기 수십 년 전에 갬블은 이미 '비양립성'을 해결하려고 했던 것이다.

19세기 중반에는 외국 인쇄업자들이 중국어가 이동식 활판 인쇄에 제기하는 도전을 비판하는 것이 상식화되었다. 중국에서 마인츠의 요하네스 구텐베르크(Johannes Gutenberg)보다 400년 전에 이동식 활판 인쇄가 발명된 것을 생각하면 웃기는 비판이다. 11세기 필승(畢昇, 990~1051)은 도기로 된 이동식 활판을 개발했는데, 인쇄 과정에서 글자체를 보호하기 위해 풀칠을 한 금속 테로 마감했다. 14세기 왕정(王禎, 1290~1333)의 기록에서는 나무로 된 이동식 활판의 사용을 언급하고 있으며, 15세기 후반에는 구리와 다른 금속을 인쇄 과정에서 사용하는 이동식 활판을 언급하고 있다.[8] 이 시기에는 중국의 인쇄를 목판 인쇄 또는 나무판 인쇄 방식이 장악하고 있었지만 이 공정의 기술적 솜씨는 계속 정교해졌다. 이에 관한 설명적인 사례는 청나라 초기에 나온다. 1773년 건륭제(1736~1795)의 명령으로 대규모 편찬 사업이 시작되었다. 그 목적은 커다란 사고전서(四庫全書) 선집에서 선별한 126권의 희귀 중국 작품을 수집, 출판, 유통하는 것이었다.[9] 처음으로 황제께 바치는 헌사에서 제국의 인쇄소 무영전(武英殿)의 소장인 김간(金簡)은 총 15만 개의 이동식 목판을 깎도록 윤허를 요청했으며, 서체 가운데 가장 자주 사용되는 약 6000개의 글자에 대해 10개 그리고 100개의 복사판을 깎을 필요가 있다고 건의했다.[10] 목판, 그리고 걸작품의 수공예와 달리 이동식 활판 인쇄에서는 작업자가 주어진 문장을 인쇄하는 데 필요한 글자들의 총 수와, 이와 관련해 이들 각각의 글자를 위해 필요한 복사된 종류의 수(즉, 그 글자들의 상대적인 빈도)를 정확히 알 필요가 있었다.

김간은 식자공이 효과적으로 작업할 수 있도록 중국어 어휘와 인쇄소 자체를 두 개의 넓은 범주로 구분했다. 사용되는 문자의 빈도가 높고 낮음에 따라 식자공에게서 가깝거나 멀도록 바꾸었던 것이다. 김간은 "거의 사용되지 않는 희귀한 문자들이 있는데 약간의 자형만 준비될 것이다. 앞에서 얘기한 12가지 구분에 따라 그 문자들을 위한 별도의 작은 서랍을 마련하고 그 문자들을 한눈에 볼 수 있도록 각 자형의 곽 위쪽에 그 문자들을 둔다"라고 적었다. 1차적으로 이렇게 구분한 후에 김간은 '부수-획'에 따라 2차적으로 글자들을 조직했는데, 이는 명 왕조(1368~1644) 후기에 시작된 분류 체계로, 18세기 초 청 왕조(1644~1911) 자료인 『강희자전』에서 공식화되었다.[11] 편찬을 지시한 강희제(1661~1722)를 기리기 위해 이름 지어진 이 자전에는 4만 개 이상의 한자가 글자를 구성하는 주된 글자 부속(어근 또는 부수)을 근거로 214개의 범주로 나누어졌다. 他(타, 그 남자), 그리고 作(작, 하다/만들다) 같은 글자는 亻(사람 인) 부수로 만들어진 다른 글자들과 함께 구분되었고, 洪(홍, 홍수), 湖(호, 호수) 같은 글자는 氵(물 수) 부수 아래의 글자들 그룹에 들어갔다.

두 번째 분류 원칙은 이 214개 각각을 부수의 획수에 따라 순서대로 구분하는 것이었다. 예를 들면 亻 부수는 획수가 2획이고 氵 부수는 3획이므로 他와 作은 洪과 湖보다 자전에서 앞에 나온다.[12] 214개의 구분 속에서 세 번째 분류 원칙은 글자를 완성시키는 나머지 획수에 따라 조직한다. 따라서 총 획수가 5획인 他는 7획의 作보다 앞에 놓인다.[13] 20세기에 들어와서 이것은 중국에서 중국어 사전을 만드는 대표적인 방식이었다.

김간과 그의 식자공들이 곽 사이를, 그리고 곽들과 인쇄기 사이를 걷는 것은 문자 그대로 중국어 자체의 물리적 모델을 걷고 있는 것이었다.[14] 서양의 식자공들이 자신들 앞에 놓인 글자 상자 속의 알파벳을 둘러싼 것처럼 그들도 중국 문자를 둘러쌌던 것이 아니라 중국 문자가 그들을 둘러쌌다. 중국어 활자의 공간적 특징은 갬블과 그 동료들을 괴롭혔는데, 중국어 활자에 대한 그들의 비판이 커진 것은 '활자'의 운용상 의미에서는 거의 모르던 '표류'라는 것을 전제로 했기 때문이다. 이 인쇄 기술이 중국에서, 그리고 한자를 위해 발명되었다는 것을 알면서도 갬블과 여러 사람들은 중국어가 결국은 '유럽식 활판의 범위 안'으로 들어오게 될 거라는 믿음을 갖고 있었다고 누군가가 말했다.[15] 이 방식에서 '유럽식 활판'은 작은 형태의, 정확히 김간과 그 동료들이 순회하며 이동하는 관행 때문에 작아졌다는 특별한 의미를 갖고 있었다(중국 문자 사이를 걸어 다니는 과정). 갬블에게 진정한 활자 방식은 좌식 통제라는 생각, 즉 서양 식자공이 자형 선반 앞의 고정된 위치에서 문자를 둘러싸고 있는 방식과 분명히 연계되어 있다. 이들 가정하에서의 운영이 '활자'의 정의를 바꾸었다. '활자'는 더 이상 엄격한 기술적 의미에서, '자형'이 모듈이나 '활자' 조각으로 깎이고 주조되는 기술 또는 인쇄 기술을 의미하는(김간의 방식이 의심할 여지없이 만족시켰던) 것으로 제한되지 않았고, 식자공이 움직이지 않아야 진정한 활자라는 새로운 패러다임이 등장했다(중국어 식자공은 분명 그렇게 하지 않았다).[16]

우리의 세 가지 '수수께끼 같은 중국어 풀기' 중 첫 번째 형태가 이 맥락에서 나왔다. 여기서는 알고리즘 읽기, 빈도수 분석, 그리고 점점 늘어나는 중국어 말뭉치가 새로운 지식 틀의 중심이 될 것이다. 이 새로운 '중국어 수수께끼 풀기'의 시작점은 1810년으로, 조지 스턴톤에 의해 번역된 『대청율례(大淸律例)』가 영어권에 처음으로 소개된 것이었다. 실제로 출판된 시점부터 학자들과 정치가 모두 천상 제국의 신비스러운 법적 구조로 이어지는 창 주변에 몰려들었다. 역사학자 리첸(Li Chen)은 "중국법뿐 아니라 일반 중국 문명에 대한 서양 지식의 이정표"라고 주장했다.[17] 일부에서 영국 최초의 중국학자라고 불리는 스턴톤은 자신을 그런 작업의 이상적인 번역자이자 편집자로 만들어준 개인적이고 전문적인 혈통을 즐겼다. 외교관이자 동양학자인 조지 레너드 스턴톤(George Leonard Staunton)의 아들이자 1793년 건륭제의 궁정 대사였던 조지 매카트니(George Macartney)의 심부름꾼이었던 스턴톤은 이른 나이부터 중국어 교육을 받기 시작했고 그 후에 영국 의회 의원으로, 그리고 동인도 회사의 고위직으로 일했다.

스턴톤이 번역한 『대청율례』는 좀 덜 분명한 방식이긴 했지만 순식간에 현대 중국학을 형성하는 데 기초가 되었다. 출간하자마자 동양학자, 인쇄업자, 교육자, 그리고 출판사들은 스턴톤이 번역 작업 중에 우연히 발견한 사실에 매료되었다. 특히 스턴톤은 번역 과정에서 접한 수많은 한자 수에 매료되었다. 스턴톤은 한자의 규모와 복잡성에 대해 『대청율례』가 모두 약 2000개의 한자로 구성되어 있다고 밝혔다. 하지만 그 당시 주요한 중국어 사전인 『강희자전』이 대략 4만 7000자인 것에 비하면 이는 적은 숫자였다. 2000여 개라는 이 놀라운 숫자는 많은 사람들의 상상력에 스릴 넘치는 가능성을 심었다. 그런 주요한 법조문을 인쇄하고 읽는 데 전체 한자의 5%만 필요하다면 더 넓게 중국어 문헌에서는 실제로 어떠할까? '수만 개'에 달하는 글자를 정복하기는 불가능하다고 오랫동안 믿어온, 중국어를 다루는 외국 인쇄업자와 학생들에게 이것은 어떤 의미일까? 스턴톤의 작업은 '중국어 수수께끼 풀기'에 대한 하나의 가능한 해결책을 제공하는 것을 훨씬 넘어 더 강력한 무엇인가를 제공했다. 바로 중국어를 수수께끼 풀기로 바꾸는 수단, 또는 다른 말로 하면 수수께끼 풀이법 그 자체를 제공했다.

중국어 일상 용법에 대한 스턴톤의 '발견'은 전 세계 중국학자들 사회에 수십 년 동안 이어지는 충격파를 보냈다. 스턴톤의 관찰은 외국의 중국어 인쇄업자에게 5만 개가 아닌 5000개로 그 수를 극적으로 줄이면서도 그들의 필요를 충족시킬 수 있는 중국어 서체의 가능성을 열었다. 스턴톤의 초기 발견에서 제시되었듯이, 중국어를 둘러싸려는(그래서 걸어 다니는 중국어 식자공을 자리에 앉히려는) 목적은 중국어의 끝없는 지형을 울타리를 세워 나누는 것으로 달성될 수 있었다. 중국 문자에 대한 이 수수께끼를 푸는 것은 그래서 경계를 만드는 종류가 되었다. 즉, 중국어 어휘 중 어느 글자가 진짜 '요긴한지', 어느 글자가 하찮고 부수적인지를 엄격하고 공들인 분석을 통해 결정하는 것이다. 중국어를 배우는 외국인들에게 '쓸모없는' 글자들 전체에 힘을 분산시키기보다는 언어의 핵심 부분을 통달하는 데 자신들의 힘을 집중시킬 수 있다는 견해는, 중국어 습득을 위한 공식적인 교육 체계가 없던 시대에는 특히 매력적이었다. 인쇄업자와 학생들은 모두 곧 필수 문자와 비필수 문자 사이의 경계를 만드는 일을 시작했고 자신들의 정신적 역량과 물질적 자원을 어디에 집중시켜야 하는가를 과학적으로 결정하기 위해 중국어 문장을 산도(酸度) 시험에 넣었다. 중국어의 '원격 읽기' 시대가 시작되었다.

학자들은 곧바로 스턴톤의 첫 관찰을 『대청율례』를 훨씬 넘어 확장하기 시작했다. 뱅갈에 있던 선교사 조슈아 마시먼(Joshua Marshman)은 자신의 독자들에게 "모든 공자의 책은 3000자 미만의 글자를 싣고 있다"라고 말했다.[18] 한 선교 잡지는 서사 소설인『삼국지연의(三國志演義)』가 겨우 3342개의 글자로 되어 있다고 보도했다. 이 장의 시작에 만났던 인쇄공 선교사인 윌리엄 갬블은『사서(四書)』를 인쇄하는 데에는 단 2328자, 『오경(五經)』을 인쇄하는 데에는 2426자만 필요하다고 정했다. 『시경(詩經)』, 『서경(書經)』, 『주례(周禮)』, 『예기(禮記)』, 『역경(易經)』, 『좌전(左傳)』, 『공양전(公羊傳)』, 『곡량전(谷梁傳)』, 『논어(論語)』, 『이아(爾雅)』, 『효경(孝經)』, 『맹자(孟子)』, 이 13개의 고전을 모두 합해서 6544자만 싣고 있었다.[19] 해가 지나면서 외국인들은 중국어 일상 용법의 수수께끼를 차츰 풀어가고 있었다.

하지만 중국어의 수수께끼를 푸는 과정에서 '일상 용법'이라는 틀은 심각하고 해결될 수 없는 긴장을 늘려왔다. 이는 중국어의 언어기술적 현대화에 대한 이러한 접근법 근처를 아마도 영원히 어른거릴 정치적 문제였다. 움직이는 것과 앉아 있는 것에 대한 비유, 그리고 들판과 울타리에 대한 비유와는 대조적으로, 중국어의 지형은 항상 형태가 변해왔으며, 앞으로도 항상 그럴 것이었다. 역사학자들이 잘 알듯이 중국어 어휘는 19세기의 마지막 10년과 20세기의 처음 10년 동안 극적으로 변하고 확장되었다. 수천 개의 새로운 중국어 용어가 이웃 일본으로부터 쏟아져 들어왔고 외국어 문장의 중국어 번역가들이 새로운 용어를 더 만들어냈기 때문이다. 중국어 활자의 일상 용법이라는 맥락에서, 신조어와 여러 어휘적 변화가 서양의 알파벳 활자에서는 알려지지 않은 영향력을 행사했다. 서양의 식자공들도 역사상 어느 시점에 '헤게모니(hegemony)', '식민주의(colonialism)' 같은 신조어를 마주해야 했지만, 그런 용어들은 알파벳 식자공에게 세 개의 비교적 상용되는 단어, 즉 'my', 'he', 'gone', 그리고 'is', 'on', 'oil', 'calm'

각각을 만드는 것보다 더 어려운 도전을 주지 않았다. 독일어, 영어, 프랑스어, 이탈리아어 또한 어느 단어가 아무리 이상하고 모호하더라도 알파벳 활자를 만들기 위해서는 보다 일반적인 단어들과 동일한 문자만 있으면 되었다. 그 문자에 없는 특수문자가 필요한 외래어를 인쇄하는 경우를 제외하고는 말이다. 그에 비해 중국어의 경우에는 어느 새로운 글자를 추가하려면 다른 글자를 배제해야 한다는 면에서 '일상 용법'은 제로섬 게임이었다. 다르게 말하면 '빈번한' 글자와 '드문' 글자 사이의 경계를 지속적으로 재정립할 필요가 있었다.

더욱이 '일상 용법'의 해법에 끌린 선교사와 인쇄공들은 현대성, 기독교의 구원, 또는 이와 관련된 새로운 용어와 개념을 소개하기 위해 실제로 중국어 발 밑에 있는 어휘적 기반을 바꾸고 싶어 했다. 외국인 인쇄공들은 19세기에 발견한 중국어 말뭉치를 재생산하기 위해(예를 들어 일상 용법 수수께끼의 범주 안에서 재생 가능하고 설명적인 필수 과제로 생각할 수 있는 공자의 고전들을 재인쇄하기 위해) 얼마나 많은 한자가 필요한지를 정확하게 결정하는 한편, (일상 용법의 처방적 필수라고 할 만한 작품을 중국어로 처음 인쇄하기 위해) 이 말뭉치 안에 끼워 넣어야 하는 글자의 숫자 역시 확실히 계산했다. 갬블은 중국어로 된 구약성서는 50만 3663개의 글자를 담고 있지만 구약성서를 만드는 데에는 3946개의 글자만 필요하다는 사실을 발견했다. 신약성서는 17만 3164개의 글자로 이루어져 있지만 2713개의 글자만 있으면 되었다. 신구약 합쳐 총 4141자면 충분했다. 1861년 갬블은 자신의 발견을 『성경에 모두 실려 있는 두 개의 선별된 문자 목록(Two Lists of Selected Characters Containing All in the Bible)』이라는 제목의 글로 만들었는데, 이는 선교사 인쇄공과 전도사업에 종사하는 교육자들을 위한 것이었다. 갬블은 적지 않은 자부심을 가지고 "우리가 많은 중국어 금속활자를 그렇게 빽빽하게 넣음으로써 식자공이 어느 쪽으로든 한 걸음 이상 가지 않고도 원하는 모든 활자에 닿을 수 있게 만들 수 있었던 것은, 그리고 가장 많이 쓰이는 500개의 글자를 함께 놓고 자신이 사용하는 모든 글자의 4분의 3을 자기 손 아래 두면서 마치 영어 인쇄소에 모든 로마식 활자가 놓여 있듯이 편리하게 사용하도록 만들 수 있었던 것은 이런 사실들에 대한 지식 때문이었다"라고 선언했다.[20]

일상 용법은 외국인들이 19세기에 '중국어 수수께끼 풀기'를 시작한 첫 방식이자 가장 널리 퍼진 방식이었다. 충분한 시간과 한두 개의 중국어 말뭉치 덩어리가 주어진다면 외국 독자 누구라도 중국어를 각 구성요소로 만드는 위대한 해체 작업에 이바지할 수 있게 되었다. 통계적 추론이라는 산도 시험 — 서양 형제들이 알아야 하는 것과 무시해도 되는 것 사이의 경계를 분명히 하도록 돕는 — 에서 중국어를 해체해 보는 것은 외국인들로 하여금 중국어를 비알파벳 문자로서 이해할 수 있게 하는 새로운 논리와 렌즈가 되었다. '일상 용법' 덕분에 중국 문자가 그 양에서 극복 불가능하지 않게 되었다. 이제 그것은 해결책이 있는 수수께끼일 뿐이었다.

우리가 다음 장에서 보게 되듯이 이 특정한 중국어 수수께끼 풀기는 중국에서도 우세해졌는데, 20세기 상반기에는 중국 지식인들 사이에서도 우세해졌다. 중국학자들과 학생들이 점점 더 많은 중국어 말뭉치를 알고 리즘 판독에 적용함에 따라 중국어의 '일상 용법' 분석의 숫자와 규모가 폭발적으로 증가했다. 스턴톤, 갬블, 그리고 여러 학자들이 유교의 고전, 법전, 그리고 성경을 분석했다면, 중국학자들은 신문, 교과서, 문학 등등을 분해했다. 중국어 현대화에 대한 '일상 용법' 접근법은 활자와 문자의 기본 지침을 넘어 전도유망한 정보 기술인 타자기의 정보 기술로 확장되었다.

하지만 이런 식으로 중국어 수수께끼를 푸는 것에는 대가가 따랐다. 우리가 살펴보겠지만, '일상 용법'의 이론과 실행을 전제로 한 중국어의 언어학적 현대화는 독해성이나 안정성을 위해 노력할 수 없었다. 활자, 교육학, 타자, 또는 컴퓨터와 같이 일상 용법 접근법을 전제로 한 어느 기술에서도 중국어 전체의 참여가 가능했던 적은 없었다. 어느 주어진 때에, 언어의 극히 일부분만이 그렇게 고안된 중국어 언어기술적 현대화에 참여할 수 있었다. 더욱이 '포함된' 글자 대 '제외된' 글자를 구분하는 경계가 오랜 시간 확정되고 안정되기를 기대할 수 없었다. 그 경계는 시대의 흐름에 따라 쉬지 않고 변할 것이다. 더욱이 이 경계를 결정하는 힘과 권한은 경합하는 사회적·정치적 집단에 의해 영원히 다투게 될 것이었다. 이것이 중국어 수수께끼 풀기 모드를 전제로 하는 언어기술적 현대화의 대가가 될 것이었다.

중국어는 어떻게 철자하는가: 분할식과 중국 문자의 재구상

19세기 초반은 스턴톤이 번역한 『대청율례』의 첫 영어본이 출간된 시기일 뿐만 아니라 아시아의 위대한 철학적·종교적 전통에 초점을 둔 영어 번역본들이 출간된 번역의 황금기였다. 1838년 동양학자 장-피에르 기욤 포티에(Jean-Pierre Guillaume Pauthier)가 자신의 시야를 청제국의 법적 구조가 아닌 중국 문명의 철학적 기둥 중 하나인 도교에 두고 이 늘어나는 뭉치를 추가했다. 그는 그 해 『도덕경(道德經)』의 첫 번째 프랑스어 번역판을 출간했다.

파리아시아협회의 회원이었던 포티에는 그 시대의 앞서가는 동양학자였고 이미 『불국기(佛國記)』와 『대학(大學)』의 프랑스어 번역을 책임지고 있었다.[21] 『도덕경』의 프랑스어 출간과 함께 포티에의 명성은 높아졌고 그 시대를 선도하는 중국학자 중 한 사람으로서 명성을 굳혔다.[22] 『대청율례』를 번역했던 스턴톤의 경우처럼, 여기서 우리가 관심을 가진 것은 포티에의 번역 내용이 아니라 그 책을 생산하는 조건이었다. 좀 더 정확히는 번역 과정에서 포티에가 수행한 '특별한' 작업이었다.

포티에가 『도덕경』 작업을 시작했을 때, 그는 자신의 동양학 선배와 동료들이 만들어놓은 길을 쉽게 따를 수 있었다. 예를 들어 그는 당시 활용 가능한 여러 개의 일반적인 중국어 서체들 가운데 하나를 채택할 수도 있었고 자신만의 통계적 분석을 할 수도 있었다. 포티에는 조지 스턴톤과 초기 '일상 용법 중국어'의 움직임을 알고 있었으므로 중국 문헌의 다른 작은 부분에 적용되고 있는 유사한 알고리즘 분석을 『도덕경』에 적용하고 자기의 인쇄에 필요한 맞춤형 서체에 도달할 수 있었다. 마치 갬블이 신구약 성경을 위해 했던 것처럼 말이다.

중국어 수수께끼 풀기에 대한 일상 용법 접근법은 분명 포티에를 곤혹스럽게 하지 않았으며 포티에보다 앞선 스턴톤이나 뒤이은 갬블과 같은 정도의 시간과 강요된 작업 부담을 주지도 않았다. 그렇다고 포티에가 현상에 만족했다는 것은 아니다. 중국어를 '유럽식 전신의 범위 안에' 가져오려는 희망을 추진력 삼아 포티에는 자기 고유의 방식으로 중국어 수수께끼를 풀기 시작했다. 특별히 그는 문자들뿐 아니라 결합해서 문자를 만드는 데 사용할 문자의 조각까지 갖춘 새로운 중국어 서체를 디자인하기 시작했다. 이런 서체는, 한자 자체가 아닌 중국 문자의 존재론적 근거인 '부수와 기초 요소'를 엮음으로써 전체 중국어 서체를 수만 개에서 2000여 개 정도로 40분의 1로 줄일 수 있는 가능성을 제공했다. 포티에는 한자를 유사 '단어'로 취급하고 부수를 유사 '글자'로 취급하면서 선문답 같은 질문을 던졌다. '중국어를 어떻게 철자하는가?'

분할식은 단순했지만 기만적이었다. 포티에는 明(명)이라는 글자를 인쇄하려면 두 개의 작은 금속 종류를 합해 결합체를 만들 수 있다고 추론했다. 한 금속 종류는 日(태양 일), 다른 하나는 月(달 월)이다. 시간을 뜻하는 時(시)는 '日(일)'을 다시 쓰고 이번에는 寺(시) ― 寺라는 글자는 '사찰'을 의미하지만 時라는 글자 속에서는 단지 음가로만 쓰인다 ― 라는 또 다른 종류의 금속과 짝을 이룬다. 포티에는 라틴 글자들이 서로 다른 프랑스어 단어로 재구성되는 것과 달리 중국어는 글자들을 그 부속으로 쪼갬으로써 각각의 종류가 다양한 맥락으로 분배될 수 있다고 여겼다.

언뜻 보기에 분할식 이야기는 기술적 승리인 것처럼 보일 것이다. 서양 정신은 만개한 정신적 분석을 통해 현실을 기본적인 요소로 끈질기게 분해함으로써 중국어의 광대함을 압도했다. 이성적인 프랑스 정신은 관행과 관습에 방해받지 않고 중국어 글을 현대 시대로 밀어 넣는 길을 열었다.

그러나 분할식은 보이는 것처럼 간단하지는 않았다. 그 시스템이 작동하기 위해서는 『강희자전』에 나오는 모양이 각기 다른 214개의 중국어 부수에만 의존할 수 없다는 것을 포티에는 깨달았다. 그 문자들은 쓰이는 곳에 따라 부수의 크기와 위치가 엄청나게 다양하기 때문이었다. 明과 時의 예에서 日(날 일) 부수는 글자의 왼쪽에 있고, 글자의 수평 범위 크기의 반이 좀 안 되게 차지하도록 만들어져 있으며, 글자의 수직 전체보다는 약간 작다. 이에 비해 旦(새벽 단), 루(건조할 한), 昔(과거 석)에서는 日 부수가 아주 다르게 작동한다. 旦에서는 日 부수가 글자 위에 자리 잡고 글자체의 거의 전 공간을 차지하고 있다. 루에서는 日 부수가 글자 위에 있지만 전체 공간의 반 이하를 차지한다. 昔에서는 글자의 하단 절반에 위치한다. 물론 또 다른 형식으로 '태양'을 뜻하는 日에서는 공간 전체를 차지한다.

당시에는 전혀 다른 중국 문자의 수수께끼 풀기가 진행되고 있었는데 그 나름의 즐겁지만 강박적인 지루함을 수반했다. 중국어 부수의 생산적이고 결합적인 가능성을 엮기 위해 포티에는 우선 부수의 그 많은 철자상 변화와 위치적 변화에 대해 전면적인 분석을 시작해야 했다. 이 작업은 갬블과 그의 알고리즘만큼이나 매혹적이면서도 동일한 목적에 초점이 맞춰졌으나 전혀 다른 방식으로 개념화되었다.

포티에는 중국어 자형 디자인의 이 실험적인 방법을 해결하기 위해서 19세기 각인 및 활자 디자인 기관의 존경받는 회원인 마르셀린 레그랑(Marcellin Legrand)에게 협조를 구했다. 수십 년 전 황실 인쇄소에서 레그랑은 인쇄기를 쇄신하기 위해 새로운 활자를 개발하도록 임명되었는데 1825년에 '찰스 10세의 자형'으로 총체적으로 알려진 15개의 로마 자체와 이탤릭 자체를 새기도록 계약을 맺었다. 그 작업의 영향으로 레그랑은 이후에 공식 인쇄 조각가로 임명되었다.[23] 레그랑은 또한 그 시대 '동양 서체'와 '이국 활자'의 가장 뛰어난 디자이너 중 한 사람이었다. 레그랑은 독일 출신의 프랑스 학자인   몰(Jules Mohl)의 지휘하에 중부 페르시아 서체 조각을, 1831년에는 아일랜드-바스크 지리학자 겸 탐험가인 앤트완 톰슨 아바디(Antoine Thomson d'Abbadie)의 지휘하에 '에티오피아' 서체를, 1838

년 프랑스 동양학자인 외젠 부르노프(Eugene Burnouf)의 지휘하에 구자라트어 활자를 책임지고 있었다.[24]

레그랑은 곧 포티에의 수수께끼에 매혹되었다. 포티에는 나중에 레그랑이 포티에의 아이디어를 알자마자 "과학의 이익을 위해 적극적이었다"라고 회고했다.[25] 레그랑은 "알려진 세상 모든 언어 중에서 활자로 나타내기 가장 어려운 것은 논란의 여지없이 중국어이다. 중국어는 가장 솜씨 좋은 서양 인쇄공들조차 곤혹스럽게 했다"라고 열변을 토하며 말했다.[26] 이 연구의 결과는 1845년에 발간된 요약된 책자 형태인 「214개의 키와 그 변형들에 대한 표(Table of 214 Keys and Their Variants)」라는 제목으로 발표되었다.[27] 그 책자는 소용돌이, 빈 원형, 별표, 그리고 삽입 기호를 고유의 임시변통 부호로 가지고 있어서 부수 각각의 가능한 모든 순열을 보여주는 그림으로 된 플레이스홀더로 사용했고 서체에서 어느 금속편이 필요한지를 보여주었다(〈그림 2-2〉).

몇 년까지는 아니어도 몇 달이 필요하긴 했지만, 중국어 부수에 대한 레그랑과 포티에의 분석은 분할식 인쇄가 직면했던 도전 중 최초이자 가장 간단한 도전이었다. 두 번째 문제도 있었는데, 이는 한자의 구조 때문이 아니라 포티에와 레그랑의 미학적 사상과 약속 때문이었다. 프랑스 동양학의 정점에서 『도덕경』 같은 경전에 초점을 두고 작업하던 포티에와 그의 동료들은 끈질기게 동양의 '요체'를 찾는 데 꽂혀 있었다. 이 시대의 예술 애호가들은 동시대 서양식 디자이너가 디자인한 다양한 비라틴 '이국적 형식'을 칭찬하기 위한 단어를 찾았는데, 그들이 사용한 단어는 인습 타파 또는 개혁이 아니라 정통성과 충성을 중심으로 했다는 것을 우리는 알고 있어야 한다. 중국어의 경우도 다르지 않았다. 중국어 서체가 칭송받으

그림 2-2 | 마르셀린 레그랑이 고안한 214개의 키

려면 "본토 예술가들의 최상의 스타일과도 구분이 안 될 만큼 완벽한 중국풍과 글자의 내구성을 지녀야 한다. 그래야 일반적인 적용을 권장하게 될 것이다".[28] 이성적이고 현대적인 국가인 프랑스의 일원으로서 포티에는 중국어 인쇄 방식을 혁신시키기를 원했을 것이다. 그러나 칭송받는 이국의 유물 감정가로서 그는 분명 중국어가 지닌 철자법상의 미학을 망치고 싶지는 않았을 것이다.

레그랑은 자신의 고객이 지닌 미학적 집념을 공유하면서 분할식 중국어 인쇄라는 도전을 아주 간결하게 표현했다. 레그랑의 말에 따르면, 핵심 수수께끼는 "가장 적은 가능 요소들로, 하지만 부호의 구성을 바꾸지 않고 중국의 회화적 언어를 표현하는 문제를 푸는 것"이었다.[29] 말로는 간단해도 이 목적을 달성하기란 간단치 않았다. 그들의 목표는 나무랄 데 없는 미적 구성을 지닌 한자를 만들 수 있는 인쇄 방법을 개발하는 것이었는데, 포티에와 레그랑의 분할식 기술이 근거로 하는 원칙 — 글자를 쪼개서 이 조각들을 이용해 인쇄된 지면에 글자들을 만드는 방식 — 은 중국어의 문장 관행 내의 오래된 주류 접근법으로부터 완전히 갈라져 나온 것에 근거를 두었다. 분할식에서 중심 구상은 라틴 알파벳 글자들과 한자의 구조적 부속 또는 "부수" 사이의 등가물을 그리는 것이었다. 만약 성공한다면 글자와 '부수'를 합체함으로써 프랑스어 단어를 철자하는 것과 비슷한 방법으로 한자도 철자할 수 있을 것이었다.

그러나 이 계획에는 문제가 하나 있었다. 분할식의 조합 원칙들을 중국 서예 미학 역사의 원칙들과 비교해 보면 글자의 주된 구성 요소로서 이해된 것은 항상 부수가 아니라 획[筆畫]이었다. 부수가 아닌 획이 서예 학생들이 배워야 하는 중국어 구성의 근본 부속이었고 이를 숙달하는 것은 더 넓은 실질적·미학적 교육이라고 이해되고 있었다. 한(漢) 왕조에서 시작했으나 5~6세기에 가속되면서 중국은 한자 형식이 조심스럽게 분류된 논고들이 확산되는 것을 목격했다.[30] '서예의 현자'라고 불리는 진 왕조의 서예가 왕희지(王羲之, 303~361)가 '글자 永(영)의 여덟 가지 기본 획'(첫 장에서 알아보았던 서예체와, 부분적으로 2008년 국가별 행진의 조직 근거가 되었던)을 이론으로 내놓았다. 왕희지의 8획 분류는 후에 리푸광에 의해 다듬어졌는데, 그는 왕희지의 분류를 총 32획으로 확장시켰다.[31] 동진의 명성 있는 여류 서예가 위삭(衛鑠, 272~349)은 더 잘 다듬어진 글자 구조 조사를 했고 72개의 기본 획에 도달했다.[32]

한자의 근본적인 획을 연습하고 습득할 때 한 가지 목적은 항상 함께 묶여 있는 글자를 만드는 것이었다. 여러 세기를 통해 서예 대가들의 논문에 정리되어 있듯이, 지면 위에 부속 부분이 처져 있는 글자들은 세련되지 않고 '게을러 보여서' 체화된 일체성 대신 덜렁거리는 부정확함을 보여주었다. 위삭은 다음과 같이 설명했다.

붓에 힘을 주는 데서 능숙한 사람의 글에는 글자들이 '뼈가 있다'. 그런 솜씨가 없는 사람의 글에는 글자들이 '살집이 있다'. 뼈가 많고 고기가 거의 없는 글은 '근육질'이라 불리고, 살점이 가득 차고 뼈가 약한 글은 '돼지 같다'라고 불린다. 힘이 있고 근육질인 글은 신성한 반면, 힘도 근육도 없는 글쓰기는 병약자와 같다.[33]

서예가의 자질은 자신의 붓질로 포착되는 것으로 인식되었다. 유명한 격언에 써 있듯이, '글쓰기는 사람과 같다(字如其人)'. 명 왕조의 유명한 서예가 축윤명(祝允明, 1461~1527)은 이렇게 설명했다. "사람이 기쁘면 정신이 조화롭고 글자들은 탁 트인다 / 사람이 화가 나면 정신이 거칠어지고 글자는 막힌다 / 슬프면 정신이 억눌리고 글자들이 억제된다 / 즐거우면 정신이 평화롭고 글자들이 아름답다."[34]

오래된 중국 서예의 관행이 '획'을 무엇보다 중시했다면 포티에와 레그랑의 분할 자형은 그 자리를 '부수'가 차지하도록 했다. 이들 프랑스인이 상상했던 바로 그 '부수'는 중국의 외국인 관찰자가 인도 - 유럽 어족 언어의 친숙한 언어 개념과 중국에서 만난 언어 사이에서 정신적인 등가물을 끌어내기 위해 시도하는 가운데 발명한 허구였다. 한자에서 부수 ― 외국인들이 종종 '어근'이라고 번역하는 ― 는 근본적으로 '분류사' 또는 '장 머리말'이라고 좀 더 충실하게 번역될 수 있는 분류 개념으로, 중국어 어휘와 사전의 부분적인 구분을 지칭한다. 부수는 구조적으로 그렇게 분류된 글자들과 대응되지만 부수가 그런 글자들을 성장시키는 생성의 '뿌리' 또는 '부수'로 여겨지지는 않았다. 부수의 위상은 분류적 또는 어원적인 것으로, 문장 속의 글자를 조직하고 그에 따라 위치시키는 데 사용되는 것이지 글자를 구성하거나 인쇄를 하기 위한 것은 아니다. 중국어 서예 지침서와 안내서를 탐구해 보면, 프랑스와 영국의 손글씨 지침서가 구성 글자들을 순차적으로 기입함으로써 단어를 만드는 행위를 설명하는 방식처럼, 중국어 구성을 부수를 조립하는 행위로 묘사한 설명은 찾기 어려울 것이다. 하지만 분할식 인쇄에서 이것은 정확히 부수가 작동하도록 되어 있는 방법이었다: 부수는 한자의 생산적 뿌리 또는 근원으로서, 의미 변화가 있거나 복합적인 언어에서와 같은 방법으로 의미적 다양성 및 변화를 성장시키고 생산할 수 있는 것이다. 그런 뒤 이런 다양성과 변화는 생산적인 힘으로 서로 엮을 수 있었다. 이런 모든 것은 언어의 과학적 숲 같은 것으로, 우연에 의해서가 아니라 이성적이고도 효율적으로 글자를 생산하도록 만들 수 있었다.

분할식은 순식간에 대단히 중요한 이유로 서예로부터 멀어졌다. 포티에와 레그랑은 '부수'를 정해진 금속 조각으로 만들고 이 금속 조각들로부터 글자들을 조립함으로써 중국어 철자법에서의 부분과 전체 사이의 전통적인 관계를 뒤집었다. 필사본, 활자, 목편 등등 중국어 입력의 여러 방법 중에서 글자의 특정 부속이 적히고 평가되고 값이 매겨지는 방식을 좌우하는 것은 조합상의 일관성, 진실성, 전체로서의 글자의 아름다움이었다. 하지만 레그랑과 포티에에게 분할식 재료의 조건은 부속과 전체 사이의 정반대 관계에 달려 있었다. 금속 종류로 고정되어 있으므로 분할식의 부속들은 벙어리였고, 무반응이었으며, 움직이는 문장과 관계없이 고집스럽게 정해진 위치를 유지했다. 손으로 쓴 획의 다재다능함은 전혀 찾아볼 수 없게 레그랑과 포티에의 모듈은 중국어 글의 움직임을 뒤집어버렸고 글자의 논리를 요소적 단위에 예속시켜 버렸다.

시작부터 레그랑과 포티에는 자신들에게 도전적이고 불가능해 보이는 과제를 잡았다. 즉, 중국 서예의 기준을 유지하는 글자를 만들면서 동시에 그 미학적 기준을 어기거나 또는 그 기준으로부터 아주 극적으로 최소한만 미달된 원칙을 사용한 글자를 만드는 것을 과제로 삼았던 것이다. 포티에와 레그랑의 경우 모듈의 합리성과 미학적 조합 사이의 이 같은 긴장은 그들이 만든 중국어 서체에 나타났다. 가장 기본적으로 포티에와 레그랑은 그들이 가질 수 있거나 원칙적으로 가져야 하는 모든 한자를 자르거나 분할하지는 않았다. 그 대신 그 글자들을 두 개의 제목으로 분류했는데,

그림 2-3 | 분할식인 流　　　　그림 2-4 | 분할식인 海　　　　그림 2-5 | 통글자인 蕩

당시 어느 관찰자는 이를 '인쇄술적으로 분할 가능한' 글자 대 '인쇄술적으로 분할 불가능한' 글자, 즉 쪼갤 수 있는 글자 대 쪼갤 수 없는 글자라고 칭했다.[35] 레그랑과 포티에는 연구를 통해 도합 약 3000개의 요소로 구성된 서체를 결정했는데, 일부는 분할식 부속이었고 또 다른 상당 부분은 일반적인 온전한 한자였다.

어째서 그런 관용과 제약이 있었을까? 작업대에서 움직임이 없는 한자를 마주했을 때 외과의사의 손에는 무슨 힘과 모습이 남아 있었을까? 누가 또는 무엇이 글자가 '분할 가능'하거나 또는 '분할 불가능'하다는 주장을 하고 있었을까? 流(류), 海(해), 그리고 蕩(탕)이라는 글자를 보자. 流와 海의 경우처럼 주어진 글자가 부속 부분으로 분해될지, 또는 蕩처럼 왼쪽은 건드리지 않고 서체를 통째로 취급할지 결정하는 것은 다음 세 가지 기준이었다. 첫째, 분할 가능 글자의 모양은 깨끗하며 곧은 수평 또는 수직선으로 양분 가능해야 했다. 셋 또는 그 이상의 부속으로 한 글자를 만드는 것은 이론상으로는 가능했지만 포티에와 레그랑이 피했는데, 아마도 그런 과정에 수반되는 추가된 복잡성 때문이었을 것이다. 流와 海의 경우, 그런 분할이 가능했는데 氵은 㐬(류)와 每(매)로부터 각각 분리 가능했기 때문이다. 반면에 蕩은 적어도 氵에 관해서는 그렇게 깨끗하게 분할될 수 없었다. 蕩에서 氵를 분리하려면 귀찮게도 氵, ++(풀 초) 부수, 그리고 나머지 昜(역) 글자를 3개로 분할하거나, 또는 ++와 昜을 같이 놓는 형태의 더 이상한 L자형으로 만들어야 했다. 따라서 蕩은 건드리지 않는 게 더 경제적으로 보였다.

두 번째 기준은 각 모듈의 상대적 빈도와 관련 있다. 앞의 蕩 사례를 보면 氵를 수직적으로 분리하는 것은 너무 번잡한 반면 제일 위 ++와 수평적으로 분할하는 것은 가능해 보인다. 따라서 ++와 나머지 글자 湯(탕)으로 글자를 두 부분으로 나누는 것이다. 하지만 그렇게 분할하지 않는 이유는 그렇게 하는 이점이 없기 때문임을 추측할 수 있다. 㐬와 每의 각 모듈이 정확한 위치와 규모로 다른 많은 글자를 나타내는 것과 달리, 湯 모듈은 상대적으로 쓸모가 없다. 이런 크기와 비율의 탕 모듈은 실제로 다른 글자에서 사용할 수 없다. 따라서 다시 한번 蕩은 건드리지 않고 놔두는 것이 더 낫다.

포티에와 레그랑이 어길 수 없다고 분명하게 느낀 가장 중요한 원칙은 글자의 '뼈'는 부러뜨리면 안 된다는 것이었다. 획의 중간을 자르고 별도의 금속 종류에 그 조각을 놓는 것은 허락할 수 없었다. 작은 개념적 도약이 이 프랑스인들로 하여금 '부수'를 의미론적 문자소와 합치는 생각(예를 들어 두 개의 반쪽 길이의 대시(--)를 합쳐서 글자 일(一)을 만드는 것)으로부터 멀어지게 했지만, 이것은 그들이 분명히 하고 싶지 않은 것이었다. 『장자』에 나오는 소 잡는 백정 포정(庖丁)의 이야기와 마찬가지로, 포티에와 레그랑 또한 "커다란 공간으로 들어가 칼을 커다란 허공으로 통과시키고 생긴 대로 따라"가면서 글자체의 '자연스러운 창조'를 따르도록 노력했다. 백정의 칼날처럼 획 사이의 공간을 칼이 지나갈 때, "힘줄이 뼈에 붙어 있는 곳들은 별일이 없으니 큰 뼈를 걱정하지 마라".[36]

레그랑과 포티에는 서체를 분할 가능과 분할 불가능이라는 두 가지로 크게 구분한 후 부분 글자와 통글자를 분명히 다른 방법으로 구성했다. 이는 流, 海, 蕩으로 예시한 바와 같다. 글자 流에서 우리는 왼쪽의 氵를 글자체의 나머지 부분과 분리시키고 있는 넓은 공간을 발견한다. 절대적인 크기는 작지만 이 작은 사이 공간은 완전히 자유로운 공간 안으로 氵를 밀봉하기에 충분했다. 같은 밀봉은 海에서도 보인다. 이들 글자 각각은 분할식을 사용해 분명히 만들어졌고 이들 각각은 인위적인 공간 주입으로 벌어져 있다. 그러나 蕩이라는 통글자에서는 氵의 세 번째 획이 옆 부분을 쓸고 올라가 서예 구성에서 높이 쳐주는 일관성 있는 침투 형식을 만들었다. 반면에 분할식 글자인 流와 海에서는 구성 부분들이 서로의 지역으로 들어가지 않는다. 그 구성 부분들은 완전히 가상의 y축으로 나누어져 있어서 서예적 어투로는 '게으른' 또는 '느슨한'이라고 생각되는 글자를 만들어낸다.

같은 차이를 글자 然(란)과 無(무)의 비교에서도 찾을 수 있다. 둘 다 灬(불 화) 부수를 사용해서 만들어지지만 然은 분할 가능형으로 만들어지고 無는 통글자로 만들어진다.

然은 펼쳐져 있고 위아래 절반이 서로 거리를 두고 있는데, 절대적으로는 작지만 합치면 동굴 같다. 然 안의 灬는 결정적으로 無의 것보다 굵은데, 분할식 방식은 그 모듈의 절대적인 경계에 의존하기 때문이다. 물론 공간은 서예가에게 내재적인 적이 아니었다. 서예가는 항상 공간을 재미있게 확장시켰고, 심지어 글자도 마음대로 왜곡할 수 있었다. 하지만 레그

그림 2-6 | 분할식인 然   그림 2-7 | 통글자인 無

랑에게는 공간이 선택이 아니라 필수였다. 공간만이 그들의 인쇄 방법을 남들과 달리하는 합리화된 모듈방식을 만들 수 있었다. 서체를 더 조사하면 같은 패턴이 나타난다. 포티에와 레그랑은 통글자를 만들 때마다 '중국식(a la chinoise)' 글자를 만드느라 애썼다. 하지만 부분 글자를 만들 때에는 시스템에 따라 모듈이 완전히 분리되도록 강제했다. 시작부터 결합식은 부수들 사이의 작은 공간이 이 시스템이 의존하는 것이자 무효화를 위해서도 의존하는 것이라는 역설로 특징지어졌다.

이것이 19세기 외국인들이 중국어를 '수수께끼 풀기'로 재개념화하고 스턴톤, 갬블 등등의 일상 용법 접근법과는 크게 다른 중국어 글쓰기의 모습을 만들어낸 두 번째 방식이었다. '부수와 어원'을 중국어 글쓰기의 준-알파벳, 존재론적 요소로 엮음으로써 전체 중국어 서체 규모를 수만 종에서 2000여 종으로 40분의 1로 기록적으로 줄였다. 더욱이 결합식 접근법은 중국어 입력의 통일된 기술 조짐을 보여주었다. 자주 쓰이지 않는 한자를 기계 공동체에서 배척하는 일상 용법 시스템과 달리 분할식 인쇄는 문장 생산의 단일 시스템이라는 집합적 범위 안에서 모든 글자를 환영할 가능성이 있었다. 일부 문자는 분할이 된다는 전제로 말이다.

19세기를 통해 인기와 탄력을 얻은 후 분할식은 유럽, 미국, 그리고 선교사와 식민지 전초 기지의 출판업자들과 인쇄업자들에게 중국어에 대한 과학적 조사와 분할을 시작하도록 촉발시켰다. 1834년에는 새뮤얼 다이어(Samuel Dyer)가 말라카의 앵글로 차이니즈 대학에서 비슷한 분할식 프로젝트를 수행한 것으로 보고되었다.[37] 1844년에는 장로교 해외 선교 조직의 중국 선교단이 분할식 원칙에 근거해 3041개 자형의 표본 목록을 발행했다.[38] 분할식 인쇄는 후에 독일의 아우구스테 바이어하우스(Auguste Beyerhaus)에 의해 선택되고 더 개발되었다. 산업과 응용과학 전시회에서 "가장 주목할 만한 인쇄술의 전시 중 하나"라는 찬사를 받은 바이어하우스의 '베를린 서체'는 도합 4130개의 중국어 자형을 가지고 있었는데, 2711개는 통글자, 1290개는 3분의 2 크기의 부분 글자, 그리고 109개는 3분의 1 크기의 부분 글자였다. 그러는 동안 일상 용법 수수께끼 풀기가 새로운 중국어 서체를 만들었고 이들 일상 용법 서체가 새로운 중국어 출판의 길을 열었듯이 분할식 역시 인쇄의 세계에 등록되었다. 1834년 율리우스 하인리히 클라프로트(Julius Heinrich Klaproth)가 『일본왕대일람(日本王代一覽)』을 편집해서 번역한 책이 레그랑의 분할식 방식을 이용해 생산되었고, 클라프로트가 1836년 『불국기』를 재출판한 책 역시 그랬다.[39]

다음 장에서 알아보겠지만 중국어 언어기술에 대한 결합식 접근법은 20세기에도 끈질기게 지속되었고 일상 용법이라는 더 지배력 있는 해결책에 대한 강력한 반대 담론을 형성했다. 발명가와 기술자들이 중국어 수수께끼 풀기에 대해 일상 용법 접근법을 근거로 한 실험적인 중국어 타자기를 개발하려 했듯이 다른 기술자들은 한자를 '철자화'하는 개념의 분할식을 전제로 한 중국어 타자기를 개발하려고 했다.

하지만 일상 용법과 같이 결합식의 수수께끼 풀이는 스스로의 문제들로 걱정이 많았다. 레그랑은 '자형의 일반적인 우수성' 때문에 자신의 중국어 서체로 런던에서 상을 받았고 유럽 인쇄와 호환되고 나누어질 수 있는 글자 기반의 중국 문자를 보였다고 칭송받았다.[40] 하지만 한 비평가는 다음과 같은 비판을 제시했다. "글자들 몇몇의 모양이 조금 딱딱하고 불균형적인데, 이는 일부는 경험 부족 때문이고, 또 다른 일부는 각각 별개 글자를 찍지 않기 위해 다양한 글자의 요소들을 나누고 합치려고 했던 프랑스인들의 시도 때문이다. 그러나 전반적으로 그 글자들은 뛰어나게 깔끔하고 멋있었다."[41] 일상 용법이 있다, 없다의 정치 — 중국어의 어느 부분이 포함되고 제외되는지 계속 결정해야 하는 — 로 괴롭힘을 당했다면, 결합식 접근법은 미학의 정치로 괴롭힘을 당했다. 이 혁신적인 방식으로 만들어진 중국어의 미묘한 구성 균형을 깨지 않으면서 중국어 활자를 혁신하려는 시도 와중에, 분할식 실행가들은 두 종류의 주인에게 하인이 되었지만 누구에게도 충성스러울 수는 없었다.

평문의 정치학: 대리모, 기호 주권, 그리고 중국어 전신 부호

1860년대 초, 분할식의 매력이 인쇄업계와 활판술 밖으로 확장되어 전신이라는 새로운 영역으로 들어갔다. 특히 또 다른 괴짜인 파리지앵은 포티에와 레그랑의 방법에서 발명가들조차 보지 못했던 잠재력을 보고 자신의 동포가 했던 일에 동참하게 되었다. 포티에와 레그랑은 분할식 인쇄 시스템이 의존한 작지만 확실한 빈 공간 때문에 괴로워했지만, 이 사람은 아름다움이라는 성가신 정치를 계승하지 않고도 전신이라는 틀 안에서 그 방법을 활용할 수 있다는 것을 알았다.

1862년 「중국어의 전신을 통한 송신(De la transmission télégraphique des caractères chinois)」이라는 에세이에서 피에르 앙리 스탄슬라 에스카이락 드 라투르(Pierre Henri Stanislas d'Escayrac de Lauture)는 분할식 원칙에 기초한 중국어 전신 송신 시스템을 제안했다.[43] 포티에와 레그랑의 방식을 전신, 전기, 그리고 부호의 세계를 통해 보내는 것에 대해 에스카이락 드 라투르는 이렇게 설명했다.

> 활판 인쇄보다 전신 통신이 더 간단하다. 마르셀린 레그랑은 같은 글자의 부수 또는 음절이 그 위치에 따라 나타날 다양한 모양의 결과로서 4220개의 다른 자형을 새겼을 것이다. 전신에서는 그 자형들이 합쳐지기 때문에 그 자형들이 만들어지는 모양을 고려하지 않은 채 요소들을 살펴보면 단지 약 1440개 글자만 있으면 된다. 이 1400개 글자로 모든 중국어가 전송될 수 있다.[43]

에스카이락 드 라투르의 방법은, 예를 들어, '말하다'라는 뜻을 지닌 글자 說(설)을 전송하려면 글자 자체가 아니고 글자가 만들어지는 부속을 나타내는 연속된 암호를 보내는 것이다. 이 경우에는 '언어'를 뜻하는 言(언)과 '교환'을 뜻하는 兌(태) 모듈이다(〈그림 2-8〉). 이들 모듈의 암호를 해독하면 수신자는 의도된 글자를 검색하는 데 필요한 기준을 가지게 되었다. 모듈 言과 兌의 합성으로 가능한 후보는 說이다. 다른 글자들에도 같은 작업이 수행될 수 있는데, 氵와 每 글자를 전송해서 바다 海를 전송하는 것 같은 경우이다. 분할식 인쇄처럼 실제로 또는 물리적으로 이 부수들을

그림 2-8 | 에스카이락 드 라투르 시스템을 사용한 전파술

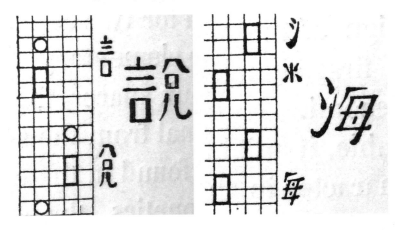

조립할 필요가 없다. 이 한자들의 재조합은 수신자의 생각 속에서 이루어 진다.

이제 우리는 중국어 수수께끼 풀기의 세 번째 방식을 만나게 된다. 바로 '대리모'라고 부르는 방식이다. 분할식에 자극을 받았고 포티에와 레그랑 이 금속에 새기고 모양을 낸 똑같은 한자 모듈을 활용하긴 했지만 에스카 이락 드 라투르는 더 이상 금속 조각이나 그 물리적 조립에는 관심이 없었 다. 그것은 결합식의 해법이었을 수는 있으나 대리모는 아니었다. 일상 용 법과 분할식에서와 같이 에스카이락 드 라투르에게도 한자와 부수는 기 본적인 언어의 기질이었지만 한자와 부수를 직접 조작하지는 않을 것이 었다. 그 대신 한자와 부수는 전신 암호 책 같은 '현장 밖' 위치에 격리되어 있다가 합의되어 있는 송신 규약에 의해 '검색'되어야 했다. 에스카이락 드 라투르에게 주 관심은 한자 자체가 아니라 이들 암호와 통신 규약이었

고 대리모 해법의 조각 그림을 맞추는 것이었다. 대리모의 수수께끼는 메타데이터의 수수께끼였다.

에스카이락 드 라투르는 1826년 파리에서 태어났다. 탐험가, 학자, 그리고 저자였던 그는 줄리에 위치한 오라토리언스대학에서 공부하면서 자신이 지닌 언어에 대한 능력을 분명히 알게 되었다. 1844년 그는 외무부에 외교관으로 들어가 마다가스카르에 대한 정벌 원정에 봉직하면서 영국과 협력했다. 그 후 10년 동안 경력을 쌓은 뒤, 스페인, 포르투갈, 영국, 독일, 스위스, 이탈리아, 튀니지, 리비아, 이집트를 여행했으며, 마지막으로 중국으로 갔다. 에스카이락 드 라투르는 1859년 2차 아편전쟁이 발발한 후에 파견된 영국-프랑스 원정대에 참여했다. 중국에서 보낸 시간에 영향을 받아 3년 후에는 신흥 전신 세계에서의 중국어 및 그 위치에 대한 작품을 썼다.[44]

에스카이락 드 라투르가 이 작품을 썼을 때 그의 야망은 중국을 훨씬 넘어 확장되었다. 프랑스인이 만든 이 두 번째 에세이에는 「분석적 범용 전신(Analytic Universal Telegraphy)」이라는 제목이 붙여졌고 1862년에 출간되었다. 에스카이락 드 라투르는 이 에세이에서 전신 교신에 대한 큰 규모의 전반적 재설계를 설명했는데, 이는 1세기 뒤에나 알려지게 될 자동화된 번역 또는 '기계 번역'을 일찍 시도한 것으로 이해되는 것에 근거를 두었다. 전 세계로 확장되고 있던 전신이라는 아직 신기한 기술을 자세히 들여다보면서 그는 "전신은 더 간결하면서도 모든 사람이 알아들을 수 있는 언어를 원한다"라고 주장하면서 다음과 같이 썼다. "그런 언어가 이상향이 아님을 보여줄 것이다. 그것이 가능할 뿐만 아니라 간단하고 적절하며 필요하다는 것을 말이다."[45] 에스카이락 드 라투르의 해법은 스턴톤, 갬블, 포티에과 레그랑의 해법과는 다른 활력 넘치는 방법이었는데, 이는 대리모, 결합식, 그리고 일상 용법 사이의 차이에 수반되는 기술적 질문들을 뛰어넘는 것이었다. 기존의 사람들은 일상 용법이든 분할식이든 간에 중국어를 유럽 활자의 '범위' 안으로 가져오는 방식으로 풀려고 했다. 중국어를 유럽과 서양에 맞추는 식으로 말이다. 에스카이락 드 라투르의 해법은 달랐다. 그는 가장 도전적인 전신 언어인 중국어의 전신 전송이라는 질문에 초점을 맞추었고 중국어 글을 한두 가지 서양 알파벳 정보 기술에 복속시키는 것이 아니라 알파벳과 비알파벳 같은 모든 언어와 문자가 공유되고 범용 전신 언어 안에 들어가 발을 붙이는 방법을 상상할 수 있는 실험 케이스를 만드는 것을 목적으로 삼았다. 에스카이락 드 라투르에게 중국어 수수께끼 풀기는 전신 자체의 전체 기호 구조, 즉 뿌리와 가지에 대한 풀이를 의미했다.

에스카이락 드 라투르는 '더 간결하고 모든 사람이 알 수 있는' 전신 언어를 꿈꾸었는데 국제 전신 공동체는 이 프랑스인을 조금도 즐겁게 하지 않는 방법으로 아주 다른 궤도로 가고 있었다. 전신을 시작하면서 기업가 새뮤얼 모스(Samuel Morse)는 새 발명을 '미국 전신', 그리고 좀 더 친근하게 '나의 전신'이라고 칭했다.[46] 모스가 이 기술을 러시아, 서남유럽, 오스만 제국, 이집트, 일본, 그리고 아프리카 대륙의 일부에 열정적으로 판매하고 있을 때 그 기술이 근거로 하는 전신 부호는 라틴 알파벳과 영어, 즉 모스의 언어 세계의 구조와 근본적으로 연결되어 있었다.[47] 짧은 '점', 긴 '대시', 그리고 길이가 주로 1자리에서 4자리까지인 부호 열을 사용하는 이 코드는 원래 30개의 개별 자리를 담도록 설계되었다. 이 코드는 26개의 영어 글자를 아우르기에 딱 적당했고 4개의 부호 공간이 남았다. 아라비아 숫자와 선별된 약간의 구두점 같은 핵심 기호는 덜 효율적인 5단위의 부호 시퀀스로 강등될 수 있었다(후에 '콘티넨털 모스'에서는 더 비효율적인 6단위 시퀀스로 늘어났다).[48]

부호는 영어를 다루기에는 이상적으로 맞는 반면, 다른 언어 — 알파벳 언어라 하더라도 — 에는 그렇지 않았다. 그 30개의 글자로는 독일어는 부호 용량의 한계에 도달했고, 프랑스어와 악센트가 있는 여러 언어는 그 이상으로 넘쳤다. 그럼에도 불구하고 이 같은 앵글로 중심주의는 국제전신연합(International Telegraphic Union: ITU)의 전신 송신에 허가된 부호 초기 목록에서 더 강화되었다. 1868년 비엔나 ITU 회의에서 받아들여진 부호집은 악센트가 없는 26개의 영어 글자, 10개의 아라비아 숫자, 그리고 마침표, 쉼표, 하이픈 등 16개 부호의 작은 집단으로 제한되었다.[49]

더욱이 전신의 전송 가능 기호에서 허가된 목록이 확장되는 것은 극도로 보수적이고 그 속도도 느렸다. 예를 들면 ITU 세인트 피터스부르크 회의가 원래 목록의 26개 글자에 27번째를 포함하도록 최종 확장한 것은 1875년이 되어서였다. 이로써 악센트가 있는 é는 이제 더 이상 '구두점 부호'라는 특별 목록으로 격리되지 않게 되었다.[50] 이 회의에서는 모스부호를 사용하는 사람들을 위해 6개의 다른 특별한 부호, 즉 Ä, Á, Å, Ñ, Ö, Ü를 송신할 수 있다고 적었다.[51] 악센트가 있는 이 글자 목록이 '표준' 기호 목록에 등록된 것은 거의 20년 후인 1903년의 런던 회의에서였다.[52]

에스카이락 드 라투르가 글을 쓰고 있던 1860년대는 현대 식민주의와 함께 라틴 알파벳 세상 외부로 전신 네트워크가 급속하게 성장하던 시기였다. 1864년에는 페르시아 해협에 통신선이 깔려서 기존의 내륙 시스템과 연결되었고, 인도를 유럽과 직접 전신으로 연결시켰다.[53] 1870년에는 더 급속한 확장을 통해 수에즈에서 아덴과 봄베이로, 마드라스에서 페낭, 싱가포르, 그리고 바타비아까지 통신선이 깔리는 것을 보게 되었다.[54] 이러한 성장으로 전신이 당초 다루도록 설계되지 않은 글들까지 접촉하게 되었고 이는 다음과 같은 심각한 질문을 제기했다. 새로운 언어, 문장, 알파벳, 그리고 음절이 포함되는 것은 전신 자체의 근본적인 재구상을 촉발할 것인가, 아니면 기존 접근법의 논리와 구문법에 흡수 종속될 것인가?

에스카이락 드 라투르는 그런 근본적인 재설계의 가능성에 대해 낙관적이었다. 이는 청 제국이 국제 전신 네트워크에 편입되기 거의 10년 전인 1862년에 그의 중국어 공략에 영감을 주었던 낙관론이다.[55] 이 프랑스 사람은 전신의 물리적 기술인 기계류는 인간에게 신과 유사한 힘을 준 성과였지만 전신의 기호 설계는 조악하고 한계가 있으며 기존의 실제 인간 언어들에만(즉, 영어에만, 그러나 좀 더 넓게는 알파벳 언어에도) 가깝게 연결되어 있다고 주장했다. 에스카이락 드 로투르는 정교함이 기계의 우수성을 억제하는 것이 아니라 기계의 탁월함까지 측정할 수 있는 완벽한 범용 부호 언어의 개발을 요구했다. 이 범용 전신 언어의 시험용 언어가 중국어였는데, 세계 전신으로의 궁극적인 통합은 다음과 같은 갈림길을 만들었다. 중국어가 기존의 아주 인간적이고 아주 영어적인 모스부호에 그냥 흡수될 것인가, 아니면 인류가 결국은 이 새로운 기술에 맞는 새롭고 범용적인 언어를 개발할 것인가?

에스카이락 드 라투르가 중국어 전신 송신에 대한 문제에서 범용 전신 송신에 대한 문제로 조심스럽게 진행한 것은 그의 두 번째 에세이 「분석적 범용 전신」에서였다. 15페이지 분량의 이 논고에서 에스카이락 드 라투르는 '언어의 대수(代數)'를 만드는 데 대한 자기 견해의 윤곽을 밝히면서 이렇게 말했다. "이것은 전신 이용자들로 하여금 자신들을 갈라놓는 언어 장벽에도 불구하고 전 세계에 직접 뜻을 전달할 수 있게 하는 것이다."[56] 특히 그는 450개에서 600개 사이의 단어로 구성된, 용어들과 문장의 축약된 어휘목록이 포함된 여러 장의 표를 그렸다. 에스카이락 드 라투르는 "담론이란 단어들을 사용하는 계산과 같다", "우리는 이 계산의 대수를 찾아내야 한다"라고 주장했다. 그는 "생각과 인간 담화의 공통 수단을 찾아내야 한다"라면서 이를 "사실과 숫자에 대한 언어", 즉 "일상생활의 허접스러움 위에 떠도는, 시(詩) 없는 언어"라고 불렀다.[57]

에스카이락 드 라투르는 인간의 모든 가능한 말에 깔려 있는 핵심 의미를 정립한 '주요 구상 목록'을 만들기 시작했는데, 그 목록들은 '부속 구상'으로 보강될 것이었다.[58] 예를 들어 '무관심'이라는 용어를 전달하기 위해 에스카이락 드 라투르의 시스템은 '부정'이라는 부속 구상으로 한정된 주요 구상인 '애정'을 전달한다. 반면에 '증오'라는 용어를 전달할 때에는 '반대'로 한정된 '애정'을 보내는 것이다. 강도의 규모와 수준 역시 전달될 수 있는데, '애정'에 적절한 한정어를 사용함으로써 사람들로 하여금 이 단어를 사모, 사랑, 혐오, 공포, 심지어 증오를 표현하는 데 사용할 수 있게 했다.[59]

에스카이락 드 라투르는 자신이 만든 중국어 전신 부호에 대한 표와 같이 세계의 모든 언어에 대응되는 표를 개발해 인간으로 하여금 그 의미와 직접 교통하게 한다면 마침내 전 세계적 가능성을 달성할 수 있을 것이라고 생각했다. 전보를 보내기 위해서는, 주 용어와 부속 용어의 주소만 확인하면 되었다. 그러면 담당자가 상응하는 뜻을 찾아낼 수 있었다. 사람들이 言과 兌를 받으면 글자 說을 재구성하듯이 말이다. 외국 송신을 수신하는 것은 간단할 것이라고 에스카이락 드 라투르는 확신했다. 그는 자신의 독자들에게 "사람들은 이 단어들 중 하나를 모르더라도 간단한 어휘의 도움으로 확실하게 문장의 의미를 만들 수 있다"라고 확인해 주었다.[60] 에스카이락 드 라투르는 자신이 제안한 전신 언어가 "국제 통신을 하는 데서 어느 언어보다 더 적절할 것"이라고 확신했다.[61]

이중 중개: 1871년의 중국어 전신 부호

1871년 증가하는 전신 네트워크가 청 제국의 문턱에 이르렀고, 그 해 4월 상하이와 홍콩 사이에 단일 회선이 개통되었다. 덴마크의 그레이트 노던 텔레그라프사와 영국의 이스턴 익스텐션 에이 앤 씨 텔레그래프사, 이 두 외국 회사가 수행한 이 라인의 설치는 한 번에 한 선씩 엮으면서 제국 건설과 전국적인 통신망 건설의 첫 걸음을 찍었다. 1871년 6월 사이공과 홍콩 사이에 하나의 선이, 8월에는 상하이와 나가사키 사이에 또 하나의 선이, 그리고 11월에는 나가사키와 블라디보스토크 사이에 세 번째 선이 설치되었다. 다음 여러 해 동안 이 네트워크는 샤먼, 톈진, 푸저우, 그리고 제국 전체를 통해 다른 도시들을 포함하면서 확장되었다.[62] 중국 당국과 회사들은 점진적으로 이 망의 소유권을 얻었고 중화민국 시대 중반(1911~1949년)에는 총 길이가 약 6만 2000마일로 확장되었다.[63]

중국과 중국어가 국제 전신으로 들어오면서 에스카이락 드 라투르가 생각했듯이 전신 송신의 방식과 문법이 재구상된 것은 아니었다. 그 대신 1871년 두 명의 외국인이 발명한 중국어 전신 부호가 바뀌지 않은 채 모스 부호라는 세계 정보 기반시설을 통해 시작되었고, 중국어 글은 구조적으로 불평등한 입장에 놓았다. 덴마크의 천문학 교수인 H.C.F.C. 쉬엘레프 (H.C.F.C. Schjellerup)가 개발하고 상하이에 있던 프랑스 도선사인 셉팀 오 거스트 비귀어(Septime Auguste Viguier)가 공식화한 1871년의 암호는 일상 용법으로부터 영감을 얻었다.[64] 약 6800개의 일상 용법 한자 그룹이 『강 희자전』의 부수-획 시스템을 따라 조직되었고, 0001에서 9999까지 일련 의 고유한 4자리 숫자 암호가 주어졌다. 약 3000개의 빈 공간이 암호 책 뒤 에 남았고 몇 개씩의 빈 공간이 각 부수 안에 남았기 때문에 개별 운용자들 은 자기 작업을 위해 잘 쓰이지 않는 글자들을 포함할 수 있었다.[65] 이 시 스템을 이용해 중국어 전보를 보내려면 전송자가 암호 책에서 한자를 찾 아 4자리의 암호를 찾고 이 암호를 표준 모스 신호를 이용해 전보를 보내 야 했다(〈그림 2-9〉와 〈그림 2-10〉).

쉬엘레프와 비귀어가 설계한 암호는 알파벳 및 음절문과 근본적으로 다른 전신 전송 규약 안에 중국어를 두었다. 에스카이락 드 라투르는 모든 문자가 동일하고 공유된 입력과 송신 규약으로 통제되는 범용 전신 언어 를 그렸던 반면, 1871년의 암호는 중국어의 추가적이거나 이중적인 중개 를 전제로 했다. 첫 단은 한자와 아라비아 숫자를 중개하고, 두 번째 단은 아라비아 숫자와 길고 짧은 송신 진동을 중개하는 방식이었다. 반면에 영 어, 프랑스어, 독일어, 러시아어, 그리고 다른 언어를 송신하는 데에는 단 하나의 중개층, 즉 글자 또는 음절에서 직접 전신의 기계적 부호인 점과 쉼표로 가는 중개층과만 관련이 있었다. 중국어로 전신의 기계 부호를 입 력하기 위해서는 중국 문자가 우선 추가적인 외국 기호 층(이 경우 아라비 아 숫자 층만 아니라 라틴 알파벳 글자 층까지)을 통과할 필요가 있었다. 중국 문자는 이중으로 통제되는데, 먼저 전신 영역의 다른 모든 언어와 같은 점

그림 2-9 | 1871년 중국어 전신 암호(견본)

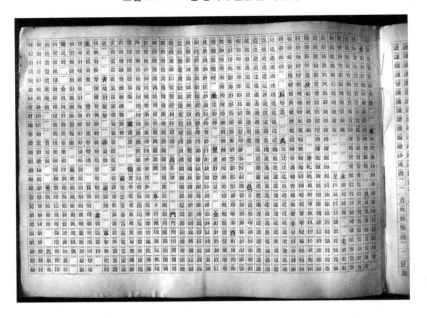

그림 2-10 | 중국어 전보와 암호화 과정

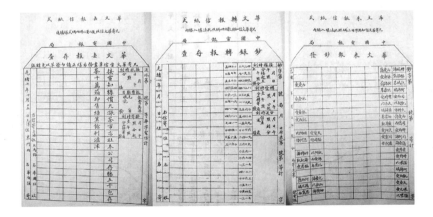

그림 2-11 | 모스부호

A	.-	M	--	Y	-.--	6	-....
B	-...	N	-.	Z	--..	7	--...
C	-.-.	O	---	Ä	..--.	8	---..
D	-..	P	.--.	Ö	---.	9	----.
E	.	Q	--.-	Ü	..--..	.	.-.-.-
F	..-.	R	.-.	Ch	----	,	--..--
G	--.	S	...	0	-----	?	..--..
H	....	T	-	1	.----	!	..--.
I	..	U	..-	2	..---	:	---...
J	.---	V	...-	3	...--	"	.-..-.
K	-.-	W	.--	4	....-	'	.----.
L	.-..	X	-..-	5	.....	=	-...-

-대시 규약에 의해 통제되지만, 그 전에 영어와 모스로 운용되는 라틴 알파벳에 의해 통제된다.

에스카이락 드 라투르의 꿈이 빠르게 끝맺으면서 대리모 정치는 중국 문자에게 해로운 방식으로 전개되었다. 중국어 전신에서 채용하는 우선적이고도 가장 근본적인 단 하나의 상징적인 단위는 아라비아 숫자였는데 그 자체가 모스 안에서 가장 값비싼 부호 단위였다(〈그림 2-11〉). 가장 짧은 숫자 부호(다섯 개의 짧은 진동을 가진 숫자 '5')가 이미 가장 짧은 글자보다 다섯 배 길었다('e'는 가장 짧은 진동이었다). 숫자 '0'은 전체 부호 중 가장 긴 송신 시퀀스로, 다섯 개의 긴 진동을 필요로 했다. 전반적으로 순수한 숫자 시스템으로서의 그 위상은 시작부터 중국어 전신 코드를 위축시켰다.[66]

비용 문제 외에 중국어의 이중 중개는 문자에 대한 두 번째이자 더 값비싼 징벌을 부과했다. 숫자적 암호 교환에 의존했으므로 1871년 중국어 전신 부호는 계속 변화하고 확산되고 있던 법적 징계와 관세 징계에서 의도치 않게 중국어를 취약하게 했다. 이들 징벌은 원래 중국어를 염두에 둔 것이 아니고 '비밀스러운' 형식 또는 '암호화된' 형식으로 설계되었던 전신 전송에 대한 것이었다. 중국 문자가 전신에 들어왔을 때에는 알파벳 세계에서 암호화되고 부호화된 전송이 실질적으로 언제 어디에서나 이용되고 있었고 세계 전신에서 예외가 아닌 원칙이 되어 있었다.[67] 수십 년 전 보안유지에 신경 쓰던 전신 운용자들은 돈을 절약하는 데 더 관심이 있었으므로 모스와 병행해 이용할 수 있는 다양한 전신 부호를 개발하기 시작했다.[68] 암호의 주목적은 전 문장을 포함한 긴 시퀀스를 대변하는 암호를 만듦으로써 전송에 드는 돈을 절약하는 것이었다. 예를 들어 1885년의 암호책을 사용해서 '칫솔'이라는 단어를 받으면 '전보가 송신에서 지연되었다'라는 훨씬 긴 문장이 전달되었다. 한편 '헐떡거리다'라는 단어는 '준비된 상품들을 보내고 나머지도 서두르시오'라는 말을 전달했다.[69]

세기 중반의 암호 확산에 직면하면서 정부와 통신 회사들은 허가 및 가격 측면에서 국제 전신 시스템의 개정을 추진했다. 미로 같은 규정들이 그런 암호화된 전송의 이용을 규제하고 제한하도록 설계되었다. 암호와 '숫자화된 언어'는 전보 주소와 많은 다른 통신 형식에서 사용이 지속적으로 금지되었다. 가격 면에서는 '비밀' 전송이 거의 전 세계적으로 단어당 상당히 비싼 가격으로 매겨졌으므로 통신선 회사들은 잃을 뻔했던 매출을 만회할 수 있었다. 그런 규제의 실질적인 결과로 영어, 프랑스어, 독일어, 또는 다른 전신 언어로 운용하는 전신업자들은 메시지를 암호로 전송할지, 또는 '분명한 것으로' — '평문(plaintext)'이라고도 알려진 — 전송할지 지속적으로 선택해야 했다.

이들 규정의 어느 것도 중국 문자와 조금도 관련이 없었지만 한자는 세계 전신의 언어로 들어오자마자 심각한 영향을 받게 되었다. '숫자화된 언어'로서의 작동 덕분에 중국어 전신 암호(그리고 중국어 언어)는 국제 전신계에 비밀 언어와 다를 바 없는 것으로서 알아볼 수 없게 되었다. 다르게 말하면 다른 모든 전신 언어는 '평문' 또는 '비문(secret text)' 둘 중 하나로 존재하는 것인 반면에 중국어는 내재적으로나 법적으로 비밀인 것으로 이해되는 전신언어, 즉 평문 버전을 갖고 있지 않은 문자인 전신 언어였다. 이 위상은 중국 문자의 어떤 내재적인 속성에 기인한 것이 아니었다. 단지 ITU가, 이해할 수는 있으나 그럼에도 불리하게, 중국어를 모스 체제 안으로 '그대로' '흡수'하기로 선택했기 때문이다. ITU는 전신의 국제화를 (에스카이락 드 라투르가 한때 생각했던 것처럼) 전신의 기호 규약을 철저하고 진정한 의미에서 재구상하는 국제화의 기회로 보지 않았다. 중국 문자가 전신 혁명에 참여하기 위해서는 아무 권한도 갖고 있지 않은 아라비아 숫자와 라틴 글자라는 기호 영역 — 중국 문자가 특권적·징벌적 규제에 노출되는 공간 — 을 통과해야만 했고, 그리고 중국어 자체와는 아무 관련도 없으나 중국 문자가 이제는 의존할 수밖에 없는, 외국어 기호들과만 관련 있는 사용 제한을 통과해야만 했다.[70]

암호 속에서 살기: 하이퍼미디어에서의 실험

20세기 초반 중국 당국과 회사들은 제국과 공화국 내에 있는 물리적 전신 기반시설의 소유권을 점진적으로 갖기 시작했다.[71] 청은 1883년 국제 전신 회의에 참여토록 초청받았지만 1909년에야 리스본 회의에 대표를 파견했다.[72] 1908년에는 중국의 통신부가 1882년에 만들어진 중국전신관리국을 인수했다. 1912년 중국은 565개의 전신 사무소를 가졌는데, 1932년에는 그 수가 1094개로 늘어났다. 같은 기간 동안 통신선의 길이는 거의 두 배가 되어 1912년 6만 2523km에서 1932년에는 10만km를 약간 넘게 되었다.[73] 하지만 1871년의 중국 전신 암호와 그 파생들은 '전신 주권(電信主權)'이 정치적·경제적 면에서 보완된 후에도 오랫동안 중국과 중국 문자를 상대적 불이익 속에 가두고 있었다. 중국 당국이 통신선과 통신탑의 물리적 소유권뿐 아니라 재정적·법적 권한까지 확보한 한참 후에도 기호 독립의 문제는 해결되지 않은 채 남아 있었다.

청 제국과 중화민국의 대표가 국제 전신 공동체에서 직접적인 역할을 하기 시작하면서 중국어의 불리한 입장을 개선하려는 시도가 추진되었다. 특히 중국 장관과 기술자들이 4자리의 중국어 전신 코드에 대한 법적 면제를 얻어내는 운동의 선두에 섰고, 중국어를 '암호화된', '비밀스러운', '기호화된' 문장이라는 범주에서 지우고 '평문'으로서의 위상을 확보했다. 절묘하고 축복받은 순간을 통해 중국 대표단은 4자리 암호를 중국어 '평문'의 인위적 동급값으로 성공적으로 정립했다. 전신 통신의 표준으로는 전혀 '평범'하지 않다는 사실에도 불구하고 말이다. 1893년부터 시작해 '실제'의 한자로 인정되었던 모든 4자리 중국어 전신 — 즉, 1871년 암호 책에 나오는 글자에 직접 그리고 의미 있게 상응하는 4자리 암호 — 은 중국 사무소 사이에 전송되면 단일 '단어'로 간주되었다.[74] 그 후에는 사생활 보호를 이유로 4자리 암호가 어떤 식으로든 전송자에 의해 더 조작되거나 변경되는 경우에만 중국어 전신이 '비밀'로 간주되었다.

그 순간부터 중국 전신은 극심하고도 미묘한 변화를 겪었다. 간단히 말하면 알파벳을 가지고 있는 세상 다른 곳의 형제들에게는 맞지 않는 방법이었지만, 중국 전신 사용자들은 '암호를 의식'하게 되었고 한자와 이중 초점 관계를 맺게 되었다. 한쪽 눈을 통해서 보면 중국어는 중국어였다. 즉, 전신 담당자의 통신선을 통한 전송을 주 목적으로 하는 글자 중심의 문장이었다. 그러나 다른 한쪽 눈을 통해서 보면 중국어는 암호였다. 즉, 6000개 넘는 암호 하나하나를 외울 수 있는 아주 드문 석학들을 제외하고는 항상 판독을 위해 전신 암호 책을 요구했던 숫자들의 시퀀스였다. 예를 들어서 진동 시퀀스 ----- - .... .---- .....을 듣고 중국의 전신 담당자가 숫자 해독의 중간 단계를 건너 뛴 채 '평문' 글자 북녘 북(北)을 직접 쓰지는 않았을 것이다. 대신 그가 종이 위에 처음 기입한 것은 암호로, 모스 암호와 상응하는 부호 0-6-1-5일 것이다. 그 후에야 그는 1871년 전신 암호 책에서 대응되는 한자를 찾아내어 두 번째 순서로 암호를 '평문'으로 번역할 수 있었을 것이다. 반면에 알파벳 세계의 숙련된 전신 담당자는 이 추가 단계를 밟을 필요 없이 자신들이 접수한 점과 대시를 평문 영어 숫자 메시지로 번역할 수 있었다. 알파벳 세계에서는 전신 송신의 암호로 된 것이 전신 담당자 자신의 몸 안에서 소화되어 사라졌고, 이는 그때나 지금이나 알파벳 전신의 많은 논의 속에서 일반적이 된 일종의 '신속성의 신화'에 이바지했다. 중국어 전신에서는 근본적으로 암호화된 전신의 특성(누군가는 언어 그 자체라고 말할 수도 있다)은 무시될 수도 부인될 수도 없었다. 1871년 암호의 결과로 중국어 세상에서 훈련된 전신 담당자는 암호 안에 머물도록 강요되었다.

'암호 유지' 또는 '부호매김 속에서의 생활'이라는 조건은 의심할 여지없이 비효율적이었고 알파벳 송신과 비교해 중국 문자를 눈에 띄는 불이익에 처하게 했지만, 이는 일상의 중국어 전신 담당자들이 그들의 작업 속에서 수행한 실험과 혁신에 미묘하지만 틀림없는 영향력을 행사했다. 청 말기, 그리고 중화민국 초기 동안 중국어 전신에서 일어난 활발하지만 지역 단위였던 혁신은 4자리 암호 사용을 소박하지만 깊이 있게 조정하는 데 초점을 맞추었다. 전신 담당자, 암호 책 발행인, 그리고 기업가들의 느슨한 네트워크는 중국어 전신을 더 빠르고 더 효율적으로 만들기 위해 설계된 폭넓은 실험적 방법을 개발하고 개선하는 데 헌신했다. 그런 개인들은 엘리트와 대도시들에 비해 전신이라는 기술적이고 법적인 틀에 내장된, 강하면서도 소외시키는 수단들을 변혁시킬 정치적 힘이 훨씬 부족했다. 그 말은 그들은 자신들의 일상적인 운영이 세계적 정보 기반 시설을 근본적이고 혁명적으로 개편하는 것, 즉 중국어가 지나가야 하는 중개층을 줄이고 중국어를 다른 전신 언어와 동등하게 하는 것이 거의 불가능하다는 것을 알고 있었다는 것이다.

직관과 반대로, 그들은 중국어 전신에 이미 심어져 있는 2개의 중개 층 외에 추가적인 중개 층을 만들기 시작했다. 그들의 실험과 해결책은 중개를 중개하는 것에 초점을 맞췄다. 즉, 그들과 암호 간 관계를 좀 더 우호적으로, 작업 가능하게, 기억할 수 있게, 적절하게, 또는 이롭게 만들기 위해 자신들이 설계한 추가 방식이나 기기들을 그들과 중국어 암호 사이에 넣었다. 이 중개의 중개(줄여서 하이퍼미디에이션)는 여러 가지 전략 중에 확실히 개인적이고 실체적이고 지역적이고 즉각적이었으며, 다양한 훈련, 신체적 연습, 중국어 암호 책의 재구성 및 재편성 등을 포함하고 있었다. 그런 하이퍼미디에이션은 처음 볼 때는 암호를 사용하는 데 필요한 시간과 노력을 늘리는 듯 보였지만 더 빠르고 덜 비쌌으며 뿌리 단계의 기호 구조 면에서는 근본적으로 변화가 없었다. 중국 문자의 행동 유도성 및 한계와 깊이 있게 조율된 중국어 전신 암호를 개발하는 것이 불가능했으므로 그들은 중국어 전신 암호의 기호적 구조는 건드리지 않고 그 대신 그 구조와의 관계 및 그 구조와 통하는 통로에 대해 근본적으로 재구상했다.

하이퍼미디에이션이 수행한 최초의 실험 중 하나는 3글자 또는 3중음자 암호 전송이라는 비교적 새로운 기술을 장착하는 것이었다. 영국 등지에서 개발된 이 암호는 로마 알파벳을 기본 26시스템으로 활용했으며, 3글자의 시퀀스는 총 26의 3제곱, 즉 1만 7576단위를 전송하는 데 쓰일 수 있었다. 그런 시스템은 4자리 시스템보다 중국어에 훨씬 더 효율적이라고 밝혀졌다. 왜냐하면 3중음자 시스템은 하나 적은 암호 단위를 필요로 하고(시작부터 25%가 감소된다) 숫자보다는 글자를 활용하기 때문이다(앞에서 설명했듯이 모스부호에서는 글자의 전송 속도가 숫자보다 빠르다). 1881년 새로 발간된 암호 책에서는 통상의 4자리 시퀀스를 독창적인 3글자 암호와 짝을 이루게 함으로써 이 대체 입력 시스템을 사용하는 조치가 취해졌다. 암호 '0001'은 'AAA'와, '0002'는 'AAB'와 짝을 지었다. 더욱이 중개의 세 번째 층은 이 두 번째 층과 협력해서 작동해 편집자가 로마 알파벳을 나타내기 위해 사용하는, 그리고 그럼으로써 1880년대경 중국에 사는 대부분의 사람들에게 생소했던 문자소를 만들고 좀 더 접근 가능토록 하기 위해 사용하는 26개 한자 조합이었다(〈표 2-1〉과 〈그림 2-12〉, 〈그림 2-13〉).[75]

이 중개의 추가 단계를 두 번째와 조화롭게 사용함으로써 중국어 전신 기사는 로마 알파벳으로 운영하더라도 이론적으로 자신의 작업을 전부 중국어로 수행할 수 있었다. 다르게 말하면, 당시 중국에 있는 전신 통신

그림 2-12 | 한자 기반의 로마자 중개(철자/문자/병음)

三隅字母洋華文釋音

A	B	C	D	E	F	G	H	I	J	K	L	M
愛	比	西	諦	依	夫	基	鴟	藹	再	凱	而	姆
N	**O**	**P**	**Q**	**R**	**S**	**T**	**U**	**V**	**W**	**X**	**Y**	**Z**
恩	窩	批	摳	阿	司	梯	尤	霏	壺	時	喂	特

愛司愛 ○四六九 起

單字門部首 力勹匕匚匸十卜卩厂厶又口

比諦愛 ○七五五 哀	比西愛 ○七二九 呼	比比愛 ○七○三 吵	比愛愛 ○六七七 各	愛特愛 ○六五一 叛	愛喂愛 ○六二五 厝
比諦比 ○七五六 品	比西比 ○七三○ 命	比比比 ○七○四 吶	比愛比 ○六七八 合	愛特比 ○六五二 叟	愛喂比 ○六二六 原
比諦西 ○七五七 哂	比西西 ○七三一 咀	比比西 ○七○五 吸	比愛西 ○六七九 吉	愛特西 ○六五三 叡	愛喂西 ○六二七 厠
比諦諦 ○七五八 哄	比西諦 ○七三二 咄	比比諦 ○七○六 吹	比愛諦 ○六八○ 吊	愛特諦 ○六五四 叢	愛喂諦 ○六二八 厥
比諦依 ○七五九 哆	比西依 ○七三三 咆	比比依 ○七○七 告	比愛依 ○六八一 同	愛特依 ○六五五	愛喂依 ○六二九 厫
比諦夫 ○七六○ 哇	比西夫 ○七三四 咈	比比夫 ○七○八 吻	比愛夫 ○六八二 名	愛特夫 ○六五六 口	愛喂夫 ○六三○ 厭
比諦基 ○七六一 哈	比西基 ○七三五 和	比比基 ○七○九 吼	比愛基 ○六八三 后	愛特基 ○六五七 古	愛喂基 ○六三一 厮
比諦鴟 ○七六二 哉	比西鴟 ○七三六 咎	比比鴟 ○七一○ 吾	比愛鴟 ○六八四 吏	愛特鴟 ○六五八 句	愛喂鴟 ○六三二 厲
比諦藹 ○七六三 咻	比西藹 ○七三七 咏	比比藹 ○七一一 呀	比愛藹 ○六八五 吐	愛特藹 ○六五九 另	愛喂藹 ○六三三 厦
比諦再 ○七六四 咿	比西再 ○七三八 咋	比比再 ○七一二 呂	比愛再 ○六八六 向	愛特再 ○六六○ 叨	愛喂再 ○六三四
比諦凱 ○七六五 員	比西凱 ○七三九 咍	比比凱 ○七一三 呃	比愛凱 ○六八七 吓	愛特凱 ○六六一 叩	愛喂凱 ○六三五 厶
比諦而 ○七六六 哥	比西而 ○七四○ 咠	比比而 ○七一四 呆	比愛而 ○六八八 吒	愛特而 ○六六二 只	愛喂而 ○六三六 厹
比諦姆 ○七六七 唎	比西姆 ○七四一 咤	比比姆 ○七一五 呬	比愛姆 ○六八九 君	愛特姆 ○六六三 叫	愛喂姆 ○六三七 去
比諦恩 ○七六八 哦	比西恩 ○七四二 咢	比比恩 ○七一六 呢	比愛恩 ○六九○ 吝	愛特恩 ○六六四 召	愛喂恩 ○六三八 叁
比諦窩 ○七六九 哩	比西窩 ○七四三 咥	比比窩 ○七一七 呦	比愛窩 ○六九一 吞	愛特窩 ○六六五 叭	愛喂窩 ○六三九 參
比諦批 ○七七○ 哭	比西批 ○七四四 咧	比比批 ○七一八 呧	比愛批 ○六九二 吟	愛特批 ○六六六 叮	愛喂批 ○六四○ 叅
比諦摳 ○七七一 哮	比西摳 ○七四五 咨	比比摳 ○七一九 周	比愛摳 ○六九三 吠	愛特摳 ○六六七 叱	愛喂摳 ○六四一
比諦阿 ○七七二 哲	比西阿 ○七四六 咫	比比阿 ○七二○ 呪	比愛阿 ○六九四 否	愛特阿 ○六六八 可	愛喂阿 ○六四二 又
比諦司 ○七七三 哺	比西司 ○七四七 咬	比比司 ○七二一 呭	比愛司 ○六九五 吩	愛特司 ○六六九 台	愛喂司 ○六四三 叉
比諦梯 ○七七四 哼	比西梯 ○七四八 咯	比比梯 ○七二二 呱	比愛梯 ○六九六 吥	愛特梯 ○六七○ 史	愛喂梯 ○六四四 及
比諦尤 ○七七五 哽	比西尤 ○七四九 咱	比比尤 ○七二三 呫	比愛尤 ○六九七 吪	愛特尤 ○六七一 右	愛喂尤 ○六四五 友
比諦霏 ○七七六 哿	比西霏 ○七五○ 咳	比比霏 ○七二四 味	比愛霏 ○六九八 含	愛特霏 ○六七二 叵	愛喂霏 ○六四六 反
比諦壺 ○七七七 唁	比西壺 ○七五一 咷	比比壺 ○七二五 呵	比愛壺 ○六九九 吭	愛特壺 ○六七三 叶	愛喂壺 ○六四七 叔
比諦時 ○七七八 唆	比西時 ○七五二 咸	比比時 ○七二六 呶	比愛時 ○七○○ 吮	愛特時 ○六七四 司	愛喂時 ○六四八 取
比諦喂 ○七七九 唈	比西喂 ○七五三 咺	比比喂 ○七二七 呷	比愛喂 ○七○一 呈	愛特喂 ○六七五 吁	愛喂喂 ○六四九 受
比諦特 ○七八○ 唉	比西特 ○七五四 咽	比比特 ○七二八 呻	比愛特 ○七○二 吳	愛特特 ○六七六 吃	愛喂特 ○六五○ 叙

三

比諦特 ○七八○ 止

표 2-1 | 한자 기반의 로마자 중개(철자/문자/병음)

a	愛	ai	e	依	yi	i	藹	ai	m	姆	mu	q	摳	qu	u	尤	you	y	喂	wei
b	比	bi	f	夫	fu	j	再	zai	n	恩	en	r	阿	a	v	霏	fei	z	特	te
c	西	xi	g	基	ji	k	凱	kai	o	窩	wo	s	司	si	w	壺	hu			
d	諦	ti	h	鷗	chi	l	而	er	p	批	pi	t	梯	ti	x	時	shi			

그림 2-13 | 암호 책을 문자로 중개한 견본 페이지

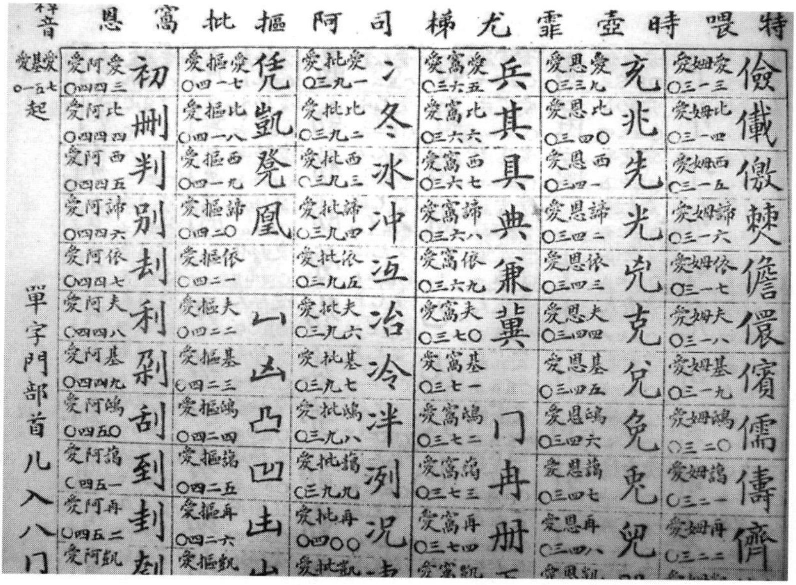

선을 통해 전달된 전기 진동을 도청할 수 있다고 가정할 경우, 수신과 송신 양쪽 모두에게 3글자 암호인 'D-G-A'로 들린 것은 한자 순열 '諦 基 愛(di - ji - ai)'로 이해되었을 것이다. '알파벳 순서'까지도 그런 중개 기술로 모방할 수 있었는데, 이를 위해서는 전신 운용자가 A, B, C, D, E가 아닌 그 순열 '愛, 比, 西, 諦, 依 …(ai, bi, xi, ti, yi …)'를 기억할 수 있어야 했다.

이 복잡하고 다층적인 중개 활동 내에서는 전신 암호의 밑에 깔린 구조물을 변경하지 않고서도 의미의 역학과 원자가 재구상될 수 있었다.[76]

중국에서 아라비아 숫자 및 로마 알파벳과의 친근함 수준이 높아지면서 이런 한자 중개 전략은 암호 책에서 사라지기 시작했다. '1, 2, 3'과 'a, b, c' 같은 것에 더 익숙해져서 평균적인 전신 기사는 '一 二 三'과 '愛, 比, 西'를 중개하는 것이 더 이상 필요하거나 유용하다고 생각하지 않게 되었다. 하지만 다른 부류의 중개가 그것들을 대체했는데, 가장 미묘하면서 성공적이었던 것은 중국어 암호 책 자체 페이지를 다시 매기는 데 집중했던 것이다. 이전의 암호 책은 각 페이지가 암호 시퀀스 ---1과 ---0으로 끝났는데(즉, 페이지당 100자인 암호 책의 경우 0101부터 0200까지, 페이지당 200자인 암호 책의 경우 0101에서 0300까지), 중화민국의 출판업자들은 각 페이지에 암호 순열을 ---0부터 --99까지 넣도록(즉, 0100부터 0199까지, 1200부터 1299까지) 암호 책을 재조직했다.[77] 사소해 보이지만 이 변화는 중국 전신 기사의 일상 작업에서 탁월하고도 유용한 2차 효과를 낳았다. 암호 책의 페이지 숫자가 각 주어진 페이지의 암호의 첫 두 자리에 상응해 기억나도록 해주는 메모로 바뀌었기 때문이다. 암호 책의 페이지를 다시 매긴 것은 새로운 '기억 방식'을 가능케 했다. 즉, 1946년경 암호 책을 사용한 전신기사는 예를 들어 '1289'라는 암호는 12페이지에서 찾을 수 있고, 암호 '3928'은 39페이지에서, 암호 '9172'는 91페이지에서 찾을 수 있음을 알고 있었다. 각 페이지의 상단 또는 하단에는 굵고 붉은 글자로 상응하는 페이지 숫자가 나와 있었다.[78] 전신 기사들이 이 관계를 새롭고 실험적인 방식으로 중개하면서 어떻게 중국어 암호와 일했는지 이해하기 위해서는 암호 책 자체의 사회적 역사에 깊은 주의를 기울여야 한다.

미시적 수준에서 보면 이들 각각의 노력은 다양한 편의를 추구했다. 중국어 전신 기사가 외국의 낯선 영어 숫자 문맥 속에서 일할 수 있게 하고 주어진 글자 또는 암호를 찾아가는 과정을 가속화시키는 것이 여기에서 고려되지 않은 여러 목적 중 하나였다. 하지만 거시적 수준에서 보면 이러한 지역적 수준의 노력들이 결국 더 큰 무엇인가가 되었다. 그것은 이 장에서 '기호학적 주권'이라는 말로 이론화된 것과 연관된 역사적 과정이다. 이처럼 다양한 '중개의 중개'를 창조함으로써 전신 기사들은 시간 및 돈과 관련 있는 실질적인 과정을 담당했을 뿐 아니라 우리가 봐왔던 구조적으로 불평등한 위치에 중국어를 넣은 정보 기반시설과의 새로운 관계도 수립하고 있었다. 전신 기사들은 4자리 암호의 '상징적인 소유'를 취했다. 이 암호와 함께 일했고, 이 암호를 중개했으며, 자기의 언어적·육체적 선호도, 능력과 한계에 맞추어 이 암호를 조정했다. 이처럼 점진적이고 대단히 지역화된 행위를 통해 전신 기사들은 한때 자신들을 둘러싸 왔던 시스템을 둘러싸는 과정을 시작했다.

다음 장에서는 전신과 활자의 세계를 떠나 드디어 중국어 타자기의 시대에 도달한다. 이 장에서 조사했던 세 가지 풀이 방법(일상 용법, 결합식, 대리모) 각각은 새로운 언어기술적 맥락으로 다시 만날 것이다. 신나고 새로운 입력 기술로서 타자가 등장하자 새로운 세대의 사람들은 중국어를 위한 타자라는 수수께끼 풀기를 생각하기 시작했다. 그들은 여기에서 살펴보았던 세 가지 방식을 다시 논의하고 어떤 경우에는 다시 찾아냈으며 그 방식들을 그 속에 심어져 있는 정치적 문제와 함께 새로운 언어기술적 영역으로 옮겼다.

제 3 장

획기적인 기계

이 기계는 각 스트로크마다 글자가 아닌, 단어의 일부가 아닌, 완전한 단어를 만들어
내야 한다.

_데벨로 셰필드(Develo Sheffield), 1897

처음부터 그 모양이 기존의 미국 타자기와 근본적으로 그리고 획기적으로 달라야만
한다는 것을 알아차렸다. 한 글자당 하나의 키를 제공한다는 생각은 매우 어리석었다.

_저우허우쿤(周厚坤), 1915

크리스토퍼 레이섬 숄스(Christopher Latham Sholes)의 발명품은 처음 등
장하고 나서 10년 후 레밍턴과 언더우드 같은 타자기회사에 의해 지구를
돌아 비영어권으로 보내지고 나서야 적용되기 시작했다.

1장에서 보았듯이 아랍어, 유대어, 키릴어, 몽고어, 버마어, 그리고 많
은 비라틴 글들과의 만남은 타자기 기술자와 기업가들로 하여금 이 언어
들의 철자법을 서양 타자 기술의 범위 안에 넣기 위해 원래의 영어 기기로
부터 최소한의 필요한 수정만 하는 데 힘을 집중하도록 했다. 기기가 이
비라틴 문자들의 글쓰기와 그 특별한 속성을 흡수하며 뻗어나갈 때 — 예
를 들면 유대어의 우-좌 지향 또는 아랍 글자의 철자 변화 — 실망스럽게도 빠져
있던 시장이 하나 있었다. 바로 중국이었다. 한자는 알파벳이 아니었으므

로 레밍턴과 여러 곳의 기술자들은 자신들이 100개 이상의 다른 언어에 대해 작업했던 것처럼 선별적·기계적 조정만으로 중국어 타자기의 '문제' 를 풀기에는 개념적으로 준비가 덜 되어 있음을 알아차렸다. 그들이 시도 는 해보았으나 중국어는 이들 서양 다국적 회사의 폭넓은 역사 속에 감싸 지지 않았다.

서양 타자기의 세계화로 인해 이 기기의 매력은 세계 다른 곳에서와 마 찬가지로 중국에서도 강력하게 그리고 굳건하게 자리 잡았다. 중국에서 는 많은 이들이 사무기기로서의 효용성 때문만이 아니라 현대화의 상징 으로서도 자신들의 타자기가 필요하다고 느꼈다. 해가 갈수록 중국은 지 구상에서 타자기를 가지고 있지 않은 유일한 국가가 될 것 같아 보였다.[1] "중국어 타자기는 없음(No Chinese Typewriters)"이라는 1912년의 한 기사 가 점점 더 사실로 되었다. 중국어 타자기가 없다는 것 ─ 더욱 중요하게는 그런 기계의 존재 자체가 불가능하다는 데 대한 확신이 커져가는 것 ─ 은 한자가 모두 없어지기를 원하는 중국 언어 비판가들에 의해 엮이고 있었다. 중국 어 타자기를 만드는 것은 단순히 중국의 사업 관행의 속도를 높이는 것보 다 더 많은 것을 이루는 것이었다. 중국 문자에 대한 지속되는 재판에서도 그런 기계는 중국어가 현대성과 양립할 수 있다는 부인할 수 없는 증거가 될 것이었다.

하지만 이 핵심 증거를 구축하는 것은 간단치 않았다. 앞에서 검토되었 듯이 통상의 시프트 자판 타자기는 중국어를 다루기에 덜 갖춰져 있었다. 우리가 보았듯이 기계보다는 중국어 글쓰기 자체가 비난을 받았다. '중국 어 타자기'를 만드는 것은 서양 타자기가 전례 없는 특권과 인기를 누리고 있는 시점에 ─ 그리고 점점 더 많은 전 세계의 사람들이 그것이 보편적이라고 진정으로 믿고 있을 때 ― 기술자, 설계자, 언어학자, 그리고 기업가에게 통상의 서양 타자기 형태로부터 벗어나라고 하는 것이었다. 그들은 타자라는 바로 그 생각을 레밍턴과 여러 회사들이 내켜하지 않고 아마도 시도할 수도 없는 종류로 재구상하는 방향으로 나아갈 필요가 있었다. 실제로 이전의 잊힌 타자기 형태를 되살리거나 아마도 완전히 새로운 형식의 타자기를 발명함으로써 타자를 싱글 시프트 자판 기계라는 단일 문화로부터 구출할 필요가 있었다. 중국을 언어기술적 현대화의 시대로 만들기 위해 노력했던 그러한 '중국어 개혁가'는 필연적으로 '타자기 개혁가'이기도 했다.

하지만 이런 종류의 완벽한 재구상에는 위험이 있었다. 한편으로는 중국어 타자기를 추구하는 과정에서 중국 문자가 알아볼 수 없게 바뀐다면 그 결과로서의 기계가 도대체 어떻게 중국어 타자기가 된다는 말인가? 1913년 ≪월간 중국 학생(Chinese Students' Monthly)≫에서 한 기고가는 폐지론자의 주장에 대해 열렬한 반대 목소리를 내면서 중국 문자를 희생시키면서 현대 정보 기술 추구를 우선시하는 사람들에게 주의를 주었다.[2] 그 기고가는 "많은 외국인들뿐 아니라 선교사로부터 교육받은 중국인 중 몇몇 극단적인 사람은 중국어의 근본적인 변화를 좋아한다"라고 설명했다. 그런 사람들은 "중국 문자에 맞는 타자기가 지금은 발명될 수 없다는 것을 이유 중 하나로 들면서 중국어 글쓰기를 폐지하고, 심지어 영어로 대체하자고까지 요구했다". 저자는 계속해서 다음과 같이 말했다.

우리 중국인들은 단지 타자기라는 특권이 우리의 4000년에 빛나는 고전들이나 문학과 역사를 쓰레기통에 버릴 만큼 충분히 매력적이지는 않다고 말하고 싶다. 타자기가 영어에 맞게 발명된 것이지, 타자기를 위해 영어가 발명된 것은 아니다.

또한 그 기사는 "서양의 물질주의 교육이 많은 젊은 중국인들에게 모든 것을 돈 버는 능력으로 판단하도록 가르쳤으나 우리는 우리 문화가 지닌 가치를 같은 방법으로 판단치 않기를 바란다. … 한 민족의 생명이자 영혼인 자국어를 보존하는 것이 그들이 봉사·헌신해야 하는 첫 번째 일임을 잊어서는 안 된다"라고 통렬하게 비난했다.[3]

더욱이 진퇴양난이었다. 중국어 타자를 추구하느라 기계가 아무도 몰라보게 변형된다면 그 결과인 기기는 어떤 의미에서 중국어 타자기가 될 것인가? 발명가들은 자신들의 기계가 레밍턴이나 언더우드를 흉내 내기를 바랄 수 없다는 것을 잘 알고 있었지만, 어느 정도까지는 서양과 타자기가 자신들의 노력에 대해 귈석 재판관으로 남아 있으리라는 것도 잘 알고 있었다. 다르게 말하면 서양(이 시점까지는 나머지 세계)에서 이해되듯이 '타자기'가 중국에서 그대로 '채택'될 수 없고 대신 심각하게 재구상되어야 한다면 그 결과로 나온 기기는 서양의 눈으로는 전혀 판독할 수 없고 인식할 수 없는 것이 되지 않을까? 타자기로 인식되지 않는다면 도대체 타자기일 수 있을까? 중국어를 언어기술적 현대화의 새로운 시대로 가져가려 했던 사람들은 이런 질문에 직면했다.

대필 기계: 데벨로 셰필드와 최초의 중국어 타자기

O.D. 플록스(O.D. Flox)는 대운하의 북쪽 종점에서 퉁저우로 향하는 조

그만 배를 탔을 때 자신에게 무슨 일이 일어날지 거의 알 수 없었다. 그는 미국에 본부를 두고 있고 '이교도인 세상 사람들의 사회적 환경에 다양한 노동 절약형 기계들을 소개해 개선하는 것'을 목적으로 하는 서구문명연합(Western Civilization Union)의 회원이었는데, 바로 그런 기계(즉, 중국어를 위한 타자기)에 대한 열쇠를 가진 듯한 어느 미국 발명가를 알게 되었다.[4] 플록스는 "중국 문자의 엄청난 양의 형상을 기억하느라 미칠 지경인 사람들을 구제하기 위해 중국어 타자기를 구상한다는 목적은 나에게 대담하고 진짜처럼 보였다"라고 생각했다.[5]

플록스의 항해는 ≪차이니즈 타임스(Chinese Times)≫에 실린 두 개의 흥미로운 기사로부터 촉발되었다. 첫 번째 기사는 1888년 1월에 실린 "중국어 타자기(A Chinese Type-writer)"라는 제목의 기사로, 미국인 발명가와 그의 기기에 대해 간략하지만 강렬하게 보도했다. "그것은 외국인에게 아름답고 깨끗한 글자로 빠르게 글을 쓰도록 도움을 주는 신기한 것이다", "글자와 억양에 대한 의문을 얼마나 빨리 배우고 정리할 수 있는지 놀랍다. … 알파벳 블록을 가진 아이들처럼 배우면서 동시에 중국 친구들과 얘기하거나 책을 쓸 수 있을 것이다"라고 기사에 썼다.[6]

두 번째 보도는 다른 어조였다. 『유용한 지식 전달을 위한 아일랜드 신디케이트(Islands' Syndicate for the Promotion of Useful Knowledge)』의 저자 헨리 뉴콤(Henry C. Newcomb)은 3월17일 편집자에게 보낸 편지에서 익살맞게 "그놈의 중국어 타자기(That Chinese Type-writer)"라는 제목으로 미국산 도구의 기대되는 성과에 대하여 날카로운 의문을 표했는데, 그는 발명가의 실험실을 직접 방문했던 익명의 '친구'의 말을 전달했다. "그의 타자기는 크기가 거의 1평방피트나 되는 커다란 묶음이었는데 이 활자들은 사용하기 전에 잘 정리해야만 했다. 이것은 간단한 공정처럼 보인다. 사람의 일생이 70년으로 제한되지 않았다면 실제로도 그럴 것이다."[7] 뉴콤은 "이 기기는 가르쳐줄 선생이 가까이 없으면 평범한 사람들에게는 큰 소용이 없다"라고 결론지었다. 그는 이어서 "선생이 있다면 왜 처음부터 그에게 글을 쓰게 하지 않는가? 개를 키우는데 왜 스스로 짖어야 하는가?" 라고 썼다.[8]

『어둠의 심장(Heart of Darkness)』(조셉 콘래드가 1890년 아프리카를 여행한 경험을 토대로 쓴 단편소설 _옮긴이)에 나오는 탐험에서처럼, 플록스는 '작은 강 보트에 의지해 여러 날 동안 밧줄에 끌려가기' 시작했다. 퉁저우에 다다랐을 때 플록스는 자신이 찾던 주인을 만났으나, 자신이 기대했던 사람과 전혀 같지 않았다. 1841년 8월 13일에 뉴욕주 게인스빌에서 태어난 데벨로 제로테스 셰필드는 미국에서 남북전쟁이 발발하던 해 17뉴욕 자원병 부대에 입대하기 전까지 선생으로 잠깐 일했다.[9] 셰필드는 2년 동안 포토맥 군대에서 복무했고 하사로 진급해서 귀향조치되었으며 "전쟁에서의 경험과 질병의 흔적을 간직한 채 여생을 보냈다"라고 그의 부고에 기록되었다.[10] 그 후 몇 년 동안 선교 사업, 특히 중국이 손짓했다. 셰필드는 1868년 3월 자신의 형에게 "중국은 내가 특별히 부름을 받은 곳이다"라고 편지를 쓰고 다음해에 그의 어린 신부 엘레노와 함께 퉁저우에서 가정을 꾸렸다.[11] 플록스에게 셰필드는 '잘 먹고 편안하게 살며, 항상 소속 기관에 자기 업무의 '진전'을 자주 보고하는 데만 신경 쓰는, 선교사에 대한 일반적 기대와는 매우 먼 것' 같아 보였다. 반대로 키가 180cm나 되는 셰필드는 자신이 채용했던 중국인 목수에게 공격당하고 죽게 내버려졌을 때 얻은 상처를 여전히 가지고 있었다.[12] 플록스는 "그는 중년이었지만 파라오의 두 번째 암소 떼처럼 말라 보였으며, 그의 기계가 풍족한 세상의 열매로 식탁을 채웠다는 어떤 증거도 이제까지 물론 없었다"라고 보고했다.[13]

신혼부부인 셰필드 가족이 항해한 중국은 빠르게 변하고 있는 사회였다. 겨우 9년 전인 1860년 10월, 청 왕조는 대영 제국과 치른 두 번의 짧고 굴욕적인 군사 분쟁에서 두 번째로 패했었다. 첫 번째는 20년 전 1839~1842년 동안 일어난 아편 전쟁이었다. 1842년에는 난징협약에, 1858년에는 텐진협약에 사인하도록 강요당한 중국은 여러 개의 도시를 조차 항구로 외국 무역상들에게 개항했고, 기독교 선교사들은 청 제국 전체로 자신들의 활동을 확대할 수 있도록 법적으로 허가되었다.[14]

플록스가 방문했을 때 셰필드가 새로 발명한 장치는 한자에 빠르게 잉크를 묻히고 찍어낼 수 있는 기계적 타자기가 아니었다. 1886년 셰필드는 우리가 2장에서 살펴본 일상 용법 중국어 활자 곽에 대한 윌리엄 갬블의 작업을 알고 난 후 자신의 아버지로부터 배운 목수 경험을 살려서 실험적인 나무 도장을 만들었다. 한자 도장을 북경음절표(Peking Syllabary) 체계 — 토머스 프랜시스 웨이드(Thomas Francis Wade) 경이 1859년에 개발한 로마자 시스템 — 에 따라 알파벳순으로 정리했으므로 선교사는 한 번에 한 글자씩 빠르게 이어 가면서 글자를 찾고 잉크를 묻혀서 찍을 수 있었다. 셰필드는 "내 경험으로는 중국학자들은 이 도장 시스템으로 통상 자신들의 글자를 쓰는 만큼 빠르게 글쓰기에 사용할 수 있음을 알았고 5년에 걸쳐 항상 작문하는 데 이 도장 시스템을 사용했다"라고 썼다.[15]

플록스는 셰필드의 공정을 더더욱 열정적으로 그렸다.

그 발명가는 자신의 활자 곽으로 가서 자기의 천재성으로 자연에서 어떤 비밀스러운 것을 짜냈다는 것을 아는 사람에게서 보이는 자만심을 가진 채 글자들을 요술 손 같은 것으로 만졌다. 그러자 아름다운 중국어의 완전한 문장이 흘러나왔고 글자들은 군인들의 계급순 같은 정확성으로 스스로 정리되었다. 이 기계의 진짜 장점을 보여주는 전시를 보면서 내 눈은 진정한 감동의 눈물로 채워졌다. 나는 발명가의 손을 잡고 이렇게 말했다. "선생님, 당신은 인류의 은인입니다. 중국 전역에 이 아름다운 기계를 소개하기 위해 서양 문명의 자원들이 활용되었겠지만 위대한 발명가로서의 그리고 진정한 자선사업가로서의 당신의 명성이 무지하고 악의에 찬 비판으로 훼손되지 않도록 우리가 주의하겠습니다."[16]

같은 해 셰필드는 새 도장 방법을 개발했고, 또한 톈진시에서 부서진 서양식 영어 타자기를 산 후 중국인 시계 수리공을 고용해 수선하게 했다. 그리하여 선교사가 영어 자료를 작성할 때 그 타자기를 사용할 수 있게 했다. 셰필드는 부모에게 보내는 편지에서 "나는 펜보다 훨씬 빠르게 쓸 수는 없습니다"라고 설명하면서 이렇게 썼다. "그러나 곧 그렇게 하도록 배울 겁니다. 가장 큰 장점은 저녁인 지금도 내 눈을 걱정하지 않고 쓸 수 있다는 것입니다. 중국에서 나는 그래 본 적이 없었습니다."[17]

셰필드가 구매한 기계는 선교사에게 중국어를 쓰기 위한 '비슷한' 기계를 고안하는 새로운 일거리를 만들어냈다. 미국 타자 기술이 등장한 데 영감을 받은 셰필드는 자신의 중국어 도장 기계를 어떻게 통합된 기계적 기기로 바꿀 수 있는지 깊이 생각하기 시작했다. 하지만 중국어가 특히 알파벳 문자가 아니라는 사실 때문에 어떻게 그런 기계를 만들 수 있는지에 대한 의문은 여전했다. 셰필드는 "서양의 알파벳 언어를 인쇄할 때 대문자,

소문자, 숫자 등을 쓰기에 필요한 모든 요구사항을 충족하기 위해 자판 전체가 80개 이상의 키를 가질 필요가 없으며, 시프트키를 사용하면 아주 좋은 기계 중 일부는 30개의 직접 키만으로 빠르게 조작된다"라고 추론했다. 하지만 그는 중국어 기계를 그런 식으로 장착할 수는 없다고 결정했다. 셰필드는 "이것이 서양 타자기를 중국어에 적용하는 것의 근본적인 어려움을 보여준다. 중국어는 각 단어가 고유의 표의문자로 표현되기 때문이다"라고 되새겼다.

셰필드가 중국어 타자기를 발명하려는 동기는 복잡했다. 잠재적인 중국인 개종자들에게 더 빨리 기독교와 서양 문장을 전파하기 위해 중국어 타자기 발명을 추진했다고 가정하는 것은 매력적이지만, 이 바람은 이미 선교사들이 가지고 있던 기존의 인쇄 기술로 잘 이루어지고 있었다. 실제로 셰필드는 1881년에 자신의 6권짜리 대표작인 『세계 역사(Universal History)』를 시작으로 그 시점까지 중국어로 된 많은 출판물에 자기 이름을 올려놓았다. 그 뒤를 따른 중국어 발행물로는 『체계적 신학(Systematic Theology)』(1893), 『신학의 중요한 원리(Important Doctrines on Theology)』(1894), 『정치 경제학(Political Economy)』(1896), 『윤리의 원리(Principles of Ethics)』(1907), 『심리학(Psychology)』(1907), 『정치학(Political Science)』(1909) 등이 있었다.[18] 그는 또한 《어린이 신문(The Child's Paper)》 같은 잡지에 짧은 중국어 수필을 자주 기고하기도 했다.[19] 이 모든 것이 말하듯이 셰필드의 출판 욕심은 기존의 방법과 기술들로 풍부하게 제공되는 것을 뛰어넘었다.[20]

하지만 중국어로 편지를 쓰는 사적인 행위의 경우에서 셰필드는 당황했다. 셰필드는 "폴은 개인적으로 교회에 글로 만드는 일을 강화시키는 데 많은 공을 세웠다"라고 강조하면서, 자신과 다른 선교사들이 중국인 동료들과 편지로 교신하기 위해 새 기기를 쓸 수도 있음을 시사했다. 그는 또 "이 방향으로 선교사 활동을 위한 넓고 중요한 분야가 분명히 있는데도 지금은 서면 교신의 수단으로서 한자 사용을 습득하기가 내키지 않는다는 이유로 대체로 무시되어 오고 있다"[21]라고 말했다. 그는 중국 경제, 중국 현대화, 또는 다른 크고 추상적인 개념에 잠재적인 충격을 가하기 위해 자신의 발명품을 구상한 것이 아니었다. 셰필드에게 자신의 기계는 자기 대신 편지를 써주는 중국인 직원과 비서들에 대한 자신의 오랜 의존성으로부터 독립한다는 것을 상징했다. 한마디로 셰필드의 목적은 본토 중국인의 손으로 작성되지만 동시에 실제 중국 직원을 필요로 하지 않는 중국어 로봇 또는 기계 대필자를 개발하는 것이었다. 셰필드와 많은 외국인 동료들은 자신들이 중국어에 대해 유창하지는 않더라도 대단히 능숙하다고 생각했는데, 이런 새로운 기계가 있어야만 자신의 학식과 신분에 걸맞고 미적인 기준을 유지하는 서류를 만들 수 있을 것이라고 믿었다.

게다가 미학이 유일한 관심은 아니었다. 셰필드는 "현재 중국어로 글 쓰는 작업을 하는 외국인들은 불필요한 중국인의 도움에 묶여 있다고 확신한다"라고 썼다.[22] 직원에 관해서는 분명히 예방해야 할 것이 있다고 느꼈는데, 바로 문화적으로 낯선 제3자가 끊임없이 중개하는 것, 미묘하게 바꾸는 것이 결국에는 외국인의 작업을 방해하는 것이었다. 외국인들과 그들의 중국인 조수들을 가리키면서 셰필드는 "일반적으로 그들은 글 쓰는 사람과 이야기하고 이야기한 내용을 펜으로 적은 후에 그것을 중국 문자 형식으로 바꾸어놓는다. 이 과정을 거친 최종본에는 글 쓰는 이가 말하고 싶은 것의 적지 않은 부분이 유실되고 중국인 조수가 그 생각에 공헌한 것의 꽤 많은 부분이 삽입된다"라고 말했다.[23] 셰필드는 자신의 많은 식민지 동료 또는 준식민지 동료들처럼 외국인들이 의존해야 하는 피할 수 없는 통역과 대필 과정을 거치면서 의도된 뜻이 필연적으로 손실되고(아마도 능숙하고 악의적인 삭제일 것이다) 본토 직원의 세계관과 감수성에 의해 왜곡되는 것에 대한 지속적인 고민과 관심 때문에 이 작업을 추진했던 것이다.[24]

자신의 의견을 납득시키기 위해 셰필드는 식물학에 관한 이름 없는 책을 참조했다. 그 책은 "유명한 서양 학자가 중국어로 썼는데 중국 남부에 애벌레로부터 만들어진 어떤 식물이 있다고 학생들에게 가르쳤다". 셰필드는 "물론 자연사의 그런 재미있는 사실은 중국인 필경사(筆耕士, 직업으로 글씨 쓰는 일을 하는 사람 _옮긴이)가 썼고 편집의 고통을 통과했다"라면서[25] "어느 외국인도 훌륭한 본토 학자의 교정 없이는 중국어로 출판하는 욕심을 내면 안 된다"라고 인정했다. "그러나 타이프 휠로 자극되는 자립적인 글쓰기 연습을 초기에 습관적으로 하면 외국인도 중국어로 자기 고유의 생각을 내세울 수 있는 대가가 될 수 있다고 나는 확신한다. 또한 중국어 필경사의 유무에 관계없이 자기 생각에 맞는 작문을 하게 될 것이다."[26] 셰필드의 기계는 중국에 있는 외국인들로 하여금 자신의 뜻 자체에 대한 통제권을 찾아오게 할 것이었다.

예수님의 몸: 셰필드의 중국어 타자기에서 사용되는 일상 용법 논리

중국어 글쓰기를 위한 타자기를 추구하면서 셰필드의 실험적인 과정이 진공 상태에서 펼쳐진 것은 아니었다. 갬블, 포티에, 레그랑, 에스카이락 드 라투르, 그리고 그보다 앞선 다른 이들처럼 그의 과정은 한자에 대한 본인의 뿌리 깊은 신념에 의해 모양을 잡았다. 셰필드는 "각 글자는 쪼갤 수 없는 개개로 취급되어야 한다"라고 선언했다. 셰필드는 이 신념을 확장했다. "그런 다음 이 기계는 각 스트로크마다 글자가 아닌, 단어의 일부가 아닌, 완전한 단어를 만들어내야 한다. 4000~6000개의 글자를 빠르고 정확하게 인쇄 위치로 가져올 수 있어야 한다."[27]

한자에 대한 셰필드의 관찰은 사실에 대한 중립적이거나 객관적인 이야기가 아니라 개인적인 확신이었다. 앞 장에서 우리가 보았듯이 분할식 인쇄는 글자를 '분할 불가능한 개별'이 아니라, 더 근본적이고 요소적인 단위들을 사용해 만들어지거나 '철자되는' 변형된 또는 우발적인 개체로 보았다. 한편 중국어 전신에서는 한자들이 참고 이정표로 취급되었을 뿐, 직접 교신되지는 않았다. 셰필드가 포티에, 레그랑, 베이어하우스와, 또는 어쩌면 에스카이락 드 라투르나 비귀어와 다짐, 그리고 성향을 공유했더라면, 그는 자신의 새로운 입력 기술의 개념을 정하는 데서 다른 길로 출발했었을 것이다.

셰필드는 앞 장에서 검토했던 분할식 방식을 포함해 중국어 정보 기술 문제에 대해 여러 접근법을 알고 있었다고 강조할 만하다. 실제로 셰필드는 우리가 1장에 간단히 다루었던 인덱스 타자기의 개발자이자 타자기의 거물인 토머스 홀을 뉴욕에서 만난 적이 있었다. 셰필드는 후에 이렇게 회상했다. "내가 중국어 타자기의 생산에 손을 대려 한다는 것을 알아차리자, 이미 시도했다가 실패한 경험이 있는 홀은 이제 막 시도하려는 미숙한 사람, 그리고 당연히 같은 방식으로 실패할 사람인 나에게 엄청난 관심을 보였다."[28] "그는 이미 중국어를 위한 타자기를 만드는 문제로 고심했었다고 말하면서, 서랍에서 중국어로 인쇄된 구겨진 종이조각을 끄집어냈다." 세필드는 계속해서 말했다. "그는 글자들을 부속 획으로 분할하고 타자기의 인쇄 면에 모든 가능한 획을 펼쳐놓은 후 이 획들을 결합해서 원하는 글자들을 만들 수 있다는 생각으로 시작했다."[29] 하지만 홀은 "가능한 획의 숫자는 겁낼 정도로 대단하지 않았지만 결합 상태, 획의 크기, 비율, 그리고 그 관계의 변화가 무한하다"[30]라는 것을 알고 나서 힘이 빠졌다고 세필드는 이야기했다. 미학적 문제 또한 복잡해서 이 인쇄방식을 타협하게 만들었는데, 그 결과로 나온 글자는 공간적으로 느슨하고 이상하게 보였다. "한자를 형성하기 위해 글자를 만드는 획들을 쪼개서 한자를 쓰는 그런 시스템은 살아 있는 사람의 뼈가 보이는 것보다도 실제 글자와 덜 비슷했다!"[31]

세필드가 자신이 했던 약속에 어떻게 도달했는지 정확히 알 수 없지만 우리는 한자에 대한 그의 믿음이 자기 타자기를 개발하는 모든 과정 중에서 모양을 잡았다는 것을 알고 있다. 첫째, 글자의 '분해될 수 없는 개별성'에 대해 전념하면서 그에게 떠오른 첫 질문은 아주 자연스럽게 '어떻게 이 수만 개의 글자를 하나의 기계 위에 끼워 넣을 것인가?' 하는 것이었다. 인력거를 타고 퉁저우 거리를 달리면서 세필드는 다음과 같은 사실을 깨달았다고 한다. 글자의 풍부함이라는 문제를 해결하기 위해서는 지역 주조 공장과 식자 사무실에 자주 가서 그들의 절삭, 주조, 그리고 자형 사용에 대한 축적된 경험을 통해 어느 글자가 많이 쓰이거나 적게 쓰이는지를 직접 경험한 중국 인쇄공들과 얘기를 시작해야 한다는 것을 말이다. 2장에서 살펴본 스턴톤과 갬블의 관찰을 연상시키는 이러한 관찰을 근거로 세필드의 타자기는 그가 말하는 "일반적인 사용을 위해 조심스럽게 선별된 글자들"[32]만 포함하게 되었다. 중국어 어휘의 많은 다른 글자는 그냥 제외되었다.

1888년에 셰필드는 공유할 만한 소식을 가지게 되었다. "내 새 발명품에 대해 쓴 적이 있었던가? 대중에게 알려지면 상당한 관심을 끌 것이라는 것은 확실하오. 그건 중국어 타자기, 즉 중국어를 쓰는 기계라오." 셰필드는 고향의 가족들에게 즐겁게 말했다. 그의 목적은 기계의 바퀴를 나무로 만드는 것이었다. 그러나 "미국으로 보내서 기계공에게 금속으로 바퀴를 만들도록" 하는 것이기도 했다. "중국어 타자기는 중국어 선생님이 쓰는 것보다 빠르게 인쇄할 것이오. 그리고 그럴 경우 수요가 많을 것이오. 중국어를 쓸 수 있는 사람은 거의 없으므로 중국에 사는 외국인들로부터 특히 수요가 많을 것이오. 그들은 뛰어난 중국학자들로서 쉽게 중국어를 읽긴 하지만 글자를 만드는 복잡한 획들을 배우는 데 시간을 들이지는 않고 있소."[33]

셰필드가 생산한 타자기는 그가 톈진에서 샀던 서양 기계와는 전혀 모양이 같지 않았다(〈그림 3-1〉).[34] 대신 그가 묘사했듯이 '조그만 원형 탁자' 같아 보였는데, 한자들이 30개의 동심원에 배열되었다. 셰필드는 "중국인 학자들의 실무 어휘는 분명 6000개 안에 있다"라고 결정했다. 또한 "드물게 쓰이는 것을 목록에서 제외하면 이 목록은 4000개로 줄일 수 있다"라고 생각했다. 셰필드는 결국 총 4662개 글자로 정리했다.[35] 중국어의 다른 수만 글자들은 모두 폐기될 것이었다.[36]

셰필드의 기계는 또 다른 아주 중요한 방식을 통해 기존의 중국어 식자로부터 벗어났다. 그의 기계는 한 번에 한 자씩 새겼으므로 한 자씩만 필요로 했고 따라서 모든 글자를 팔이 닿는 범위 안에 둘 수 있었다. 이로써

그림 3-1 | 데벨로 셰필드가 발명한 중국어 타자기

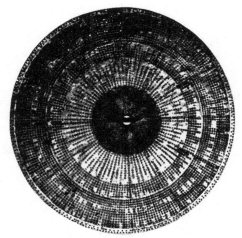

TYPE WHEEL FOR 4000-CHARACTER TYPEWRITER.

A TYPEWRITER FOR WRITING 4,000 CHINESE CHARACTERS.

자료: "'A Chinese Type-writer," *Scientific American* (March 6, 1899), p.359.

갬블이 암시했으나 달성할 수 없었던 좌식 효율성이라는 이상을 이루었다. 실제로 걸어 다니지 않아도 되었기 때문에 셰필드는 자신의 관심을 모두 신체의 위쪽 끝으로 옮길 수 있었고, 이는 작업자 손의 움직임까지 최소화하려는 새로운 목적을 창출했다. 이 목적을 위해 셰필드는 4662개 글자를 네 개의 구역으로 재구분했는데, 첫째는 726개의 '아주 일상적인 글자', 둘째는 1386개의 '일상적인 글자'의 조합, 셋째는 2550개의 '덜 일상적인 글자'의 조합, 그리고 넷째는 '표에 없는 글자'라는 162개의 특수한 추가 그룹이었다(이 특수 글자는 셰필드와 그의 선교 사업이 지닌 중요성 때문에 포함되었고 가끔은 '아주 일상적인 글자' 목록에 복사되기도 했다).[37] 이상적으로는, 네 개의 구역이 잘 정해졌다면 대부분의 시간이 '아주 일상적인 글자'라는 좁은 구역 안에서 쓰이므로 그의 손이 점점 더 줄어든 거리 안에서 움직일 것이었다. 기계를 혼자서, 앉은 자세로 작동할 수 있게 만들었으므로 셰필드는 앉아서 조작하는 새로운 형식의 다재다능한 언어기술적 물건을 만들어냈다. 셰필드는 역사상 첫 '중국어 타자수'가 되었다.

셰필드는 김간이 운영하던 인쇄소의 틀을 뛰어넘어, 그리고 실제로 윌리엄 갬블의 작업 이상으로 '일상 용법 중국어'를 밀어붙였기 때문에 일상 용법 안에 잠재된 긴장 ─ 2장에서 살펴보았던 포함 및 제외와 관련된 긴장 ─ 이 더욱 표면화되었다. 한쪽 방향으로 끌고 있는 것은 일상 용법에 대한 서술적 명령인데, 그런 기기는 지금 있는 그대로 중국어 담론을 재생산하는 데 필요한 모든 글자를 포함해야 한다고 지시했다. 他, 四, 上처럼 매일 사용하는 글자는 가장 기본적인 중국어 문장조차도 작성할 수 없게 만들지 않으려면 셰필드 기계에 반드시 있어야만 했고 가장 닿기 쉬운 위치에 있어서 최고의 속도로 닿을 수 있어야 했다. 그러나 셰필드의 염려는 전치사, 수사, 그리고 일상적인 형용사라는 시시한 것들로 시작하고 끝나는 것이 아니었다. 그보다 앞섰던 갬블과 다른 기독교 선교사에게서처럼 또 다른 긴요한 일이 반대 방향으로 그를 끌어당겼다. 셰필드는 영혼의 추수꾼이었다. 따라서 그는 자신이 개입해서 중국어를 읽는 대화자와 아주 비일상적인 개념으로 소통하는 새로운 용어를 중국 언어 안에 넣기를 원했다. 셰필드의 기계에서는 새, 사자, 원숭이, 낙타, 개, 그리고 여러 종류의 동물을 태운 노아의 방주를 보게 된다. 그러한 어휘는 성경에 나오는 것으로서, 그의 타자기는 奴(노예)와 霸(패권), 鬼(귀신)와 巫(무당), 聾(귀머거리)와 盲(장님), 喪(장례)와 盥(축복), 血(피)와 糞(똥), 爸(아버지)와 子(아들)의 세상이었다.[38]

셰필드에게 Jesus의 중국어 번역으로서 합치면 耶穌(예수)를 만들 수 있는 耶(예)와 穌(수)보다 더 중요한 글자는 없었다. 하지만 이 두 글자가 셰필드에게 독특한 도전을 제기했는데, 이 두 글자는 재생산 대 열망의 논리에 의해 전혀 반대 방향으로 끌려갔다. 耶는 그 자체로 중국 문학에서 자주 쓰이는 글자였고 726개의 '아주 일상적인 글자' 목록 안에 맞는 자리를 요구할 수 있었다. 반면에 穌는 아주 덜 일상적이고 장소 이름인 蘇州(쑤저우)에서처럼 더 표준적인 蘇(수)의 이형으로만 일반적으로 나타나는 글자였다.[39] 서술적 규정과 규범적 규정 사이의 압력 속에서 耶穌라는 글자 속의 실체는 쪼개지게 되었다. 셰필드가 서술적 규정을 따른다면 穌는 耶와는 떨어진 구역에 놓이거나 아마도 기계에서 완전히 제외되어야 했다. 왜냐하면 그의 글자 조합은 전체 중국어 어휘 가운데 일부만 내세웠기 때문이다. 두 번째 규정에 따르는 것은 穌를 어휘적 증거가 추천하는 것보다 훨씬 위로 '승급'시키는 것이다. 첫 번째 규정은 耶穌를 문자 그대로 갈라놓고 그 두 자를 별개의 영역에 놓음으로써 기계의 구조 안에서 그리스도를 재구성하려면 항상 힘을 쓰는 것이었다. 두 번째 규정은 언어적 그리스도 전체를 일상 세계의 관심사보다 우위에 놓는 것이었다.

결과적으로 셰필드는 아주 우유부단했다. 그는 두 개의 穌를 자신의 기계에 포함시켜, 하나는 그 글자가 경험적으로 속한 2550개의 '덜 일상적인 글자'라는 목록 안에 두었고, 다른 하나는 그 글자가 이론적으로 속한 '아주 일상적인 글자'라는 특별한 목록 안에 두었다. 그래서 그리스도의 몸은 셰필드의 기계에서 온전한 것도 나뉜 것도 아닌, 많은 면에서 셰필드의 선교 사업 전반의 목적에 걸리적대는 팽팽하고 불편한 거리를 만들게 되었다. 이는 耶穌가 중국어에서 일상적이지 않은 단어였을 때부터 시작되었는데, 그 후에는 타자기 같은 서사적 기술을 사용해 평범성과 보편성을 제공했다. 말하자면 셰필드는 자기 기계에서 두 개의 穌 글자 간의 거리를 좁히길 원했다. 穌를 높은 빈도 글자 영역으로 올림으로써 중국에서 그리스도의 지배력을 나타내는 지표로 삼고자 했던 것이다.

1897년 미국 언론에서는 셰필드 기계에 대한 기사가 돌았고 여러 지방 중 아칸소, 콜로라도, 일리노이, 캔자스, 켄터키, 루이지애나, 미시간, 뉴욕, 그리고 위스콘신주의 독자들에게 닿았다.[40] ≪데일리 피케이윤 뉴올리언스(Daily Picayune-New Orleans)≫는 "셰필드 목사가 중국 타자기를 발명했는데, 대단히 주목할 만한 기계이고, 그곳에서 좋은 평이 많다고 한다"[41]라고 보도했다. 이어서 그 기계는 "가장 빠른 중국 대필가의 속도보다 많이 빠르다고 하므로 그 가치가 보장되었다"[43]라고 전했다. ≪세미 위클리 트리뷰트(Semi-Weekly Tribute)≫는 "커다란 성공으로 판명되었고 외국인과 본토 중국인이 교신하려고 할 때 붓과 잉크병을 사용하지 않아도 되게 되었다"[43]라고 보도했다.

아마도 이 기사들에 고무되어서 셰필드에게는 자신의 기계를 중국인 직원들도 '해방시킬 수 있는' ― 이 경우에는 원고 요청으로부터 해방시키는―

것으로 생각하기 시작하는 마음의 변화가 일어났다. 하지만 셰필드는 그 기기를 보여주었으나 별다른 반응이 없었던 중국인 직원에 대해 이야기하면서 "교활한 장난 이상으로 보는 사람이 거의 없었다"라고 한탄했다. "외국인들이 어떻게 시간을 절약할까를 계획하는 것이 어떤 건지 그들은 이해하지 못한다. 많은 이들은 작업에 매달려 있고 학자들은 책을 사기보다는 한가롭게 수십만 개의 글자를 담고 있는 책을 필사할 것이다. 그러나 세상은 움직이고 있고 운 좋게도 중국은 세상과 묶여 있다."[44]

결국 데벨로 셰필드는 사랑하는 발명품이 호기심을 일으키는 시제품 이상의 것이 되는 광경을 보지 못했다. 그는 1913년 7월 1일 72세 생일을 조금 앞두고 세상을 떠났으며, 오늘날까지 그의 기계의 행방은 미스터리로 남아 있다.[45] 아마도 셰필드의 기계는 선교사의 인쇄기와 나무 기기들의 원수인 흰 개미의 식민지에서 오래 전에 없어진 것 같다. 좀 더 낭만적인 생각은 67세의 셰필드와 그의 아내가 1909년 봄에 짧게 휴가를 보냈던 미시간주 디트로이트 어딘가에 눈에 안 띄게 남아 있다고 여기는 것이다.[46] 당시 ≪샌프란시스코 크로니클(San Francisco Chronicle)≫의 기사는 그렇게 생각할 만한 다소의 근거를 제시하는데, 셰필드가 "최근 발명한 중국어 타자기를 가지고 왔다"라고 하면서 꽤 자세한 설명을 덧붙였던 것이다. "그 도구는 24개의 동심원으로 된 넓은 원판 위에 4000개의 글자를 담고 있다. 그 기계는 복잡하며, 미국 글자를 담은 기계 네 대만큼이나 크다. 이 나라에서 많은 수의 기계를 만들어서 중국으로 실어 보내는 것이 성직자의 의도이다."[47] 이 기계를 67세의 나이에 미국으로 가지고 오는 것은 충분히 힘들었을 것이고, 돌아갈 때 다시 가져가는 것은 더더욱 힘들었을 것이다. 미시간 벽장에서 잠자고 있든 오래 전에 중국 땅 속에서 퇴비가 되었든 간에 그 기계는 대량 제조로 발전하지는 못했다.

처음으로 상업화된 중국어 타자기가 생산되는 데에는 또 다른 10년이 걸렸는데, 이는 중국에 사는 미국 선교사가 아니라 미국에 사는 중국인 공과 대학생에 의해 개척되었다.

글자를 3000자로 줄이는 현대화:
저우허우쿤, 그리고 중국 대중을 위한 그의 타자기

데벨로 셰필드가 미국에서 중국으로의 마지막 항해를 하고 나서 일 년이 채 안 되었을 때, 젊은 중국 학생이 반대 방향으로 같은 길을 갔다. 저우허우쿤(周厚坤)이 상하이에서 홍콩과 호놀룰루를 거쳐 한 달 동안의 여행을 마치고 1910년 9월 11일 샌프란시스코에 도착했던 것이다. 그는 20세의 미혼이었고 보스턴을 향하고 있었다.[48] 20세기의 첫 10년에 일상 용법 중국어 타자가 그와 함께 다시 떠올랐다. 이는 극적으로 다른 환경 속에서 일어난 일이었다.

저우허우쿤은 장쑤성 우시(無錫)에서 태어났고 1921년에 상하이에 설립된 자오퉁대학(交通大學)의 전신인 난양대학에서 학업을 막 끝냈다.[49] 태평양 우편(Pacific Mail) 증기선에 탄 동승자들은 외국, 주로 미국에서 유학하기 위한 두 번째 연례 경쟁에서 뽑힌 복서 인뎀니티 스칼라십(Boxer Indemnity Scholarship)(복서 인뎀니티의 지원하에 중국 학생들에게 미국에서 교육을 받을 수 있는 기회를 제공하는 장학금 프로그램 _옮긴이)의 수혜자들이었다. 저우허우쿤은 1910년에 발표된 학생 중 한 명이었고, 건방지고 눈에

띄었던 후스(胡适)와 자오위안런(趙元任)과 함께였다.[50]

하선 후 이 젊은이들은 서로 다른 방향을 향했다. 후스와 자오위안런은 코넬대학교에 진학했는데, 이후 후스는 컬럼비아대학교로, 자오위안런은 하버드대학교로 각자의 길을 갔다. 저우허우쿤은 중간에 멈춰서 일리노이대학교의 어버너-샘페인에 숙소를 정하고 1910~1911년 학기 동안 철도공학을 공부했다.[51] 하지만 동부 해안이 그를 유혹했고 저우허우쿤은 다음해 매사추세츠 공과대학으로 옮겼다. 여기에서 그는 항공공학 석사로 졸업했는데 이는 미국에서 처음으로 수여된 학위였다.[52]

저우허우쿤이 떠났던 중국에서는 현대화된 철도, 선박, 비행기가 긴급하게 필요했는데 저우허우쿤이 외국에서 보낸 시간은 정확하게 해외 유학 투자 같은 것이었다. 복서 인뎀니티 페이먼트에 연결되어 있어 그 프로그램은 학생들에게 중국의 현대화에 긴요하다고 생각되는 특정 전공, 즉 농업, 영어, 경영학, 광산, 법학, 정치학, 자연과학, 교육학에 집중하도록 요구했다. 하지만 저우허우쿤은 곧 다음 5년 동안 자신의 관심을 붙잡을 신기한 사업에 마음을 빼앗겼다. 바로 중국 언어 개혁이었다. 이와 관련해 그는 자오위안런과 후스 둘 모두와 짝이 되었고, 그들 각자는 중국 언어학, 문학과 문화 개혁이라는 평생의 경력을 추구하기 위해 보다 '실질적인' 공부를 바로 포기했다. 자오위안런이 중국 언어학의 최고봉이 되는 동안 후스는 중국의 문학과 정치학의 대가가 되었다. 저우허우쿤은 중국 언어 개혁에 합류한 뒤로도 공학에 대한 끈질긴 정열이 사라지지 않았다. 그의 목적은 중국의 학문이나 문학 정치학을 개혁하는 것이 아니라 단순히 기계, 즉 중국 언어를 위한 타자기를 만드는 것이었다.

저우허우쿤은 "기계적으로 부적절한 언어는 기계적 기기에 적용할 수

있는 어떤 다른 언어 쪽으로 변해야 한다고 생각하는 몇몇 사람들이 있는
데, 이들의 상상을 충족시키기 위해 절대로 우리의 훌륭한 언어를 버리지
는 않을 것이다"라고 훗날 적었다.

생각 자체가 너무 혐오스러워서 더 이상의 거론은 관련 없는 다른 문제들
처럼 만들 것이다. 기존의 조건에 맞게 기계를 설계하는 것은 기술자의 의무
이다. 기존의 조건을 기계에 맞도록 바꾸라고 요구하는 것이 기술자의 특권
이 되어서는 안 된다.

저우허우쿤은 "기존의 언어를 비난하지 말고 기술자들을 비난하라"라
고 주장했다. "합리적 사양에 따라 기계를 만들 수 없는 기술자는 최고의
의미로서의 기술자가 아니다."

저우허우쿤의 전환점은 1912년 그가 MIT의 3학년생으로 참가했던 전
시회였다. 저우허우쿤은 기계 전시장에서 "내 관심은 당연히 기계 기기들
의 전시로 향했다"라고 설명했다.[53] "그 기기들 중에 특히 한 기계가 내 관
심을 끌었다. 한 소녀가 자판 앞에 앉아서 키를 눌러 긴 종이 줄에 작은 구
멍 여러 개를 뚫었고 그 작업이 끝나자 인쇄 공정 준비를 끝낸 신선하고 깨
끗한 납 자형을 만드는 타공이 놓였다. 모든 공정은 몇 분밖에 걸리지 않
았다. 기계는 중국에서의 우리 식자 방식을 부끄럽게 만들 만큼 자동적으
로 그리고 끊임없이 빠른 속도로 움직였다. 나는 그것이 모노 타입 기계라
고 들었다."[54]

"내 머릿속에는 곧바로 중국 인쇄소의 장면이 생생하게 펼쳐졌다. 식자
공들이 손에 작은 쟁반을 들고 수천 개의 미로 속에서 특정 자형을 찾으려

고 앞뒤로 움직이고 있었다. 그 공정은 느리고, 지루하고, 비효율적이며, 중국에서 일반 교육이 발전하는 데 가장 큰 장애 중 하나로 여겨졌다. 무엇인가를 해야 했다." 이로써 중국어 타자기에 대한 추구가 데벨로 셰필드 작업과는 전혀 다른 동기에서 다시 시작되었다. 셰필드는 대필하는 기계를 만들기 위해 중국어 타자기를 추구하기 시작했는데, 이는 중국어로 통신문을 작성할 때 중국인 직원에게 의존해야 하는 것으로부터 자신을 해방시키기 위함이었다. 저우허우쿤도 같은 목적을 추구하겠지만 이번에는 자신의 조국과 언어를 현대화하는 목적을 가지고 있었다.

저우허우쿤은 "처음부터 그 모양이 기존의 미국 타자기와 근본적으로 그리고 획기적으로 달라야만 한다는 것을 알아차렸다. 한 글자당 하나의 키를 제공한다는 생각은 매우 어리석었다"라고 적었다. 저우허우쿤의 이 문장은 어떤 면에서는 데벨로 셰필드의 초기 언급을 상기시키는데, 셰필드는 중국어를 위한 기계를 만들려고 시도하면서 서양식 타자의 틀로부터 벗어날 필요가 있음을 여러 해 전에 주장했었다. 더욱이 셰필드의 이전 언급과 함께 저우허우쿤의 선언은 레밍턴 단일 문화의 등장보다 앞설 뿐 아니라 그 안의 작은 주머니 속에서 살아남았던 언어기술적 대안의 존재를 일깨웠다. 하지만 저우허우쿤의 발언은 언급된 시간과 장소를 고려할 때 의지의 정도와 심지어 저항의 정도라는 면에서 셰필드의 발언과 구별되어야만 한다. 1910년대에 미국 기계와는 "근본적으로 그리고 획기적으로 다른" 타자기를 만들겠다는 의도를 선포하는 것은 1장에서 살펴보았듯이 영어와 라틴 알파벳에서 장악력을 가졌을 뿐 아니라 당시까지 실질적으로 모든 세계 언어에 적용된 패러다임으로부터 벗어나는 것이었다. 모두를 포괄하려는 레밍턴의 세계화 앞에서 저우허우쿤의 언급은 획기적인 대안을 이야기하고 있었다.

저우허우쿤은 자신보다 앞섰던 셰필드처럼 일상 용법 글자를 기반으로 기계를 만들기 시작했다. 이번에는 총 숫자를 대략 3000자로 줄였다. 하지만 이 3000자를 고르는 데서 저우허우쿤은 선교사 선배의 어휘와는 확실히 다른 어휘를 개발할 필요가 있었다. 데벨로 셰필드의 성경적 동물 우화는 곧 폐기되었고 유명한 노아의 방주도 비워져서 사자, 낙타, 개, 그리고 새들은 '2차 용법 글자 상자' 속으로 들어갔다. 마찬가지로 국가가 주도하는 국어화 시대에서는 셰필드의 기계에 있던 중국어 문법 부사와 전치사 — 겸손한 자기 소유격인 敝(비)처럼 셰필드가 '일상 용법'으로 포함시킨 — 는 표준 중국어 질문사인 嗎(마), 상대방 단수 대명사인 你(니) 등등에 자리를 양보해야 했다. 비중과 숫자 역시 바뀌었고, 모든 아라비안 숫자는 중국어 문장에서 더 많이 등장했다. 이 모든 것은 저우허우쿤과 미래의 일상 용법 이론가들이 감안할 필요가 있는 것이었다.

저우허우쿤에게는 다행스럽게도, 1910년대의 중국은 '일상 용법' 연구의 빠른 성장과 현지화를 겪고 있어서 저우허우쿤에게 자신의 기기에서 어휘적 경계를 결정할 수 있는 풍부한 임상적 증거를 제공하고 있었다. 중국어가 더 이상 외국 인쇄공이나 선교사에 휘둘리지 않게 되었고 게다가 중국어로 된 글에 대한 알고리즘식 '원격 읽기'가 중국 지식인들에게 기둥처럼 되어 지식인들은 훨씬 큰 중국어 문장 뭉치를 윌리엄 갬블과 여러 사람들의 경우에서 보던 똑같은 추론의 산도 시험에 집어넣기 시작했다. 일상 용법 중국어는 중국어 교육자, 언어 개혁가, 사업가, 출판업자, 그리고 정치인들이 유용성과 비유용성 사이의 경계를 정하는 가장 과학적이고 실질적인 방법에 대하여 자신들의 가정을 진전시키는 활발한 분야가 되었다. 그들의 작업은 외국인 선배들의 작업을 연상시켰지만, 이 일상 용법 중국어 역사의 새로운 장은 중국 '대중'으로 하여금 자신들의 문자를 파악할 수 있게 한다는 새로운 목적을 중심으로 하고 있었다.[55]

이 논란에서 가장 강력한 참가자 중 한 명은 천허친(陈鹤琴, 1892~1982)이었는데 그는 뉴욕에 있는 컬럼비아대학교 티처스칼리지와 난징의 동남대학에서 교육을 받았다.[56] 천허친은 문장, 이정표, 계약서, 그리고 여러 중국어 자료에 대한 분석을 통해 스스로 '기본 글자'라고 이름 지은 것의 목록을 결정하기 시작했다. 1928년 천허친은 후에 예일대학교의 조지 케네디(George Kennedy)가 글자 빈도 분석에 대한 '최초의 대규모 작업'이라고 치켜세운 것을 출판했다. 『최근의 책, 잡지에 등장하는 빈도에 따라 열거된 중국 구어에서의 상업 인쇄용 글자들(Commercial Press Characters in the Chinese Spoken Language Listed According to the Frequency of Their Appearance in Recent Books and Magazines)』이라는 제목의 이 작업은 어린이 책, 정기 신문, 여성 잡지, 그가 '표준 문학'이라고 부른 것 각각이 4분의 1씩 구성된 50만 개 이상의 글자의 말뭉치에 연구 기반을 두었다.[57]

천허친의 통계는 70년 전 윌리엄 갬블이 만들었던 것과 눈에 띄게 비슷했다. 단 9개의 글자가 만 번 이상 나와서 모든 글자의 14.1%를 차지했다. 다음으로 가장 일상적인 23개의 글자는 14.7%를 차지했는데, 각각 4000번에서 만 번까지 나왔다. 그 뒤의 46개 글자는 각각 2000번에서 4000번 정도 나와서 전체의 13.1%를 차지했다. 그 뒤를 이은 99개의 글자는 15.1%를 차지했다. 천허친은 이전 세기의 알고리즘식 독자와 같은 결론, 즉 200개 미만의 글자가 모든 사용량의 반 이상을 차지한다는 결론에 도달했다.[58] 이 모두는 저우허우쿤과 그의 일상 용법 중국어 타자기에는 좋은 소식이었다. 천허친의 작업이 보여주었듯이 타자기의 한자가 획기적으로 줄어들더라도 잠재 사용자들의 표현 능력이 저해되지 않을 수 있었다. 정확하게 말하자면 그들의 표현적 능력은 이미 꽤 제한되어 있었다.

다른 한편, 다른 어떤 글자들을 포함시킬지 정하는 것이 어려운 수수께끼였다. 이것은 중국 교육자, 정치인, 언어 개혁가들과 여러 사람들 사이에 '중국인 대중'이 필요로 하는 것을 어떻게 정해야 하는가에 대한 폭넓은 경쟁을 일으킨 아주 정치적인 질문이었다. 1920년 교육부는 초등학교에 중국 문학을 모국어로 바꾸도록 지시했는데, 이는 찰스 헤이포드(Charles Hayford)가 교육 출판 분야에서의 '상업 전쟁'이라고 묘사한 것에 불을 붙였다. 한 출판사 조합이 새로운 '국어 교과서'를 편찬 판매하기 시작했다.[59] 1922년 창사(長沙)는 Y.C. 제임스 옌(Y.C. James Yen)의 주도로 주요 문해성 운동이 일어난 첫 번째 지역으로, 제임스 옌의 문자 입문서는 몇 달 만에 2만 권이 판매된 것으로 추산된다. 그 과정은 5단계로 진행되었는데, 학생들은 각 장을 끝낼 때마다 색줄을 수여 받았다. 졸업 시에는 모두 다섯 개의 줄을 두르고 수료를 자랑스럽게 보여줄 수 있었는데, 합치면 중화민국의 다섯 색깔 깃발이 되었다.[60] 교육 개혁가 타오싱즈(陶行知)가 만든 천자 입문서는 1923년 8월 상무인서관에서 출판되었다. 첫 3년 동안 입문서는 어림잡아 300만 권 이상 팔렸다.[61] 타오싱즈는 전통적인 『삼자경(三字經)』과 『천자경(千字經)』을 대체하는 전면적 운동으로 새로운 천자 입문서를 모든 쌀가게에서 팔 것을 주장하는 야심찬 꿈을 설명했다.[62] 마오쩌둥 역시 일상 용법 사업과 정치에 참여한 사람이다. 1923년 그는 새로운 기본 문자 조합을 만드는 일을 감독했는데, 이 문자 조합은 불과 4년 전에 창립된 초기 공산당의 정치적 약속과 꿈을 기입하기 위해 설계된

것이었다.[63]

조지 케네디가 이름 지은 '천자 운동'의 일진광풍은 1930년대 내내 조금도 수그러들지 않고 계속 진행되었다.[64] 상하이의 스타 영화사(Star Motion Picture Company) 이사인 홍선(洪深)이 1935년『1100개 기본 한자를 어떻게 가르치고 사용하는가』라는 자신의 책으로 경쟁에 뛰어들었다. 중국 북부 언어 학교는 자신들의 자료『5000자 자전』을 편찬했다. 1935년 5월에는 왕리즈(王立志)가 천허친의 연구 확장판을 ≪중국 교육 연구 잡지≫에 실었다. 왕리즈의 말뭉치는 여러 서류 자료 중에서 초등학교 교과서를 추가해 그의 선배들의 말뭉치보다 세 배나 많았다.[65] 1938년에는 루-호농촌 서비스기관이 자신들의 최소 어휘인『2000자 기본 일상 사용 문자(日常應用基礎二千字)』를 출판했다. 이런 연구들은 일관된 주장을 확실히 했다. 케네디가 말했듯이 "학생들은 쓸데없는 것을 마음에 담을 수 없으므로 중국어 공부의 초기부터 만 번에 한 번보다 적게 나오는 문자는 확실히 쓸모 없는 것으로 표를 붙여야 한다".[66]

'대중적인' 중국어 타자기를 창조하려는 시도 중에 저우허우쿤은 특히 상하이 침례신학대학교 교수이자 널리 유명한 '600자' 대중 교육 시리즈의 저자인 둥징안(董景安, 1875~1944)의 작업에 끌렸다.[67] 저우허우쿤에게는 흐름이 분명했다. 이즈음 중국은 '일반 교육(通俗教育)', '일반 교과서(通俗教科書)', '일반 강의(通俗演講)', 그리고 '일반 도서관(通俗圖書館)'을 가졌다고 저우허우쿤은 설명했다. 그렇다면 왜 '일반 타자기 글자판(通俗打字板)'은 없는 것이었을까? 저우허우쿤은 자신의 특허 자료에서 자신의 '일반' 타자기는 약간의 보완과 함께 정확하게 둥징안의 시리즈에 있는 동일한 글자들로 만들어진다고 설명했다. 그의 타자기는 대중을 위한 기계였다.

1914년 5월 나온 첫 번째 시제품인 저우허우쿤의 기계는 대략 40cm에서 46cm 길이에 15cm 지름인 실린더를 가지고 있었으며, 이 위에 약 3000개의 글자 조합이 『강희자전』의 부-획 시스템에 따라 배치되어 있었다. 그것은 둥징안이 만든 '일반 교육' 목록보다는 많고 셰필드의 목록 — 저우허우쿤이 알고 있던 기계인 — 보다는 훨씬 적은 수였다.[68] 별도의 평평한 사각 기계 앞쪽에는 검색 도우미가 놓여 있고 그 위에는 격자판이 있었는데, 이 모든 글자는 그 격자판에 인쇄되었다. 작업자는 금속 검색 도우미 위에서 맞는 글자를 찾기 위해 금속 검색 봉을 사용했다. 봉의 끝이 인쇄된 격자판 위에 있는 원하는 글자 위의 위치로 들어가면 또 다른 봉의 끝은 실린더의 상응하는 글자를 인쇄 위치로 가져왔다(〈그림 3-2〉).[69]

저우허우쿤의 기계는 국제적인 칭송과 관심 속에 받아들여졌다. 1916년 7월 23일 ≪뉴욕타임스≫는 "중국인이 4000개의 글자를 사용하는 중국어 타자기를 발명하다"라고 제목으로 저우허우쿤에 대해 자세히 보도했다. 기사는 "4000개 이상의 글자를 사용하는 독창적인 설계의 중국어 타자기가 매사추세츠 공과대학의 졸업생이자 미국에서 교육받은 최초의 중국 학생이고 지금은 상하이에 있는 기계 기술자인 저우허우쿤에 의해 발명되었다"라고 소개했다.[70] 상하이에 있는 미국 총영사관에서 저우허우쿤이 개인적으로 감독했던 전시 후에 토머스 새먼스(Thomas Sammons) 총영사는 그 기계가 "디자인이 간단하고 이동식"이라고 보고했다.[71] 하지만 그의 칭찬은 제한적이었다. "하지만 지금 만들어진 기계를 작동하려면 아주 빠른 속도는 불가능하다"라고 말했다.[72]

1917년 4월에는 저우허우쿤의 사진이 ≪월간 파퓰러 사이언스(Popular

그림 3-2 | ≪신청년(新靑年)≫에 실린 저우허우쿤의 타자기 사진

藏暉室劄記 (續前號)

胡適

四日晨赴智文藝科學學生同業會。(Vocational Conference of the Arts & Sciences Students) 鄭君。萊主席先議明年本部同業會辦法衆舉余爲明年東部總會長不獲又添一重担子矣胡君宣明讀一文論『國家衛生行政之必要及其辦法之大概』極動人其辦法尤爲井井有條麻省工業大學周厚坤君新發明一中文打字機鄭君請其來會講演圖式如下

周厚坤君新發明中文打字機

其法以最常用之字 (約五千) 鑄於圓筒上 (A) 依部首及盡數排好機上有銅版可上下左右推行覓得所需之字則銅版可推至字上版上安紙紙上有墨帶另有小椎一擊則字印紙上矣其法甚新惟覓字頗費時然西文之字長短不一長者須按十餘次始得一字今惟覓字費時既得字則一按已足矣吾國學生有狂妄者乃至倡廢漢文而用英文或用簡字之議其說曰漢文不適打字機故不便也夫打字機爲文字而造非文字爲打字機而造也以不能作打字機之故而遂欲廢文字其愚眞出鑿趾適履者之上千萬倍矣又兄吾國文字未必不適於打字機平宣明告我有祁君者居紐約官費爲政府所撤貧困中苦思爲漢文造一打字機其用意在於分析漢字爲不可更析之字母(如一口子

그림 3-3 | ≪월간 파퓰러 사이언스≫에 실린 저우허우쿤

Science Monthly)≫에 실렸는데, 이 사진은 그가 기기와 함께 찍힌 유일한 사진이다(〈그림 3-3〉). 그 기계는 작은 천으로 덮은 책상 위에 있고 유리로 된 글자 가이드가 기기로부터 뻗어나와 있다. 줄테 안경을 쓰고 양복과 가죽 구두를 착용한 저우허우쿤은 그 기기 앞에 집중하는 자세로 앉아 있다. 오른손으로는 포인터를 조심조심 잡고 있다. 책상 위 그의 왼쪽에는 타자

기의 몸체가 열려 있어서 볼 수 있게 되어 있고 글자판은 대략 밀납 유성기 실린더의 모양이다.[73] 이 기계(키가 없는 이 타자기)를 어떻게 부를지 불확실했던 이 기사의 저자는 적당한 대안을 찾기가 어려웠다. 기사에서는 '자판'이라는 단어에 따옴표에 넣고 "'자판' 위는 활자가 복사되어 있는 평평한 책상 판으로 되어 있다"라고 설명했다.

일상 용법 기계를 만들고 난 저우허우쿤의 중요한 다음 단계는 중국어 타자라는 그의 꿈을 상품화된 현실로 바꿔줄 수 있는 재정적 지원, 그리고 제조 지원을 얻어내는 것이었다. 저우허우쿤은 자신에 대한 환영과 젊은 개혁운동의 활기에 고무되어 시제품을 안고 중국으로 돌아왔다.

하지만 저우허우쿤에게 경쟁이 없지는 않았다. 일상 용법 접근법으로 중국어 타자기를 만들려고 할 때 그와 동일한 열정과 활력을 가진 또 다른 중국 학생이 그를 물리치고 결승점을 끊으려 달리고 있었다. 이 젊은 발명가는 저우허우쿤과, 그리고 일상 용법 접근법과는 극적으로 다른 문제들에 대한 추구를 기반으로 하고 있었다. 그의 의문은 '일상 용법이라는 핵심 가정, 즉 중국어 글쓰기의 분리될 수 없는 존재론적 근거가 한자라는 가정에서 완전히 벗어난다면 중국어 타자는 어떻게 생겼을까? 이 중심 교리가 느슨해지거나 완전히 포기된다면 어떤 일이 일어날까?' 하는 것이었다. 이 젊은 학생은 치쉬안(祁暄)으로, 그는 중국어 타자에 대해 근본적으로 다른 접근법을 추구했다. 즉, 갬블, 셰필드, 저우허우쿤 같은 일상 용법 접근법이 아니라 포티에, 레그랑, 바이어하우스와 같은 분할식을 추구했다.

분할식의 귀환: 치쉬안과 결합식 중국어 타자기

1915년 2월 20일 샌프란시스코의 미술관에서는 새로 완공된 파나마 운하를 축하하는 삽화 전시가 열렸다. '예술, 음악, 시, 종교, 철학, 과학, 역사, 교육, 농업, 광물학, 기계, 상업과 운송에서의 세상의 발전'을 보여주기 위해 기획된 이 전시회는 전 세계로부터 온 방문객들에게 엄청난 볼거리를 대접했는데, 그러한 볼거리로는 이 행사를 위해 특별히 제작된 435피트의 '보석 탑'에서부터 남태평양 철도 회사가 구입한 아마도 최초였던 증기기관차에 이르기까지 다양했다. 치쉬안이라는 이름의 젊은 중국 학생은 전시회장에서 베이징 자금성의 미니어처 복제를 보고, 일본 전시물, 타이완 차, 전통 의상을 입은 일본 소녀를 거쳐 갔을 것이다. 그는 또 아편굴의 지저분한 초상, 도박, 매춘을 초라하게 묘사한 '중국의 뒷골목' 전시를 지나, 대단히 화려한 언더우드 타자기 전시와 인문학관에서 크기가 엄청나고 무게가 12.7톤에 달하는 타자기("당신이 결국은 사게 될 기계"라고 회사가 홍보하는)를 보았을 것 같다.[74] 전시장을 돌아다닌 후 젊은 치쉬안은 자신을 샌프란시스코로 오게 했던 전시에서 보여주려던 발명품, 즉 중국 언어를 위한 타자기로 곧바로 돌아왔다.[75]

치쉬안이 미국 여행 중에 남긴 흩어져 있는 흔적으로부터 조각조각 모을 수 있는 것을 제외하고는 그에 대해서 거의 알려지지 않고 있다.[76] 그는 1890년 8월 1일 중국 남동쪽 푸저우시 근처에서 출생했고 1911년 청 왕조를 망하게 한 혁명이 발발한 지 불과 수개월 전 중서학원(中西學院)을 졸업했다.[77] 치쉬안은 곧 런던으로 여행을 갔고 1913~1914년 학기에 아홉 달 동안 수업을 들었다. 23세의 치쉬안은 1914년 2월 뉴욕에 도착했고 세관 직원과의 면담에서 프린스턴대학교에서 공부하겠다는 의사를 피력했다. 그는 안전하게 뉴욕대학교에 도착할 수 있었지만 그의 계획은 실현되지 않았다.

치쉬안은 1914~1915년 동안 뉴욕대학교에서 중국어 타자기의 새로운 모델을 위해 일을 시작했으며, 중국 총영사 양위잉으로부터는 재정적 지원을, 뉴욕대학교의 젊은 공대 교수였던 윌리엄 레밍턴 브라이언(William Remington Bryans)으로부터는 기술적 지원을 받았던 것 같다.[78] 낙관적이고 추진력 있던 젊은 치쉬안은 자신의 경쟁자인 MIT의 저우허우쿤보다 먼저 자신의 발명을 완수하고 지원을 확보하기를 바랐다.

우리 이야기 속의 많은 기계들처럼 치쉬안의 시제품은 남아 있지 않다. 하지만 치쉬안의 미국 특허와 이 젊은 발명가의 남아 있는 사진 중 하나를 면밀히 분석하면 많은 것을 알 수 있다(〈그림 3-4〉). 저우허우쿤의 일상 용법 타자기처럼 치쉬안의 기계 역시 구리판으로 된 실린더를 갖추고 있었고 그 위에 4200개의 일상 용법 한자가 새겨져 있었다. 저우허우쿤의 기기와 마찬가지로 치쉬안의 기계도 '키가 없는 타자기'였다. 그 기계는 단 세 가지의 메커니즘을 가지고 있었는데, 바로 뒤로 가기, 칸 띄우기, 그리고 타자의 메커니즘을 시작하는 지렛대였다. 일상 용법 글자 중 하나를 입력하려면 작업자는 실린더를 손으로 돌려서 원하는 글자를 치는 위치로 보내고 페이지 위에 글자를 각인하기 위해 타자 키를 누르는 방식이었다.

치쉬안의 기계에 대한 이러한 묘사는 저우허우쿤의 기계와 동일한 디자인임을 암시하지만 한 가지 중요한 차이가 있다. 치쉬안의 실린더에는 4200개의 일상 용법 문자에 작업자가 사용할 수 있는 1327개의 한자 조각의 조합도 추가되었다. 이는 영어 단어를 글자 하나하나 모으는 것과 같은

그림 3-4 | 치쉬안과 그의 타자기

방법으로, 덜 자주 쓰이는 글자를 조각조각 조립하거나 '철자'하는 방식이었다.[79] 치쉬안 설계의 중심은 우리가 19세기의 분할 자형 인쇄에서 보았던 것처럼 한자를 반알파벳식으로 재개념화하는 것이었다. 포티에, 레그랑, 그리고 그보다 앞선 다른 이들처럼 치쉬안은 '형태-철자'로 생각될 수 있는 것으로 처리하기 위해 글자들을 분해하기 시작해, '부수'를 다른 세계 언어의 알파벳 글자와 같은 중국의 철자로 개념화했다. 매우 중요한 것은 치쉬안 특허 출원의 초점이 된 것은 메커니즘 그 자체보다 이 '조각들'에 대한 인식과 설계였다는 것이다. 이 발명가는 "내 발명은 시스템과 관련된 것이다"라고 밝혔다. "이 시스템은 어떤 한자를 새롭고 신기한 부수로 정리하고 분리하며 그 부수를 결합해서 다양한 단어를 만드는 기계, 그리고 내가 고안한 시스템뿐 아니라 지금 사용되고 있는 한자를 만드는 부수들을 분리하고 결합하는 수행 능력을 갖춘 기계와 관련되어 있다."[80]

그의 선배들처럼, 치쉬안 역시 수백 년 동안 중국어 사전, 목록, 카탈로그, 그리고 검색 시스템의 분류학적 기본을 형성했던 『강희자전』의 214개 글자 부속의 통상적인 조합으로부터 벗어났다. 중국어 부수를 분류학적 기준에서 생산적인 모듈 형식으로 바꾸기 위해서 치쉬안은 자신의 기계가 모든 한자를 만드는 데 필요한 정확한 이형의 수를 정할 필요가 있었다. 우리는 치쉬안이 그보다 앞선 레그랑, 바이어하우스, 갬블의 작업과 친숙했었는지에 대해서는 아는 바가 없지만, 그 유사성은 틀림없었다. 치쉬안 타자기의 1327개 글자는 바이어하우스 자형의 1399개 분할식 자형과 비교된다.

하지만 치쉬안의 접근법과 19세기 선배들의 접근법을 연결한 모든 연속성에는 눈에 띄는 차이가 있었다. 결합식의 활판에서 타자로의 이동은 앞 장에서 검토했던 분할식의 공간 정치를 분명 악화시켰다. 최소한 글자들을 미리 조립해서 묶은 형태로 체이스 베드로 옮길 수 있었던 분할식 활자 작업자들과 달리, 결합식 타자기는 필연적으로 잠재적인 오류의 장소가 될 수 있는 작은 공간 안에서 순서대로 실행되었다. 치쉬안 기기의 모듈들은 타자기 메커니즘의 일부로서 모두 '움직이는 부속'이었고, 위치 오류의 한계를 높일 수 있는 미묘하지만 근본적인 변화였다.

치쉬안의 특허 출원 역시 결합식 접근법 내에서 작동하는 중요한 미적 변화를 보여준다. 포티에와 레그랑은 자신들의 분할식 시스템을 가능한 한 그 시스템이 근거로 하는 원칙의 모든 증거를 완벽하게 감출 수 있도록 설계하려고 했다. 돌이켜보면 그들의 목적은 "부호의 조합을 바꾸지 않은

그림 3-5 | 치쉬안의 미국 특허

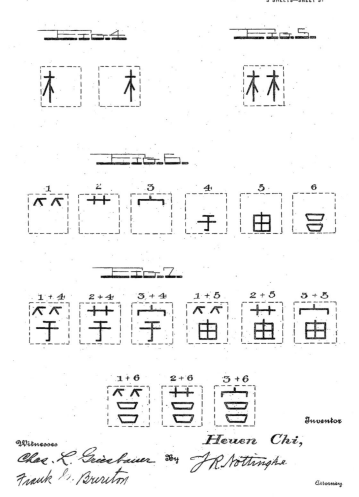

H. CHI.
APPARATUS FOR WRITING CHINESE.
APPLICATION FILED APR. 1Z, 1915.

1,260,753.

Patented Mar. 26, 1918.
3 SHEETS—SHEET 3.

채 가능한 한 적은 요소로 중국의 조형적 언어를 표현하는 문제를 해결하는 것"이었다.[81] 치쉬안의 쓰기 방식은 중국 서예의 미적 기준에 집착하려는 고뇌로부터 훨씬 벗어난 것이었다. 그의 특허 서류를 보면 견본 글자의 기계적 품질이 매우 확실했다. 견본 글자들은 (데벨로 셰필드의 어투에 따르자면) '분할 불가능한 개개'라기보다 우발적 효과로서의 자기 모양을 강조하는 수학적 공식으로 묘사되어 있다. 치쉬안 기계의 렌즈를 통하면 글자 宇(우)는 '처마, 집, 또는 우주'를 의미하는 문법상 공식적 음절이 전혀 아니며 치쉬안이 '3+4'(3은 宀을, 4는 于를 가리킨다)로 표현한 단순 가산 공정의 결과일 뿐이다. 마찬가지로 치쉬안이 '2+5'라고 표현한 것은 ++와 田의 결합으로 苗(묘)를 만들어냈다. 아마도 직관과는 반대이겠으나, 미에 대한 전통적인 의견에서 벗어나 분할식으로 타자된 한자의 기계적 특성을 받아들이는 데 더 흔쾌함을 보인 것은 포티에, 레그랑, 또는 다른 문화적 '국외자'들이 아니라 문화적 '내부자'로서의 치쉬안이었다. 더욱이 20세기의 처음 반 동안에는 치쉬안의 실험이 이런 새로운 기계적 미를 마지막으로(또는 가장 극단적으로) 받아들인 것은 전혀 아니었다. 메인주에서는 그리스 철학 학자가 중국어를 읽거나 말할 수 없음에도 불구하고 자기 고유 설계의 중국어 타자기를 특허 냈다. 기하학적 형태의 조합을 바탕으로[또는 발명가 로버트 브룸바흐(Robert Brumbaugh)가 지칭했던 '값들'을 바탕으로] 타자기는 작업자가 고정된, 앞으로 나아가지 않는 판 위에 만드는 연속된 인쇄를 통해 한자들을 구성할 수 있게 되었다(〈그림 3-6〉).[82] 홍콩에서는 왕궈이가 또 다른 결합식 중국어 타자기를 특허 냈는데, 이 타자기는 획과 부수를 점 매트릭스 시스템으로 대체했다. 이 시스템에서는 작업자들이 타자기 키를 13×17 격자판에 작은 원형 점을 심음으로써 한자 모양을 만

그림 3-6 | 로버트 브룸바흐의 특허 신청에 수록된 그림(1946년 신청, 1950년 등록)

Oct. 24, 1950   R. S. BRUMBAUGH   2,526,633

CHINESE TYPEWRITER

Filed Sept. 25, 1946   2 Sheets—Sheet 2

FIG.2

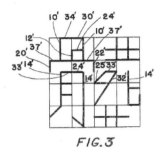

FIG.3

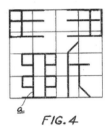

FIG.4

FIG. 5

Robert S. Brumbaugh,
Inventor,

그림 3-7 | 왕궈이의 특허 신청에 수록된 문자 華에 대한 그림

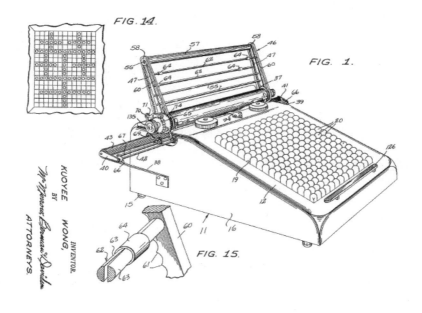

들었다(〈그림 3-7〉).[83]

치쉬안과 여러 사람들이 20세기 초반에 수행한 작업에서 볼 수 있는 엄청난 변화는 그 시대의 문화적 인습 타파라는 관점에서 읽혀야만 한다. 이것은 여러 집단에서 '전통적' 미학과 철자법에 대해 직설적으로 반대한 것은 아니어도 의문을 던진 흐름이었다. 당시 진행되었던 강력한 미학적 변화를 이해하기 위해서는 1920년대와 1930년대, 그리고 1940년대에 등장하기 시작한 대담하고 놀랍기까지 한 새로운 중국어 광고와 전시의 서체들을 자세히 살펴볼 필요가 있다. 셀 수 없이 많이 등장한 새로운 당시의 '~이즘(주의)' 가운데 ─ 모더니즘, 현실주의, 표현주의, 무정부주의, 마르크시즘,

사회주의, 공산주의, 여성주의, 파시즘 등등 — 가장 강력한 것 중 하나는 기계적론적 합리성에 대한 새로운 '시각적 논리'인 메커니즘이었다.[84] 중국 인쇄 자본주의가 빠르게 발전하고 세계 여러 곳에서 매우 현대적인 실험 활판이 등장함에 따라 중국 출판사와 광고업자들은 새로운 자기중심 취향의 도시인과 세계인들의 눈을 잡기 위해 놀랍고 때로는 획기적으로 모양을 낸 중국어 서체를 사용했다.[85] 분할식 활자 인쇄의 미학적 정치 — 포티에와 레그랑이 자신들의 신기술을 중국어의 정자(正字)법 미학 논리에 가능한 한 복종함으로써 극복하려고 했던 — 는 이 미학적 논리가 이제는 적어도 부분적으로라도 기술에 종속됨으로써 치쉬안의 시대에서는 스스로 해결되고 있는 셈이었다.

1915년 3월 21일 뉴욕에서 치쉬안은 언론인들과 지지자들, 양위잉 총영사에게 자신의 기계를 최초로 발표했다.[86] 《뉴욕타임스》는 암스테르담 거리와 115가 교차로에서 가까운 어퍼 웨스트사이드에 위치한 젊은 학생의 아파트로 기자 한 명을 보냈다.[87] 여기에서 결합식 타자의 복잡한 도전이 그대로 드러났다. 다음날 기사로 보도되었듯이, 양위잉 총영사가 그 행사의 리본 커팅을 한 후 치쉬안의 기기로 워싱턴에 있는 중국 장관에게 보내는 편지를 타자로 쳤는데, 1300개 부속을 사용해 한자를 철자했다.[88] 그 편지에 담긴 글자 수는 100자에 불과했지만 양위잉이 완성하는 데에는 약 2시간 걸렸다. 이는 신문 기사가 분명히 반겼던 사실이다. 치쉬안은 기자에게 이 나쁜 성능의 이유를 설명하면서 "속도가 느린 것은 작업자가 문자들과 익숙하지 않기 때문이다"라고 항변했다.[89] "발명가는 연습을 통해 분당 40개의 단어를 입력할 수 있다고 믿었는데, 이는 중국어에서는 꽤 빠른 것이다"라고 기사를 이어갔다. 하지만 피해가 있었다. 다음날 기사가 나왔을 때 제조업자들의 관심을 끄는 어떤 희망도 사라져버렸고 타자 세계로 가려고 했던 젊은 발명가의 시도는 실질적으로 막을 내렸다. 우리는 그 기사의 거창한 제목을 읽으며 치쉬안이 느꼈을 갈등과 복잡한 심정을 짐작할 뿐이다. "새로운 타자기의 4200자. 중국어 기계에는 세 개의 키만 있지만 그 조합은 5만 개이다. 2시간에 100단어. 이 기계의 아버지 뉴욕대 학생 치쉬안은 이런 종류로는 최초라고 말했다."[90]

제목처럼 기사는 칭송 — 즉, 젊은 발명가의 지적 혈통을 칭찬하는 — 과 폄하 — '어린이 장난감용으로 만든 조그만 주석 타자기'에 그의 기계를 비교하는 — 를 왔다 갔다 했다.[91] 전반적인 어조는 비극적인 코미디로, 재주 있고 젊은 중국 학생이 돈키호테식 야망 때문에 성과 없는 길로 들어섰다는 것이었다. 치쉬안의 기계에 대한 이야기가 공개 영역에 들어오자 좀 더 널리 퍼지기 시작했다. 1917년 ≪워싱턴 포스트≫에는 새롭게 특허 낸 중국어 타자기 모델(치쉬안의 기계일 가능성이 아주 많은)에 대한 기사가 게재되었는데, "최신의 발명"이라고 제목을 단 ≪워싱턴 포스트≫의 기사는 이 새로운 기계를 '춤추는 라디에이터 인형'과 '도둑을 위한 쥐덫' 같은 엉터리들과 함께 다루었다.[92] 이처럼 업신여기는 듯한 어조가 그 후 여러 해 동안 만연했다.

중국어 글쓰기는 어떻게 될까?

1915년에 이르자 중국은 더 이상 타자기를 찾고 있는 나라가 아니게 되었다. 반대로 두 가지 형식의 중국어 타자기가 존재했는데, 그 두 형식 각각은 중국어의 언어기술적 현대화라는 문제에 다른 접근법을 제시하고 있었고 각각 서양 타자기 형태와는 극적으로 달랐다. 중국과 해외에 있는 제조업체들은 둘 중 어느 것이 유망한지 선택해야만 했다. 중국어 타자에 대한 일상 용법 접근법은 현대 중국 시민들의 '기본적' 어휘라는 문제에 대해 중국 지식인들이 갖고 있는 광범위한 관심과 오래된 연구를 이용하고 있었다. 그런 의미에서 '일상 용법'이라는 견해에 이미 익숙해 있는 고객들에게 이해될 수 있고 알기 쉽도록 이 기계를 만들었다. 하지만 일상 용법 접근법은 중국어 전체를 아우를 수 없었다. 따라서 입력 기기는 중국 언어 교육이라는 맥락과는 아주 다른 무엇인가를 의미했다. '기초 문자'라는 핵심 조합을 배우고 기억하는 것은 학생들이 이들 어휘의 범위를 넘어서서 궁극적으로 확장하는 것을 전혀 막지 않았다. 하지만 타자기의 경우에서 일상 용법은 폐쇄된 시야 같은 것을 형성했다. 이런 관점에서 일상 용법 모델을 전제로 한 현대 중국 정보 기술들은 엘리트, 교육자, 그리고 기업가들 간에 서로 첫 번째 등급인 문자와 두 번째 등급인 문자를 구분하는 경계와, 어느 글자를 포함하고 어느 글자를 제외할지의 경계를 정하는 권한에 대해 끝없이 싸우게 하는 풀리지 않는 동요로 점철되는 것이었다. 그렇게 구상된 언어기술적 현대화의 대가는 분열, 동요, 그리고 끊임없는 경계선 감시였다.

치쉬안과 그의 분할식 기계는 중국어 글쓰기 문제에 대해 놀랄 만큼 다른 대답을 내놓았다. 일상 용법 모델과는 다르게 이 기계는 자주 쓰이는 글자와 덜 자주 쓰이는 글자를 모두 아우르는 현대 중국어 인쇄의 꿈을 제시함으로써 일상 용법 시스템의 광신도를 잠재우고 끊임없는 어휘적 자기 발전을 하게 만들어 중국 문자를 새로운 언어기술적 영역 안으로 통합시켰다. 이런 다양한 언어기술적 현대화는 그 나름의 타협과 함께한다. 이런 통일과 '어느 문자도 버리지 않기'를 이루기 위해서는 한자들을 우선 조각들로 부수어야 했고, 문자가(심지어 사랑받는 붓질까지도) 중국어 글쓰기의 존재론적 바탕을 이룬다는 생각을 포기해야 했다. 그 대신 획과 문자는 자신의 왕좌를 한때는 분류학적·어원적 실체였으나 이제는 중국어 글쓰기의 생산적인 '뿌리'로 재구상된 '부수'에게로 이양해야 했다. 이런 존재론적 혁명은 필연적으로 일상 용법 모델이 한 번도 조바심 내본 적 없는 정치, 즉 기계적 재생산 시대의 중국 미학의 정치를 불러왔다.

중국 문자의 미래에 대한 이 경쟁에서 저우허우쿤과 치쉬안은 언어 개혁가들, 더욱이 사업가들의 관심을 피하지 못했다.[93] 초창기 신문화운동 (New Culture Movement)의 뛰어난 인물이었던 후스는 저우허우쿤의 발명품을 보스턴 여행길에서 직접 보았고 치쉬안의 기계는 매체 기사를 통해 접했다. 그들의 발명품을 본 후스는 한자 폐지론자의 입장을 기소했다. "우리나라에는 건방진 학생들이 있다. 그들은 중국어를 버리고 영어로 대체하거나 간체자를 쓰자고 추천한다." 후스는 계속해서 이렇게 말했다.

사람들은 중국어가 타자기에 맞지 않아서 불편하다고 한다. 하지만 타자기는 언어를 위해 창조되었다. 한자가 타자기를 위해 만들어진 것이 아니다. 타자기에 맞지 않다고 해서 한자를 버려야 한다고 말하는 것은 '신발에 맞추려고 발가락을 자르는 것'과 같으며 한없이 더 불합리할 뿐이다.

후스가 저우허우쿤이나 치쉬안의 작업에 주목한 유일한 사람은 아니었다. 창천중(張晨鐘)은 1915년 치쉬안의 결합식 기기를 보자마자 글을 썼다. "알파벳이 아닌 중국어의 문장 언어를 위해 타자기를 발명할 수 있으리라 생각했던 사람은 거의 없다. 뉴욕대 치쉬안이 중국어를 위한 기계를 고안하는 데 성공한 것은 이 가능성을 확인해 주고 있으며 그 이상의 발명과 향상으로의 길을 열고 있다."[94]

아마도 가장 중요한 것은 저우허우쿤과 치쉬안 두 사람 모두 당시 중국 인쇄업의 중심으로 상하이에 위치한 상무인서관(商務印書館)의 회장 장위안치(張元濟, 1867~1959)의 주목을 끌었다는 것이다. 장위안치의 일기장에 저우허우쿤이 처음 거론된 것은 1916년 3월로, 저우허우쿤이 미국에서 중국으로 돌아온 직후였다. 같은 해 5월 16일, 장위안치는 치쉬안에 대해서도 간단히 적었는데, 치쉬안의 기기에 대해 간접적으로 들은 보고서에 대해 말했다. 장위안치는 분명 꽤 쓸 만한 수준의 한자를 만들 것이며 타자기로서 저우허우쿤의 것을 능가할 수도 있다[95]고 적었다.

저우허우쿤과 치쉬안은 서로의 일을 잘 알고 있었다. 실제로 중국의 제조업체들이 자신들의 자원을 어디에 투자할지 결정하기에 앞서 이 젊은 사업가들은 각자의 접근법이 지닌 장점에 대해 공개 토론을 시작했다. 저우허우쿤이 먼저 덤볐다. "중국어를 위한 타자기의 문제"라는 1915년 기사에서 저우허우쿤은 자신의 기계를 소개하고 경쟁자의 기계를 폄하함으로써 1장에서 보았던 것과 비슷한 산만한 전략을 채택했다.[96] 결합식 타자기의 비현실성을 강조하기 위해 저우허우쿤은 중국어 부수 안에서 일어나는 형태적 유형, 스칼라, 위치 변화를 강조하기 시작했다. 이 모든 것은 경쟁자의 구상이 불가능하다는 것을 입증하기 위한 노력이었다. 부수가 나타날 수 있는 경우는 크기, 모양, 위치에 따라 각각 네 가지였으므로 총 64가지의 가능성(4의 3제곱)이 있었는데, 변화 가능한 총 숫자를 구하려면 여기에 총 부수의 수(약 200개)를 곱해야 했다. 저우허우쿤이 설명했듯이 그러면 1만 2800개보다 많은 키가 필요한 자판이라는 터무니없는 제안이 남게 되었다.[97] 저우허우쿤은 "많은 사람들이 한자를 '부수'로 해결하려고 함으로써 문제 주변으로 다가갔다"라고 결론지었다.

한자가 200개 넘는 '부수'로 구성되었다는 것을 알고 나면 그 구상이 자연스럽게 나온다. 200개 자형의 '부수'가 부착된 200개의 키를 가짐으로써 미국 타자기와 같은 원리의 기계를 만들 수 있고 이들 '부수'를 조합함으로써 어느 글자든 인쇄할 수 있다고 추론되었다. 이 계획은 겉으로 보기에는 그럴듯해 보였지만 다른 글자 안의 같은 '부수'는 크기뿐 아니라 모양이 다르고, 더더욱이나 글자 안에서의 위치도 다르다는 것을 잊고 있다.[98]

치쉬안의 기계에 대한 저우허우쿤의 비판은, 의도적으로 오도하는 말이 아니라면 가장된 무지를 근거로 한 것이었다. 치쉬안의 기계는 실제로 결합형이었지만 1만 2800개의 키를 가지지 않았을 뿐 아니라 심지어 자판조차 없었다. 저우허우쿤은 이 사실을 의심할 여지없이 알고 있었을 것이다. 중국어에 대한 폭넓은 작업을 고려한다면 저우허우쿤은 중국 부수 사이의 변화 수준이 '4의 3제곱' 공식에 접근하지 않았다는 것도 잘 알고 있었을 것이다. 분할식 인쇄기 작업과 치쉬안의 특허 서류에서 증명되었듯이, 필요한 변형 부수의 수는 2200개를 넘지 않았다. 이는 저우허우쿤의 일상 용법 기기에서의 총 글자 수보다 적은 수였다.

치쉬안은 저우허우쿤의 공격에 대응하는 데 시간을 허비하지 않았다. "내 성공을 부풀리지 않고 나는 내 기기가 우리 모국어의 타자기를 만드는 데서 이제까지 알려진 실질적이고도 과학적인 유일한 방법이라고 솔직히 말해야겠다. 즉, 결합을 통해 크기가 같고 모양이 반듯한 단어를 만들 수 있는 방법으로서 글자를 '부수'로 나누는 것이다."[99] 치쉬안은 자신의 독자들에게 저우허우쿤이 가장 기본적인 곱하기 문제에서 오류를 저질렀다면서 저우허우쿤의 수학적 접근을 겨냥했다. "물론 저우허우쿤은 대수법에 대해 잘 알고 있겠지만 그가 아쉽게도 이를 잘못 적용했다고 말해야겠다. 유감스럽지만 1만 2800개라는 놀라운 숫자 때문에 그는 올바른 길로 들어서지 못하게 되었다"[100]라고 아프게 지적했다. "그러므로 그가 중국어 타자기 발명이라는 문제에 대해 대단한 권위자인 양 쓰고 있지만 저우허우쿤 씨는 충분한 기계적 지식이나 '부수 시스템'에 대한 현명한 학습이 결여된 것 같다고 나는 결론 내리려 한다."[101] 이 시점에서 치쉬안이 저우허우쿤의 기계에 대해 불을 놓았다. 치쉬안은 모든 일상 용법 기계에 대해 크게 의아해 하면서 "그들의 발명품들은 기계적 장점이나 상업적 가치가 거의 없는 단지 '불완전한 인쇄 기계'라고 생각하지 않을 수 없다"[102]라고 말했다.

하지만 결국 이 싸움에서 이긴 것은 저우허우쿤이었다. 그가 더 적극적으로 자기 홍보를 했기 때문일 수도 있고 그의 기계 설계가 결합식보다 중국에서 더 긴 전통을 가진 일상 용법을 근거로 했기 때문일 수도 있는데, 저우허우쿤은 중국 회사들로부터, 특히 상무인서관으로부터 알짜 몫을 챙겼다. 그러면서 치쉬안의 기기에 대한 정보는 아주 드물어졌고 덜 믿을 만하게 되었다. 예를 들어 1915년 중국 신문의 기사는 치쉬안의 이름을 잘못 알고 '쉬안치(宣奇)'로 거꾸로 적기도 했다. 이 모든 것은 중국에서 치쉬안을 처음 소개한 많은 자료들이 미국 언론의 영어를 통해 걸러졌다는 것을 말해주고 있다.[103] 장위안치조차도 발명가의 이름을 확실히 몰라 치쉬안의 이름을 1919년 일기에 잘못 적고 있었다.

상무인서관은 명석한 MIT 졸업생과 그의 일상 용법 기기를 회사에 도입하기 위해 초기 작업 관계를 수립했다. 저우허우쿤은 남경사범대학에 새로 만들어진 산업 연구소를 맡기 위해 난징으로 가기로 되어 있었지만, 그의 고용 임기가 7월까지는 시작되지 않았었다. 이 틈을 이용해 상무인서관이 저우허우쿤과 그의 타자기를 상하이로 가져오는 데 성공했고 기계의 개발과 제작을 감독하기 시작했다.[104] 상무인서관은 이 새로운 사업에 상당한 명성과 전문성을 빌려주었고 레밍턴과 언더우드 같은 세계적인 거대 회사가 실패했던 곳에서 중국 시장을 위한 대량 생산된 타자기를 생산하고 판매하는 데 성공하는 회사가 되기 위해 경쟁했다.

드디어 중국은 타자기를 가지게 되었다.

제 4 장

키 없는 타자기를
뭐라고 부를까?

상무인서관이 제작한 중국어 타자기는 중국 사무 행정에서 발생하는 심각한 문제를 해결했다. 이 기계는 외국 타자기의 모든 장점을 가지고 있다.

_1926년 필라델피아 세계 박람회에서 배포된 수-스타일의 중국어 타자기에 대한 전단

규모가 100에이커 이상 되는 식물원을 보유한 캘리포니아 산마리노의 헌팅턴은 매년 멕시코 선인장과 남미의 화염의 심장이 들어찬 다른 세상 같은 지역으로 수십만 명의 방문객들을 실어 나른다. 내부에 있는 도서관과 박물관은 미국 서부, 과학사, 그리고 여러 분야의 희귀 서적과 예술품 등 세계적으로 유명한 수집품 덕분에 전 세계로부터 학자들을 끌어모은다. 헌팅턴은 또한 잘 알려지지 않은 희귀한 특색을 가지고 있는데, 세상에서 가장 오래 살아남아 있는 중국어 타자기인, 1920년대와 1930년대에 상하이 상무인서관이 제작한 '수-스타일 중국어 타자기'를 보유하고 있다(〈그림 4-1〉).

그 기계는 로스앤젤레스 차이나타운에서 봉사했던 중국계 미국인 이민 변호사인 유청홍(You Chung Hong, 1898~1977)의 것이었다. 역사상 대량 제작된 모든 중국어 타자기가 따라야 할 디자인 패턴을 확립한 이 타자기는 '일상 용법' 기계로서 대략 2500개의 글자 알을 담고 있는 4각 글자판을 갖췄다. 이동식 타자 인쇄처럼 이들 글자 알은 기계에 고정되어 있지 않고

그림 4-1 | 수-스타일 중국어 타자기(헌팅턴도서관)

유동적이었다. 중국어 타자기의 글자판을 빼서 뒤집으면, 글자들은 바닥에 쏟아져 "활자 범벅이 될 것이다".[1] 또한 이 타자기는 대량 제작된 모든 중국어 타자기처럼 자판과 키가 없는 타자기였다.

수-스타일 중국어 타자기의 글자판은 글자들의 상대적 빈도를 바탕으로 세 가지 구역으로 나뉘어 있다. 첫째는 16번 줄부터 51번 줄까지 글자판의 중앙에 위치한 사용률이 높은 글자 구역이고, 둘째는 글자판 오른쪽 왼쪽 측면인 1번 줄부터 15번 줄, 그리고 56번 줄부터 67번 줄까지 위치한 2차 용법 글자 구역이며, 셋째는 52번 줄부터 55번 줄까지로 제한된 특수 사용 글자 구역이다. 예비용 글자(備用字)라고 지칭되는 덜 일상적으로 쓰이는 글자들은 별도의 나무 상자에 놓여 있는데, 이는 일종의 어휘 보관 시설로서 타자수가 핀셋으로 골라서 임시로 자기의 글자판에 놓을 수 있다. 이 나무 곽에는 대략 5700개의 추가 글자가 들어 있다.[2]

2010년 내가 방문했을 때는 헌팅턴도서관 견본 글자판 위의 글자들이 오래 부식되어서 모두 삭은 흑연이나 석회 같았다. 사실 그 글자들은 부서지기 쉬워서 담당자가 타자 메커니즘을 내게 시연했을 때 기어가 그 글자들 중 세 개의 앞면을 뜻하지 않게 부서뜨렸다. '사용률이 낮은 글자' 상자 안에 있는 글자들은 회색의 덩어리처럼 뭉쳐 있었다.

하지만 이런 오래된 상태에서도 기계는 여전히 기기와 개인적인 관계였던, 그 기계를 사용했던 타자수와 이 타자수를 고용했던 사람 사이의 징표를 분명히 간직하고 있었다. 보는 각도를 바꾸면서 기계 주변을 돌아보자 영롱한 빛이 숯 색깔의 덩어리로부터 떠다녔다. 옆의 글자보다 반사율이 높은 글자의 아롱거림은 기계가 아직 쓰이고 있을 때 더 자주 사용되었기 때문일 것이다. 오른쪽으로 돌아 기계를 향해 비스듬히 서서 보면 첫 번째 글자, 즉 僑(교민 교), 遠(멀 원), 急(급할 급)의 빛이 보인다. 약간 방향을 조정하면 첫 번째 별이 캄캄한 속으로 숨고 두 번째 별이 보인다. 遭(만날 조), 希(희망할 희), 夢(꿈 몽). 이들 각각의 빛은 一(하나 일), 不(아닐 부), 上(위 상), 去(가다 거)처럼 더 일상적인 용어에도 같이 제공된다. 예상과 다르지 않게 글자판에서 가장 산뜻한 글자는 유청홍의 성인 洪(홍)이었다. 이 기계가 살았던 시기의 삶의 흔적이 수십 년 후에도 여전히 어른거리고 있었다.

이 장에서는 발명가들, 언어학자, 그리고 기술자들의 기술적 청사진을 떠나 대신 중국어 타자기가 살았던 역사를 알아본다. 이 장에서 다루는 중국어 타자기는 시제품이나 외국 만화가의 환상이 아니라, 회사들이 제조해 판매한 상품이자 학교와 훈련소에서 설명하고 가르쳤던, 그리고 타자수들이 자신들의 일에 사용했던 완전한 형태의 상품일 것이다. 우리는 20세기 초의 다양한 기계 세계에 초점을 맞출 것이다. 중화민국 인쇄 자본주의의 걸출한 중심[3]이던 상하이 기반의 상무인서관에서 대량 생산이 등장한 것에서부터, 중국어 타자 학원이 확산됨에 따라 젊은 여성과 남성들이 이 신기술을 공부했고 후에 정부 사무실, 은행, 개인 회사, 학교, 그리고 심지어 초등학교라는 넓은 지역에서 중국어 타자기를 채택한 것에 이르기까지의 역사를 다룰 것이다. 여기에서는 이제까지 조사해 왔던 중국의 언어기술적 후진성이라는 상투어에 빠져 있지 않은 역사에 주목하면서 중국어 타자기를 그 자체의 언어기술적 문맥 안에서 보고 들을 것이다. 하지만 보다 지역적 수준의 친밀한 맥락에서 중국어 타자기를 관찰하기 시작하더라도 중국어 타자기가 완전히 '고향'에 있다거나 또는 '자연 서식지'에 있다고 느끼는 일은 없을 것이다. 중국어 타자기는 독창적인 기계 설계,

훈련 요법, 자신의 자형과 사용 정도, 자신을 사용하는 사무 인력의 성 비율, 그리고 기계 자체의 표의문자와 문화를 가지고 있었음에도, 상무인서관의 기계나 그 후의 경쟁사 누구에게나 안정되며 잘 받아들여졌던 서양기계의 '상대역' 또는 '등가물'이 되어 본 적은 없었다. 노력이 부족했던 것이 아닌데도 말이다. 모든 시대를 통해 제조업자, 발명가, 그리고 언어 개혁가 모두는 중국어 타자기가 항상 '진짜' 타자기(점진적으로 전 세계에 걸쳐 패권적 지배를 강화시킨 레밍턴, 언더우드, 올림피아, 그리고 올리베티의 기계들)에 대비되어 점검된다는 것을 확실히 알고 있었다. 아마도 중국어 타자기가 '타자기'로 개념화되지 않았다면, 그 대신 '책상 위 이동식 입력 기계' 또는 더 크고 세계적인 현대 정보의 역사에서 분리된 다른 틈새장치로 묘사되었다면, 그것과 '진짜' 타자기가 끊임없이 비교되지는 않았을 것이다. 그러나 그런 일은 일어나지 않았다. 기계는 타자기였고, 그 결과 넓고 세계적인 틀 안으로 피할 수 없이 빨려 들어갔다.

이 시기 동안 중국어 타자기와 '진짜' 타자기 사이의 긴장은 확연했다. 정부, 사업, 그리고 교육이라는 중국어 환경에서 작동하고 전진하기 위해서 중국어 타자기는 중국어에 대한 실세계에서의 필요성과 실용성에 완벽히 맞출 필요가 있었다. 그리고 '타자기'로서 어떤 기계가 그 명칭을 받을 수 있는지 없는지를 결정하는 유일한 권한을 가진 바깥세상에 의해 '타자기'라고 읽혀야 했다. 중국어 타자기, 그리고 더 넓게 중국어 언어 현대화는 두 가지 불가능성 사이에 붙잡혀 있었다. 그것은 바로 알파벳 세계에서 모양을 갖추고 있는 언어기술적 현대화를 흉내 내는 것, 또는 이 세계에서 완벽한 독립을 선언하고 언어기술적 자립의 길로 나아가는 것이었다. 어느 선택도 가능하지 않은 채 중국어 현대화는 모방과 별개의 것 사이에서 해결될 수 없을 것처럼 붙잡혀 있었다.

이동식 활자에서 이동식 타자기로: 수전둥 기계

저우허우쿤은 자신의 시제품을 출시한 데 이어, 특히 상하이에 있는 상무인서관에서 직위를 얻은 후에 어느 정도 유명세를 누렸다. 1916년 7월 3일 저우허우쿤은 상하이의 중국철도기관에서 자신의 기계를 시연했는데 이는 상무인서관의 대표로서 처음 등장한 것이었다.[4] 몇 주 후 저우허우쿤은 장쑤성 교육위원회의 여름 보습학교에서 시연을 이어갔는데, 그 자리에서는 하루에 손으로 쓸 수 있는 글자는 3000자에 불과한 데 반해 시간당 2000자를 인쇄하는 기계를 젊은이가 창조했다고 칭찬받았다.[5]

하지만 상무인서관은 여전히 저우허우쿤의 기기를 생산하는 것을 망설이고 있었다. 어디에서도 이런 망설임의 이유를 분명히 확인해 주지 않았지만 그중 한 가지는 의심할 여지없이 기기 자체의 설계 때문이었다. 3장에서 보았듯이 저우허우쿤의 일상 용법 기계는 한자들이 영구하게, 그리고 바뀔 수 없는 형태로 식각된 실린더로 만든 글자 매트릭스를 갖추고 있었다. 조판이라는 본래의 맥락 안에서 작동하는 일반 용법과 다르게, 그리고 데벨로 셰필드가 설계한 초기 중국어 타자기와도 극명하게 다르게, 저우허우쿤 기계의 글자들은 완전히 고정되어 있어 다른 어휘적 필요와 문맥에 따라 조정하기가 불가능했다. 이것이 문제를 제기했다. 앞 장에서 조사했듯이 '기본 글자' 조합을 공식 교육과 비공식 교육 양쪽 안에서 더 많이 사용하도록 홍보한다면 일반 용법 내에서의 긴장이 적어도 중국 대중에게서는 해결될 수 있는 희망이 있었다. 사람들이 알아야 하는 글자 또는 쓸 것 같은 글자를 제한적으로 조합해 통계적으로 결정함으로써 대중의 문해성이 달성될 수 있다면, 이 대중 어휘에 완벽하게 맞도록 '기본적'인 중국어 타자기 글자판을 설계하는 것이 이론적으로는 가능할 수도 있다. 하지만 전문가들과 직업 종사자들에게는 2500자의 고정된 조합이 전혀 충분하지 않을 것이다. 은행, 경찰서, 정부 관서에서 일하는 사람들에게는 언어가 매일 폭넓게 변했으므로 저우허우쿤이 만든 본래의, 변경할 수 없는 설계는 기기의 유용성을 필연적으로 제한한다는 것을 뜻했다. 일반 용법 모델을 중국어 타자의 사용 가능한 언어기술적 해법으로 변환하려면 이 기기들이 유연성과 맞춤 제작의 수단을 제공해야 했다.

1917년 겨울부터 저우허우쿤과 상무인서관의 관계가 악화되기 시작했으며, 이 기술자와 그의 기업 후원자들은 서로 다른 길로 흘러갔다.[6] 저우허우쿤은 미국 여행을 제안했고 거기에서 미국 타자기 생산을 조사해 잠재 고객들의 수요에 더 잘 맞도록 자신의 기계의 향상된 버전을 개발하기를 원했다. 저우허우쿤은 본인의 여행비용은 본인이 부담하겠지만 돌아와서 완성하려는 향상된 기계의 제조 비용은 제공해 줄 것을 상무인서관에 요구했다. 하지만 장위안치는 이를 거절했고 재정 지원도 지속할 수 없다고 밝혔다. 저우허우쿤은 그에 대해 모든 비용을 스스로 감당하겠다고 제안하면서 상무인서관이 자신을 대신해 그 기계를 팔고 유통하는 데 동의해 줄 것을 요구했다. 하지만 그 제안 역시 거절되었다. 장위안치는 "우리의 옛 계약을 취소하고 이제부터는 저우허우쿤이 자기 식으로 모든 것을 처리하는 것이 최선이라고 생각한다"[7]라고 상무인서관의 동료들에게 지시했다. 이로써 상무인서관과 저우허우쿤의 짧은 관계뿐 아니라 상업적으로 성공적인 중국어 타자기를 설계한 최초의 인물이 되려는 저우허우쿤의 오랜 꿈도 끝나가고 있었다. 그다음 몇 년 동안 저우허우쿤은 비행기와 선박 건조라는 자신의 첫 사랑으로 돌아가 다른 방법으로 조국에 봉사했다.[8] 1923년경 그는 한예핑(漢冶萍)철강회사의 기술 담당 이사로 일하게 되었다.[9] 한편 상무인서관은 1919년 5월까지 저우허우쿤의 시제품을 소유하고 있었으나 생산 계획을 추진하지는 않았다.[10]

상무인서관이 저우허우쿤에 대해서는 흥미를 잃었지만 중국어 타자기에 대해 흥미를 잃은 것은 아니었다. 그 회사는 1918년 중국어 타자반을 열고 새로운 기술에 대한 자신들의 다짐을 더욱 과시했다.[11] 더욱 중요한 것은 저우허우쿤과 결별한 이후 이 회사는 또 다른 기술자, 필명인 수전둥(舒震東)으로 더 많이 알려진 수창위(舒昌瑜)의 지도 아래 중국어 타자기에 대한 추구를 계속했다는 것이다. 기선을 공부하고 독일의 만(MAN SE) 공장과 중국의 한양공장 양쪽에서 일해온 수전둥은 1919년경에 합류해 같은 해에 최초로 중국어 타자기 특허를 받았다.[12]

수전둥이 취한 첫 번째 조치는 저우허우쿤의 원래 설계에서 한자 실린더를 포기하는 것이었다. 수전둥은 글자 알이 느슨하게, 그리고 교체할 수 있게 들어 있는 납작한 형태의 사각형 판으로 대체했다. 이 변화와 함께 일반 용법 기계는 이전과 같은 숫자의 글자들을 갖추면서도 (수십 년 전 셰필드의 첫 번째 시제품에서 가능했던 것처럼) 타자수가 다른 어휘적 요구에 맞춰 기계를 맞춤형으로 만들 수 있게 되었다. 유동적인 금속 알이라서 글자들은 핀셋 한 짝만큼이나 복잡하지 않은 방법으로 제거되거나 교체될 수 있었다.

설계에서 이처럼 중요한 변화가 일어난 이후 상무인서관의 망설임은 사라졌다. 이 회사는 이 새로운 중국어 타자기 부문에 상당한 재정적 투자를 했고 40개나 되는 방을 차지했다고 보도되었다. 300명 이상을 고용하고 200개가량의 장비를 갖추었으며, 새로운 기계를 만드는 공정은 여러 가지 과정, 즉 글자 알에 사용될 납 용해, 글자 알 주물 뜨기, 글자판의 오류 점검, 기계 몸체 조립, 글자판 안 지정된 위치에 글자 알 놓기 등등으로 나뉘었다(〈그림 4-2〉).[13] 필승이 활판을 거의 천 년 전에 만들었다면 수전둥과 상무인서관은 이동식 타자기를 이제 막 시작하고 있었다(〈그림 4-3〉).[14]

본국에서의 기계 판매: 상무인서관과 새로운 산업의 형성

중국 최초의 만화영화에는 〈수전둥의 중국어 타자기〉라는 제목이 달렸는데, 그것은 상무인서관의 새 기계, 즉 역사상 처음 대량 생산된 중국어 타자기 광고였다.[15] 1920년대에 나온 이 영상은 중국 만화영화의 초기 역사에서 토대가 된 인물인 완구찬(萬古蟾)과 완라이밍(萬籟鳴)이 제작했다.[16] 그 영화는 불행하게도 더 이상 남아 있지 않지만 그 시대의 많은 홍보자료는 그 내용에 대해 추측하는 데 도움을 준다. 1927년의 한 기사에서는 "가장 빠른 속도가 시간당 2000자 이상이고 손으로 쓰는 것보다 3배 빠르다고 한다"[17]라고 보도하고 있다. 이 같은 주장은 기계의 세 가지 장점에 초점을 두었다. 첫째, 원고를 쓰는 것에 비해 시간이 절약된다. 둘째, 손으로 쓰는 것보다 더 잘 읽힐 수 있는 글자를 만들어낸다. 마지막으로, 그리고 가장 중요하게는 하나의 서류로 다수의 복사본을 만들 수 있도록 먹지

그림 4-2 | 상무인서관 타자기 공장의 역할과 과업

공장 내부 　　　　　　　　　　　　　　타자기 조립

글자 조정 　　　　　　　　　　　　　　검사

그림 4-3 | 상무인서관 타자기 생산 공장

와 함께 사용할 수 있다.

상무인서관의 직원이자 이 회사 타자기 부문의 한때 책임자이기도 했던 송밍더(宋明德)는 문장을 재생산하는 기계 성능에 특히 중점을 둬서 중국어 글쓰기의 긴 이야기 속에서 이 기기를 다루었다. 송밍더는 출처가 불분명한 한자의 창제자에게 경의를 표하면서 창힐 시대에는 중국어 글쓰기가 대나무 껍질에 새겨진 표의 형태로 엄격하게 제한되었었다고 설명했다. 이어서 붓과 종이의 발명으로 '손으로 복사하고 기록하기[用手抄錄]'가 가능하게 되었다고 말했다. "대나무와 비교해 이것이 만 배는 더 편리하다." 여기서부터 송밍더는 역사의 광장으로 뛰어 올라가 축약된 역사 안에서 세 번째 발명품인 인쇄 기계(印刷機)를 칭송했다. 그는 인쇄 기술의

등장으로 수만 장의 복사 재생이 이제는 아주 쉬워졌다고 설명했다.[18]

하지만 원고에서 대량 복사로 도약한 것은 커다란 공백을 남겼다. 인쇄 장비는 비쌌고 사용하기 전에 대대적인 준비를 요구하므로 많은 양의 자료가 필요할 때만 정당화될 수 있었다고 송밍더는 강조했다. 게다가 단기 보고서, 사무실 메모, 법적 기록 보관용 등등 현대 기업에서 요구되는 규모가 작고 일상적인 종류의 문장을 재생하는 것은 여전히 해결되지 않았다. 10부 또는 100부가 요구되는 경우에도 인쇄를 선택하기 힘들었다. 그렇다고 손으로 쓰는 서류 역시 매력적인 대안은 아니었다. 왜냐하면 "시간이 걸리고[費時]" "불규칙[不定期]"하기 때문이라고 송밍더는 주장했다.

상무인서관은 타자기를 부분적으로는 인간 손과 인쇄기의 경쟁자로서, 부분적으로는 그 보완재로서 내놓았다.[19] 더욱이 상업적 관심에 대한 빠른 신호들이 고무적이었다. 장위안치는 1920년 4월 16일부터 일기 기록에 중국 우체국으로부터 100대의 잠재 주문이 들어왔다고 기록했다.[20] 1925년에는 멀리 캐나다에 있는 중국 영사관들이 업무용으로 타자기를 구입했다고 보도되었다.[21] 1926년 화동기계공장(華東機械廠)은 가장 잘 팔리고 가장 널리 알려진 제품으로 중국어 타자기를 선정했다.[22] 상무인서관은 1917년과 1934년 사이에 중국어 타자기를 2000대 넘게 팔았는데, 매년 평균 100대 정도이다. 상무인서관은 기계의 인지도를 높이기 위해 최초의 만화영화를 만들었을 뿐만 아니라 폭넓은 시연을 제공하기도 했다. 1921년 11월 상무인서관의 탕총리(唐崇李)는 농산림부의 신기술과 기계류 전시에서 시연의 일환으로 수전등의 기계를 포함시켰다.[23] 1923년 5월 3일 송밍더는 동남아시아에서의 시연회를 위해 여섯 달 동안 여행을 떠나도록 일정이 잡혀 있었다. 여행 중에 그는 루손, 싱가포르, 자바, 사이공, 수마트

라, 그리고 말라카에 사는 해외 중국 상인들에게 수-스타일의 중국어 타자기를 판촉하려고 했다.[24]

중국어 타자기의 국가적 또는 문명적 중요성은 기계의 판매자와 발명가 양쪽에게 공동의 판매 포인트였다. ≪동제(同濟)≫라는 잡지에 수전둥은 상무인서관까지의, 그리고 중국어 타자기 개발까지의 행로를 되돌아보면서 "글쓰기를 중시하는[重視文字] 애국자들이 점점 적어지는 것을 한탄했다.[25] "한 국가의 글쓰기는 그 나라의 맥박인데 그 맥박이 죽으면 한때 나라였던 것이 더 이상 나라가 아니다"[26]라고 수전둥은 주장했다. 또한 타자의 기술적 어려움을 이유로 한자의 폐지를 주장했던 이들을 "질식하는 공포 때문에 음식을 거부하는"[27] 것에 비유했다. 그의 선배인 저우허우쿤에게처럼 수전둥에게도 상무인서관의 중국어 타자기는 중국어 글쓰기가 현대 기술 시대의 요구와 양립할 수 없다는 생각을 명백하게 반박하는 역할을 했다.

사라진 '타자기 소년': 중국인 비서의 애매모호한 성별

최초의 중국어 타자기가 상무인서관 공장에서 나왔을 때부터 완벽하게 형성된 중국 타자 산업이 기적같이 출현한 것은 아니었다. 새로운 산업의 형성은 완전히 새로운 사무직 노동력, 즉 정부, 교육, 재무, 그리고 개인 부문에서 자리를 잡고 기계를 이용하도록 훈련된 수많은 '중국어 타자수(打字員)'들에게 똑같이 의존하고 있었다. 간단히 말하면 중국어 타자기의 발전은 몸과 마음이 이 새로운 기계의 요구에 부응하고 그 성능을 활용하도록 훈련된 사람들, 즉 중국어 타자기 학생들을 필요로 했다.

이 수요를 맞추어 1910년대와 1920년대에는 방 한두 개짜리의 무수한 사설 타자 기관이 설립되었다. 상하이, 베이징, 톈진, 충칭, 그리고 여러 대도시 지역에서는 학생들이 한 달에서 세 달 동안, 그리고 15위안 또는 그 이하를 내고 새 기술을 훈련받았다. 이 새로운 사무직 인력 자원의 첫 물결로서 채용을 갈망했던 이 학생들은 상무인서관의 중요한 판촉 역할을 했고, 결국에는 새로운 기업가들이 상무인서관과 경쟁하기 위해 시장에 진입했다(이는 이후에 우리가 살펴볼 주제이다). 제조업자들은 특정 제조사나 모델에 특화된 학교를 개설하고 졸업생을 위한 일자리를 마련함으로써 개인, 교육, 그리고 정부 부문으로 자신들 기계의 진입로를 만들기 시작할 수 있었다.[28]

그 직업이 점차 그리고 빠르게 여성의 직업으로 자리 잡은 미국의 맥락에서 타자기의 역사를 생각해 보면 중국의 타자기 역시 점진적으로 여성화되었다고 생각할 수 있을 것이다. 더욱이 당시 중국의 신문과 잡지를 자세히 보면 이런 가정을 보강해 주는 새로운 인물, 즉 '타자기 소녀(打字女 또는 女打字員)'를 중국 정기 간행물에서 실제로 만나게 된다. 일반적으로 10대와 20대 초반인 이 젊은 소녀들은 화가, 무용수, 운동선수, 바이올리니스트, 그리고 과학자를 포함한 그 시대의 '현대 여성'과 함께 특별한 부류였다. 그들은 아직은 덜 알려진 공화국 시대의 전문직 여성의 일부를 형성하면서 섬유 제조, 성냥 공장, 정미소, 그리고 카펫 짜기 같은 블루칼라 세상에 들어가지 않고 행정과 사무 업무의 화이트칼라 세상을 열었다.[29] 베이하이 공원에서 찍은 중국 타자수들 단체 사진에서처럼 프레임을 가득 채우든, 아니면 전통 의상을 입고 잘 땋은 머리로 기계 앞에서 자세를

그림 4-4 | 여성 중국 타자수(1928)

자료: ≪圖書時報≫(1928년 12월 2일) 표지.

취하든 간에, 그러한 표현은 여러 면에서 사무직 업무가 세계적으로 여성
화의 과정을 밟고 있는 세계 역사 속의 장면에서 볼 수 있는 것들과 조화를
이루었다. 이야기되어 왔듯이, '타자수 소녀'는 '미국 수출품'이었다(〈그림
4-4〉).[30]

하지만 정기 간행물에서 보이는 중국 타자수에 대한 표현을 넘어서서
보면 그 시대 중국어 타자 학원에 보관된 기록들은 대단히 다른 역사를 보
여준다. 1932년과 1948년 사이 다양한 기관에 등록했던 1000명 이상의 타
자 학생에 대해 편찬된 자료에서 보면 300명(또는 30%) 이상이 사실 젊은
남성이었다. 이는 당시 세계 다른 곳에서 볼 수 있는 것보다 훨씬 많은 수였

다.[31] 다르게 말하면 중국 타자에 대한 대중 매체의 표현은 전 세계적으로 널리 퍼져 있는 타자의 지배적인 성별 표준을 모방한 직업을 보여주었지만, 실제 중국어 타자의 관행은 그렇지 않았다. 이 시기 동안 중국의 타자는 노동 인력이 혼합되었는데, 여성이 높긴 했으나 절대로 독점적이지 않은 비율이었다. 대부분 10대와 초중등학교를 졸업한 젊은 남성이 여성 상대역처럼 이들 학교에 들어가서 신기술에 대한 훈련을 받았다. 그들은 타자 학원을 졸업한 후 타자수로 근무했다. 어떤 경우에는 독자적으로 타자 학원을 만들기도 했다.[32] 그런 예의 하나가 리쭈후이이다. 그는 중국-미국 타자학교(華美打字轉校)의 졸업생으로 장쑤성 우진에서 온 젊은 남성이었다. 리쭈후이는 후에 후이중국어-영어타자학원(惠氏華英打字專校)[1930년경 '타자 인재(打字人才)'를 상하이 사업 공동체에 공급한다는 공개된 목적을 가지고 상하이 국제 단지에 설립된 프로그램]을 운영했다. 그는 그 사이에는 즈리(直隶)성(허베이성의 옛 이름 _옮긴이) 협상부와 톈진 세관에서 타자수로 일했다.

초기 형성 과정에서 타자 직업이 어떠했는지를 더 잘 이해하기 위해서는 젊은이들로 하여금 이 새로운 기기에 대한 훈련을 받고 이 새로운 직업에 들어가도록 만든 학교를 들여다보는 것에서 시작해야만 한다. 스펙트럼의 한쪽 끝에는 상하이에 있는 '승리와 성공 타자학원' 같은 작은 규모의 훈련 사업이 있었다.[33] 1915년 5월에 설립된 이 회사는 원래는 영어 타자에 초점을 맞춘 방 두 개짜리 교습 회사였으나, 기계 두 대를 산 후 중국어 타자로 확장했다. 1933년경 이 학원에는 영어 타자반에 6명의 학생이, 그리고 중국어 타자반에 8명이 등록했다. 다른 한쪽 끝에서는 상하이를 근거로 수백 명의 학생을 가진 환치우타자학원같이 커다란 타자 기관도 운영되었다. 1923년 가을에 설립되어 원래는 영어 타자에만 집중했지만, 이 기관은 1936년 가을 중국어 타자로 확대해 상무인서관이 제작한 수-스타일 기계에 대한 훈련을 제공했다.[34] 한때 상하이의 스탠더드오일의 직원이었던 창업자 샤량은 자기 학원을 경험 많은 전문직들의 팀으로 꾸렸다. 학교의 교장인 첸송링은 상하이의 남양대학 졸업생이며 상하이 세관에 속한 법률 통역실의 전 직원이었다. 첸송링 밑으로 네 명의 선생님이 있었는데, 상하이 성팡지중학교의 졸업생이자 역시 스탠더드오일의 전 직원인 첸지에, 상하이사업영어학원의 졸업생이자 상하이전화국의 전 직원인 샤구오창, 로버트 달러 앤 컴퍼니의 직원이었던 샤구오샹, 그리고 성팡지중학교의 졸업생인 왕롱푸였다.

이 교육적, 사업적, 그리고 기술적 기관들과 훈련의 겹쳐진 네트워크가 중국어 타자기와 중국어 타자수들을 회사, 학교, 그리고 전국에 걸쳐 있는 정부 사무소로 보내는 네트워크를 확장했다. 학교들은 그 졸업생들을 중국 전체에 있는 대도시와 지방 정부로 보냈는데, 난징 조사단, 푸젠성 정부와 쓰촨성 정부, 중국비누회사 같은 중국 대기업, 마카오중국은행, 저장신흥은행(浙江興業銀行) 등이었다.[35] 프로그램의 졸업생들은 초등학교에 중국어 타자를 가르치러 가기도 했다. 허난성 정부는 각 부서 직원들을 중국 타자 두 달 과정에 등록시킨 후 원래 자리로 돌아가도록 지시했다.[36] 당국은 이런 훈련이 사람들을 자신들 일에 더 능력 있게 만들고 "중국의 신흥 공업에 공헌할 것"이라고 주장했다.[37]

중국 타자는 성비가 복잡했고 여성화가 높았던 미국과 유럽과는 동떨어졌지만 당대 중국 정기 언론 가운데 어느 누구도 그렇게 얘기하지 않았다. 사진에서든 뉴스 기사에서든 남성 중국 타자수는 눈에 띄게 적었으며,

중국 타자라는 새로운 산업을 젊고 매력적인 여성 학생과 직원들이 장악한 것으로 보여주고 있었다.[38] 1931년 ≪시보(時報)≫ 잡지가 중국어 기계 앞에서 열심히 연습하는 젊은 여학생 예슈이의 사진을 실었다.[39] 1936년 ≪좋은 벗(良友)≫의 보도에는 젊은 여성 타자수(이 경우에는 영어 타자기를 사용하는)가 다른 '신여성(新女性)'들, 즉 여성 비행사, 라디오 아나운서, 전화 교환수, 그리고 미용실 주인의 사진과 함께 나왔다.[40] ≪전망(展望)≫의 1940년 기사에 중국어 타자기 작업을 하고 있는 젊은 여성이 나왔는데 "타자는 여성에게 잘 맞는 직업입니다"[41]라는 문구가 뒤따랐다. 중국어 타자기 소녀를 넓은 의미로 넣으면서 간호사와 꽃 판매상 같은 다른 '잘 맞는' 직업도 포함시켰다. 하지만 중국 여성이 현대화되는 상황을 강조하기 위해 변호사와 경찰관이라는 직업 역시 이 조합에 포함되었다. 하지만 다른 사진과 문구에서 강조되었듯이 여성성과 모성은 항상 존중되었다. "엄마가 자기 아이에게 좋은 여자가 되는 법을 가르치고 있다."

중국 타자의 사진 속 장면에는 타자 남학생도 간혹 등장했는데, 그러한 경우에는 그 사진이 등장한 맥락과 그런 장면에 수반되는 이야기 문구를 통해 그들의 존재가 미묘하게 함께 적혀 있었다. 예를 들어 1930년 ≪시보≫는 '베이징의 화-인타자학교 졸업생'이라는 문구와 함께 8명의 젊은 타자 학교 졸업생의 사진을 실었는데(여성 6명, 남성 2명), 남성과 여성 모두를 포함한 사진이고 '타자 소녀'라는 말을 하지 않았으므로 성 중립처럼 보이지만, 같은 지면에 있는 사진들 ─ '칭화대학에서의 여학생들의 현대 훈련', '난카이대학에서의 여학생들의 아침 훈련'뿐 아니라 세 명의 여성 운동 선수 사진 ─ 은 편집자가 타자 직업을 분명히 여성화된 것으로 이해하고 있음을 보여주고 있었다.[42] 1930년 ≪대아화보(大亞畫報)≫의 사진처럼, 어떤 이미지는 여전히 남성 타자 학생을 지우는 데 더욱 심취했다. 이 사진에는 22명의 중국 타자 학생들이 보이는데, 여성은 15명이고 남성은 7명이며, 자막은 "랴오닝중국어타자학원에서의 첫 신입 여학생 반의 사진"이라고 달려 있다.[43]

중국어 타자의 생생한 경험과 이들 학교와 중국 언론이 나타내려고 한 이미지 사이에는 중요한 긴장이 나타났다. 이 차이를 어떻게 설명할 수 있는가? 여기에서 우리는 중국어 타자가 형태를 갖추고 지속적으로 둥지를 틀고 있던 세계적 맥락으로 다시 돌아가야만 한다. 중국이 자체의 타자 산업을 형성하기 시작했던 바로 그 순간 이미 '타자기 소녀' 같은 것이 존재했다. 이것은 다양한 문화적·사회경제적 맥락 속에서도 전 세계적으로 표현된 생생한 비유였다. 반면에 지구 어디에도 '타자기 소년'이라는 비유는 없었는데, 이것은 고정관념화된 현실을 나타내는 비교적 강력한 표현 형식이었다. 미국에서 남성 타자수와 속기사를 몰아낸 것은 산업 기계화 역사의 일부로, 이는 19세기 말에 시작해 정형화된 일이 점점 더 젊은 여성에게로 이양된 역사의 한 단면이었다.[44] 전 세계 타자기 제조업체도 마찬가지로 이 시점에서는 여성화를 향한 이런 흐름을 오랫동안 고무했는데, 여성을 잠재 소비자이자 새 기계의 대중화를 이끄는 견인차로 겨냥했다. 레밍턴 회사는 소비자들이 기계를 사서 자선의 일종으로서 여성들에게 이 기계를 기부하도록 장려했다. 1875년 이 회사의 광고는 "여성에게 돈이 되고 취업하기에 좋은 그렇게 넓고 쉬운 길을 열어준 발명품은 이제까지 없었다"라고 용감하게 선언했다.[45] 회사들은 판촉 전화에서도 젊은 여성 타자수를 고용했다. 예를 들어 1875년 마크 트웨인은 기기를 시연하는 '타자 소녀'를 고용한 판매원에게서 자신의 첫 타자기를 사들였다.[46]

반면에 남성 중국어 타자수는 거의 눈에 띄지 않았으며 중국의 타자기 회사들은 현대 사무실의 필수불가결한 요소가 젊은 여성 타자수라는 생각을 영속화하려 했다. 중국의 현실은 좀 더 복잡했지만 이는 서양을 따라 한 것이었다.[47] 중국의 타자기회사들이 중국 타자 학교와 타자 인력의 현장 현실에 더 잘 맞는 새로운 비유를 만드는 데 진력했다면 중국 관련자들은 분명히 남성 타자수라는 고정관념을 만들어낼 수도 있었을 텐데 정기간행물과 보관 기록들은 그런 정신 나간 기업은 없었다고 강력하게 암시하고 있다.

체화된 기억으로서의 중국 타자

젊은 중국 여성과 남성은 타자 학교에 입학해 중국 타자기를 처음 접했을 때 바로 한 가지 의문이 떠올랐을 것이다. '글자판 위에 있는 2000자 이상의 위치를 어떻게 기억할 수 있을까?' 젊은 학생들은 어떤 종류의 기억 관행을 사용해야 했으며 이 신기술과 친근해지기 위해 어떤 종류의 타자 교육을 사용할 수 있었을까? 언어기술적 형태와 체화된 습관이 서양에서는 상당한 관심을 받았는데 현대 중국어의 경우에는 알려진 바가 현저히 적었다. 로저 샤르티에(Roger Chartier)가 보여주었듯이 유럽에서 새로운 언어기술과 물질적 형태가 출현한 것은 육체를 전례 없는 방식으로 능력 있게 만들기도 했고 또는 제약하기도 했다. 형식으로서의 코덱스(종이나 양피지를 끈이나 금속으로 묶어서 제본한 것 _옮긴이)는 두루마리로는 불가능했던 페이지화 방식을 만들어주었고, 그 후 목록, 용어 색인, 그리고 다른 참조 기술들도 만들 수 있게 했다. 이런 새로운 기술적 조화 속에서 독자는 이제 "페이지를 뛰어넘어 전체 책을 가로지를 수도 있게" 되었다.[48] 더욱이 두루마리는 두 손으로 읽어야만 하지만 코덱스는 '그렇게 많은 육체의 참여를 필요로 하지 않으면서' 무엇보다도 독자들이 한 손으로는 노트를 적을 수 있도록 자유롭게 했다.

현대 중국 언어기술 ─ 그리고 중국어 전신, 타자, 속기, 점자, 조판 거의 모두 ─ 의 신체적 치수에 대해서는 알려진 바가 거의 없다.[49] 중국어 타자기의 경우에는 육체적 자세, 손재주, 조정 및 시각화 형태, 그리고 신체적·정신적 스트레스의 결합 같은 새로운 유형의 육체가 나타났다. 서양에서는 이 모든 것이 '사무'라는 더 친숙한 데에서부터 갈라져 나온 것이긴 했지만 중국어 타자기가 육체적·정신적 훈련 형식을 더욱 발전적으로 생각하게 만드는 활발한 상대역을 만들어주었다. 중화민국 시대의 타자 학교는 이러한 역사로의 창을, 특히 학생들이 중국어와 영어 타자를 배울 기회를 가질 수 있는 학교로의 창을 열어주었다. 두 과정을 비교해 보면 중국어 타자는 기억, 시각, 손, 그리고 손목에의 요구라는 면에서 고유의 육체적 요법을 가지고 있음을 알 수 있다.[50]

중국 학교의 라틴 알파벳 타자 학생들은 오늘날에도 서양 학생들에게 여전히 친숙한 '손가락 연습[練習分指]'과 '눈 감고 연습[閉目默習]' 과정을 들어야 했다. 그에 비해 중국 타자 학생들은 여러 가지 중 '글자 검색 방법[檢查字法]'과 '없는 글자 채우기[加添缺字]'를 포함한 완전히 다른 수업들을 들어야 했다. 알파벳 문장의 어떤 속성 ─ 특히 제한된 수의 모듈 ─ 은 '눈감은 채' 칠 수 있는 타자의 개발을 이상적인 것으로 생각하는 데 강하게 영향을 미친 반면, 중국어 타자에는 눈 감고 조작할 수 있어야 한다는 요구는 없었다. 쿼티 작업자가 자판을 보지 않고 타자하도록 훈련되었다면, 중국어 타자수는 자기의 직접 시각 및 주변 시각 능력에 크게 의존하도록, 그리고 그 능력을 더 높고 절묘한 상태까지 개선하도록 가르쳐졌다.

중국어 타자기와 영어 타자기는 작업자들이 숙달하기 위해 따라야 했던 신체적 요법 면에서도 달랐다. 알파벳 타자기는 초기부터 피아노 연주와 개념적으로 그리고 실질적으로 관계가 있었는데, 두 기기를 장식했던 키라는 측면에서뿐 아니라 음악의 연습곡을 닮은 연습 모듈을 작성하는 데에서도 그랬다(그래서 서양에서는 피아노 경력을 지닌 있는 여성이 사무 경력에 이상적인 후보였다). 자세에 대한 생각과 관행 역시 자주 피아노 연주 영역으로부터 빌려왔고, 각 손가락의 상대적 세기와 재능에 대한 의견도 그랬다. 피아니스트와 타자수는 몸통과 목이 유연하면서 고정되어 있어야 했고, 손목은 처지거나 돌출되지 않아야 했다. 그리고 둘 모두 손가락의 가장 바깥쪽 끝단의 움직임을 조정하는 데 주의를 집중해야 했다. 서구 타자의 핵심은 검지, 중지, 약지, 소지 사이의 강도와, 재능, 그리고 효용성의 계층구조였다.

반면 중국어 타자 훈련은 중국어 조판과 완전히 다르지는 않게 학생들이 자기 기계의 글자판을 '가동시키는 것' ─ 즉, 글자 매트릭스의 차가운 회색 표면을 돌아보고 그 지도를 익힘으로써 예열시키는 것 ─ 을 도와주는 데 맞춰져 있었다. 이 목적을 위해 타자 교육은 일상의 중국 용어들과 이름으로 시작하는 독특한 반복 훈련에 맞춰져 있었다. 이들 훈련은 글자판 위 각 글자들의 절대적 위치와 친숙해지는 데 도움이 되었지만, 좀 더 미묘하게는 같이 나오는 성향의 글자들 간의 공간적 관계를 기억 속에 각인시켰다. 예를 들어 1930년대 타자 매뉴얼의 첫 수업에서 학생들은 일상적인 두 개의 단어 '學生'(학생), '因為'(왜냐하면)와, 다른 20여 개의 단어를 계속해서 타자하는 훈련을 했다. 이런 단어들을 연습하면서 학생들의 근육 기억에는 중국어의 어휘적 기하 구조가 각인되었다. 學과 生, 또는 因과 為가 X Y축의 절대적 개념에서 정확히 어디에 있는지는 기억하지 못할 수도 있지만 시간이 지남에 따라 이들 일상적인 두 글자의 합체에 대한 종합적인 감각을 되살릴 것이었다.[51]

단순히 글자판 위에서 글자를 찾고 그쪽으로 이동해서 타자 행위를 하는 동일한 과정을 반복하는 대신, 숙달된 중국어 타자수는 이른바 바로 다음 미래, 즉 바로 다음 글자에 대한 감각을 키우도록 요구되었다. 첫 번째 원하는 글자로 출발했을 때 타자수는 이미 자신의 집중력의 일부분을 다음번까지 옮기는 과정을 시작했고, 어느 주어진 순간 또는 상태에서도 다음 글자에 대한 심리적·육체적 기대가 체화될 정도로 각 유형의 타자 행위를 하고 있었다.[52] 타자수들은 또한 기표들의 물질성에도 예민해지도록 훈련되었다.[53] 타자수가 선택 레버를 누를 때마다 각 타자 행위의 힘이 글자의 획수에 직접적으로 상응하는 크기인 각 글자의 무게에 세밀하게 조율되었다. 단획(그래서 가벼운) 글자 一을 16획(그래서 더 무거운) 글자 龍과 같은 힘으로 찍는다면 아마도 타자지 또는 먹지를 구멍 내고 새로 서류를 바꾸어야 했을 것이다. 하지만 龍을 一과 같은 힘으로 타자하는 것은 희미하고 읽을 수 없는(먹지 복사에도 맞지 않는) 입력을 만들게 된다. 훈련된 작업자는 필연적으로 문장 전체를 통해 색채의 일관성을 유지하고 종이에 구멍이 나는 것을 피하기 위해 서로 다른 글자를 입력할 때마다 힘을 바꾸었다.[54] 이 기술로 '획수'라는 중국어의 오래된 개념은 질량, 무게, 관성이라는 물리적·신체적 논리로 해석되었다.[55]

그림 4-5 | 타자기 글자판에서 글자 간 타자수의 움직임을 보여주는
중국어 타자기 훈련 도해(견본)

카드무스를 기다리며: '중국어 음절 알파벳' 타자기의 부침

상무인서관이 새로운 타자기 부문을 시작하면서 취한 행보를 보면 중국의 발전에 관심을 가진 모든 이들은 훈련 기관들 네트워크의 등장과 함께 생동감 있는 신산업의 분명한 징표를 목격할 수 있었다. 1920년대와 1930년대에는 중국 전역에 걸쳐 타자수가 기계를 사용하면서 자신들의 몸을 그 기계에 맞추기 위해 훈련했다. 「레밍턴 수출 보고서(Remington Export Review)」라는 1920년대 보고서에서 "여러 해 동안의 실험 끝에 중국어를 위한 타자기가 드디어 완성되었다"라는 선언을 보는 것은 놀라운 일이 아니었다. 서양 세계가 결국 주목하게 된 것으로 보였다.

하지만 「레밍턴 수출 보고서」는 상무인서관이나 수전둥의 기계를 지칭하지는 않았다. 이 회사의 뉴스레터는 레밍턴 자신을 지칭하고 있었다. "레밍턴 타자기회사의 활판부 부장이자 37년간 레밍턴 직원이었던 로버트 매킨 존스(Robert McKean Jones)가 그 생산을 담당하고 있다."[56] 흰 수염의 존스가 "레밍턴의 중국어 타자기를 개발한 사람"이라는 문구와 함께 사진이 게재되었다. 그 기계의 제목은 모든 것을 말하고 있었다. "드디어 ─ 중국어 타자기 ─ 레밍턴."

로버트 매킨 존스는 레밍턴의 외국어 자판 수석 개발자이면서 개발실의 이사였다.[57] 1855년에 영국의 웨일즈 국경에 가까운 북서쪽 위럴에서 태어난 그는 여러 다양한 문자를 위해 2800개로 추산되는 자판을 설계했던 뉴욕의 공작소를 운영했다. 존스는 1장에서 살펴본 레밍턴 타자기의 세계화를 뒷받침한 가장 훌륭한 기술자 중 한 사람이었다. 그는 혼자서 싱글 시프트 자판 기계를 84개의 다른 언어에 적용해 '활판의 대가'라는 명예로운 칭호를 얻는 큰 성과를 거두었다. 1929년 한 상업 잡지는 16가지 알파벳을 장악한 그를 가리켜 "그가 실무 지식을 갖지 않은 언어는 거의 없다"라고 썼다.[58]

존스는 1918년에 우르두어 자판을, 그리고 1920년에는 터키어와 아랍어 자판을 끝낸 후 회사의 새로운 중국어 시도를 지휘하게 되었는데, 이는 확실한 선택이었다.[59] 1921년 겨울 레밍턴은 '주음자모(注音字母) 자판'('음절 중국어' 자판이라고도 알려졌다)을 만들기 시작했는데 이 프로젝트를 존스에게 맡겼다.[60] 존스가 발명한 중국어 타자기는 한 가지 뚜렷한 이유 때문에 이제까지 발명된 어느 기계와도 같지 않았다. 바로 한자를 거의 담고 있지 않았던 것이다. 중국 숫자 외에 자판의 나머지는 최근에 개발된 중국어 음절 알파벳 부호에 모두 할당되었다. 발명품이 근거로 하고 있고 당시 중국에서 계획 중이던 언어 개혁에 대해 존스는 다음과 같이 간단하게 설명했다. "중국 정부가 '주음자모'라고 알려진, 그리고 영어로는 국가 음절 알파벳이라고 알려진 새로운 음절 알파벳을 공식적으로 채택하고 반포하려고 했다. 정부 관리들에게 사용하도록 명령하고 학교에서 이 시스템을 가르치라고 요구하는 공식 포고령도 나왔다."[61] 존스는 새로운 알파벳에 대해 "나라의 모든 부문의 학식 있는 인사들로 구성된 위원회에서 고안"되었으며, 그 목적은 "표의문자의 복잡한 시스템을 단순화하고 사람들 사이의 문해성을 일반적으로 높이는 것이다"라고 말했다.[62] 존스와 레밍턴 회사 후견인들은 1924년 3월 12일 중화민국 정부가 주음부호(注音符號)(〈그림 4-6〉)의 공식 포고령을 발포하기 전에 국가 음절 중국어 타자기의 출원을 제출했다.

이 발명품에 대해 처음으로 글을 쓴 언론인들은 이 기계의 인지적 불협

그림 4-6 | 로버트 매킨 존스가 만든 레밍턴사의 중국어 타자기(1924/1927)

화음 ─ 한자가 없는 '중국어 타자기'─ 을 놓치지 않았다. ≪네이션스 비즈니스(Nation's Business)≫의 기사에서 폴 길버트(Paul T. Gilbert)는 진 왕조의 서예가 왕희지(303~361)를 지칭하면서 "중국어 타자기? 좋다. 아마도 그렇게 부를 것이다. 하지만 왕희지의 5000개의 문자를 자판에서 찾지는 말라"라고 시작했다. 하지만 길버트는 독자들에게 확실하게 결론지었다. "중국어 타자에 도움이 되는 자판을 고안하는 것은 불가능했을 것이다."[63]

방대하고 아직 손대지 않은 중국어 시장으로의 진입점으로 '중국어 알파벳' 또는 '음절 중국어'라는 꿈을 부여잡은 첫 번째 타자기 발명가는 로버트 매킨 존스도, 레밍턴 회사도 아니었다. 중화민국 정부가 주음부호를 발표하기 10년 전인 1913년 겨울, 영국에 사는 두 명의 기술자가 "인쇄물 또는 타자된 자료의 생산에 중국어를 적용"하기 위한 합동 특허 신청서를 제출했었다.[64] 특허 출원 중에 존 캐머런 그랜트(John Cameron Grant)와 루시엔 알폰소 레그로스(Lucien Alphonse Legros)는 자신들의 기계에 한자를 그대로 담지 않고 중국에서 당시 쓰이고 있는 음절 중국어 '알파벳'을 얹겠다고 설명했다. 그랜트와 레그로스는 "지난 몇 년 동안 새로운 중국어 알파벳 또는 좀 더 엄격히 말하면 음절 문자 체계가 마치 유행처럼 준공식적인 사용 단계로 들어왔다"라고 설명했다. 발명가들은 문자 기반의 타자기가 불가능했으므로 중국과 전 세계 사람들은 이런 발전에 안도했다고 설명했다. 중국의 문자 기반 문장에 대해서는 "현대 기계 작문에 적용하는 것은 완전히 불가능했다. 왜냐하면 어느 알려진 기계 작문의 형식에 그런 숫자의 매트릭스를 잘라서 적용하는 것 또는 실제로 전체 언어를 어느 알려진 수작업의 범위에 넣는 것은 실질적인 가능성의 범위를 넘는 것이기 때문이었다"라고 말했다. 하지만 그 사이 '로마자화된' 중국어판을 개발하려는 외국인들의 시도는 똑같이 실패하고 있었다. 외국의 로마자화 방식은 "심각한 단점을 가지고 있는데, 첫째, 알파벳이 외국 것이라서 불쾌했고", 둘째, 중국어 성조를 전달하기 위해서는 추가 부호를 사용해야 했다.[65]

그러나 타자기의 기본이 되는 문자는 중국에서 중국인에 의해 만들어진 것이었다. 청 왕조(1644~1911)를 타도한 1911년 혁명의 물결 속에 새로 구성된 차이위안페이(蔡元培) 휘하의 중화민국의 교육부는 발음 통일과 관련된 회의를 주재하는 계획을 발표했다. 회의는 1913년 2월에 우쯔후이(吳稚暉)의 지휘하에 시작되었고 전국의 많은 유명한 언어 개혁가들이 참석했다. 거의 3개월에 걸친 논쟁적이고도 복잡한 토론 끝에 위원회는 주음자모(注音字母)(또는 '음절 알파벳')라고 알려진 중국어를 위한 음절 기록 시스템을 중심으로 합의를 발표했다.[66] 이것은 서양 타자기회사들이 기다려왔던 기회였다. '중국인에 의해 그리고 중국인을 위해' 만들어졌으나, 서양 글쓰기 시스템을 채용한 중국-외국 글쓰기였던 것이다.

이 새로운 '중국어 알파벳'에 가능성과 약속을 가득 채운 이들은 레그로스와 그랜트뿐만이 아니었다. 그들이 특허 출원을 했던 바로 같은 달에 언더우드 타자기회사와 협력해 표준 언더우드 타자기에 새로운 음절 부호를 장착한 기술자인 프랭크 엘러드(Frank Allard) 역시 그러했다.[67] 1920년 4월에 ≪텔레그래프 헤럴드(Telegraph-Herald)≫는 "중국어 알파벳이 줄어들었다"[68]라고 발표했다. 이 기사는 "임무를 가진 일꾼들이 4000년 이상 동안 중국에서 사용되고 있는 손 글씨를 혁신하는 노력에 성공한다면, 미래 세대의 중국인들은 10만 자 또는 더 많은 상형문자를 그리기 위해 붓을 사용하는 대신 39자만 가진 타자기를 사용하게 될 것이다"라고 시작했다. 기사는 그 시스템이 1903년 영국에서 왕차오에 의해 개발되었고 중국어 타자기 설계자들에게 이미 관심 주제라고 설명하고 있었다. 상하이의 테크스버리(E.G. Tewksbury) 목사는 중국 장인이 제공한 자형으로 만든 "미국 타자기를 사용해 새 문장을 쓰는 데 완벽한 성공을 거두었다"라고 보도되기도 했다. 1920년 8월 ≪파퓰러 사이언스≫가 해먼드 멀티플렉스라는 또 다른 음절 중국어 타자기 광고를 실었다.[69] 로버트 매킨 존스가 레밍턴 음절 중국어 타자기에 자신의 이름을 올렸을 때 그의 기계는 긴 계보의 하나였을 뿐이었다.

'중국어 알파벳'의 꿈이 실현되는 것처럼 보였으나, 냉혹한 현실이 서양 타자기 제조업체들의 열망이 틀렸음을 입증했다. 주음은 한자를 대체하는 것이 아니었던 것이다. 그것은 레밍턴, 해먼드, 언더우드 등등이 알고 있던 의미의 '중국어 알파벳'이 되는 것이 아니었다. 오히려 주음은 중국 국민들에게 표준적이고 비방언인 한자 발음을 심어주려는 교육적 문장 시스템의 역할을 하도록 되어 있었다. 하지만 많은 외국 관찰자들은 이 사실을 놓쳤다. 가장 눈에 띄게는 음절 중국어 타자기와 금속 작문 기계 개발을 열망했던 외국인 발명가들이 더 그러했다. 끝없이 고도를 기다리는 블라디미르와 에스트라곤처럼, 중국 관찰자들은 일종의 차분한 기대 속에 버티면서 알파벳이라는 놀라움과 구원을 가져다줄 카드무스 ― 언젠가는(항상 조만간) 오게 되어 있는 인물 ― 를 끝없이 기다리고 있었다. 신화 속 테베의 창시자이자 에우로파의 형인 카드무스는 그리스에 페니칸 문자(그리스 알파벳의 전신)를 소개했다고 헤로도투스에게 인정받았는데, 월터 웡, 에릭 헤이브룩, 그리고 많은 이들이 그리스 기적의 원인을 이 문자에 돌렸다. 카드무스가 여기 천상 왕국에 서둘러 오기만 했다면 세상 최후의 비문자소 글자가 야기했던 많은 걱정이 모두 해결되었을 것이다.

레밍턴과 존스로 돌아와 보면 얼마나 많은 20세기의 '잘못된 카드무스 목격담'이 카드무스의 궁극적인 도달에 대한 확신을 (비록 없애버리지는 않았어도) 훼손시켰는지 볼 수 있다(에스트라곤이 "이렇게 계속할 수는 없어"라고 항변하자 블라디미르가 "그건 네 생각이야"라고 답한다). 레밍턴이 특허 사무실에 출원을 제출한 지 다섯 달이 채 못 되어 중국의 언어 개혁 잡지인 ≪월간 국어(國語月刊)≫ ― 이 잡지는 자오위안런, 리진씨, 첸쉬안퉁, 저우주오런, 푸시녠, 그리고 중국 언어 개혁 운동의 여러 영향력 있는 인물들의 글을 정기적으로 싣고 있었다 ― 의 뒤표지에 전면 광고가 게재되었다. 광고는 언더우드 중국어 음절 타자기를 실었는데 자판의 사진 소개에서는 "구조가 영어 언더우드 타자기와 같다"라는 확약을 주었다. 독자들은 단 끝에 한 줄짜리 주음 문장으로 "ㄣㄓㄈㄏㄨㄚㄍㄨㄛㄌㄣㄎㄚㄗㄐㄧㄧ" 또는 "언더우드 음절 타자기"[70]라고 쓰여 있는 기계 출력물을 볼 수 있었다.

산업 내의 그런 어지러운 낙관론에도 불구하고 음절 중국어 타자기를 판매하고 대량 생산하겠다는 모든 시도는 실패했다. 서양 회사들은 '천상' 에서 이루어지는 이들 음절화 운동의 제한된 방향을 이해하지 못했다. 아마 이해하려고 하지도 않았을 것이다. 그 대신 '중국어 알파벳'에 대한 끝나지 않는 기다림 속에서 레밍턴, 언더우드, 그리고 여러 회사들은 경쟁자들이 듣기 전에 카드무스가 접근하는 발자국을 들으려고 귀를 쫑긋 세웠고, 그리하여 문 앞에서 그를 최초로 만나 그의 도착으로 돈을 벌고자 했다.

표음식 중국어 타자기라는 생각에 지나치게 사로잡힌 나머지 이 표음식 중국어 타자기의 완전한 실패까지도 서양 언론의 관심을 피하지 못했다. 존스가 1933년 뉴욕의 스토니 포인트에서 세상을 떠났을 때 그에 대한 부고는 그의 아랍어 기계나 우르두어에 대해, 또는 다른 글을 위해 그가 설계했던 자판에 대해서는 아무런 말을 하지 않았다. 그 대신 그의 죽음에 대한 고지는 발명가의 생애 중에 완전한 실패로 끝난 유일한 자판을 부각시켰다. "로버트 매킨지 존스, 중국어 타자기 발명가는 능력 있는 언어학자였다." "20년 전 존스 씨가 중국어 타자기를 개발한 것은 뛰어난 업적이라고 사료된다. 그 언어 안에 있는 많은 글자는 극복할 수 없는 난관으로 알려졌다. 성공한 언어학자인 존스 씨는 많은 방언과 알파벳을 가진 그 나라의 시민들이 읽을 수 있고 알아볼 수 있도록 여러 해에 걸쳐 여러 한자를 기계의 자판 위에서 통합시켰다."[71]

세계 박람회에서: 모방과 별종 사이의 중국어 타자

중국어 타자기가 모국에서 어떤 진전을 이루었다 하더라도 국내 산업만으로는 현대 언어기술 국가들의 범세계 가족 가운데에서 중국의 위치를 공고히 하기에 충분하지 않았다. 넓은 세계 속에서 '진짜' 타자기가 존재하는 한, 중국 외의 세계에서 중국어 타자기를 불합리하지 않은 것으로 개념화할 준비가 되어 있지 않는 한, 이 기계의 위상 ― 특히 '타자기'라는 명칭을 가질 자격에 대해 ― 은 의문으로 남았다. 1919년 ≪아시아≫라는 잡지는 당시 상하이프레스의 편집국장인 광푸줘(鄺富灼, 영어 이름 Fong Foo Sec)가 상무인서관의 기계 앞에 서 있는 사진을 실었다. 사진 설명에는 "광푸줘 박사는 효율적이고 현대적인 중국인을 대표한다"라고 극찬하는 문구가 실렸다. "중국 인쇄소 중에 가장 크고 최고 시설이며, 중국의 거의 모든 교과서의 출판과 중국 중부에 대한 문학 보급을 책임지고 있는 상하이프레스의 편집인으로서, 그는 인민 계몽이라는 측면에서 중국의 어느 관리보다 더 중요한 자리를 맡고 있다." 하지만 그의 앞에 있는 장치로 초점이 옮겨지면서 광푸줘에게 주어졌던 칭송은 즉각 꼬리를 내렸다. 기사는 "이 사진 속에는 발명의 아버지들의 자손이 고안한 코끼리만한 타자기와 함께 그가 보인다"[72]라고 이어갔다.

1920년대 상무인서관은 서방 세계를 누르기 위한, 그리고 중국어 타자기에 대한 생각을 바꾸기 위한 첫 번째 결연한 노력을 시작했다. 중국어 타자기는 1926년 150주년 세계 박람회가 열린 필라델피아에서 세계적으로 선을 보였는데, 이 박람회는 독립 선언 150주년을 축하하는 의미에서 열린 것이었다. 전시된 품목은 전 세계의 문화, 산업의 유산이었는데, 일본, 페르시아, 인도 등등의 별관이 있었다. 중국 별관은 뉴욕의 중국 총영사이자 국제무대에서 조국에 대한 발표에 가장 큰 관심을 가졌던 장샹린(張祥麟)이 일부를 관장했다.[73] 전시회 3년 전인 1923년경 장샹린은 필라델피아 상업 박물관과 중국 제품 전용 전시관을 방문했었다. 당시 어느 보고서는 장샹린과 그를 수행한 중국 사업가 그룹을 지칭하면서 "크고 멋있었지만 전시가 다양한 생산을 하는 새로운 중국보다는 과거의 중국을 보이고 있는 것에 실망했다"라고 적었다. "예를 들면, 중국이 근자에 개발한 현대식 산업과 제조업을 보여주는 예가 상대적으로 거의 없었다." 이런 상황을 벗어나기 위해 총영사인 장샹린은 박물관 관리인에게 박물관을 위해 고국의 여러 기관에 연락해 "중국 제품의 대표적인 견본들"을 구하겠다고 약속했다. 몇 달 후 장샹린의 약속은 이루어져 상하이 상공회의소에서 보낸 일곱 상자의 물건이 필라델피아에 도착했다. 그 수집품에는 비단, 고리버들 가구, 담배와 시가, 치약, 그리고 양말과 함께 많은 것이 포함되었다.[74]

상무인서관의 중국어 타자기도 그런 대표적인 물건 가운데 하나로 선정되었다. 이 기계는 산업 기술에서 나라의 발전을 보여주는 기기로서, 중국 문명화 역사라는 긴 틀 속에 놓였다. 전시 별관에 들어서면 사람들은 곧바로 나란히 걸려 있는 미국과 중화민국 깃발을 만나고, 고급 비단, 장식 우산, 차 주전자, 도자기 화병, 오색 잔, 서예 두루마리, 그리고 풍경화를 보게 되었다. 뒤쪽 벽을 따라 조지 워싱턴의 사진과 보리수나무 위에 있는 고양이의 그림 아래에는 '중국어 타자기'라고 새겨진 팻말의 전시 상자가 있었다(〈그림 4-7〉).[75]

그 기계를 전 세계적으로 데뷔시키기 위해 준비 중이던 상무인서관은

그림 4-7 | 필라델피아 세계 박람회에 전시된 수전둥 중국어 타자기(왼쪽 하단)

수-스타일 기계를 위한 영어 전단을 만들었다. 어조는 외국인들을 위해 조심스럽게 표현되었는데, 원고와 인쇄라는 본래의 틀에서 벗어나 기계를 드물게도 사실상 서방의 실제 타자기와 같은 것이라고 설명했다. "상무인서관이 제조한 중국어 타자기는 중국 사무 행정에서 발생하는 심각한 문제를 해결했다. 이 기계는 외국 타자기의 모든 장점을 가지고 있다"(〈그림 4-8〉).[76] 필라델피아 세계 박람회에서 중국을 대표하는 총 관리인으로서 장상린은 타자기의 성능과 대중의 환대에 많이 기뻐했을 것이다.[77] 상무인서관은 '중국어 타자기의 독창성과 적응력'으로 '영광의 메달'을 받았다.[78] 필라델피아 안내서에는 "문자의 자형이 3000개이지만 타자수는 한두 주일

그림 4-8 | 필라델피아 세계 박람회를 위한 상무인서관의 브로셔

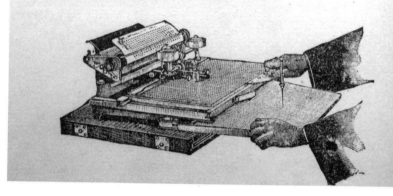

CHINESE TYPEWRITER

The Chinese typewriter manufactured by the Commercial Press solves a serious problem in office administration in China. The machine has all the advantages of a foreign typewriter.

훈련하면 즉각 어느 글자든지 찾을 수 있다. 두 달의 훈련으로 2000자를 쓸 수 있고 더 오랜 연습으로 더 빠른 속도를 낼 수 있다"[79]라고 중국 기계에 대한 드문 축하가 쓰여 있었다. 더욱이 1927년 겨울을 시작으로 필라델피아 소식이 중국에 도달하기 시작했다. 1월 12일 ≪신보(申報)≫는 상과 영예를 얻은 이 중국 회사들의 소식을 담고 있는 통신문을 장샹린으로부터 받아 전달했다. 수상작 중에는 특히 수-스타일 중국어 타자기에 대한 상도 있었다.[80]

하지만 필라델피아에서 받은 영광의 메달이 외국인들로부터뿐 아니라 고국 가까이에서도 일고 있던 비판과 폄하를 잠재우기에는 부족했다. 세계 박람회가 열리던 해인 1926년 언어학자이자 강경한 문자 폐지론자인 첸쉬안퉁이 분류, 재생, 그리고 전송에서 문자 기반 시스템이 가진 비효율성에 대해 다시 한번 비난하면서 광범위한 대상을 공개적으로 비판했다. 첸쉬안퉁은 문자 기반의 사전, 카탈로그, 색인에 대한 비판으로 시작해 "한자가 획수, 운율, 또는 이 모든 것의 끝인 개떡 같은 『강희자전』의 부수 시스템에 의존하는 등 효과적인 해결책을 제시하지 못한다"[81]라고 주장했다. 첸쉬안퉁은 중국어 타자기에 대한 가장 단호한 비판은 아껴두었다.

2000~3000개 이하의 글자를 가져서는 안 되는 타자기들이 있다. 2000~3000개 글자의 면적(面積)은 작지 않다. … 타자할 때 이들 2000~3000개 글자와 아무리 친숙해도 각 글자를 하나하나 찾을 수밖에 없다. 첫 글자는 북동쪽 구석에 있다, 두 번째 글자는 남서쪽 구석 밑에서 여덟 번째에 있다, 세 번째 글자는 다시 한번 북동쪽 위 중앙 세 번째 줄 위에서 열한 번째에 있다, 네 번째 글자는 북서쪽 위쪽에서 약간 아래에 있다, 다섯 번째 글자는 다시 한번 중앙에 있는데 중앙에서 약간 남동쪽에 있다 등등. 이것은 사람을 어리둥절하게 만들기에 충분하다[目迷五色]. 기계에 없는 글자를 만날 때, 그리고 '가끔 쓰이는 글자의 글자판' 안에서도 글자를 찾을 수 없을 때(가끔 쓰이는 글자의 글자판이라고 해서 모든 글자를 가지고 있지는 않으므로), 그리고 손으로 글자를 써 넣어야 할 때 이것이 얼마나 번거로운지 알게 될 것이다. 음절 문장은 수십 개의 글자와 한 주먹의 부호만 가지고 있으므로 타자하는 데 얼마나 편한지 말할 필요도 없다.[82]

그림 4-9 | 1927년 ≪라이프≫ 잡지에 실린 '중국어 타자기'

Mr. Underhill: THIS IS OUR LATEST ACHIEVEMENT——A TYPEWRITER FOR THE CHINESE TRADE.

첸쉬안퉁의 지도 형상화는 장난스러웠지만 치명적이었다. 첸쉬안퉁은 이러한 비판을 위해 영토 등에 전형적으로 쓰이는 '면적(面積)'이라는 단어를 능란하게 사용해 무대를 꾸밈으로써 중국어 타자수를 '2000~3000개의 글자'라고 두 번씩 반복한 넓은 풍경을 헤매고 다니는 영혼으로 바꾸어놓았다. 이러한 거리 감각을 늘리기 위해 첸쉬안퉁은 글자판 글자의 위치를 기본 방위를 사용해 표현하고 있는데, 이는 중국에서 성이나 도시의 위치를 표현하는 방식이다. 첸쉬안퉁의 첫 번째 가상의 글자는 펑톈(奉天)성 어딘가에 위치했고, 두 번째 글자는 윈난 또는 남쓰촨에, 세 번째 글자는 러허(热河)에, 네 번째 글자는 동신장에, 그리고 다섯째 글자는 산시에 위치했다.

그사이 미국에서는 필라델피아의 중국관이 1장에서 살펴보았던 또 다른 타자기 괴물의 실체화에 영감을 준 듯했다. ≪라이프(Life)≫ 잡지 1927년 2월 17일판에서 만화가 길버트 레버링(Gilbert Levering)은 '중국어 타자기'에 대한 자신의 상상, 즉 폭으로는 30개의 키를, 높이로는 35개의 키를 지녀 총 약 1050개의 키를 보유한 중국어 타자기에 대한 상상을 보여주고 있었다(〈그림 4-9〉).[83]

유명 언론에 첫 번째 등장한 지 27년이 지나도 '탭-키'가 여전히 잘 살아 있는 것으로 보였다.

제 5 장

한자문화권 지배

타자수들은 다른 누구보다 시대에 따라야 한다.

_중국 타자 안내서, 만주국, 1932

이들 일본어 타자기가 중국어로 된 교신에도 쓰일 수 있다는 것을 간과해서는 안 됩니다.

_재무관이 점령된 상하이시의 사무관에게 보낸 메모, 1943

"자유로운 중국을 위해 기도하라." 2009년 여름 내가 갖게 된 중국어 타자기에 붙은 스티커에는 그렇게 쓰여 있다. 그 기계는 샌프란시스코에 있는 기독교 교회에서 구했는데 그곳에서 주보를 만드는 데 여러 해 동안 사용되어 왔었다. 내가 하는 일을 알고 이메일로 연락한 사람은 이렇게 설명했다. "그 사람들이 이걸 버리려고 했습니다만, 누군가가 이런 지난 기술을 이해할 길을 찾을 수 있을 것이라는 희망으로 이것을 간직해 왔습니다."[1] 그 기계는 중국 본토에 있는 상하이계산기와 타자기공장(Shanghai Calculator and Typewriter Factory)에서 생산한 솽거(雙鴿, 쌍비둘기) 중국어 타자기였다. 연초록색의 사인을 가진 이 기계는 마오 시대(1949~1976)의 타자기였고 1980년대와 1990년대에도 곧잘 만들어졌다. 하지만 이 기계를 소유했던 캘리포니아 사람이 이 기기의 국적과 당적을 바꾸어버렸다.

"자유로운 중국을 위해 기도하라" 스티커 위에는 국민당과 민족주의 깃발이 눈에 띄도록 해서, 망명 중인 타이완 정부(베이징의 표현으로는 '변절자성')에 대한 정치적 연계를 맹세하고 있었다. 그 기계는 미국에 대해서도 충성을 맹세했는데 기계 위의 두 번째 스티커는 발톱에 화살을 잡고 있는 미국 대머리 독수리를 담고 있었다. 기기의 공식 로고인 무장 없는 비둘기 한 쌍 옆에 위협적으로 자리 잡은 독수리는 기계가 판매되던 냉전 시대 후기의 증거로 서 있었다.

하지만 사물이 이제까지 탐색한 언어기술적 의미가 아닌 당 정치, 국가적 정체성 등등의 관습적인 관점에서 정치색을 띠고 있다고 어떻게 말할 수 있는가? 기술자 또는 회사의 출신지 또는 사상적 학습이라는 면에서 누가 인쇄기기를 만들었는가가 중요한가? 또는 기술적 기기는 본질적으로 중립적이고 비민족적이며 세계의 시민인가? 다르게 말하면 중화인민공화국에서 제조된 기계를 미국에 있는 친타이완적인 기독교 중국인 교회에서 채택했다는 것이 어떤 식으로든지 문제가 되는가? 또는 기술적 물건은 그 성격상 이러한 인간적인 관심과 아주 무관한 걸까? 이것이 이 장에서 다룰 질문들이다.

다음 해 또 다른 사건 때문에 예상치 못하게 이와 같은 질문들이 내 의식 속으로 밀려왔다. 2010년 여름 나는 런던의 하운슬로 중앙역에서부터 코벤트 가든까지 평범한 매트 여행 가방을 왼쪽에 낀 채 만원 열차를 타고 있었다. 딱딱한 아크릴 벽 안에 구겨진 벽지 견본이 다른 중국어 타자기의 중앙 부품을 제대로 싸고 있었는데 이 기계는 1960년대에 만들어진 것이었다. 몇 시간 전까지만 해도 이 여행 가방도 그 내용물도 내 것이 아니라 피커딜리 전철의 가장 바깥 쪽 런던 교외에 살고 있는 말레이시아계 영국

가족의 것이었다. 이 타자기는 싱가포르에서 구입되어 말레이시아에서 사용되다가 런던으로 실려왔고 이제는 스탠퍼드대학교의 내 사무실로 가는 길이었다. 이것이 늘어나는 나의 수집품의 두 번째 기계가 되었는데, 이 기계는 첫 번째 기계보다 국적이 더 복잡했다.[2]

에블린 타이(Evelyn Tai)의 집에 도착한 나는 뜨겁게 환영을 받은 후 집 뒤쪽에 있는 방으로 안내되었다. 에블린이 책상에 앉아서 보여주기로 한 기계를 시연해 주었다. "20년 동안 만져본 적이 없습니다. 최선을 다하겠어요." 에블린은 타자를 시작했고 나는 그녀에게 2000개가 넘는 글자의 위치를 어떻게 배우게 되었는지 물었다. 그녀의 대답은 기억력의 성과를 무시하듯이 겸손했다. "그냥 외워요." 그녀는 이 대답을 좀 더 이어갔는데, 우리가 4장에서 20세기 초 중국의 타자 학교와 교과과정에서 보았듯이 중국어 어근 또는 부수가 얼마나 중요한 고리인지를 설명했다. 그녀는 기계의 배치를 배울 때 특정 부수의 글자들은 특정 영역에 위치한다고 배우는 것으로 시작했다고 설명했다. 하지만 시간이 가면서 이런 학습과 기억의 의식적 행동은 분명히 근육의 기억으로 바뀌어갔다. "내가 新(새로울 신)을 원한다고 해봐요." 에블린이 훌쩍 말하고는 글자 선택기를 타자기 글자판을 가로질러 움직였다. "곧바로 가면 보다시피 新이 여기 있어요."

에블린의 기계에 대한 모든 것은 아주 개인적인 것으로 보였다. 작은 7.6~10cm 플라스틱 상자 안에는 그녀의 손이 닿을 수 있고 핀셋을 이용해 그녀의 기계 매트릭스의 빈자리에 놓을 수 있는 특별한 글자들이 들어 있었다. 4장에서 논의한 헌팅턴 기계의 글자들처럼, 글자판이 그 소유자의 생활과 시간들을 증언해 주듯이 에블린의 글자들 — 仙(성인 선), 拯(구원할 증), 하나님을 위해 남겨져 있는 대단히 희귀한 3인칭 대명사인 祂(하나님 야) —

은 그녀의 기독교적 믿음, 그리고 교회의 일원으로서 그녀가 했던 사무 작업을 증언하고 있었다. 糕(고)와 丘(구) 같은 다른 글자들은 쉽게 해독할 수 없었는데, 아마도 이 기계로 타자했던 주보에 정기적으로 등장했던 교회 신자의 이름인 것 같았다.

그 기계는 에블린의 딸에게도 지극히 사적인 것이었다. 마리아는 자신의 어머니가 시연하는 중에 우리 뒤에 서서 어머니의 설명을 듣고 있었다. 모두 말레이시아에서 태어난 다른 직계 가족들과 달리 마리아는 가족의 이민 초기 싱가포르에서 태어났다. 그곳에서 마리아의 아버지는 트리니티대학의 조교수로 일을 했고 그녀의 어머니는 그 지역 감리교 교회(그들 스스로는 장로교도라고 칭했다)와 연계된 학교에서 유치원 선생님으로 일했다. 에블린은 싱가포르에서 중국어 타자기를 구입해 트리니티대학의 강의 자료뿐 아니라 교회 프로그램과 예배 순서를 타자하는 데에도 사용했다. 마리아가 아직 아기였을 때 그녀의 어머니는 싱가포르의 성인 교육 기관이 운영하던 세 달짜리 중국어 타자의 집중 강좌를 수강했고 1972년 10월 수료 시험에 합격했다. 그 가족은 런던으로 다시 이사했는데 그녀의 아버지는 이번에는 그곳에서 유나이티드 개혁 교회에서 사제로 봉사했다. 그들은 롤러 압판을 제외하고 그 기계 대부분을 분해해 실었다. 그들은 분해된 기계를 매트 갈색의 아크릴 여행 가방 — 그들이 내게 넘겨준 바로 그 가방 — 에 꾸렸다.

이 많은 여행을 통해 마리아에게 어머니의 타자 소리는 항상 똑같아서 여기저기 옮겨다니던 어린아이 시절 동안 연속성의 수단이었다. 에블린은 집에서 간혹 딸의 도움을 받으면서 교회를 위한 중국어 프로그램을 타자하고 형광 종이로 복사했다. 지역 공동체 모임과 근처의 학교, 그리고 교회 같은 다른 조직 팀들도 그녀에게 도움을 청했다. 그녀가 어머니를 돕지 않을 때에도 그녀는 숨죽인 그러나 분명한 기계 소리를 밤늦게 집 벽을 통해 들을 수 있었다. 그녀가 침대에서 졸고 있을 때도 그 소리가 함께하고 있었다. 2010년 이곳에서 마리아는 어머니가 그 기계를 시연하는 것을 보면서 거의 안 들리게 내게 말했다. "저 소리가 나를 잠들게 해요."

내가 연구를 시작했을 때는 런던 교외에서 나눈 이 대화가 중국어 타자기에 대한 친근한 역사 속으로 뛰어드는 기회를 제공할 것이라고는 거의 알지 못했다. 그 몇 시간 동안 나는 이제까지 알아보았던 정치에 대한 많은 질문 ─ 중국 타자가 알파벳 세계에서 어떻게 이해되었는지에 대한 정치, 중국어 언어기술적 현대화에 대한 일상 용법 접근법이라는 정치, 분할식 자형 인쇄라는 정치 등등 ─ 은 미뤄둘 수 있었다. 그리고 대신 이 특정한 기계가 20년 이상 한 여인의 인생에서 차지했던 위상을 섬광처럼 엿볼 수 있었다. 셰리 터클(Sherry Turkle)의 프로포스(a propos) 공식을 인용하자면, 그 기계는 그녀 세계의 "좋은 기억을 떠올리게 하는 사물" 중 하나였다.[3] 그 기계는 그녀의 이름을 따라 '에블린'이라고 새겨진 레이블을 몸체 앞에 붙이고 있었다. 그녀는 내게 "이 기계는 시작부터 끝까지 내 물건이었어요"라고 환기시켰다.

하지만 정치가 시야에서 흐릿해지자마자 다시 튀어나왔는데 이번에는 완전히 다른 형태였다. 기기를 살펴봤을 때 몸체 뒤에 붙은 작은 팻말이 내 관심을 끌었고, 이는 즉각 내 마음속에서 그리고 있던 낭만적인 그림을 복잡하게 만들었다. 이 팻말에는 '중국어타자기유한주식회사. 일본사무기기유한회사'라고 적혀 있었다. 이 중국어 타자기는 일본제였던 것이다.

완전히 새로운 이야기가 이어졌고, 우리는 수십 년 전 에블린과 그녀의 남편이 처음 싱가포르의 상점에서 그 기계를 샀던 날로 돌아갔다. 그 상점은 집에서 나를 기다리던 쌍거 모델을 포함해 다양한 중국어 타자기들을 팔고 있었다고 에블린은 회상했다. 쌍거 타자기는 중국에서나 국제적으로나 그 당시 가장 널리 쓰이던 중국어 타자기였는데, 이는 쌍거 타자기가 본토에서 생산된 유일한 중국어 타자기였기 때문이다.

거기서 판매되던 다른 모델은 일본사무기기유한회사가 만든 슈퍼라이터(Superwriter)였다. 구조적으로 그리고 언어적으로 기계의 원리는 동일했고 양쪽 모두 약 2500개의 한자 모음이 배열된 일상 용법 글자판을 가지고 있었다. 타자 메커니즘도 동일하게 작동되었다. 작업자는 오른손을 사용해 문자 선택 도구를 원하는 글자 위로 가져가고 적당한 시간에 타자 바를 누르는 방식이었다. 당시 에블린이 가진 주요 의문은 일본과 중국의 제조업 가운데 누가 더 높은 명성을 지니고 있는가 하는 것이었다. 그녀는 중국에서 만든 타자기를 사야 했을까, 아니면 일본에서 만든 타자기를 사야 했을까?

모든 역사학자들이 알고 있듯이 이처럼 짧게 지나가는 순간은 우리의 진로를 바꾸는 능력을 갖고 있어서 가로지르는 데 몇 년이 걸릴 수도 있는 예상치 못한 길로 우리를 들어서게 하지만, 이는 여행을 더욱 풍요롭게 하기도 한다. 내 기록을 다시 보기도 하고 도쿄에서의 새로운 수집품으로 확대해 가기도 하면서 이전에 생각해 보지 않은 질문들이 나의 초점이 되었다. 현대 역사의 과정 중에 누가 중국 문자 생산과 전송의 수단을 통제했을까? 언제, 어떻게, 그리고 어떤 목적으로?

이 시점에서 나는 레밍턴, 언더우드, 올리베티, 그리고 메르겐탈러 리노타이프(Mergenthaler Linotype) 같은 세계적인 큰 회사들이 모두 중국 언어 시장을 장악하기는커녕 들어가려다가 실패했다는 것을 너무 잘 알고 있었다. 에블린의 거실에 서 있을 때, 질문이 다시 떠올랐다. 일본은 어땠을까? 서양 제조업체들이 세계 글쓰기의 확장되던 목록 안으로 중국어를 가져올 수 없다는 것이 입증되었고 점점 더 비알파벳 타자기가 어떻게 생겨야 하는지 상상할 수 없게 되었다면, 비알파벳 한자(또는 일본어 한자인 간지)가 언어의 핵심 부분을 이루는 일본의 회사와 기술자들은 어땠을까? 그리고 이러한 역사는 '중국, 일본, 한국'의 정보 처리 능력, 서체 등등을 지칭하는 현대 컴퓨터 내의 포괄적인 용어 개념인 CJK(Chinese - Japanese - Korean, 즉 한국어, 중국어, 일본어를 이르는 말 _옮긴이)과 어떤 관련이 있었을까?[4] 일본이 만든 이 중국어 타자기를 보고 있는 것은 사실상 CJK의 '이전 역사'를 보고 있는 것이었을까?

이 장에서는 일본 타자, 그리고 일본의 중국어 타자 산업 접수라는 노골적인 역사를 다룬다. 서양식 자판 타자기의 신격화로 인해 중국과 중국어는 레밍턴 같은 다국적 회사가 이해하는 언어기술적 현대화의 범위 밖에 놓였지만, 일본 다국적 기업의 역사는 완전히 달랐다. 일본은 타자에 대한 두 가지 독특한 접근법의 본산이었는데, 하나는 일본 가나 — 쌍둥이 음절어인 히라가나와 가타카나 — 를 타자하는 데 오로지 향해 있었고, 다른 하나는 문자 중심의 글쓰기였다(간지). 외형과 느낌상으로 첫 번째 부류의 기계들은 레밍턴, 언더우드, 또는 올리베티가 만든 것과 차이가 없었다. 하지만 두 번째 기계들은 중국에서 만들어진 것과 구별되지 않았다. 이런 경계적 입장을 차지하면서 일본 기술자들은 여러 면에서 자신들의 서양 상대역들보다 상상력이 덜 제한되어 있었고 문자를 다룰 수 없는 자판 기반의 시스템에 제한되지 않았다. 그 대신 일본은 중국어 타자수들이 익숙해졌던 것과 동일한 글자판을 가진 일상 용법 기계를 개발함으로써 레밍턴이 실패한 곳에서 성공했다.

일본 회사들은 1920년대부터 중국 시장에 들어왔는데, 이는 1931년 중국 북동부에서의 일본 제국 구축이라는 확장, 1937년 전면전의 발발과 함께 더 가속되었다. 1930년대 말 그리고 1940년대 초에는 일본이 중국 타자기 시장을 지배하게 되었고, 에블린 타이가 슈퍼라이터를 선택한 데서 알 수 있듯이 전쟁 후 시대의 초기까지 계속 영향력을 행사했다. CJK는 일본 제국의 흥망, 그리고 제2차 세계대전의 공포와 떨어질 수 없는 끔찍한 과거를 가지게 되었다.

언어기술적 세계 사이에서: 가나, 간지, 그리고 일본 타자의 양면적 역사

19세기 하반기부터 중국의 동쪽 이웃은 언어기술적 현대화라는 질문들과 씨름하기 시작했는데, 일본 전신, 전화, 산업화된 인쇄, 우편, 속기 등등의 역사가 그 예이다.[5] 미나미 료신이 보여주었듯이 일본의 인쇄 산업은 일찍부터 가장 완벽하게 기계화된 것 중 하나였다.[6] 1876년을 기점으로 증기기관을 인쇄업에 적용했는데, 이것이 일본 국내 신문 산업을 혁신했고 일본 출판업자들로 하여금 일간 신문의 게걸스럽고 커져가는 식욕과 보조를 맞출 수 있게 했다.[7] 19세기의 하반기 동안에는 전화와 전신 기술이 청 왕조의 연대표와 대체로 똑같이 소개되었다.[8] 1871년 그레이트 노던 앤 케이블 앤 와이어리스는 중국 전신 부호를 공포했는데 같은 해에 일본 가나의 전신 부호도 공식화되었다. 일본 전신 키 또는 덴신지고(電信字

묵)로 알려진 이 부호는 일본 가나의 음절에 짧고 긴 진동을 부여했으며, 그 시대 두드러진 사전의 순서인 이로하(いろは) 분류 시스템(헤이안 시대 시의 이름을 따라 붙여진 이름)을 따랐다.[9] 일본 정부의 통신과 우편 서비스에 대한 독점, 그리고 1880년대와 1890년대의 공식적·비공식적 일본 제국의 확장과 함께 이 네트워크는 급속히 확장되기 시작했다.[10]

일본 타자의 역사는 19, 20세기 동아시아의 언어 개혁 및 현대화 노력뿐만 아니라 그 시대의 문자 기반 글쓰기에 대해 널리 퍼졌던 비판과도 떼려야 뗄 수 없다. 사실 중국에서 한자를 폐지하자는 요구가 나오기 전에 한국과 일본에서 이러한 주장이 나오기 시작했다. 한 역사학자의 적절한 용어로 말하면 "탈중국화"의 일환으로 한국 개혁가들의 일부가 중국 문화권으로부터 전해져 온 부호와 사상을 특정하고 비일반화하기 시작했다. 이 개혁가들은 "동아시아의 과거 초국가적 문화와 결별해야 한다"라고 믿으면서 수백 년 전에 한국 언어로 수입되고 적용된 한자 기반의 글쓰기인 한자에 대하여 적대감을 품었으며 한자를 과학적(서구식) 발전 계획을 가로막는 근본적인 장애물로 여겼다.[11] 한때 한자를 진문 또는 '참문자'로 여기고 한글 글쓰기 시스템의 문자 기반 요소를 외국의 것으로 다루었으나 점차 한자를 '단지 한자가 지닌 장점과 의사 전달 수단'으로만 판단하게 되었다.[12] 한자는 본래 반현대적이라고 공격받던 유교와 도교의 원리와 되돌릴 수 없을 정도로 묶여 있다고 이해되고 있었다. 어니스트 겔너(Ernest Gellner)와 후에 베네딕트 앤더슨(Benedict Anderson)이 수행한 '진실 언어' 검사를 생각하면, 진실에 대한 확실한 접근을 제공하는 것으로 여겨졌던 교회 라틴어, 구 교회 슬라브어, 또는 '과거 한자' 같은 종교 언어의 특권적 위상은 저변의 진리가 점차 거짓이라고 여겨지면서 어쩔 수 없이 사라졌다.[13]

일본어 개혁가들도 같은 기간 동안 눈에 띄게 비슷한 주장을 내놓으면서 자기 나라의 운명을 아시아의 병자로부터 벗어나려 했고 그럼으로써 현대화라는 세계적 과제에 참여하려고 했다.[14] 1866년 외국학문개발국의 통역관인 매지마 히소카는 요시노부 장군에게 '한자 폐지를 위한 제안'이라는 청원을 제출했는데 그 청원에서 그는 간지를 가나로 대체하는 것을 지지했다.[15] 글쓰기의 효율성을 높이고 언어 교육의 속도를 가속시키려는 목적으로 매지마 히소카는 1873년 가나로만 된 신문인 ≪마이니치 히라가나 신문(每日ひらがな新聞)≫을 제작하는 케이모샤(啓蒙社)라는 회사를 설립했다. 첫해에는 신문이 실패했으나 시미즈 우사부로 같은 가나의 지지자들은 1874년 수필「히라가나에 대하여」를 통해 매지마 히소카의 제안에 대해 더 자세히 설명했다.[16]

최초의 일본어 타자기는 가나만 있는 기계로, 어떤 한자도 담고 있지 않았다. 세계적으로 명성이 높아지고 있던 싱글 시프트 자판을 본떠서 히라가나 음절문자를 타자하도록 설계된 이 기계는 1894년 구로사와 데이지로(1875~1953)가 완성했다. 구로사와는 곧 가타카나 기계의 개발로 관심을 돌렸고 1901년에 이 기계를 완성했다. 스미스 코로나(Smith-Corona)의 엘리엇 모델 기계에 생산 근거를 두고 구로사와는 자신의 기계를 일본어 스미스 타자기라고 명명했다.[17]

가나 타자는 서구 제조업체들에게 기회의 문을 열었다. 1905년부터 레밍턴은 일본어를 어마어마하게 확장되고 있는 전 세계 문자 목록 안에 넣었고 가나 전용 설계를 동아시아 시장에 진입하는 수단으로 활용하는 동시에 간지라는 골치 아픈 문제를 우회했다. 판매원들은 고객들이 제기할 수 있는 질문들, 특히 레밍턴 기기에서 한자(간지)가 빠져 있는 것을 어떻

게 설명할지에 대한 안내를 제공받았다. 판매원들은 "가나, 특히 가타카나는 고대 일본 언어를 대표합니다. 하지만 일본은 중국으로부터 수백 년 전에 대부분의 고전 문학과 발전된 학문을 전수받았고 글쓰기에 한자를 채택했습니다. 한마디로 일본어로 쓰는 평범한 매일의 글쓰기에까지 수많은 중국어 부호를 기계가 쓰도록 하는 것은 불가능합니다"라고 대답하도록 교육을 받았다.[18] 가나 타자기라는 수단을 통해 일본은 기술적 신체의 원리, 교육 제도, 품질 등등 타자라는 넓은 문화의 장에 들어갔다. 파리, 베이루트, 카이로, 그리고 뉴욕에서처럼 가나 타자의 안내서는 '올바른 타자 자세(正しいタイプライチングの姿勢)', '올바른 손가락 형태(正しい手指の形態)', 그리고 '각 손가락에의 건반 분배(各指の分担)'에 대해 소개했다.[19] 또한 가나 타자 덕분에 일본은 타자기에 대한 시, 타자기의 상징적인 스타일, 그리고 타자기로 만들어진 예술작품까지 서구식 타자기와의 세계적인 사랑에 참여할 수 있었다. 예를 들어 우리는 1923년부터 교과서에 '티 코가'가 만든 세 개의 타자기 예술 작품 — 연속된 키 작동으로 만들어진 로댕의 생각하는 사람, 예수 그리스도의 얼굴, 그리고 북미 지도 — 이 실린 것에 놀란다.[20]

처음부터 가나 전용 타자기는 정치가 만든 기계였고 현대화는 일본 언어가 중국 표의문자가 물려준 유산과의 관계를 단절하는 것을 전제로 했다. 1장에서 살펴본 불가능하고 괴물스러운 중국어 타자기는 일본어의 경우 경고성 이야기의 일종으로서(일본이 현대화의 세계로부터 파문되지 않도록 하는) 사용되었다. 레밍턴이 "우리가 상담했던 모든 교육받은 일본 본토인들은 지금의 일본어 쓰는 방법이 번잡스럽고 구식이고 국민들의 현재의 필요에 완전히 맞지 않는다는 데 동의하는 듯 보였다"라고 보고했다. 일본에서 요구된 것은 '현재 고약하게 섞여 있는 시스템을 순전히 음절적인 것으로 대체하는 것'이었다. "가타가나를 쓰는 레밍턴 타자기의 등장이 이런 변화의 길을 열어주는 것은 아주 가능할 듯하다."[21]

레밍턴은 동아시아 지역에 들어가는 데 열중하던 다른 세계적 기업들과의 경쟁에 직면했다. 1915년 2월 언더우드 회사는 야나기와라 슈케시게가 개발한 가타가나 타자기의 특허 출원을 지원했다. 8년 후 언더우드는 또 다른 가타가나 타자기 특허를 후원했는데, 이것은 야나기와라의 특허 변호사였던 번햄 스티크니에 의한 것이었다.[22] 레밍턴은 즉각 1915년 샌프란시스코에서 열린 파나마-태평양 국제박람회(젊은 치쉬안이 별다른 환영은 받지 못했으나 자신의 실험적인 중국어 타자기를 시연했던 박람회)에서 경쟁자들에게 반격했다. 레밍턴 별관은 매력적인 젊은 일본계 미국인 여인 츠기 기타하라가 운영하는 가나 일본어 기계로 주목을 받았다. 그녀의 사진을 담은 판촉용 엽서에는 "전 세계 여러분들께 파나마-태평양 국제박람회에서 인사드립니다. 156개 언어를 위해 레밍턴이 만들어졌습니다. 츠기 기타하라"[23]라고 적혀 있었다.

한자(간지) 타자기는 가나 전용인 선배 타자기가 출시된 지 15년 후에야 개발되었다. 한자(간지) 타자기는 가나 전용 운동의 활기 찬 상대역인 일상 용법 한자(간지) 운동과 깊이 연관되어 있었다. 1873년 언론인이자 정치 이론가이며 번역가인 후쿠자와 유키치(1834~1901)는 1000자 이하를 사용하는 아이들을 위한 3권짜리 교육용 교과서를 저술했다. 『문자 교육(文字之教)』이라고 제목 지어진 이 책에 대한 설명에서 후쿠자와 유키치는 대략 2000~3000자 범위의 간지 문자가 적당할 것이라는 의견을 밝혔다. 나머지 일본어 글쓰기는 가나로 쓴다면 말이다.[24] 1873년 후쿠자와 유키치가 제시한 문자와 1923년 5월 국어를 위한 잠정 위원회가 제시한 '일반적 사용을 위한 문자 목록' 사이의 기간 동안 많은 학자, 정치가, 그리고 교육자들이 '일상 용법 간지'[25]라는 질문에 끼어들었다. 1887년 참고서 『3000 문자 사전』에서 유나 후미오는 대략 3000자 정도가 충분할 것이라고 제안했다.[26] 30년 후인 1921년 3월 21일 도쿄-오사카 신문 발행인들의 모임에서는 합동 선언문을 발표했는데 제목은 "한자의 숫자를 제한하는 것을 지지한다"[27]였다. 1923년 5월판이 출판된 데 이어 많은 신문들이 1923년 9월 1일을 시작으로 자신들의 발행에서 이 한자 목록을 준수하겠다고 서약하면서 소리 높여 지원했다. 하지만 이 계획은 관동대지진의 파기되었고 그 문제는 다시 2년 동안 지연되었다.[28]

일본어 개혁이라는 줄기의 가장 빠른 기술적 징후는 스기모토 교타(杉本京太, 1882~1972)가 발명한 한자(간지) 타자기였다. 이미 그는 1914년에 작동되는 시제품이 거의 완성되었다고 보고했고 다음해 10월 도쿄 상공회의소에서 가나 타자기 개발자들이 수십 년 전에 채용했던 음절 단어를 유지하는 '일본어 타자기'를 발표했다.[29] 1916년 11월 스기모토 교타는 미국 특허 사무소에 자신의 발명품을 출원했고 1년 후 특허를 받았다.[30] 그러나 스기모토 교타의 타자기는 오래 지나지 않아 경쟁자를 만났다. 시마다 미노키치가 발명한 오리엔탈 타자기가 시장에 등장했던 것이다. 가타오카 교타로가 발명하고 오타니타자기회사가 제조한 오타니 타자기가 그 뒤를 따랐다. 1935년경에는 도시바가 일본어 타자기를 내놓았다. 다른 회사들처럼 일상 용법을 전제로 한 이 기계는 평평한 글자판 대신 문자 실린더를 갖추고 있었다(〈그림 5-1〉).[31]

다양성을 위해 이 기계들과 제조업체들은 공통의 설계 원칙과 기업 목적을 공유했다. 구조 면에서 각 기계는 제한되고 조심스럽게 선택된 일상

그림 5-1 | 일본어 타자기 종류

동양(東洋)타자기(원형)   일본(日本)타자기(표준형)

오타니 타자기

일본어 스미스 타자기

자료: 渡部久子, 『邦文タイプライター讀本』(東京: 崇文堂, 1929).

그림 5-2 | 일본어 타자수 케이 츠치야

자료: 저자 개인 소장.

용법 일본어 한자(간지)를 이로하 시스템에 따라 발음대로 조직해 포함했다.[32] 그러면서 제조업체들은 정확성, 아름다움, 가독성, 노동과 시간과 종이 절감이라는 핵심 원칙들을 중심으로 마케팅 활동을 진행했다.[33]

중국에서처럼 일본에서도 한자(간지) 타자기를 둘러싸고 새로운 노동력을 훈련시키는 교육 네트워크가 만들어졌다. 하지만 중국과 달리 일본의 타자 학교는 거의 모두 젊은 여성이 다녔다. 비서 인력의 여성화로 특징지어진 이 산업은 유럽과 미국에 더 친숙한 구조였을 뿐 아니라 일본 자체의 다른 통신 산업과도 동일했다(〈그림 5-2〉).[34] 일본에서는 1920년대 말에 도쿄와 오사카에서 직업 여성에 대한 조사가 진행되었는데, 이 조사는 전국의 사무직 노동력을 대략 보여주고 있다. 조사된 1000여 명의 여성 중 반 이상이 20세 이하였고 90%가 미혼이었다. 교육적 배경은 다양했는데, 약 40%가 초등 교육 이상을 받지 않았고 조금 더 많은 수가 여학교 학력을 가지고 있었다. 다수의 여성이 정부 또는 공공 사무실에서 일했고, 개인 회사와 은행이 그 뒤를 따랐다.[35]

1920년대 동안 일본 타자기 제조업체들은 새로운 정기 간행물인 ≪타이피스트≫를 발행함으로써 타자 직업의 성별화된 지수를 강화하는 데 기여했다. 1925년경에 설립되고 일본어타자수협회(邦文タイピスト協会)가 발행한 이 월간지는 전문 잡지이자 부분적으로는 여성 잡지로서, 각 권은 상큼하고 과감한 예술 데코 그래픽과 여러 모양의 일본 현대 여성의 초상(작은 사무용 복장이라든지, 운동 차림이라든지, 또는 전통 키모노 차림이라든지)으로만 된 표지 예술을 내놓았다.[36] 잡지는 일본 전통 시인 단카(短歌)부터 미용 팁, 일본 타자수의 인생과 직업, 그리고 일본 여성이 일반적으로 직면하고 있는 이슈에 대한 장편 수필 등 여러 종류의 내용을 다루었다(〈그림 5-3〉). 니폰타자기회사 또는 여성 소비재를 위한 광고도 많았다. 잡지에는 사진도 많이 실렸는데, 일반적인 주제는 자신을 기다리고 있는 직업을 낙관적으로 기대하는 졸업반의 단체 사진 같은 것이었다.

일본산 중국어 타자기, 또는 현대 한자문화권의 등장

1930년대 초까지 일본은 두 종류로 나뉜 다양한 타자기 모델의 산지였

그림 5-3 ┃ 일본어 타자수 잡지인 ≪타이피스트≫의 1942년 12월 표지

다. 하나는 세계적으로 알아주는 레밍턴, 언더우드, 올리베티의 문화에 참여하고 있는 가나 타자기 세계였고, 다른 하나는 중국의 타자와의 친밀한 제휴로 인해 이 세계적 언어기술적 문화에서 제외된 한자 타자기의 세계였다. 하지만 일본 타자기 설계자들의 야망은 자신들의 본국과 자신들의 언어를 넘어서고 있었다. 1916년 특허에서 스기모토 교타는 자신의 타자기가 "일본어와 중국어를 위해 설계되었다"라고 조심스럽게 밝혔다.[37] 도쿄의 발명가 시노자와 유사쿠가 1918년 6월 특허권을 출원했을 때 그 또한 새로운 타자기가 "일본어 또는 중국어처럼 많은 문자들을 사용하는 언어"에 적응한다고 특징지었다.[38] 나중에 생각한 것이었든 발명 과정의 촉매제였든 간에, 일본어 기계 발명가들은 동아시아 전체를 아우르는 시장이라는 프로젝트의 커다란 열망과 이해관계를 분명히 밝히고 있었다.[39]

일본 발명가들이 자신들의 프로젝트를 더 넓은 중국어 - 일본어(곧 중국어 - 일본어 - 한국어) 시장을 위해 개념화했다는 것은 전혀 놀랍지 않다. 중국어 시장은 발명가의 마음에 거부할 수 없는 끌림을 주었고 일본어의 간지 기계가 이론상 중국어도 '다룰 수 있게' 된다는 전망을 보여주었다. 시장에 대한 질문 이상으로 중국, 일본, 그리고 한국 간에는 공유된 문화유산이라는 오래된 역사가 있다. 그것은 바로 한국과 일본의 많은 개혁가들이 19세기 말에 해체하기 시작했던 바로 그 '초국가 문화주의'인데, 1910년대와 1920년대의 타자기 발명가들과 기술자들은 자신들의 이익을 위해 초국가 문화주의를 다시 찾으려 했다. 더글러스 하울랜드(Douglas Howland)와 대니얼 트램바이올로(Daniel Trambaiolo)가 설명했듯이, 중국, 일본, 그리고 한국의 외교관과 대사들은 18세기에 구두로 의사소통이 안 될 경우 문어 대화의 매체로 '필담(筆談)'을 자주 채택했다. 한 관리가 그 상대역의 언어를 조금도 못하거나 거의 못하면 "이 어려움에 대한 해결책(실제로는 주로 오락적 모임을 위한 원래의 설계)은 교육받은 사람이 문학과 공식 대화를 위해 사용했던 한자로 글을 써서 대화하는 것이었다".[40]

'중국어 - 일본어' 타자기의 가능성은 이처럼 초국가적 중화권역이라는 오래된 역사로부터 그 조건이 도출된 반면, 이 20세기 기업의 움직임에 깔려 있는 가정과 집착은 몇백 년 전 초언어적 교환에서 보았던 것과는 많이 달랐다. 발명가와 기술자들은 공유 문화 또는 "중국어 글쓰기에 대한 집단적인 능력으로 정의되는 필담이라는 언어 공동체"[41]라는 긍정적인 의견 때문에 중국어, 일본어, 그리고 한국어 — 20세기 하반기에 'CJK'로 축약된 — 에서 음절을 생략한 것이 아니었다. 일본과 한국은 이처럼 자신들이 공유하고 있는 문화적 유산 때문에 이제 중국과 함께 엄중한 집단적 언어기술적 위기에 직면할 것이라는 세기말 논리에 따라 움직이고 있었다. 19세기와 20세기에 급격하고 새롭고 강력한 세계적 정보 질서가 등장함에 따라 중국은 언어기술적 현대화의 세계에서 축출되었을 뿐 아니라 일본과 한국 역시 자신들도 모르는 사이에 중국의 언어기술적 고민에 대한 동참자로 바뀌었다. 한자라는 철자 유산 덕분에 일본, 한국, 중국은 새로 구상된 공간, 즉 정보위기의 영역으로 합쳐졌다. 나는 이것을 한자문화권(kanjisphere)이라고 지칭한다.

일본 한자 기계에 대한 서양의 인식은 언어기술적 위기를 공유하는 영역이라는 이러한 견해를 한층 더 강화시켰다. 위에 서술했던 가나 타자기 — 기술 현대화의 세계로 가는 일본의 여권이라고 국제적으로 찬사를 받았던 — 와는 극명하게 대비되게, 한자 기계에는 중국어 타자기에서 보았던 것들과 다르지 않게 경멸과 희롱이 쌓여갔다. 예를 들어 ≪뉴욕타임스≫의 확대판 기사에서 메리 배저 윌슨(Mary Badger Wilson)은 "수백만 명의 사람들이 사용하고 있지만 우리 기계들이 완전하게 적응할 수 없는 두 개의 위대한 언어가 있다. 바로 중국어와 일본어이다"[42]라고 보도했다. 그녀는 워싱턴의 일본 대사관에서 일하는 동안 목격한 일본 타자기에 대해 쓰면서, 그당시 기계의 부담스러운 크기뿐 아니라 작업자의 기억에 부과된 인상적인 요구를 즐기듯 말했다. "이 기계에는 약 3000개의 글자가 사용된다. 그리고 일본 타자수는 빠른 속도로 입력하려면 각 글자의 위치를 기억해야만 한다."[43] 1937년 다른 기사에서는 중국어와 일본어 기계에 대해 더 폄하하는 표현을 보게 된다.

자신의 업무가 과중하다고 생각하는 속기사는 일본 상공회의소에 있는 캐서린 쓰치야를 찾아가야 한다. 그녀는 미국 타자기로 영어 편지들을 찍은 다음 상형문자를 만들기 위해 일본어 타자기로 3500개가 넘는 표의문자를 '일일이 찾아서 친다'.[44]

하지만 항상 그렇듯이 가장 가시 돋친 말은 가장 간결한 것이었다. "문학 칵테일파티에서 이런 말을 엿들었다. "러시아 소설은 항상 일본어 타자기보다 더 많은 글자를 담고 있다더군.""[45]

한자문화권이 공유된 위기라는 생각으로 정의되었다면, 그것은 강력한 체제 전복적 낙관주의로 점철되어 동아시아 문화권의 새로운 그리고 오래된 개념화를 구분하는 두 번째 확실한 차이를 보여주었다. 18세기 필담 관행 안에는 표현되지 않은 강력한 문화적 계층이 포함되어 있었는데, 대화의 매체 자체는 특권적인 중국 문학으로부터 도출되었다. 반면에 현대

한자문화권 시대에서는 중국과 중국 문어체가 실질적인 권위를 전혀 누리지 못했다. 반대로 중국과 한자가 의사소통의 매개체가 아닌 해결책이 필요한 수수께끼인 문제로 재개념화되면서 일본과 한국의 발명가들에게는 새롭고 신나며 돈벌이가 될 가능성이 열렸다. 일본과 한국이 중국 문화유산의 수혜자에서 동아시아의 언어기술적 현대화라는 수수께끼를 해결할 수도 있는 장소로 바뀌었던 것이다. '중국어 해결책'은 일본과 한국 기술자뿐 아니라 세상 어디에선가 일본어와 한국어의 문제를 다루고 있는 외국인들에게도 동일하게 가능했다. 스기모토 교타와 같은 발명가들에게 현대 한자문화권은 아주 신나는 전망의 본고장이었다. 간지 타자기 또는 한자 타자기를 창조하는 것과 같은 자기 '고유'의 문제에 대한 해결책은 경제적·지정학적·문화적으로 시사하는 모든 것과 함께 중국어 수수께끼도 해결하고 돈도 벌 수 있는 '긍정적인 외부성'을 갖고 있었다.

앞 장에서 살펴보았듯이 일본 제조업체들은 1920년대 동안 당시 중국 인쇄 자본주의의 가장 중심이자 중국에서 최초로 상업적으로 성공한 중국어 타자기인 수-스타일 기계의 제조업체였던 상무인서관과 정면으로 다투었다. 일본 발명가들과 제조업체들은 일반적으로 사용하던 가타카나 억양의 단어인 '타이푸라이타(タイプライタ)'를 폐기하고 한자 용어인 '다쓰지(打字機)'로 바꿈으로써 일본산 기계를 중국어 타자기라는 수수께끼에 동일하지만 우월한 해결책으로 만들려고 했다. 더욱이 그런 경쟁에서 기대되는 보상은 과소평가되어서는 안 되었다. 레밍턴, 언더우드, 메르겐탈러 라이노타이프, 올리베티, 그리고 여러 서양 회사들이 시도했다가 실패한 곳에서 일본 회사들이 성공할 수 있다면, 미국, 이탈리아, 독일, 그리고 다른 나라에게 닫혀 있던 시장이 일본에게 아주 잘 열릴 것이었다. 일

본은 자판 타자라는 세계 문화에서 작은 부분만을 차지했지만 현대 한자 문화권의 언어기술적 패권국이 될 수 있는 기회였다.

중국 관찰자들은 일본 제조업체가 만든 중국어 타자기가 중국에서 만든 타자기들과 동일한 설계 원칙에 기반을 두고 있음을 곧 알게 되었다. 기계들은 약 2500개의 많은 글자와 적은 빈도 영역으로 정리되어 있는 글자판 매트릭스를 갖추고 있었다.[46] 더욱이 이로하 분류를 포기하고 가나 부호를 없앤 이 기계들은 일반적인 부수 분류를 채택했는데, 이는 당시 중국어 사전과 다른 참고 자료뿐 아니라 타자기의 글자판까지 구성하던 표준 방식이었다. 그런 작은 변화에도 불구하고 이 기계들은 모든 관찰자에게 상무인서관이 개발했던 기기와 실질적으로 동일하게 다가갔다.

하지만 중국 타자기 시장에서 일본이 탁월한 위상을 얻은 것은 시장 경쟁이 아닌 군사적 힘과 전쟁 때문이었다. 1932년 1월 28일 제국 군대의 일본 비행사들은 상하이의 인구 밀집지역인 자베이 상업 지구로 출격해 상무인서관 사무실 위로 여섯 개의 폭탄을 떨구고 사실상 모든 시설을 부수었다. 중국어 타자기 부문의 본산인 그 회사의 가공 공장은 대체로 남긴 했지만 대화재로 인해 일시적으로 영업이 완전히 중단되었다.[47] 그러는 동안 북쪽으로는 일본 군사력이 일본국 관장하에 있는 만주국을 통해 중국 북동부에 대한 최근의 침공을 공고히 했다. 무기와 기술자들의 힘으로 일본은 동아시아 한자문화권의 막강한 언어기술적 힘이 되었다.

특히 만주국의 건국으로 일본 본국에서 비서와 관료가 곧 충원되었고, 타자 기관의 설립도 뒤를 이었다. 여기서 훈련 중인 중국인 직원 집단은 일본어 타자기와 일본제 중국어 타자기에 대한 사용을 교육받았다.[48] 그런 팀 중 하나가 1932년경 설립된 평톈타자전문학교였는데, 훈련 안내서와 교과목은 4장에서 우리가 살펴봤던 내용과 유사하지만 눈에 띄는 차이를 가지고 있었다.[49] 상하이, 베이징, 그리고 남부의 다른 대도시에서와 마찬가지로 훈련생들은 교육과 어휘적 기하학을 통해 글자판과 그 배치에 대해 체화된 친숙함을 개발했다. 동시에 이들 교육 내용은 결정적으로 다른 정치적 꿈 — 만주국에 대한 일본인의 꿈 — 을 반영하고 있었다. 1932년 직원과 비서들을 위한 교과서에서 편집인이자 평톈학원의 대리인 리시안옌은 독자들이 접할 것으로 예상되는 새로운 부문 내 그리고 부문 간 형식의 분류에 대해 독자들에게 안내했는데, 이 중 상당수는 교육을 받았던 사람들이라면 익숙한 내용이었을 것이다. 그러나 리시안옌의 교과서 가운데 4장 '황제 사용을 위한' 학용품(皇帝用之公文)과 정부 양식에 대한 내용은 완전히 달랐다. 만주국에서 1911년 혁명으로 폐위되었다가 20여 년 후에 일본의 후견인에 의해 복원된 강덕제(康德帝) — 푸의로 더 잘 알려진 — 를 대신해 황제의 교서(詔書)와 황제의 칙서(勅語)를 쓰기 위해 중국어 타자기가 역사상 처음으로 사용되었다고 되어 있었다.[50]

민족 정치학적으로 그리고 언어적으로 만주국의 타자학교들은 권력 그리고 갈등하는 충성의 복잡한 그림이었다. 평톈학원과 만주국 곳곳에서는 일본 기술자가 만든 중국어 타자기가 일본이 지원한 기관에서 교육받은 중국인 타자수들에 의해 사용되었다. 그들의 성명서와 메모들은 모두 만주국이라는 일본 속국을 위해 이전 청 왕조 출신의 복위된 만주국 황제를 대신해 쓰인 것들이었다. 의심할 여지없이 이런 복잡한 내용을 알고 있던 리시안옌은 자신의 안내서에 중국 독자들을 위한 서문을 조심스럽게 넣었다. "모든 나라는 고유의 공식 통신문을 가지고 있으며, 모든 시대에도 마찬가지이다. 그 통신문들은 나라의 환경에 따라 그리고 관례에 따라 진화한다"라고 시작했다.

그 목적을 위해 학용품을 설명하는 책을 쓸 때 그 시대와 개혁에 순응해야 한다. 그것은 논박할 여지가 없다. 타자수는 공공 문서를 기록하고 복사하는 책임을 가진 사람이다. 그래서 타자수는 누구보다 더 시대를 따르고 새로운 형식의 문구류를 배워야 한다. 그래야만 그들은 의무를 다하고 시대에 맞출 수 있다.[51]

리시안옌의 서문은 시적이거나 협력에 대한 간절한 사과가 아니었다. 대신 그의 글의 건조함은 이 교과서의 피도 눈물도 없는 내용에 잘 맞았다. 비록 소리 내어 말하지는 않았지만 문구류와 교신에 대한 리시안옌의 발언은 다음과 같은 틀림없는 메시지를 전하고 있었다. "군사력으로 중국인들의 국가로 쪼개져 있는 이 영토 안, 여기 만주국에서는 정치가 이전과 다르다. 여러분은 중국이 아닌 만주국의 비서가 되기 위해 공부하고 있다. 타자수는 시대를 따라야 한다."

해적질과 애국심: 위빈치와 그의 중국어 - 일본어 - 중국어 기계

중국 발명가와 제조업체들은 중국어 타자기 ― 이제까지 우리가 50년 넘게 추적해 왔던 고통스러운 길을 통해 어렵게 얻은 현대화의 상징인 ― 가 점차 일본 다국적 기업의 영역이 되어가는 것을 지켜보고 있었다. 1919년 ≪신보≫에 익명의 기고가가 어떻게 이런 일이 일어났는지를 크게 걱정하면서 일본 회사들이 '중국어' 기계를 시장에 들여올 수 있게 문을 열어놓은 허약한 특허 당국을 비난했다.[52] 1930년대에 들어서면서 일본은 만주국이 있는 북쪽뿐만 아니라 주요 중국 대도시 시장까지 장악하게 되었다. 중국어 타자라는 수수께끼에 대한 해법, 더 넓게는 현대 중국 문자를 생산하는 방식은 동아시아의 떠오르는 힘이자 중국 주권에 대한 단 하나의 가장 큰 위협인 일본의 수중에 떨어지고 있었다. 어떻게 해야 했을까?

한 가지 가능한 해답이 예상치 못한 곳, 위빈치(俞斌祺)라는 이름의 수영선수이자 탁구 챔피언으로부터 나왔다. 1901년 저장성 쑤산에서 태어난 위빈치는 남동상업대학을 졸업하고 일본국립상업대학과 와세다대학 공과 과정에서 석사학위를 받았다.[53] 그는 군대에서 짧게 복무한 후 스포츠와 체육 교육에서 전문직 경력을 쌓았다. 처음에는 상하이중앙스타디움의 관장을, 후에는 중국체육교육연합의 수영분과 회원을, 그 후에는 중국탁구협회의 회장을 역임했다. 스포츠 분야에서의 오랜 경력과 수영선수로서의 명성 때문에 위빈치는 동경의 대상 같은 존재였으며, 그의 멋지고 당당한 사진은 1932년 ≪남자친구≫라는 잡지의 표지를 장식하기도 했다.[54]

위빈치는 아마추어 발명가이기도 했는데, 여행용 베개와 경제적인 온수기 같은 발명품을 특허 등록하기도 했다. 하지만 그의 가장 유명한 발명품은 의심의 여지없이 그가 개발해서 1930년대에 제조하기 시작한 일상용법 중국어 타자기였다. 이 타자기는 기존의 기계에 약간의 수정만 했으나 위비치를 엄청난 정치적 곤궁에 빠트렸다.[55]

위빈치의 아들 위쉬린은 자신이 걸음마 걷던 시절인 1925년 상하이 홍커우 구역 저우자쭈이 길에 위치한 2층짜리 집의 뒷방에 숨겨져 있었던,

그림 5-4 | 위빈치

자신의 아버지가 만든 작업장에 대한 추억을 되살려냈다. 1층에는 손님들과 고객을 만나는 회의실이, 그 뒤편으로는 사무실이 있었다. 외국 스타일의 건물 2층에는 침실이 있었고 그 뒤편으로는 제작 작업실, 부엌, 작업자들을 위한 기숙사를 갖추고 있었다.[56]

이 상하이 도시인에 걸맞은 기업가 방식으로 위빈치는 타자 학원을 설립했다. 위빈치고급중국타자와 속기전문보습학원, 짧게는 위빈치중국어타자전문학교였다.[57] 강의는 사무실 1층에서 진행되었고, 몇 년이 안 되어 작지만 다섯 명의 잘 교육받은 선생을 보유하게 되었다.[58] 중국어 타자 담당으로 일하던 사람은 학교의 유일한 여성이자 저장대학 농경제학과 졸업생으로, 난징시 전문학교의 전 타자 강사였고 곧 위빈치의 부인이 된 진 슈칭(金淑淸)이었다.[59] 왕이는 속기 담당이었는데 국립속기학교를 1935 년에 졸업한 후 이 학원에 합류했다. 왕이는 또한 교육부의 국립언어통일 예비위원회의 회원으로도 일했다.[60]

위빈치학원의 전형적인 집단은 약 10명의 학생으로 구성되어 있었다. 학원은 남녀 학생 모두 지원했는데, 단 고등학교 졸업 또는 이에 상응하는 전문 경험을 가져야 했다. 강의는 5개월 과정이었으며, 한자 목록의 활용, 등사판, 기계 수리, 그리고 타자 실습 같은 주제를 가르쳤다. 등록금은 학습 과정에 따라 달랐는데, 타자와 속기 각 과정이 30위안씩이었다. 더욱이 위빈치와 그의 동료들은 졸업 후 학생들의 취업을 돕는 데 열심이었고, 이는 4장에서 살펴본 타자 학원들처럼 그의 영업 전략의 주춧돌이었다. 자신의 졸업생들을 정부직과 사기업에 자리 잡도록 도우면서 그는 학원의 권위를 높였을 뿐 아니라 위빈치 형식의 기계를 중국 시장으로 밀어 넣는 길도 열었다. 위빈치학원은 이런 면에서 인상적인 실적을 자랑했다.[61]

처음에는 위빈치가 일본의 제조 위협에 대한 중국 측 답변처럼 보였다. 저돌적인 도시인인 그는 실제로 하루아침에 타자기 거물 행세를 하면서 일본의 타자기회사들만 아니라 그보다 자금이 풍부한 상대역인 상무인서 관과도 경쟁하게 되었다. 그는 제조, 영업, 그리고 교육 지점들을 갖추고 있는 조직을 만들었다. 그는 또한 화려한 제스처를 지니고 있었으며, 권위 있고 지치지 않는 기업가였다. 예를 들어 위빈치 중국어 타자기의 글자판 을 자세히 들여다보면 위빈치가 자신의 이름을 일상 용법 문자 매트릭스 에 몰래 넣은 것을 알 수 있는데, 俞(위)는 매트릭스의 9번째 중 33행에, 이 름인 斌(빈)과 祺(치)는 61:10과 56:10에 몰래 넣었다. 나름 일상의 문자인 문자 俞가 포함된 것은 양해할 수 있으나 빈도가 대단히 낮은 斌과 祺를 포함시킨 것은 허세에 불과했다. 다른 타자기 제조업체들은 귀중한 어휘 공간을 그런 문자들을 위해 희생시키려고 꿈꾸지 않았다는 것이 실제로 정확한 요점이었다.

하지만 위빈치의 경력을 자세히 보면 이 애국적인 이야기가 암시하는 것보다 더 복잡한 궤도를 알 수 있는데, 우리가 깊이 파면 팔수록 그는 중국인으로서의 국민적 진실성이 불분명한 사람이었다. 위빈치는 자기 발명품을 '중국어 타자기'라고 불렀지만 더 진실한 명칭은 '일본 기계를 약간 수정한 것'이어야 했다. 구체적으로 보면 위빈치는 1930년경 어느 때엔가 H 형식의 일본어 타자기를 공부하기 시작했는데, 거기에 있는 작은 부품 하나를 바꾸고 위빈치 타자기라고 이름 지었다. 원래의 일본어 타자기에서 수정된 단 하나의 부품은 '문자 지정 도구'였는데, 이 도구는 인쇄 지면 위에 문자 인쇄 위치를 확실히 하도록 돕는 역할을 했다. 이 부품을 변경한 것이 위빈치가 성공적으로 특허를 신청한 유일한 근거였다.[62]

일본산 중국어 타자기와 경쟁하기 위해 일본산 일본어 타자기를 베끼는 민첩한 사업 전략은 1930년대 초 위빈치에게 예상치 못한 위태로운 변화를 가져왔다. 중국 동북부 침공과 상하이 폭격 이후 위빈치는 집안 밖의 사람들에게 자신의 타자기회사에 대한 이야기를 하는 것을 점점 꺼리게 되었다. 그의 아들이 회상하듯이 위빈치는 집안에 오는 손님들을 작업장에 가까이 가지 못하게 했는데, 그의 아버지는 도시 안의 예민하고 커져가는 반일감정을 알고 있었다. 일본 상품 불매운동이 널리 퍼짐에 따라 위빈치가 H 형식의 일본어 기계를 새로 고쳤을 뿐이라는 비밀이 폭로되면 원치 않은 주목을 받을 수도 있었다.

그리고 실제로 그랬다. 1931년 익명의 정보원은 널리 보급된 신문 ≪신보≫의 편집인들에게 위빈치가 개발한 중국 타자기의 의심스러운 근원에 대해 제보했다. 기업가 자신의 정치적 연계에 대해서도 거론했다. '국내' 제품이라고 하지만 위빈치의 기계는 일본 상인들과 비밀스러운 결탁이 있을 것이라고 정보원이 전했다.[63] 그런 비난은 분명하게 경고를 울렸다. '일본에 저항하고 나라를 구하자'라는 운동의 시작과 함께 민족주의 소비자들은 생선부터 석탄에 이르기까지 일본제품을 불매하기 시작했다. ≪신보≫가 고발한 다음날 위빈치는 자기 방어에 나섰다. 항일협회에 영수증들을 제출하면서 위빈치는 자신이 일본에서 자재를 샀다거나 일본 작업자를 찾았다는 사실을 누구라도 증명한다면 기꺼이 목숨을 내놓겠다고 맹세했다.[64] 11월 11일 항일협회의 상임위원회는 상하이 상공회의소에서 회합을 갖고 위빈치에게 가해지는 공개된 비난과 그의 반박에 대해서 협의했다.[65]

1932년 1월 위빈치에게 도움의 손길이 나타났다. ≪신보≫는 위빈치에 대한 고소가 거짓이고 그의 특허는 1930년 중국 정부에 의해 허가되었으며, 위빈치의 타자기는 은행, 우체국, 여러 정부 기관에서 채택되어 온 고품질의 국내산 제품이라고 보도했다.[66] 어떻게 위빈치가 신문으로부터 이런 긍정적이고 분명한 반응을 얻어냈는지 확실치 않지만 위빈치는 자신의 애국심을 공고히 하는 데 시간을 낭비하지 않았다. 1932년 가을 그는 기계에 대한 최근의 기술적 개선 사항뿐 아니라 중국 국내 생산과 일본 수입에 저항하는 정신에 대한 자신의 공헌, 즉 납으로 된 현재 모델의 형식을 대체하는 금속 글자 알에 대해 발표했다. ≪신보≫ 9월호는 이 새 기술은 미국에서 발명되었으며 중국인이 아닌 일본인 발명가들에 의해 중국어 타자기에 처음 적용되었다고 보도했다. 그 과정에서 일본 상인들은 좀 더 튼튼하고 가벼운 금속 알로 더 선명한 텍스트를 만듦으로써 큰 이익을 얻었다. 위빈치는 이 신기술을 고국으로 가져와 국산화함으로써 중국 소비자들에게 더욱 일본 수입에 '저항할' 수단을 제공했다.[67] 같은 해에 중국 북동부로 피난하는 위기 속에서 위빈치 형식의 중국어 타자기는 10% 할인된 가격으로 판매되었고, 대당 30위안씩 북동부 성들에 기부되었다.[68] 이 회사는 후에 기부 절차를 가속화해 새 기계에 대해 30위안을 선납하기만 하면 고객 대신 30위안 모두를 기부하겠다고 약속했다.[69] 다음 해에 위빈치는 국가적 운동에 계속 기부했는데 특히 인도주의적 위기 및 자연 재해와 관련한 문제에 지속적으로 기부했다. 1935년 그의 회사는 12월부터 다음해 2월까지 판매되는 모든 기계당 25위안씩을 중국 홍수 피해자들에게 기부하기로 약속했다.[70]

그 전략은 위빈치가 가장 필요로 할 때 먹혔다. 1933년 여름, 위빈치는 자금이 부족한 듯 보였고 다른 중국 기업가들 및 공장 대표들과의 협력을 필요로 하게 되었다. 그는 1만 위안 또는 2만 위안 정도로 국내 자금 지원을 얻거나 자신의 타자기 특허를 다른 국내 발명가에게 판매하고 싶다고 알렸다. 다음해에 상하이에 있는 5개 공장이 위빈치 형식의 기계에 생산 합류하면서 위빈치의 요청에 응답했다.[71] 1934년 가을 ≪신보≫는 중국 타자의 '혁명'으로서 그가 미친 영향력을 거론하면서 위빈치에 대한 기사를 썼다.[72] 1934년 말 위빈치의 전국 총판인 홍예회사는 매달 40대의 위빈치 형식 기계를 판매하고 있다고 밝혔는데, 이 같은 수치가 가능했던 것은 소비자들에게 무료 훈련을 제시한 홍예의 제안 때문이었다.[73] ≪신보≫는 후에 위빈치가 왁스 복사지를 성공적으로 개발한 사실을 보도하면서, 등사기계와 함께 사용하면 1000장 이상의 깨끗한 복사를 만드는 데 먹지 대신 사용될 수 있다고 썼다.[74] 1936년 ≪신보≫는 위빈치의 기계를 "손으로 쓰고 복사하는 것보다 다섯 배 더 편리하다"라고 소개하기도 했다.[75]

제국의 서류 작업: 중국 본토의 일본인 타자수

위빈치는 1937년 겨울, 그리고 봄에 자신의 기계에 대한 기술적 이력 세탁을 모두 끝냈으며 자신의 애국적 자격은 논란의 여지없이 공고해졌다고 느꼈을 것이다. 2월 위빈치는 중국발명가협회의 예비 회의에서 회장에 선임되었는데, 그는 이 협회의 설립에 진정한 상하이 사업가 스타일로 손을 댄 바 있었다.[76] 그는 자신의 명성을 강화하기 위해 자신의 첫 번째 열정이었던 운동선수를 거론하는 방법을 찾기도 했으며, 위기에 시달리는 쑤이위안성을 지원하는 자금을 모은다는 명분으로 탁구 동료들과 탁구대회를 조직하기도 했다.[77]

하지만 불과 몇 달이 지나면서 모든 것이 바뀌었다. 1937년 7월 일본은 중국 동부로의 전면적인 침공을 시작했고 8년 후 전쟁이 끝날 때까지 2000만~2500만 명의 생명을 앗아간 전쟁을 촉발시켰다. 11월에는 상하이가, 그리고 12월에는 난징이 함락되었고 중국의 국민당 정부는 우한으로 퇴각했다. 우한을 방어하기 위해 피나는 희생을 치렀으나 1938년 10월 결국 우한마저 함락되었고, 국민당 정부는 다시 한 번 퇴각해 이번에는 중국 내륙 깊숙이 충칭까지 갔다.

침공의 결과로 일본은 중국 정보 기반시설의 인프라를 장악했다. 이것은 중국어 타자기의 제조 판매에 대해서뿐만 아니라 서양, 중국 등등 모든 타자기에 대해서도 마찬가지였다. 당시의 수입 통계는 일본의 사업들이 증가하다가 곧 전부 장악하는 궤도를 보여주는 극명한 그림을 그리고 있다. 1932년부터 1937년 말까지 미국은 중국으로 타자기와 타자기 부품을 수출하는 선두 국가로서 다른 모든 나라들을 위축시켰으며, 외국 상인 공동체와 외국 영업장에서 일하는 영어권 직원들의 영어 타자기 수요를 충족시키고 있었다. 같은 시기에 독일은 주로 정밀 공학을 강점으로 2등을 차지했다. 하지만 1937년에는 오래 지속되어 온 경제 패턴이 바뀌기 시작했다. 단 1년 만에 타자기 수입 시장에서 일본 점유율이 뛰어올랐고 1937년 말부터 1941년 초까지 미국으로부터 시장 점유율을 빼앗았다. 1941년 미국에 대한 선전포고 이후, 그리고 동시에 일어난 동남아시아에 대한 군사 점령으로 일본은 중국 시장으로 수출되는 외국 기계의 흐름을 거의 완전히 통제하기에 이르렀다. 중국에 대한 미국 타자기 수출은 거의 없다고 할 정도로 급락했다(〈그림 5-5〉).[78]

일본이 서양 타자기 수입 시장을 장악한 것은 중국 정보 기반시설에 대한 일본의 떠오르는 패권을 보여주는 한 단면일 뿐이었다. 다칭 양(Daqing Yang)이 보여주었듯이 전신과 통신 분야에서 일본은 "전례 없는 행정적 중앙 집권화와 제국 시장 통합"을 가능케 하는 확실한 통신 네트워크를 건설했다.[79] 침공한 지 얼마 지나지 않은 1940년에 일본은 중국 점령지, 만주국, 그리고 그 식민지들 안에서 1200만 통의 전보를 취급하고 있었는데, 이는 전 세계 나머지와의 전신보다 10배 많은 수치였다.[80]

일본제국의 관료 수요에서 촉발된 판매로 인해 중국은 일본어 한자(간지) 기계의 거대한 시장이 되었다. 특히 일본이 주로 착취 정책에서 안정

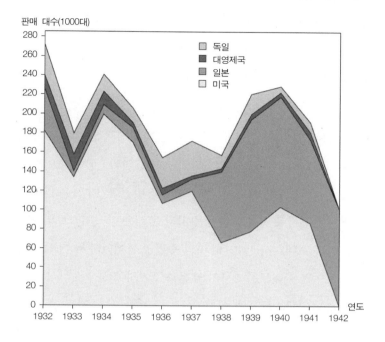

그림 5-5 | 중국의 타자기 및 타자기 부품에 대한 국가별 수입 추이(1932~1942)

된 식민 정권의 의도적인 창출로 옮겨갔던 1938년 가을부터 1942년까지
는 애국적인 일본 타자수들(愛国タイピスト)에 대한 이야기가 일본 언론에
등장하기 시작했다.[81] 1938년 1월 4일 도쿄 ≪아사히신문≫ 독자들은 '여
섯 명의 애국 여성'이 톈진에 도착한 것을 알게 되었는데, 해가 가면서 정
기적으로 기사가 보도되었다. 1939년 신문은 국가를 위한 봉사 차원에서
남해로 향한 젊은 타자수와 관련된 소식을 전했다.[82] 기사에서는 정복지
에서의 사무 업무를 관장하기 위해 일본 군대가 간 곳에는 이런 용감한 젊
은 여성들도 위험을 무릅쓰고 갔다고 설명했다. ≪타이피스트≫ 가을호

에는 한 기고가가 아시아 대륙으로 떠난 야마가타여자전문학교 출신의 동급생을 추억했다. 그녀의 이름은 오바 사치코로, 1941년 9월 25일 부서장도 참석한 쓸쓸한 환송연에서 오바 사치코는 "열심히 일할 겁니다"라고 간결하지만 강한 어조로 외쳤다고 한다. 그렇게 잘 훈련되고 숙련된 그녀가 떠나는 것이 안타까웠다고 저자는 한탄했다. 하지만 이 동급생은 제국의 전쟁을 위해 매우 희생한다는 자부심을 자신에게 남겼다고 전했다.[83]

애국적 타자수라는 자기희생의 미끼는 1941년의 『군대 타이피스트(從軍タイピスト)』의 출판으로 전례 없는 악명을 떨쳤다. 이 책은 19세의 어린 나이에 장자커우시로 일본 군인들을 따라간 젊은 타이피스트의 이야기를 다룬 사쿠라다 츠네히사(1897~1990)의 중편 소설이었다.[84] 이 책에서 젊은 타이피스트는 일본 대도시에서의 안전을 포기하고 몽고에서의 위험을 감수했다.[85] ≪타이피스트≫에 실린 또 다른 작품에서는 한 일본 장교가 이름 모르는 장소에서 마주쳤던 일본 타자수에 대한 동경 때문에 남중국으로의 길을 나섰다. 타자수의 복장이 떠오를 때면 막 시작한 중국 본토 정부와 대동아 공영권의 건설을 상징했던 향수어린 일본 타자 소리가 그의 귀를 울렸다.[86]

일본어 타자 학교들은 중국 본토의 직장이 있는 지역, 만주국, 그리고 타이완에 걸쳐 도심 중심에 설립되었다. ≪타이피스트≫의 한 보고서에 따르면 1941년 타이완에는 규모를 막론하고 일본인 타자수를 두지 않은 회사가 거의 없었는데, 이는 중학교, 여학교, 또는 일본 타자기회사와 연계된 기관에서 훈련된 새로운 타자 인력이 매년 약 500명 유입됨으로써 생긴 '타자수 열병(タイピスト熱)'이었다고 한다. 실제로 니폰타자기회사의 타이베이 지점장은 자신들의 타자기를 "유럽과 미국에서처럼 모든 가

정에 침투"시키려는 자신의 야망을 알리기도 했다.[87]

같은 문자, 같은 인종, 같은 타자기: 전시에 자리 잡은 CJK의 뿌리

일본 제국의 팽창은 일본산 타자기 판매에 의심의 여지없이 큰 도움이 되었다. 하지만 니폰타자기회사와 여러 회사들이 중국 정보 기술 시장 ― 전쟁 기간 중에 공격적으로 수행했던 프로그램 ― 에 투자해 얻으려 했던 것과 비교하면 일본어 시장은 미미했다. 1942년에는 이 회사가 중국에서 대규모 보급을 자랑할 수 있었다. 이 회사는 다롄, 신장, 펑톈, 안산, 하얼빈, 지린, 진저우, 치치하얼, 상하이, 베이징, 톈진, 지난, 난징, 장자커우, 허우허, 타이위안, 한커우, 징청, 그리고 타이베이에 사업부를 두고 있었다.[88] 오사카, 나고야, 삿포로, 센다이, 니가타, 가나자와, 시즈오카, 하코다테, 오구라, 그리고 후쿠이 같은 도시에 있는 일본 내 사업부들의 추가 지원 덕분에 니폰타자기회사는 전 세계에서 가장 중요한 타자기 제조업체 중 하나로 자리 잡았다. 더욱이 이 회사는 레밍턴, 언더우드, 올림피아, 올리베티, 그리고 메르겐탈러 라이노타이프 모두가 실패한 것, 즉 중국어 시장 진입에 성공했을 뿐 아니라 중국어 시장을 지배하는 데에도 성공했다. 상무인서관과 위빈치의 시장 점유율은 가파르게 하락했다.

일본이 중국 시장을 지배하게 만든 대표적인 기계는 '다목적' 타자기 ― 중국어로는 '만능(萬能)' 타자기 ― 로, 니폰타자기회사가 만들었다. ≪월간 극동 무역≫의 1940년 광고에 등장한 이 기계는 "일본어, 만주어, 중국어, 몽고어 만국 타자기"라는 제목 아래 일본의 '대동아 공영권', 식민지에서

그림 5-6 | 일본제 '다목적' 타자기(일본어, 만주어, 중국어, 몽고어) 광고

의 민족 화합, '같은 글, 같은 인종(同文同種)'의 구현을 구체화할 것이라고
소개되었다(〈그림 5-6〉).[89] 일본 제조업체들이 동아시아의 문자 기반 문장
뿐 아니라 만주와 몽고의 알파벳 문장까지 기계에 배치한 것은 이번이 처
음이었다. 그 기계는 곧 만주국의 민족적 조화를 강조하는 행사에 얽혀 들
어갔는데, 1941년 신장, 다롄, 펑톈, 안산, 번시후, 무단장, 하얼빈 등의 도
시로부터 타자수들을 불러모은 '전 만주 타자 경연대회' 같은 것이 그러한
예였다.[90]

이 모든 것이 중국 제조업체들에는 해로운 영향을 끼쳤다. 만능 타자기
는 중국에서 선택과 충동구매의 대상이 되었다. 이 타자기는 곧바로 상무
인서관이 제조한 수-스타일 타자기와 위빈치 모델 모두를 대체했다. 상
무인서관은 더 큰 압판, 잉크 리본 대신 잉크 볼 사용, 중국어와 서양 문장
을 교대로 하는 데 더 잘 맞는 조정 가능한 인쇄 면적을 갖춘 발전된 수-스
타일 기계를 내놓음으로써 이에 대응하려 했다.[91] 그런 노력에도 불구하

고 상무인서관은 경쟁할 수 없었다. 위빈치에게는 한때 축복받았던 장치가 이전의 껍데기만 남게 되었다. '제조' 공장이라고 불렸지만 위빈치의 공장은 타자기를 만들고 팔 수 있는 자금도 시장도 가지고 있지 않았다. 그 대신 소규모 수리를 하거나, 타자 서비스를 제공하고 금형을 만들면서 겨우 존속했다.[92] 위빈치 본인은 운동의 세계로 피신한 듯 보여 전쟁 기간 동안 다양한 스포츠 시합이나 새로 구성된 운동 조직들과 관련해서 간헐적으로 신문에 등장했다. 1943년 상하이탁구대회에서 메달을 시상하거나 1944년 5월 39회 일본 해군 육상 대회에서 수석 계시원을 담당하면서 위빈치의 생활은 전쟁 중 수많은 다른 사람들과 마찬가지로 눈에 띄게 변했다.[93]

공모, 그리고 기회: 일본 직장에서의 중국 타자수

자체 제조 대안이 없던 중국 타자기회사들은 협조하는 길 외에 별다른 선택이 없었다. 팍스 코블(Parks Coble)과 티모시 브룩(Timothy Brook)이 보여주었듯이 일본 지배하의 중국 자본가들은 애국심이나 저항을 보이기보다는 집안 사업을 생존시키는 데 더 집중했다. 그 시대의 전후 중국 역사에서는 축복받았던 '영웅적인 민족적 이야기'에 걸맞은 경우가 드물었다.[94] 중국 자본가들 중 소수만이 일본의 점령지로부터 도망쳐 망명 국민당 정부가 있던 서쪽에 다시 자리 잡았다. 남아 있던 다수는 협조자이든 비협조자이든 간에 똑같이 중국의 무너진 경제를 재건하는 데 깊은 우려를 표했으며, 산업 및 농업 부문을 재구축하면서 나라의 조세 제도를 고치

고 있었다.[95]

특히 중국 타자기 사업에 종사하던 이들에게는 이것이 생존 및 생존을 위한 다양한 경제 활동으로 해석되었다. 예를 들어 중국어 타자기는 사용 중에도 계속 세척을 해야 했는데 C.Y.차오타자기수리부문 같은 회사가 이러한 서비스를 제공했다.[96] 시대의 공모 — 일본인 점령자, 중국인 협력자, 중국인 비협력자, 그리고 반골들 사이의 얽힌 관계를 요약한 티모시 브룩의 적절한 단어 선택 — 안에서 환추중국어타자기제조회사(環球華文打字機製造廠), 장셰지타자기회사(張協記打字機公司), 또는 밍지타자기회사(銘記打字機行) 같은 중국 회사들과 사업가들은 전쟁 기간 동안 중-일 사무직 세상을 꾸려갔다.[97]

그 사이 변화하는 정치적·언어적 맥락을 마주한 중국 타자기회사들은 니폰타자기회사의 안내서에서 한 페이지를 도용해 자신들 기계의 언어적 양면성을 강조하기 시작했다. 중국 표준 타자기 제조 회사는 '표준 수평-수직형 중-일 타자기' 같은 2개 국어 기계들을 제안했다. 중국어와 일본어 양쪽을 다루는 능력은 가장 중요한 판매 소구점이 되었는데, 이는 점점 늘어나는 일본어 관료주의 때문이 아니라 중국 회사들이 직면한 새로운 위협의 흐름, 즉 글자판 매트릭스를 비우고 한자 알들을 다시 장착해 중국어를 취급하도록 개량된 일본 간지 타자기의 위협을 저지하기 위해서였다.[98] 1943년 8월 상하이시 민원실장은 중국어 타자기 두 대를 구매하기 위한 돈을 신청 받았다. 예산 배정을 허락하면서 재무관은 이렇게 덧붙였다. "이들 일본어 타자기가 중국어로 된 교신에도 쓰일 수 있다는 것을 간과해서는 안 됩니다."[99] 추가 중국어 타자기에 대한 또 다른 요청에서도 마찬가지로 일본어 기계로 바꿀 가능성을 강조했다. "총무부에 있는 두 대의 일본어 타자기는 자형을 약간 변화시키면 중국어를 타자하는 데 사용할 수 있습니다. 이 세 대의 타자기가 당분간 목적에 맞을 겁니다."[100]

복잡한 전쟁 기간의 공모와 기회는 특히 강의실에서 이루어졌다. 중국어 타자 학원들은 점령 기간 동안 급증해, 중국 강사들을 통해 점점 많은 중국 학생들을 교육해서 새로운 기술에 맞는 사무직 인력으로 양성하는 장소가 되었다. 한편으로 이 공간들은 기회, 가능성, 그리고 사회적 이동성의 장소였다. 즉, 젊은 여성과 남성이 거창한 정규 교육을 받기보다는 비교적 짧은 시간에 감당할 만한 비용으로 사무직 고용에 자리 잡도록 시도하는 공간이었다.

가용한 자료만으로 이들 소규모 직업 시대의 학원들이 지녔던 문화를 재창조해 내기는 어렵다. 하지만 증거가 될 만한 것들이 일부 해석 가능성을 제공한다. 기록에 따르면, 전쟁 중 운영되었던 많은 타자 학원들에는 젊은 중국 여성과 남성이 섞여 있었는데, 이 타자 학원들은 혼란스럽고 파괴적인 시대의 경계 내에서 자신들의 미래와 생활을 통제할 수 있는 작은 수단들을 연습했던 친밀하고 신나는 장소로 이해될 필요가 있다. 예를 들어 베이징에는 전쟁이 발발한 다음해인 1938년경 광더중국어타자보습학교(廣德華文打字補習學社)가 설립되었다. 안핑 출신이며 국립 베이핑대학 예술학부 졸업생인 27세 웨이경(魏賡)이 관리한 이곳은 17명의 여성과 13명의 젊은 남성으로 구성되었다. 그 반의 여성 회원은 16세부터 27세까지였으며 19세가 중간 나이였다. 여학생의 대다수는 중등 교육을 자랑했지만, 초등학교 이상의 교육을 받지 않은 사람부터 1817년에 설립되어 오늘날에도 시청구(西城區)에 있는 프랑스 가톨릭 유 첸 여자보통학교의 졸업생에 이르기까지 그 폭이 넓었다.[101] 1938년 같은 동급생으로 참여했던 13

명의 남성은 나이대와 교육 배경이 비슷했다. 17세에서 20세까지인 이 학급의 남학생들은 대부분 중학교 교육을 받고 들어왔으며, 몇 사람만 교육 배경이 더 높거나 낮았다.[102]

학생들이 일반적인 3개월 기간을 훨씬 넘어서 1년 이상 공부를 계속하는 것은 드문 일이 아니었다. 이는 시대의 경제적 불확실성에 적응하려는 전략과 관행을 보여주는 것일 수도 있고 혼란스러운 시대에 연속성의 감각을 가지려는 것일 수도 있었다. 베이징에 있는 지양중국어타자보습학원은 1937년 8명의 여학생과 4명의 남학생으로 구성되었다. 이 두 그룹은 연령 면에서 광범위하게 분포했는데, 그 반의 여학생은 17세에서 27세까지였고, 남학생은 18세에서 28세까지였다. 양쪽 학생 집단은 한 학생만 중학교 교육을 자랑했고 나머지는 비슷한 교육 배경을 보이고 있었다. 1937년 교육을 끝내자마자 한 명을 제외한 나머지 모두는 1938년 재등록했고 17명의 새로운 학생이 합류했다. 우리의 짐작을 훨씬 벗어나지만, 이 집단적인 수업이 지속된 것은 지양중국어타자보습학원 같은 전문학교가 일본 침공이라는 당장의 격동 시기에 피난처를 제공했을 뿐만 아니라 지속적인 전문가 자격의 감각을 유지하는 방편이 아니었을까 생각된다.[103] 어떤 요인에서 동기가 부여되었든지 간에 이들이 1년 후 재소집되었을 때 11명의 복학생 간에 어떤 유대감이 형성되었을 것을 생각하면 놀랍다.

동시에 중국 학원들 각각은 정치적으로 절충된 구역으로 여겨졌다. 학생들은 일본제 기계로 훈련했다. 그들은 일본과 연계된 강사들의 지도 아래에서 일했다. 그리고 가장 낙관적인 그림으로 협력 정부 안에서 또는 일본과 이해관계가 있는 사기업에서 자리를 얻기를 갈망했다. 베이징의 광더학원에서는 학생들이 만능식 중국어 타자기와 표준식 일본 타자기, 이 두 대의 일본제 타자기 중 한 대로 훈련했다.[104] 1938년 12월 이전에 38세의 성야오장이 설립했던 동아시아일본어-중국어타자전문보습학원에서는 학생들이 역시 수가누마식 중국어 타자기, 만능식 중국어 타자기, 수평식 중국어 타자기, 표준식 중국어 타자기, 네 대의 일본제 중국어 기계 중 하나로 훈련했다.[105] 한편 베이징의 지양중국어타자보습학원의 학생들은 니폰타자기회사가 일본에서 만든 중국어 기계를 사용하기 위해 발행했던 중국어 타자 교과서로 공부하면서 일본 장비만으로 훈련했다.[106]

그런 학원들에서 사용된 교과서와 기기처럼 가르치는 직원들 역시 일본과 직간접적으로 관계를 맺고 있었다. 예를 들어 사오싱 출신으로 유카이중국어타자학원의 27세 원장인 저우야루는 동아시아일본어-중국어타자학원의 졸업생이자 니폰-차이나무역회사의 타자수였다.[107] 베이징의 시즈먼구에 사는 23세의 리유탕은 1938년 10월경 설립한 바오산중국어타자보습학원을 관리했다. 덴리교학원의 졸업생인 리유탕은 베이징에 돌아와 베이징일본덴리교협회에서 가르쳤다. 얼마 후에 그는 같은 리 씨 성이고 똑같이 일본어 어학당을 졸업했으며 똑같이 일본 교육을 통해 성장한 동료와 팀을 꾸렸다.[108] 전면전이 발발한 1년 후에 두 사람은 함께 바오산중국어타자보습학원을 만들었다.

이 역사를 완전하게 만든 것은 동아시아일본어-중국어타자보습학원과 그 설립자인 성야오장이었다. 펑톈성 롄양 지역의 하이링구 출신인 성야오장은 앞에서 다룬 네트워크의 일부였던 펑톈일본어-중국어타자학원의 졸업생이었는데, 1932년 리셴옌 강사는 처음으로 사무적 부역에 대한 사죄문을 서면으로 적었다.[109] 리셴옌은 "타자수는 어느 누구보다도 시대를 따라야 한다"라는 자신의 말이 궁극적으로 감당해야 하는 의미를 거의 알지 못했다.

1940년은 중국어 타자기가 깊은 모순에 빠진 시기였다. 물건이자 상품으로서 중국어 타자기는 번창했고 이전보다 더 막강한 제조력과 영업 네트워크의 지원을 받았다. 현대화의 상징으로서 기계의 위상은 이렇게 높은 적이 없었고 언어기술적 진전으로서의 정체성에 대한 논란도 있었지만 적어도 중국에서는 역사상 처음으로 안정되었다. 하지만 이 언어기술적 현대화 상징이 내건 목적은 저우허우쿤, 치쉬안, 수전둥, 그리고 상무인서관의 임원들이 처음 그렸던 목표로부터는 크게 벗어나 있었다. 이 번창하는 네트워크를 일본 다국적 기업이 만들고 관리했으므로 기계의 외관상 중국 정체성에 대해 의문을 제기했다. 이 상징은 이제 일본 다국적·다국어 제국의 폭력으로 가득 찬 야망으로 여겨졌다.

중국을 구하기 위해 일본을 베끼다: 샹거 기계

1945년 여름, 끔찍하고 급작스러웠던 제2차 세계대전의 막이 내렸다. 일본의 도시 지역은 연합군 폭격기의 사정권 안에 있어서 겨울과 봄 동안 대도시 지역에서 대규모 폭탄 세례를 받았으며, 3월에는 엄청난 파괴를 일으킨 도쿄 폭격을 겪었다. 연합군의 폭격은 이틀 동안의 공격을 통해 10만 명으로 추산되는 사망자를 초래했다. 5월 베를린 함락과 나치의 항복은 유럽 전쟁의 대단원을 가져왔고 소련연방을 해방시켰다. 이로써 연합군은 태평양 극장에 더욱 관심을 집중하게 되었다. 8월 6일 미국은 두 개의 원자폭탄 중 하나를 투하해 히로시마를 말살하고 9만~16만 명 정도의 거주민을 죽였다. 이틀 후 소련은 일본에 대한 선전포고를 하고 사면초가인 일본 제국 군대에 위험한 전선을 새로 열었다. 8월 9일 두 번째 핵 공격이 뒤따랐다. 이번에는 나가사키였다. 8월 15일 일본은 무조건 항복을 선언했다.

일본군의 항복은 대규모 본국 송환 과정을 촉발시켜 로리 와트(Lori Watt)가 조사한 바와 같이 거의 700만 명의 일본 국민이 중국, 만주국, 그리고 이전 식민지로부터 떠나게 되었다.[110] 중국 본토에서는 일본군이 한때 점령했던 공동체와 경제가 버려져서 완전히 파괴되었다. 일본에 저항한 8년간의 전쟁은 중국 경제를 난장판으로 만들어놓았다.

전쟁 직후 중국어 타자기 제조업체는 곧바로 다시 시장을 통제할 수 있었다. 하지만 이 '회복'조차도 쉽지 않았다. 제2차 세계대전의 여파로 고독했지만 당당한 운동선수에서 발명가로 변모했던 위빈치의 전략은 곧 전체 중국 타자기 산업의 집단 전략이 되었다. 만능식 기계에 대항해 싸웠던 중국 사업가들은 일본의 과거는 조용히 묻어버리고 그 기계를 단순히 베껴서 직접 팔기 시작했다. 이러한 모방 노력은 대부분 위빈치보다 나이 어린 중국 사업가들에 의해 수행되었는데 아마도 위빈치의 사례에서 영감을 받았을 것이다. 1940년대 말 위빈치의 전 직원인 천창경이 독자적인 타자기 제조 공장을 열면서 부상했다. 상하이에 기반을 둔 이 공장은 쑨원의 '삼민주의'에서 직접 따온 이름인 '민생 타자기'를 팔았다. 하지만 천창경의 타자 안내서 표지에 소개된 기기는 일본산 만능 기계와 다를 바 없었다. 아마도 '니폰타자기회사'라는 명패를 지우고 '민생'이라고 읽히는 것으로 대체했지만 천창경의 기업은 전후 일본 타자기 제조업체를 몰수하고 이를 국산 중국어 타자기로 재포장하는 것을 전제로 했다. 위빈치가 천창

그림 5-7 | 만능 타자기의 복사판인 '민생 타자기'의 연습교본

경을 아주 잘 가르쳤던 것이다(〈그림 5-7〉).[111]

천창경만이 만능 타자기를 몰수해서 중국화하는 데 운명을 건 유일한 사업가는 아니었다. 1949년 위빈치 네트워크의 또 다른 동료가 판 '만능 중국어 타자기'라고 부르는 것을 유통시키기 시작했다. 여러 해 전 위빈치 훈련학원의 졸업생이었던 판지링은 기계의 이름을 바꾸려 하지는 않았지만 전쟁 중 일본산이라는 언급은 피한 채 말로만 만능 타자기라고 썼다.[112] 판지링은 자신의 교과서에서 "만능식 중국어 타자기가 판촉된 이후 뛰어난 설계와 제작으로 인해 수년 안에 어느 곳에서든지 일반화되었고 사용자들은 이 타자기를 칭송했다. 어설픈 모양의 다른 형태의 기계들은 점점 더 구식이 되어갔다"라고 설명했다.

하지만 이 모든 것 중 가장 효과적인 모방꾼은 새로 구성된 공산당 정권이었다. 공산당 정권은 1949년 혁명이 일어난 지 수년 내에 중국어 타자기 이권을 몰수하기 시작했고 이를 중국 소유의 기업으로 바꾸어버렸다. 1951년 톈진 공공산업국은 일본 타자기회사를 장악하고 홍기타자기회사로 재조직했다. '홍기'는 '민생'처럼 이념적으로 적절하고 적당히 애국적인 이름이었다.

일본 시설에 대한 광범위한 몰수 및 국유화와 더불어 수입 기계에 대한 엄격한 제한에도 중국 당국과 사업계는 자국 내 타자기 시장에서 일본의 영향을 완전히 뿌리 뽑지 못했다. 새로 국유화된 톈진의 홍기타자기회사의 주요 초점은 일본산 타자기와 일본산 계산기였다. 1951년 한 추산에 따르면 4000대 이상의 타자기와 계산기가 수입되었는데 주로 일본으로부터였다. 이 보고서는 "전국에 걸쳐 수입 통계가 잡힌다면 국가 경제에 대한 손실은 실제로 큰 충격일 것이다"[113]라고 썼다. "타자기 제조 산업에 종사하는 우리들에게, 지금 인민의 것이 된 모국에서, 이것은 헤아릴 수 없는 고뇌와 수치심을 불러일으킨다."[114]

1950년대에 시작해 국내 타자기 산업은 새로운 정부와 함께 협력하면서 일본의 시장 장악에 대응했는데, 다양하게 쪼개져 있던 중국 회사들의 네트워크를 큰 대기업으로 합쳤다.[115] 10개의 중국어 타자기회사들이 상하이중국어타자기제조협회를 만들기 시작했다. 위빈치 스타일 중국어타자기회사의 한종하이, 원화중국어타자기회사의 타오민지, 징이타자기회사의 통리성, 중국타자기회사의 후지샹, 민생중국어타자기회사의 천창경, 그리고 여러 동료들이 어떻게 합병할지 결정하기 위해 회합했다.[116] 톈진로 7번지에 본부를 두고 한종하이, 리자오펑, 후지샹이 컨소시엄을 지휘했다.[117] 중화인민공화국의 상징적인 타자기인 쌍거 중국어 타자기가 만들어진 것은 바로 이 컨소시엄에서였다.

쌍거 타자기를 개발하는 과정에서 상하이 계산기와 타자기회사는 위빈치, 천창경, 판지링 등등처럼 모방이라는 정책을 썼는데, 단 이번에는 국가적 규모로 그리고 중국 정부의 지원하에 그렇게 했다. 쌍거 타자기의 설계자들은 이 기계의 기반을 공공연하게 일본산 만능 기계에 두었다.[118] 쌍거 기계의 개발은 3단계로 나뉘었다. 1962년 7월부터 11월까지 개발팀은 네 개의 시제품을 꾸미고 시험했다. 1963년 7월부터 11월까지는 추가 40개에 대해 이 과정을 반복했다. 1964년 1월부터 3월까지 개발팀은 이 기계에 추가 수정을 하고 그 결과 수정된 시제품들을 추가 시험에 집어넣었다.[119] 1964년 3월 25일, 이 결과물은 한 컨퍼런스에서 상하이 기계 수출-수입 회사와 상하이 타자기 업계 사람들을 포함한 회사 대표단에게 발표되었다(〈그림 5-8〉).[120] 내부 보고서는 "쌍거 DHY-모델 중국어 타자기는

그림 5-8 | 쌍거 중국어 타자기에 대한 광고 및 실물

만능식 중국어 타자기의 개조품이다"라고 직설적으로 설명했다.[121]

다른 사람들처럼 상하이 계산기와 타자기 공장, 그리고 정부 후원자들은 자신들이 만든 중국 기계가 일본에 뿌리를 두고 있다는 것과 일본이 전쟁 중에 중국 정보 기술을 지배했다는 폭넓은 역사를 바로 조용히 잊어버렸다. 그 대신 일본산 만능 중국어 타자기가 중국산 솽거 기계로 변경되어 조용히 부활했다.

에블린 타이와 그녀가 싱가포르에 있는 상점에서 타자기를 샀던 날을 되돌아보면 그녀가 일본산 슈퍼라이터와 중국산 솽거 타자기 사이에서 내린 선택은 내가 원래 상상한 것보다 훨씬 덜 냉혹했다. 20세기 상반기 동안 ─ 특히 1920년대부터 1960년대까지 ─ 동아시아 정보 기술의 역사는 어쩌면 국가적 영역으로 쉽게 알아볼 수 있었던 우리 이야기의 경계선을 흐릿하게 했다. 슈퍼라이터는 일본산 기기였지만 그 설계에 깔려 있는 언어적·기계적 원리와 함께 그 개발을 촉발했던 동기는 이제까지 우리가 조사한 중국어 타자기의 깊은 역사로부터 떼려야 뗄 수 없었다.

솽거 기계는 그 경계선이 흐릿했다. 중국 제조업체들, 사업가, 그리고 정부 당국의 컨소시엄에서 만들었지만, 그리고 마오 시대에 상징적인 타자기가 되었지만, 이 기계의 역사는 일본 점령, 중국 내 타자기 시장의 일본 장악, 그리고 만능 타자기의 역사로부터 떼어질 수 없었다. 내 집 옷장 위에 있는 연초록색 기계 ─ 모든 중국어 타자기 중 표면적으로 가장 중국적인 ─ 가 내게 더 이상 똑같아 보이지 않을 것임을 나는 곧 알게 되었다.

솽거 타자기는 중국 본토에서 일어난 앞으로의 이야기에서 중심적인 역할을 할 것이다. 우리는 앞으로 마오 시대의 타자수들이 어떻게 기술자들이 기대하지 않았고 가능하다고도 생각지 않은 방법으로 솽거 타자기와 다른 여러 타자기를 재구상했는지를 목격하게 될 것이다. 그 전에 먼저 바다를 건너 마지막으로 한 번 더 미국으로 가서 베스트셀러 작가, 언어학자, 문화 대사, 그리고 타자기 발명가인 린위탕이 맨해튼 스튜디오에서 행한 실험들을 조사한다. 우리가 보게 될 이 실험들은 현대 중국 정보 기술의 역사를 영원히 바꾸어서 인간, 기계, 그리고 언어 간에 완전히 새로운 관계를 만들어낼 것이다.

제 6 장

**쿼티는 죽었다!
쿼티 만세!**

린위탕이 중국어 타자기를 발명하다: 지금은 하루 걸릴 일을 한 시간에 할 것이다.

_≪뉴욕 헤럴드 트리뷴≫, 1947년 8월 22일

12만 달러가 들었고 우리에게 평생의 빚을 안겼다. 내 아버지가 일생을 바쳤던 이 발명, 새로 탄생한 이 아기는 그런 어려움 속에 태어났지만 그만큼의 값어치가 있었다.

_린타이이, 린위탕의 딸

바로 이것이라고 생각한다.

_밍콰이 중국어 타자기에 대한 자오위안런의 발언, 1948

　　캘리포니아주 마운틴 뷰에 있는 컴퓨터 역사박물관은 신기술 신자들의 성지이다. 20개의 전시실과 세계적 수준의 예술품 컬렉션은 컴퓨팅의 많은 영역 중에서 계산기, 펀치 카드, 프로그래밍, 기억용량, 그래픽, 그리고 웹 등의 역사를 그리고 있다. 눈에 띄는 것은 유니박1(UNIVAC I)(세계 최초의 상업용 컴퓨터 _옮긴이), 크레이-2(Cray-2) 슈퍼컴퓨터이며, 모든 것들 중에서도 가장 빼어난 것은 찰스 배비지의 미완성 걸작을 충실하게 구성한 차분기관(Difference Engine) No.2이다.

　　컬렉션의 첫 5세기를 보고 난 후에는 입력/출력 전시홀에 다다른다. 그곳은 착용 자판 '글로브', 지금은 잊힌 마우스의 초기 시제품, 그리고 수십 개의 환상적인 물건들을 보관해 놓은 곳이다. 입력/출력 홀을 표시하는 표지는 너무 소박해서 거의 알아볼 수 없을 정도이다.

> 자판: 만들어야 하는 것들이 너무 많았으므로 컴퓨터 설계자들은 텍스트 기반 입력과 출력을 다시 발명하지 않아도 되는 것에 기뻐했다. 그들은 기존의 쿼티 자판을 포함해 기존의 전신 타자와 자동 타자기를 사용했다.

이 설명에서 안도의 한숨을 들을 수 있는데, 이는 원래 '혼란'과 지속적인 불안을 자랑하는 컴퓨팅 역사 ― 정확하게 말하면 가만히 놔두지 않기 때문에 이득을 보는 산업 ― 에 대한 설명에서 드물게 안식을 취하는 순간이다. 그럼에도 불구하고 이 폭넓고 불안한 역사 속에서 적어도 쿼티 자판은 다시 살필 필요가 없었다. 고맙기도 해라!

중국 역사학자들에게 이 신호는 실리콘밸리에서의 IT 역사와 이 책에서 살펴보는 IT 역사 사이의 근본적인 차이를 보여주고 있다. 실리콘밸리에서는 문장의 입력과 출력이라는 질문이 재미없을 정도로 간단하게 다루어진다. 특히 축적된 프로그램 내장식 컴퓨터, 자기 코어 메모리, 네트워크 통신 규약 등등 같은 어려운 질문과 병치될 때 더욱 그렇다. 하지만 중국 정보 기술 박물관은 어떨지 잠깐 상상해 보라. 물론 초기 계산, 자기 테이프, 이더넷 케이블 등등과 같은 공통된 계보와 공통된 유산에 경의를 표해야 하는 면에서는 많은 것이 동일할 것이다. 그리고 마운틴 뷰에서처럼 분명 주판도 있을 것이다. 하지만 입력/출력 전시홀은 대폭 바꿀 필요가 있다. '텍스트 기반의 입출력을 다시 만들지 않아도 되어서 기뻐했던'

서양의 컴퓨터 시스템 설계자들과 달리, 중국 정보 기술과 관련된 분야에서 일했던 사람들은 입력과 출력을 가장 복잡한 도전 중 하나로 생각할 수밖에 없었다. 안도의 한숨이나 고생 끝에 얻은 만족감이 없는 문제에 대해 충분한 공간과 관심을 바치지 않고서는 중국 정보 기술의 역사는 불가능할 것이다. 중국에서는 텍스트 입력 및 출력이라는 문제가 중심이 되어야 한다.

많은 독자들은 중국의 컴퓨터가 쿼티 자판까지도 미국의 컴퓨터와 정확하게 똑같다는 것을 알게 되면 놀랄 것이다. 베이징, 상하이, 또는 칭두의 카페에 앉아 있으면 틀림없이 만나게 될 신세대 사업가들은 쿼티 기기로 열심히 일하고 있을 것이다. 하지만 중국의 쿼티 자판은 보이는 것과 같지 않다.

알파벳의 세계에서 쿼티 자판은 '타자하는 대로 찍힌다'라의 틀 속에서 사용된다. '타-자-기'라고 쓰인 건반을 치면 같은 부호가 화면에 나타나는 것을 기대한다. 대부분의 다른 언어에서도 마찬가지이다. 'ш' 또는 'א'로 표시된 걸 누르면 같은 부호가 화면에 나타나는 것이 대부분의 세상에서는 무언의 가정이다. 하지만 현대 정보 기술의 세계 역사 속에서 중국이 가진 위상(이 연구에서 우리가 그려온 위상) 덕분에 쿼티는 '타자하는 대로 찍힌다'라는 식으로 사용되지 않으며 사용될 수도 없다. 그 대신 중국에서 쿼티 자판은 1950년 이후 줄곧 중국 컴퓨팅과 문서 작성 양쪽 모두에서 핵심적이었던 인간-기계 상호작용의 한 형태인 '입력' — 중국어로는 수루(輸入) — 의 맥락에서 사용되었다. 사용자들이 건반 위 부호와 화면 위 부호 간의 일대일 대응을 가정하는 다른 세계의 '타자'와 달리, 중국어 입력에서는 그런 동일성을 가정하지 않는다. 이것이 놀랍다면 부호 'Q', 'W', 'E', 'R',

'T', 'Y'가 표시되어 있는 키는 단순히 작동기라는 걸 기억하는 게 좋다. 이것들은 초인종을 울리거나 등불을 켤 때 사용하는 스위치와 다르지 않다. 이 특정 스위치들을 닫으면 대부분의 세계에서 거의 순간적으로 같은 부호가 화면 위에 나타나야 한다는 것은 불과 몇 사람만 제대로 설명할 수 있는 복잡한 중재의 결과물이다. 실제로 고도로 훈련되고 돈을 많이 받는 수많은 기술자와 설계자들은 이 과정이 '눈 깜짝하는 사이에' 행해지고 매슈 풀러(Matthew Fuller)의 개념을 상기시킬 수 있도록 이 과정을 감추는 데 최선을 다했다.[1]

중국어 컴퓨팅에서는 'Q'라고 표시된 스위치를 치면 일정 조건하에서 상응하는 라틴 문자를 불러오지만, 이것은 '입력 방식 편집기(IME)'로 알려진 소프트웨어에 대한 지시 또는 기준을 제공하는 데 사용될 것이다. 입력 방식 편집기는 중국에 있는 모든 컴퓨터의 백그라운드에서 작동해 사용자의 쿼티 키 입력을 가로채고 지침에 따라 사용자가 한자 후보들의 목록을 선택할 수 있도록 컴퓨터 화면 위에 보여준다. 마이크로소프트 워드로 서류를 작성하든, 웹 서핑을 하든, 아니면 다른 방식에서든, 그 또는 그녀는 이런 범위 제시, 후보, 그리고 확정이라는 반복적인 과정에 끊임없이 참여한다. 이처럼 근본적으로 매개된 텍스트 입력이라는 특성은 중국 컴퓨팅에서 감춰질 수 없다. 매개는 항상 명쾌하고 가시적이며, 의식이 깨어나기 전에 눈 깜짝할 사이에 제공된다. 우리가 중국 전신에서 처음 만났던 '부호 자각'은 여전히 잘 살아 있다.

입력이 작동하는 방식을 정확하게 파악하기 위해 중국의 대표적인 입력 방식 편집기인 소우거우 병음(搜狗拼音) 입력 방식을 사용해서 打字机(타자기, 병음으로는 daziji)라는 간단한 세 글자를 만들기 위해 쿼티 자판을 어떻게 사용하는지 살펴보겠다(〈그림 6-1〉).

소우거우 시스템은 음성의 병음 입력에 의존하기 때문에 우리가 누를 첫 키는 첫 문자 打(da)의 음성 값의 첫 글자인 'D'이다. 입력 시스템이 이 첫 글자를 가로채자마자 화면 위에 팝업 창이 나타나고 시스템이 작동하기 시작한다. 문자 데이터베이스를 검색한 후 음성 값이 'D'로 시작하는 한자를 빈도순으로 정렬해서 제시한다. 첫 번째 글자는 소유격 的(de)인데 전체 중국어에서 가장 일상적인 단어 중 하나이다. 팝업 메뉴 중 두 번째 글자는 또 다른 아주 일상적인 용어로 '모두' 또는 '각각'을 뜻하는 都(dou)이다. 세 번째 위치에는 우리가 원하는 글자로 '치다' 또는 '때리다'를 뜻하는 打(da)이다. 이 시점에서 원할 경우 da의 두 번째 글자인 'A'를 입력할 필요 없이 숫자 키 '3'을 눌러서 원하는 글자를 선택할 수 있다(이는 제시된 팝업 메뉴에서 세 번째 후보를 원한다는 것을 의미한다). 키를 단 두 번 눌러서 우리는 세 글자 중 첫 번째 글자를 갖게 되었다.

물론 항상 이런 것은 아니다. 우리가 打(da)보다 덜 일상적인 용어를 찾고 있다면, 만일 打와 동음이의이고 '겹치다'를 뜻하는 畓(da)를 찾는다면 우리가 원하는 용어의 음성 철자를 마쳐야 할 수도 있으므로, 이 경우에는 두 번째 글자인 'A'를 넣는다. 입력 방식 편집기가 이 두 번째 글자를 가로채자마자 후보 메뉴가 다시 변동하기 시작한다. 입력 편집기는 제시어를 바꿔서 발음이 'da'로 시작하는 문자들로 제한하고 또 다시 빈도에 따라 순서를 매긴다. 우리는 거기서 원하는 글자를 찾고 선택하면 된다. 이것이 입력의 본질, 즉 사용자가 원하는 글자를 찾을 때까지 입력 편집기가 가능한 더 잘 정리되고 변동된 한자 목록을 제시하는, 반복적이고 동적으로 변화하는 과정이다.

그림 6-1 | 소우거우 중국어 입력을 이용한 '打字机(daziji)' 입력 방법

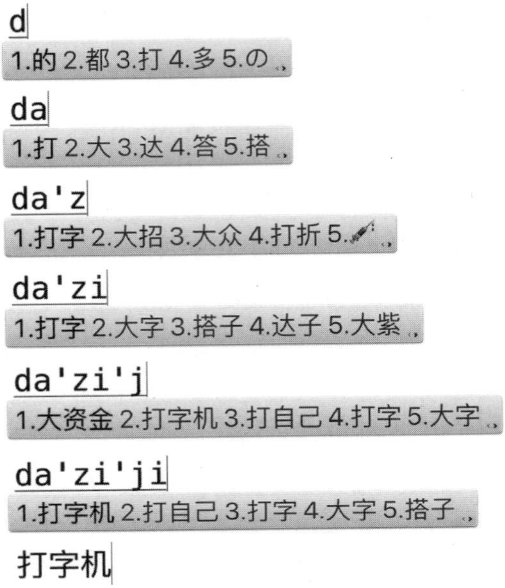

d
1.的 2.都 3.打 4.多 5.の

da
1.打 2.大 3.达 4.答 5.搭

da'z
1.打字 2.大招 3.大众 4.打折 5.✎

da'zi
1.打字 2.大字 3.搭子 4.达子 5.大紫

da'zi'j
1.大资金 2.打字机 3.打自己 4.打字 5.大字

da'zi'ji
1.打字机 2.打自己 3.打字 4.大字 5.搭子

打字机

　　daziji에서 세 번째 글자 — 두 번째 글자 字(zi)의 첫 음성 값을 만드는 글자 'z' — 를 넣으면 입력 과정은 한층 더 복잡해진다. 이제 입력 편집기는 더 이상 떨어져 있는 글자를 찾지 않고 복수 문자열 또는 복합 단어를 찾기 시작한다. 'z'를 누르면 입력 시스템은 첫 글자의 음성 값이 da이고 두 번째 글자가 'z'라는 음성 값으로 시작하는 가장 높은 빈도의 두 글자 복합단어 조합을 팝업 메뉴로 다시 띄운다. 이 목록의 제일 위에 우리가 원하는 두 글자, '타자하다'를 의미하는 打字(dazi)가 있다[메뉴 안의 또 다른 선택지로는 '대중'을 의미하는 大众(dazhong), 그리고 '할인'을 의미하는 打折(dazhe)가 있다]. 입력 과정을 끝내려면 '기계'를 의미하는 세 번째이자 마지막 글자 机(ji)로

이 과정을 지속하면 된다.

위에서 시사했듯이 원하는 글자들의 온전한 음성 철자를 입력하는 것은 입력할 수 있는 많은 방법 가운데 하나일 뿐이자 가장 길고 느린 방법이다. da-zi-ji를 따라 소우거우 입력방식에 이 세 글자를 넣는 방법은 적어도 여섯 가지인데, 각각의 방법은 다른 입력 기술을 채용하고 있지만 모두 동일한 화면을 출력한다.

d a z i # j #

d a z i j #

d a z # j #

d a z j #

d z j i #

d z i j #

d z j #

이 중 가장 짧은 것은 d z j #로, 이는 쿼티 자판을 네 번 치면 중국어 단어가 만들어진다는 것을 의미하는데, 영어로 입력할 때는 t-y-p-e-w-r-i-t-e-r, 총 열 개의 키가 필요하다. 무엇인가가 분명히 바뀌었다.

더욱이 소우거우 병음은 시중에 있는 많은 중국어 입력 편집기 중 하나일 뿐이다. 애플이나 큐큐와 마찬가지로 구글도 고유의 입력 편집기를 제공한다. 병음이나 음성 입력을 기반으로 하지 않는 입력 편집기도 있는데 이 경우 작업자가 쿼티 자판의 글자를 사용해 원하는 글자의 구조적 속성, 예를 들면 주어진 글자를 구성하는 부수 또는 획의 형태를 나타낼 수 있다.[2] 그래서 자판의 'H' 키는 동일한 이름의 자음 값을 표시하지만 구조 기반의 입력 편집기와 쓰일 때는 '木(나무 목) 부수'로도 사용될 수 있다. 'H' 값을 가진 글자들의 메뉴를 만들어내는 대신 이런 기술은 이 특정 부수를 포함한 글자들의 메뉴를 낳는다. 그런 입력 시스템은 병음을 전제로 하는 표준 중국어 발음에는 유창하지 않지만 광둥어 또는 민난어에 능숙한 중국어 사투리를 쓰는 나이 든 사람들 사이에서 특히 인기가 있다. 예를 들어 창힐수입법(倉頡輸入法, 1976년 발명된 한자 입력법 가운데 하나 _옮긴이)을 써서 '타자기'라는 같은 세 글자를 입력하려면 입력 기록은 qmnjnddhn 인데, 이들 각 글자는 이 세 개 글자의 발음이 아닌 특정 그림 속성을 묘사하고 있다.

일반적으로 사용되는 다섯 개의 중국어 입력 방식 편집기와, 수천 개까지는 아니지만 실제로 수백 개에 달하는 실험적인 입력 방식 편집기를 사용해서 중국어 컴퓨터 사용자들이 이 간단한 세 글자를 입력하는 데 쓸 수 있는 방법은 수백 개까지는 아니더라도 수십 개는 된다. 더 긴 수백, 수천 개의 글자로 이루어진 중국어 구절을 상상한다면 가능한 입력 순서의 숫자는 믿기 어려울 만큼 많아질 것이다.

이 시점에 이르면 독자들은 틀림없이 앞의 이야기에서 다루었던 것이 확실히 사라졌음을 알아차렸을 것이다. 중국어 타자기는 어디로 갔지? 아마도 이것은 우리가 드디어 이 희망 없는 기기를 포기하고 현대 중국 문자의 진정한 기계적 구세주인 개인용 컴퓨터 — 한자를 알파벳과 비알파벳 문자로 갈라놓은 '심연'으로부터 구제한 — 에 관심을 돌리는 순간이 아닐까? 사실 이 장의 이야기는 정확히 반대이다. 입력의 탄생 — 현대 중국이 세계 최대의 IT 시장과 역동적인 소셜 미디어 환경의 토대를 마련한, 혁명적이고 새로운 인간–

컴퓨터 간의 상호작용 — 은 전산과 전혀 관계가 없었다. 역사상 최초의 입력 시스템은 사실 1940년대 세상에 나온 실험적인 중국어 타자기로, 이는 자판을 보유한 최초의 중국어 타자기였다.

묘한 자판

"우리는 사랑받는 동양 작가인 린위탕(林語堂) 박사가 중국어 타자기를 발명했다는 것을 복잡한 감정 — 큰 실망이긴 하지만 절망보다는 분명히 약한 — 을 가지고 알게 된다."[3] 미국의 독자 대중들에게 추앙받는 문화 평론가 이자 『내 조국과 내 민족(吾国和吾民)』(1935), 『삶의 중요성(生活的藝術)』 (1937)이라는 베스트셀러 서적의 사랑받는 작가가 시도한 돈키호테식 새로운 추구를 보여주는 ≪시카고 데일리 트리뷴≫의 1945년 기사는 그렇게 시작했다. 작가가 설명한 이 놀라운 소식이 너무 낯설어서 그들은 그냥 그 말을 믿지 않았다. 이 기사는 그 뉴스가 린위탕의 출판사에서 직접 나왔다면 "믿을 수 없었을 것이다"라고 강조했다. 기자는 "추가적인 깨우침을 구하기 위해 우리는 우리 이웃의 세탁업자인 호신류와 상의했다"라고 말했다.

"호 선생님, 당신들의 웃기는 말 전체를 감당하려면 중국어 타자기가 얼마나 커야 할까요?"

"호, 호!" 호가 자기 이름을 영어 감탄사로 말장난하면서 대답했다. "그런 질문에 나는 완전히 다른 말로 대답해야 하지 않을까요? 후버 댐을 본 적이 있나요?"4

린위탕은 중국이 첫 번째 중일 전쟁에서 치욕을 겪은 데 이어 타이완마저 일본에 잃은 해인 1895년에 푸젠성에서 태어났다. 기독교 가정에서 자라난 린위탕은 1911년 상하이의 세인트존스 대학에 들어갔는데 이 해는 공화파의 혁명이 이미 약화된 청 왕조에 사망선고를 내린 해였다. 그의 교육 성적은 우수해서 1916년부터 1919년까지 칭화대학을 다녔고 1919년과 1920년에는 하버드로 갔다. 40세의 나이에 린위탕은 미국에서 추앙받는 작가가 되었고 당대 가장 영향력 있는 중국 문화 평론가 중 한 사람이 되었다.

영어로 데뷔하기 수년 전에 린위탕은, 우리가 지금까지 한 번 이상 보아 왔듯이 많은 이들의 마음에 자석 같은 흡인력을 발휘한 질문, 즉 서양의 타자기가 지닌 범위와 명성을 얻을 수 있는 중국어용 타자기를 어떻게 만들까라는 질문에 대해 자세히 생각하기 시작했다. 이런 영감을 바탕으로 린위탕은 여러 해 뒤에 아마도 역사상 가장 잘 알려졌으나 가장 덜 이해되기도 한 중국어 타자기, 바로 1940년대 중반을 시작으로 세상에 발표된 '밍콰이(明快)' 또는 '분명하고 빠른' 중국어 타자기로의 길을 출발했다.

밍콰이 타자기가 처음 등장했을 때 ≪시카고 데일리 트리뷴≫의 기자와 그 '세탁소 주인'은 틀렸음이 밝혀졌다. 밍콰이 타자기는 후버댐보다 상당히 작았다. 사실상 그것은 묘하게도 '진짜 타자기'처럼 보였다. 폭 35cm, 깊이 46cm, 높이 23cm로 그 기계는 당시 일반 서양 타자기 모델보다 약간 클 뿐이었다.5 가장 눈에 띄는 것은 밍콰이 타자기가 타자의 필수 요소인 자판을 가진 최초의 중국어 타자기였다는 것이다. 결국 서양의 타자기와 똑같은 타자기를 만들어내서 중국어가 세상에 합류한 것으로 보였다.

밍콰이 타자기는 통상의 타자기처럼 보였을지라도 이 타자기를 작동하기 위해 앉았던 사람들은 금방 당황했다. 72개의 키 중 하나를 누르면 기계의 내부 기어가 움직이지만 종이 위에는 아무것도 나타나지 않았다. 적어도 바로는 말이다. 하지만 두 번째 키를 누르면 기어가 다시 움직이고 무엇인가 기이한 일이 일어났다. 8개의 한자가 인쇄 종이 위가 아닌 기계 몸체 위에 만들어진 특수 뷰파인더 안에 나타났던 것이다. 세 번째 키를 눌러야만 — 특히 기계가 제시한 8개의 번호 키 중 하나 — 지면 위에 중국어 그림이 인쇄되었다.

키를 세 번 눌러야 한 번 인쇄라니. 도대체 뭐지?

더욱이 종이 위에 나타난 중국어 그림은 세 번 눌러진 키의 부호와 직접적인 일대일의 관계를 전혀 갖고 있지 않았다. 기분 나쁠 정도로 진짜처럼 생겼으나 아주 이상하게 작동하는 이것은 어떤 타자기였을까?

서양식 타자기의 근본적이고도 무언의 가정이 상응성 — 하나의 키를 누르면 타자된 지면에 상응하는 부호가 찍힌다는 것 — 이라면, 밍콰이 타자기는 완전히 다른 것이었다. 표준 레밍턴 또는 올리베티식 기기와 묘하게 닮았지만 밍콰이 타자기는 이런 통상적인 의미의 타자기가 아니었고 주로 한자를 검색하기 위해 설계된 기기였다. 이 문자들을 기입(inscription)하는 것은 물론 필요했지만, 그럼에도 불구하고 이는 이차적이었다. 키를 누른다고 해서 '타자하는 대로 찍힌다'라는 고전적인 명제에 따라 상응하는 문자가 기입되는 것이 아니었다. 대신 키를 누르는 것은 원하는 한자를 기계의 하드 드라이브 안에서 찾는 과정의 단계였고, 그 후에야 지면에 기입되

그림 6-2 | 밍콰이 중국어 타자기의 키보드

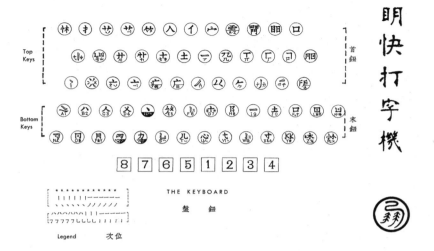

었다.

그 기계는 다음과 같이 작동했다. 기기 앞에 앉으면 작업자는 세 무리로 나뉘어 있는 72개의 키를 보게 되었다. 위 키, 아래 키, 그리고 8개의 숫자 키였다(〈그림 6-2〉). 첫째, 36개로 구성된 위 키 중 하나를 누르면 기계 내부 장치와 타자 복합체 — 타자수가 볼 수 없지만 기계 본체 안에 담겨 있는 한자 그림의 기계적 배열 — 의 동작과 회전을 촉발시켰다. 두 번째 키를 누르면 — 28개로 구성된 아래 키 중 하나 — 기계 내에서 두 번째의 변화와 위치 조정을 시작해 이제는 기계 위 작은 창(린위탕이 '마술 눈'이라고 부른 뷰파인더) 안에 8개의 한자 무리가 보이도록 했다.[6] 이 문자들 중 무엇을 원하는지에 따라 작업자는 1부터 8까지의 숫자 키 가운데 하나를 눌러서 선택했고 이 과정이 끝나면 지면 위에 원하는 글자가 찍혔다.

밍콰이 타자기를 만들면서 린위탕은 레밍턴과 언더우드 같은 종류와는 다른 기계를 만들었을 뿐 아니라 저우허우쿤, 수전둥, 치쉬안, 그리고 로버트 매킨 존스가 내놓았던 접근법으로부터도 벗어났다. 린위탕은 기입 자체를 검색의 과정으로 바꿈으로써 기계적 기입이라는 행위를 바꾼 기계를 발명했다. 밍콰이 중국어 타자기는 '검색'과 '쓰기'를 역사상 처음으로 합쳤고, 입력 또는 중국어로는 수루(輸入)라고 일컫는 인간-컴퓨터의 상호작용을 기대하게 했다.

『강희자전』의 사망: 중화민국에서 발발한 '글자 검색 문제'와 입력의 기원

밍콰이 타자기의 내부 기계구조 — 세 개의 키 순서가 어떻게 한자 인쇄를 만들어내는지 — 에 대한 자세한 조사는 잠깐 미루도록 하자. 우리에게 가장 중요한 것은 우리 이야기 속 다른 타자기들과 비교해 밍콰이 타자기가 지닌 독특한 역사적 계보를 이해하는 것이다. 입력 또는 수루의 근원을 밝히는 것이 이 역사 안에 있기 때문이다. 린위탕이 자신의 타자기를 설계하기 시작했을 때 그는 이동식, 전신, 또는 서양식의 타자기로부터가 아니라 1910년대부터 1930년대까지 중국에서 있었던 '글자 검색 문제(檢字法問題)'로 알려진 언어 개혁 논란으로부터 영감을 끌어냈다. 이 논란에서 린위탕은 중국 도서관 과학자, 교육자, 그리고 언어학자들과 함께 중국어를 사용하는 사람들이 중국어 정보 환경을 더 효과적으로 다룰 수 있도록 중국 사전, 도서관 색인, 목록, 이름표, 그리고 전화번호부를 구성하는 새로운 시스템을 실험했다. 하지만 '글자 검색 문제' 토론에 참여했던 사람들

중에 린위탕은 검색이라는 이 어려운 논란을 기입의 영역으로 바꾼 유일한 사람이었다. 특히 밍콰이 타자기를 이해하고 보다 넓게 입력하기 위해서는 중화민국 시대 초기의 '글자 검색' 토론, 그리고 20세기 초반 중국 정보위기의 폭넓은 역사를 우선 조사해야 한다.

『알아야 할 것이 너무 많다(Too Much to Know)』에서 앤 블레어(Ann Blair)는 '정보 사회'와 '정보 과부하'에 대한 오늘날의 견해들은 우리가 생각하는 것보다 훨씬 깊은 역사를 갖고 있음을 보여주는 많은 길을 드러냈다. 컴퓨팅과 인터넷이 등장하기 훨씬 전인 현대 유럽 초기부터 지식과 진리 제공자들은 자신들의 시대를 엄청난 정보의 과부하라고 이야기했다. 정보 환경의 급증으로 인류가 용량을 넘어선 정보 과다로 인한 무지라는 우스운 상황에 처할 위험에 이르자 서지학자, 출판업자, 그리고 여러 사람들은 이를 통제할 수 있도록 설계된 새로운 접근법과 기술들을 개발했다. 동아시아에서는 메리 엘리자베스 베리(Mary Elizabeth Berry)의 작업이 근대 일본 초기의 동일한 흐름을 보여주고 있었다. 도쿠가와의 지도 제작자, 서지학자, 편찬자, 편집인, 그리고 여러 사람들은 점점 더 높아만 가는 정보의 바다에 떠 있기 위해 용도가 변경된 또는 새로운 기술의 목록들 ― 지도, 요약서, 백과사전, 그리고 여행안내서 ― 을 효율적으로 사용했다.[7]

제국 시대 후기와 중화민국 초기는 '정보위기'의 또 다른 장이었다. 제국 시대 후기의 인구 증가로 새로운 형태의 정부 감독이 등장하고 전신 같은 새로운 정보 기술이 소개됨에 함께 중국의 지도층은 새로운 데이터 환경과 보조를 맞추는 능력에 대해 점점 더 걱정하게 되었다. 하지만 20세기 초반 중국에서 나타난 '정보 과부하'의 역사는 블레어와 베리가 조사했던 유럽과 일본의 맥락과는 동떨어져 있었다. 중국에서 지도층을 가장 당황시킨 것은 주로 정보의 양이나 속도가 아니었고 새로운 정보에 대한 정부의 개입도 아니었다. '현대 정보'를 다루는 중국 언어 자체의 능력(또는 많은 사람들이 주장하는 '무능력')에 대한 논란이었다.

1920년대경 현대 정보 환경에서의 평범한 필수품들은 현대 중국 전화번호부, 잡지 색인, 기록보관소 목록, 이름표, 그리고 어떤 형태의 정보를 찾아야 하는 중국어로 기록된 사실상 모든 참고 자료를 어떻게 개발해야 하는지를 지속적으로 고뇌하게 만드는 불안의 근원이 되었다. 그 시대의 한 연구에서는 많은 새로운 실험적 검색 시스템 중 하나를 사용하는 연구 주제가 중국의 대표적인 사전을 사용할 때보다 10분의 1초에서 1초 정도 빠르게 한자를 찾을 수 있다는 것이 밝혀졌다.[8] 여전히 다른 이들은 한자를 검색하는 것이 알파벳보다 느리다고 생각하고 있었다.

단지 초 단위의 차이가 경종을 합리화하지는 못하는 듯했지만 언어 개혁가들에게는 이런 짧은 지연이 현대 중국의 폭넓은 도전에서 의미 있는 요소가 될 수 있을 것으로 보였다. 중국어로 기록된 정보를 찾는 데 걸리는 시간이 알파벳 조회보다 약간 더 길다면 색인, 전화번호부, 이름 목록, 용어 색인, 승객 명단, 백과사전, 상품 재고, 도서관 카드 목록과 같은 더 넓은 텍스트 환경에서 집계될 때 이것이 의미하는 바는 무엇일까? 영어 말뭉치 및 영어를 사용하는 사용자들과 비교해 볼 때, 중국어 말뭉치 전체는 평균 중국어 사용자들로부터 수천 분, 수백 시간, 심지어 수많은 날을 날려버렸다는 것은 맞는 얘기였다.[9] 중국 인구 전체를 합쳐보면 중국의 후진성은 실제로 이런 셀 수 없는 미시역사학적 지연 시간들의 거시역사적 추정으로 보였다. 중국은 느린 모드로 움직이고 있었다.[10] 한 언어 개혁가가 주장했듯이, 한자를 조직하고 검색하는 좀 더 발전된 시스템은 단순히 그들이 정보를 빨리 찾도록 도와줌으로써 중국어를 읽을 수 있는 모든 중국 사람들의 일생을 2년 절약해 줄 것이었다.[11]

정보위기의식이 커지면서 중화민국 초기 시대에는 한자에 대한 실험적인 조직 방법이 폭발적으로 증가했다. 그 위기는 '글자 검색 문제'라고 알려지게 되었는데, 이는 장기간 베이징대학 총장이었던 카이위안페이, 상하이 인쇄소 사장 가오멍단(高梦旦), 중국 도서관 과학자 두딩유(杜定友), 그리고 십여 명의 권위자들의 참여를 끌어냈다.[12] 1930년대 초기를 정점으로 이 '위기'는 중국어 정보 환경을 재조직하는 72개의 실험적 시스템(중국 문자를 위한 72개의 새로운 '알파벳식 순서')을 가져왔다. 누군가가 말했듯이, 이들 시스템은 우후죽순처럼 자라나서 서로 각기 다르고 다양했다. 하지만 이 시스템들은 커져가는 합의를 위해 협력했다. 『강희자전』과 그에 부수되는 부수-획 분류 시스템은 현대 정보 시스템의 목적에는 사용 불가능했다.[13] 중국어 정보가 알파벳 정보처럼 한 자 한 자 모두 현대적으로 되면 『강희자전』은 버려져야 했다.

다오(道)를 찾아서

『강희자전』이라는 왕좌를 갖기 위한 도전자들이 떼로 경기장에 들어왔다. 1912년 상하이 상무인서관의 편집국장이자 장위안치의 후계자인 가오멍단이 중국어 부수의 수를 대폭 줄인 통합부수법(歸倂部首法)을 제안했다.[14] 1922년에는 황시성이 한자 검색 및 적재법(漢字檢字和拍疊法)을 제안했다. 곧 도서관 과학자 두딩유가 한자 검색법(漢字檢法)과 한자 배자법(漢字排字法)을 제안했다. 더 잘 알려진 것은 왕윈우(王雲五)가 만든 암호 검색법(號碼檢字法)이었는데 후에 4각 검색법(四角號碼, 또는 '네 코너 부호')으로 바뀌었다. 린위탕이 자신의 고유의 시스템을 개발·제안하기 시작한 것은 20세기 초반의 이런 맥락 내에서였다. 1918년 그는 한자 색인법(漢字索引制)과 관련한 글을 썼고,[15] 1926년에는 신운율 기반 색인법(新韻所引發)과 최종획 검색법(末筆檢字法), 두 개의 새로운 검색 시스템을 가지고 논란에 다시 들어왔다.[16]

모두 수년 내에 만들어진 이들 실험적인 검색 시스템의 수와 다양성은 다음과 같은 놀라운 질문들을 제기했다. 이처럼 최근의 역사에서도 중국 문자의 근본적인 요체와 순서는 아직 드러나지 않은 것일까? 알파벳 글자들의 순서가 오래 전에 만들어져 안정되어 있는 영어나 프랑스어와 달리 중국 문자는 20세기의 세 번째 10년에도 불확실성과, 가능성, 심지어 폭로의 열린 장이 되어야 하는 것일까? 그렇게 많은 중국 선구자들이 중국 문자에 대해 근본적으로 서로 동의하지 않는 것이 어떻게 가능했을까? 더욱이 이 70여 개의 실험적 시스템 가운데 어느 것이 맞는 순서일까? 어느 것이 가장 효율적일까? 어느 것이 장악하게 될까? 어느 것이 중국 정보위기에 대한 해법을 제시했을까?

장이천은 실험적인 이 시스템들이 확산된 것을 중국어에 대한 '근본적인 방법(根本方法)'이 아직 발견되지 않았으며 더 나아가 중국 문자가 알파벳 문자보다 더 복잡하다는 확실한 증거로 간주했다. "중국어 글쓰기는 알파벳이 아니어서 정해진 순서를 갖고 있지 않다. 그 결과 중국 문화 역사 안에 여러 종류의 다른 글자 검색 시스템이 있어 왔다."[17] 다위니즘의 비유를 빌려서 장이천은 경합 중인, 그리고 분열된 많은 글자 검색 시스템을

표 6-1 | 1912~1927년 발명된 검색 시스템

연도	발명자	검색 시스템
1912년	가오멍단	통합부수법
1916년	오토 로젠버그	오단배열법
1918년(3월)	린위탕	한자 색인법
1920년(12월)	교육부	주음자모 국음 검자법
1922년	황시성	한자 검색 및 적재법
1922년	두딩유	한자 검색법
1925년(6월)	왕윈우	암호 검색법
1925년(12월)	두딩유	한자 배자법
1925년	궈즈보	26획 검색법
1926년(1월)	린위탕	신운율 기반 색인법
1926년(1월)	완구오딩	한자 '모획' 배열법
1926년(1월)	완구오딩	수정 한자 모필화 배열법
1926년(2월)	왕윈우	4각 검색법
1926년(10월)	린위탕	최종획 검색법
1927년(2월)	장펑	형수 검색법(제3판 개정판)
1928년(5월)	왕윈우	4각 검색법(제2차 개정판)
1928년(10월)	왕윈우	4각 검색법(제3판 개정판)

종들과 비슷한 것으로 그렸고, 그들 간의 상호작용, 경쟁, 생존, 소멸 모두가 결국은 중국 문자의 핵심적인 진실을 밝혀줄 집단적인 진화 과정이라고 했다.[18] 제안된 10여 개의 시스템 중에 그는 이렇게 주장했다.

어느 것이 최고인가라는 질문에 대답하려면 비교와 확증이 필요할 뿐만 아니라 오랜 기간 사용하는 것도 필요하다. 당분간은 대답하기 불가능하고 사실상 그럴 필요도 없다. 상당한 기간과 제외의 과정을 통해 최고의 것은 자연스럽게 정상으로 올라올 것이다. …… 최고의 방식은 필연적으로 한자의 기본 방식이 될 것이다. 한자는 구조를 가지고 있으므로 한자를 조직하는 방법

[道, 다오]도 가지고 있어야만 한다. 다르게 말하면 시스템이 있어야 하므로 근본적인 배치 방법도 있어야만 한다.[19]

'근본적인 방법'이 발견된다면 이것은 영어에서 알파벳이 의미하는 바와 같은 역할을 중국어에 대해 하게 될 것이다. 즉, 중국어가 결국 진정한 질서를 실현할, 그리고 새로운 실험 시스템의 소용돌이가 결국 정적을 찾게 될, 애매하지 않고 이성적이며 투명한 방법이 될 것이다.

장이천은 이 진화적 투쟁의 승리자를 기다리는 데 만족했지만, 다른 사람들은 참을성이 적었다. 린위탕, 왕원우, 천두슈, 두딩유 등에게는 글자 검색 위기가 전문적이면서 아주 개인적인 경쟁이었다. 승자에게는 경제적 측면에서뿐만 아니라 상징적 측면에서도 전리품이 돌아갔다. 이들은 각각 자신의 시스템을 교육부와 통신부 같은 정부 부처들 안에 판매하려고 노력했다. 각자는 상무인서관 같은 인쇄 자본주의의 중심과의 관계를 발전시키기 위해 노력했다. 하지만 무엇보다도 '글자 검색 문제' 경쟁에 참여한 모든 참가자들은 자신의 시스템이 『강희자전』을 물러나게 하고 그 왕좌를 승계하게 만들겠다는 꿈을 숨겼다.

이 모든 것이 분명한 질문을 던진다. 린위탕과 그의 동시대인들이 중국 문자의 '근본적인 방법'을 밝히려 했을 때 그들은 어디에서 그 방법을 찾을 수 있다고 믿었을까? 린위탕과 '글자 검색 문제'의 다른 참가자들이 부호 시스템을 설계할 때 이 과정을 지배한 것은 무엇이었을까? 더욱이 그들은 이 근본적인 순서가 발견되었는지를 어떻게 알 수 있었을까?

글자 검색에 대한 중화민국 초기의 논란을 조사하면 이 경쟁을 좌우한 두 가지 주요 동력 또는 주제를 알 수 있다. 하나는 중국 문자의 근본적인 맞춤법 요체를 찾으려는 추구이고 다른 하나는 중국 국민의 인식적 또는 심리적 요체를 찾으려는 추구이다. 첫째 추구에서 제기되는 질문은 다음과 같다. 한자는 근본적으로 어떻게 발견되기를 원하는가? 한자의 핵심 본질과 근본적인 구성요소는 무엇인가? 러시아어, 유대어, 그리스어, 영어, 아랍어 모두가 근본적이고도 합의된, 애매하지 않은 질서를 갖고 있다면 중국어에서는 이에 해당하는 것이 무엇인가? 둘째 추구에서 제기되는 질문은 글보다는 사람에게 초점을 맞췄다. 중국 사람들은 근본적으로 어떻게 찾기를 원하는가? 중화민국 시대의 언어 개혁가들은 '아무나 그리고 누구나' 사용할 수 있는 '투명한' 시스템을 개발하려고 노력하면서 정치적 논쟁의 장, 즉 여러 색깔의 정치적 지도자들이 중국 '대중' 자체를 규정하기 위해 경쟁했던 싸움터로 뛰어들었다. '누구나' 사용할 수 있는 시스템을 창조하려는 노력의 일환으로 중화민국 시대의 언어 개혁은 '중국인 누구나'가 누구인지를 자격, 제한, 성향, 그리고 본능 면에서 규정하는 데 똑같이 애를 썼다. 각각의 검색 시스템을 내놓기 시작하면서 각 시스템은 중국 문자와 '평균 중국어 사용자' 양쪽으로의 이론화를 두고 경쟁했다.

고대 중국은 어떻게 요점을 놓쳤는가: 글자 검색과 중국 문자의 본질

이들 기둥 가운데 첫 번째 기둥 — 중국 문자의 다오(道)를 찾기 위한 조사로서의 글자 검색 — 에 대한 논의를 시작하기 위한 좋은 예로는 천리푸(陳立夫, 1900~2001)의 사례를 들 수 있다. 중화민국 시기(1911~1949)와 전후 시대에 천리푸는 문화와 교육에 대한 정치적 관리에 깊이 참여하고 있었다.

1920년대 말, 그는 국민당 중앙집행위원회의 회원이 되었고, 1929년에는 국민당 사무총장으로 임명되었다. 그는 중앙정치대학의 총장, 중앙집행위원회 상설위원회의 회원, 국방부의 통계국 담당, 그리고 교육부 장관 등을 역임했다.

천리푸는 '5획(五筆)' 검색 시스템으로 알려진 글자 검색 시스템을 발명했다. 5획 시스템은 1920년대에, 중국이 정치적 분열 두 번째 10년에 들어간 전쟁터에서 탄생했다. 이전 청 제국의 방대한 영토는 기능을 상실해 중화민국 중앙정부에게 서면뿐인 충성을 하거나 전혀 충성하지 않는 군벌들이 지배하고 있었다. 광저우 기반의 국민당과 그들의 공산당 동맹은 북벌 군사행동에 나섰는데 그들의 목적은 군벌을 무찌르거나 끌어들여서 단 하나의 수도와 정부로 나라를 재통일하는 것이었다.

천리푸의 5획 시스템은 이 과정 동안 갖춰지고 시험되었다. 천리푸와 그의 팀은 전보와 서류를 포함한 비밀 자료들을 관리하는 책임을 지고 대략 매일 150건의 서류를 정확성과 긴급성이라는 예민한 감각으로 처리했다. 천리푸는 회고록에서 국민당 지도자 장제스를 언급하면서 이렇게 말했다. "시간이 짧았고 장제스는 항상 참을성이 없었다. 어떤 서류를 원할 때면 우리에게 당장 찾도록 요구했다. 이런 시련이 내게 우리 파일을 조직하기 위해 한자를 분류하는 방식을 고안하게 만들었다."[20] 특히 천리푸는 국민당 군대의 점차 분량이 많아지는 적군 전투 전신 암호 책 모음을 분류하는 방법으로 5획 검색 시스템을 개발했는데, 추측컨대 적군 장군의 이름 또는 그들 부대 또는 연맹의 이름에 따라 분류했을 것이다.[21] 국민당은 많은 군대 지휘자들을 맞았는데, 그들은 2장에서 살펴본 4자리 전신 코드로 전송되는 메시지를 암호화하는 데 각기 다른 숫자 변형을 사용했다. 도청 시 암호 풀이는 시간을 다투었고 사용되는 암호를 확인하는 것뿐만 아니라 군대 도서관 안에서 재빨리 암호 책 자체를 찾는 것 또한 중요했다.

군사행동은 1927년에 끝났고 그 결과 중국의 정치적 환경이 극적으로 바뀌었다. 1927년 4월 중국 공산당 — 이전에는 장제스와 국민당의 파트너였던 연합전선동맹의 일부— 은 백색 테러라고 알려진 장제스의 격렬하고 끈질긴 숙청의 대상이 되었다. 국민당은 난징에 수도를 둔 새로운 정부를 만들고 그 수도를 이성적·현대적·과학적인 정부의 빛나는 등불처럼 바꾸기 위해 거대한 도시 개발 운동을 전개했다. 천리푸는 자신의 검색 시스템을 군사용에서 더 광범위한 성과 민간으로 확장해, 학교에서부터 감옥까지, 정당에서부터 국가의 조세 및 통신 인프라까지 모든 것을 검색할 수 있도록 했다. 천리푸는 '글자 검색 문제' 토론에 참여하던 대부분의 사람들보다 나은 위치에 있었고 사령부 기밀 작업부의 공식교신기록보관소, 난징 가구등록조사국, 국민당 중앙집행위원회, 조직부의 회원 관리단 등등에서는 그의 검색 프로그램을 시험해 보기 위해 그와의 전문적·정치적 관계를 이용했다.[22] 5획 검색 시스템은 가구 등록 통계, 당원 명부, 우체국 및 전화국 관련 주소와 통계, 학교와 공장의 명부, 정부 기록의 관리, 세금 등록과 수령 조직, 토지 등기, 감옥 죄수 등록, 정치 및 군대 인사 관련 시험과 평가에 관련된 서류 등 그 어디에서건 "10만 명 중에서 한 사람 찾기(十萬人中求一人)"를 가능하게 한다고 천리푸가 자랑했다.

천리푸는 또한 자신의 검색 방법을 현대 자본주의 경제를 관리하는 방법으로 보았다. 산업화된 생산과 더불어 소비자 성향의 다양화는 중국 시장을 현재의 정보 검색 시스템이 처리할 수 있는 것보다 더 많은 상품으로 뒤덮었다고 천리푸는 주장했다. 그는 큰 백화점과 도매 사업에서는 상품의 다양성이 수천만 개로 확장될 수 있다고 지적했다.[23] 천리푸는 중국의 성장하는 은행 부문에서 소비자 거래의 속도가 빨라진 것도 마찬가지라고 여겼다. 그는 각 거래는 은행 또는 고객이 나중에 접근해서 살펴볼 수도 있는 기록을 만들어낸다고 생각했다. 한자가 현대 중국 정부와 경제의 기호적 기질로 남으려면 새로운 글자 검색과 조직 시스템이 절대적으로 필요했다. 어떤 사무실은 한자를 음성 값에 따라 알파벳으로 조직하는 방식으로 한자/라틴 알파벳 시스템의 혼합형을 실험했는데 천리푸는 이것을 수치라고 여겼다. 그는 "한자를 쓰면서 서양 글쓰기의 도움을 구하는 것은 중국 민족에게 실로 커다란 불명예이다"[24]라고 적었다. 5획 검색 시스템을 사용하면 한자를 유지하면서 동시에 수십만 명의 당원의 서류 일체, 전국적 인구 통계, 그리고 가구 등록 파일을 처리할 수 있는 감시 상태를 운영할 수 있었다.

하지만 천리푸는 스스로를 현대 중국의 새로운 정보 구축물의 설계자 이상으로 여겼다. 검색에 대한 그의 논문은 얼핏 보기에는 확실히 따분한 문제에 고정되어 있는 듯했지만 5획 검색 시스템에 대한 그의 야망은 중국 글쓰기의 형이상학 이상으로 뻗어나갔다. 천리푸는 스스로를 아주 감명 깊은 대화자 — 가장 눈에 띄게는 우리 연구에서 한 번 이상 만났던 '글자 永(영)의 여덟 가지 기본 획'이라는 이론을 만든 진 왕조의 유명한 서예가 왕희지(303~361) — 와의 역사적 대화에 참여한 사람으로 규정했다(〈그림 6-3〉).

천리푸는 왕희지의 서예 이론으로부터 영감을 끌어와서 분류학의 세계에 이식하려고 했다. 모든 문자가 굉장히 제한된 근본적인 획을 가진다면 『강희자전』의 부수-획 시스템과 214개로 나눠진 구역적 분할을 초월할 수 있을 것이라고 생각되었다. 사람들은 더 이상 부수에 관심을 가질 필요

그림 6-3 | 永의 여덟 가지 기본 획

가 없었고 획이라는 훨씬 더 경제적 세계로 자신의 힘을 옮길 수 있었다.

천리푸는 왕희지가 서예의 현자였지만 이 진 왕조의 '선배'는 무엇인가를, 즉 '획' 이전에 무엇인가가 있는데 그것으로부터 모든 획이 만들어졌다는 사실을 알아채지 못했다고 주장했다. 그것은 바로 점(點)이다. 모든 획은 곡률, 굵기, 또는 방향에 상관없이 도구가 매체와 처음 접촉하는 바로 그 순간 — 붓이 처음 종이와 만나는 순간 — 에 존재하기 시작한다. 천리푸가 썼듯이, 매 획은 "획이 되기 전에 점에서 시작해야 한다(必始於點而成畫)". 왕희지는 기본적인 오해의 희생물이었는데, 이 오해는 너무 미묘해서 주목을 받지 못했을 뿐만 아니라 실제로 많은 세대를 거쳐 수많은 다른 사람들도 여기에 주목하지 못했다고 천리푸는 주장했다. 획은 한자의 근본 요소가 아니었다. 천리푸는 자신이 부호화된 전신의 전송을 잡거나 더 효율적인 전화번호부를 만드는 데 그치지 않고 고대의 오류들을 바로잡았다고 보았다. 그것은 마치 천리푸가 왕희지가 잘못된 길을 들어서기 전으로 돌아가 중국 글쓰기의 잃어버린 다오(道)를 다시 찾고 오랫동안 미뤄온 탐험을 새로 하는 것 같았다. 왕희지는 정말이지 문자 그대로 점을 놓쳤다.[25]

비록 사소한 단서로 보였지만 획(筆劃)보다는 점(點)에 초점을 맞춘 이 견해는 중국어에 대한 천리푸의 이해에 근본적인 영향을 끼쳤다. 우리가 획으로 알고 있는 다양한 모든 것은 시작의 순간을 이은 것들에 따라, 즉 붓이 움직인 방향과 이 움직임의 질에 따라 완성되었다. 왕희지는 중국 글쓰기의 핵심적인 진실을 파악하지 못해서 3획만큼을 놓쳤다. 천리푸는 점의 핵심적인 변형은 여덟 가지의 획이 아니라 다섯 가지의 점이라고 주장하면서, 다른 모든 것은 단지 이들 다섯 가지 점의 변화이거나 결합이라고 말했다. 이 다섯 가지는 다음과 같다. 점은 점으로 남을 수 있다. 옆으로 가면 수평 획이다. 아래로 전진하면 수직 획이다. 대각선으로 움직일 수 있는데 어느 방향이든 관계없다. 움직이고 구부러질 수 있는데 이 구부러짐의 방향은 천리푸에게 무의미한 차이였다(〈그림 6-4〉).

천리푸의 동시대인들을 살펴보면 다양한 분야의 실무자들이 비슷한 추구에 참여한 것을 알 수 있다. 사실상 실험적인 한자 검색 시스템을 발명하는 데 여러 해 동안 노력을 바칠 수 있는 사람의 전제 조건은 스스로 중국어 글쓰기의 본질에 대해 놀랍고도 전례 없는 직관을 가졌다고 생각하는 사람인 것 같았다. '글자 검색 문제'의 참여자들은 스스로를 중국 고대의 선지자들도 이해하지 못했고 여전히 파악하기 어려운 근본적인 진리

그림 6-4 | 점과 획 사이의 관계에 대한 천리푸의 간략한 설명

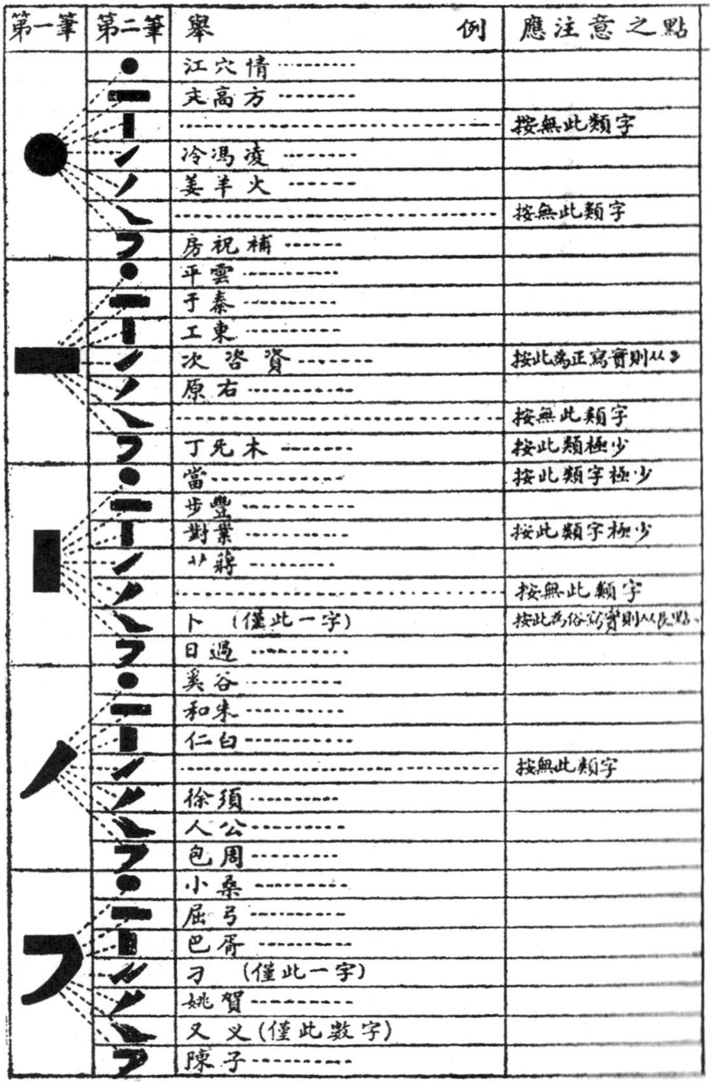

第一筆	第二筆	舉　　　　　　例	應注意之點
●	●	江 穴 情 ……	
	一	辵 高 方 ……	
	丨	…………	按無此類字
	丿	冷 馮 凌 ……	
	乀	姜 羊 火 ……	
	フ	…………	按無此類字
	⁊	房 祝 補 ……	
一	●	平 雲 ……	
	一	于 秦 ……	
	丨	工 東 ……	
	丿	次 咨 資 ……	按此為正寫實則以 ⁊
	乀	原 右 ……	
	フ	…………	按無此類字
	⁊	丁 无 木 ……	按此類極少
丨	●	當 ……	按此類字極少
	一	步 豊 ……	
	丨	對 業 ……	按此類字極少
	丿	艸 蔣 ……	
	乀	…………	按無此類字
	フ	卜 (僅此一字)	按此為俗寫實則以長點
	⁊	日 過 ……	
丿	●	夷 谷 ……	
	一	和 朱 ……	
	丨	仁 白 ……	
	丿	…………	按照此類字
	乀	徐 須 ……	
	フ	人 公 ……	
	⁊	包 周 ……	
フ	●	小 桑 ……	
	一	屈 弓 ……	
	丨	巴 胥 ……	
	丿	ヲ (僅此一字)	
	乀	姚 賀 ……	
	フ	又 义(僅此數字)	
	⁊	陳 子 ……	

를 밝히기 위해 광대하고 미지의 영역으로 나아가는 언어 모험가로 생각했다. 개선된 캐비닛의 파일 정리, 도서관 서가, 그리고 전화번호부 같은 목적의 따분함과 겸손함의 저변에는 훨씬 더 깊은 역사적 목적과 자존감이 숨어 있었다: 나는 단지 새로운 카드 목록 케이스를 발명하려는 게 아니다. 나는 고대의 잘못을 고치려고 한다. 나는 단지 새로운 전화번호부를 만들려고 하는 것이 아니다. 중국어 질서의 진리를 찾음으로써 중국어 글쓰기를 다른 세계의 문자 — 근본적 질서라는 문제가 오래 전에 해결된 — 와 동등한 상태로 만들려고 한다.

아주 잘못된 곳에서 '사랑' 찾기: 두딩유와 검색의 심리학

한자의 철자법 요체를 증류해 내는 것이 이상적인 글자 검색 시스템을 만들고자 시도하는 개혁가들을 움직인 유일한 관심사는 아니었다. 1920년대와 1930년대는 '대중'과 '시민'의 시대였으며, 이 개념이 중국의 정치적·경제적·사회적 사상의 중심인 시기이기도 했다. 대중 교육에서든 문해성 운동에서든 중국 시민을 동원하는 것은 국가의 생존에 긴요하다고 생각되었다. 중국 주권의 새로운 중심을 형성한 것은 대중이었던 것이다. 이런 맥락에서 복수의 개혁가들은 중국어 검색 문제를 풀기 위해서는 철자법적인 것이 아니라 민족지학적 초점이 필요하다는 결론에 이르렀다. 그들의 시스템과 접근법은 크게 달랐지만 공유된 목적은 중국어를 조직하는 '투명한' 시스템을 개발하는 생각이었다. 즉, 주어진 한자를 찾는 데 대한 모든 애매함을 없애고 가능한 한 적은 훈련으로 '모든 사람'이 쉽게 사용할 수 있는 시스템을 개발하는 것이었다. 기술역사학자들은 '중국인 모두'에 대한 그러한 토론에서 중국의 디자인, 인간-기계의 상호작용(HCI), 사용자 경험(UX) 분석, 그리고 관련된 주제에 대한 초기 논의를 떠올린다.

글자 검색 위기의 중심이 된 민족지학적 주장의 생생한 사례를 위해 린위탕의 또 다른 동시대인에게로 가보자. 두딩유(杜定友, 1898~1967)는 현대 중국 도서관학 역사의 선구자였다. 1898년 상하이에서 태어난 두딩유는 필리핀대학에서 학부를 마쳤다. 1932년 일본의 상하이 폭격으로 동방도서관(東方圖書館)의 수집품들이 심각한 손실을 입자 두딩유는 상하이시 도서관의 설립에 나섰고 부관장이 되었다. 후에 중산대학 도서관의 관장으로 일했다.

평생 도서관학에 봉사한 그의 일생의 일부로 두딩유는 또 다른 실험적 중국어 검색 시스템, 즉 한자 형태-위치 검색 시스템(漢字型位檢字法)의 개발자이기도 했다. 1925년 그는 「대중이 문자를 찾는 방법의 심리학에 대하여」라고 제목 붙인 글을 출판했는데, 이는 글자 검색 분야의 경쟁자들을 겨냥한 생생하고 재미있기까지 한 글이었다. 두딩유는 글자 검색의 경쟁 시스템들을 민족지학적 근거에 따른 실패, 즉 '대중들이 검색하는 심리 잡기(抓住民眾檢字的心理)'에 대한 실패라고 생각했다.[26] 대중 심리라는 객관성과 떨어져 있었으므로 두딩유의 경쟁자들은 중국 대중의 문제를 해결해야만 했고 중국 문자의 문제도 여전히 풀어야만 했다.

두딩유는 집안일로 바쁜 엄마와 '사랑'에 대해 묻는 어린 딸을 주인공으로 하는 현대 우화를 스스로 만들었다. 우화는 이렇게 시작한다. "하루는 12살짜리 소녀가 갑자기 엄마에게 물었다. "사랑이 뭐야?"" 두딩유는 여기에 자신의 편집 목소리를 삽입했다. "12살인 아이가 벌써 사랑을 얘기하다니 놀랍다." 다행히도 이 어린 소녀가 물었던 '사랑'은 감정도 아니고 경험도 아니었다. 글자 그대로 戀(련)이라는 한자였다. "그때 엄마는 집안일을 하고 있어 자리를 뜰 수가 없었다. 그래서 엄마는 "글자 戀에는 말씀 言(언)이 가운데 있고 양쪽 옆에 비단 糸(사)가 있고 밑에는 마음 心(심)이 있어"라고 설명했다." 두딩유는 자신의 독자들에게 틀림없이 친숙한 것을 가리키고 있었다. 이는 조셉 앨런(Joseph Allen)이 중국어 '필적학(graphology)' 또는 '메타언어(metalanguage)'라고 부른 것이었다. 일상생활에서 글자의 구조를 그 글자가 만들어진 부속들로 묘사함으로써 말로 설명할 수 있다. 예를 들어, 중국의 성씨인 李(리)는 '木 - 子(나무 목 - 아들 자)'로 설명함으로써 같은 발음의 다른 문자와 구별할 수 있다.

두딩유의 비유는 이어졌다. "아이는 듣자마자 조금도 틀리지 않고 그 글자를 썼다. 이것이 글쓰기 구조의 요체이자 글자 검색 연구원들이 깊은 관심을 가져야 하는 점이다."[27] 두딩유는 자신의 우화적인 비평을 한 단계 더 나아가 아기 요람으로 가져가서, 한자에 대한 대중의 이해는 "아기가 처음 엄마를 인식하는 것, 즉 엄마가 큰지 작은지, 뚱뚱한지 말랐는지를 아는 것과 비슷하다"라고 말했다.

아기가 인식하는 것은 엄마 전체이다. 아기의 구분 능력이 아직 성숙되지 않았을 때에는 아기는 여전히 이 눈이 엄마의 것인지 아니면 신체의 다른 부분인지 인식할 수 없다. 그러나 엄마에 대한 전반적인 개념은 가지고 있다. 글자 검색 방법은 …공감각 법칙의 중요성에 깊은 관심을 쏟아야 한다.[28]

그림 6-5 | 두딩유의 '형태-위치' 검색 시스템

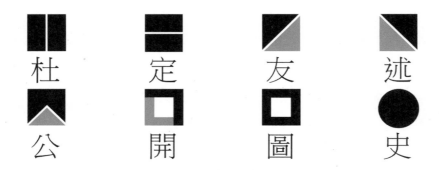

두딩유에게 평균적인 정보 주체는 형태에 대한 패턴을 찾는 존재였다. 두딩유는 글은 근본적으로 의미가 없고 공간적일 뿐이라는 생각을 가지고 있었다. 어원이라는 수준 있는 질문들이 현대적이고 대중 지향적인 글자 검색 시스템 — 자신이 설계한 검색 시스템에서는 명확했던 민족지학적 전제 — 에서는 설 자리가 없다고 느꼈다. 모든 어원적 관심을 완전히 배제한 그의 시스템은 '글쓰기를 조직하는 가장 좋은 방법은, 직관에 반하긴 하지만, 글쓰기 시스템을 글쓰기 시스템 — 즉, 의미와 밀접하게 결합된 특별한 종류의 대상물 — 으로 생각하지 않는 것'이라는 생각을 전제로 했다. 그 대신 문자소들은 공간을 차지하고 있는 다른 개체들과 다르지 않게 접근할 수 있었다(〈그림 6-5〉).

한자 뭉치 사이를 움직이면서 두딩유는 남-북/수직(縱) 공간, 수평(橫) 공간, 대각선(斜) 공간, '갖고가는(載)' 공간, '덮어씌우는(覆)' 공간, 구석(角) 공간, 붙은(方) 공간, 그리고 완전한(整) 공간, 여덟 가지의 공간 원형을 떼어놓았다. 잠재적인 사용자들이 이 여덟 가지를 구분할 수 있도록, 두딩유는 능란한 기업가 스타일로 본인의 이름을 붙인 '두딩유서공개도서관사(杜定友書公開圖圖館史, 두딩유가 적은 공공 도서관의 역사)'라는 문구를 만들었다.[29]

두딩유가 자신의 시스템에서 제안한 등가물들의 그룹과 분류는 중국 역사상 전례가 없던 것이었다. 분류학적으로 이야기하자면, 글자 林(숲 림)은 갑자기 이전에 연관이 전혀 없었던 글자들 — 動(움직일 동), 排(배치할 배) 같은 문자들 — 과 무언가 공통적인 것을 공유하게 되었다. 이 문자들은 공통의 부수를 공유하지 않는다. 그들은 획수가 같지도 않고 발음이 비슷하지도 않다. 하지만 두딩유에게 林의 가장 두드러진 속성은 두 개의 부속 부분(木)이 나란히 있다는 것이었다. 木이 '나무'를 의미하기 때문에 林에서 '숲'이라는 의미를 끌어냈다는 것은 두딩유에게 아무런 관심사가 되지 못했다.

하지만 두딩유의 이야기에 등장하는 12살짜리 소녀와 곤란해 하는 그 아이의 엄마를 현실 세계에서 찾기란 어렵거나 불가능할 것이다. 이는 비교와 관찰을 통해 결정된 임상적 대상이 아니었다. 이는 두딩유의 상상력으로 만든 그림으로, 20세기 언어 개혁에 노력하는 언어학자들에 의해 끊임없이 들먹여지고 만들어진 중국 대중이었다. 우리의 분석을 수십여 개의 다른 실험적 검색 시스템으로, 그리고 20세기 중국 언어 개혁의 세계로 폭넓게 확장한다면 민족지학적 쟁점 분야에 대한 훨씬 많은 실례를 얻게 될 것이다. 모든 글자 검색 시스템에는 전제된 정보 주체 — 각 시스템을 작동하게 하는 가상의 중국어 사용자, 그리고 좀 더 정확하게는 투명성과 무노력에 대한 주장이 사실인지 시스템이 의존해야 하는 가정들의 조합 — 가 포함되어 있다.

질문 속의 시스템과 발명가가 어떠한지에 따라 이 가상의 일반인들은 뚜렷한 능력, 선호, 적응성, 그리고 한계를 보였다. 두딩유가 설정한 가상의 중국인은 비체계적이고 엉망이었으며 안내가 약간만 복잡해도 지시를 따르도록 기대할 수 없었다. 다른 설계자들은 좀 더 낙관적으로 설계된, 즉 높은 관념을 지니고 있고, 고분고분하고, 세부 사항에 주의를 기울이고, 다른 사람이 해보지 않은 방법으로 중국 문자를 재구성할 수 있는 가상의 중국 일반인을 내놓았다. 일반적인 중국인이 실제로 누구인가 하는 것은 완전히 다른 문제였다.

검색에서 검색-쓰기로

1931년 가을 중국 북동부가 일본군의 침공으로 함락되고 있을 때 린위탕은 자신이 최근에 가장 대담하게 추진하고 있던 작업, 즉 자신이 새로 디자인한 중국어 타자기 작업에 대해 사적으로 공유하는 편지를 썼다.[30] 1930년대 말까지 계속 이어진 교신은 그 주제와 관련된 린위탕의 초기 생각을 보여주고 있다. 편지 처음에 린위탕은 중국어 타자의 역사와 전망에 대한 증명되지 않은 세 가지 주장을 언급했다.

"음성 알파벳을 사용하는 중국어 타자기는 실제 시장을 가질 수 없을 것이다."

"중국어 타자기는 획과 점의 조합 과정으로 작동할 수 없다."

"중국어 타자기는 중국어 인쇄와 교신에서 요구되는 1만 개의 문자를 제공할 수 없다."[31]

린위탕은 이 세 가지 주장을 부정함으로써 우리가 알게 된 중국어 타자기의 모든 역사를 묵살하고 앞선 반세기 동안 발명가들이 집중해 왔던 세 가지 접근법 모두를 배제시켜 버렸다. 린위탕은 첫 번째 발언을 통해 레밍턴과 여러 회사들이 희망을 걸었던 전 모델을 단숨에 부인해 버렸다. 두 번째 발언을 통해서는 분할식이나 결합식, 치쥐안과 여러 사람들이 진전시켰던 모든 접근법을 폐기시켰다. 세 번째 선언을 통해서는 일상 용법 접근법의 한계에 대한 불만족을 분명히 했다. 사실 린위탕의 이러한 발언은 아주 저주스러워서 언뜻 보기에는 문자 폐지론자들 — 아마도 첸쉬안퉁 같은, 그러나 중국어 타자기의 발명가는 아니었던 — 의 발언과 구분할 수 없어 보인다. 포기하는 것 또는 완전히 다시 시작하는 것 이외에 남은 것이 없어 보였다.[32]

하지만 중국어 타자에 대한 린위탕의 초기 생각들을 좀 더 깊이 살펴보면, 곧 그의 목적이 기존의 이 세 가지 접근법을 통합시키는 것이지 포기하는 것이 아니라는 것을 우리는 알게 된다.[33] 좀 더 정확하게는 린위탕은 이 세 가지 접근법을 합치고 그 과정에서 완전히 새로운 형식이자 실제로 완전히 새로운 기입 형식을 지닌 타자기를 만들기 원했다. 린위탕은 중국어의 언어기술적 현대화를 위한 일상 용법 접근법을 분명하게 언급하면서 "첫째, 제공하는 문자의 수를 줄이는 데 해결책이 있다"라고 주장했다. 그가 만들기 시작한 기계에는 이제까지 우리가 검토했던 기계들처럼 높은 빈도의 한자 조합들이 포함될 것이었다.

결합식 역시 필수적이었다. 한자의 열에 아홉은 결합 방식으로 만들어졌는데, 왼쪽 요소는 '부수'라고 불리고 오른쪽 요소는 '음성부'로 불리었다고 린위탕은 설명했다. 전반적으로 오른쪽의 음성 요소는 대략 1300개이고 왼쪽의 부수는 약 80개뿐이다. 린위탕은 레그랑, 베이어하우스, 치쉬안 등등의 생각을 다시 일깨운다는 사실을 아마도 모른 채 "이 요소들의 결합으로 실제로 3만 개 이상의 한자를 만들 수 있다"라고 썼다. 린위탕은 자신의 접근법을 설명하기 위해 영어 비유를 들었다. 린위탕은 중국어의 부수와 음성부를 영어의 접두사와 접미사에 비유했고, 영어의 'com-'과 '-bine'을 써서 시스템이 작동하는 방식을 보여주었다.[34] 'com-'같이 '표준화된 좌측부'는 '특정 우측부와 함께 완전히 네모난 아름다운 글자'를 만든다(〈그림 6-6〉). 마찬가지로 영어의 '-bine'같이 '표준화된 우측부'는 '특정 좌측부'와 합쳐질 수 있다.[35] 린위탕은 편지 속에 접은 종이 한 장을 넣었는데 '오른쪽 부분과 왼쪽 부분의 결합이 완전하게 네모난, 그리고 아름다운 한자로 만드는 것'이라고 기록했다.[36]

이 시점에서 독자들은 자기 타자기에 대한 린위탕의 묘사가 이전에 등장했던 많은 중국 기계와 전혀 다르지 않다는 것을 알게 될 것이다. 1910년대부터 등장한 치쉬안의 결합식 기기와 구별할 수 없고 상무인서관이 제조했던 타자기들과 설계 원칙의 많은 부분을 공유하고 있으므로 더 알아볼 것이 별로 없어 보인다. 하지만 무언가 전혀 새로운 것이 모양을 갖추기 시작한 것은 린위탕의 세 번째 단계에서였다. 린위탕은 치쉬안과 저우허우쿤이 만든 초기 시제품에서처럼 필요한 글자와 글자 부속 모두를 표준 중국어 타자기 글자판 또는 실린더 드럼 위에 넣으려 하기보다는, 중국어 전신에서 한 페이지를 가져와 자신의 기계 ― 타자수의 육안으로 보는 것과는 거리가 먼 ― 안에 한자들을 집어넣었다. 2장에서 살펴본 대리모 모

그림 6-6 | 린위탕이 자신의 중국어 타자기에서
글자들이 어떻게 만들어지는지 보여준 편지(1931)

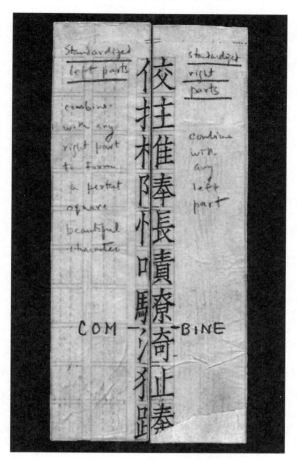

델이 그의 타자기에서도 중심적인 것으로 밝혀졌다. 중국어 전신 부호처
럼 린위탕의 상상 속 기기의 작업자는 직접 한자를 조작하거나 움직이지
않고 간접적으로 ─ 이 경우에는 자판 기반의 통제 시스템으로 ─ 조작한다. 한

편으로 생각하면 린위탕의 기계는 로버트 매킨 존스가 개발한 '중국어가 없는 중국어 타자기'와 닮았는데, 한자가 있다면 몇 개밖에 없는 자판이었다. 그러나 존스의 기계와 달리 린위탕의 기계는 어쨌든 한자를 출력한다.[37] 타자수는 자판으로 글자를 직접 타자하지 않고 자신이 어느 글자를 타자하려고 하는지를 기계에게 지시한다. "단어를 인쇄하는 과정이 'and' 또는 'the'처럼 세 자로 된 영어 단어를 인쇄하는 것과 비슷한데, 처음 두 번의 키는 단지 인쇄 위치로 단어를 가져오는 것일 뿐이고 세 번째 키로 온전한 단어가 완전히 인쇄된다."[38]

1930년대부터의 편지에 쓰여 있는 것처럼, 타자에 대해 커져가는 흥미 때문에 린위탕은 검색과 찾기라는 틀 — 사전, 전화번호부, 그리고 카드 목록의 영역 — 에서 기입이라는 틀로 옮겨갔다. 그러나 검색에서 검색-쓰기로 이동하기 위해서는 린위탕이 1910년 및 1920년대에 연구해 왔던 글자 검색 틀을 변형해야 했다. 그가 염두에 둔 타자기에는 이들 부호 시스템이 충분치 않았다. 이는 린위탕의 밍콰이 타자기를 분해해서 어떻게 작동하는지 정확하게 파악할 때만 이해할 수 있는 한계이다. 실제 밍콰이 타자기를 분해해 보면 한때 중국어 사전이나 색인의 세계에 국한되었던 린위탕의 분류학적 사고가 기기의 기계적·물질적 관심사라는 프리즘을 통해 굴절되는 방식을 알 수 있다.

1931년 편지에 윤곽이 나와 있듯이 린위탕은 저우허우쿤과 치쉬안의 타자기처럼 일상 용법 한자와 분할식 문자 부속 모두를 갖춘 타자기를 설계하기 시작했다. 하지만 이전 시스템들과 달리 이 글자들과 글자 부속들은 타자수에게 직접 보이거나 작동되지 않을 것이었다. 그것들은 기계 안에 있을 예정이었다. 그 결과로 린위탕이 당면했던 첫 번째 과제는 수천 개의 문자소를 어떻게 밍콰이 타자기의 몸체 안으로 가능한 한 빡빡하게 넣으면서 또한 사용할 수 있게 할 것인가 하는 것이었다. 이를 위해 린위탕은 그 시대의 대부분의 중국어 타자기 설계 — 우리가 이 연구를 통해 잘 알게 된 네모난 글자판 — 로부터 벗어나 한자들을 좀 더 압축된 공간으로 감싸거나 접어서 넣는 방법을 생각했다.

그가 정한 디자인은 달, 행성, 그리고 중심 별을 갖춘 행성계 같은 것이었다. 린위탕 시스템에서의 달은 8면으로 된 금속 막대 묶음이었는데, 한자와 부수가 각 표면에 새겨져 있었다. 이 팔각형 막대 각각은 29자를 넣을 만큼 충분히 길었으므로 린위탕은 각 막대에 총 232자 또는 글자 부속을 넣을 수 있었다(29자×8면=232자). 이 막대 중 6개를 가져다가 원통형의 돌아가는 기어에 고정시켰다. 고유의 회전축이 있을 뿐 아니라 공유하는 행성 축을 중심으로 그 주위를 도는 6개의 달처럼 말이다. 이 6개 막대 묶음을 6개 만든 후 이들을 더 큰 원통형 회전 드럼에 고정시켰다. 중앙의 별 주위를 회전하는 6개의 행성처럼 말이다. 그러면 린위탕 시스템은 총 43개의 개별 회전축을 포함하게 되었다. 즉, 달 축을 회전하는 36개의 금속 막대, 그리고 고유한 행성 축을 중심으로 주위를 회전하는 6개의 높은 단계의 실린더, 그리고 마지막으로 한 개의 별 축을 중심으로 주위를 회전하는 가장 높은 단계의 실린더였다(〈그림 6-7〉).[39]

금속 막대의 8면에 새겨진 각 글자가 조율된 회전 과정에 의해 인쇄 위치로 보내지는 이 기발한 설계 덕분에 린위탕의 기계는 작은 공간에서 일상 용법 중국어 타자기가 지닌 글자판 용량보다 세 배 이상 많은 용량을 자랑하게 되었다. 밍콰이 타자기는 총 8352개의 가능한 문자소를 가졌고 존재하는 모든 한자를 만들 수 있었다.

그림 6-7 | 밍콰이 타자기의 기계 설계

두 번째 과제는 배치와 구분이었다. 8352개의 한자와 부속은 어떤 분류법에 따라 이 금속 하드 드라이브에 배치되는가? 이 질문에 답하기 위해 린위탕은 1920년대와 1920년대에 많은 사람들이 실험했던 초기 글자 검색 시스템과는 극적으로 다른 방식으로 작동하는 자신만의 분류 시스템이 필요했다. 사전 구성 시스템은 분류학적 균일성을 필요로 하지 않는 시스템이었다. 즉, 사전의 'A'단이 'G'단이나 'Z'단과 동일한 숫자의 단어를 가지거나 『강희자전』의 氵 부수 단이 龜(거북 구) 부수 단과 동일한 숫자의 글자를 가질 필요가 없었다. 하지만 린위탕의 타자기가 작동하기 위해서는 각 범주에 동일한 숫자가 포함된 분류 시스템에 도달해야 했는데, 총 문자가 8개보다 많지도 적지도 않아야 했다. 이 정확한 상한선은 '마술 눈' 뷰 파인더 때문이었다. 기계는 뷰 파인더를 통해 사용자가 선택할 수 있는 문자를 최대 8개 후보까지 보여주었다. 분류 가운데 어떤 아홉 번째 문자라도 린위탕을 그림판으로 돌려보냈으며 장부로 돌려보냈다. 더욱이 두 번째 중요한 도전도 있었다. 린위탕은 각 분류를 가능한 한 완전히 채워야 했다. 분류군이 미달되면 — 예를 들어 어느 범주가 세 자, 네 자, 다섯 자만 담고 있으면 — 기계의 총 용량에서 수천 개까지는 아니라도 수백 개의 문자가 심각하게 줄어들 수 있었고, 또는 더 많은 수의 범주를 처리할 수 있도록 자판 위의 키 수를 늘려야 할 수도 있었다. 결국 기계의 용량이 감소하거나 돈이 더 들 것이었다.

이 고려사항들이 그다지 어렵지 않다면 린위탕은 요즘 말로 '사용자 경험(user experience)'이라는 질문, 또는 두딩유가 1925년에 「대중이 문자를 찾는 방법의 심리학에 대하여」에서 표현했던 것과 같은 질문을 살펴야 했다.

역사상 중국 전역의 사무실에서 사용된 기계식 중국어 타자기를 돌이켜 생각해 보면 타자수는 거울 속 이미지이긴 하지만 글자판 위의 2500개의 문자를 모두 볼 수 있었다. 그들은 살펴본 후 대략 추정할 수 있었고, 대도시인이 목적지에 도달하는 길을 찾는 것과 같은 방식 ─ 목적지까지 가는 방향을 설정하고, 길에 있는 이정표를 이용하며, 길에서 자세한 지침을 물어보는 것 ─ 에 의존할 수 있었다.

그러나 린위탕이 염두에 둔 타자기에서는 한자가 눈에 보이지 않으므로 육안 감각을 사용할 수 없었다. 문자는 작업자의 직접 관찰과 조작에서 벗어나 기계 내부에 격리되어 있었다. 더 이상 시야나 별에 의존해 탐색할 수 없었으므로 린위탕의 타자수들은 지도 ─ 규약과 부호 관념 ─ 에 전적으로 의존하고 협력할 필요가 있었다. 린위탕의 기계는 모든 연속적인 키 조작이 작동하거나 또는 작동하지 않는 허용치 0인 기계였을 것이다.

이것을 염두에 두었으므로 린위탕은 자신의 기기의 물질적·기계적 요구사항이 잠재 사용자들을 혼동시키는 자판을 만들도록 놔둘 수 없었다. 린위탕은 8자 이상이 아닌(이상적으로는 이하도 아닌) 분류 범주를 개발해야 했을 뿐만 아니라 사용자들이 이 8자 무리(즉, 타자기 자판 위의 부호) 중에서 각각을 '호출'하는 부호와 규약이 작업자들에게 직관적이고 의미 있도록 해야 했다.

1947년 밍콰이 타자기가 전 세계에 출시됨에 따라 린위탕이 기울인 노력의 결실이 기계의 자판에서 나타났다. 하나의 부호만 표시된 6개의 키를 제외하고 대다수의 키는 2개에서 5개 부호의 무리를 갖췄는데, 이는 모두 8개의 문자 범주를 펼치고 묶는 수단이었다. 더욱이 린위탕은 유사성이라는 중국어 고유의 개념에 기반해 부수들을 무리 지은 새로운 그룹을 만들었다. 하나의 키 위에, 예를 들면, ↑(마음 심) 부수와 木 부수가 같이 나오는데, 아마도 그 글자들이 공유하는 철자법 기능 — 짧은 획이 측면에 배치된, 소리를 담당하는 수직 획 — 때문일 것이다. 린위탕은 目(눈 목) 부수와 日 부수도 하나의 키에 넣었다. 이 두 개의 부수는 서로 어원적 관계는 없지만 아마도 그 글자들이 공통적으로 갖고 있는 사각형 모양 때문에 함께 묶었을 것이다.

이 같은 집단화는 철자법적으로는 '자연적'이라고 볼 수도 있지만, 린위탕이 만든 무리들 각각은 중국 언어 관행상 전례가 없던 것이었다. 어원적 또는 구문론적 관심에서 완전히 벗어나서 린위탕은 패턴-찾기라는 단순성 — '크고-마른' 모양은 하나의 집단에 배치하고 '네모난 모양'은 또 다른 집단에 배치하는 등의 구조적 분류 — 으로 간주할 수 있는 것에 기반을 두고 이들 무리를 만들어냈다. 더욱이 기존의 모양으로 무리를 나누는 것은 발명가에게 분명히 불충분했다. 린위탕은 자기 고유의 '준-부수'를 만들었는데, 이것은 통상의 중국어 부수와 획을 매우 닮았으나 한자의 역사에서는 완전히 생소한 묘한 모양이었다. 그런 부호 가운데 하나가 키 맨 아래 줄 왼쪽 네 번째에서 나타났는데, 馬를 둘로 쪼개서 아래쪽 반만 남긴 형태였다.

밍콰이 타자기 시연: 중국 일반 여성으로서의 린타이이

1947년 5월 22일은 린위탕의 가족들에게 오랫동안 기억에 남을 것이다. 그날은 린위탕과 그 딸 린타이이(林太乙)가 밍콰이 타자기 기계를 '새로 태어난 아기를 병원에서 데려오듯이' 작업장에서 집으로 들고 온 날이었다.[40] 오전 11시 아버지와 딸, 두 사람이 작업장에서 기계를 갖고 나와 아파트에 도착해 응접실 책상 위에 놓았다. 린타이이는 "타자하는 것을 배우기 위해 기계 앞에 앉았을 때 이건 기적이라고 느꼈다"라고 후에 회상했다.[41] 린위탕이 자신의 딸에게 해보고 싶은 것 무엇이라도 해보라고 손짓했다.[42] 그 경험은 분명히 타이이에게 감동적인 것이었다. "12만 달러가 들었고 우리에게 평생의 빚을 안겼다. 내 아버지가 일생을 바쳤던 이 발명, 새로 탄생한 이 아기는 그런 어려움 속에 태어났지만 그만큼의 값어치가 있었다."[43]

아기에 대한 비유는 밍콰이 타자기에 대한 린위탕 가족의 글에 자주 나오는데, 이는 이 프로젝트가 근본적으로 개인적인 성격임을 일깨워준다. 린위탕은 1947년 4월 2일 개인 서신으로 최근에 완성된 기계 사진을 가까운 동료이자 친구인 펄 벅(Pearl S. Buck), 그리고 리처드 월시(Richard Walsh)에게 보냈다. 사진 위에 그는 다음과 같이 썼다. "딕과 펄에게, 아기의 첫 사진. 위탕"(〈그림 6-8〉).

1947년 여름은 밍콰이 타자기의 계절이었다. 린위탕은 광범위한 판촉 활동을 시작했는데 언론인들과의 만남, 대중 및 기술 언론에의 기고, 중국과 미국의 문화적·정치적 인물들과의 교신 등이었다. 린위탕은 메르겐탈러 라이노타이프 회사에 있는 재무적 후원자들, 이 시스템에 관심을 표한 두 회사인 IBM과 레밍턴 타자기회사의 임원들과도 정기적인 접촉을 갖고 있었다. 한편 린위탕은 중국 지식인 지도층들과 중국 군, 정계와 재계의 회원들로부터도 지지를 받아냈다. 중국 공군의 마오방추(毛邦初) 소장은 밍콰이 타자기를 "인간 사회에 대한 위대한 공헌"이라고 했고, 중국은행의 뉴욕지점 지점장인 리투웨는 "너무 간편하고 다기능이다. 운용하기 쉽

그림 6-8 | 리처드 월시와 펄 벅에게 보낸 우편엽서

MINGKWAI TYPEWRITER invented by Lin Yutang,
size 14" x 18" x 9"; contains 8000 types.

고 가장 복잡한 문자에도 너무 완벽해서 이런 것을 맞을 준비가 아직 안 되어 있었다"라고 했다. 언어학자이자 하버드대학교 중국어 교수인 자오위안런은 "한자를 모르는 중국인이든 미국인이든 간에 자판에 익숙해지기 위해 거의 배울 필요가 없다"라고 말했다. 자오위안런은 "바로 이것이라고 생각한다"[44]라고 이어갔다.

밍콰이 타자기 판촉의 결정적인 순간은 레밍턴 타자기회사의 맨해튼 사무실에서 이 타자기를 시연한 순간이었다. 만일 레밍턴 타자기회사가 린위탕이 분명히 약속했던 바를 밍콰이 타자기에서 보았다면 레밍턴 타자기회사는 메르겐탈러와 협력해 회사의 커다란 비중을 이 프로젝트에 실었을 것이다. 이것은 린위탕에게 실질적으로 타자와 속기 양쪽 영역에

서 현대 정보 기술의 두 거인을 얻는, 계산할 수 없을 정도의 승리였을 것이다. 린타이이가 아버지에 대한 전기에서 썼듯이 레밍턴 시연을 하는 아침은 비바람이 치는 날이었다. "아버지와 나는 나무 상자에 기계를 싸서 맨해튼에 있는 레밍턴 타자기회사의 사무실로 들고 갔다. 나무 상자 안에는 우리 아기 타자기가 있었다"[45]라고 그녀는 회상했다. 기계의 시연 책임은 린타이이에게 있었다. 조용하고 심각한 분위기의 회의실에 레밍턴 회사의 대표들이 앉아 있었고 타자기는 작은 책상 위에 놓였다.[46]

린위탕은 레밍턴의 임원들을 위해 초상화를 그리는 것으로 시작했다. 세계 인구의 3분의 1이 중국어를 이런저런 식으로 사용하고 있었다. 중국, 타이완, 홍콩처럼 완전하게이든 아니면 한국과 일본처럼 부분적으로이든 말이다. 기술자들은 이 거대한 언어 공동체에 적합한 기계를 만드는 시도에서 이제까지 실패해 왔다. 린위탕은 상하이의 상무인서관 또는 일본 경쟁사가 개발한 일상 용법 중국어 타자기는 중국어 정보 기술 수수께끼에 걸맞은 해법을 제시하지 못했다고 강조했다. 밍콰이 타자기가 해답이었다. 린타이이는 "아버지가 말씀을 끝내고 내게 타자를 시작하도록 손짓했다"라고 회상했다.

밍콰이 타자기를 설명하기 위한 많은 대담한 주장들 중에 가장 용감했던 주장은 린위탕이 자신의 기계를 "모든 사람이 사용할 수 있도록 설계된 유일한 중국어 타자기"라고 부른 것이었다. 판촉 브로셔에서는 좀 더 간결하게 썼다. "사전 훈련을 필요로 하지 않는다"(〈그림 6-9〉).

노력이 필요 없다는 주장이 린타이이의 어깨에 무거운 책임을 안겼는데 그녀는 린위탕의 집을 방문했던 언론인들에게 밍콰이 타자기를 정기적으로 시연해 주곤 했었다. 그들이 아버지의 주장을 믿도록 만들려면 의

그림 6-9 | 광고 콘셉트: '모든 사람이 사용할 수 있도록 설계된 유일한 중국어 타자기'

심쩍어 하는 관찰자들 — 언어학자, ≪뉴욕타임스≫의 베스트셀러 작가, 기계의 발명가들 — 에게 린위탕 자신이 기기를 소개할 수는 없는 노릇이었다. 그것은 '평균적인 '사용자여야 했고 그녀는 그것이 쉬워 보이도록 만들어야 했다.

기계를 시연하는 사람 또한 여성이어야 했다. 당시 중국의 중국 타자수들은 젊은 여성과 젊은 남성이 섞여 구성되었다는 것을 이미 살펴본 바 있다. 하지만 미국, 유럽, 일본, 그리고 세계 대부분에서의 사무직은 거의 여성의 독점적인 영역이 된 지 오래였다. 린위탕의 판매와 재무적 노력 — 사업가, 문화 기관, 그리고 미국에서 주로 언론 매체에 호소하는 노력 — 의 명백한

국제적인 성격 덕분에 '타자수'와 '젊은 여성'의 동일시는 조심스럽게 지켜져야 했다.[47]

린타이이는 행사 상황을 생생하게 설명했다.

관중들이 지켜보는 가운데 나는 기계를 켰다. 키를 눌렀지만 타자기는 가만히 있었다. 다른 키를 눌렀으나 또다시 아무 일도 없었다. 나는 매우 당황했다. 내 입은 완전히 말라갔다. 또 다른 키를 눌렀지만 소용이 없었다. 아버지가 내 옆으로 달려왔지만 타자기가 움직이지 않았다. 회의실은 무섭게 조용했다. 들을 수 있는 유일한 소리는 다음에 눌러진 하나의 키 소리였다. 몇 분후 아버지는 사람들에게 사과할 수밖에 없었고 타자기를 나무 상자에 다시 넣은 채 간신히 도망치고 말았다.[48]

타이이는 레밍턴 임원들의 마음에 무엇이 스쳐지나갔는지 궁금했다. 아마도 아버지를 두고 '정신 나간 발명가'라고 생각했을 것이다.[49] 밖에는 여전히 비가 오고 있었고 린위탕은 다음날 언론인들을 대상으로 계획했던 행사를 취소하는 것이 최선인지를 생각하고 있었다. 엄청나게 당황스러울 수도 있지만 아마도 꼭 필요한 행사였다. 집에 돌아오자마자 린위탕은 기술자를 불렀고 밍콰이 타자기를 고쳐서 작동하게 만들었다.[50] 언론 행사는 남았지만 그날의 수치스러운 아픔은 여전히 생생했다.

다음 사흘 동안 그라시에 광장 7번지에 있는 린위탕의 집은 밍콰이 타자기 언론 행사의 본부가 되었다. 현지의 언론과 국제적인 중국 언론의 기자들이 린타이이 주변에 모였고 차례로 "린 양, 린 양!" 하고 찾았다.[51] 린타이이의 아버지가 그녀의 시연에 깊은 관심을 가지고 쳐다보고 있는 동안 그녀는 무대 중앙에 있었다. 린위탕은 기계가 '계획에 없던' 문장을 다룰 수 있다는 것을 신문사들에게 확신시키기 위해 기자들에게 "아무 단어나 고르도록" 요청했고 "린 양은 빠르게 그리고 효율적으로 그것을 타자했다".[52] 그 행사의 성별에 대한 함의를 가장 명확하게 보여주는 것은 아마도 후에 ≪뉴욕 월드 트리뷴≫에 실린 사진으로, 기자들은 이 젊은 여인이 누구인지도 알지 못했음이 분명했다. 사진 설명에는 이렇게 되어 있다. "작가이자 철학자인 린위탕 박사는 비서가 타자기로 중국어, 영어, 일본어, 그리고 러시아어를 타자하고 있는 모습을 지켜보고 있다"(〈그림 6-10〉).[53]

더욱이 린타이이의 실연은 모든 면에서 결점이 없었다.[54] 그녀는 밍콰이 타자기가 수월해 보이게 만들었고 ≪로스앤젤레스타임스≫는 기계 "작동을 배우는 데 2분 걸렸다"라고 자랑할 정도였다.[55] 이 성공적인 시연으로 밍콰이 타자기의 매체 캠페인은 빨리 결실을 맺었다. 8월 22일에만 ≪뉴욕타임스≫, ≪로스앤젤레스타임스≫, ≪뉴욕 월드 트리뷴≫, ≪뉴욕 헤럴드 트리뷴≫, ≪샌프란시스코 크로니클≫, ≪차이나 웨스트 데일리≫가 밍콰이 타자기에 대한 기사를 실었고, 그 뒤에 ≪시카고 트리뷴≫, ≪크리스처 사이언스 모니터≫, ≪비즈니스위크≫, 그리고 ≪뉴스위크≫가 따랐다.[56] 가을과 겨울에는 주류 과학과 기술 잡지들에 기사가 등장하기 시작했는데, 11월에는 ≪파퓰러 사이언스≫, 12월에는 ≪파퓰러 머캐닉스(Popular Mechanics)≫가 시작이었다. 린위탕이 주장했듯이 밍콰이 타자기는 서양 상대역들이 누린 것 같은 폭넓은 사용과 환호를 받은 최초의 중국어 타자기가 될 것으로 보였다.

그림 6-10 | 린위탕과 린타이이의 사진: "발명가가 자신의 중국어 타자기를 보여주고 있다"

자료: Acme News Pictures—New York Bureau(August 21, 1947).

밍콰이 타자기의 '실패'와 입력의 탄생

밍콰이 타자기가 현대 중국 정보 기술의 역사에서 중대한 돌파구였다면 우리는 그 타자기가 중국어 시장을 휩쓸고 역사상 최초로 널리 축복받는 중국어 타자기가 되기를 기대했을 수도 있다. 하지만 그렇지 못했다.

그 대신 하나뿐인 밍콰이 타자기 시제품은 사라졌고 1960년대 언젠가 메르겐탈러 라이노타이프 회사에 있는 아무에게도 박수 받지 못하고 버려졌다. 대량 생산된 적이 없는 그 기계는 뉴욕 또는 뉴저지의 쓰레기 매립지 어딘가에 수십 년 동안 쌓여진 쓰레기 더미 밑 이름 없는 무덤 안에 매장되어 있을 것이다. 또는 아마도 부품들로 폐기되었거나 용해되었을 것이다. 어째서 그 기계는 대량 생산되지 않았을까? 우리는 그 실패를 어떻게 설명해야 할까? 그리고 그 실패는 우리에게 20세기 중반 중국 정보 기술의 폭넓은 역사에 대해 무엇을 말해주는 것일까(또한 말해주지 않는 것일까)?

밍콰이 타자기에 대해 린위탕이 품었던 꿈의 용두사미격 결론은 발명가와 그의 가까운 친구인 펄 벅, 그리고 로버트 월시 간의 편지에 나와 있다. "친애하는 위탕에게, 딕과 나는 그대의 재정적인 상황에 대해 우리가 무엇을 할 수 있을지 생각하면서 그대의 편지에 잠 못 이루는 밤을 보냈네." 1947년 5월 벅이 린위탕에게 보낸 편지는 린위탕이 이전에 보낸, 겸손했지만 재정적 도움을 구하는 편지에 대한 답장으로 그렇게 시작했다. 밍콰이 타자기 프로젝트에 엄청난 자금을 지출한 후 작가로 변신한 발명가는 곧 감당하기 힘든 정도의 개인적 부채에 직면했고 그의 오랜 동료들 — 밍콰이 타자기가 아직 신생아였을 때 개인적인 '생일' 카드를 보냈던 친구들인 — 로부터 도움을 구하는 것에서도 당혹감을 맛보았을 것이다.

벅은 자신의 잡지 ≪아시아(ASIA)≫와 자신의 가족이 운영하는 농장으로 인한 재정적 어려움에 대해 이야기했다. "나는 농장을 스스로 운영되는 상태로 만들려고 노력하고 있지만 이는 타자기와 비슷하다네. 꺼내려면 먼저 넣어야만 하지", "친애하는 친구들, 내가 내 누이에게 하는 말을 그대들에게도 해야겠어. 나는 집과 식량이 있고 이것을 그대들과 나눌 수 있지만 돈은 없다네."[57]

린위탕의 재정적 곤란이 무거워져 밍콰이 타자기 프로젝트가 성공할 가능성이 낮아진 것처럼 1940년대 말의 지정학도 마찬가지였다. 벅의 서신 후 1년이 안 된 때인 1949년 4월 7일, 뤄양시가 중국 공산당 수중에 떨어졌고, 6월 19일에는 카이펑시, 10월 20일에는 창춘, 그리고 11월 1일에는 선양이 뒤를 이었다. 국민당과 공산당 사이의 내전의 물결이 급격히 바뀌면서 공산당이 12월 중순 베이징과 톈진에 공세를 시작했다. 1월에는 장제스가 출혈을 막기 위해 하야했고 중국 공산당이 베이징에 본부를 세웠다.

멀리서 중국 내전이 펼쳐지는 것을 보면서 메르겐탈러 라이노타이프와 여러 미국 회사의 임원들은 점점 더 중국 공산당이 승리할 경우 자신들의 특허권이 처할 운명에 대해 신경 쓰게 되었다. 회사 내부 보고서에서는 "공산당 지배 국가에서는 특허권이 거의 보호되지 않고"[58] "수입과 통화에 대한 규제가 가해질 것이다"라고 예측했다.[59] 더욱이 메르겐탈러는 중국 카드무스가 등장함에 따라 오래 지연되어 왔던 '중국어 알파벳'이 지평선 위에 등장할 가능성을 보았는데, 이는 1920년대의 '중국어 표음식 알파벳' 형태가 아니라 마오쩌둥식 형태이자 중국 문자의 전면적인 로마자화를 요구하는 형태(후에 폐기되는)였다. 마틴 리드(Martin Reed)는 메르겐탈러 보고서에 "공산당이 중국 언어의 로마자화를 선호한다고 보도되었는데, 그런 프로그램은 당연히 린위탕 타자기의 수요를 감소시킬 것이다. … 교육 시스템이 로마자화에 기반을 둔다면 그런 타자기에 대한 필요는 급격히 사라질 것이다"[60]라고 적었다. 그리고 "중국에서의 정치적·군사적 발전을 보면 이 프로그램은 이 나라의 상황이 명확해지기까지 노력과 돈의 집행을 최소화하는 쪽으로 수정되어야 한다"[61]라고 결론지었다.

하지만 1949년 10월 마오쩌둥이 중화인민공화국의 건국을 선언한 이후에도 밍콰이 타자기에 대한 어떤 종류의 시장이 존재할 수 있다는 낙관론이 만연했다. 미국에 있는 중국 고등학교 졸업생을 위해 기계 시험이 지속되었고 컬럼비아대학교 창충위안 교수의 지휘 아래 수행된 실험이 지속적으로 긍정적인 결과를 내놓았다. 내부 보고서가 시사하듯이 "창충위안 박사는 린위탕의 분류 시스템이 이제까지 고안된 것 중 최고라는 의견을 피력했다".[62] 1949년 이후에도 기계에 대한 관심은 특히 미국 국무부, 유엔, 그리고 아시아의 당시 주요 학자들로부터 지속되었다. 밍콰이 타자기는 타자 이외의 다른 프로세스에도 도움이 되었는데, 가장 주목할 만한 것은 전신 전송과 오프셋 인쇄에서였다. 밍콰이 타자기는 "전보 입력에서 중국어 입력과 해독에 기막히게 잘 적응"했고 오프셋 인쇄 기술과도 합쳐질 경우 "린위탕의 기계는 단순하고 경제적인 인쇄 공장을 만들며, 원할 경우 중형 트럭에 얹으면 이동식이 될 수도 있다"[63]라고 보고서는 밝히고 있다. 밍콰이 타자기는 무기화될 수 있을 것처럼 보였다.[64]

하지만 한반도에 전운이 고조되면서 밍콰이 타자기 프로젝트도 종말을 맞이했다. 중국이 전쟁에서 '의용군'을 전투에 투입하고 공산당 중국 군대가 미국과 연합군 군사들의 피를 흘리게 하는 것이 분명해지면서 꿈에 대한 모든 희망은 사라졌다. 아이러니하게도 우리는 한국에 있는 미 8군의 심리전 부대가 만든 조잡한 흑백 영화에서 밍콰이 타자기의 사망을 읽을 수 있다(〈그림 6-11〉). 여기서 우리는 젊은 여성 사무원(아마도 타이완 여성)이 한반도의 공산당 점령지 근처를 비행하는 연합군의 폭격기에서 뿌려

그림 6-11 | 한국전쟁에서 중국어 타자기가 수행한 역할을 담은 미 육군의 홍보 영상

질 전단지를 만들기 위해 글자판, 일상 용법 중국어 타자기를 사용하는 것을 본다. 한 전단지에서는 "당신들의 지도자는 당신을 속이고 있다"라고 적으면서 중공군에게 그들의 지도자들이 그들을 '죽음의 길'로 내몬다고 설득하려고 했다.[65] 밍콰이 타자기는 실패한 것처럼 보였다.

하지만 밍콰이 타자기의 실패를 설명하면서 대단히 중요한 요소를 간과했다. 바로 밍콰이 타자기는 실패하지 않았다는 것이다. 밍콰이 타자기는 단독 기기 ─ 20세기 중반에 시제품이 개발되고 1940년대 말에 출시된 ─ 로 만들어졌지만 훨씬 광범위한 것이기도 했다. 이 장의 시작에서 보았듯이, 완전히 새로운 인간-기계 관계를 실체화하는 것은 이제 모든 중국어 정보 기술에서 분리될 수 없게 되었다. 밍콰이 타자기는 '입력'의 탄생을 알렸다. '입력'이라는 의미에서 중심이 되는 것은 운영자가 기계를 사용해서 글자를 입력한다는 것이 아니라 글자를 찾는 데 사용하는 언어기술적 조건이다. '타자'라는 행위와는 다르게 '입력'이라는 행위는 운영자가 자판 또는 다른 입력 시스템을 사용해 규약대로 움직이는 중간 시스템에 지시

나 범위를 제공하는 행위로, 이것은 제공된 기준을 만족시키는 한자 후보를 운영자에게 보여준다. 음성적이든 구조적이든 간에 이러한 기준의 구체적인 특징은, 작동에 사용되는 자판 또는 장치의 모양이나 디자인과 마찬가지로, 입력의 핵심 정의와는 무관하다는 것이다. 서예 전체가 하나의 특정한 붓에 국한되지 않고 이동식이 하나의 특정한 활자체로 제한되지 않듯이, 입력은 하나의 특정한 입력 종류로 제한되지 않는다. 린위탕의 부호이론을 사용하든, 창힐수입법의 부호 시스템을 사용하든, 또는 소우거우, 구글, 그리고 기타 등등이 채용한 병음을 사용하든 간에, 입력은 실질적으로 가능한 접근법, 규약, 그리고 부호 시스템의 무한한 다양성을 아우르는 인간-기계 상호작용의 새로운 형식이다. 밍콰이 타자기는 1930년대에 개발되고 1940년대에 출시된 타자기로서는 실패했다. 하지만 밍콰이 타자기는 입력과 인간-기계 상호작용의 새로운 형식으로서 린위탕 자신이 거의 예측하지 못한 방식으로 중국어 정보 기술을 변형시켰다.

제 7 장

타자 반란

한 사람이 한 시간에 3000~4000자를 식자하는 것은 대단치 않다. 그러나 누구나
3000~4000자를 식자한다면 그것은 대단한 일일 것이다.

_장지잉(張繼英), 중국어 식자공, 1952

이 책을 쓰기 오래 전에, 나는 별 생각 없이 중국어 타자기를 쳐다만 보
며 몇 년을 보냈다. 나는 내 첫 번째 책에서 중국의 민족적 분류의 역사[民
族識別] 프로젝트를 위해 연구를 하던 중 중국 서남쪽 윈난성에서 일하는
사회과학자가 저술한 민족학과 언어학 보고서들을 골똘히 읽었었다. 연
구자들은 지역 내 민족적 정체성의 분류에 대한 연구 ─ 내가 수없이 여러 번
읽은 보고서 ─ 를 구성하면서 후에 내 연구의 초점이 되는 바로 그 중국어
타자기에 종종 의존했다. 그동안 중국어 타자기는 눈에 잘 띄지 않게 감추
어져 있었다.[1]

이 분야의 동료들과 친구들을 일깨우기 위해 나는 다른 도둑맞은 편지
들에 대해 비공식적인 '수색 파티'를 조직했다. 나는 어떻게 타자된 서류
를 인식하는가(특히 어떻게 인쇄된 문장과 구분해 내는가)에 대한 짧은 특강을
제안했고 그들의 개인 수집품과 보관품들을 조사하는 데서 도움을 요청
했다. 타자된 서류들에 포함된 숨길 수 없는 징표들은 다음과 같은 것들이
었다. 타자된 것들 속에 종종 손으로 쓴 글자가 있는 것(즉, 기계에 글자 알

이 없는 비상용 글자들), 서로 다른 문장들에서 흐리고 진한 것이 번갈아 나오는 것(4장에서 논의했던 것), 문장 밑 선이 약간 지그재그인 것, 그리고 글자 사이 간격이 보통보다 조금 넓은 것. 사냥은 시작되었다.

베이징, 상하이, 하얼빈, 그리고 쿤밍 같은 대도시에서부터 서부 중국의 외진 지역에 이르기까지 전국에서 동료들이 기계를 목격하면서 중국어 타자기 역사의 새로운 황금시대가 빠르게 눈에 들어오기 시작했다. 가톨릭 커뮤니티에 대한 조사에서 볼 수 있듯이, 1950년 5월 이전에 하얼빈시 공안국의 정치보호사무실은 감시 보고서를 타자로 작성하기 시작했다.[2] 베이징에서는 1952년 이전에 타자된 베이징시 식품 산업 보고서가 나왔다.[3] 허베이의 성급 당 서기들은 1955년 이전에 타자된 서류를 만들기 시작했다.[4] 더욱이 타자는 대도시 중심지에만 국한된 것이 전혀 아니었다. 1957년 산시성 바오지군에서는 지역 상황에 대한 조사 보고서가 타자된 형태의 서류로 나왔다.[5] 무엇보다도 1956년과 1957년 사이에는 칭하이성 제쿠군이라는 외진 농촌지역에서도 타자된 보고서들이 만들어졌다.[6] 애국적인 중국 타자수의 이미지도 곧 등장했는데 이들은 국가 건설, 혁명 후 동맹, 경제 계획, 그리고 계급투쟁의 서류를 제작하는 것으로 칭송되었다. 1956년 3월에는 중국어 타자기가 마오 시대를 선전하는 포스터에 처음 등장하면서 새로운 발걸음을 내딛었다(〈그림 7-1〉).[7]

1950년대는 내가 상상했던 것보다 중국어 타자기가 더 활발했던 시기로, 그 범위나 사용 면에서 중화민국 말기를 뛰어넘었다. 마오 시대 동안 끊임없이 진행된 사회정치적 그리고 경제적 캠페인 시리즈는 중국 타자수들에게 전례 없는 부담을 안겨주었다. 그들은 전국에 걸쳐 있는 작업단위에서 행해지는 유비쿼터스 '학습'에 사용할 경제 보고서와 등사판 자료

그림 7-1 | 중국 타자수 홍보 포스터

를 만드는 책임을 짊어져야 했다. 타자수들의 부담이 너무 커서 일부 직무 단위들은 비공식적인 '타자-복사 상점(打字謄寫社)'에 일감을 맡기기도 했는데, 이 현상은 신생 공산주의 국가 내에서 관심을 끌었다. 작은 규모로 독립적으로 운영되는 타자 가게가 확산됨에 따라 언어기술적 생산수단들에 대한 당-정부의 독점은 어느 정도 완화되었고, 정부 지시 연설문, 정치 학습 안내서, 통계를 인쇄하고 유통시키는 데 사용되는 동일한 타자기 종류들과 먹지, 등사판 기계는 소규모 뒷골목 출판 산업이 굴러가게 하는 데 활용되었다.

또 다른 곳에서는 중국어 타자기가 다인번(打印本, 타자 등사된 편집본)으로 알려진 책 전체를 재생산하는 데 사용되었는데, 이는 널리 퍼진 출판 형식이어서 이 용어는 이후 컴퓨터 시대에 '인쇄하다(打印)'와 '레이저 프린터(激光打印機)'의 중국어 번역으로 용도 변경되었다. 1968년 타자로 등사된 출판물에서는 자칭 홍위병이 마오 위원장의 시를 타자하고 등사해서 국제 노동자의 날에 맞추어 이 출판물을 발표했다. 보다 깊은 충성의 행위로 '윈난대학 마오쩌둥주의 포병부대 외국어대대 선전그룹'의 회원들은 1957년과 1958년 마오의 연설을 받아 적기도 했고 《인민일보》, 《중국청년일보》, 격월간 《새중국》, 《허난매일신문》 등등에서 복사를 하기도 했다. 28만 자가 넘고 페이지마다 타자된 문장으로 꽉 차 있어 이를 타자하고 등사하려면 100~200시간(4~8일)은 걸렸을 것이었다(〈그림 7-2〉).[8]

손 글씨와 인쇄기 사이의 방대한 영역을 차지하는 타자와 등사판은 개혁 시대(1978~1989)까지 지속적으로 확장되었다. 롄수밍이 "949년 이후 중국 최초의 비공식 잡지"라고 부른, 그리고 전국적으로 유통된 혁명 시대 문학 잡지 《오늘(今天)》은 중국어 타자기와 등사 형판을 사용해 제작되었다.[9]

그러나 20세기 후반 동안 중국어 타자기의 가장 매력적인 면은 그 보급력이나 범위가 아니었다. 이 북적거리는 타자수 활동 속에서 진정으로 혁명적인 무엇인가가 펼쳐지고 있었다. 마오 시대의 일상적인 사무직과 비서들은 이어지는 혁신의 선봉에 섰고, 한자를 글자판에 조직하는 여러 가지 방식에 대한 실험에서 중심에 서 있었다. 부수와 획을 조직하는 방법 — 또는 앞 장에서 검토했던 것처럼 중국 선구자들이 설계했던 실험적인 글자 검색 시스템 — 에 집착하는 대신 이 타자수들은 형태적 의미와 문자적 의미 모두와 '근본적인 결별'을 했다. 특히 실제의 문자 언어에서 같이 나오는 글자

그림 7-2 | 『마오주의 만세(毛澤東思想萬歲)』 타자 및 등사본(1957년과 1958년 사이)

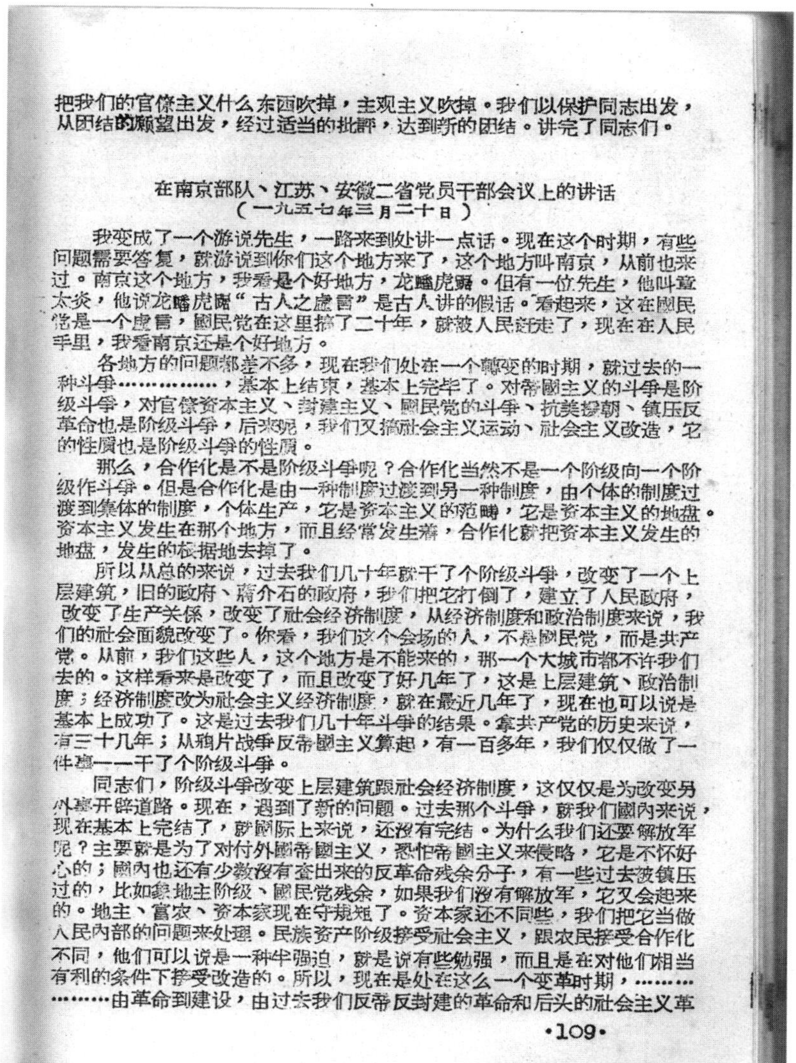

把我们的官僚主义什么东西吹掉，主观主义吹掉。我们以保护同志出发，
从团结的愿望出发，经过适当的批评，达到新的团结。讲完了同志们。

在南京部队、江苏、安徽二省党员干部会议上的讲话
（一九五七年三月二十日）

我变成了一个游说先生，一路来到讲一点话。现在这个时期，有些
问题需要答复，就游说到你们这个地方来了，这个地方叫南京，从前也来
过。南京这个地方，我看是个好地方，龙蟠虎踞。但有一位先生，他叫章
太炎，他说龙蟠虎踞"古人之虚言"是古人讲的假话。看起来，这在国民
党是一个虚言，国民党在这里据了二十年，就被人民赶走了，现在在人民
手里，我看南京还是个好地方。

各地方的问题都差不多，现在我们处在一个飘变的时期，就过去的一
种斗争……基本上结束，基本上完毕了。对帝国主义的斗争是阶
级斗争，对官僚资本主义、封建主义、国民党的斗争、抗美援朝、镇压反
革命也是阶级斗争，后来呢，我们又搞社会主义运动、社会主义改造，它
的性质也是阶级斗争的性质。

那么，合作化是不是阶级斗争呢？合作化当然不是一个阶级向一个阶
级作斗争。但是合作化是由一种制度过渡到另一种制度，由个体的制度过
渡到集体的制度，个体生产，它是资本主义的范畴，它是资本主义的地盘。
资本主义发生在那个地方，而且经常发生嘛，合作化就把资本主义发生的
地盘，发生的根据地去掉了。

所以从总的来说，过去我们几十年就干了个阶级斗争，改变了一个上
层建筑，旧的政府、蒋介石的政府，我们把它打倒了，建立了人民政府，
改变了生产关系，改变了社会经济制度，从经济制度和政治制度来说，我
们的社会面貌改变了。你看，我们这个会场的人，不是国民党，而是共产
党。从前，我们这些人，这个地方是不能来的，那一个大城市都不许我们
去的。这样看来是改变了，而且改变了好几年了，这是上层建筑、政治制
度；经济制度改为社会主义经济制度，就在最近几年了，现在也可以说是
基本上成功了。这是过去我们几十年斗争的结果。拿共产党的历史来说，
有三十几年；从鸦片战争反帝国主义算起，有一百多年，我们仅仅做了一
件事——干了个阶级斗争。

同志们，阶级斗争改变上层建筑跟社会经济制度，这仅仅是为改变另
外一些开辟道路。现在，遇到了新的问题。过去那个斗争，就我们国内来说，
现在基本上完结了，就国际上来说，也没有完结。为什么我们还要解放军
呢？主要就是为了对付外国帝国主义，恐怕帝国主义来侵略，它是不怀好
心的；国内也还有少数没有查出来的反革命残余分子，有一些过去被镇压
过的，比如地主阶级、国民党残余，如果我们没有解放军，它又会起来
的。地主、富农、资本家现在守规矩了。资本家还不同些，我们把它当做
人民内部的问题来处理。民族资产阶级接受社会主义，跟农民接受合作化
不同，他们可以说是一种半强迫，就是说有些勉强，而且是在对他们相当
有利的条件下接受改造的。所以，现在是处在这么一个变革时期，………
………由革命到建设，由过去我们反帝反封建的革命和后头的社会主义革

•109•

들의 인접성을 극대화하도록 설계된 자신들 특유의 한자 자연 언어식 정렬을 만들어냈다. 그러한 형태로는 일반적으로 사용되는 두 글자 복합어(중국어에서는 詞라고 알려진), 또는 '혁명(革命)', '사회주의(社會主義)', '정치(政治)' 등등과 같이 공산당이 명명한 주요 이름과 문구들이 있었다.[10] 같이 나오는 글자들의 증가된 근접성과 공산당 수사의 반복성 때문에 이 실험적인 방식을 사용한 타자수들은 분당 70자까지의 속도를 자랑했는데, 이는 최소한 중화민국 시대의 타자 속도보다 최소 3배 빠른 것이었다.

다르게 말하면, 마오 시대의 타자수들로부터 오늘날 '예측문자(預測文本, 자동 완성)' — 지금은 중국어 검색과 입력방식의 일반적인 기능인 — 라고 일컫는 정보 기술의 가장 초기의 실험과 실행을 추적해 볼 수 있다. 우리가 앞 장에서 알아보았듯이, 실제로 '입력 방식(輸入法)'이 현대 중국 정보 기술의 기둥 가운데 하나였다면, 두 번째 기둥은 의심할 여지없이 예측문자이다. 디지털 시대의 사람들에게 이토록 친숙한 기술이 깊은 아날로그의 뿌리를 가졌다는 것은 놀라움으로 다가올 것이다. 중국어의 예측문자는 컴퓨팅이 등장하기 전 기계적 중국어 타자의 국면에서 발명되고 일반화되고 정제되었다. 더욱이 이 혁신은 한 명의 발명가 덕이 아니라 많은 익명의 타자수들에 의해 분산된 집단적 조합을 통해 탄생했다.

중국 최초의 '모범 타자수'

1956년 11월 중국 중부 뤄양시의 한 타자수가 놀라운 개가를 성취했다. 이 책의 과정을 통해 잘 알게 된 것과 같은 기계식 중국어 타자기를 사용해 작업자가 한 시간에 4730자를 타자함으로써 분당 80자에 조금 못 미치는 신기록을 세웠다.[11] 우리에게 익숙한 알파벳 타자의 맥락에서 보면 대수롭지 않아 보이겠지만, 당시 중국 타자수들의 평균 속도가 분당 20~30자였음을 고려하면 이 기록이 얼마나 대단한지 자명해진다. 이 성과는 기기의 속도가 2~4배 빨라진다는 것을 의미했다. 더욱이 타자수는 이 기록을 전기 자동화 또는 새로운 종류의 타자기로 이룬 것이 아니었다. 대신 기계의 글자판에 있는 한자들을 단순히 재배치했다. 1956년의 타자수는 부수-획 조직이라는 오랫동안의 분류 시스템에서 벗어나고 중화민국 시대에 개발된 글자 검색 시스템의 가장 실험적인 방식도 피하면서 실제의 글쓰기에서 함께 사용되는 경향이 있는 한자들의 인접성과 근접성을 최대화하도록 설계된 기계 위의 글자들을 자연 언어 조합으로 재조직했다.

중화인민공화국(1949~현재)의 처음 수십 년간의 신문들은 '모범 노동자', 의지와 지혜를 결합해서 전례 없는 생산의 개가를 보여준 무산층 챔피언들의 이야기로 가득 찼다. 그런 무성한 주장들은 아무런 비판 없이 받아들일 수 없었던 반면, 뤄양의 '모범 타자수'의 경우에는 보관 기록과 자료 산물이 다양했으므로 이 주목할 만한 기사의 정확성과 양적 주장까지도 신뢰할 수 있었다.

이 타자수의 시스템을 간략히 살펴보면(이는 이후에 보다 자세히 살펴볼 것이다), 1953년 대중을 위한 소개의 일부로 포함되었던 표본 배치를 검토할 수 있다. 이 실험적 조직의 원칙은 〈그림 7.3〉에서 볼 수 있다.

회색으로 그려진 글자 告(gao)에서 시작하면 우리는 근접한 칸에 위치한 報(bao)와 轉(zhuan)을 찾을 수 있다. 이들 각각은 告와 합쳐지면 일상적인 두 글자 단어, '보고하다'를 뜻하는 報告(baogao)와 '전달하다' 또는

그림 7-3 | 새로운 문자 배치의 사례: '새로운 타자 조작법' 소개

dao 到	*de* 得	*huo* 獲	*shu* 述	...	...	...
he 何	*da* 達	*ping* 評	*bian* 邊	*shang* 上	...	...
zhuan 轉	*gao* 告	*ru* 如	*xia* 下	*zhun* 准	*yu* 予	*yi* 以
cheng 呈	*bao* 報	*ling* 領	*dao* 導	*pi* 批	*pan* 判	*suo* 所
hui 匯	*bing* 並	*qing* 請	*zhi* 指	*shi* 示	*fu* 復	*su* 速

출처: "新打字操作法'介紹", ≪人民日報≫(1953.11.30), 3(Romanizations included for purposes of illustration only)

'전송하다'를 뜻하는 轉告(zhuangao)를 만든다. 이 두 글자의 위치에서 탐험을 계속해보면 이 연결 시스템 안에 있는 추가 층들을 보게 된다. 글자報의 왼쪽 옆에는 報와 의미 있게 합쳐질 수 있는 세 개의 글자를 추가로볼 수 있다. 呈(cheng), 匯(hui), 그리고 轉(zhuan)으로, 이들은 합쳐져서 각각 呈報(chengbao, '보고서를 제출하다'), 匯報(huibao, '회신하다'), 그리고 轉報(zhuanbao, '소식을 전달하다')라는 단어를 만든다. 또한 다른 조합은 글자上(shang)을 둘러싸고 있는데, 上은 下(xia), 邊(bian), 그리고 述(shu)와 합쳐져서 각각 '上下(위아래)', '上邊(위쪽)', 그리고 '上述(위에서 얘기한)'라는단어를 만든다. 여기 표시된 영역에는 25개 이상의 완벽하게 인접한 합성어뿐만 아니라 근접한 합성어도 추가로 포함되어 있다. 글자판 위에 있는총 2450개의 글자 중에서(우리가 곧 알게 되듯이 이들은 모두 동일한 연결 방식으로 조직된다) 이 예시 공간에는 단 30개의 개별 글자만 있다는 것, 그리고

이 글자들이 이전의 부수-획 시스템에 따라 조직되었더라면 인접하지 않았을 것임을 생각하면 이 밀도는 인상적이다. 새로운 문자 조직 방식을 사용하면서 마오 시대 초기 타자수들은 현대의 가장 광범위한 언어기술적 실험 가운데 하나를 시작했다.

이 변화는 상상력과 인지력의 도약이라기보다는 특정 정치 환경 속에서 기계와 인간 육체 사이에 오랫동안 습득된 [또는 잉그리드 리처드슨(Ingrid Richardson)이 '테크노소마틱' 복합성이라고 지칭했던] 신체적 관련성의 발현으로 이해되어야 한다.[12] 공산당 시대에 이루어진 갑작스러운 글자판 문자의 재배치는 우리가 이제까지 살펴본 훨씬 긴 역사 과정 — 수천 명의 타자수와 식자공들, 글자 선반과 글자판을 체화하고 몸으로 상대했던 사람들이 습득한 촉각적이고 분산되어 있으며 거의 주목받지 못했던 경험들의 총합 — 의 일부분으로 보아야만 이해될 수 있다. 수백만 번의 초역사적인 과정을 거쳤기에 — 활자를 뽑고, 꽂고, 타자기 위에서 한 글자에서 다음 글자로 옮기고, 타자봉을 누르는 등등 — 자연 언어로의 도약은 가능해졌고, 이는 마오 시대의 정치 환경 속에서 칭송받고 장려되었다. 문제의 역사를 이해하려면 중국의 언어기술적 관행의 습관과, '습성으로 내재화되어 역사로서는 잊힌 체화된 역사'[13]를 함께 살펴봐야만 한다.

중국의 두 번째 국어 운동

이 산만하며 분산된, 풀뿌리 운동의 원천을 확실히 알아내기는 불가능하지만 가용한 증거가 그 경로를 어느 정도 확실하게 추적할 수 있게 한다. 초기의 분명한 사례는 타자수가 아닌 장지잉(張繼英)이라는 이름의 식자공의 활동으로 알려졌는데, 그는 1951년 ≪인민일보≫에 실린 "카이 펑의 식자공 장지잉이 식자 방법을 부지런히 향상시켜 시간당 3000자라는 신기록을 세웠다"[14]라는 기사를 통해 독자들에게 알려졌다. 처음에는 정저우시에서, 그리고 후에는 카이펑에서 10년 이상 식자공으로 일하면서 장지잉은 오래된 '24개 문자 선반'과 새로운 '19개 문자 선반' 양쪽으로 훈련되었고 경탄할 만한 식자 속도를 세웠다(그때까지의 경력 기간 동안 그의 기록은 시간당 1200~2200자였다).[15] 중화인민공화국이 수립된 후 몇 개월 만에 그는 기사화되었던 영감의 파도를 경험했고 문자 선반에 대한 전면적인 실험적 재조직에 착수했다. 이 실험은 1951년의 개가로 절정에 달했다.

특히 장지잉의 관심을 끈 것은 일상 작업 중에 자주 쓰는 글자 짝을 글자 선반 위에 맞춰놓는 동료들의 관행이었다. 특히 세 개의 글자가 부수-획 조직에 명백히 위반해서 함께 묶여 있었다. 바로 '새로운 중국 출판(New China Press)'을 뜻하는 新, 華, 社였다. 장지잉은 후에 "관련 있는 글자들을 한 집단으로 만든다면 식자하기에 분명히 편할 것이라고 생각했다"[16]라고 설명했다.

장지잉은 이 원칙을 자기 글자 선반 전체에 적용하기 시작했다. 그의 글자 선반은 곧 280개의 두 글자 복합어, 3개의 세 글자 구절, 그리고 심지어 7개의 네 글자 구절을 갖추었는데, 이는 그가 롄촨(連串) – '시리즈' 또는 '체인'이라는 의미의 – 이라고 명명한 조직 방식이다.[17] 그는 '革命'(혁명), '美帝'(미 제국주의자), '解放軍'(해방군), '農業'(농업), 그리고 공산당에서 사용하는 많은 다른 단어들을 여기에 포함시켰다. 이 단어들은 프랑스어의 원래 의미에서의 클리셰(cliché)라고 하는데, 이는 단순한 글자가 아닌 일상적으로 사용되는 구절이 새겨져 있는 인쇄업자의 '고정관념 블록'을 뜻했다.[18] cliché는 동사 clicher의 과거 분사 또는 click에서 파생된 단어로, 작동하는 인쇄기가 내는 소리와 관련 있다. 하지만 시간이 지나면서 의미론적으로 오늘날의 '진부한, 낡은 표현'이라는 뜻으로 바뀌었다.

장지잉은 이 조직 체계를 자신의 동료들처럼 작고 특별한 부분에 한해서뿐만 아니라 전체 문자 선반으로 확대했다. 더욱이 장지잉의 클리셰는 지속적이지 않았으며, 자신이 만들고 있는 문장의 속성과 대단히 중요한 정치적 환경에 따라 변화했다.[19] 만일 '노동자 운동에 관한 자료'가 한 시기의 활동 주제라면 그는 '生産'(생산), '經驗'(경험), '勞動'(노동), '記錄'(기록) 같은 복합어를 준비했다. 특별한 선전 운동에 대한 요구가 매체의 관심을 장악했을 경우 장지잉은 문자 선반을 새롭게 재배치하게 해서 '抗美援朝'(미국을 타도하고 한국을 돕자)(한국전쟁 당시의 대중 동원 운동) 같은 구절과 용어가 우선하도록 했다.[20] 이런 방법으로 장지잉은 중국 공산당(CCP)의 수사를 구현하도록 자신의 몸과 문자 선반을 바꾸었는데, 어떤 핵심 용어를 앵무새처럼 흉내 내는 것이 아니라 자신의 손가락, 손, 팔목, 어깨, 눈, 주변 시야, 관절, 움직임, 예상 반사작용(신체의 모든 부분)이 중국 공산당의 수사가 지닌 독특한 억양에 친밀하게 조율되고 최대한 반영되도록 했다.

장지잉은 새로운 글자 배치 시스템을 더욱 발전시킴으로써 자신의 기록을 넘어섰다. 1952년 7월 29일 중앙영화제작사의 중남 영화팀이 찍은 영화에 따르면 한 시간에 4778자(분당 80자에 가까운 글자)를 기록했다.[21] 그러는 동안 당-정부 당국은 장지잉의 성과를 당시 아주 중요한 무산계급의 우화 — 본인의 주도로 본인의 시간을 바침으로써 자신의 산업을 다른 사람들이 가능하다고 상상했던 이상으로 밀어붙이고 '전통'을 광범위하게 뒤집음으로써 대중들에게 독창성의 가능성과 자족감의 용납 불가함을 시연한 모범 노동자 — 로 칭찬할 수 있는 기회라고 생각했다.[22] 장지잉이 통상의 관행(통설)과 결별한 것은 그에게 통상의 관습적인 관행(정통성)보다 훨씬 효율적으로 정통성을 제공해 주었다. 장지잉은 "한 사람이 한 시간에 3000~4000자를 식자하는 것은 대단치 않다. 그러나 누구나 3000~4000자를 식자한다면 그것은 대단한 일일 것이다"라고 말했다.[23] 당은 곧바로 1952년 노동절 행사에 참여하도록 이 식자공을 초대했고, 그의 방법을 더 깊이 있게 설명하는 책을 공동 저술하도록 도왔으며, 전국에 걸쳐 출판사 투어를 지원했고, 그를 당원으로 받아들여 다른 사람들이 그의 방법을 배우고 모방하도록 격려했다(〈그림 7-4〉).[24]

장지잉의 예는 곧 다른 사람들도 따라했다. 1952년 상하이의 상무인서관은 글자판 개혁에 착수해 동일한 롄촨 시스템을 시행했고, 그 결과 속도가 뚜렷하게 향상되었다.[25] 징강산신문사도 산업 표준이던 24부 글자판을 이른바 '8자식(八字式)' 문자 선반으로 바꾸는 방식으로 롄촨 배치를 시행했다. 카이펑시가 장지잉이라는 모범 식자공을 가졌듯이 징강산은 왕신순이라는 식자공을 자랑했다. 왕신순은 1958년 4월 10일 시간당 3840자 식자라는 성급 기록을 세웠다. 같은 해에 왕신순은 4100자 식자로 기록을 다시금 깼다.[26]

1958년에는 롄촨 시스템이 충분히 널리 알려져서 인민대학의 언론연구소가 발행한 조판과 식자 지도서에 대서특필되었다.[27] 여기에서 이 방법은 '연결된 언어 글자판(聯語字盤)' 또는 '연결된 글자판(連串字字盤)'으로

그림 7-4 | 장지잉

張繼英揀字法

中南人民出版社

불리었고 다음과 같이 설명되었다.

같이 쓰이고 관련되어 있는 복합어를 가능한 한 함께 배치하려 한다. 예를 들면 '解'(jie), '決'(jue), '問'(wen), '題'(ti), 네 글자는 인접한 네 개의 열에 표시된다.[28] 또 다른 예는 '建'(jian), '設'(she), '祖'(zu), '國'(guo)와 '提'(ti), '高'(gao), '産'(chan), '量'(liang) 같은 글자를 조합하는 것으로, 이 글자들을 같이 놓아서 조합하면 훨씬 더 편리하게 사용할 수 있다.[29] 글자판 방사식(放射性) 또는 체인식(連鎖性)을 사용해서 일상 용법 글자판을 설정하는 것도 고려할 수 있는데, 예를 들면, '人'(ren), '民'(min), '公'(gong), '社'(she) → '會'(hui), '主'(zhu), '義'(yi)로 설정하는 것이다.[30] 이렇게 비추는 것은 '정침속선(頂針續線, 꼴무 연결하기)'이라는 단어 게임과 비슷하다.[31]

이와 유사한 기술은 연결된 단어들을 짝을 지어 그 단어들을 주제별 영역에 놓는 것이었다. 한 영역에는 식자공이 '美帝'(미 제국주의), '侵略'(침략하다), '破壞'(파괴하다) 같은 무리를 배치하고 이것을 '부정적 함축 용어 글자판(貶義字盤)'이라고 명명했다.[32] 또 다른 영역에는 안내서가 설명하듯이 "'社會主義'(사회주의), '合作社'(협동조합), '毛主席'(마오 주석) 等等(등등)"을 배치하고 이것을 '사회구조 용어 글자판(社會組織名稱的盤)'이라고 명명했다.[33]

인용 부호 안의 '毛主席'과 '社會主義'(그 뒤에 等等이라는 단어가 따라붙는)를 보면 굉장히 흥미로울 뿐 아니라 이 조직 방식에서 중심이 되는 초인식적 거리를 알 수 있다. 자연 언어의 배치를 활용하기 위해서는 마오 시대의 어법을 경솔하게 내뱉는, 일상적인 정치적 표현의 지루한 앵무새가

되어서는 안 된다. 반대로 자기의 글자 선반 또는 글자판을 최대한 효율적으로 준비하기 위해서는 그 단어들의 순서와 규칙성 ─ 그 단어들을 정확하게 클리셰로 생각하기 위해 ─ 을 예리하게 인식하고 있어야 한다. 장지잉 방식의 성공은 '毛澤東'(마오쩌둥)과 '幹部'(간부) 같은 명백한 경우들뿐 아니라 '教育'(교육), '存在'(존재하다), '根據'(~에 따라) 등등과 같이 정치적으로 의미가 부여된 '중립적'인 용어까지 중국 공산당의 수사가 지닌 독특한 억양에 최대한 민감한 것과 예상하는 것의 결과물이었다. 당시의 대중적이고 권위적이며 표준화된 언어와 아주 사적이고 개인적이며 소수만 이해하는 관계를 구축하는 것이 장지잉의 능력이었고, 이는 정치적 정설에 맞추는 그의 능력을 향상시켰다. 이런 면에서 철저한 개인주의가 정부의 권력과 완벽하게 양립했고 도움이 되었다.

중국어 타자와 '대중 과학'

'새로운 중국 출판'의 경우로 설명했듯이 중국어 식자에 자국어 분류 접근법을 처음으로 개념화한 것은 장지잉이 아니었다. 하지만 그는 아마도 롄촨 시스템을 글자 선반 전체에 걸쳐 확대하면서 이 가능성을 논리적 극단으로까지 추구한 최초의 인물이었을 것이다. 3, 4장에서 보았듯이, 이러한 차이는 중국어 타자에도 적용되었는데, 중국 타자기 글자판의 글자알은 고정되지 않았기에 없애거나 바꿀 수 있었다. 자연 언어 조합을 적용하는 것은 1950년대 초에 전례 없는 위상과 수준을 달성했지만, 사실 중화민국 시대부터 우리가 조사했던 중국어 타자기에는 이미 제한된 '예측' 요

그림 7-5 | 중국어 타자기의 '특수 사용 글자 구역'의 예

su 蘇	*zhou* 洲
zhe 浙	*jiang* 江
long 龍	*bei* 北
hei 黑	*hu* 湖

자료: "華文打字機文字排列表", 『華文打字講義』, 1917년경, 1928년 전반.

소가 있었다. 첫째, 중화민국 시대의 타자기 글자판에는 '특수 사용 글자(特用文字)'를 위해 예비된 하나의 영역이 있었는데, 여기에 있는 글자들은 부수나 획수에 따라 조직되지 않았다. 그 대신 폭이 4열이고 깊이가 34행인 이 좁은 글자판 안에 일상적인 두 글자 복합어와 '中華民國'(중화민국) 같은 다문자 줄을 만들 수 있도록 글자들이 모여 있었다.[34] 특히 타자수들은 이 작은 구역을 중국 성의 명칭에 해당하는 글자들에 배당했다. 예를 들면 글자 蒙(meng)과 古(gu)는 수평으로 서로 인접하게 위치해 '蒙古'(몽고)라는 이름을 만들었다. 이런 배치는 江(jiang), 湖(hu), 南(nan), 西(xi), 東(dong), 山(shan)처럼 한 지명 이상에서 나오는 글자의 경우에는 더욱 복잡하고 흥미로웠다(〈그림 7-5〉). 예를 들어 江의 왼쪽에는 글자 浙(zhe)가 있어 浙江(저장)을 만들었고, 그 위로 왼쪽 구석에는 글자 蘇(su)가 있어 江蘇(장쑤)를 만들었으며, 왼쪽 밑에는 龍(long), 그 밑에는 黑(hei)가 위치

해서 성의 명칭인 헤이룽장을 만들었다.[35]

　두 번째 예가 1928년 8월 26일자 신문 기자, 편집인이자 언어 개혁가인 천광야오가 상무인서관의 편집국장이자 앞 장에서 다룬 4각 검색법(四角號碼, 또는 '네 코너 부호')의 발명가인 왕원우에게 보낸 편지에 나온다. 천광야오는 그 회사의 중국어 타자기 부문을 잘 알고 있었으므로 왕원우에게 자연적으로 같이 나오는 한자들의 근접성을 최대화하도록 그 회사의 중국어 타자기 글자판을 재조직하는 가능성을 제안했다. 예를 통해 천광야오는 '然則'(그렇다면), '中國'(중국), '發明'(발명), '三民主義'(삼민주의), '世界'(세계) 같은 두 자 또는 두 자 이상의 용어를 인용했고, 그리고 '意料之外'(의외로) 같은 더 긴 관용어까지도 거론했다.[36] 천광야오는 이런 식으로 글자들을 조직하면 몇 글자를 압축해서 더 많은 복합어를 만들 수 있다고 설명했다. 간단한 4자 조합인 發, 明, 達, 光로도 '發明'(발명하다), '發達'(발달하다), '光明'(광명) 같은 일상적인 용어들을 사용할 수 있는데, 이는 부수-획으로 배치할 때보다 훨씬 빠르고 편리했다. 더욱이 사전의 순서대로가 아니라 일반적으로 같이 나오는 글자들끼리 가깝게 위치시킴으로써 좀 더 과학적으로 일반 분사들을 조직할 수 있었다.

　하지만 독려에도 불구하고 천광야오의 실험적인 제안은 상무인서관에서 채택되지 않았고 중국 타자의 다른 분야도 장악하지 못했다. 실제로 중화민국 시대의 타자에 대해 풍부하게 보관된 기록에서도 이론상으로든 실제로든 천광야오의 시스템을 적용한 자료는 단 하나도 없다. 반대로 자연 언어 배치가 계속 중화민국 시대의 기계들에 사용되는 동안에도 그것들이 타자기의 작은 '특수 사용 글자'라는 완전히 구석진 영역에 머물러 있었음을 모든 증거가 시사하고 있다.

중화인민공화국 초기는 모든 면에서 다른 시대였다. 장지잉이라는 작은 현상에 뒤이어 자연 언어 조직이 식자로부터 빠르게 전용되어 중국어 타자에 적용되었다. 1953년 11월 ≪인민일보≫의 독자들은 2년 전 17세의 나이로 인민해방군에 입대한 선원펀이라는 젊은 여성을 기사로 접했다.[37] 상하이 출신인 그녀는 1951년 10월 한국전쟁 기간 동안 중국 북부 군부대 사령부의 타자수로 복무하도록 임명되었다. 그녀 본인의 설명으로는, 처음 그 일을 시작할 때는 실력이 낮아서 체중이 줄어들 정도로 절망에 빠졌다고 한다. 동료의 지도 아래 선원펀은 시간당 2113자까지 속도가 높아졌다고 보고했다. 이는 매우 놀랄 만한 향상이었지만 그녀는 여전히 불만스러웠다.

선원펀은 왕자룽이 만들고 최근에 알게 된 '신타자 방식(新打字操作法)'을 쓰기로 결정했다.[38] 왕자룽과 그 동료들은 장지잉의 '직렬' 방식 같은 인접성 원리를 적용하면서 곧 타자기의 글자판 모양을 활용했고, 장지잉의 직선인 일차원 조직방식을 2차원인 x-y매트릭스로 바꿨다. 신타자 방식의 운영 원칙은 '방사식 복합어(複詞放射字團)'라고 명명되었는데 이것은 다음과 같이 설명할 수 있었다. '한 문자를 핵심으로 선택하고 그 문자에서 바깥쪽으로 방사하게' 함으로써 타자수는 각 글자 주위에 있는 3개에서 8개의 칸을 가능한 한 많은 관련된 글자로 채울 수 있는 방식이었다.[39] 이 복수 차원성 때문에 타자수는 관련된 글자를 식자공의 글자 선반에서 왼쪽-오른쪽으로 줄을 세우는 것을 넘어 수직 및 대각선 배치로도 실험하기 시작했다. 이 작은 영역들을 묶어 연관 네트워크로 넓힐 수 있게 했다.

부수-획 체계로부터 벗어나자 실질적으로 무한한 가능성이 있는 공간이 열렸다. 선원펀의 속도는 점점 높아져서 시간당 3012자를 기록했고,

1953년 북중국 군부대 타자 경연대회에서는 시간당 3337자의 기록으로 1위를 차지했다. 1953년 1월 25일 젊은 선원편은 '1등 영웅(一等功臣)'과 '2급 모범 노동자(二級模範)'라는 타이틀을 수여받았다. 1955년 9월 사회주의건설청년활동가전국대회에서는 마오쩌둥과 만나기도 했다.[40]

중화민국 시대 천광야오의 실패와 1950년대의 활기 찬 실험들 사이의 극명한 대비로부터 다음과 같은 본질적인 의문이 제기된다. 이미 잘 알려진 이 언어기술적 기술 —'새로운', '중국', '출판' — 은 어째서 공산당 시대 동안에만 치열한 집중과 탐구의 대상이 되었을까? 전체 글자 선반의 일부 영역이었던 '신화사(新華社)'의 논리가 어떻게 전체 글자 선반을 구성하는 원칙이 되었을까? 마찬가지로 중화민국 시대에는 글자판 위 전체 어휘 공간에서 6%도 되지 않던 '특수' 영역인 얇은 줄에 적용되던 논리가 어떻게 주변의 94%를 결국 정복하게 되었을까? 금방 틀릴 수도 있지만 한 가지 가능한 답은, 어떤 의미에서는 중화민국 시대가 언어 개혁 전반에 대해 덜 개혁적이거나 덜 실험적이거나 또는 반전통적이었다는 것이다. 반대로 앞 장에서 보았듯이 청 후기와 중화민국 시대 동안에는 실제로 여러 가지의 문자 조직 및 검색 시스템이 중단 없이 탐색되었고 수십 명의 개혁가들이 『강희자전』의 구성과 부수-획 시스템에 대한 비판을 쌓아갔다. 그렇다면 왜 1950년대가 되어서야 예측문자 전략이 식자 사무소와 중국어 타자기의 글자판에서 확산되기 시작했을까? 마오주의 시대에 자연 언어에 대한 실험이 갑작스럽게 성장한 것은 어떻게 설명할 수 있을까?

마오 시대 초기에 이루어진 자연 언어 실험을 이해하려면 1949년 공산주의 혁명에 뒤이어 생겨난 세 가지 핵심적인 정치적 변화를 고려해야 한다. '일반적' 또는 '대중적' 지식이라고 이름 지어진 것에 대한 중국 공산당의 지지와 찬양, 중국 공산당의 수사가 '예상되는' 정도가 아니라 점점 더 일상화된 점, 그리고 혁명 직후 시기 동안 타자수들이 경험했던 전례 없는 시간 압박이다.[41] 공산당 당국은 화석학, 약학, 지진학 같은 다양한 분야에서 비엘리트들의 참여를 급격하게 추진하고 지지했던 것처럼, 중국 언어의 전면적인 상향식 개편에 대한 요구 ― 한자를 분류하는 초기의 방식에서 벗어나서 '일반 인민'들이 자신들의 언어 세계를 조직하는 방식을 더 잘 반영한 대중 분류법 ― 또한 지지했다.[42] 약학과 물리학을 무산계급화하는 것, 그리고 '과학은 엘리트의 영역이라는 의견에 도전'하는 것이 가능하다면 문장이 조직되는 시스템에는 왜 안 되는가?[43] 두 번째 변화는 전례 없이 일상화된 정치적 담론 ― 초기 중화인민공화국 시대의 문장 생산 전체에 영향을 미친 '사상적 분류와 언어에 대한 체계화' ― 을 개발하는 것을 포함하고 있었다.[44] 이것은 '鬪爭'(투쟁)과 '無産階級'(무산계급) 같은 공공연한 중국 공산당의 핵심 단어뿐만 아니라 프란츠 슈만(Franz Schurmann)이 적절하게 이름 지은 "특별한 의미를 가졌으나 일상적으로 보이는 단어"인 '意見'(의견), '討論'(토론) 같은 단어가 계속 늘어나는 것들에도 해당되었다.[45] 세 번째 요인은 정부 사업을 수행하는 데 중국인 타자수를 전례 없이 고용한 것이었는데, 이것은 이 장의 시작에서 꺼낸 이야깃거리였다. 1950년대 중후반에는 중국 전역에 중국어 타자수와 타자기가 있었는데, 이들은 정부의 일상적인 기능에서뿐만 아니라 마오 시대의 끊임없는 동원 운동에서도 점점 규칙적인 역할을 맡아 경제 보고서와 등사판 자료를 만드는 과업을 수행했다. 특히 대약진 운동 동안 타자수에 대한 압력이 증가하면서 이러한 압력은 그 나름의 멋있는 말로 발전해 타자수들은 '한도'와 '산출' 같은 통상의 언어를 쓰기 시작했다. 타자수와 작업단위는 할당된 목표를 뛰어넘기 위해, 그리고 자신들 '생산'(즉, 매월 또는 매년 생산된 타자의 총 숫자)의 효율성을 향상시키기 위해 서로 경쟁했다.

이들 세 가지 새로운 조건이 합쳐져 글자판이 전례 없는 언어 배치로 전환되는 촉매 역할을 했다. 그런 실험의 가능성은 사실상 무한했다. 타자수들은 약 2500자의 글자판으로 상상할 수 없을 정도로 많은 다른 배치들을 시도함으로써 각 타자수가 자신이 맞다고 생각하는 대로 문자들을 구성하는 문자 구성의 총체적 민주화가 가능해졌다. 더 구체적으로는 아주 개인적이며 다양한 동작 특성을 가진 자신의 몸, 그리고 그 시대에 점점 더 표준화된 마오주의 담론, 이 두 가지에 동시에 완벽하게 맞는 시스템의 가능성이 나타났다.

분권, 집중화?

유명 언론에서 장지잉, 선원펀, 그리고 여러 대표 분류학자를 찬양했으므로 우리는 당, 정부, 그리고 산업 지도자들이 이 새롭고 분권화된 분류 실험의 장점을 파악하고 나라 안 타자수들이 이 용감하고 새로운 미래로 나아가도록 격려했다고 생각하기 쉽다. 그러나 상황은 전혀 달랐다. 당과 산업 지도자들은 장지잉을 찬양했지만 장지잉의 방식이 중국 타자수들에게 널리 채용될 것이라는 믿음은 별로 없었다. 장지잉과 선원펀은 확실히 모범이었지만 모든 식자공과 타자수들이 모방하는 것이 가능하다고 믿지는 않았다. 초기 마오 시대 타자기 산업은 자국어 분류에서 사용자 중심의 실험을 더욱 지원하는 대신 초기 중화인민공화국에서 다른 매체들에도 일반적이었던 길로 들어섰다. 바로 집중화이다. 특히 자국어 분류라는 이 새로운 현상을 표준화하고 집중화하기 시작했다.

우리는 톈진에서 열린 1953년의 회의 요약본을 통해 초기 중화인민공화국이 타자 사회에 대해 가진 생각을 엿볼 수 있다. '타자기 문자표 향상을 위한 회의(修改打字機字表會議)'에서 제조업체, 타자 학교, 톈진시 위원회, 톈진시 정부, 그리고 30여 개 작업 단위의 대표 등 52명의 대표가 8월 30일에 회합했다. 여기에서 참가자들은 중국 타자 산업의 최근 과거와 미래의 비전에 대해 숙고했다.

참가자들의 우선적인 관심은 표준화의 문제였다. 한 참가자는 중국어 타자에는 문제들이 있다면서 "옛 글자판뿐 아니라 그 문자의 선택과 배치는 타자기의 효율 향상에 악영향을 끼쳤다"라고 주장했다.[46] 더 넓게는 타자기 제조업체 전반에 걸쳐 표준화가 부족하다는 데 대한 불만이 표명되었고 각 제조업체가 서로 다른 문자 배치도를 사용한다고 지적했다. 표준화와 합리화의 시대에는 그런 경향이 계속되기 어려웠다. 회의에서 우호적으로 인용된 것은 한자를 단순화하고 '변형 문자(異體字)'를 폐지하려는 당의 운동이었다.[47] 참가자들은 표준화와 비슷한 수준이 중국어 타자에 도입된다면 긍정적인 효과가 명백하다는 데 동의했다. 일례로 중국어 타자기 글자판이 통일된 방식으로 만들어진다면 편집자들은 문자 목록과 타자 교과서를 하나로 만들 수 있을 것이었다. 한 참가자는 "이것은 학습과 사용 모두에 아주 도움이 될 것이다"라고 요약했다.[48]

더욱이 톈진의 타자개혁위원회는 진행되고 있던 자국어 분류 방식 실험을 잘 알고 있었다. 그들은 그 방식을 폭넓은 실무 집단에서 실행할 수 있다고 생각하지 않았다. 보고서에서 그들은 이 방식을 '방사식 복합어(放

射字團)'라고 칭하면서 "한 글자를 핵심으로 삼고 관련된 복합어를 위, 아래, 왼쪽, 오른쪽에 배치한다"라고 정의했다. 위원회는 시스템에 대해 칭찬하면서도 시스템과 관련된 세 가지 이상의 문제 또한 신속하게 요약했다. 첫째, '배치 순서'가 없으므로 대신 '기계적 암기와 더듬기(强記摸索)'에 의존한다. 둘째, 한자들이 서로 연결되어 엄청나게 많은 수의 복합어를 만들고 있으므로 방사식은 포괄성을 확보할 것으로 기대하기가 어렵다. 하지만 셋째이자 가장 중요한 문제는 방사식의 특이하고 개별적인 성격이었다. 그런 방식을 사용하는 타자수가 자기 자리를 벗어나거나 아플 경우 그를 대체하기가 어렵다. 이 시스템은 충분치 않다고 결정되었다. "절대적으로 좋은 것"은 아니었던 것이다.[49] 장지잉, 선원편 등등의 이야기와는 극명하게 대조적이게도 톈진 회의에 참가했던 사람들은 중국어 타자기는 글자를 조직하는 산업 표준인 부수-획 시스템을 유지해야 한다는 핵심 원칙을 공유하게 되었다.

하지만 위원회는 글자판에 대해 자체적이고 훨씬 적정한 제안을 내놓았다. 위원회는 주어진 부수 등급 내에서는 문자의 순서가 획수를 엄격하게 준수할 필요는 없다고 인정했다. 주어진 부수 등급 내에 있는 두 글자가 중국 단어 또는 구절에서 같이 나오는 경향이 있으면 획수를 위반하더라도 그 단어나 구절을 글자판 위에 인접하게 구성하는 것이 합리적이었다.[50] 이 '완화된' 부수-획 글자판 시스템이 가장 빠르게 표명된 것은 1956년경 제조된 만능('범용') 중국어 타자기였다. 이 기계는 한때 일본이 만들었으나 이제는 중국 제조업체의 통제하에 있었다.[51] 이 글자판은 장지잉의 글자 선반보다 훨씬 더 조신하게 부수-획 시스템을 폐기하는 것이 아니라 기껏해야 '조정'하는 것으로 생각할 수 있는 시스템을 갖추었다. 부수의 등급은 유지되었지만 그 안에서 문자는 획수와 다른 순서로도 놓일 수 있었다.

氵부수 안에 분류된 글자들을 보면 만능 타자기의 구성이 부분적으로 완화되었음을 알 수 있다. 글자 澤(택) 바로 왼쪽에는 毛(모)가 있다. 따라서 타자수는 위대한 수령 毛澤東(모택동)의 이름을 구성하는 세 개의 글자 중 두 개의 문자로 바로 갈 수 있다. 동시에 毛澤東의 세 번째 글자 '東(동)'은 당시까지의 모든 타자기에서 놓이던 곳, 즉 다른 세 개 문자의 기본 방향과 나란히 위치한 '특수 사용' 영역 안에 놓여 있었다. 자국어 분류 방식의 상향식 실험에 대한 산업계의 첫 반응은 만능 타자기와 더불어 나타났다. 타자기 제조업체와 산업계 지도자들은 부수-획 시스템을 깨고 싶지 않았기 때문에 타자수가 일상적인 복합어와 이름들을 빠르게 만드는 데 약간 더 적절하게 조정하는 정도로 만족해야 한다는 타협된 비전을 내놓았다. 동시에 산업계 지도자들은 사용자들에게 배울 시간을 주어야 하기 때문에 부수-획 시스템에 대한 이러한 완화조차도 천천히 수행할 필요가 있다고 주의를 주었다. 텐진위원회는 개별적인 개인화는 제한된 정도에서 '가능(可行的)'하긴 하지만,[52] "더 이상 큰 변화는 만들지 않는 것이 최선이다(最好不要再打改裝)"라고 지적했다.

1950년대 중반 진행되었던 지역 수준의 실험들로부터 도전과 자극을 받은 타자 산업은 약간 더 극적인 출발을 하기로 결정했다. 1956년 '개혁' 중국어 타자기를 통해 '즉시 사용할 수 있는' 자연 언어 글자판이 장착된 첫 번째 기계를 구성했던 것이다. 이 글자판 배치에서는 부수-획 분류법이 더 이상 지켜지지 않았고 이용자들 가운데에서 매일 유통되는 것과 동일한 원칙으로 고유의 자국어 배치를 개발했다.[53] 어떤 의미에서 이런 움직임은 지역 수준의 실험에 대한 지지를 보냈으며, 이와 동시에 집중화와 표준화에 대한 업계의 약속을 재확인했다. 이 기계에서는 한자들의 배치가 타자수 개개인의 신체에 맞춰진 것이 아니라 제조업체가 정의한 가상의 평균 타자수 — 6장에서 만났던 사람들과 다를 바 없는 평균인 — 에게 맞춰졌다. 이처럼 자국어적 배열로 전환되면 글자판 도표처럼 교과서도 계속 재편되고 일제히 인쇄될 수 있었다. 더욱이 타자 기관들과 프로그램에 포함되기만 하면 타자수들은 이 새로운 배치를 이전의 부수-획 시스템을 사용할 때처럼 암기하게 될 것이었다. 다르게 말하면 산업계는 자국어를 표준화하려고 했는데, 이는 중국 지도층이 20세기 전반에 국가적으로 최초이자 더 유명한 자국어 운동 기간 동안 보였던 충동과 동일한 것이었다.

타자 반란

제조업체들은 '개혁' 글자판에 만족하는 데 그쳤을지 모르지만 타자수들은 그렇지 않았다. 사용자 중심의 기술 변화의 중요성을 더욱 강조하는 역사적 발전 속에서 중국 타자수 개개인은 글자판 재조직이라는 초기의 생각을 여러 면에서 논리적 극단으로까지 밀어부쳤다. 이는 각 타자수가 각자의 고유한 개인적 신체 특이성에 따라 자신이 적합하다고 생각하는 대로 각자의 글자판을 조직하는 문자 조직의 총체적 민주화를 의미했다.[54] 표준도 없고 집중화도 없었을 것이며, 사실상 무한한 잠재적 변형이었을 것이다(2500개의 글자가 약 1.6288×10^{7528}개의 다른 배치로 조정될 수 있었다).[55]

이런 면에서 중국어 타자수들은 중앙에서 내건 '모범 타자수', '모범 식자공'이라는 선전을 중앙 당국이 기대한 것보다 더 심각하게 받아들여 중국 공산당 수사에 자신들의 몸을 더 깊게 확장하고 이 수사들을 신체에 더 깊이 흡수하는 기계를 만들어냈다. 그들은 부수-획 시스템과, 그리고 글자판에 대해 중앙에서 공식화한 분류학적 '출발점'에 대한 지시들과 완전히 결별하고 자신들의 신체와 마오 시대의 담론에 완벽하게 걸맞은 조직 시스템을 개발하는 것을 목표로 삼았다. 따라서 더 암기되고 표준화된 정치적 담론으로 향하는 실질적으로 무한한 수의 아주 개인적인 통로를 개발해야 했다. 언어 기계를 신체 — 중앙에서 결정된 하나의 가상의 신체가 아니라 민주적으로, 실제적으로, 그리고 개인적으로 결정된 모든 신체 — 에 포괄적으로 복속시킴으로써 마오주의의 수사 장치에 대한 좀 더 완벽하고 훨씬 더 개인적인 연결과 헌신이 가능해졌다.

타자수들은 어지러워질 가능성을 예상하고 문자를 자의적으로나 마구잡이식으로 배치하지는 않았다. 자국어 분류에 대한 새로운 논리와 원칙을 배우고 공유할 수 있는 실행 집단도 생겨났다. 실제로 탈집중화된 사용자 중심의 재구성은 중국어 타자에서 너무 중요해져서 1960년대 이후 자연 언어 실험은 공식화되기 시작했는데, 이는 글쓰기를 집중화하려는 시도가 아니라 글쓰기에 대한 일종의 '모범 사례'를 정하려는 시도였다. 1960년부터 실시된 자연 언어 글자판 배치에 대한 흥미로운 설명에서 저자인 왕구이화와 린젠성은 자국어 글자판을 어떻게 만들어야 하는가라는 질문을 파고들었다.[56] 그들은 독자들을 위해 그런 혁신을 수행할 때 영향을 미치는 여러 요인뿐 아니라 그 과정에서 염두에 두어야 할 공간-언어 요인들도 적어놓았다.

저자들은 자국어 기계를 만드는 두 가지 전략, 즉 '점진적 개선(逐日改進)'과 '단번에 재배치하기(一次改排)'를 대조했다. 글자판의 점진적 개선에는 매일 조금씩 변화를 주는 것, 빈번하게 사용하는 글자들을 조심스럽게 기록하는 것, 높고 낮은 빈도의 글자들을 글자판 위에 선별적으로 이동해서 만들어진 변화에 대해 자세한 기록을 남기는 것이 포함된다고 설명하고 있다. 왕구이화와 린건성은 '점진적 개선'은 타자수가 한 명인 작업단위에 이상적이라고 제안했다. 왜냐하면 장치의 작업 흐름에 대한 방해를 최소화하고 재배치된 글자들을 기억하기가 더 간단하기 때문이었다. 하지만 그 방식에는 단점이 있었다. 글자판에 글자가 2000개 이상 있을 경우 프로세스를 완료하는 데 대단히 긴 시간이 필요했다. 매일 6~7자씩 바꾼다면 1년이 소요될 것이었다. 아마도 가장 중요한 것은 점진적 개선 방식은 단편적인 방식으로 행해지므로 체계적이지 않다는 것이었다. 이 방식의 타자수는 폭넓은 준비나 고려에 관여하지 않았기 때문에 나중에 해결하기 어려울 수 있는 잘못된 분류 결정을 내릴 위험이 높았다.

'단번에 재배치하기' 방식은 더 극단적인 대안이었다. 이 방식은 배치계획을 폭넓게 세운 후에 타자수가 여가 시간을 이용해 글자판을 완전히 비우고 조심스럽게 결정된 어휘 청사진에 따라 칸칸이 다시 만드는 것으로, 한 번의 정신적·육체적 노동으로 이 과정을 완전히 끝낼 수 있었다. 하지만 단번에 재배치하기 방식은 분명한 위험을 초래했다. 첫째, 그 방식은 타자수 기억에 엄청난 부담을 주어 그들에게 완전히 새로운 조직 배치를 단번에 기억하도록 요구했다(이는 타자수가 개인적으로 개발한 시스템이라 하더라도 어려운 과제였다). 왕구이화와 린건성은 이 방식을 위해서는 새로운 배치가 정해지면 타자수가 새로운 배치를 가급적 열심히 기억하는 것이

바람직하다고 설명했다. 첫날부터 전체 배치를 외워야 할 수도 있고(가능성이 없는 일이다) 당분간은 타자수의 생산성과 속도가 필연적으로 고전할 수도 있었다. 따라서 한 사람의 타자수에 의존하는 작업단위에서는 이런 방식이 '점진적 개선' 방식보다 추천할 만하지 않았다. 왕구이화와 린건성은 "글자판을 재배치하는 것은 주의력과 집중력을 가져야 하고 부지런해야 하므로 부주의하게 시작해서는 안 된다. 그러나 동시에 모든 종류의 보수적인 사고를 극복해야 한다"라고 요약했다.[57]

왕구이화와 린건성은 이용할 수 있는 가장 좋은 시스템의 자세한 개요도 제공했는데, 특히 연상식(集團式), 방사식, 요새식(堡壘式), 연결 음운식, 그리고 반복 문자식(重複字式), 다섯 가지의 공간-언어 접근법에 초점을 맞추었다.[58] 연상식에서는 타자수가 글자판 매트릭스 안에 하나의 문자를 배치한 다음 모든 면을 관련된 글자로 둘러싸는 것으로 시작했다. 각 글자를 새로운 출발점으로 사용하면서 거기에서 추가로 연상되는 무리들을 만들었다. 저자에 의해 주어진 예는 '시간'을 의미하는 時(shi)였다. 이 글자를 중심점으로 할 경우 연상식을 사용하는 타자수는 時를 平(ping), 同(tong), 及(ji), 暫(zan), 小(xiao), 隨(sui), 臨(lin) 등등으로 둘러쌌다. 이 글자들 각각은 時와 연결되면 平時(pingshi, 평소), 同時(tongshi, 동시에), 及時(jishi, 정시에), 小時(xiaoshi, 시간), 隨時(suishi, 편한 때에), 臨時(linshi, 임시로) 같은 일상적인 두 글자 중국 단어를 만들었다. 이에 비해 요새식에서는 타자수가 장소, 사람 이름, 기술 용어들을 — 설령 이 용어들이 서로 중요한 수준으로 묶일 수 없다 하더라도 — 글자판 내의 하나의 정해진 영역에 묶었다. 이 방식에서는 예를 들어 모든 국가 이름은 글자판의 오른쪽 밑에 있고 사람 이름은 왼쪽 밑에 있다고 단순하게 파악하고 있었다.[59]

왕구이화와 린건성 및 여러 사람들이 제시한 원칙들은 마오 시대를 거치면서 타자수들에 의해 채택되고 다듬어졌다. 중국 대륙에서 제조되고 1970년대와 1980년대에 떨어진 두 지역 — 제네바에 있는 유엔 사무실과 파리에 있는 유네스코 사무실 — 에서 사용되었던 두 대의 기계에 있는 증거로부터 우리는 이 자국어 운동을 이끈 요소와 전략에서 공유된 패턴과 특이한 차이점을 발견할 수 있다.[60] 이러한 예에서 알 수 있듯, 이 타자수들은 아델 클라크(Adele Clarke), 조안 후지무라(Joan Fujimura), 그리고 루시 슈만(Lucy Suchman)이 조사했던 사용자-기계 맥락에서 묘사된 바와 다르지 않게 '고정 및 임시 배열 만들기', 그리고 '재구성'을 진행 중인 과정에 참여하고 있었다.[61] 글자 毛('毛澤東'에서와 같은)를 시작으로 이 두 기계를 각각 나란히 놓을 수도 있고, 또는 공산당 이전 시대에 부수-획 배치에 따라 설정된 기계와 대비해서 놓을 수도 있다(〈그림 7-6〉).

〈그림 7-6〉에서 보듯이, 글자 毛는 부수-획 시스템에 따라 중화인민공화국 시대의 기계에 배치되었으며, 동일한 '털 부수' 毛로 만들어진 글자 毫(hao) 위에 있었다. 반면에 유네스코와 유엔 기계에서 글자 毛의 위치를 보면 이들 두 타자수가 완전히 다른 새로운 고려사항에 비중을 두고 있었음을 확실히 알 수 있다. 유네스코의 타자수는 부수-획 시스템에 속한 곳에 글자 毛를 두기보다는 특별히 정치적인 구성에 배치했다. 바로 (마오쩌둥 이름 전체를 만드는 글자인) 글자 澤(zhe)와 東(dong) 바로 위에, 그리고 ('마오 주석'을 만드는 글자인) 主(zhu)와 席(xi) 바로 왼쪽에 두었다. 이러한 재배치 덕분에 '마오쩌둥'이라는 이름을 유네스코 기계로 만들 때에는 작업자가 두 단위의 공간만 지나가면 되었다. 그에 비해 1930년대에 인기 있었던 상무인서관 기계에서 毛澤東 세 글자를 타자하려면 사용자가 대략

그림 7-6 | 각 중국어 타자기에서 글자 毛의 위치

수-스타일 타자기 (1930년대)	파리에 있는 유네스코 타자기 (1970~1980년대)[1]			제네바에 있는 유엔 타자기 (1983년경)[2]		
mu 母	*wei* 委	*she* 社	*jian* 建	*dong* 东	*ze* 泽	*mao* 毛
mei 每	*yuan* 员	*hui* 会	*yi* 议	*hei* 黑	*ma* 马	*zhu* 主
bi 比	*mao* 毛	*zhu* 主	*xi* 席	*ge* 哥		*xi* 席
mao 毛	*ze* 泽	*yi* 义	*tan* 谈	*he* 河	*lie* 列	*zhu* 著
hao 毫	*dong* 东	*zhen* 阵	*pan* 判			

1. 이 구역에서 눈에 띄는 것은 '委员会'(weiyuanhui), '社会主义'(shehuizhuyi), 그리고 '建设'(jianshe) 등이다.
2. 이 구역에서 눈에 띄는 또 다른 것은 '黑格'(Heige, 헤겔)와 '마오-레닌이즘'의 첫 두 글자인 '毛列'(Mao Lie)이다.

57.66단위의 공간을 지나가야 했다. (34,37)에 있는 毛에서 (54,5)에 있는 澤를 거쳐, 마지막으로 (35,11)에 있는 東으로 말이다. 글자판에 대한 조사는 '毛主席'(마오 주석), '委員'(위원회 위원), '獨立'(독립적), '計劃'(계획), '攻擊'(공격하다), '民族'(민족) 등 수백 개의 비슷한 예를 보여준다.[62]

종합적으로 생각하면 이러한 작은 변화들이 모두 합쳐져서 혁명적인 무엇인가를 이루었다. 이 두 개의 글자판 — 하나는 중화민국 시대의 글자판, 다른 하나는 자연-언어 배치 움직임이 시작된 이후부터의 글자판 — 을 열 분포도로 시각화하면, 우리는 이 새로운 분류 형식의 결과를 이해할 수 있다 (〈그림 7-7〉).[63] 이 열 분포도에서 각 칸의 색깔은 주어진 글자를 결합해서

그림 7-7 | 예측문자 전후의 타자기 열 분포도 비교

두 자로 된 실제 단어를 만들 수 있는 인접 글자들의 숫자를 색깔로 표현한 것인데, 흰색은 0에 상응하고(인접한 어느 글자와도 의미 있게 결합할 수 없음을 의미한다), 밝은 회색에서 어두운 회색까지의 음영은 1에서 8까지의 값에 상응한다(8은 인근의 모든 글자와 의미 있게 결합할 수 있음을 시사한다). 이것을 보면 중국어 정보 기술에서의 '예측문자'를 목격할 수 있다. 이것은 오늘날 우리가 '자동 완성 문장'이라고 칭하는 것의 개념적·실질적인 기반을 만든 분류학의 혁명적인 자국어화이다.

이 시각화에서 볼 수 있듯이 중국어 타자기에 대한 마오 시대의 실험은 상당히 '뜨거운' 글자판을 만들었는데, 이 글자판에서는 자연 언어에서 등장하는 최소한 하나의 글자 옆에조차 있지 않은 글자는 거의 없었다.

유네스코 타자기의 시각화와 유엔 타자기의 시각화 간의 추가 비교, 즉 자동 완성 조직을 채택한 두 기계 간의 비교는 이 실험적 움직임의 극적으로 분권화되고 민주화된 차원을 똑같이 일깨워준다. 목적은 마오주의 중국 내에서의 암기적이고 반복적인 성격의 구절들을 더 완벽하게 생산하는 것이었지만 각 글자판은 완전히 개별적이며 개인적이었다(〈그림 7-8〉).

이 관행에는 개인화를 위한 엄청난 공간이 있었으므로 어휘들 이상으로 고려해야 할 요소들이 많았다. 자동 완성 글자판을 만들기 위해서는 어느 글자들을 글자판에 넣을지를 결정해야 했다. 인접시킬 2자, 3자, 4자의 순서, 이 인접성을 생성할 위치와 방법, 글자판에서 가장 중심인 글자를 배치할 위치(붐비거나 몰리는 것을 피하기 위해), 아주 특수한 두 글자 짝짓기에만 국한되는 어떤 '막다른' 글자[天津(톈진)의 津은 다른 글자와는 거의 짝을 짓지 않는다], 이들 짝짓기의 방향성을 정하는 방법 등을 결정해

그림 7-8 | 유네스코 타자기와 유엔 타자기에서 나타나는 자연 언어 글자판의 열 분포도 비교

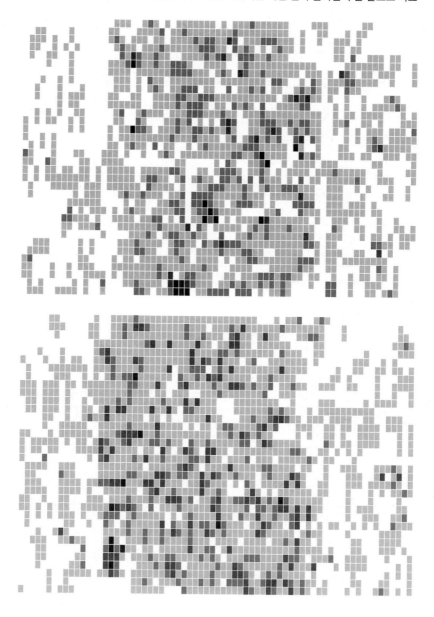

야 했다. 자동 완성 글자판은 연상 차원을 지니고 있을 가능성도 있었다. 즉, 타자수가 타자의 속도를 높이기 위해서뿐만 아니라 특정 무리 속에서 특정 글자의 위치를 파악하기 위해서 기억 보조 장치로 연상 무리를 사용하는 방식이다(예를 들어, 글자 美가 美帝國(미 제국주의)의 일부라는 것을 기억함으로써 美의 위치를 기억하는 젯). 자동 완성 문장 글자판을 만드는 것은 반복적인 암기 어법이라는 간단한 작업이 아니라 근본적으로 섬세한 '기억 행위'였다.[64]

1980년대 말에는 자연 언어 배치가 타자수들 사이에서 인기를 얻자 타자기 제조업체들이 소비자들에게 빈 글자판을 제공하기 시작했다. 기존의 글자판 안내서(1910년대 이후 기계 위 약 2500자에 대해 하나하나의 위치를 그려놓은 안내서)를 인쇄하는 대신, 이 새로운 매뉴얼에는 의도적으로 비어 있는 글자판 표가 포함되어 있었으며, 사용자들에게 자연 언어 조직의 일반 원칙(〈그림 7-9〉)[65]에 대한 '제안' 이상의 것을 제공하지 않았다. 또 다른 매뉴얼은 자연 언어 배치를 어떻게 개념화하는지에 대해 좀 더 자세한 사항을 제공했지만 자신들의 기기에서 어떻게 시스템을 실행할지는 여전히 개별 타자수들에게 남겨두었다(〈그림 7-10〉).[66]

식자와 타자 영역에서 수행된 새로운 실험적 노력을 표준화하고 집중화하고자 했던 출판업자들과 회사들은 이제 지역 수준의 사용자 중심으로의 변화에 굴복했으며 '대중'에 의해 이미 굳혀진 길을 따라잡기 위해 애쓰면서 중국어 타자기 산업의 시들해진 세월을 보내고 있었다.

그림 7-9 | 예측글자판 조직도(1988)

十 中 文 打 字 机 字 盘 字 综 合 排 列 参 考 表

A	东南西北京	a
B	中国省市区县	b
C	海上下来去	c
D	年月日季 时间	d
E	元角分 币钱	e
F	大小多少	f
G	甲乙丙丁	g
H	丈尺寸厘	h
I	重量斤两	i
J	春夏秋冬	j
K	买卖商品	k
L	人民群众	l
M	工业公司局	m
N	衣军士兵	n
O	贵姓尊名	o
P	报告图表文件	p
Q	机械设计 规划	q
R	～×m／m cm＝#《》（）	r	0 1 2 3 4 5 6 7 8 9 (一)(二)(三)(四)(五)(六)(七)(八)(九)

S	干云已己也么久不入了予于至甚和与且而以可 地得 的并	s
T	徐汇闵行街道	t
U	政治经济法律	u
V	我你他她它们	v
W	个百千万亿	w
X	壹贰叁肆伍陆	x
Y	柒捌玖拾廿卅	y
Z	宣传思想教育	z
1	学习读书成绩	
2	划样裁剪缝纫	
3	查检验包装出 口	
4	生产班组职工	
5	马克思主义	
6	毛泽东列宁	
7	外贸进出	
8	上海闵艺帽厂	
9	华坪路号弄 弄室	
0		

그림 7-10 | 1989년 타자 매뉴얼에 나와 있는 '방사식' 조직에 대한 설명

图2-2 放射式排字

중국어 컴퓨팅의 역사와
입력 시대를 향하여

이 책의 속편은 중국어 컴퓨팅을 다룬 최초의 역사가 될 것이다. 이 역사는 전쟁 직후 중국어 컴퓨팅이 잉태되었을 때부터 1970년대부터 급증한 중국어, 대만어, 일본어 컴퓨팅 과학자 네트워크가 개화될 때까지를 추적할 것이다. 이 역사의 진로는 독자들을 기계 번역, 컴퓨터 그래픽스, 컴퓨터 프로그래밍의 등장, 소프트웨어 혁명, 중국 지적 노동자의 여성화, 그리고 개인 컴퓨팅의 성장 같은 다양한 주제로 데려갈 것이다. 이야기의 중심에는 IBM, RCA, MIT, CIA, 미 공군, 미군, 미 국방부, 랜드연구소, 영국의 거대 통신회사 케이블 앤 와이어리스, 실리콘밸리, 그래픽 아트 연구재단, 타이완 군대, 소비에트 군대, 일본 산업계, 그리고 중국 대륙의 지식인, 산업계 및 군사기관의 고위층에서 뽑힌 별난 인사들이 등장인물로 나올 것이다.

우리가 살펴보겠지만, 기계식 중국어 타자기에 대한 지속적인 실험은 워드 프로세싱 및 초기 컴퓨팅이라고 하는 새로운 영역으로 들어가는 입구가 되었다. 중국, 타이완, 미국, 서유럽, 소련연방의 발명가와 회사들은 맞춤형 자판, 쿼티 자판, 감지 표면, 그리고 초기 펜 태블릿까지 다양한 입력 기기를 사용하면서 중국 언어기술의 현대화에 대해 이전보다 훨씬 복잡한 탐험에 나섰다. 중국어 컴퓨팅의 시작과 함께 일상 용법, 결합식, 대리모 사이의 구멍 뚫린 경계는 완전히 무너졌으며, 한때 상대적으로 독특한 방식이었던 각 모드의 전략과 자료들이 합쳐지고 휘돌면서 새로운 언어기술적 환경의 소용돌이로 휘말려 들어갔다. 더욱이 검색과 입력을 갈라놓았던 경계 — 린위탕이 밍콰이 타자기를 통해 건넜던 경계 — 는 완전히 사라졌다. 중국어 타자, 식자, 사전 구성, 전신, 그리고 기타 영역과 관행이 다양한 결합을 통해 하나의 단일 기기로 모아졌다.

가장 중요한 것은 이것이 중국에서뿐만 아니라 전 세계적으로도 인간, 기계, 그리고 언어 사이의 관계를 조용히 변화시키고 있는 새로운 언어기술적 조건인 입력에 대한 최초의 연구를 독자들에게 제공한다는 것이다. 입력은 중국어 역사에서 새로운 시대의 언어기술적 조건의 핵심으로 여겨지는데, 여기서의 조건은 100년보다 더 이전에 알파벳 세계가 지녔던, 몰락하는 상상의 일부분으로서 유효했던 가정 — 탭-키와 그 괴물스러운 중국어 자판이라는 만연했던 허구 — 에 더 이상 집착하지 않는 것이다. 이 허구는 세상의 모든 부호는 키가 있고 그 결과로 알파벳 문장은 문자 기반의 중국어 글쓰기가 갖기 어려운 언어기술적 효율성과 즉시성의 축복을 받았다고 말했다.

탭-키의 등장으로 이 허구가 형성되었다면 밍콰이 타자기와 입력은 이 허구의 소멸을 알리면서 어떤 문자 체계가 다른 문자 체계보다 더 즉각적이며 더 심오하다는 강력한 신화로부터 중국 문자를 — 아마도 글쓰기에서만 — 구제했다. 따라서 우리의 이야기가 '중국어 자판'이라는 개념 자체가 모순이었던 시대에서 시작했다면, 이제 우리의 이야기는 자판은 중국 어디에나 있지만 타자는 더 이상 존재하지 않는 시대, 즉 쿼티 자판은 중국 어디에나 있지만 우리가 아는 자판은 소멸해 버린 시대로 들어간다. 자판과 중국어 글의 경우, 모든 것이 변하지 않으려면 모든 것이 변해야 했다.

입력의 등장은 전혀 불가피하지 않았고 그 역사를 축복받기도 쉽지 않았다. 한자 정보 환경에서 활동하는 사람들에게는 알파벳 세계에 있는 그들의 상대역처럼 바로 안락한 꿈속으로 들어가는 것이 허용되지 않았는데, 150년 동안 불면의 고통에 시달린 역사의 결과로 입력은 그 모양을 갖추게 되었다. 알파벳 세계가 쿼티 자판, 아저티(AZERTY) 자판(프랑스, 벨기에 남부 및 몇몇 나라에서 사용되는 자판 배열 _옮긴이) 등등의 안락한 심연 속으로 깊이 들어가는 동안 한자의 세계는 모스부호, 점자, 타자기, 속기, 모노타이프, 펀치 카드, 문장 코드화, 점 매트릭스, 워드 프로세싱, 개인 컴퓨팅, 광학 문자 인식, 올림픽에서 국가별 행진의 알파벳 순서 등 거의 끊이지 않는 경고음 때문에 날카로워졌다. 이 모든 것은 '보편성'이라는 경계선으로부터 한자를 다시 몰아냈다. 하나하나의 배제는 기호학 101 내에서 가장 기본적인 원칙을 요약함으로써 모든 문자 중에서도 중국 문자의 본질적인 임의성에 대한 근본적인 진실을 자각의 표면으로 떠올린다. 바로 우리가 나타내려고 하는 개념들과 우리가 사용하는 기표 사이에는 내재적이거나 불변적이거나 자연적인 관계가 없다는 것을 말이다. 이 언어기술적 수면 결핍의 오래 묵은 조건은 1세기 이상 이어져 와서 총체적 수준에서는 기술자, 언어학자, 전신담당, 교육 개혁가, 전화번호부 편찬자, 도서관 과학자, 타자수 등 초국가적인 배역들에게 선택의 여지가 거의 없었다. 하지만 이들은 즉시성이라는 신화를 포기하고 키와 화면이 일치하지 않는 조건을 출발점으로 받아들이는 바로 그 순간에 열린 방대한 가능성의 공간을 활용했다. 그렇게 활동이 시작되었다.[1]

입력의 등장은 파악하기가 쉽지 않은데, '타자하는 대로 찍힌다'라는 틀에 일생 동안 길들여진 사람들에게는 특히 그렇다. 다음 권으로 들어가면 세 가지 예, 즉 속기, 통신, MIDI(악기 디지털 연결장치로, 전자 악기끼리 디지털 신호를 주고받기 위해 각 신호를 규칙화한 일종의 규약 _옮긴이)가 입력과 타자를 구분하는 데 도움을 준다. 법정 속기, 그리고 다른 곳에서 쓰이는 속기 기계에는 라틴 알파벳 글자들의 일부분만 있다. 기계에 없는 글자들 ― b, d, f, g와 그 외의 많은 글자 ― 을 만들려면 타자수는 그 글자들을 대신하거나 표현하기 위해 존재하는 단어들을 사용해야만 한다. 예를 들어 글자 'f'는 자판에는 보이지 않지만 자판에 있는 두 개의 글자 't'와 'p'를 동시에 타자해서 기호화해야 한다. 또한 'b'는 'p'와 'w'로 만들어진 '코드'를 동시에 두드려서 만들어진다. 타자수가 기록을 읽을 때 'p'라는 글자만 보일 경우에는 'p'가 'p'라는 것을 알고 있다. 그러나 'p'가 'w'와 함께 나올 경우 속기사는 이 글자들이 그 자체가 아니라 다른 글자를 나타내는 데 사용되고 있다는 것을 알게 된다. 이러한 특정 문자 코드를 검토함으로써 어느 글자가 표시되었는지 알게 되며 부호화된 원래 기록을 읽을 수 있도록 두 번째 기록으로 변환할 수 있다.

어떤 의미에서 컴퓨터 시대의 중국은 속기사의 나라이다. 지면이나 화면에서 보고 싶은 부호가 자판에 육안으로 볼 수 있게끔 표시되는 것은 아니다. 대신 '원래 기록' 위에 타자된 모든 것은 나중에 규약들의 조합에 따라 두 번째 '평문' 기록으로 번역될 필요가 있는 임시적이고 일회용적인 지시일 뿐이다. 입력에서 우선적 가치를 부여받는 것은 이 '두 번째 기록'(지면 위에 나타나는 글자들)이고, 원래의 기록(입력 방식 편집기에 의해 가로채어지는 키 치기)은 번역이 끝나면 인간의 눈에 전혀 보이지 않은 채 즉시 폐기된다.

통신은 두 번째 비유를 보여준다. 중국에서의 모든 문장 입력 ― 마이크로소프트워드처럼 표면적으로 '비전송' 프로그램 내에서 일어나는 문장 입력까지 — 은 사실상 떨어져 있는 자신과의 의사소통의 한 형태이거나 자동 통신의 한 형태이다. 이 인간-컴퓨터 상호작용은 완전히 '현장에서' 기계와 개인의 관계로 제한되어서 일어나는 것처럼 보이지만, 작동 중인 모델은 고전적인 통신이다. 물론 작업자가 다른 당사자에게 전문을 보내거나 배에서 육지로 신호를 보내는 것은 아니지만, 부호화된 통신을 입력 편집기에 보내면 이것이 중국어 '평문'의 형태로 작업자에게 번역되어 다시 전송된다. 이 길을 따라 일어나는 것이 검색 과정으로, 중국 문자가 어딘가에서 소환되고 있다. 이처럼 중국어 입력은 타자의 입력-작문이라기보다는 검색-작문의 한 형태이다.

세 번째이자 아마도 가장 적절한 비유는 전자음악 영역에서 온다. MIDI의 등장으로 인해 20세기 하반기에는 완전히 새로운 방식의 악보 연주 및 작곡이 가능해졌다. 기존의 악기와 구분할 수 없는 경우가 많지만, 여러 가지 중에 MIDI 피아노, 기타, 드럼, 그리고 목관악기는 실제로 악기에 구애받지 않는 장치여서 연주자는 한 기기의 기술 형식(즉, 피아노 연주)으로 다른 악기(즉, 바이올린)를 연주할 수 있다. 사람들은 피아노 모양의 MIDI 통제기로는 첼로를, 목관 악기 모양의 기기로는 드럼을, 기타 모양의 MIDI 기기로는 피아노를 연주할 수 있다. MIDI 통제기와 그 출력 사이의 관계가 유연해서 실제로 통제기는 기존의 어떤 악기를 전혀 닮지 않아도 된다. 사람들은 옷 안의 직물에[안무가 게리 지로(Gerry Girouard)의 「몸 속 전기장치의 노래(Songs for the Body Electric)」처럼], 바나나 속에(소리 나는 바나나 프로젝트처럼), 또는 건물 전체의 구조물에까지[데이비드 번(David Byrne)이 스톡홀름, 뉴욕, 런던, 미니애폴리스에 올려놓은 설치미술물인 '건물 연주하기

(Playing the Building)'처럼] 심어진 작동기를 통해 어떤 소리든 쉽게 조작할 수 있다.[2]

우리가 어떤 비유를 고르든지 간에 한 가지 사실은 분명하다. 바로 우리가 알고 있는 중국의 쿼티 자판과 타자는 죽었으며 이는 입력이라는 완전히 다른 방식으로 재탄생했다는 것이다. 중국어 맥락에서 쿼티 자판은 소비자용 컴퓨터, 태블릿, 스마트폰 등등의 증가하는 처리 능력, 알고리즘의 정교함, 풍부한 기억용량에 정비례해서 속도, 능력, 정확성을 유도하는 (요즘 말로) '스마트' 주변기기로 오래 전에 변형되었다. 한편 알파벳 세상의 쿼티는, 우리가 살펴보았듯이, "컴퓨터 설계자들이 텍스트 기반 입력과 출력을 발명하지 않아도 되는 것에 기뻐"했던 타자 시대 이후 크게 변하지 않았다.

더욱이 중국어 입력은 예측문자, 자동 완성, 가장 최근에는 '클라우드 입력(雲輸入法)'으로 알려진 와이파이 입력 틀이 점진적으로 발전함에 따라 해가 갈수록 더 똑똑해지고 있다. 클라우드 입력에서 입력 방식 편집기는 클라우드를 사용해서 네트워크 내 다른 곳에서 중국어 컴퓨터 사용자가 입력한 것과 쿼티 입력을 비교함으로써 더 스마트한 '제안'을 사용자들에게 제공한다. 중국어 클라우드 입력은 구글 검색창에서 나타나는 자동 제안과 아주 중요한 차이가 있다. 바로 이 와이파이 확장 처리가 웹에만 국한되지 않고 모든 문장 입력 — 표면적으로 '현지' 또는 '비전송' 프로그램에서 발생하는 입력에까지 — 에서 핵심이 되고 있다는 것이다. 바이두(百度, 중국 최대 검색엔진 _옮긴이)를 검색하든 워드 서류를 작성하든 간에 자판 입력은 제3자의 클라우드 서버에 의해 가로채어 들어간 다음 한자 제안이 전송되어 나온다. 중국어 입력이 더욱 클라우드 쪽으로 이동함에 따라 자신

의 컴퓨터 또는 자신의 기기에만 독점적으로 있는 '완전히 현장'인 문장은 점점 더 없어지고 있다.[3]

하지만 중국어 입력의 역사와 관행으로 깊이 들어갈수록 우리의 상상력은 탭-키가 만든 괴물스러운 상상 속 중국어 기계 때문에 계속 괴로움을 당할 것이다. 중국어 타자기가 중국어 컴퓨팅과 워드 프로세싱으로 대체된 지 오래되었지만 거대하고 반현대적인 기계라는 환상이 계속 정기적으로 출현할 것이다. 1973년 영국의 ≪타임스≫는 "중국어 타자기는 서양에서는 오래된 농담이다"라고 쓰면서 "역설적이거나 불가능한 것과 거의 동의어이다"라고 적을 것이다. 그 기사는 기계의 글자판을 거대하고 기이한 달 표면에 비유하면서(사실 그 기계의 '면적'은 20cm×23cm에 불과한데도 말이다) 중국어 타자의 과정을 "달 착륙과 비슷한 작업"이라고 묘사할 것이다.[4] 또 다른 영국의 언론인은 1978년에 중국어 타자기를 "아주 능란한 타자수가 분당 10자밖에 작업할 수 없는 번거로운 소형 급강하 폭격기"[5]라고 묘사할 것이다. 또 다른 중국어 타자기는 옥스퍼드에 위치한 과학역사박물관에 '별종: 예상치 못한 사물과 불규칙한 행위'[6]라는 제목으로 특별 전시될 것이다. 또 다른 하나는 스웨덴에 있는 국립과학기술박물관에서 영구 전시의 일부가 될 것이다.[7] 스톡홀름에서 그 기계는 특별한 위치를 차지할 것으로 보이는데, 인쇄 및 기타 형식의 글쓰기 기술을 전문적으로 전시한 전시회에서 맨 앞에 있는 전시 상자에 놓이게 될 것이다. 하지만 첨부된 설명은 전혀 다른 동기를 보여줄 것이다.

상형문자는 그림 문자이다. … 오늘날의 교통 신호가 일종의 상형문자이다. 중국 알파벳 역시 상형문자이고 수만 개의 문자를 가지고 있다. … 상형문자로 된 문장과 달리 알파벳 문장은 아주 적은 글자를 필요로 한다. 알파벳 글쓰기 시스템을 사용하면 인쇄 기술을 개발하기가 훨씬 쉽다.[8]

2001년에는 〈심슨 가족〉까지 경쟁에 들어올 것이다. 포춘 쿠키 제조업체를 위한 구인 광고 카피에서 호머 심슨은 자신의 딸이 중국어 타자기로 받아 적고 있을 때 딸에게 즉흥적으로 다음과 같은 재치 있는 말을 하게 될 것이다. "넌 웃기는 변기 뚜껑을 만들 거야", "깃발 제정일에 진정한 사랑을 찾을 거야", "네 가게가 털렸어, 어이쿠." 심슨은 딸이 잘 따라 오고 있는지 확인하기 위해 잠깐 쉴 것이다. "리사, 잘 받아쓰고 있니?" 화면은 이상스럽게 복잡한 기계 앞에 자세를 잡고 단추들을 조심스럽게 주춤거리며 누르고 있는 리사에게로 옮겨갈 것이다. 말을 늘어뜨리며 리사가 답할 것이다. "모오오르겠어요."[9]

더욱이 괴물스러운 중국어 타자기는 지속될 뿐만 아니라 괴물스러운 상상 속 중국어 컴퓨터의 형태로 보강될 것이다. 1995년부터의 온라인 질의응답에 예시되어 있듯이, 중국어 타자에 대한 많은 비슷한 비유가 무의식적으로 IT 세계에서 다른 데로 옮겨갈 것이다.

세실 씨, 중국인과 일본인이 수천 개의 서로 다른 글자들을 사용한다는 점을 감안하면 그들은 어떻게 컴퓨터를 사용할 수 있을까요? 아마도 자판은 윌리처 파이프 오르간처럼 생겼을 겁니다.

노라 씨, 그것은 거의 다른 자판과 비슷해 보이며, 그것을 사용하는 것은 식은 죽 먹기입니다. 당신이 해야 하는 일은 다음의 600단계를 바짝 따르는 겁니다. 당신은 점심밥을 싸들고 가고 싶을 수도 있습니다.[10]

컴퓨팅과 새로운 미디어 시대에서의 중국어와 세계 정보 기술에 대한 조사를 계속하면서 우리가 직면하는 가장 큰 도전 중 하나는 바로 실제로 존재하지 않았던 과거로부터 우리의 상상력을 해방시키는 것이다.

아카이브 표

아시아

AS	Academia Sinica (Taipei, Taiwan)
BMA	Beijing Municipal Archives (Beijing, China)
NDL	National Diet Library (Tokyo, Japan)
SMA	Shanghai Municipal Archives (Shanghai, China)
TMA	Tianjin Municipal Archives (Tianjin, China)

미국

BL	Bancroft Library (University of California, Berkeley)
DZS	Devello Z. Sheffield Letters & Photographs (Ruth S. Johnson Family Collection)
GKP	George Kennedy Papers (Yale University, New Haven, CT)
HI	Hoover Institute (Stanford University, Stanford, CA)
HML	Hagley Museum and Library (Wilmington, DE)
HUNT	Huntington Library (San Marino, CA)
IBM	International Business Machines Corporate Archives
LOC	Library of Congress (Washington, DC)
MBHT	Museum of Business History and Technology (Wilmington, DE)
MIT	Massachusetts Institute of Technology (Cambridge, MA)
MPH	Museum of Printing (North Andover, MA)
NARA-CP	National Archives and Records Administration (College Park, MD)
NARA-SB	National Archives and Records Administration (San Bruno, CA)
NCM	National Cryptologic Museum (Annapolis Junction, MD)
PCA	Philadelphia City Archives (Philadelphia, PA)
PENN	University of Pennsylvania Archives (Philadelphia, PA)
PSBI	Pearl S. Buck International (Perkasie, PA)
RBML	Columbia University Rare Books and Manuscripts Library(New York, NY)
SI	Smithsonian Institute (Washington, DC)
SMML	Seeley Mudd Manuscript Library (Princeton University, Princeton, NJ)
STAN	Stanford University Special Collections (Stanford University, Stanford, CA)
TSM	Private Collection of Thomas S. Mullaney (Stanford University, Stanford, CA)
UD	University of Delaware Special Collections (Wilmington, DE)
UH	University of Hawai'i at Manoa Special Collections (Honolulu, HI)
UN	United Nations Archives (New York, NY)
WES	Wesleyan University Special Collections (Middletown, CT)
YULMA	Yale University Library Manuscripts and Archives (New Haven, CT)

유럽

BNF	Bibliotheque Nationale de France (Paris, France)
CFV	Dipartimento di Studi sull'Asia Orientale, Universita Ca' Foscari di Venezia (Venice, Italy)
CW	Cable and Wireless Archives (Porthcurno, United Kingdom)
DNA	Danish National Archives (Copenhagen, Denmark)
HH	Private Collection of Henning Hansen (Copenhagen, Denmark)
MAM	Musee des Arts et Metiers (Paris, France)
MME	Musee de la Machine a Ecrire (Lausanne, Switzerland)
MS	Mitterhofer Schreibmaschinenmuseum (Partschins/Parcines, Italy)
NI	Needham Institute (Cambridge, United Kingdom)
OHA	Archivio Storico Olivetti (Ivrea, Italy)
PTM	Porthcurno Telegraph Museum (Porthcurno, United Kingdom)

주요 인물 약력

가다오카 고타로(Kataoka Kotaro, ?~?) 오타니 일본어 타자기의 발명가

김간(Jin Jian [金簡], ?~1795) 선징 출신으로 전 내무부 대신이자 무영전(武英殿)의 감독관

데벨로 젤로테스 셰필드(Devello Zelotes Sheffield, 1841~1913) 미국 선교사이자 최초의 중국어 타자기의 발명가

두딩유(Du Dingyou [杜定友], 1898~1967) 형태-위치(型位) 한자 검색 시스템의 발명가이자 도서관 학자

로버트 매킨 존스(Robert Mckean Jones, 1855~1933) 식자공, 자판 디자이너, 레밍턴의 직원이면서 표음식 중국어 타자기의 발명가

린위탕(Lin Yutang [林語堂], 1895~1976) 언어학자이자 저술가, 밍콰이 중국어 타자기의 발명가

린타이이(Lin Taiyi [林太乙], 1926~2003) 린위탕의 딸

마르셀린 레그랑(Marcellin Legrand, ?~?) 활자체 디자이너, 분할식 중국어 폰트의 공동 개발자

새뮤얼 다이어(Samuel Dyer, 1804~1843) 영국의 개신교 선교사, 중국어용 금속 활자 폰트의 자체 개발자이자 인쇄공

새뮤얼 모스(Samuel Morse, 1791~1872) 전신의 발명가이자 모스부호의 공동 개발자

셉팀 오거스트 비귀어(Septime Auguste Viguier, 1837~1899) 4자리 전신 부호의 공동 개발자

수전둥(Shu Zhendong [舒震東], ?~?) 수전둥 타자기(최초로 대량 생산된 중국어 타자기)의 공동 개발자

스기모토 교타(Sugimoto Kyota, 1882~1972) '일본어 타자기'의 발명가

시마다 미노키치(Shimada Minokichi, ?~?) '동양타자기'의 발명가

아우구스테 바이어하우스(Auguste Beyerhaus, ?~?) 베를린의 인쇄공이자 중국어의 분할식 '베를린 폰트' 개발자

야수지로 사카이(Yasujiro Sakai, ?~?) 초기 간지 타자기 발명가

에드윈 맥팔런드(Edwin Mcfarland, 1866~1942) 최초의 태국어 타자기 발명가

왕윈우(Wang Yunwu [王雲五], 1888~1979) 4각 검색법(四角號碼)의 발명가

왕진춘(Wang Jingchun [王景春], 1882~1956) ≪월간 중국 학생≫의 전 편집인, 페킹-묵덴, 그리고 페킹-한커우 기차의 이사이며 실험용 중국어 전신 부호의 발명가

위빈치(Yu Binqi [俞斌祺], 1901~?) 체육인이자 위-스타일 중국어 타자기의 발명가

윌리엄 갬블(William Gamble, 1830~1886) 아일랜드 출신 미국 인쇄공, 1858년부터 중국 닝보에 있는 장로교 선교인쇄소의 운영 책임자

자오위안런(Zhao Yuanren [趙元任], 1892~1925) 언어학자

장-피에르 기욤 포티에(Jean-Pierre Guillaume Pauthier, 1891~1873) 동양학자이자 번역가이며, 분할식 중국어 폰트의 공동 개발자

장지잉(Zhang Jiying [張繼英], ?~?) 인쇄공을 위한 자연 언어 한자 선반의 개발자

저우허우쿤(Zhou Houkun [周厚坤], 1889~?) 수전등 중국어 타자기(최초로 대량 생산된 중국어 타자기)의 공동 개발자

조지 맥팔런드(George Mcfarland, 1866~1942) 에드윈 맥팔런드의 동생으로 태국의 맥팔런드 타자기 상점의 소유주

조지 스턴톤(George Staunton, 1781~1859) 청나라 법전『대청율례』를 영어로 번역한 최초의 번역가이자 중국학자

천리푸(Chen Lifu [陳立夫], 1900~2001) 전 국민당 사무총장, 교육부 장관, 5획 중국어 검색 시스템의 발명가

첸쉬안퉁(Qian Xuantong [錢玄同], 1887~1939) 언어학자, 언어 개혁가, 그리고 한자 폐지 지지자

치쉬안(Qi Xuan [祁暄], 1890~?) 결합형 중국어 타자기의 발명가

카를로스 홀리(Carlos Holly, 1838~1919) 기술자이자 발명가, 데벨로가 만든 중국어 타자기 제조의 조력자

탭-키(Tap-Key, 1900~) 익명의 중국어 타자기 발명가

토머스 홀(Thomas Hall, 1834~?) 홀 인덱스 타자기의 발명가

피에르 앙리 스탄슬라 에스카이락 드 라투르(Pierre Henri Stanislas D'Escayrac De Lauture, 1826~1868) 실험적인 중국어 전신 암호의 개발자

필승(Bi Sheng [畢昇], 990~1051) 이동식의 발명가

후스(Hu Shi [胡适], 1891~1962) 중국어 개혁가이자 철학자, 베이징대학의 전 총장이자 외
교관

Y.C. 제임스 옌(Y.C. James Yen [晏陽初], 1893~1990) 교육학자, 문해성 운동가, 그리고 국
립대중교육운동협회의 공동 창시자

주

들어가기. 여기에는 알파벳이 없어요

1 이 금액은 2004년 아테네올림픽 예산의 10배이다.

2 비견되는 추정으로, 성화 봉송 기간의 새로운 이정표가 2010년 밴쿠버올림픽에서 세워졌다. Yvonne Zacharias, "Longest Olympic Torch Relay Ends in Vancouver," *Vancouver Sun*(February 12, 2010); Thomas K. Grose, "London Admits It Can't Top Lavish Beijing Olympics When It Hosts 2012 Games," *U.S. News*(August 22, 2008) 참조.

3 Eric A. Havelock, *Origins of Western Literacy*(Toronto: Ontario Institute for Studies in Education, 1976), 28, 44.

4 Walter J. Ong, *Orality and Literacy*(New York: Routledge, 2002 [1982]), 89.

5 Leonard Shlain, *The Alphabet Versus the Goddess: The Conflict between Word and Image*(New York: Penguin, 1999).

6 국가별 행진은 1906년에 시작되었지만, 1921년 이전에는 서면으로 기록된 규정의 증거를 찾을 수 없다. 1906년 경기는 이제는 '삽입된' 경기로 간주되어 더 이상 공식 올림픽으로 간주하지 않는다.

7 "Chaque contingent en tenue de sport doit être précédé, par une enseigne portant le nom du pays correspondant et accompagné de son drapeau national(les pays figurent par ordre alphabétique)." "Cérémonie d'ouverture des jeux olympiques" in "Règlements et Protocole de la Célébration des Olympiades Modernes et des Jeux Olympiques Quadriennaux," 1921, 10 참조.

8 "Les nations défilent dans l'ordre alphabétique de la langue du pays qui organise les Jeux"(rule 33, "Ceremonie d'ouverture des Jeux Olympiques," CIO, Régles Olympiques [Lausanne: Comité International Olympique, 1949]), 14. "Les délégations défilent dans l'ordre alphabétique de la langue du pays hôte, sauf celle de la Grèce, qui ouvre la marche, et celle du pays hôte qui la clot"(rule 69, "Cérémonies d'ouverture et de clôture," *Charte Olympique* [1991], n.p.).

9 1972년 독일이 주최했을 때 라틴 알파벳 세계에서는 누구에게나 익숙한 순서대로 그리스 대표팀 뒤를 이집트(Ägypten)와 에티오피아(Äthiopien)가 따랐다. 1980년 모스크바올림픽은 키릴어의 흥미로운 주름을 도입해, 그리스(Greece), 오스트레일리아(Australia), 아프가니스탄(Afghanistan) 순서로 입장했고, 이 때문에 어떻게 Au가 Af보다 먼저 나오는지에 대한 호기심을 불러일으켰다. 하지만 러시아 철자에서는 [오스트레일리아(Австралия)에 포함된] 'в'는 3번째 철자이고, [아프가니스탄(Афганистан)에 포함된] 'ф'는 22번째 철자여서 'в'가 'ф'보다 앞선다는 간단한 사실로 설명이 가능하다.

10 중국의 민족적 다양성, 그리고 이러한 다양성에 대한 동시대의 이해를 만들어가려는 중화인민공화국의 역할이라는 주제에 관해서는 Thomas S. Mullaney, *Coming to Terms with the Nation: Ethnic Classification in Modern China*(Berkeley: University of California Press, 2010) 참조.

11 "Did NBC Alter the Olympics' Opening Ceremony?" *Slashdot*(August 9, 2008), http://news.slashdot.org/story/08/08/09/2231231/did-nbc-alter-the-olympics opening-ceremony(accessed March 1, 2012).

12 중국 조직위원회가 병음을 행진의 기준으로 선택했다면 그 저녁 행사는 매우 다르게 전개되었을 것이다. 159번 순서였던 요트 선수 시애라 필로는 영원처럼 느껴졌던 기다림 대신 그리스 바로 다음으로 아일랜드(爱尔兰, Àiěrlán)를 운동장에서 인도하는 영광을 누렸을 것이다. 아일랜드 다음에는 이

집트(埃及, Āijí), 그리고 에티오피아(埃塞俄比亚, Āisàiébǐyà)가 따랐을 텐데, 실제로는 이 선수들이 146번, 147번째까지 기다려야 했다. 더욱이 병음이 유일한 대안은 아니었다. 이 책의 뒷장에서 보듯이 한자들을 배치하는 데 사용되는 조직 체계는 수십 가지이다.

13 Zhou Houkun and Chen Tingrui, "A Newly Invented Typewriter for China(Xin faming Zhongguo zhi daziji) [新發明中國之打字機]," Zhonghua xuesheng jie 1, no. 9(September 25, 1915): 6.

14 "On Literary Revolution(Wenxue geming lun) [文學革命論]," Xin qingnian [新青年] 2, no. 6 (February 1917).

15 Qian Xuantong, "China's Script Problem from Now On (Zhongguo jinhou zhi wenzi wenti) [中國今後之文字問題]," Xin qingnian 4, no. 4(1918): 70~77.

16 Lu Xun, "Reply to an Interview from My Sickbed(Bingzhong da jiumang qingbao fangyuan) [病中答救亡情報訪員]"(1938), in Complete Works of Lu Xun(Lu Xun Quanji) [魯迅全集], vol. 6 (Beijing: Renmin Wenxue, 1981), 160.

17 Statement by Chen Duxiu quoted in Qian Xuantong, "China's Script Problem from Now On (Zhongguo jinhou zhi wenzi wenti) [中國今後之文字問題]," Xin qingnian 4, no. 4(1918): 76.

18 "A Few Methods for the Creation of Indexes for Chinese Books(Bianzhi Zhongwen shuji mulu de ji ge fangfa) [編織中文書籍目錄的幾個方法]," Eastern Miscellany(Dongfang zazhi) [東方雜誌] 20, no. 23(1923): 86~103.

19 Simon Leung, Janet A. Kaplan, Wenda Gu, Xu Bing, and Jonathan Hay. "PseudoLanguages: A Conversation with Wenda Gu, Xu Bing, and Jonathan Hay," Art Journal 58, no. 3(Autumn 1999): 86~99.

20 Michael Lackner, Iwo Amelung, and Joachim Kurtz, eds., New Terms for New Ideas: Western Knowledge and Lexical Change in Late Imperial China(Leiden: Brill, 2001).

21 Harry Carter, A View of Early Typography up to About 1600(Oxford: Oxford University Press, 2002 [1969]), 5. 해리 카터(1901~1982)는 인쇄공이자 인쇄 역사학자로 옥스퍼드에서 법학을 공부하고 모노타이프 회사의 설계실에서 일했으며, 옥스퍼드대학교 인쇄소에서 기록보관 담당으로 일했다.

22 Xu Bing [徐冰], "From 'Book from the Sky' to 'Book from the Ground'(Cong Tianshu dao Dishu) [从天书到地书]," manuscript provided by Xu Bing to author via email, May 15, 2013. 우리의 언어기술적 논의에 가장 설득력 있는 문장은 아래와 같다. 我決定造四千多个假字, 因为出現在日常读物上的字是四千左右, 也就是说, 谁掌握四千以上的字, 就可以阅读, 就是知识分子. 我要求这些字最大限度地像汉字而又不是汉字, 这就必须在构字内在规律上符合汉字的规律. 为了让这些字在笔画疏密、出現频率上更像一页真的文字, 我依照≪康熙字典≫笔画从少到多的序例关系, 平行对位地编造我的字. … 字体, 我考虑用宋体. 宋体也叫"官体," 通常用于重要文件和严肃的事情, 是最没有个人情绪指向的、最正派的字体.

23 Carter, A View of Early Typography, 5. 중국어 언어기술적 현대화에 대한 질문을 던지면서 나는 카프카가 말했듯이 "사무실을 사무적으로 돌려놓은" 버나드 지거트(Bernard Siegert), 델파인 가디(Delphine Gardey), 마르커스 크라예프스키(Markus Krajewski), 벤 카프카(Ben Kafka), 미야코 이노우에(Miyako Inoue), 마라 밀스(Mara Mills), 매슈 헐(Matthew Hull) 같은 여러 사람의 연구로부터 감명을 받았다. 헐이 상기시켜 주었듯이, 서류란 "단순히 사무적 조직의 도구가 아니며 오히려 사무규정, 사상, 지식, 관행, 주관, 목적, 결과, 심지어는 조직 자체까지도 구성하는 요인"이다. 또한 카프카는 나치가 지배하는 유럽과 같은 역사적 경험의 극단에서도 그것이 한나 아렌트(Hannah Arendt)가 "악의 평범함이 지닌 평범함을 가능케 하는 것처럼" 일상적이며 지루하기까지 한 절차일 뿐이라고 주장하기도 했다. Ben Kafka, "The State of the Discipline," Book History 12(2009): 340~353, 341; Delphine Gardey, "Mécaniser l'écriture et photographier la parole: Utopies, monde du bureau et

histoires de genre et de techniques," *Annales: Histoire, Sciences Sociales* 3, no. 54(May~June 1999): 587~614; Ben Kafka, *The Demon of Writing: Powers and Failures of Paperwork* (Cambridge, MA: MIT Press, 2012); Markus Krajewski, *Paper Machines: About Cards & Catalogs, 1548~1929*(Cambridge, MA: MIT Press, 2011); Matthew S. Hull, "Documents and Bureaucracy," *Annual Review of Anthropology* 41(2012): 251~267; Hull, "Documents and Bureaucracy," 251; Kafka, "The State of the Discipline," 341 참조.

24 물론 이 관점에는 중요하고 주목할 만한 예외가 있는데, 이는 주로 전근대 중국의 기술적 교신에서 비롯되었다. 특히 Francesca Bray et al. eds., *Graphics and Text in the Production of Technical Knowledge in China: The Warp and the Weft*(Leiden: Brill, 2007) 참조. 현대의 비슷한 작업은 제한적인데, 크리스토퍼 리드(Christopher Reed), 미카엘 힐(Michael Hill), 엘리자베스 캐스케(Elizabeth Kaske), 로버트 컬프(Robert Culp), 그리고 밀레나 돌레제로바-베린게로바(Milena Dolezelová-Velingerová)의 작품이 가장 주목할 만하다.

25 Christopher Rea and Nicolai Volland, eds., *The Business of Culture: Cultural Entrepreneurs in China and Southeast Asia, 1900~65*(Vancouver: University of British Columbia Press, 2015).

26 JoAnne Yates, *Control through Communication: The Rise of System in American Management* (Baltimore: Johns Hopkins University Press, 1993 [1989]), 41.

27 Bruce Robbins, "Commodity Histories," *PMLA* 120, no. 2(2005): 456.

28 José Goldemberg, "Technological Leapfrogging in the Developing World," *Georgetown Journal of International Affairs* 12, no. 1(Winter/Spring 2011): 135~141.

29 Havelock, *Origins of Western Literacy,* 15.

30 Li Gui [李圭], *New Records of My Travels Around the World(Huanyou diqiu xinlu)* [環游地球新錄]. Citation from Charles Desnoyers, *A Journey to the East: Li Gui's A New Account of a Trip Around the Globe*(Ann Arbor: University of Michigan Press, 2004), 121. 이 훌륭한 자료를 내게 가져다준 토비 메이어-퐁(Tobie Meyer-Fong)에게 감사를 전한다.

31 Daniel Headrick, *The Tentacles of Progress: Technology Transfer in the Age of Imperialism, 1850~1940*(Oxford: Oxford University Press, 1988); Everett M. Rogers, *Diffusion of Innovations* (New York: Free Press, 2003 [1962]).

32 Friedrich A. Kittler, *Gramophone, Film, Typewriter,* trans. Geoffrey WinthropYoung and Michael Wautz(Stanford: Stanford University Press, 1999), 190~191. 서양 타자의 역사에서 청각의 중요성에 대한 보다 최근의 소개를 위해서는 "The History of the Typewriter Recited by Michael Winslow," http://www.filmjunk.com/2010/06/20/the-history-of-the-typewriter-recitedbymichael-winslow/ (accessed September 5, 2010) 참조.

33 머천트 아이보리(Merchant Ivory)사의 영화 〈봄베이 토키(Bombay Talkie)〉(1970), 산카르 자이키산 (Shankar Jaikishan)의 음악, 하스라트 자이푸리(Hasrat Jaipuri)의 가사 "Typewriter tip tip tip tip/Tip tip tip karata hai/Zindagi ki har kahaani likhata hai." 이 영화를 알려준 앤드루 엘모어(Andrew Elmore)에게 감사한다.

34 '중국 중심의 역사'의 표준구는 Paul Cohen, *Discovering History in China: American Historical Writing on the Recent Chinese Past*(New York: Columbia University Press, 1984)이다.

제1장. 현대성과 맞지 않다

1 "A Chinese Typewriter," *San Francisco Examiner* (January 22, 1900).

2 　같은 글. 감탄사의 마지막 소리는 광둥어로 말한 1, 2, 3, 4, 8, 9를 흉내 내기 위한 것이다.

3 　*St. Louis Globe-Democrat* (January 11, 1901), 2~3.

4 　Louis John Stellman, *Said the Observer*(San Francisco: Whitaker & Ray Co., 1903).

5 　〈중국어 타자기(The Chinese Typewriter)〉는 각본 스티븐 캐널(Stephen J. Cannell), 감독 루 앤토니오(Lou Antonio), 주연 톰 셀렉(Tom Selleck)·제임스 휘트모어 주니어(James Whitmore, Jr.)로, 1979년 유니버설 시티 스튜디오에서 제작된 78분짜리 텔레비전용 영화이다.

6 　Bill Bryson, *Mother Tongue: The English Language*(New York: Penguin, 1999), 110.

7 　Walter J. Ong, *Orality and Literacy*(New York: Routledge, 2013 [1982]), 86.

8 　이 기계들의 견본은 이탈리아 파친스에 있는 미터호퍼 타자기박물관 및 기타 여러 공적·사적 수집품에서 볼 수 있다.

9 　에드윈 헌터 맥팔런드(1864~1895); 조지 브래들리 맥팔런드(1866~1942).

10 　새뮤얼 갬블 맥팔런드(1830~1897); 제인 헤이스 맥팔런드(?~1908). 새뮤얼 갬블과 그의 아내는 뉴욕에서 싱가포르와 희망봉을 거쳐 방콕으로 갔고 방콕에서 조그만 장로교 선교에 동참했다. 그 가족은 곧 현지 정부의 후원하에 페차부리로 옮겼고 그 이후 17년 동안 2박 3일씩의 나룻배 여행으로 그곳과 방콕을 왔다 갔다 하면서 지냈다. George B. McFarland, *Reminiscences of Twelve Decades of Service to Siam, 1860~1936*, Bancroft Library, BANCMSS 2007/104, box 4, folder 14, George Bradley McFarland, 1866~1942, 2.

11 　맥팔런드의 자녀 윌리엄, 에드윈(새뮤얼이라고도 함), 조지, 메리는 모두 시암에서 태어났으며, 1973년 처음 미국을 방문했다. 그들은 1875년 8월 시암으로 돌아왔는데, 윌리엄과 에드윈은 학교에 다니기 위해 미국에 남았다.

12 　*Tej Bunnag, The Provincial Administration of Siam, 1892-1915: The Ministry of the Interior under Price Damrong Rajanubhab*(Kuala Lumpur: Oxford University press, 1977).

13 　McFarland, *Reminiscences*, 5. 세 번째 판까지 찍고 나서 그의 아버지의 죽음 후 네 번째 판이 발간되기까지 참고 작업은 적어도 5년 동안 인쇄가 중단되었다. 그는 1916년, 1930년, 1932년에 추가로 계속 발간했다. 이러한 활동과 기타 활동을 통해 조지 맥팔런드는 다수의 영예를 얻었다. 쭐랄롱꼰 왕(1868~1910, 라마 5세)으로부터는 4순위인 흰 코끼리를, 그리고 와치라웃 왕(1910~1925, 라마 6세)으로부터는 3순위인 시암의 왕관(Crown of Siam)과 수석자문관의 직위인 프라 악 비댜가마(Phra Ach Vidyagama)를 얻었다. 그는 쭐랄롱꼰대학의 의과대학에서 명예교수로 임명되기도 했다. McFarland, *Reminiscences*, 13.

14 　G. Tilghman Richards, *The History and Development of Typewriters: Handbook of the Collection Illustrating Typewriters*(London: His Majesty's Stationery Office, 1938), 13.

15 　"The Hall Typewriter," *Scientific American*(July 10, 1886), 24.

16 　english.stackexchange.com/questions/43563/what-percentage-of-characters-in-normal-english-literature-is-written-in-capital(accessed October 26, 2015) 참조.

17 　Richards, *The History and Development of Typewriters*, 41.

18 　"Accuracy: The First Requirement of a Typewriter," *Dun's Review* 5(1905): 119; "The Shrewd Buyer Investigates," *New Metropolitan* 21, no. 5(1905): 662.

19 　"A Siamese Typewriter," *School Journal*(July 3, 1897), 12.

20 　McFarland, *Reminiscences*, 9.

21 　그는 1925년 세상을 뜰 때까지 라마 6세로 통치했다. Walter Francis Vella, *Chaiyo! King Vajiravudh and the Development of Thai Nationalism*(Honolulu; University of Hawai'i Press, 1978); Stephen

Lyon Wakeman Greene, *Absolute Dreams: Thai Government Under Rama VI, 1910~1925* (Bangkok: White Lotus, 1999) 참조.

22 라마 5세는 흰 코끼리의 4번째 순위를 조지 맥팔런드에게 수여했는데 이는 시암의 왕관의 3번째 순위와 수석자문관의 직위인 프라 악 비댜가마로 이어졌다. 이 두 가지는 모두 1902년 라마 6세 국왕으로부터 수여되었다. 조지는 방콕의 제2교회 장로로 임명되었고 그 후 1914년까지 기독교종사자연맹의 회장으로 봉사했다.

23 시라큐스의 사람들에게 이 같은 관계가 호기심을 자극했다. 1897년 7월 ≪학교 잡지(The School Journal)≫는 임박한 시암의 왕과 왕비의 미국 방문에 열광했다. 기사는 자랑스럽게 "얼마 전 시암의 왕자가 시암 글자에 맞춘 몇 대의 타자기를 만들기 위해 이 나라에 왔었다. 스미스 프리미어 타자기 회사가 그 기계를 만들도록 선택되었고 장관이 그 일을 감독한다"라고 썼다. "A Siamese Typewriter," 12. 스미스 프리미어는 후에 시암의 새로운 왕세자를 맞는데 그는 라마 6세의 왕관을 이어받게 될 청년이다. *Phonetic Journal*(May 15, 1897), 306~307; "Highlights of Syracuse Decade by Decade," *Syracuse Journal*(March 20, 1939), E2; "Siam's Future King Guest in Syracuse," *Syracuse Post~Standard*(November 4, 1902), 5.

24 McFarland, *Reminiscences*, 12.

25 같은 책, 13~14.

26 같은 책, 13.

27 같은 책. 조지의 한탄 속에는 고인이 된 자신의 형이 시프트 키보드 대신 더블 자판을 의도적으로 선택한 것에 대한 개인적인 면이 틀림없이 작용하고 있었다. 조지가 자신의 회고록에서 강조한 바와 같이, 사망한 에드윈은 "키가 많기 때문에 자신의 목적에 가장 적합한 스미스 프리미어를 선택"했다. McFarland, *Reminiscences*, 9.

28 같은 책, 13.

29 같은 책.

30 언더우드는 눈으로 볼 수 있는 앞면 타자기 언더우드 1호(1897)의 선구자였다. 앞에서 치기 때문에 눈으로 볼 수 있는 타자기는 원래 요스트 칼리그라피 회사의 프란츠 와그너(Franz X. Wagner)가 개발했다. 존 언더우드(John T. Underwood)가 그 디자인을 맡았는데 그 과정에서 거대 기업 레밍턴에게 치열한 경쟁 상대가 되는 회사를 설립했다. Richards, *The History and Development of Typewriters*, 43; A.J.C. Cousin, "Typewriting Machine," United States Patent no. 1794152(filed July 13, 1928; patented February 24, 1931).

31 이 시점에서 조지는 타자의 세계를 떠나 집안의 유산인 또 다른 부문에 집중했다. 그의 아버지가 만든 페차부리 교회를 다시 짓고 이와 동시에 아버지의 시암 사전을 재간간 및 확장하는 일을 감독했다. McFarland, *Reminiscences*, 14.

32 Photographs, October 23, 1938, George Bradley McFarland Papers, box 3, folder 15, Bancroft Library, University of California, Berkeley

33 1886년 이 회사는 레밍턴의 지분을 매입했으며, 1903년 제조 부문을 레밍턴 타자기회사(후에 1927년 레밍턴 랜드가 되었다)로 재구성했다. Wyckoff, Seamans and Benedict, *The Remington Standard Typewriter*(Boston: Wyckoff, Seamans & Benedict [Remington Typewriter Co.]), 1897, 7.

34 Wyckoff, Seamans, and Benedict, *The Remington Standard Typewriter*, 33~34.

35 같은 책, 16~17.

36 *Remington Notes* 3, no. 10(1915); Richards, *The History and Development of Typewriters*, 72. 1893년 컬럼비아 박람회에서 레밍턴은 미시시피 또는 속기와 타자를 배운 최초의 인디언인 에드나

이글 페더(Edna Eagle Feather)가 등장하는 우편엽서를 돌렸다. 미시시피는 오세이지족이 살았던 곳이다.

37 가장 유명한 인덱스 타자기는 1904년 베를린의 A.E.G 회사가 처음 만든 미뇽(Mignon)으로, 분당 250~300자의 속도라고 보도되었다. Richards, *The History and Development of Typewriters*, 45 참조.

38 McFarland Papers, Bancroft Library, University of California, Berkeley, box 3, folder 14.

39 "Typewriters to Orient: Remington Rand Sends Consignment of 500 in the Mongolian Language," *Wall Street Journal*(April 26, 1930), 3.

40 "Ce n'est donc pas sans fierté, que la Maison Olivetti contribue à leur marche en avant par son apport de machines à écrire." "La Olivetti au Viet-Nam, au Cambodge et au Laos," *Rivista Olivetti* 5(November 1950): 70~72, 71.

41 "Le Clavier Arabe," *Rivista Olivetti* 2(July 1948): 26~28, 26.

42 여기저기 박물관에 보관된 기계에 대한 자세한 내용은 참고문헌의 '기계 관련 자료' 참조.

43 Samuel A. Harrison, "Oriental Type-Writer," United States Patent no. 977448(filed December 15, 1909; patented December 6, 1910).

44 같은 글.

45 Richard A. Spurgin, "Type Writer," United States Patent no. 1055679(filed August 11, 1911; patented March 11, 1913). 레밍턴은 1921년 앨버트 닷지(Elbert S. Dodge)가 "유대어와 유사 언어"를 위해 기계를 조정하는 특허를 신청하자 소송에 들어갔다. 닷지는 "이 발명의 구체적인 목적은 레밍턴 타자기를 구조적으로 약간 변경함으로써 되감기 방향을 거꾸로 가게 바꾸는 것이다"라고 설명했다. Elbert S. Dodge, "Typewriting Machine," United States Patent no. 1411238(filed August 19, 1921; patented March 28, 1922).

46 Selim S. Haddad, "Types for Type-Writers or Printing-Presses," United States Patent no. 637109(filed October 13, 1899; patented November 14, 1899).

47 같은 글.

48 같은 글.

49 같은 글.

50 콘스탄티노플에 사는 언더우드 타자기회사의 관리인인 바사프 카드리(Vassaf Kadry)에 의해 비슷한 생각이 발전되었다. Vassaf Kadry, "Type Writing Machine," United States Patent no. 1212880 (filed January 15, 1914; patented January 30, 1917) 참조. 언더우드 타자기회사의 관리인 카드리는 스스로 터키 황제의 신민이라고 밝힌다.

51 Baron Paul Tcherkassov and Robert Erwin Hill, "Type for Type Writing or Printing," United States Patent no. 714621(filed November 21, 1900; patented November 25, 1902)

52 1910년 뉴욕주 마셀러스에 사는 허버트 스틸리(Herbert H. Steele)가 모나크(Monarch) 타자기회사가 만드는 아랍어 타자기에 대한 특허를 제출했다. 이 타자기는 '아랍어 타자기'라는 일반적인 명칭을 가졌으나 그 특허의 초점은 훨씬 더 정확해서 모나크 기계의 운반 메커니즘과 아랍어 타자를 목적으로 한 조정에 중점을 두었다. 스틸은 "내 발명품의 주요 목적은, 왼쪽에서 오른쪽으로 단계적으로 움직여야 하고 일부 문자는 다른 문자보다 더 많이 움직여야 하는 아랍어 및 그와 유사한 언어를 작성하도록 설계된 타자 기계에서 사용하기 위한 효율적인 운반 되감기 메커니즘을 만들어내는 것이다"라고 설명했다. H.H. Steele, "Arabic Typewriter," United States Patent no. 1044285(filed October 24, 1910; patented November 12, 1912). 1917년 페르시아 카샨 출신의 자칭 발명가이자 "프리랜서"인 세이드 카릴(Seyed Khalil, 1891~1974)이 언더우드 회사에게 맡겨진 특허를 출원했고 그 특허

는 1922년 1월에 허가되었다. 카릴은 1916년에 이민 와서 26번째 생일 직후에 아랍어 타자기에 대한 자신의 구상을 내놓았다. 그는 자신의 작업을 체르카소프와 힐과는 반대인 것으로 자리 잡았다. 카릴은 비의미적인 그림 요소를 사용한 것은 아랍 글을 타자기와 조화롭게 하는 기능을 했지만 그것은 너무 느리고 타자수에게 너무 부담스러운 방식을 낳았다고 주장했다. 더욱이 아랍어에 대한 이런 접근법은 "이러한 언어의 특정 문자는 타자될 때 왜곡되어야만 한다"라는 잘못된 생각을 갖게 했다고 카릴은 주장했다. 카릴 기계에서 각 문자는 단말기 형식과 비단말기 형식, 두 가지 형식만 가지고 있다. 카릴은 아랍어를 넘어 페르시아어, 힌두어, 그리고 터키어에 이르기까지 자신의 기계를 광범위하게 적용했다. World War I Draft Registration Card(United States Selective Service System, World War I Selective Service System Draft Registration Cards, 1917~1918, National Archives and Records Administration, Washington, DC, M1509); World War Two Draft Registration Card(United States Selective Service System, Selective Service Registration Cards, World War II: Fourth Registration, National Archives and Records Administration Branch locations: National Archives and Records Administration Region Branches); Seyed Khalil, "Typewriting Machine," United States Patent no. 1403329(filed April 14, 1917; patented January 10, 1922); Fourteenth Census of the United States, 1920(National Archives and Records Administration, Washington, DC, Records of the Bureau of the Census, record group 29, NARA microfilm publication T625) 참조.

53   H.H. Steele, "Arabic Typewriter."

54   1917년 존 바르(John H. Barr)와 아서 스미스(Arthur Smith)는 최소한의 수정만 하려는 생각이 다시 한 번 표현된 아랍어 타자기에 대한 특허 신청을 출원했다. 바르와 스미스는 레밍턴의 관리인으로서 "우리 발명의 또 다른 목적은 현존하는 일반 기계의 구조적 기능을 수정하거나 실질적으로 변형하지 않은 채 위에 거론한 문자를 이른바 아랍어 기계로 사용하기 위해 영어나 다른 유럽 언어에 사용되는 일반적인 타자 기계를 쉽게 개조하는 것이다"라고 적었다. 더욱이 그들이 제안하고 있는 기계적 변화는 아랍어뿐 아니라 터키어, 페르시아어, 우루두어, 말레이어, "그리고 아랍어 외에 다른 여러 언어로까지" 확장해서 다루게 만들었다. 존 바르는 코넬대학교의 기계공학과 기계학의 교수진의 일원으로서 기계 설계 조교수였다. The Cornell University Register 1897~1898, 2nd ed.(Ithaca: University Press of Andrus and Church, 1897~1898), 18; John H. Barr and Arthur W. Smith, "Type-Writing Machine," United States Patent no. 1250416(filed August 4, 1917, patented December 18, 1917) 참조.

55   Georg Wilhelm Friedrich Hegel, The Philosophy of History, trans. John Sibree(New York: Wiley Book Co., 1900 [1857]), 134.

56   Edward W. Said, Orientalism(New York: Vintage Books, 1979); Rey Chow, "How(the) Inscrutable Chinese Led to Globalized Theory," PMLA 116, no. 1(2001): 69~74; John Peter Maher, "More on the History of the Comparative Methods: The Tradition of Darwinism in August Schleicher's work," Anthropological Linguistics 8(1966): 1~12; Lydia H. Liu, The Clash of Empires: The Invention of China in Modern World Making(Cambridge, MA: Harvard University Press, 2004: 181~209). 또한 예를 들어, August Schleicher, "Darwinism Tested by the Science of Language," trans. Max Müller, Nature 1, no. 10(1870): 256~259 참조.

57   Samuel Wells Williams, "Draft of General Article on the Chinese Language," n.d., Samuel Wells Williams family papers, YULMA, MS 547 location LSF, series II, box 13, 3.

58   Samuel Wells Williams family papers, YULMA, MS 547 location LSF, series II, box 13, 3.

59   Peter S. Du Ponceau, A Dissertation on the Nature and Character of the Chinese System of Writing, Transactions of the Historical and Literary Committee of the American Philosophical Society, vol. 2(1838).

60 "Du Ponceau on the Chinese System of Writing," *North American Review* 48(1848): 306.

61 같은 글, 272~273.

62 Henry Noel Humphrey, *The Origin and Progress of the Art of Writing : A Connected Narrative of the Development of the Art, Its Primeval Phases in Egypt, China, Mexico, etc.*(London: Ingram, Cooke, and Co., 1853). Creel cites the second edition, published in 1885. Herrlee Glessner Creel, "On the Nature of Chinese Ideography," *T'oung Pao* 32(2nd series), no. 2/3(1936): 85~161, 85.

63 *China As It Really Is*(London: Eveleigh Nash, 1912), 154.

64 같은 책, 160.

65 W.A. Martin, *The History of the Art of Writing*(New York: Macmillan, 1920), 13. Creel, "On the Nature of Chinese Ideography," 85~161, 85에서 인용.

66 Bernhard Karlgren, *Philology and Ancient China*(Cambridge, MA: Harvard University Press, 1926), 152.

67 T.T. Waterman and W.H. Mitchell, Jr., "An Alphabet for China," *Mid-Pacific Magazine* 43, no. 4 (April 1932): 353.

68 Creel, "On the Nature of Chinese Ideography," 85.

69 같은 글, 86.

70 같은 글, 160.

71 Geoffrey Sampson, *Writing Systems*(Stanford: Stanford University Press, 1985).

72 Jack Goody, *The Interface between the Written and the Oral*(Cambridge: Cambridge University Press, 1987), xvii~xviii.

73 같은 책, 64.

74 Jack Goody, "Technologies of the Intellect: Writing and the Written Word," in *The Power of the Written Tradition*(Washington: Smithsonian Institution Press, 2000), 138.

75 Havelock, *Origins of Western Literacy*, 18; Robert Logan, *The Alphabet Effect*(New York: William Morrow, 1986), 57.

76 Goody, "Technologies of the Intellect," 138.

77 Goody, *The Interface between the written and the Oral*, 37. 조셉 니담(Joseph Needham)은 자기만의 변화를 추구했다. 니담은 『과학과 문명(Science and Civilisation)』 두 번째 권에서 중국어에 대한 의문을 표하면서 왜 중국이 서유럽과 동등한 과학혁명을 이루지 못했는지에 대한 가능한 답변 중 하나라고 말했다. "나중에 중국과 인도-유럽 언어 간 언어 구조의 차이가 중국과 서방의 논리적 형성의 차이에 얼마나 많은 영향을 끼쳤는지 묻게 될 것이다"라고 그는 썼다. 얼마 후 니담은 "표의문자 언어의 억제 효과가 극도로 과장되어 왔다"라는 결론을 내렸다. "고대와 중세 시대에 과학과 그 응용 분야의 모든 종류의 사물과 아이디어에 사용되는 정의 가능한 기술적 단어들의 커다란 용어집을 만들 수 있다는 것이 판명되었다. 오늘날 언어는 동료 과학자들에게 장애가 아니다. 중국 사회에서의 사회적·경제적 요인이 현대 과학의 등장을 유럽과 마찬가지로 허락하거나 편하게 해주었다면, 이미 300년 전에 그 언어가 과학적 표현에 적합하게 만들어졌을 것이다." Joseph Needham, *Science and Civilisation*, vol. 2(Cambridge: Cambridge University Press, 1956), 199; Joseph Needham, "Poverties and Triumphs of the Chinese Scientific Tradition," in *Scientific Change*(Report of History of Science Symposium, Oxford, 1961), ed. A.C. Crombie(London: Heinemann, 1963).

78 Alfred H. Bloom, "The Impact of Chinese Linguistic Structure on Cognitive Style, "*Current Anthropology* 20, no.3(1979): 585~601.

79 Derk Bodde, *Chinese Thought, Society and Science: The Intellectual and Social Background of Science and Technology in Pre-Modern China*(Honolulu: University of Hawai'i, 1991), 95~96.

80 William C. Hannas, *Asia's Orthographic Dilemma*(Honolulu: University of Hawai'i, 1996); William C. Hanna, *The Writing on the Wall:How Asia Orthography Curbs Creativity*(Philadelphia: University of Pennsylvania Press, 2003).

81 William G. Boltz, "Logic, Language, and Grammar in Early China," *Journal of the American Oriental Society* 120, no.2(April~June 2000): 218~229, 221.

82 "Le macchine Olivetti scrivono in tutte le lingue," *Notizie Olivetti 55*(March 1958): 1~4.

83 Allen Ginsberg, *Howl and Other Poems*(Sanfransisco: City Lights Publishers, 2001).

제2장. 수수께끼 풀기 같은 중국어

1 William Gamble, *List of Chinese Characters in the New Testament and Other Books*, 1861, Library of Congress, G/C175.1/G15.

2 원본에서 갬블은 이 두 명의 이름을 "창신산", "추신산"으로 번역해 놓았다.

3 "역으로 읽기(anti-reading)" 외에 "멀리 읽기(distant reading)"라는 적절한 용어도 있는데, 이는 프랑코 모레티(Franco Moretti)가 만든 것으로서 개념과 방식을 불러일으킨다. Franco Moretti, *Distant Reading*(New York: Verso, 2013) 참조.

4 글로 된 중국어에서 之(지)는 주로 소유격으로 사용되거나 대명사 '그것'의 대체어로 사용된다. 而(이)는 접속사로서 '뿐만 아니라' 또는 '그리고'를 뜻하는 조사, 또는 상태나 상황의 변화를 전달하는 조사이다. 不(부)는 동사를 부정하는 데 이용된다. 갬블의 글자 빈도수 분석에 대해서는 William Gamble, *Two Lists of Selected Characters Containing All in the Bible and Twenty Seven Other Books* (Shanghai: Presbyterian Mission Press, 1861), ii 참조. 서문에서 갬블이 주장했듯이 중국어 이동식 인쇄기는 "문어에 있는 글자들의 규모를 갖출" 필요가 있었다.

5 Endymion Wilkinson, *Chinese History: A New manual*(Cambridge, MA: Harvard University Asia Center, 2012), 78 참조.

6 "List of Chinese Characters Formed by the Combination of the Divisible Type of the Berlin Font Used at the Shanghai Mission Press of the Board of Foreign Missions of the Presbyterian Church in the United States" (Shanghai: n.p., 1862), 1. *Liangbian pin xiaozi* [兩邊拼小字] *(List of 1878 Chinese characters which can be formed by divisible type)*, December 22, 1863, manuscript Library of Congress G/C175.1/G18.

7 Gamble, *Two Lists of Selected Characters Containing All in the Bible and Twenty Seven Other Books*, 2.

8 Cynthia J. Brokaw, "Book History in Premodern China: The State of the Discipline," *Book History* 10(2007): 254

9 작품 수는 후에 146권으로 확장되었다. Wilkinson, *Chinese History*, 951.

10 Jin Jian, *A Chinese Printing Manual,* trans. Richard S. Rudolph(Los Angeles: Ward Ritchie Press, 1954), xix. 김간(?~1795)은 선징 출신의 기수로, 그의 조상은 명나라 말기에 한국에서 이민 왔다. 내무성 대신으로 일한 후 김간은 무영전의 감독관으로 임명되었다(1772~1774). Wilkinson, *Chinese History*, 912 참조.

11 214개 부수 시스템은 명 왕조 말 매응조(梅膺祚)가 편집해서 1615년에 출간된 『자휘(字匯)』에 뿌리

를 두었다. 그것은 후에 『강희자전』의 분류 근거가 되었고 장옥서(張玉書 1642~1711)와 진정경(陣 廷敬 1639~1712)이 편찬하고 완성해서 1716년에 출간되었다.

12 214개 부수의 처음은 단획인 一(일)이고 마지막은 17획의 侖(약)이다.

13 부수-획 시스템에서는 부수가 같은 글자들과 획수가 같은 글자들이 만들어진 획의 특정 형식에 따라 조직된다고 또한 적고 있다. 획 자체는 여덟 가지 형식으로 구분되고 순서대로 자리잡는다. 두 글자의 부수와 획수가 같을 경우 사전에서의 순서는 그 글자를 만드는 첫 획(어떤 경우에는 두 번째 또는 세 번째 획)에 달려 있다.

14 김간은 자신의 인쇄 지침서 『무영전취진판정식(武英殿聚珍版程式)』에 "12개의 나무 캐비닛을 『강 희자전』의 12개 부문의 이름에 따라 명명하고 정리하라"라고 적어놓았다. "활자를 선택할 때 해당 분류자에 대한 글자 구성을 우선 점검하라. 그러면 어느 곽에 있는지 알게 된다. 다음에는 획수를 세면 어느 서랍 안에 있는지 알게 된다. 이 방식에 익숙해지면 손을 움직이는 데서 실수하지 않을 것이다." 김간이 황제에게 처음으로 제안한 것은 글자들을 표음식 '운율' 시스템으로 조직하는 것이었다. 하지만 결국에는 『강희자전』이 채택하고 있는 글자 조직 시스템에 집중했다. 인쇄 과정에 대한 김간의 설명을 다룬 번역본은 Jin Jian, *A Chinese printing Manual* 참조.

15 Claude-Marie Ferrier and Sir Hugh Owen, *Exhibition of the Works of Industry of All Nations: 1851 Report of the Juries*(London: William Clowes and Sons, 1852), 452.

16 중국어를 사용하는 외국 인쇄기에게 중국어 이동식의 공간적 특성이 항상 짜증나고 '수수께끼'였던 것은 아니다. 이는 강조할 가치가 있는 점이다. 예를 들어 19세기와 그 이전에 마카오의 세인트 조셉 대학(College of Saint Joseph), 파리의 임프리메리 로얄(Imprimerie Royale) 같은 여러 외국 인쇄소에서는 자신들 고유의 폰트를 만들어서 채택했는데, 이들 폰트는 모두 12만 6000종으로 추산된다. 그래서 이 폰트들은 무영전의 글자들이 김간을 둘러쌌듯이 외국 식자공을 둘러쌌다. 하지만 19세기에 걸쳐 한자들을 둘러싸고 앉히려는 욕망이 점점 더 인쇄업계, 활판업계, 교육계에서 강력해졌다. Walter Henry Medhurst, *China: Its State and Prospects, with Especial Reference to the Spread of the Gospel* (London:John Snow, 1838), 554~556; J. Steward, *The Stranger's Guide to paris* (Paris: Baudry's European Library, 1837), 185.

17 Li Chen, *Chinese Law in Imperial Eyes: Sovereignty, Justice, and Transcultural Politics*(New York: Columbia University Press, 2015). 특히 "Translation of the Qing Code and origins of Comparative Chinese law," chapter 2 참조.

18 Joshua Marshman, *Elements of Chinese Grammar: with a preliminary dissertation on the characters, and the colloquial medium of the Chinese, and an appendix containing the Tahyoh of Confucius with a translation* (printed at the Mission Press, 1814).

19 윌리엄 갬블은 자신의 사전을 편찬해 나갔는데, 이 5150개의 글자를 『강희자전』의 부수-획 정리 시스템에 따라 정리하고 각 글자 옆에는 자신의 연구에서 나타난 횟수를 적어놓았다. 그의 사전은 빈도 수에 따라 15개의 카테고리로 묶고 이 15개의 카테고리를 『강희자전』의 부수-획 시스템에 따라 내부적으로 정리해 놓은 글자들과 같은 목록에 포함시켰다. 19세기의 기독교 선교 교육자들은 중국어 어휘에도 관심을 가졌지만 아마도 그대로의 중국어를 재생산하기보다는 새로운 개념(글자들)을 소개하는 목적에 더 끌렸다. 앞에서 소개했던 윌리엄 갬블과 다른 선교 목적의 인쇄공들을 돌아보면 중국어에 대한 그들의 어휘 연구는 중국 고전뿐만이 아니라 성경의 중국어 번역에도 집중되었다. Gamble, *Two Lists of Selected Characters Containing All in the Bible*, 5~6, 20.

20 같은 책. 이런 면에서 또 다른 영향력 있는 학자는 새뮤얼 다이어(Samuel Dyer, 1804~1843)이다. 다이어는 1804년 그린위치에서 선원들을 위한 왕실병원의 원장인 존 다이어의 넷째 아들로 태어났다. 그는 케임브리지의 학부 때 트리니티 홀에서 고전, 수학, 법률을 공부했으나, 이후 1824년 여름에는 런던선교단체에 연락해 '이교도 지역'의 선교 활동에 자신을 바쳤다. 그해 여름 그는 신학대학에 들어

가 데이비드 보그(David Bogue)의 지도하에서 중국어 학습을 포함해 공부를 시작했다. 다이어는 1827년에 안수를 받은 지 한 달이 안 되어서 아내 마리아와 함께 말라카로 파송되었다. 8월에 페낭에 도착하자 다이어는 바로 호키엔 방언을 배우기 시작했다. 당시 중국어 인쇄는 몇몇 눈에 띄는 예외(마카오에서 이동식 금속 활자로 인쇄된 모리슨 사전)는 있었지만, 거의 전부 석판과 목판이었으므로 다이어는 중국어용 이동식 금속 활자 폰트를 만들기로 했다. Ibrahim bin Ismail, "Samuel Dyer and His Contributions to the Chinese Typography," *Library Quarterly* 54, no.2(April 1984): 157~169.

21   Jean-pierre Guillaume Pauthier, *Foe Koue Ki ou Relation des royaumes bouddhiques*(Paris: Imprimerie Royale, 1836); Jean-Pierre Guillaume Pauthier, *Le Ta-Hio ou la grande Ethude, ouvrage de Confucius et de ses disciples, en chinois, en latin et en francais, avec le commentaire de Tchou-hi*(paris: n.p., 1837).

22   Jean- Pierre Guillaume Pauthier, *Chine ou Description historique, geographique et literaire de ce vaste empire, d'apres des documents chinois,* first part(Paris: Firmin Didot Freres,Fils,et Cie, 1838).

23   *Les caracteres de l'Imprimrie Nationale*(Paris: Imprimerie nationale, 1990), 114~117.

24   *Chah Nameh, sous le titre: Le livre:Le livre des rois par Aboul'kasim Fidousi,publie, traduit et commente par M. Jules Mohl,* 7 vols.(paris: Jean Maisonneuve, 1838-1878); Arthur Christian, *Debuts de l'Imprimerie en France*(Paris: G. Roustan and H. Champion, 1905).

25   Medhurst, *china*, 557.

26   같은 책, 558.

27   Marcellin Legrand, "Tableau des 214 clefs et leurs variants"(Paris: Plon Freres, 1845); L. Leon de Rosny, *Table des pricipales phonetique chinoise disposee suivant une nouvelle methode permettant de trouver immediatement le son des caracteres quelles que soient les variations de prononcuation,et adatee specialement au koian-hoa ou dialecte mandarinique, 2nd ed.* (Paris: Maisonneuve et Cie, Libraire- Editeurs pour les Langues Orientales, Ettrangeres et Comparees, 1857).

28   Medhurst, *China*, 556.

29   같은 책, 558.

30   Robert E. Harrist and Wen Fong, *The Embodied Image: Chinese Calligraphy from the John B. Elliott Collection*(Princeton: Art Museum, Princeton University in association with Harry N. Abrams, 1999), 4.

31   같은 책, 152.

32   같은 책.

33   Yee Chiang, *Chinese Calligraphy: An Introduction to Its Aesthetics and Techniques*(Cambridge, MA: Harvard University Press, 1973 [1938]), 163~164에서 각색.

34   John Hay, "The Human Body as a Microcosmic Source of Macrocosmic Values in Calligraphy," in *Self as Body in Asian Theory and Practice*, ed. Thomas Kasulis, Roger Ames, and Wimal Dissanayake(Albany: State University of New York Press, 1993), 179~212 참조; Amy McNair, "Engraved Calligraphy in China: Recension and Reception," *Art Bulletin* 77, no. 1(March 1995): 106~114; Craig Clunas on categorization in Maxwell Hearn and Judith Smith, eds., *Arts of the Sung and Yuan*(New York: Metropolitan Museum of Art, 1996); Richards Curt Kraus, *Brushes with power: Modern politics and the Chinese art of Calligraphy*(Berkeley: University of California

Press, 1991).

35 *Twelfth Annual Report of the American Tract Society*(Boston: Perkins and Marvin, 1837), 63.

36 *Chuang Tzu: The Basic Writings,* trans.Burton Watson(New York: Columbia University Press, 1964), 47.

37 *Twelfth Annual Report of the American Tract Society,* 62~63. *Characters Formed by the Divisible Type Belonging to the Chinese Mission of the Board of Foreign Missions of the Presbyterian Church in the United States of America*(Macao: Presbyterian Press, 1844). 포티에 및 레그랑의 폰트에서와 마찬가지로 통글자와 부분 글자를 가지고 있었는데, 부분 글자는 프랑스 사람이 한 것처럼 똑같이 2개의 그룹, 즉 '수평으로 분할된' 부분과 '수직으로 분할된' 부분으로 세분되었다. "Chinese Divisible Type," *Chinese Repository* 14(March 1845): 129.

38 이 숫자는 나름 커보일지 모르지만 당시의 다른 통글자 중국어 폰트의 범위 안에 들어온다. 실제로 윌리엄 갬블 및 다른 이들의 작업을 되돌아보면 레그랑과 포티에의 제안은 비교적 소박하다. 더 중요한 것은 통글자 폰트와 달리 분할식 활자는 기존 인쇄에서 일대일 비율, 유형 대 글자 비율로 제한되지 않는다는 것이다. 레그랑과 포티에 폰트는 이 3000개의 통글자와 부분 글자로 총 2만 2842개로 추산되는 글자를 만들 수 있었다. "Chinese Divisible Type," 124~129, 129. 수평 분할/수직 분할이었던 레그랑의 분할식과 달리 바이어하우스는 수직 분할식 글자에만 초점을 맞추어서 시스템을 간단히 했다. 이 폰트는 바이어하우스가 미국선교협회를 위해 준비한 신·구약 성경의 중국어 번역본을 준비하기에 충분했다. George Dodd, *The Curiosities of Industry and the Applied Sciences*(London: George Routledge and Co., 1858), 4 참조.

39 『일본왕대일람(日本王代一覽)』을 번역한 책 *Annales des empereurs du Japon*은 네덜란드 상인이자 동양학자인 이삭 티친(Isaac Titsingh, 1745~1812)이 시작했고, 프랑스 동양학자인 아벨 레뮈자(Abel Rémusat, 1788~1832)가 계속했다. *Relation des royaumes bouddhiques*는 레뮈자가 『불국기』를 프랑스어로 번역한 것이었다. 1837년, 월터 로리(Walter Lowrie)가 서양선교협회 사무총장의 직위로 레그랑의 중국어 폰트 완본을 사려고 한다는 보도가 있었다. 1844년, 레그랑은 모든 한자를 만들 수 있는 총 4600개의 중국어 타공을 파리에서 보여주었다. 1959년 뉴욕의 장로교회 선교국은 중국어 출판물을 위해 바이어하우스의 '아름다운 폰트'를 채택했다. *Twelfth Annual Report of the American Tract Society,* 62~33; Ferrier and Owen, *Exhibition of the Works of Industry of All Nations, 409;* and Samuel Wells Williams, *The Middle Kingdom: A Survey of the Chinese Empire and Its Inhabitants*(New York: Wiley & Putnam, 1848), 604 참조.

40 Ferrier and Owen, *Exhibition of the Works of Industry of All Nations,* 452.

41 Medhurst, *China,* 557. 1854년 레그랑의 중국어 폰트가 스타니스와프 헤르니시(Stanislas Hernisz)의 재미있는 지침서인 *A Guide to Conversation in the English and Chinese Languages for the Use of Americans and Chinese in California and Elsewhere*에 쓰였다. 헤르니시는 서문에서 레그랑에게 감사를 표하면서 "중국 책이 중국에서 '바다를 건너' '오지 야만인'이 만든 활자로 인쇄되어야 하는 것은 적지 않게 재미있는 일일 것이다!"라고 썼다. Stanislas Hernisz, *A Guide to Conversation in the English and Chinese Languages for the Use of Americans and Chinese in California and Elsewhere*(Boston: John P. Jewett and Co., 1854) 참조. 포티에는 1858년 레그랑과 다시 *L'Inscription syro-chinoise*를 위해 일하게 되어서 매우 기뻐했던 것 같다.

42 Comte d'Escayrac de Lauture, *On the Telegraphic Transmission of Chinese Characters*(Paris: E. Brière, 1862).

43 같은 책, 6.

44 이 여행에 고무되어 에스카이락 드 라투르는 후에 *Mémoires sur la Chine*(1864~1865)를 출간했다.

45 "Le télégraphe veut une langue plus brève, intelligible à tous les peuples. Je vais montrer que

cette langue n'est point une utopie; que non-seulement son emploi est possible, mais encore qu'il est facile, indiqué, nécessaire." Comte d'Escayrac de Lauture, *Grammaire du télégraphe: Histoire et lois du langage, hypothèse d'une langue analytique et méthodique, grammaire analytique universelle des signaux*(Paris: J. Best, 1862 [August]), 9.

46 Yakup Bektas, "The Sultan's Messenger: Cultural Constructions of Ottoman Telegraphy, 1847~1880," *Technology and Culture* 41(2000): 206.

47 같은 글, 669~696.

48 4자리 또는 5자리 진동으로 송신에 필요한 시간이 25%에서 75%까지 증가하는 것을 경험했다. 이러한 비효율 때문에 2의 5제곱, 또는 32개의 추가 공백이 포함된 이 5자리 암호는 원래 숫자와 특수 부호(구두점 포함)에만 제한되어 있었다. 영어와의 관계는 이것보다 더 진전되어 글자 전송 시 나타날 수 있는 특정 형식의 애매함에 대한 미묘한 고려도 포함되었다. 모스부호 내에서 진동 패턴의 배정은 글자가 동시에 발생하거나 두 개의 원래 다른 패턴이 갈라지면서 잘못된 표기로 이어질 경우 생길 수 있는 모호함을 고려해야 했다. 가장 일반적인 두 글자("digrams")에서 그런 글자들의 진동 패턴은 오해를 막기 위해 충분히 구별되어야 했다. 이로 인해 주어진 글자의 빈도가 요구하는 것보다 부족한 진동 패턴이 배정되더라도 말이다.

49 *Convention télégraphique internationale de Paris, révisée à Vienne(1868) et Règlement de service international(1868)—Extraits de la publication: Documents de la Conférence Télégraphique Internationale de Vienne*(Vienna: Imprimerie Impériale et Royale de la Cour et de l'Etat, 1868), 58.

50 *Convention télégraphique internationale de Saint-Pétersbourg et Règlement et tarifs y annexés (1875). Extraits de la publication—Documents de la Conférence Télégraphique Internationale de St-Pétersbourg: Publiés par le Bureau International des Administrations Télégraphiques*(Bern: Imprimerie Rieder & Simmen, 1876), 22; *Convention télégraphique internationale de Berlin (1885): Publiés par le Bureau International des Administrations Télégraphiques*(Bern: Imprimerie Rieder & Simmen, 1886, 15.

51 하지만 이 부호들은 모스 시스템의 대안인 "Hughes Signals"에서는 사용되지 않는다.

52 *Convention télégraphique internationale et règlement et tarifs y annexés révision de Londres (1903)*(London: The Electrician Printing and Publishing Co., 1903), 16.

53 Daniel Headrick, *The Tentacles of Progress: Technology Transfer in the Age of Imperialism, 1850~1940*(Oxford: Oxford University Press, 1988). chapter 11 참조.

54 W. Bull, "A Short History of the Shanghai Station"(Shanghai: n.p., 1893) [handwritten manuscript], Cable and Wireless Archive DOC/EEACTC/12/10, 4.

55 초기 전신과 그 등장에 따른 과감한 전망에 대한 흥미로운 연구는 Carolyn Marvin, *When Old Technologies Were New: Thinking about Electric Communication in the Late Nineteenth Century* (Oxford: Oxford University Press, 1998) 참조.

56 Escayrac de Lauture, *Grammaire du Télégraphe*, 4.

57 원본은 "langue des faits et des chiffres, langue sans poésie, planant cependant au-dessus des vulgarités de la vie commune." "Le discours est comme un calcul avec des mots: il faut trouver l'algèbre de ce calcul, imparfait comme chaque idiome; il faut trouver la commune mesure de la pensée et des discours humains." 같은 책, 4, 8.

58 원본은 "le catalogue des idées principales constitue la nomenclature: c'est comme la matière et le corps du discours." 같은 책, 4, 15.

59 행위 역시 기본적인 것과 부수적인 것으로 구분된다. 에스카이락 드 라투르는 "이제 우리는 언어의 몸체에 형식을 주었으므로 언어에 생명을 불어넣어야 한다"라고 말했다. '동작'이라는 주된 아이디어에서 시작해서 동작의 방향성(가다, 오다, 돌다, 건너다), 수단(옮기다, 때리다, 나누다), 그리고 기타 여러 변화를 달성하도록 얼마든지 변형할 수 있다. 더욱이 에스카이락 드 라투르의 시스템에서는 시제나 인물이 필요 없고 활용과 어형 변화가 수정 방식으로 대체된다. 같은 책, 12. 에스카이락 드 라투르는 자연계 또한 비슷한 방식으로 분류될 수 있다고 주장했다. 식물, 화학물질, 포유동물, 파충류, 연체동물, 물고기 등 자연계 내의 모든 개체는 축약된 글자 부호를 이용해서 인식된다. 시스템 내의 각 글자는 의미를 갖는다. 문맥 속의 첫 자음은 린네 생물 분류법의 종을 가리키는 데 사용되고, 따라오는 모음은 린네 분류법의 순서와 부속 순서를 가리키는 데 사용된다. 지리적 위치의 경우, 각 산맥은 정상으로, 강은 그 강의 상류로, 그리고 바다는 중심점으로 구분해 위도와 경도를 사용할 수 있다. Escayrac de Lauture, *Grammaire du Télégraphe*, 11~12.

60 "Sans connaître un seul de ces mots, on pourrait, à l'aide d'un simple vocabulaire, établir avec certitude le sens d'une phrase." 같은 책, 15. 참조.

61 "···serait plus propre qu'aucune langue connue aux communications internationales d'un certain ordre." 같은 책, 15.

62 Bull, "A Short History of the Shanghai Station," 7~10.

63 Zhu Jiahua [Chu Chia-hua], *China's Postal and Other Communications Services*(Shanghai: China United Press, 1937), 149.

64 Kurt Jacobsen, "A Danish Watchmaker Created the Chinese Morse System," *NIASnytt*(*Nordic Institute of Asian Studies) Nordic Newsletter* 2 (July 2001): 17~21.

65 Septime Auguste Viguier [威基謁] *(Weijiye), Dianbao xinshu* [電報新書], in "Extension Selskabet −Kinesisk Telegrafordbog," 1871; Arkiv nr. 10.619, in "Love og vedtægter med anordninger," GN Store Nord A/S SN China and Japan Extension Telegraf. Rigsarkivet [Danish National Archives], Copenhagen, Denmark. 354

66 중국 전신 기사가 대륙 모스(국제 모스부호라고도 함)에서 '축약된 숫자'를 사용했는지에 대해 중국, 덴마크, 또는 영국 자료에서는 언급되지 않고 있다. 그렇다면 전신 기사들은 숫자만 사용하고 글자는 전혀 쓰지 않는 본질적인 한계 속에서도 표준 모스부호의 숫자에 관한 비효율을 우회했을 수도 있다.

67 Tom Standage, *The Victorian Internet: The Remarkable Story of the Telegraph and the Nineteenth Century's On-line Pioneers*(New York: Berkeley Books, 1999).

68 Steve Bellovin, "Compression, Correction, Confidentiality, and Comprehension: A Modern Look at Commercial Telegraph Codes," paper presented at the Cryptologic History Symposium, 2009, Laurel, MD. 또한 N. Katherine Hayles, *How We Think: Digital Media and Contemporary Technogenesis*(Chicago: University of Chicago Press, 2012), chapter 5 참조.

69 Edward Benjamin Scott, *Sixpenny Telegrams: Scott's Concise Commercial Code of General Business Phrases*(London: published by the author, 1885), 18, 35. 다른 많은 가능한 예들 중에서 특히 Frank Shay, *Cipher Book for the Use of Merchants, Stock Operators, Stock Brokers, Miners, Mining Men, Railroad Men, Real Estate Dealers, and Business Men Generally*(Chicago: Rand McNally and Co., 1922) 참조.

70 비귀어(Viguier)의 글자 초기 목록은 후에 더밍자이(德明在)가 약간 수정했다. Erik Baark, *Lightning Wires: The Telegraph and China's Technological Modernization, 1860~1890*(Westport, CT: Greenwood Press, 1997), 85 참조. 1949년 혁명 이후 우리는 중국과 타이완에서 두 가지 버전의 부호가 생성되는 것을 보게 된다. 이 두 버전은 모두 4자리 부호를 사용하지만 각각 다르게 부호를 배정했다. 이러한 변화를 고려하더라도 비귀어 시스템의 기본 모델은 100년 이상 중국어의 산업 표준이

었다.

71 중국 전신 기반시설에 관한 최근 연구로는 Roger R. Thompson, "The Wire: Progress, Paradox, and Disaster in the Strategic Networking of China, 1881~1901," *Frontiers in the History of China* 10, no. 3(2015): 395~427 참조.

72 *Documents de la Conférence Télégraphique Internationale de Berlin*(1909), 482.

73 1920년대와 1930년대에 걸쳐 무선 송신은 전신 송신에서 가장 막중한 책임을 지게 되었다. 상하이만 살펴보더라도 13개 회선이 미국 RCA, 텔레푼켄 전신무선회사, Compagnie Générale de T.S.F., the Soviet Commission of Communications, the Directorate-General of Telegraphs and Posts of Annam 등등의 중개소를 통해 유럽, 미국, 그리고 동남아시아와 연결되어 있었다. 1931년 무선 송신이 시작되었을 때 중국에서 들어오는 국제 트래픽의 대략 10%를 전송했는데, 겨우 4년 후인 1935년에는 모든 국제 통신의 약 40%를 차지했다. 1932년부터 1935년까지 통신부 장관이었던 주자화의 통계. Zhu Jiahua [Chu Chia-hua], *China's Postal and Other Communications Services*.

74 Bull, "A Short History of the Shanghai Station," 115. 이와 같은 승리조차도 때로는 예상치 못한 그리고 어떤 경우에는 부정적인 영향을 가져왔다. 이 경우 중국에 익숙하지 않아서 주어진 송신이 "진본"임을 입증할 수 없다는 것은 중국이 여러 외국에 암호 책의 공식 사본을 "비축"해야 함을 의미했다. 1889년 브르테이유라는 프랑스 마을에서 '표준 미터'와 '표준 킬로그램'을 의식적으로 삽입한 것과 다르지 않은 행위(무게와 측정의 인공적 시스템을 영원히 보존하고 신성함을 부여하기 위해 구상된 행위)에서는 표준 중국어 전신 부호가 그 동일성과 지속성을 보장하기 위해 전 세계에 걸쳐 '심어져야만' 했다. 이러한 영속성은 무게나 측정의 경우에는 바람직했지만 중국어 전신의 경우에는 부호를 재설계하려는 향후의 노력을 제한할 뿐이었다. *Dictionnaire télégraphique officiel chinois en français*(Fawen yi Huayu dianma zihui) [法文譯華語電碼字彙](Shanghai: Dianhouzhai [點后齋], n.d); Peter Galison, *Einstein's Clocks, Poincaré's Maps: Empires of Time*(New York: W.W. Norton and Co., 2003), 91; *Documents de la Conférence Télégraphique Internationale de Madrid*(1932)─ *Tome I* (Bern: Bureau International de l'Union Télégraphique, 1933), 429. 더욱이 전신 규약을 다루는 협약과 개정의 복잡하고 미묘한 구조 때문에 중국의 입장을 개선하려는 목적은 단 한 번의 승리로는 달성될 수 없었다. 각각의 개선은 어렵게 얻어냈으므로 점진적인 후속 개정으로 폐지되지 않도록 하기 위해서는 지속적인 보완이 필요했다. 확장되는 전신 목록에 새로운 하위 기술 또는 관행이 추가될 때마다(예를 들어, 휴일 전신에 대한 우대 요금제, 전신 주소 지정의 새로운 방법, 전신과 육상 우편물을 '글자-전보' 형태로 조정 같은), 중국은 새로운 개정으로 부호화·숫자화된 언어에 제한으로 적용되는 조문이 분명 하나 이상 있을 것이라고 확신할 수 있었다. 크리스마스 전보는 일반 전보보다 싼 값으로 평가되지만 그런 전보는 중국어가 기술적으로 가지고 있지 않은 '평문'으로 작성되어야만 했다. 또한 복수의 합의문에는 전보의 주소도 '평문'으로 작성해야 하고 부호 또는 암호로 작성할 수 없다고 명시되어 있었다. 1932년 마드리드에서 개최된 회의에서는 글자-전보를 통제하는 좀 더 자세한 규칙을 제정하고 그런 송신은 전적으로 "명확한 언어"로 작성되어야 한다고 규정했다. 만일 할인된 크리스마스 전보에 적용된 규정들이 중국의 염려와 전혀 관련 없는 것처럼 보인다면, 그것은 '기호 주권'에 관한 우리의 지속적인 고려의 중심에 있는 이런 무관심 때문이었다. 정확히 그렇다. 국제 전신 사회 내에서 중국이 당한 특별한 불이익은 냉담하고 자기중심적인 유럽과 미국이 중국의 이해관계를 겨냥해 표적적·의식적으로 침해한 것이 아니라 훨씬 무관심하고 무지한 과정을 통해 이루어진 것임이 분명하다. 리스본, 런던 같은 아득히 동떨어진 회의실에서 대체로 무관심한 유럽-미국 공동체는 규정을 하나하나 통과시켰고, 중국 그 자체와는 아무 관련이 없음에도 불구하고 사실상 중국의 이해관계에 상당한 영향력을 행사했으며, 매번 중국에 상처를 입혔다. "깨끗한 언어", "평이한 언어", 또는 이와 유사한 용어가 나올 때마다 중국 대표단은 계속해서 확장되고 다양해지는 전 세계 전신의 복잡성 속에서 중국이 또 다시 배제되지 않도록 조정해야 함을 알았다.

75 더욱이 이 시스템은 아마도 광둥어로 보이는 여러 방언을 통해 더 영향을 받았다. 〈표 2-1〉에서는 각

글자의 병음 발음을 보통화로 열거하고 있는데, 특정 글자-문자 조합을 면밀히 고려하면 이러한 짝은 중국어 방언을 염두에 두고 만들어졌을 가능성이 크다. 일례로 zai와 'j' 짝은 zai의 광둥어 발음이 joi 인 것을 고려할 때만 일리 있다. 따라오는 글자가 광둥어로 wu로 발음되는 'w'나, wai로 발음되는 글 자 'y'도 마찬가지이다. 하지만 목록 안의 다른 요소들은 광둥어 외의 다른 것도 보여주기도 하는데 'k' 를 나타내는 데 사용된 글자이다(凱, 광둥어로 hoi이다). 이런 주름들을 내 관심으로 만들어준 로이 찬(Roy Chan)에게 감사를 표한다. Ministry of Communications *(Jiaotong bu)* [交通部], *Plaintext and Secret Telegraph Code—New Edition(Mingmi dianma xinbian)* [明密碼電報新編] (Shanghai: n.p., 1916); Ministry of Communications *(Jiaotong bu)* [交通部], *Plaintext and Secret Telegraph Code—New Edition(Mingmi dianma xinbian)* [明密電碼新編] (Nanjing: Jinghua yinshu guan [南京 印書館], 1933), Rigsarkivet [Danish National Archives], Copenhagen, Denmark, 10619 GN Store Nord A/S. 1870~1969 Kode- og telegrafbøger, Kodebøger 1924~1969; Ministry of Communications(Jiaotong bu) [交通部], *Plaintext and Secret Telegraph Code—New Edition* (Mingmi dianma xinbian) [明密電碼新編] (n.p.: Jiaotongbu kanxing [交通部刊行], 1946) 참조.

76 국제 전신 통신을 관장하는 규정을 변경하는 것은 종종 중재의 길을 막기도 했다. 3중음자 암호화는 비용 절감 및 비밀 통신을 감시하는 회사와 정부 감시 단체에 의해 결국 제약을 받았다.19세기 초 모 든 전신 송신은 "발음될 수 있는" 것이어야 했다. 다소 모호한 명칭인데 이는 모든 암호화된 송신 안 에 최소한의 모음 수를 강제 포함하는 것으로 구체적으로 해석된다. 자음으로 된 긴 열은 허용되지 않으므로 기존의 3중음자 시스템의 암호 공간 수를 크게 감소시킬 수 있었다.

77 Ministry of Communications *(Jiaotong bu)* [交通部], *Plaintext and Secret Telegraph Code—New Edition(Mingmi dianma xinbian)* [明密電碼新編] (n.p.: Jiaotongbu kanxing [交通部刊行], 1946).

78 Geoffrey C. Bowker, *Memory Practices in the Sciences* (Cambridge, MA: MIT Press, 2005).

제3장. 획기적인 기계

1 "No Chinese Typewriters," *Gregg Writer* 15(1912): 382.

2 "Judging Eastern Things from Western Point of View," *Chinese Students' Monthly* 8, no. 3 (1913): 154.

3 "Judging Eastern Things from Western Point of View," 154.

4 O.D. Flox, "That Chinese Type-Writer: An Open Letter to the Hon. Henry C. Newcomb, Agent of the Faroe Islands' Syndicate for the Promotion of Useful Knowledge," *Chinese Times* (March 31, 1888), 199.

5 같은 글.

6 "A Chinese Type-Writer," *Chinese Times* (January 7, 1888), 6.

7 Henry C. Newcomb, "Letter to the Editor: That Chinese Type-writer," *Chinese Times* [Tianjin] (March 17, 1888), 171~172.

8 같은 글.

9 Passport Applications January 2, 1906~March 31, 1925, National Archives and Records Administration, Washington, DC, ARC identifier 583830, MLR, number A1534, NARA Series M1490, roll 109.

10 A.H. Smith, "In Memoriam, Dr. Devello Z. Sheffield," *Chinese Recorder* (September 1913), 564~568, 565. 또한 스티븐 클락(Stephan Clarke)이 필자에게 제공한 원고인 Stephan P. Clarke, "The Remarkable Sheffield Family of North Gainesville" (n.p., n.d.), 3 참조.

11 "Missionaries of the American Board," *Congregationalist*(September 26, 1872), 3. Roberto Paterno, "Devello Z. Sheffield and the Founding of the North China College," in *American Missionaries in China*, ed. Kwang-ching Liu(Cambridge, MA: Harvard East Asian Monographs, 1966), 42~92 참조. 엘리노 셰릴 셰필드(Eleanor Sherill Sheffield)는 파이크 신학대학에서 공부했다. Clarke, "The Remarkable Sheffield Family of North Gainesville" 참조.

12 "Child of the Quarantine: One More Passenger on the Nippon Maru List—Baby Born During Angel Island Stay," *San Francisco Chronicle*(July 11, 1899), 12; Smith, "In Memoriam, Dr. Develло Z. Sheffield," 568.

13 Flox, "That Chinese Type-Writer," 199.

14 이 조약은 양쯔강의 외국인 운항권을 확대하고 서양의 4대 강국이 베이징에 공사관을 두도록 했으며, 중국 정부 기록과 교신에서 영국과 다른 외국 국가들을 지칭할 때 yi(영어로는 '야만인'으로 표기됨)라는 용어의 사용을 금했다. 데벨로와 엘레노는 아이 다섯을 키웠는데 그중 넷은 퉁저우에서 태어났다. Alfred(1871~1961), John(1873~1874), Mary(1875~1961), Flora(1877~1975), and Carolyn(1880 ~1962). Clarke, "The Remarkable Sheffield Family of North Gainesville," 14 참조.

15 Develло Z. Sheffield, "The Chinese Type-writer, Its Practicability and Value," in *Actes du onzième Congrès International des Orientalistes*, vol. 2(Paris: Imprimerie Nationale, 1898), 51.

16 Flox, "That Chinese Type-Writer," 199.

17 데벨로 셰필드가 그의 부모에게 보낸 편지. January 27, 1886. Develло Z. Sheffield and Family Letters & Photographs(Ruth S. Johnson Family Collection).

18 Develло Z. Sheffield [謝衛樓], *Shendao yaolun* 神道要論 [*Important Doctrines of Theology*] (Tongzhou: Tongzhou wenkui qikan yin 通州文魁齊刊印, 1894).

19 Develло Z. Sheffield [謝衛樓], "Di'er zhang minshou youhuo weibei huangdi [第二章民受誘惑違背皇帝]," *Xiao hai yuebao* [小孩月報] 4, no. 3(1878): 5; Develло Z. Sheffield [謝衛樓], "Diba zhang taizi duanding liangmin de baoying [第八章太子斷定良民的報應]," *Xiao hai yuebao* 5, no. 2(1879): 2~3; Develло Z. Sheffield [謝衛樓], "Shangfa yuyan diliu zhang liangmin quanren fangzhan huigai [賞罰喩言第六章良民勸人放瞻悔改]," *Xiao hai yuebao* [小孩月報] 4, no. 10 (1879): 5; Develло Z. Sheffield [謝衛樓], "Shangfa yuyan disan zhang minshou youhuo fanzui geng shen [賞罰喩言第三章島民受誘惑犯罪更深]," *Xiao hai yuebao* [小孩月報] 4, no. 4(1878): 6~7; Develло Z. Sheffield, [謝衛樓], "Shangfa yuyan diyi zhang daomin shou bawang xiahai [賞罰喩言第一章島民受霸王轄害]," *Xiao hai yuebao* [小孩月報] 4, no. 2(1878): 3.

20 1890년부터 1909년까지 19년 동안 그는 북중국대학 총장으로 근무했다. 미국에서 휴가를 보낸 후 의화단운동 와중인 1900년 가을에 중국으로 돌아갔다. 그는 북중국대학의 재건을 도왔다. 새로운 위원회가 조직되고 중국어로 된 신약성경의 개정을 관장하는 일을 맡았다. 상하이 회의에서 셰필드를 회장으로 임명했고 17년 후인 1907년 그 완성까지 그 역할로 프로젝트를 관장했다. 그 후 셰필드의 정년이 연장되었고 이번에는 위원장으로서 구약성경의 개정을 관장했다.

21 Sheffield, "The Chinese Type-writer, Its Practicability and Value," 63.

22 같은 글, 62.

23 같은 글, 62~63.

24 같은 글, 63. 그런 대필 기계는 사무원이나 사업가에게 자의적 선택이나 해석을 주지 않으므로 외국인들은 "글 쓰는 기계에 의해 사적인 문제가 누설되지 않는다는 믿음"을 가지고 중국어 교신을 작성하고 보낼 수 있게 했다. 영국 황실의 공통적인 고민에 대한 흥미로운 점검에 대해서는 Christopher Bayly, *Empire and Information: Intelligence Gathering and Social Communication in India,*

1780~1870(Cambridge: Cambridge University Press, 1999 [1996]) 참조.

25 Sheffield, "The Chinese Type-writer, Its Practicability and Value," 62~63.

26 같은 글, 63.

27 같은 글, 51.

28 같은 글, 50.

29 같은 글.

30 같은 글.

31 같은 글.

32 같은 글, 51.

33 1888년 12월 3일자 데벨로 셰필드가 그의 가족에게 보낸 편지; 1886년 1월 27일 데벨로 셰필드가 그의 부모에게 보낸 편지; Devello Z. Sheffield and Family Letters & Photographs(Ruth S. Johnson Family Collection).

34 Joseph Needham, *Science and Civilisation in China*, vol. 5, part 1(Cambridge: Cambridge University Press, 1985), 206~207.

35 Sheffield, "The Chinese Type-writer, Its Practicability and Value," 51.

36 아주 희귀한 글자들의 경우에는 이동식 인쇄기로 필요에 따라 글자들을 만들었다. 셰필드의 기계에는 평균적인 중국어 인쇄소보다 글자 수가 아주 적었으므로 활자 제작의 추가 모드 또는 대체 모드가 훨씬 더 일반적이었다.

37 Devello Z. Sheffield, *Selected Lists of Chinese Characters, Arranged According of Frequency of their Recurrence*(Shanghai: American Presbyterian Mission Press, 1903). 셰필드는 "일람표에 들어 있지 않은 글자"를 그의 4662개 최종 계산에 분명히 넣지 않았다.

38 Sheffield, *Selected Lists of Chinese Characters*. 곧 셰필드는 자신의 기계의 바퀴에 다른 산업에 적용되는 대체 한자를 넣을 수 있도록 조정하고 반영했다. Sheffield, "The Chinese Typewriter, Its Practicability and Value," 63.

39 그러나 셰필드의 경우는 해당되지 않았다. 셰필드는 이들 글자 각각을 자신의 기계에 포함시켰으므로 그 글자들을 별개의 개체로 취급하고 있었다.

40 "Science and Industry," *Arkansas Democrat*(October 10, 1898), 7; "China," *Atchison Daily Globe*(April 11, 1898), 1; *Daily Picayune-New Orleans*(April 9, 1898), 4; "Our Benevolent Causes," *Southwestern Christian Advocate*(July 8, 1897), 6; "Will Typewrite Chinese," *Atchison Daily Globe*(June 1, 1897), 3; "Typewriter in Chinese," *Denver Evening Post*(May 29, 1897), 1; "Salmis Journalier," *Milwaukee Journal*(May 3, 1897), 4.

41 *Daily Picayune-New Orleans*(April 19, 1898), 4.

42 "Science and Industry," 7.

43 "A Chinese Typewriter," *Semi-Weekly Tribute*(June 22, 1897), 16.

44 Sheffield, "The Chinese Type-writer, Its Practicability and Value," 60.

45 Smith, "In Memoriam, Dr. Devello Z. Sheffield," 565.

46 셰필드는 시베리아호를 타고 1909년 3월 24일 호놀룰루에 도착했다. 그의 목적지는 미시간주 디트로이트라고 적혀 있었다. "Passenger Lists of Vessels Arriving or Departing at Honolulu, Hawaii, 1900~1954." National Archives and Records Administration, Washington, DC, Records of the Immigration and Naturalization Service, record group 85, series/roll no. m1412:6 참조.

47 "Child of the Quarantine," 12.

48 "1Passenger Lists of Vessels Arriving or Departing at Honolulu, Hawaii, 1900~1954," National Archives and Records Administration, Washington, DC, Records of the Immigration and Naturalization Service, record group 85, series/roll no. m1412:6.

49 다른 곳에는 저우허우쿤이 장쑤성 우시 출신으로 적혀 있다. "MIT China(Meiguo Masheng ligong xuexiao Zhongguo) [美國麻省理工學校中國]," Shenbao(July 19, 1915), 6 참조; University of Illinois Urbana-Champaign, ed., University of Illinois Directory: Listing the 35,000 Persons Who Have Ever Been Connected with the Urbana-Champaign Departments, Including Officers of Instruction and Administration and 1397 Deceased(Urbana-Champaign, 1916), 118. 난양대학은 1896~1898년에 지어졌으며, 외국인 투자와 전신 사무실 개발을 위한 청 정부의 명령으로 창립되었다. 그 후 1921년에 자오퉁대학(交通大學)으로 되었다.

50 다른 눈에 띄는 동료 여행자는 저우런(周仁)과 장펑춘(張彭春)이었다. Hongshan Li, US-China Educational Exchange, 62~63, 65~67, 70; "Name List of Students Selected to Travel to America(Qu ding you Mei xuesheng mingdan) [取定遊美學生名單]," Shenbao(August 9, 1910), 5; "Draft Proposal regarding Students Taking Exam to Study Abroad in the United States(Kaoshi liu Mei xuesheng cao'an) [考試留美學生草案]," Shenbao(August 8, 1910), 5~6.

51 "New Invention: A Chinese Typewriter (Zhongguo daziji zhi xin faming) [中國打字機之新發明]," Shenbao(August 16, 1915), 10; University of Illinois UrbanaChampaign, ed., University of Illinois Directory: Listing the 35,000 Persons Who Have Ever Been Connected with the Urbana-Champaign Departments, Including Officers of Instruction and Administration and 1397 Deceased (Urbana-Champaign: University of Illinois Press, 1916), 118.

52 그의 논문 "Experimental Determination of Damping Coefficients in the Stability of Aeroplanes"였다. Lauren Clark and Eric Feron, "Development of and Contribution to Aerospace Engineering at MIT," 40th AIAA Aerospace Sciences Meeting and Exhibit(January 14~17, 2002), 2; "New Invention: A Chinese Typewriter (Zhongguo daziji zhi xin faming) [中國打字機之新發明]," Shenbao(August 16, 1915), 10; "MIT China (Meiguo Masheng ligong daxue Zhongguo) [美國麻省理工大學中國]," Shenbao(July 15, 1914), 6 참조

53 Zhou Houkun, "Explanation of Newly Created Chinese Typewriter (Chuangzhi Zhongguo daziji tushuo) [創制中國打字機圖說]," trans. Wang Ruding, Eastern Miscellany (Dongfang zazhi) [東方雜誌] 12, no. 10(October 1915): 28.

54 모노타입 기계는 '열간 금속'으로 만들어진 형태로, 작업자가 활자 열을 만드는 데 자판을 이용하고 글자의 빈 금형에 글자 알로 냉각되는 용융된 금속을 주입하는 조판 기술이다. 활자 조판과 활자 주조가 두 개의 별개 공정이었던 이동식 활자 인쇄의 초기 기술과 달리 열간 금속 기계는 이들 과정을 단일 공정으로 합쳤다. 모노타입 기계가 사출-금형 글자를 하나씩 만들었으므로 그 이름이 모노 타입(단활자)이다. 리노 타입 기계는 활자 막대기 또는 줄로 글자를 주조한다. 열간 금속 식자는 인쇄 역사의 신기원을 만들었고 요하네스 구텐베르크(Johanes Gutenberg)와 그 후예들에 의해 유명해진 산업 규모의 이동식 활자 인쇄 시대를 대체하면서 이를 종식시켰다.

55 우리는 여기에서 체키 혼(Tze-ki Hon) 및 여러 사람이 조사했던 구 청나라 개혁가들의 연속성을 보게 된다. 혼이 말했듯이 청나라 말 중국 교육 개혁에 참가한 사람들은 자신들이 '시민의 교육자'로서 젊은 중국인들 사이에 집단적 일체성을 만듦으로써 국가 건설에 참여하고 있다는 것을 알게 되었다. Tze-ki Hon, "Educating the Citizens: Visions of China in Late Qing History Textbooks," in The Politics of Historical Production in Late Qing and Republican China, ed. Tze-ki Hon and Robert Culp(Leiden: Brill, 2007), 81 참조.

56 Charles W. Hayford, To the People: James Yen and Village China(New York: Columbia

University Press, 1990), 40~41.

57 George Kennedy, "A Minimum Vocabulary in Modern Chinese," *Modern Language Journal* 21, no. 8(May 1937): 587~592, 590. 천허친이 만든 말뭉치의 정확한 규모는 55만 4478개였다.

58 정확히 말하면 177개의 가장 빈번한 글자가 전체 말뭉치의 57%를 차지했다. 2장에 보면 윌리엄 갬블은 1861년 자신의 말뭉치 중 가장 일상적인 13개 글자가 전체의 6분의 1 또는 16.67%를 차지한다고 정했다. 이 숫자는 천허친의 발견에 더 잘 적혀 있다. 두 학자의 빈번도 곡선을 자세히 들여다보면 그 모양은 더 빡빡해진다. 갬블의 분석으로는 첫 521개 글자가 전체의 11분의 9(또는 81.8%)이다. 천허친의 분석에서는 첫 569개 글자가 전체의 80%를 차지한다.

59 Hayford, *To the People*, 60.

60 같은 책, 44.

61 같은 책, 50. 서양인들 역시 이것에 관심이 있었지만 우리는 이런 실행가 집단에는 초점을 맞추지 않을 것이다. 예를 들어 William Edward Soothill, *Student's Four Thousand 字 and General Pocket Dictionary*, 6th ed.(Shanghai: American Presbyterian Mission Press, 1908), v 참조. 또한 Courtenay Hughes Fenn, *The Five Thousand Dictionary*, rev. American ed.(Cambridge, MA: Harvard University Press, 1940) 참조.

62 Hayford, *To the People*, 48.

63 같은 책, 45. 대중 교육 운동의 성장과 함께 알고리즘 독서가 교육적 소규모 산업이 되었다. 경쟁하는 상대끼리 "최소한의 중국어"에 대한 자신들 고유의 견해를 내놓았다. 대중교육발전국립협회는 후에 또 다른 목록을 발간했는데 이것은 농경 집단을 목표로 하고 있었다. National Association for the Advancement of Mass Education*(Zhonghua pingmin jiaoyu cujinhui)* [中華平民敎育促進會], ed., *Farmer's One Thousand Character Textbook (Nongmin qianzi ke)* [農民千字課](n.p., 1933), Rare Book and Manuscript Library, Columbia University, Papers of the International Institute of Rural Reconstruction, MS COLL/IIRR; and *Universal Word List for the Average Citizen(Ping guomin tongyong cibiao)* [平國民通用詞表], Rare Book and Manuscript Library, Columbia University, Papers of the International Institute of Rural Reconstruction, MS COLL/IIRR, n.d.

64 Kennedy, "A Minimum Vocabulary in Modern Chinese," 589.

65 같은 책, 588~591. 왕리즈는 한자 149만 7182자를 분석하기 위해 말뭉치를 확장했다. Lu-Ho Rural Service Bureau*(Luhe xiangcun fuwubu)* [潞河鄉村服務部], ed., 2,000 *Foundational Characters for Daily Use (Richang yingyong jichu erqian zi)* [日常應用基礎二千字](n.p., 1938 [November]), Rare Book and Manuscript Library, Columbia University, Papers of the International Institute of Rural Reconstruction, MS COLL/IIRR.

66 Kennedy, "A Minimum Vocabulary in Modern Chinese," 591.

67 Zhou Houkun, "Patent Document for Common Usage Typewriter Tray *(Tongsu dazipan shangqueshu)* [通俗打字盤商榷書]," *Educational Review(Jiaoyu zazhi)* [敎育雜誌] 9, no. 3 (March 1917): 12~14. *Biographical Dictionary of Chinese Christianity*, http://www.bdcconline.net/en/stories/d/dong-jingan.php 참조.

68 Zhou Houkun, "Diagram Explaining Production of Chinese Typewriter*(Chuangzhi Zhongguo daziji tushuo)* [創制中國打字機圖說]," 28, 31. 기독교 선교인들을 찬양하면서 저우허우쿤은 "'최초의 중국어 타자기 발명가'의 영예는 데벨로 셰필드에게 돌아가야 한다"라는 의견을 분명히 했다. 하지만 동시에 그는 자기의 발명품의 독자성을 주장하면서 그 발명품을 개발하는 과정 동안 미국 기계를 몰랐다고 밝혔다.

69 "Diagram Explaining Production of Chinese Typewriter *(Chuangzhi Zhongguo daizji tushuo)* [創制中國打字機圖說]," *Zhonghua gongchengshi xuehui huikan* 2, no. 10(1915): 15~29;

"Chinaman Invents Chinese Typewriter Using 4,000 Characters," *New York Times*(July 23, 1916), SM15.

70 같은 글.

71 Thomas Sammons, "Chinese Typewriter of Unique Design," *Department of Commerce Bureau of Foreign and Domestic Commerce, Commerce Reports* 3, nos. 154~230(May 24, 1916): 20.

72 같은 글.

73 "It Takes Four Thousand Characters to Typewrite in Chinese," *Popular Science Monthly* 90, no. 4(April 1917): 599.

74 Abigail Markwyn, "Economic Partner and Exotic Other: China and Japan at San Francisco's Panama-Pacific International Exposition," *Western Historical Quarterly* 39, no. 4(2008): 444, 454~459 참조.

75 *Temporary Catalogue of the Department of Fine Arts Panama-Pacific International Exposition: Official Catalogue of Exhibitors*, rev. ed.(San Francisco: The Wahlgreen Co., 1915), 32.

76 주요 정보는 치쉬안의 배제법 기록에서 가져왔다. 중국인 배제법 기록은 중국 혈통(시민, 비시민 모두)의 인물이 미국에 입국할 때 만들어지는, 그리고 재입국 동안 늘어나는 후속의 서류 일체를 뜻한다. 이러한 기록들은 1884년부터 1943년까지 유지되었는데 아서 행정부 시절 입법된 연방 반중국 이민 제한의 일부분으로 시작되었다가 1943년에 폐지되었다. 배제법 서류에는 사진, 기본 인물정보를 담은 증명서, 그리고 심문 기록이 포함되어 있다.

77 다른 곳에는 치쉬안이 산시성의 학생이라고 보도되었다. "A Chinese Typewriter," *Peking Gazette* (November 1, 1915), 3; and "A Chinese Typewriter," *Shanghai Times*(November 19, 1915), 1.

78 치쉬안 기계에 관한 기고문에서 C.C.창(C.C. Chang)은 "Brayns" 교수를 언급하지만 이것은 거의 확실한 오타이다. 당시 뉴욕대학교의 교직원 기록은 당시 NYU 공대 교수인 "William Remington Bryans(윌리엄 레밍턴 브라이언)"을 지칭하고 있다. C.C. Chang, "Heun Chi Invents a Chinese Typewriter," *Chinese Students' Monthly* 10, no. 7(April 1, 1915): 459 참조.

79 두 번째 실린더는 종이로 싸여 있는데, 그 위에 110개 그룹으로 나눈 상형문자를 쓰는 키가 있다.

80 Heun Chi [Qi Xuan], "Apparatus for Writing Chinese," United States Patent no. 1260753(filed April 17, 1915; patented March 26, 1918).

81 Medhurst, *China: Its State and Prospects*, 558.

82 Robert S. Brumbaugh, "Chinese Typewriter," United States Patent no. 2526633(filed September 25, 1946; patented October 24, 1950).

83 Wang Kuoyee, "Chinese Typewriter," United States Patent no. 2534330(filed March 26, 1948; patented December 19, 1950).

84 훌륭하고 생생하게 그려진 20세기 중국의 그래픽 디자인 소개에 관해서는 Scott Minick and Jiao Ping, *Chinese Graphic Design in the Twentieth Century*(London: Thames and Hudson, 1990) 참조.

85 Johanna Drucker, *The Visible Word: Experimental Typography and Modern Art, 1909~1923* (Chicago: University of Chicago Press, 1997).

86 Chang, "Heun Chi Invents a Chinese Typewriter," 459.

87 "4,200 Characters on New Typewriter; Chinese Machine Has Only Three Keys, but There Are 50,000 Combinations; 100 Words in TWO HOURS; Heuen Chi, New York University Student, Patents Device Called the First of Its Kind," *New York Times*(March 23, 1915), 6.

88 *Official Congressional Directory*(Washington, DC: United States Congress, 1916 [December]), 377.

89 "4,200 Characters on New Typewriter," 6.

90 같은 글.

91 같은 글.

92 "The Newest Inventions," *Washington Post*(March 21, 1917), 6.

93 "An Explanation of the Chinese Typewriter and the Twentieth Century War Effort*(Zhongguo daziji zhi shuoming yu ershi shiji zhi zhanzheng liqi)* [中國打字機之說明與二十世紀之戰爭力氣]," *Huanqiu* [環球 *The World's Chinese Students' Journal*] 1, no. 3(September 15, 1916): 1~2 참조.

94 Chang, "Heun Chi Invents a Chinese Typewriter," 459.

95 Zhang Yuanji, diary entry, May 16, 1919, in *Zhang Yuanji quanji* [張元濟], vol. 6(*juan* 6), 56 ["山西留學紐約紀君製有打字機 雖未見其儀器 而所打之字則甚明晰 似此周厚坤所製為優]. "뉴욕에서 유학 중인 산시 출신이 치쉬안이 타자기를 만들었다. 그 기계를 보지는 못했지만 타자된 글자는 매우 깨끗하다. 이 기계가 저우허우쿤의 기계보다 나은 것으로 보인다."

96 H.K. Chow [Zhou Houkun], "The Problem of a Typewriter for the Chinese Language," *Chinese Students' Monthly*(April 1, 1915), 435~443.

97 Zhou Houkun, "*Chuangzhi Zhongguo daziji tushuo,*" 31.

98 같은 글. 모든 용법은 원본에 있는 것과 같다.

99 Qi Xuan [Heuen Chi], "The Principle of My Chinese Typewriter," *Chinese Students' Monthly* 10, no. 8(May 1, 1915): 513~514.

100 같은 글.

101 같은 글.

102 같은 글.

103 "New Invention of a Chinese Typing Machine*(Zhongguo dazi jiqi zhi xin faming)* [中國打字機器新發明]," *Tongwen bao* [通文報] 656(1915): 8.

104 저우허우쿤은 월 160위안을 받았고 그 후 난징으로 옮긴 후 컨설턴트로 일했다. 상무인서관이 그 기계를 계속 개발했으므로 저우허우쿤은 1년에 3개월을 일하고 총 600위안을 받았다. Zhang Yuanji, 일기장, March 1, 1916(Wednesday), in *Zhang Yuanji quanji* [張元濟], vol. 6(*juan* 6), 19~20. 이것이 저우허우쿤을 언급한 최초의 글이다.

제4장: 키 없는 타자기를 뭐라고 부를까?

1 각 글자 알의 표면은 약 0.5cm²로 측정되며, 높이가 1.5cm 정도인 받침대에 장착되었다. 기계의 밑면은 나무로 만들어져서 청소 솔, 핀셋, 작은 렌치 같은 여러 가지 도구와 기계 공구를 담는 데 사용되었으며, 깊이 41cm, 폭 47.3cm, 높이 6cm였다. 이 위에 기계를 얹힌다. 기계의 전면에는 얇고 금속 테로 된 유리 틀이 부착되어 있는데 여기에는 글자에 관한 종이 안내서가 들어 있다. 유리 틀은 글자판을 재도록 되어 있는데 폭 45cm, 높이 25.5cm이다. 기계의 압판은 폭 36.5cm이다.

2 *Chinese Typewriter Manufactured by Shanghai Commercial Press(Shanghai yinshuguan zhizao Huawen daziji shuomingshu)* [上海印書館製造華文打字機說明書](Shanghai: Commercial Press, 1917 [October]).

3   Christopher A. Reed, *Gutenberg in Shanghai: Chinese Print Capitalism, 1876~1937* (Honolulu: University of Hawai'i Press, 2004).

4   "Summer Vacation at the China Railway School *(Zhonghua tielu xuexiao shujia)* [中華鐵路學校暑假]," *Shenbao*(July 5, 1916), 10.

5   "Zhou and Wang are Quintessential Scholars *(Zhou Wang liang jun juexue)* [周王兩君絕學]," *Shenbao*(July 24, 1916), 10. 저우허우쿤의 청중은 이 젊은이의 발명품에 매혹되었는데, 그의 시연이 호소력을 발휘한 것은 미국을 직접 경험하고 돌아온 학생이라는 신분 때문이기도 했다. 자신의 중국어 타자기에 대한 저우허우쿤의 발표는 초청에 의해서였든 본인의 주도였든 간에 미국의 "흑인 학교"에 대한 간단한 강연에서 이루어졌고 성 교육위원회가 구매한 "미국 흑인"을 주제로 한 환등기 슬라이드와 함께 제공되었다.

6   Zhang Yuanji, diary entry, January 9, 1917, in *Zhang Yuanji quanji*, vol. 6(juan 6), 141.

7   Zhang Yuanji, diary entry, May 26, 1919(Tuesday), in *Zhang Yuanji quanji*, vol. 7(juan 7), 71.

8   "News from the Nanyang University Engineering Association *(Nanyang daxue gongchenghui jinxun)* [南洋大學工程會近訊]," *Shenbao*(November 10, 1922), 14.

9   "Jiangsu Department of Industry Hires Zhou Houkun as Advisor *(Su shiyeting pin Zhou Houkun wei guwen)* [蘇實業廳聘周厚坤為顧問]," *Shenbao*(October 21, 1923), 15 참조. 1922년 기사에는 저우허우쿤이 펑시(朋西)라는 이름으로 불리고 있다. "Wuchang Inspection Office Examines Hanyeping Remittances *(Wuchang jianting zi cha Hanyeping jiekuan)* [武昌檢廳呑查漢冶萍解欵]," *Shenbao*(August 26, 1922), 15.

10   Zhang Yuanji, 일기장, May 26, 1919(Tuesday), in *Zhang Yuanji quanji*, vol. 7(juan 7), 71.

11   ""Commercial Press Establishes Chinese Typewriting Class *(Shangwu yinshuguan she Huawen daziji lianxi ke)* [商務印書館設華文打字機練習課]," *Education and Vocation(Jiaoyu yu zhiye)* [教育與職業] 10(1918): 8.

12   Shu Changyu [舒昌鈺](aka Shu Zhendong [舒震東]), "Thoughts While Researching a Typewriter for China *(Yanjiu Zhongguo daziji shi zhi ganxiang)* [研究中國打字機時之感想]," *Tongji* 2(1918): 156; Zhang Yuanji, diary entry,February 24, 1919(Monday), in *Zhang Yuanji quanji*, vol. 7(juan 7), 30. 장위안치 또한 다국적 제조 계획을 고려했는데, 수전둥이 미국에서 만든 정밀 부품을 중국에서 조립하는 방식이었다. Zhang Yuanji, diary, April 16, 1920(Friday), in *Zhang Yuanji quanji*, vol. 7(juan 7), 205. 장위안치는 바오셴창에게 수전둥이 미국에서 만든 정밀 부품을 가지고 조립을 위해 상하이로 오라고 지시했다. 바오셴창은 수전둥에게 부탁했으나 수전둥은 이를 번거롭다고 여기고 그 일을 서두를 필요가 없다고 생각했다. Zhang Yuanji, diary entry, April 19, 1920(Monday), in *Zhang Yuanji quanji*, vol. 7(juan 7), 205 참조.

13   Ping Zhou, "A Record of Viewing the Chinese Typewriter Manufactured by Commercial Press *(Canguan shangwu yinshuguan zhizao Huawen daziji ji)* [參觀商務印書館制造華文打字機記]," *Shangye zazhi* [商業雜誌] 2, no. 12(1927): 1~4.

14   이 첫 모델이 불만족스러웠던 수전둥은 뒤이어 공장을 방문하고 중국어 타자의 문제점에 대한 새로운 접근법을 개발하기 위해 유럽과 미국으로 출장을 떠났다. 상하이로 돌아온 그는 중국어 타자기의 개선된 모델을 개발하기 시작했는데 다섯 단계 또는 '스타일'을 거치는 공정이었다. 차후 안내서에서 설명된 모델의 출시표는 1919년을 수전둥 기계의 '세 번째 스타일'이 출시된 해로 기록하고 있다.

15   John A. Lent and Ying Xu, "Chinese Animation Film: From Experimentation to Digitalization," in Ying Zhu and Stanley Rosen, *Art, Politics, and Commerce in Chinese Cinema*(Hong Kong: Hong Kong University Press, 2010), 112.

16 이 두 사람은 만화영화 단편 시리즈 〈낙타헌무(骆驼献舞)〉(1935), 중국 최초의 장편 애니메이션 〈철선공주(鐵扇公主)〉(1941)를 제작했다.

17 Ping Zhou, "A Record of Viewing the Chinese Typewriter," 2.

18 Gan Chunquan and Xu Yizhi, eds., *Essential Knowledge for Secretaries: Requirements of a Chinese Typist (Shuji fuwu bibei: yiming Huawen dazi wenshu yaojue)* [書記服務必備一名華文打字文書要決](Shanghai: Renwen yinshuguan, 1935), 25~30.

19 Ping Zhou, "A Record of Viewing the Chinese Typewriter," 2. 일상 용법 글자판과 2차, 3차 용법 상자에 있는 7000자 이상의 문자 외에, 이 기계는 영어 알파벳, 아라비아 숫자, 중국어 표음 철자(주음부호), 그리고 서양식 구두점을 갖추고 있었다.

20 Zhang Yuanji, diary entry, April 16, 1920(Friday), in *Zhang Yuanji quanji*, vol. 7(juan 7), 205.

21 "Consulate Purchases Chinese Typewriter *(Lingshiguan zhi Hanwen daziji)* [領事館置漢文打字機]," *Chinese Times(Dahan gongbao)* [大漢公報](May 18, 1925), 3.

22 "Business News(Shangchang xiaoxi) [商場消息]," *Shenbao*(October 27, 1926), 19~20.

23 "Report on Machinery on Display at the Department of Forestry and Agriculture(Chenlie suo jishu nonglinbu yanjiu tan) [陳列所機術農林部研究談]," *Shenbao*(November 27, 1921), 15.

24 *Shenbao*(May 2, 1924), 21. 송밍더에 관한 정보는 SMA Q235-1-1875(April 6, 1933), 18~20 참조.

25 Shu, "Thoughts While Researching a Typewriter for China," 156.

26 같은 글.

27 같은 글.

28 "Preparations for a Chinese Typewriting Class(Chouban Huawen daziji xunlianban) [籌辦華文打字機訓練班]," *Henan jiaoyu(Henan Education)* [河南教育] 1, no. 6(1928): 4 참조.

29 개일 허셰터(Gail Hershatter)가 지적하듯이 우리는 1999년 왕정의 연구를 제외하고는 중화민국 시대 전문직 여성에 대해 아는 바가 별로 없다. Gail Hershatter, *Women in China's Long Twentieth Century*(Berkeley: University of California Press, 2007); and Wang Zheng, *Women in the Chinese Enlightenment: Oral and Textual Histories*(Berkeley: University of California Press, 1999) 참조.

30 Christopher Keep, "The Cultural Work of the Type-Writer Girl," *Victorian Studies* 40, no. 3(Spring 1997): 405.

31 Communication between Tianjin Municipal Government Department of Education*(Tianjin shi zhengfu jiaoyuju)* [天津市政府教育局] and the International Typing Institute*(Guoji dazi chuanxisuo)* [國際打字傳習所], TMA J110-1-838(July 6, 1946), 1~15; Communication between Tianjin Municipal Government Department of Education *(Tianjin shi zhengfu jiaoyuju)* [天津市政府教育局] and Junde Chinese Typing Institute*(Junde Huawen dazi zhiye buxi xuexiao)* [峻德華文打字職業補習學校], TMA J110-1-808(March 5, 1948), 1~12; "Beijing Baoshan and Guangde Chinese Typing Supplementary Schools *(Beijing shi sili Baoshan, Guangde Huawen dazi buxi xuexiao guanyu xuexiao tianban qiyong qianji baosong li'an biao jiaozhiyuan lüli biao he xuesheng mingji chengji biao chengwen ji shi jiaoyuju de zhiling (fu: gaixiao jianzhang, zhaosheng jianzhang he xuesheng chengji biao)* [北京市私立寶善、廣德華文打字補習學校關於學校天辦啟用鈴記報送立案表教職員履歷表和學生名籍成績表呈文及市教育局的指令(附: 該校簡章、招生簡章和學生成績表]," BMA J004-002-00579(July 1, 1938); "Regarding the Foundation of the Guangdewen Typing Supplementary School in Beiping*(Guanyu chuangban Beiping shi sili*

Guangdewen dazi buxi xueshe de chengwen ji gai she jianzhang deng yiji shehui ju de piwen)
[關於創辦北平市私立廣德文打字補習學社的呈文及該社簡章等以及社會局的批文]," BMA
J002-003-00754(May 1, 1938); "Curriculum Vitae of Teaching Staff and Student Roster of the
Private Yucai Chinese Typing Vocational Supplementary School in Beiping (Beiping shi sili Yucai
Huawen dazike zhiye buxi xuexiao zhijiaoyuan lüli biao, xuesheng mingji biao) [北平市私立育才
華文打字科職業補習學校職教員履歷表、學生名籍表]," BMA J004-002-00662(July 31,
1939); "Petition Submitted by the Private Yadong Japanese-Chinese Typing Supplementary
School of Beijing to the Beijing Special Municipality Bureau of Education Regarding Inspection of
Student Grading List, Curriculum Plan, and Teaching Hours for the RegularSpeed Division of the
Sixteenth Term, and the Order Received in Response from the Bureau of Education (Beijing shi
sili Yadong Ri Huawen dazi buxi xuexiao guanyu di'shiliu qi putong sucheng ge zu xuesheng
chengjibiao, kecheng yuji ji shouke shi shu qing jianhe gei Beijing tebieshi jiaoyuju de cheng yiji
jiaoyuju de zhiling) [北京市私立亞東日華文打字補習學校關於第十六期普通速成各組學生成
績表、課程預計及授課時數請鑒核給北京特別市教育局的呈以及教育局的指令]," BMA
J004-002-01022(January 31, 1943); Private Yadong Japanese-Chinese Typing Supplementary
School of Beijing Student Roster (Beijing shi sili Yadong Ri Hua wen dazi buxi xuexiao xuesheng
mingji biao) [北京市私立亞東日華文打字補習學校學生名籍表], BMA J004-002-01022
(November 7, 1942); Private Shucheng Typing Vocational Supplementary School of Beijing
Student Roster (Beijing shi sili shucheng dazike zhiye buxi xuexiao xuesheng mingji biao) [北京市
私立樹成打字科職業補習學校學生名籍表], BMA J004-002-01091(March 23, 1942); Private
Yanjing Chinese Typing Supplementary School of Beijing Student Roster (Beijing sili Yanjing
Huawen dazi buxi xuexiao xuesheng mingji biao) [北京私立燕京華文打字補習學校學生名籍表],
BMA J004-001-00805(November 1, 4 1946); SMA R48-1-287; Tianjin Municipality Eighth
Educational District Mass Education Office Eighth Term Chinese Typing Accelerated Class
Graduation Name List (Tianjin shili di'ba shejiaoqu minzhong jiaoyuguan di'ba qi Huawen dazi
suchengban biye xuesheng mingce) [天津市立第八社教區民眾教育館第八期華文打字速成班
畢業學生名冊], TMA J110-3-740(November 25, 1948), 1~2; "Regulations of the Commercial
Typing and Shorthand Training Institute (Shangye dazi suji chuanxisuo jianzhang) [商業打字速記
傳習所簡章]," SMA Q235-1-1844(June 1932), 49~56; SMA Q235-1-1871.

32   "Mr. Hui's Chinese-English Typing Institute (Hui shi Hua Ying wen dazi zhuanxiao) [惠氏華英打字
專校]," SMA Q235-1-1847(1932), 26~49.

33   "Victory and Success Typing Academy (Jiecheng dazi chuanxisuo) [捷成打字傳習所]," SMA
Q235-1-1848(1933), 50~70.

34   이 학원의 교장은 1908년경에 태어난 상하이 거주자 주훙쥐안이었는데 그 밑에는 5명의 강사(남성 2
명, 여성 3명)가 있었다. 주훙쥐안의 여동생으로 추정되는 주페이는 19세의 젊은 여성으로 1925년경
출생했으며 이 학원에서 강사로 일했다. 1900년경 태어난 장궈량 역시 이 학원에서 일했다. 1944년
환추는 300여 명의 수강생을 자랑하면서 후에 타이산로 652에 두 번째 학원을 확장했다. memo
from Zhu Hongjuan [朱鴻雋], principal of the Huanqiu Typing Academy of Shanghai to a Mr. Lin
[林], Shanghai Special Municipality education bureau chief, SMA R48-1-287(October 27, 1944),
1~11 참조.

35   "Contacts for School Graduates Where Currently Employed (Benxiao lijie biyesheng fuwu
tongxun lu) [本校歷屆畢業生服務通訊錄]," SMA Q235-3-503(n.d.), 6~8.

36   "Preparations for a Chinese Typewriting Class (Chouban Huawen daziji xunlianban) [籌辦華文打
字機訓練班]," Henan Education (Henan jiaoyu) [河南教育] 1, no. 6(1928): 4.

37   "Contacts for School Graduates Where Currently Employed," 6~8.

38   "Chinese Typing Institute Founded in Shenyang by Sun Qishan*(Zai Shen chuangli Huawen dazi lianxisuo zhi Sun Qishan jun)* [在瀋創立華文打字練習所之孫岐山君]," Great Asia Pictorial *(Daya huabao)* [大亞畫報] 244(August 10, 1930): 2; "Chinese-English Typing Institute Girls' Chinese Typing Class Beginning of the Year Cere mony Photo *(Hua-Ying dazi chuanxisuo nüzi Huawen daziban shiyeshi sheying)* [華英打字傳習所女子華文打字班始業式攝影]," Chenbao Weekly Pictorial *(Chenbao xingqi huabao)* [晨報星期畫報] 2, no. 95(1927): 2; "Female Student in the Beiping Chinese-English Typewriting Institute Chinese Accelerated Class *(Beiping Hua-Ying daziji chuanxisuo Huawen suchengban nüsheng)* [北平華英打字傳習所華文速成班女生]," Eastern Times Photo Supplement *(Tuhua shibao)* [圖畫時報] 517(December 2, 1928), front page; Photograph of Female Students of the Beijing Hua-Ying Typing Institute*(Beijing Hua-Ying dazi chuanxisuo),* Chenbao Weekly Pictorial *(Chenbao xingqi huabao)* [晨報星期畫報] 2, no. 100 (1927): 2; "Ms. Zhang Rongxiao of the Chinese-English Typing Institute *(Hua-Ying dazi xuexiao Zhang Rongxiao nüshi)* [華英打字學校張蓉孝女士]," The Angel Pictorial, The Most Beautiful and Cheerful Pictorial in North China *(Anqi'er)* [安琪儿] 3, no. 1(1929): 1.

39   "Photograph of Chinese Vocational School Student Ye Shuyi Practicing on the Chinese Typewriter*(Ye Shuyi nüshi Zhonghua zhiye xuexiao xuesheng lianxi Huawen daziji shi zhi ying)* [葉舒綺女士中華職業學校學生練習華文打字機時之影]," Shibao [時報] 734(1931): 3.

40   Wang Xiaoting [王小亭], "The New Woman: A Glance at the Professional Women of Shanghai *(Xin nüxing: Shanghai zhiye funü yi pie)* [新女性: 上海職業婦女一瞥]," Liangyou [良友] 120 (1936): 16.

41   "Women Vie to Realize Their Promise*(Funü qun zheng qu guangming)* [婦女羣爭取光明]," Zhanwang [展望] 15(1940): 18.

42   "Graduates of Hwa-yin Type-writing School, Peiping *(Beiping Hua Ying dazi xuexiao di'wu jie biyesheng)* [北平華英打字學校第五屆畢業生]," Shibao [時報] 620(1930): 2. English and Chinese both in original.

43   "Photograph of First Entering Class of Female Students at the Liaoning Chinese Typing Institute *(Liaoning Huawen dazi lianxisuo di'yi qi nüxueyuan jiuxue jinian sheying)* [遼寧華文打字練習所第一期女學員就學之紀念攝影]," Great Asia Pictorial *(Daya huabao)* [大亞畫報] 244(August 10, 1930): 2.

44   Sharon Hartman Strom, *Beyond the Typewriter: Gender, Class, and the Origins of Modern American Office Work, 1900~1930*(Chicago: University of Illinois Press, 1992), 177~179.

45   Margery W. Davies, *Woman's Place Is at the Typewriter: Office Work and Office Workers 1870~1930*(Philadelphia: Temple University Press, 1982), 54.

46   같은 책, 53.

47   같은 책; Strom, *Beyond the Typewriter.*

48   Roger Chartier, *Forms and Meanings: Texts, Performances, and Audiences from Codex to Computer*(Philadelphia: University of Pennsylvania Press, 1995), 19.

49   후기 제국 시대의 주목할 만한 예외는 Lucille Chia, *Printing for Profit: The Commercial Publishers of Jianyang, Fujian*(Cambridge, MA: Harvard University Asia Center, 2003); Kai-wing Chow, *Publishing, Culture, and Power in Early Modern China*(Stanford: Stanford University Press, 2004); Cynthia Brokaw and Kaiwing Chow, eds., *Printing and Book Culture in Late Imperial China*(Berkeley: University of California Press, 2005); Joseph P. McDermott, *A Social History of*

the Chinese Book: Books and Literati Culture in Late Imperial China(Hong Kong: Hong Kong University Press, 2006); and Cynthia Brokaw and Christopher Reed, eds., From Woodblocks to the Internet: Chinese Publishing and Print Culture in Transition, circa 1800 to 2008(Leiden: Brill, 2010).

50 Teaching Materials for the Chinese Typewriter (Huawen dazi jiangyi) [華文打字講義], n.p., n.d. (produced pre-1928, circa 1917); Zhou Yukun, ed., Chinese Typing Method(Huawen dazi fa) (Nanjing: Bati yinshuasuo, 1934); Gan Chunquan and Xu Yizhi, eds., Essential Knowledge for Secretaries: Requirements of a Chinese Typist (Shuji fuwu bibei: yiming Huawen dazi wenshu yaojue) [書記服務必備一名華文打字文書要決](Shanghai: Shanghai zhiye zhidaosuo, 1935); Tianjin Chinese Typewriter Company (Tianjin Zhonghua daziji gongsi) [天津中華打字機公司], ed., Chinese Typewriter Training Textbook, vol. 1 (Zhonghua daziji shixi keben—shangce) [中華打字機實課本一 上冊](Tianjin: Donghua qiyin shuaju [東華齊印刷局], 1943); Tianjin Chinese Typewriter Company(Tianjin Zhonghua daziji gongsi) [天津中華打字機公司], ed., Chinese Typewriter Training Textbook, vol. 2(Zhonghua daziji shixi keben—xiace) [中華打字機實習課本一 下冊](Tianjin: Donghua qiyin shuaju [東華齊印刷局], 1943); People's Welfare Typewriter Manufacturing Company(Minsheng daziji zhizaochang), ed., Practice Textbook(Lianxi keben) (n.p.: n.p., c. 1940s).

51 이 한 가지 사례를 통해 우리는 타자 연습이 어떻게 작동하는지 알게 된다. 이 수업에서 학생들은 대략 100개의 글자로 중앙과 반대쪽 주변으로 넘어가기 전에 글자판의 주변부에서 시작했다. 후속 글자들은 중심부와 어휘적 '척추'라는 것을 찾아 돌아가기 전에 타자수를 아래쪽으로 끌고 갔다. 다음 글자 열은 등골을 더 공급하기 위해 타자수를 다시 중심부로 데려가기 전 곧바로 오른쪽 상단으로 보냈다. 다음 10개의 글자로는 더 이상 구석에서 시간을 낭비하지 않았다. 대신 중심 열에 7개의 조각이 더해지고 이제는 글자판의 하단을 향해 인접한 띠로 모양을 잡았다. 3개의 후속 글자가 바로 이 척추 옆으로 타자수를 데려가고 또 주변으로 되돌아오는데, 이는 곡선, 원형 거리를 가로질러 주변으로 되돌아오는 또 다른 10개로 이어졌다. 이제 2차 척추가 모양을 잡기 시작하는데 하나는 왼쪽 주변부에, 두 번째는 이미 만들어진 확실한 중심의 바로 오른쪽에 잡았다. 그다음 10개의 글자가 타자될 때에는 주변부 척추가 더 강해졌다. 더 큰 곡선 동작이 견고하고 들쭉날쭉한 조작과 합쳐졌다. 앞 열에서는 타자수가 이미 횡단했던 커브를 따라 들어가는 새로운 글자들이 소개되는 새로운 기술이 등장했다. 새로 소개된 이 글자들은 이미 이전처럼 '지나간' 것인데 여러 단계 전에 처음 밟았던 곡선에 완벽하게 맞았다. 곧바로 같은 곡선을 따라 새로운 글자가 계속 소개되었다. 첫 100개 정도의 글자의 결과로 명백한 패턴이 분명해졌다. 타자수는 이제 글자판의 중앙 척추를 완전히 실재하게 했을 뿐 아니라 주변부도 좌우 상단에 올려놓았다. 글자판의 커다란 폭, 특히 오른쪽 상단과 상단 중좌측은 아직 손을 대지 않았다. 하지만 사람들은 다음 학습 또는 실무 연습을 통해 이후에 그것들을 작동시킬 것이라고 확신할 수 있었다.

52 Zhou Houkun, Chinese Typing Method.

53 Jacques Derrida, Of Grammatology(Baltimore: Johns Hopkins University Press, 1976); Johanna Drucker, The Visible Word: Experimental Typography and Modern Art, 1909~1923(Chicago: University of Chicago Press, 1997).

54 Fan Jiling, Fan's Wanneng-Style Chinese Typewriter Practice Textbook(Fan shi wanneng shi Zhongwen daziji shixi fanben) [范氏萬能式中文打字機實習範本](Hankou: Fan Research Institute Publishing House (Fan shi yanjiusuo yinhang) [范氏研究所印行], 1949), 10.

55 Zhou Houkun, Chinese Typing Method. 이 방법에는 정치적·사상적 요소가 깊이 있었는데, 특히 '2차 용법 글자 상자'에 대한 학생 소개에서 두드러졌다. 장제스 정권이 공산당 적군들을 향해 군사 및 선전 활동을 벌이던 1930년대 타자 교본에서는 첫 수업에서 이미 서거한 1911년 혁명의 상징적 아

버지 쑨원의 마지막 유언과 증언을 만들도록 했다. 두 번째 수업은 제1차 전국대표회의에서 발표된 중국 국민당의 선언문으로 학생들을 인도했다. 세 번째 수업에서는 혁명과 해방에 대한 짧은 글을 요구했다. 후속 수업들은 신중하게 제작된 중국 역사로 옮겨 아편전쟁, 식민주의, 의화단 사건, 삼민주의, 1911년 혁명, 위안스카이, 군벌 시대, 만주국, 노동과 빈곤 등을 거론했다. 학생들은 이들 수업을 반복해서 익혀서 핵심 정치적 용어와 명칭의 특정 어휘적 기하학을 몸에 새겨야 했다. 첫 번째 수업은 타자수가 '비일상' 글자를 '2차 용법 글자 상자'에서 가져올 필요 없이 전체 구절을 기록할 수 있도록 만들어졌다. 학생이 필요로 하는 모든 글자는 글자판에 있었다. 하지만 훈련을 계속하면서 연습을 통해 핀셋을 손에 들고 2차, 3차 용법 글자 상자로 가게 하는 글자들을 소개하기 시작했다. 이들 중 일부는 덜 일상적인 글자이고 어떤 것은 미묘한 정치적 역할을 수행했다. 예를 들어 가장 먼저 소개된 '2차 용법 글자'는 위안스카이의 위안(袁)과 카이(凱)이다. 그는 1911년 혁명의 큰 죄인인데, 중화민국의 대통령으로 봉직하면서 의회를 해산하고 스스로 황제로 선언함으로써 취약한 정부를 불안정하게 만들었으며, 예기치 않은 그의 죽음에 따른 정치적 공백으로 중국에 '군벌 시대'를 초래했다. 그의 이름은 글자판에 없었다.

56 "At Last—A Chinese Typewriter—A Remington," *Remington Export Review*, n.d., 7 기사에 포함된 중국어 자판 그림에는 1921년 2월 10일로 날짜가 적혀 있지만 하글리 박물관에 보관된 사본에는 날짜가 없다. Hagley Museum and Library, Accession no. 1825, Remington Rand Corporation, Records of the Advertising and Sales Promotion Department, Series I Typewriter Div., subseries B, Remington Typewriter Company, box 3, vol. 3.

57 Robert McKean Jones, "Arabic—Remington No. 10," Hagley Museum and Library, Accession no. 1825, Remington Rand Corporation, Records of the Advertising and Sales Promotion Department, Series I Typewriter Div., subseries B, Remington Typewriter Company, box 3, vol. 3.

58 Paul T. Gilbert, "Putting Ideographs on Typewriter," *Nation's Business* 17, no. 2(February 1929): 156.

59 Robert McKean Jones, "Urdu—Keyboard no. 1130—No. 4 Monarch"(March 13, 1918), Hagley Museum and Library, Accession no. 1825, Remington Rand Corporation, Records of the Advertising and Sales Promotion Department, Series I Typewriter Div., subseries B, Remington Typewriter Company, box 3, vol. 2; Robert McKean Jones, "Turkish—Keyboard no. 1132—No. 4 Monarch"(February 27, 1920), Hagley Museum and Library, Accession no. 1825, Remington Rand Corporation, Records of the Advertising and Sales Promotion Department, Series I Typewriter Div., subseries B, Remington Typewriter Company, box 3, vol. 2; Robert McKean Jones, "Arabic—Remington No. 10"(September 20, 1920), Hagley Museum and Library, Accession no. 1825, Remington Rand Corporation, Records of the Advertising and Sales Promotion Department, Series I Typewriter Div., subseries B, Remington Typewriter Company, box 3, vol. 3.

60 "Chu Yin Tzu-mu Keyboard—Keyboard no. 1400"(February 10, 1921), Hagley Museum and Library, Accession no. 1825, Remington Rand Corporation, Records of the Advertising and Sales Promotion Department, Series I Typewriter Div., subseries B, Remington Typewriter Company, box 3, vol. 3. 1921년 레밍턴사는 웨이드 시스템에 기반을 둔 '중국어 로마자화' 자판도 만들었다. 1921년 10월 20일 상하이 기반의 머스터드 회사가 그 기계에 흥미가 없다고 발표했다. 그 회사는 짧게 언급했다. "선교사와 선생님 등등에게 회람을 돌렸으나 이러한 것에 대한 수요를 찾지 못했다". "Chinese Romanized—Keyboard no. 141," Hagley Museum and Library, Accession no. 1825, Remington Rand Corporation, Records of the Advertising and Sales Promotion Department, Series I Typewriter Div., subseries B, Remington Typewriter Company, box 3, vol.

1. "Chinese Phonetic on a Typewriter," *Popular Science* 97, no. 2(August 1920): 116도 참조.

61 Robert McKean Jones, "Typewriting Machine," United States Patent no. 1646407(filed March 12, 1924; patented October 25, 1927).

62 같은 글.

63 Gilbert, "Putting Ideographs on Typewriter," 156.

64 John Cameron Grant and Lucien Alphonse Legros, "A Method and Means for Adapting Certain Chinese Characters, Syllabaries or Alphabets for use in Type-casting or Composing Machines, Typewriters and the Like," Great Britain Patent Application no. 2483(filed January 30, 1913; patented October 30, 1913).

65 철자식 중국어 타자에 대해 초기 시도(1914년경)를 한 또 다른 사람은 월터 힐러(Walter Hiller) 경이었다. "Memorandum by Sir Walter Hillier upon an alphabetical system for writing Chinese, the application of this system to the typewriter and to the Linotype or other typecasting and composing machines, and its adaptation to the braille system for the blind"(London: William Clowes and Sons, Limited, n.d.) 참조. 독자들은 힐러 가문의 전기와 영국 황실 간의 관계를 작성하고 있는 앤드류 힐러(Andrew Hiller)의 향후 작업을 주시하기 바란다.

66 John DeFrancis, *Nationalism and Language Reform in China*(Princeton: Princeton University Press, 1950), chapter 4.

67 J. Frank Allard, "Type-Writing Machine," United States patent no. 1188875(filed January 13, 1913; patented June 27, 1916).

68 "Chinese Alphabet Has Been Reduced," *Telegraph-Herald*(April 11, 1920), 23.

69 "Chinese Phonetic on a Typewriter"(advertisement for the Hammond Multiplex), *Popular Science* 97, no. 2(August 1920): 116.

70 내게 이 책에 대해 알려준 데 대해 특별한 감사를 전한다.

71 "Obituary: Robert McKean Jones. Inventor of Chinese Typewriter Was Able Linguist," *New York Times*(June 21, 1933), 18.

72 Photograph of Fong Sec, *Asia: Journal of the American Asiatic Association* 19, no. 11 (November 1919): front matter, photograph by Methodist Episcopal Centenary Commission. 여전히 다른 예들이 많다. ≪상하이 퍽(Shanghai Puck)≫의 창간호에는 "An American View of the Chinese Typewriter"라는 짧은 글이 실렸는데, 이는 1916년 ≪라이프≫에 실린 케네스 로버츠 (Kenneth L. Roberts)의 "A Reason Why the Chinese Business Man May Soon Be Tired"라는 글을 재발행한 것이었다. "An American View of the Chinese Typewriter," *Shanghai Puck* 1, no. 1 (September 1, 1918): 28; and "A Reason Why the Chinese Business Man May Soon Be Tired," *Life* 68(1916): 272 참조.

73 A photograph of Zhang Xiangling appeared in *Who's Who in China* 3rd ed.(Shanghai: China Weekly Review, 1925), 31.

74 "Doings at the Philadelphia Commercial Museum," *Commercial America* 19(April 1923): 51. Philadelphia Commercial Museum에 대해서는 Steven Conn, "An Epistemology for Empire: The Philadelphia Commercial Museum, 1893~1926," *Diplomatic History* 22, no. 4(1998): 533~563 참조. 중국 선적에 대해서는 필라델피아 박물관의 연례보고서에서 확인되었다. *Annual Report of the Philadelphia Museums, Commercial Museum*(Philadelphia: Commercial Museum, 1923), 9. 1923년 장상린은 줄리어스 수 토(Julius Su Tow)의 *The Real Chinese in America*의 서문에서 이런 주제를 더 다루었다. 장상린은 "전체적으로 미국인들은 중국인들을 진심으로 총체적으로 알 기회가

없었다. 중국은 무역회사, 은행, 그리고 선박회사의 본향이다"라고 적었다. 그는 계속해서 평균적인 미국 남성이나 여성을 놀라게 할 소식을 전했다. "중국인은 세상 어느 민족보다 더 똑똑하고 존경할 만하다. 그리고 … 단지 세탁소 주인이 아니다!!" Julius Su Tow, *The Real Chinese in America*(New York: Academy Press, 1923), editorial introduction by Ziangling Chang [Zhang Xianglin], xi~xii 참조.

75 Photograph 2429 in *Descriptions of the Commercial Press Exhibit*(Shanghai: Commercial Press, ca. 1926), in City of Philadelphia, Department of Records, record group 232(Sesquicentennial Exhibition Records), 232-4-8.1, "Department of Foreign Participation," box A-1474, folder 8, series 29, "China, Commercial Press Exhibit"; "China, Commercial Press Exhibit," City of Philadelphia, Department of Records, record group 232(Sesquicentennial Exhibition Records), 232-4-8.1 "Department of Foreign Participation," box A-1474, folder 8, series folder 29.

76 *Descriptions of the Commercial Press Exhibit*, 56.

77 상하이에서 태어난 장샹린은 상하이의 세인트존스 대학에서, 후에는 컬럼비아대학교에서 수학했다. 그는 ≪북경일보(北京日報)≫에서 1913년부터 1915년 사이에 편집인으로 일했고 후에 통신부, 내무부, 그리고 외무부의 장관 보좌관을 지냈다. "Who's Who in China: Biographies of Chinese Leaders," *China Weekly Review*(Shanghai), 1936: 6~7. 또한 photograph 2308 in *Descriptions of the Commercial Press Exhibit* 참조. 중국위원회 위원장은 티신 초(Tinsin C. Chow)였다.

78 *Descriptions of the Commercial Press Exhibit*, 41.

79 같은 책, 56.

80 "Consul General Stationed in the United States Writes to Inform of Philadelphia Competition *(Zhu Mei zonglingshi hangao Feicheng saihui qingxing)* [駐美總領事函告費城賽會情形]," *Shenbao* (January 14, 1927), 9; "List of Awards-General n.d.," City of Philadelphia, Department of Records, record group 232(Sesquicentennial Exhibition Records), 232-4-6.4(Jury of Awards-Files), box a-1472, folder 17, series folder 1.

81 Qian Xuantong, "China's Script Problem from Now On *(Zhongguo jinhou zhi wenzi wenti)* [中國今後之文字問題]," *Xin qingnian* 4, no. 4(1918): 70~77.

82 Qian Xuantong [錢玄同], "Why Must We Advocate a 'Romanized National Language?' *(Weishenme yao tichang 'guoyu luoma zi')* [為什麼要提倡國語羅馬字？]," *Xinsheng* 1, no. 2 (December 24, 1926). In *The Writings of Qian Xuantong (Qian Xuantong wenji)* [钱玄同文集], volume 3(Beijing: Zhongguo renmin daxue chubanshe, 1999), 387.

83 Gilbert Levering, "Chinese Language Typewriter," *Life* 2311 (February 17, 1927), 4.

제5장. 한자문화권 지배

1 Email communication, James Yee, July 6, 2009.

2 런던 방문은 또 다른 이메일 메시지의 의해 촉발되었다. 그 이메일은 "관심이 없다면 죄송합니다"라고 시작했다. "엄마가 중국어 타자기를 가지고 있는데 집에 둘 곳이 없어서 그것을 버리려고 합니다. 그 타자기는 슈퍼라이터315SR로 몇 개의 글자판을 가지고 있습니다. 여전히 잘 작동합니다." 그 가족은 집의 바닥을 고치기 위해 몇몇 가구를 싸두거나 버리려고 했다는 것을 후에 알게 되었다. 아주 많이 주저했으나 어머니는 사랑하는 기계와 헤어지는 데 동의하고, 자신의 딸 마리아에게 새로운 집을 찾아주도록 맡겼다. "그것은 버릴 만한 쓰레기처럼 보여요." 이메일은 계속되었다. "엄마는 항상 아주 빠른 속도로 그것을 이용했습니다." Email from Maria Tai to the author, May 14, 2010. 이름은

가명이다.

3 Sherry Turkle, ed., *Evocative Objects: Things We Think With*(Cambridge, MA: MIT Press, 2007).

4 "CJK"는 종종 베트남어를 포함해 "CJKV"로 확장된다. Ken Lunde, *CJKV Information Processing: Chinese, Japanese, Korean & Vietnamese Computing*(Sebastopol, CA: O'Reilly, 2009) 참조.

5 Ryōshin Minami, "Mechanical Power and Printing Technology in Pre~World War II Japan," *Technology and Culture* 23, no. 4(1982): 609~624; Daqing Yang, "Telecommunication and the Japanese Empire: A Preliminary Analysis of Telegraphic Traffic," *Historical Social Research* 35, no. 1(2010): 68~69; Miyako Inoue, "Stenography and Ventriloquism in Late Nineteenth Century Japan," *Language and Communication* 31(2011): 181~190; Patricia L. Maclachlan, *The People's Post Office: The History and Politics of the Japanese Postal System, 1871~2010* (Cambridge, MA: Harvard Asia Center, 2012); Seth Jacobowitz, *Writing Technology in Meiji Japan: A Media History of Modern Japanese Literature and Visual Culture*(Cambridge, MA: Harvard Asia Center, 2015).

6 Ryōshin Minami, "Mechanical Power and Printing Technology in Pre~World War II Japan," 609~624.

7 도쿄와 오사카에서는 1881년과 1891년 사이 5대 일간지의 연간 구독자가 약 1200만 명에서 5000만 명으로 4배 늘었다. 이 숫자는 1891년과 1901년 사이에 두 배 이상이 되어서 ≪도쿄 아사히≫, ≪도쿄 니치니치≫, ≪요미우리≫, ≪오사카 아사히≫, ≪오사카 마이니치≫의 통합 연간 부수가 1억 1936만 8000부에 달했다. 이것은 1881년부터 1891년까지 32.9%, 1891년부터 1901년까지 13.4%의 연 성장률을 나타냈다. 더욱이 일본의 출판 산업은 영국과 미국에 있는 상대역과 달리 증기 기관을 완전히 뛰어넘어 수작업에서 곧바로 로터리 공정의 전기화로 움직였다. 일례로 ≪도쿄 아사히≫는 서양에서는 겨우 최근에 소개된 기술을 활용해 곧바로 전기화로 나아갔다. Ryōshin Minami, "Mechanical Power and Printing Technology in Pre-World War II Japan," 617~619.

8 Yang, "Telecommunication and the Japanese Empire," 68~69.

9 "Denshin jigō[電信字号]," "Extension Selskabet一Japansk Telegrafnøgle," 1871. Arkiv nr.10.619. In "Love og vedtægter med anordninger," GN Store Nord A/S SN China and Japan Extension Telegraf. Rigsarkivet [Danish National Archives], Copenhagen, Denmark.

10 Yang, "Telecommunication and the Japanese Empire," 68~69.

11 Andre Schmid, *Korea between Empires*(New York: Columbia University Press, 2002), 57~59.

12 같은 책, 67~69.

13 Ernest Gellner, *Nations and Nationalism*(Ithaca: Cornell University Press, 1983); Benedict Anderson, *Imagined Communities: Reflections on the Origin and Spread of Nationalism*, rev. ed. (New York: Verso, 1991).

14 이 시대의 많은 아이러니 중 하나는 ≪황성신문≫이 여러 방면으로 문자 기반의 문장에 대한 공격에 앞장섰지만 13년간 출간되면서 한글로 된 사설은 단 하나도 싣지 않았다는 것이다. Schmid, *Korea between Empires*, 17 참조.

15 *Proposal for the Abolition of Chinese Characters(Kanji gohaishi no gi)* [漢字ご廃止の議]; Seeley, *A History of Writing in Japan*, 138~139.

16 "Hiragana no setsu" [平仮名の説](On Hiragana); Seeley, *A History of Writing in Japan*, 139.

17 Watabe Hisako [渡部久子], *Japanese Typewriter Textbook*(Hōbun taipuraītā tokuhon) [邦文タイプライター讀本](Tokyo: Sūbundō[崇文堂], 1929), 6~7. 구로사와는 한자로 번역하기보다 표음으로 빌려온 단어를 채택했는데, 이 타이푸라이타(taipuraītā)라는 용어의 선택이 중요하다. 이 점의 중요성

을 일깨워 준 조슈아 포겔(Joshua Fogel)에게 감사를 전한다.

18 Dave Sheridan, Memo to Sales Staff regarding Remington Japanese Typewriter, Hagley Museum and Library, accession 1825, Remington Rand Corporation, Records of the Advertising and Sales Promotion Department, Series I Typewriter Div. Subseries B Remington Typewriter Company, box 3, folder 6, "Keyboards and Typestyles—Correspondence, 1906."

19 Teishin Ministry Electricity Bureau(Teishin-shōdenmu kyoku) [遞信省電務局], ed., *Japanese Typewriting(Wabun taipuraichingu)* [和文タイプライチング](Tokyo: Teishin kyōkai, 1941), 25~27, 43.

20 Kamo Masakazu [加茂正一], Taipuraitā no chishiki to renshū タイプライターの知識と練習(Tokyo: BunyūdōShoten [文友堂書店], 1923), front matter. 서방의 훌륭한 타자기 예술의 개요에 대해서는 Barrie Tullet, *Typewriter Art: A Modern Anthology*(London: Laurence King Publishers, 2014) 참조.

21 Sheridan, 레밍턴 일본어 타자기와 관련해 영업 직원에게 보내는 메모.

22 Sukeshige Yanagiwara, "Type-writing Machine," United States Patent no. 1206072(filed February 1, 1915; patented November 28, 1916). 언더우드 타자기회사의 양도인이다; Burnham Stickney, "Typewriting Machine," United States Patent no. 1549622(filed February 9, 1923; patented August 11, 1925).

23 1915년 Tsugi Kitahara 엽서. 필자 소장. 마찬가지로 버냄 스티니(Burnham Stickney)의 언더우드 특허에 대한 응답으로 레밍턴은 4장에서 살펴본 회사의 마스터 타이프그래퍼이자 수석 자판 디자이너 로버트 매킨 존스에게 가타가나 프로젝트를 맡겼다. Robert McKean Jones, "Typewriting Machine," United States Patent no. 1687939(filed May 19, 1927; patented October 16, 1928) 참조.

24 *The Teaching of Words*(Moji no oshie) [文字の教え]; Seeley, *A History of Writing in Japan,* 141.

25 "List of Characters for General Use" *(Jōyōkanji hyō)* [常用漢字表]; Interim Committee on the National Language *(Rinji kokugo chōsakai)* [臨時国語調査会].

26 *Sanzenji jibiki, The Three Thousand Character Dictionary (Sanzenji jibiki)* [三千字字引]; Seeley, *A History of Writing in Japan,* 141, 146~147.

27 "Advocating the Restriction of the Number of Kanji" *(Kanji seigen o teishōsu)* [漢字制限を提唱す]; Seeley, *A History of Writing in Japan,* 146. 또 다른 초기 사례로는 일본 최초의 교육부 장관인 Ōki Takatō[大木喬任](1831~1899)가 있다. 그는 1872년에 3167개의 문자를 포함하는 두 권의 공통 사용 한자 사전 *Newly Compiled Dictionary*(Shinsen jishō, 新選辞書)를 의뢰했다. Seeley, *A History of Writing in Japan,* 142.

28 로마자화에 초점을 둔 일본의 언어 현대화라는 문제에 대한 두 번째 접근은 난부 요시카주(南部義籌 1840~1917), 니시 아마네(西周 1827~1897), 오츠키 후미히코(大槻文彦 1847~1928) 같은 인물들이 주도했다. 1869년 난부 요시카주가 「국어 수정에 대한 주장」이라는 논문을 발간했다. 1885년 로마자화 클럽과 ≪로마자 잡지(Rōmaji Magazine)≫는 제임스 커티스 햅번(James Curtis Hepburn) (1815~1911)이 개발한 로마자화 방식을 처음으로 채택했다. 일본어를 라틴 철자로 옮기려는 많은 경쟁 시스템들 가운데에는 다나카다테 아이키추(田中舘愛橘, 1856~1952)가 개발한 '일본 스타일' 이 있다. Seeley, A History of Writing in Japan, 139~140; Nanette Gottlieb, "The Rōmaji Movement in Japan," *Journal of the Royal Asiatic Society* 20, no. 1(2010): 75~88; Shūkokugo ron [修国語論]*(Argument for Amending the National Language)*; Rōmaji kai(Romanization Club) and Rōmaji zasshi.

29 Watabe Hisako [渡部久子], *Japanese Typewriter Textbook(Hōbun taipuraitā tokuhon)* [邦文タイ

プライター讀本](Tokyo: Sūbundō[崇文堂], 1929), 6~7.

30   Kyota Sugimoto, "Type-Writer," United States Patent no. 1245633(filed November 7, 1916; patented November 6, 1917).

31   Toshiba Japanese Typewriter. Manufactured c. 1935. Peter Mitterhofer Schreibmaschinenmuseum/ Museo delle Macchine da Scrivere. Partschins(Parcines), Italy, "Macchina da Scrivere Giapponese Toshiba."

32   Nippon Typewriter Company [日本イプライター株式会社], ed., *Character Index for Japanese Typewriter (Hōbun taipuraitā-yōmoji no sakuin)* [邦文タイプライター用文字の索引](Tokyo: n.p., 1917); Hisao Yamada, "A Historical Study of Typewriters and Typing Methods; from the Position of Planning Japanese Parallels," *Journal of Information Processing* 2, no. 4(February 1980): 175~202; Hisao Yamada and Jiro Tanaka, "A Human Factors Study of Input Keyboard for Japanese Text," *Proceedings of the International Computer Symposium*(Taipei: National Taiwan University, 1977), 47~64.

33   Raja Adal, "The Flower of the Office: The Social Life of the Japanese Typewriter in Its First Decade," presentation at the Association for Asian Studies Annual Meeting, March 31~April 3, 2011.

34   Janet Hunter, "Technology Transfer and the Gendering of Communications Work: Meiji Japan in Comparative Historical Perspective," *Social Science Japan Journal* 14, no. 1(Winter 2011): 1~20. 또한 Kae Ishii, "The Gendering of Workplace Culture: An Example from Japanese Telegraph Operators," *Bulletin of Health Science University* 1, no. 1(2005): 37~48; Brenda Maddox, "Women and the Switchboard," in *The Social History of the Telephone*, ed. Ithiel de Sola Pool(Cambridge, MA: MIT Press, 1977), 262~280; Susan Bachrach, *Dames Employées: The Feminization of Postal Work in Nineteenth-Century France*(London: Routledge, 1984); Michele Martin, *"Hello, Central?": Gender, Technology and Culture in the Formation of Telephone Systems*(Montreal: McGill-Queens University Press, 1991); Ken Lipartito, "When Women Were Switches: Technology, Work, and Gender in the Telephone Industry, 1890~1920," *American Historical Review* 99, no. 4(1994): 1074~1111; Alisa Freedman, Laura Miller, and Christine R. Yano, eds., *Modern Girls on the Go: Gender, Mobility, and Labor in Japan*(Stanford: Stanford University Press, 2013) 참조.

35   *Investigation of Women's Occupations in Tokyo and Osaka (Tōkyo Ōsaka ryōshi ni okeru shokugyōfujo chōsa)* [東京大阪両市に於ける職業婦女調査](Tokyo: n.p., 1927), 4~11.

36   잡지의 1940년대 일반적인 '여성 내용물'에 관해서는 Nishida Masaaki [西田正秋], "Japanese-Style Female Beauty of Today *(Kyōno nipponteki joseibi)* [今日の日本の女性美]," *Taipisuto* [タイピスト] 17, no. 7(July 1942): 2~5 참조. 일본어 타자와 그 문화적 중요성에 대해서는 Omi Hironobu [小見博信], "Japanese Culture and the Mission of the Japanese Typewriter *(Nipponbunka to Hōbun taipuraitā no shimei)* [日本文化と邦文タイプライターの使命]," *Taipisuto* [タイピスト] 17, no. 11 (November 1942): 12~13 참조. 이 정기간행물의 수집은 불완전해서 정확한 발행 시기를 확인하기 어려웠다. 1925년이라는 연도는 발행물과 숫자, 그리고 현존하는 발행물의 날짜 정보를 역으로 계산했다. 정기간행물은 대략 20년간 운영되었다.

37   Kyota Sugimoto, "Type-Writer," United States Patent no. 1245633(filed November 7, 1916; patented November 6, 1917).

38   Yusaku Shinozawa, "Typewriter," United States Patent no. 1297020(filed June 19, 1918; patented March 11, 1919). 일본인이 만든 중국어 기계에 대한 보도는 1914년에 등장했다. 그 해에

중국 잡지 ≪진보(進步)≫의 독자들은 일본인 기술자에 의해 개발되고 있는 한자 타자기인 칸분(Kanbun)을 알게 되었다. 후쿠오카에서 태어난 사카이 야수지로는 캘리포니아대학교에서 전기공학 학부 과정에서 수학했다. 1904년 졸업 후 사카이는 웨스팅하우스에서 근무했는데 그곳에서 자동화를 전문으로 하면서 특허권자를 자신의 후원사에 맡겼다. 1913년 일본으로 돌아온 사카이는 도쿄의 다카타 회사에서 컨설턴트로, 그리고 야수카와 전기제작소의 수석 기술자로 일했다. 펜실베이니아에서 일본으로 돌아오자마자 사카이의 관심은 곧 기계 자동화에서 일본어, 특히 한자의 자동화로 옮겨 갔다. 일본에서 그는 한자 타자기 작업을 시작했다. Wan Zhang [綰章], "Invention of a New Chinese Character Typewriter(Hanwen daziji zhi xin faming) [漢文打字機之新發明]," Progress: A Journal of Modern Civilization(Jinbu) [進步] 6, no. 1(1914): 5; "Notice Regarding Department of Electrical Engineering, University of California," Journal of Electricity 41, no. 1(1918): 515; Bulletin(Berkeley: University of California, 1910), 65; Frank Conrad and Yasudiro Sakai, "Impedance Device for Use with Current-Rectifiers," United States Patent no. 1075404(filed January 10, 1912; patented October 14, 1913); Yasudiro Sakai, "Stop Cock," United States Patent no. 1001455(filed December 10, 1910; patented August 22, 1911); Yasudiro Sakai, "Electrical Terminal," United States Patent no. 1049404(filed January 7, 1911; patented January 7, 1913); Yasudiro Sakai, "Vapor Electric Device," United States Patent no. 1101665(filed December 30, 1910; patented June 30, 1914); Yasudiro Sakai, "Vapor Electric Apparatus," United States Patent no. 1148628(filed June 14, 1912; patented August 3, 1915); Yasudiro Sakai, "Armature Winding," United States Patent no. 1156711(filed February 3, 1910; patented October 12, 1915). "Shunjiro Kurita," Who's Who in Japan 13~14(1930): 8. In 1917 readers of Shenbao learned that, on July 12, the Chinese Youth Association in Shanghai would be hosting representatives of the Mitsui Trading Company, there to showcase a typewriter that could handle not only Japanese but also Chinese. "Testing Chinese Typewriters(Shiyan Huawen daziji) [試驗華文打字機]," Shenbao(July 12, 1917), 11 참조.

39 중국어 타자기의 초기 발명가들에게는 반대 방향으로도 마찬가지였다. 3장에서 처음 만났던 치쉬안은 1915년 특허에 대한 한 구절에서 자신이 지닌 세계적 야망을 드러냈다. 그는 "나의 방식과 준비는 중국어뿐 아니라 단어가 글자가 아닌 부수로 구성되는 일본어와 한국어 같은 모든 언어에도 큰 이점을 가지고 있다"라고 지나가는 말로 언급했다. Chi, Heuen [Qi Xuan], "Apparatus for Writing Chinese," United States Patent no. 1260753(filed April 17, 1915; patented March 26, 1918) 참조.

40 Douglas Howland, Borders of Chinese Civilization: Geography and History at Empire's End (Durham: Duke University Press, 1996), 44.

41 같은 책, 54.

42 Mary Badger Wilson, "Fleet-Fingered Typist," New York Times(December 2, 1923), SM2.

43 같은 글.

44 "Stenographer Has a Tough Job," Ludington Daily News(April 8, 1937), 5.

45 "A Line O' Type or Two," Chicago Daily Tribune(August 31, 1949), 16.

46 Oriental Typewriter Character Handbook(Tōyōtaipuraitā moji binran: Nigōki-yō) [東洋タイプライター文字便覽: 弍号機用](Tokyo: Oriental Typewriter Co. [東洋タイプライター]), 1923; Morita Torao [森田虎雄], Japanese Typewriter Textbook(Hōbun taipuraitā kyokasho) [邦文タイプライター教科書](Tokyo: Tokyo Women's Foreign Language School [東京女子外國語學校], 1934), 8~9.

47 Reed, Gutenberg in Shanghai, 128.

48 Y. Tak Matsusaka, "Managing Occupied Manchuria," in Japan's Wartime Empire, ed. Peter

Duus, Ramon H. Myers, and Mark R. Peattie(Princeton: Princeton University Press, 1996), 112~120.

49 Li Xianyan [李獻延], ed., *Newest Stationery Forms(Zuixin gongwen chengshi)* [最新公文程式] (Xinjing: Fengtian Typing Institute [奉天打字專門學校], circa 1932). 페이지 누락으로 정확한 연도를 지정할 수 없다. "Datong Year One"*(Datong yuannian)* 이라는 문구로 봐서 1932년경일 것으로 예측된다.

50 같은 책, 43~48.

51 같은 책, 1. 一國有一國的公文程式 一時代有一時代的公文程式 都是隨著國情和習慣而演進的; 那末 述說公文程式的書籍 也要隨著時代而改革的 這是一定的理。 打字員是專任謄錄公文的人員 所以打字員更要隨時學習新的公文程式 才能適合時代 才能供職工作.

52 "Accounts of Visiting America(Lü Mei guancha tan) [旅美觀察談]," *Shenbao*(April 3, 1919), 14.

53 어느 전기에 따르면 위빈치는 와세다대학의 공식 학위를 받지 않았다. "Native of Xiaoshan was Pioneer of Chinese Table Tennis and Swimming *(Xiaoshanren huo shi Zhongguo pingpang qiu ji youyong yundong zhuyao kaichuang zhe)* [萧山人或是中国乒乓球及游泳运动主要开创者]," May 2012, http:// www.xsnet.cn/news/shms/2012_5/157055 8.shtml

54 "Swimming Expert Yu Binqi *(Youyong zhuanjia Yu Binqi nanshi)* [游泳專家俞斌祺男士]," *Nan pengyou* 1, no. 10(1932): reverse cover.

55 "A Positive Review of Yu-Style Chinese Typewriter*(Yu shi Zhongwen daziji zhi haoping)* [俞式中文打字機之好評]," *Zhongguo shiye* [中國實業] 1, no. 6(1935): 1158.

56 Yu Shuolin [俞碩霖], "The Birth of the Yu-Style Typewriter*(Yu shi daziji de yansheng)* [俞式打字机的诞生]," *Old Kids Blog (Lao xiaohai shequ)* [老小孩社区](June 3, 2010), http://www.oldkids.cn/blog/blog_con.php?blogid=124277(accessed June 13, 2011); Yu Shuolin [俞碩霖], "Yu-Style Typewriter Factory*(Yu shi daziji zhizaochang)* [俞式打字机制造厂]," Old Kids Blog*(Lao xiaohai shequ)* [老小孩社区](June 6, 2010), http://www.oldkids.cn/blog/blog_con.php?blogid=130431 (accessed June 13, 2011).

57 "Contacts for School Graduates Where Currently Employed," 6~8.

58 "A Positive Review of Yu-Style Chinese Typewriter," 1158.

59 진슈칭(金淑清)은 1934년 학교에 들어왔다. 1931년 일본 공격의 발발은 위빈치 아들과 관련해 위빈치 가족과 개인사에도 영향을 미친 것으로 보인다. 당시 위빈치는 아내와 성이 우 씨인 애인과 관계를 가지고 있었다. 1932년 사건의 와중에 위빈치의 아들, 어머니, 그리고 할머니는 가족의 고향인 저장성 수산으로 피난을 갔다. 위빈치는 자기 사업을 돌보느라 상하이에 남았다. 1932년 가족이 다시 합치자 위빈치는 아내와 헤어졌고 그의 아내는 아들과 함께 다른 곳에 집을 마련했다. 이때쯤 위빈치가 비서 모집 광고를 냈고 진슈칭이라는 젊은 여성이 응모했다. 점차 진슈칭은 위빈치의 애인이던 우 씨를 대체해 결국 그의 동료이자 애인이 되었다. 진슈칭은 결혼을 밀어부쳤고 결국에는 위빈치와 그의 버려진 아내를 이혼시켰다. Yu Shuolin [俞碩霖], "Yu-Style Chinese Typewriter Unlimited Company*(Yu shi daziji wuxian gongsi)* [俞式打字机无限公司]," *Old Kids Blog(Lao xiaohai shequ)* [老小孩社区](June 7, 2010), http://www.oldkids.cn/blog/blog_con.php?blogid=130576 (accessed June 13, 2011) 참조.

60 1934년 위빈치는 중국어 속기 발명가 양빙쉰과 팀을 만들고 그의 학교에서 두 분야의 교육을 제공하도록 확장했다. 학교는 산창리 카이로에 있었다. "Chinese Typewriter Inventor and Chinese Stenography Inventor Jointly Run Special School*(Zhongwen daziji suji famingren heban zhuanxiao)* [中文打字機速記發明人合辦專校]," *Shenbao*(September 5, 1934), 16. 황줘더는 유학원의 졸업생으로서 1935년 관리자 겸 타자 보조 강사로 직원이 되었다.

61 위빈치의 학원은 위빈치학원의 졸업생으로 구성되었고 위빈치 방식의 기계를 중심으로 한 중국어 타자 학원이 추가로 생기도록 도움을 주었다. 일례로 1935년 성지핑(盛濟平)이라는 위빈치학원의 젊은 졸업생은 저장성의 중학교에 새로 만들어진 타자 반을 관장하도록 채용되었다. 우리의 목적에서 중요한 것은 그 반이 "위빈치 방식의 타자기"를 사용했다는 사실이다. "Business Class Adds Course in Chinese Typing *(Shangke tianshe Zhongwen daziji kecheng)* [商科添設中文打字機課程]," *Zhejiang shengli Hangzhou gaoji zhongxue xiaokan* [浙江省立杭州高级中学校刊] 119 (1935): 841.

62 Yu Shuolin, "Two Types of Chinese Typewriter *(Liang zhong Zhongwen daziji)* [两种中文打字机]," *Old Kids Blog(Lao xiaohai shequ)* [老小孩社区] (February 8, 2010), www.oldkids.cn/blog/blog_con.php?blogid=116181 (accessed May 12, 2013) 참조.

63 "Resist Japan and Save the Nation Movement *(Kang Ri jiuguo yundong)* [抗日救國運動]," *Shenbao* (November 8, 1931), 13~14.

64 "Yu Binqi Defends Himself to the Resist Japan Association *(Yu Binqi xiang kang Ri hui shenban)* [俞斌祺向抗日會伸辨]," *Shenbao* (November 9, 1931), 11.

65 "Resist Japan Association Standing Committee 17th Meeting Memo *(Kang Ri hui changwuhuiyi ji di'shiqi ci)* [抗日會常務會議記第十七次]," Shenbao (November 12, 1931), 13. 당시 애국적 소비에 대해 더 알려면 Jeffrey N. Wasserstrom, *Student Protests in Twentieth-Century China: The View from Shanghai*(Stanford: Stanford University Press, 1997), 176~178, 190~191; Karl Gerth, *China Made: Consumer Culture and the Creation of the Nation*(Cambridge, MA: Harvard Asia Center, 2003); and Mark W. Frazier, *The Making of the Chinese Industrial Workplace: State, Revolution, and Labor Management*(Cambridge: Cambridge University Press, 2006), 47 참조.

66 "The Chinese Typewriter: Resisting Japan and Supporting China *(Kang Ri sheng zhong zhi Zhongwen daziji)* [抗日聲中之中文打字機]," Shenbao (January 26, 1932), 12.

67 ""Steel Types Invented and Used in Chinese Typewriters *(Daziji yong gangzhi suozi faming)* [打字機用鋼質活字發明]," Shenbao (September 3, 1932), 16; "Chinese Typewriter Steel Types Invented *(Faming Zhongwen daziji gangzhi huozi)* [發明中文打字機鋼質活字]," Shenbao (September 10, 1932), 16; "Yu Binqi Invents Steel Type *(Yu Binqi faming gangzhi zhuzi)* [俞斌祺發明鋼質鑄字]," *China Industry(Zhongguo shiye)* [中國實業] 1, no. 5(1935): 939.

68 "Chinese Typewriter Company Donates Profits to Northeast Refugees *(Zhongwen daziji choukuan juanzhu dongbei nanmin)* [中文打字機抽欵捐助東北難民]," Shenbao (December 18, 1932), 14.

69 "Donation to Northeast Refugees: Buy One Chinese Typewriter, Donate Thirty Yuan *(Choukuan juanzhu dongbei nanmin gou Zhongwen daziji yi jia ke choujuan sanshi yuan banfa)* [抽款捐助東北難民購中文打字機一架可抽捐三十圓辦法]," Shenbao (December 23, 1932), 12.

70 "Yu's Chinese Typewriter: Profits Donated to Flooded Districts *(Yu shi Zhongwen daziji ticheng chong shuizai yici)* [俞氏中文打字機提成充水災義賑]," Shenbao (December 22, 1935), 12.

71 "New Chinese Typewriter: Seeking Cooperation with Capitalists *(Xin faming Zhongwen daziji mi zibenjia hezuo)* [新發明中文打字機覓資本家合作]," *Shenbao* (August 25, 1933), 14. These included Xieda [協大], Jingda [精大], Jiangchang [降昌], Daming [大明], and Luguiji [卢桂記]. At the time, Yu-style machines were already being manufactured by the Haishang Domestic Product Factory [海上國貨工廠]. 이 공장은 생산 요청과 소비자 수요에 맞출 수 없다고 발표한 후 위에서 거론한 컨소시엄과 공동 생산에 들어갔다. "Chinese Typewriter Patent Approved: Five Major Factories Enthusiastically Join in Production *(Zhongwen daziji zhuanli hezhun wuda chang*

jiji zhizao) [中文打字機專利核准五大工廠積極製造]," *Shenbao*(March 17, 1934), 13.

72 "Yu's Chinese Typewriter's Revolution *(Yu shi Zhongwen daziji zhi da gexin)* [俞氏中文打字機之大革新]," *Shenbao*(May 9, 1934), 12.

73 "Hongye Company Agency: Yu's Chinese Typewriters Sell Well *(Hongye gongsi jingli Yu shi Zhongwen daziji changxiao)* [宏業公私經理俞氏中文打字機暢銷]," *Shenbao*(December 8, 1934), 14.

74 "Yu's Typewriter: Stencil Paper Printing Success *(Xin faming Yu shi daziji lazhi youyin chenggong)* [新發明俞氏打字機蜡紙油印成功]," *Shenbao*(January 28, 1935), 12.

75 ""Yu's Chinese Typewriter Is Five Times More Convenient than Writing and Copying by Hand" *(Yu shi Zhongwen daziji wubei yu shanxie)* [俞氏中文打字機五倍于繕寫]," Shenbao(July 7, 1936), 15.

76 위빈치는 동료 발명가 린쩌런과 협력해서 중국발명가협회를 설립하고 상하이 및 그 외 지역 사람들에게 가입토록 했다. "Yu Binqi and Others Will Establish China Inventors Association *(Yu Binqi deng zuzhi Zhongguo famingren xiehui)* [俞斌祺等組織中國發明人協會]," *Book Prospects (Tushu zhanwang)* [圖書展望] 1, no. 8(April 28, 1936): 83; "Chinese Inventors Association Preparatory Conference Held Yesterday *(Zhongguo famingren xiehui zuori kai choubeihui)* [中國發明人協會昨日開籌備會]," Shenbao(February 1, 1937), 20.

77 "Ping-Pong Match Supporting Suiyuan, Souvenir Medals Granted *(Suiyuan pingpang zeng jinianzhang)* [綏援乒乓贈紀念章]," *Shenbao*(January 9, 1937), 10.

78 Chinese Second Historical Archives *(Zhongguo di'er lishi dang'anguan)*, ed., *Historical Materials on the Old Chinese Maritime Customs, 1859~1948*, vol. 112(1932) *(Zhongguo jiu haiguan shiliao)* [中國舊海關史料](Beijing: Jinghua Press [京華出版社], 2001); Chinese Second Historical Archives *(Zhongguo di'er lishi dang'anguan)*, ed., *Historical Materials on the Old Chinese Maritime Customs, 1859~1948*, vol. 114(1933) *(Zhongguo jiu haiguan shiliao)* [中國舊海關史料](Beijing: Jinghua Press [京華出版社], 2001); Chinese Second Historical Archives *(Zhongguo di'er lishi dang'anguan)*, ed., *Historical Materials on the Old Chinese Maritime Customs, 1859~1948*, vol. 118(1935) *(Zhongguo jiu haiguan shiliao)* [中國舊海關史料](Beijing: Jinghua Press [京華出版社], 2001); Chinese Second Historical Archives *(Zhongguo di'er lishi dang'anguan)*, ed., *Historical Materials on the Old Chinese Maritime Customs, 1859~1948*, vol. 122(1936) *(Zhongguo jiu haiguan shiliao)* [中國舊海關史料](Beijing: Jinghua Press [京華出版社], 2001); Chinese Second Historical Archives *(Zhongguo di'er lishi dang'anguan)*, ed., *Historical Materials on the Old Chinese Maritime Customs, 1859~1948*, vol. 126(1937) *(Zhongguo jiu haiguan shiliao)* [中國舊海關史料](Beijing: Jinghua Press [京華出版社], 2001); Chinese Second Historical Archives *(Zhongguo di'er lishi dang'anguan)*, ed., *Historical Materials on the Old Chinese Maritime Customs, 1859~1948*, vol. 130(1938) *(Zhongguo jiu haiguan shiliao)* [中國舊海關史料](Beijing: Jinghua Press [京華出版社], 2001); Chinese Second Historical Archives *(Zhongguo di'er lishi dang'anguan)*, ed., *Historical Materials on the Old Chinese Maritime Customs, 1859~1948*, vol. 134(1939) *(Zhongguo jiu haiguan shiliao)* [中國舊海關史料](Beijing: Jinghua Press [京華出版社], 2001); Chinese Second Historical Archives *(Zhongguo di'er lishi dang'anguan)*, ed., *Historical Materials on the Old Chinese Maritime Customs, 1859~1948*, vol. 138(1940) *(Zhongguo jiu haiguan shiliao)* [中國舊海關史料](Beijing: Jinghua Press [京華出版社], 2001); Chinese Second Historical Archives *(Zhongguo di'er lishi dang'anguan)*, ed., *Historical Materials on the Old Chinese Maritime Customs, 1859~1948*, volume 142(1941) *(Zhongguo jiu haiguan shiliao)* [中國舊海關史料](Beijing: Jinghua Press [京華出版社], 2001); Chinese Second

Historical Archives(Zhongguo di'er lishi dang'anguan), ed., Historical Materials on the Old Chinese Maritime Customs, 1859~1948, vol. 144(1942)(Zhongguo jiu haiguan shiliao) [中國舊海關史料](Beijing: Jinghua Press [京華出版社], 2001).

79 Daqing Yang, "Telecommunication and the Japanese Empire: A Preliminary Analysis of Telegraphic Traffic," Historical Social Research 35, no. 1(2010): 66~89.

80 같은 글, 70~71.

81 Parks Coble, Chinese Capitalists in Japan's New Order: The Occupied Lower Yangzi, 1937~1945(Berkeley: University of California Press, 2003).

82 "The Six Patriotic Women Arrive in Tianjin(Tenshin e tsuita aikoku roku josei) [天津へ着いた愛国六女性]," Asahi Shinbun [朝日新聞](January 4, 1938), 10; "The Six Patriotic Women of Tianjin (Tenshin no aikoku roku josei) [天津の愛国六女性]," Asahi Shinbun [朝日新聞](February 5, 1938), 10; "Heading to the South Seas as a Typist(Taipisuto toshite nanyōe) [タイピストとして南洋へ]," Asahi Shinbun [朝日新聞](August 24, 1939), E6.

83 "The Key Lies in Mengjiang: Seeing Ōba Sachiko Off," Taipisuto [タイピスト] 16, no. 10(1941): 10~11. 타자기에 대한 추가 애국적인 자료는 "A Sailor's Inspection of the Typewriter(Suihei-san no taipuraitā kengaku) [水兵さんのタイプライター見学]," Taipisuto [タイピスト] 16, no. 7(July 1940): 16 참조.

84 사쿠라다는 소설『히라가 겐나이(平賀源内)』로 1940년 아쿠타가와상을 받았다.

85 Sakurada Tsunehisa [櫻田常久], The Army Typist (Jūgun taipisuto) [従軍タイピスト](Tokyo: Akamon shobō[赤門書房], 1941).

86 Makimasa [牧正], "Diary of a Garrison in South China (Nanshi chūgun ki) [南支駐軍記]," Taipisuto [タイピスト] 17, no. 1(February 1942): 16~25.

87 "Typist Fever in Taiwan, Extremely Successful(Taiwan no taipisuto netsu: kiwamete seikyō) [台湾のタイピスト熱: 極めて盛況]," Taipisuto [タイピスト] 16, no. 8(1941): 11.

88 Nippon Typewriter Company Divisions, Taipisuto [タイピスト] 17, no. 10(October 1942ー Showa 16): 54.

89 "Japanese, Manchu, Chinese, Mongolian All-Script Typewriter(Ri Man Hua Meng wen gezhong daziji) [日滿華蒙文各種打字機]," Far East Trade Monthly(Yuandong maoyi yuebao) [遠東貿易月報] 7(1940): reverse cover.

90 "The First Manchuria-Wide Typist Competition Held in Xinjing," T, Taipisuto [タイピスト] 16, no. 10(1941): 2~7. 대회는 1941년 5월 12일에 열렸다. 후속 경진 대회에 대해서는 "Mantetsu Type Competition Results(Zen Mantetsu jousho kyōgi taikai no seiseki) [全滿鉄淨書競技大會の成績]," Taipisuto [タイピスト] 17, no. 10(October 1942ーShowa 16): 6~11; and Yuji Riichi [湯地利市]; "On the Mantetsu Type Competition(Mantetsu no taipu kyōgi ni tsuite) [滿鉄のタイプ競技に就て]," Taipisuto [タイピスト] 18, no. 10(October 1943ーShowa 17): 2~3 참조.

91 Improved Shu Zhendong Style Chinese Typewriter Manual(Gailiang Shu shi Huawen daziji shuomingshu) [改良舒式華文打字機說明書](Shanghai: Shangwu yinshu guan, 1938), University of Pennsylvania Archivesー W. Norman Brown Papers(UPT 50 B879), box 10, folder 5. 또한 중국어 타자기를 전기화하려는 노력도 있었지만 최소한의 효과밖에 없었다. 중국어 타자기는 1980년대까지 기계식으로 남아 있었다. "Inventing an Electric Chinese Typewriter (Faming dianli Zhongwen daziji) [發明電力中文打字機]," Capital Electro-Optical Monthly(Shoudu dianguang yuekan) [首都電光月刊] 61(1936): 9; and "Electric Chinese Typewriter a Success(Dianqi Zhongwen daziji chenggong) [電氣中文打字機成功]," Shoudu dianguang yuekan [首度電光月刊] 74(April 1,

1937): 10 참조.

92   letter from Tao Minzhi to author, February 11, 2010. 수총후이가 2010년 2월 6일 타오민즈와 인터
      뷰한 후 저자에게 보낸 개인 서신이다.

93   "Shanghai Individual Ping-Pong Competition: Ouyang Wei Wins Championship, Youth Yang
      Hanhong Wins Second Place(Quan Hu geren pingpang sai Ouyang Wei guanjun xiaojiang Yang
      Hanhong de Yajun) [全滬個人乒乓賽歐陽維冠軍小將楊漢宏得亞軍]," Shenbao(June 7, 1943),
      4; "Ping-Pong Association Established Yesterday(Pingpang lianhehui zuo zhengshi chengli) [乒
      乓聯合會昨正式成立]," Shenbao(December 6, 1943), 2; "Japanese Navy Festival Celebration,
      Sports Meeting Today: Track and Field, Football, Basketball, and Volleyball(Qingzhu Ri haijun jie
      jinri yundong dahui you tianjing zulan paiqiu deng jiemu) [慶祝日海軍節今日運動大會有田徑足
      籃排球等節目]," Shenbao(May 27, 1944), 3. 위빈치 가족의 가정생활 역시 나빠졌을 것이다. 부모
      의 이혼 와중에 위빈치의 아들 위쉬린은 집에서 나와 아내와 함께 새 가족을 만들려고 수저우로 갔다.
      위쉬린은 새로운 동네에서 타자 학원을 시작하려는 희망을 갖고 위빈치 방식의 기계 2대를 가지고 갔
      다. 상하이의 위빈치학원처럼 이 학원은 수저우타자기회사에서 경험을 쌓은 젊은 여성인 타오민지의
      관리에 맡겨졌다. 타오민지는 베이징로에 있는 가게를 1949년과 중국 공산당이 승리한 시기까지 관
      리했다. Yu Shuolin [俞碩霖], "The Last YuStyle Typewriter (Zui hou de Yu shi daziji) [最后的俞式
      打字机]," Old Kids Blog(Lao xiaohai shequ) [老小孩社区](June 9, 2010), http://www.oldkids.
      cn/blog/blog_con. php?blogid=130259(accessed June 13, 2011); and letter from Tao Minzhi to
      author, February 11, 2010.

94   또한 Coble, Chinese Capitalists in Japan's New Order: The Occupied Lower Yangzi, 113.
      Poshek Fu, Passivity, Resistance, and Collaboration: Intellectual Choices in Occupied Shanghai,
      1937~1945(Stanford: Stanford University Press, 1993) 참조.

95   Timothy Brook, Collaboration: Japanese Agents and Local Elites in Wartime China(Cambridge,
      MA: Harvard University Press, 2007); Margherita Zanasi, "Globalizing Hanjian: The Suzhou Trials
      and the Post-WWII Discourse on Collaboration," American Historical Review 113, no. 2(June
      2008): 731~751.

96   C.Y. Chao Typewriting Maintenance Department(Zhao Zhangyun Daziji xiuli bu) [趙章云打字機
      修理部]. Memo from Shanghai Municipal Council Secretary to "All Departments and Emergency
      Offices," signed by Takagi, entitled "Cleaning of Typewriters, Calculators, etc.－1943," SMA
      U1-4-3586(April 2, 1943), 35 참조. Receipt from C.Y. Chao for Cleaning Services Sent to
      Secretariat Office, SMA U1-4-3582(October 12, 1943), 5.

97   Huanqiu Chinese Typewriter Manufacturing Company(Huanqiu Huawen daziji zhizaochang) [環
      球華文打字機製造廠] located at 169 Yuanmingyuan Road; Chang Yah Kee Typewriter
      Company(Zhang Xieji daziji gongsi) [張協記打字機公司] located at 187 Qipu Road(七浦路;
      Ming Kee Typewriter Company(Mingji daziji hang) [銘記打字機行] at 412A Jiangsu Road; price
      quotations from typewriter companies to the General Office, First District of the Government of
      Shanghai, SMA R22-2-776(December 21, 1943), 1~28.

98   "China Standard Typewriter Mfg. Co," SMA U1-4-3582(August 7, 1943), 11~13.

99   Memo from Treasurer to Secretary General, entitled "Public Works Department－Chinese
      Typewriters," SMA U1-4-3582(August 12, 1943), 9.

100   Memo from the Secretary's Office, Municipal Council to the Director entitled "Chinese
      Typewriters," SMA U1-4-3582(July 13, 1943), 6. 실제로 종전 후에도 일본 기계를 중국어 사용으
      로 개조하는 일이 지속되었다. 상하이시 경찰국에 제출된 한 가격 추정에 따르면 페킹로 279번지에

위치한 위빈치의 중국어타자기제조회사는 2500개의 글자 알과 '일본어 타자기 개조'를 합친 가격으로 3만 2000위안을 제시했다. Letter from Yu's Chinese Typewriter Mfg. Co. to the Shanghai Municipal Police Administration *(Shanghai shi jingchaju)* [上海市警察局], SMA Q131-7-1368 (December 13, 1945), 4.

101 이 학원은 학생들을 보습학원의 강사 경력을 위해 훈련시켰다. http:// blog.sina.com.cn/s/blog_4945b4f80101rtfb.html 참조.

102 "Regarding the Foundation of the Guangdewen Typing Supplementary School in Beiping *(Guanyu chuangban Beiping shi sili Guangdewen dazi buxi xueshe de chengwen ji gai she jianzhang deng yiji shehui ju de piwen)* [關於創辦北平市私立廣德文打字補習學社的呈文及該社簡章等以及社會局的批文]," BMA J002-003-00754 (May 1, 1938). 매일 학생들은 2시간씩 일정과 학원 시간에 따라 조정된 시간에 훈련했다. 속성반 학생들은 월 15위안을 내고 한 달 반 동안 학습했다. 정상반 학생들은 월 8위안을 내고 두 달 만에 학습을 마쳤다.

103 "Beijing Jiyang Typing School Temporarily Ceases Operation *(Beijing shi sili Jiyang Huawen dazi buxi xuexiao zanxing tingban)* [北京市私立暨陽華文打字補習學校暫行停辦]," BMA J002-003-00636 (January 1, 1939).

104 "Regarding the Foundation of the Guangdewen Typing Supplementary School in Beiping *(Guanyu chuangban Beiping shi sili Guangdewen dazi buxi xueshe de chengwen ji gai she jianzhang deng yiji shehui ju de piwen)* [關於創辦北平市私立廣德文打字補習學社的呈文及該社簡章等以及社會局的批文]," BMA J002-003-00754 (May 1, 1938).

105 "北京市私立東亞華文打字科職業補習學校常年經費預算表 in "北京東亞華文打字職業學校關於創辦學校請立案的呈及市教育局的指令" BMA J004-002-00559 (September 30, 1939) 참조.

106 "Regarding the Foundation of the Guangdewen Typing Supplementary School in Beiping *(Guanyu chuangban Beiping shi sili Guangdewen dazi buxi xueshe de chengwen ji gai she jianzhang deng yiji shehui ju de piwen)* [關於創辦北平市私立廣德文打字補習學社的呈文及該社簡章等以及社會局的批文]," BMA J002-003-00754 (May 1, 1938).

107 학원에서 저우야루의 동료인 23세의 샤오싱 출신 장멍린은 동아시아일본어-중국어타자학원의 졸업생이었다. 장멍린(張孟鄰)은 다른 곳에서는 장위옌(張玉鄰)이라고 불린다. "Curriculum Vitae of Teaching Staff of the Private Yucai Chinese Typing Vocational Supplementary School in Beiping *(Beiping shi sili Yucai Huawen dazike zhiye buxi xuexiao zhi jiaoyuan lüli biao)* [北平市私立育才華文打字科職業補習學校職教員履歷表]" and "Student Roster of the Private Guangde Supplementary School in Beiping *(Beiping shi sili Guangde buxi xuexiao xuesheng mingji biao)* [北平市私立廣德補習學校學生名籍表]," in "Curriculum Vitae of Teaching Staff and Student Roster of the Private Yucai Chinese Typing Vocational Supplementary School in Beiping *(Beiping shi sili Yucai Huawen dazike zhiye buxi xuexiao zhijiaoyuan lüli biao, xuesheng mingji biao)* [北平市私立育才華文打字科職業補習學校職教員履歷表、學生名籍表]," BMA J004-002-00662 (July 31, 1939) 참조.

108 일본어 학원의 이름과 장소는 자료로 제공되지 않는다. 동료인 리 씨는 톈진에 있는 쳉광타자보습학원의 원장으로서 경험을 쌓았다. "Beijing Baoshan and Guangde Chinese Typing Supplementary Schools *(Beijing shi sili Baoshan, Guangde Huawen dazi buxi xuexiao)* [北京市私立寶善、廣德華文打字補習學校]," BMA J004-002-00579 (July 1, 1938) 참조.

109 동아시아일본어-중국어타자보습학원에서 중국어 타자 교육은 38세 여성으로 펑텐의 렌양 출신으로 펑텐일본어-중국어타자보습학원의 졸업생인 션롄전이 관장했다. "Petition Submitted by the Private

Yadong Japanese-Chinese Typing Supplementary School of Beijing to the Beijing Special Municipality Bureau of Education Regarding Inspection of Student Grading List, Curriculum Plan, and Teaching Hours for the Regular-Speed Division of the Sixteenth Term, and the Order Received in Response from the Bureau of Education *(Beijing shi sili Yadong Ri Huawen dazi buxi xuexiao guanyu di'shiliu qi putong sucheng ge zu xuesheng chengjibiao, kecheng yuji ji shouke shi shu qing jianhe gei Beijing tebieshi jiaoyuju de cheng yiji jiaoyuju de zhiling)* [北京市私立亞東日華文打字補習學校關於第十六期普通速成各組學生成績表、課程預計及授課時數請鑒核給北京特別市教育局的呈以及教育局的指令]," BMA J004-002-01022(January 31, 1943) 참조.

110 Lori Watt, *When Empire Comes Home: Repatriates and Reintegration in Postwar Japan* (Cambridge, MA: Harvard University Asia Center, 2009).

111 People's Welfare Typewriter Manufacturing Company *(Minsheng daziji zhizaochang)* [民生打字機製造廠], ed., *Practice Textbook(Lianxi keben)* [練習課本], n.p.: c. 1940s, cover.

112 Fan Jiling [范繼舲], *Fan's Wanneng-Style Chinese Typewriter Practice Textbook(Fan shi wanneng shi Zhongwen daziji shixi fanben)* [范氏萬能式中文打字機實習範本](Hankou: Fan Research Institute Publishing House *(Fan shi yanjiusuo yinhang)* [范氏研究所印行], 1949), i.

113 또한 "Red Star Chinese Typewriter Plant 1952 Construction Plan *(Hongxing daziji chang yi jiu wu er nian ji jian jihua)* [紅星打字機廠一九五二年基建計劃]," TMA X77-1-415(1952), 13~17, 16. Tianjin People's Government Local-State Jointly Run Hongxing Factory *(Tianjin shi renmin zhengfu difang guoying huyeju Hongxing huchang)* [天津市人民政府地方國營互業局紅星互廠], "Report on the Improvement of the Chinese Typewriter Character Chart *(Huawen daziji zibiao gaijin baogao)* [華文打字機字表改進報告]," TMA J104-2-1639(October 1953), 29~39. 114 참조.

114 "Shanghai Chinese Typewriter Manufacturing Joint Venture Marketing Plan *(Shanghai Zhongwen daziji zhizaochang lianyingsuo chanxiao jihua)* [上海中文打字机製造廠聯營所產銷計劃]," SMA S289-4-37(December 1951), 65. The domestic industry was further challenged by pricing challenges and market instability in the wake of the Second World War, the Civil War, and the revolution of 1949. "Regulating the Pricing Problem of Domestically Produced Chinese Typewriters *(Wei tiaozheng guochan Zhongwen daziji shoujia wenti)* [為調整國產中文打字機售價問題]," report sent from the Chinese Typewriter Manufacturers Business Association *(Zhongwen daziji zhizao chang shanglian)* to the Shanghai Cultural and Educational Supplies Trade Association *(Shanghai shi wenjiao yongpin tongye gonghui)*, SMA B99-4-124(January 15, 1953), 52~90 참조.

115 중국 내의 중국어 타자기 제조 및 유통 산업은 위-스타일 타자기제조공장, 징이중국어타자기제조공장, 만능타자기회사, 중국타자기제조회사, 민생중국어타자기제조회사 등 많은 회사들로 갈라졌다. 게다가 최소한 5개의 다른 회사가 1949년과 1951년 사이에 설립되었다. 1949년 4월에는 위-스타일 타자기제조공장이 새로 설립되는데 이 회사는 만능식 타자기를 만드는 55명을 고용했다. 1950년 1월 4일에 설립된 쯔취공장은 47명을 고용해서 중국어 타자기와 합금 활자를 만들었고, 1950년 9월에 설립된 원화중국어타자기제조공장은 주로 중국어 타자기 제조를 위해 42명을 고용했다. 1951년 10월 1일에 설립된 징이타자기제조공장은 16명을 고용해서 중국어 타자기와 사무용품을 제조했다. 1951년 9월에 설립된 완링과학기자재제조공장은 12명을 고용해서 주로 타자기에 집중했다. "Draft Charter of the Shanghai Chinese Typewriter Manufacturing Plant Joint Management Organization *(Shanghai Zhongwen daziji zhizaochang lianyingsuo zuzhi zhangcheng cao'an)* [上海中文打字機製造廠聯營所組織章程草案]," SMA S289-4-37(December 1951).

116 "Draft Charter of the Shanghai Chinese Typewriter Manufacturing Plant Joint Management

Organization *(Shanghai Zhongwen daziji zhizaochang lianyingsuo zuzhi zhangcheng cao'an)* [上海中文打字機製造廠聯營所組織章程草案]," in "Shanghai Chinese Typewriter Manufacturing Joint Venture Marketing Plan *(Shanghai Zhongwen daziji zhizaochang lianyingsuo chanxiao jihua)* [上海中文打字機製造廠聯營所產銷計劃]," SMA S289-4-37(December 1951); "A Large-Scale Public-Private Typewriter Store Newly Opened in Shanghai *(Shanghai xin kai yi jia guimo juda de gongsi heying daziji dian)* [上海新开一家规模巨大的公私打字机店]," *Xinhuashe xinwen gao* [新華社新聞稿] 2295(1956).

117 "Draft Charter of the Shanghai Chinese Typewriter Manufacturing Plant Joint Management Organization *(Shanghai Zhongwen daziji zhizaochang lianyingsuo zuzhi zhangcheng cao'an)* [上海中文打字機製造廠聯營所組織章程草案]," SMA S289-4-37(December 1951).

118 Shanghai Calculator and Typewriter Factory *(Shanghai jisuanji daziji chang)* [上海計算機打字機廠], ed., "Evaluation Report on the Double Pigeon Brand DHY Model Chinese Typewriter *(Shuangge pai DHY xing Zhongwen daziji jianding baogao)* [双鸽牌DHY 型中文打字机鉴定报告]," SMA B155-2-284(April 24, 1964), 4; Shanghai Calculator and Typewriter Factory *(Shanghai jisuanji daziji chang)* [上海計算機打字機廠], ed., "Double Pigeon Brand Chinese Typewriter Improvement and Trial Production Summary Report *(Shuangge pai Zhongwen daziji gaijin shizhi jishu zongjie)* [双鸽牌中文打字机改进试制技术总结]," SMA B155-2-282(March 22, 1964), 11~14; Shanghai Calculator and Typewriter Factory *(Shanghai jisuanji daziji chang)* [上海計算機打字機廠], ed., "Double Pigeon Brand Chinese Typewriter Internal Evaluation Report *(Shuangge pai Zhongwen daziji chang nei jianding baogao)* [双鸽牌中文打字机厂内鉴定报告]," SMA B155-2-282(March 22, 1964), 9~10.

119 Shanghai Calculator and Typewriter Factory *(Shanghai jisuanji daziji chang)* [上海計算機打字機廠], ed., "Evaluation Report on the Double Pigeon Brand DHY Model Chinese Typewriter *(Shuangge pai DHY xing Zhongwen daziji jianding baogao)* [双鸽牌DHY 型中文打字机鉴定报告]," SMA B155-2-284(April 24, 1964), 4.

120 같은 글.

121 같은 글, 1.

제6장. 쿼티는 죽었다! 쿼티 만세!

1 Matthew Fuller, *Behind the Blip: Essays on the Culture of Software*(Sagebrush Education Resources, 2003).

2 더구나 사용자들은 여러 방식으로 입력을 맞춤형으로 설정해 실질적으로 가능한 입력 수를 늘릴 수 있다. 이 단순한 사실은 영어 타자에서는 문제의 문장을 입력하는 방법이 하나밖에 없다는 것, 즉 t-y-p-e-w-r-i-t-e-r밖에 없다는 것을 고려하면 더욱 흥미롭다.

3 "Front Views and Profiles: Miss Yin at the Console," *Chicago Daily Tribune*(October 10, 1945), 16.

4 같은 글.

5 비교해 보면 올리베티의 MS25는 폭이 약 36cm, 깊이가 약 36cm였다.

6 "Chinese Project: The Lin Yutang Chinese Typewriter," Smithsonian, n.d., multiple dates encompassed(1950), 1.

7 Ann Blair, *Too Much to Know: Managing Scholarly Information before the Modern Age*(New

Haven: Yale University Press, 2010); Mary Elizabeth Berry, *Japan in Print: Information and Nation in the Early Modern Period*(Berkeley: University of California Press, 2006).

8   Chen Youxun [陳有勳], "Report on a Comparison of Four-Corner Look-Up and Radical Look-Up *(Sijiao haoma jianzifa yu bushou jianzifa de bijiao shiyan baogao)* [四角號碼檢字法與部首檢字法的比較實驗報告]," *Educational Weekly(Jiaoyu zhoukan)* [教育周刊] 177(1933): 14~20.

9   1916년 H.L. 왕(H.L. Wang)은 "중국어의 어려움 중에서도 색인 시스템이 결여된 것이 아마도 가장 심각한 문제일 것이다"라고 주장했다. "대량의 문고는 그 내용물과 위치를 쉽게 찾을 수 없다면 유용성을 상실할 것이다." John Wang(H.L. Huang), "Technical Education in China," *Chinese Students' Monthly* 11, no. 3(January 1, 1916): 209~214.

10 이것을 영상으로 재생하는 데 적합한 기술이 '버티고 줌'이라는 기술인데, 이는 카메라가 줌을 이용해 중국 사물에 초점을 유지하면서 피사체에서 멀리 이동하는 것이다. 이로 인해 생성된 느낌은 주변 공간들이 휘거나 들어가서 새롭게 실현된 생경함을 전달하는 정지된 사물 같은 것이 될 것이다.

11 J.J.L. Duyvendak, "Wong's System for Arranging Chinese Characters. The Revised Four-Corner Numeral System," *T'oung Pao* 28, no. 1/2(1931): 71~74.

12 Cai Yuanpei [蔡元培], "An Introduction to Point/Vertical Stroke/Horizontal Stroke/Slanting Stroke Character Retrieval System *(Jieshao dian zhi heng xie jianzifa)* [介紹點直橫斜檢字法]," *Modern Student(Xiandai xuesheng)* [現代學生](April 1, 1931), 1~8. "Methods Regarding the Character Retrieval Problem *(Duiyu jianzifa wenti de banfa)* [對於檢字法問題的辦法]," *Eastern Miscellany (Dongfang zazhi)* [東方雜誌] 20, no. 23(1923): 97~100 또한 참조.

13 Jiang Yiqian [蔣一前], *History of the Development of Character Retrieval Systems in China and a Table of Seventy-Seven New Character Retrieval Systems(Zhongguo jianzifa yange shilüe ji qishiqi zhong xin jianzifa biao)* [中國檢字法沿革史略及七十七種新檢字表](n.p.: Zhongguo suoyin she, 1933). Among these, at least twenty-six systems were based upon strokes.

14 가오밍단에 대한 자세한 내용은 Reed, *Gutenberg in Shanghai* 참조.

15 Lin Yutang, "Explanation of Chinese Character Index *(Hanzi suoyin zhi shuoming)* [漢字索引制說明]," *Xin Qingnian* 4, no. 25(1918): 128~135; Lin Yutang, "LastStroke Character Retrieval Method *(Mobi jianzifa)*," in *Collected Essays on Linguistics(Yuyanxue luncong)* [語言學論叢] (Taibei: Wenxing shudian gufen youxian gongsi, 1967), 284.

16 Lin Yutang, "Explanation of Chinese Character Index," 128~135; Lin Yutang, "Last-Stroke Character Retrieval Method *(Mobi jianzifa)*," 284.

17 Jiang Yiqian, *History of the Development of Character Retrieval Systems in China*, 1.

18 현대 중국 사상의 진화론에 대한 흥미로운 연구와 그 위치에 대해서는 Andrew F. Jones, *Developmental Fairy Tales: Evolutionary Thinking and Modern Chinese Culture*(Cambridge, MA: Harvard University Press, 2011) 참조.

19 Jiang Yiqian, *History of the Development of Character Retrieval Systems in China*, 1.

20 Chen Lifu, *Storm Clouds Over China: The Memoirs of Ch'en Li-fu, 1900~1993*, ed. Sidney Chang and Ramon Myers(Stanford: Hoover Institute Press, 1994), 42.

21 같은 책, 70.

22 같은 책, 19~23, 71.

23 특화된 상품의 확산을 보여주기 위한 표본으로 천리푸는 장미 향 비누의 사례를 들었다.

24 Chen Lifu, *Storm Clouds Over China*, 32.

25 *The Principle and Practice of Five-Stroke Indexing System for Chinese Characters(Wubi jianzifa*

de yuanli ji yingyong) [五筆檢字法的原理及應用](Shanghai: Zhonghua shuju, 1928), and *How to Locate Clan Surnames(Xingshi su jianzifa)* [姓氏速檢字法]. 감동적인 송별 식사와 함께 천푸레이(陳布雷, 1890~1948)에게 기밀실 관장 책임을 넘긴 후 천리푸는 5획 시스템을 개선·발전하는 데 무엇보다 헌신했다. 그는 500여 개의 중국 성씨에 자신의 방법을 적용해『한자를 위한 5획 검색 시스템의 원리와 실행, 그리고 성씨 찾는 방법(The Principle and Practice of Five-Stroke Indexing System for Chinese Characters and How to Locate Clan Surnames)』을 발간했다.

26 Du Dingyou, "On the Psychology of How the Masses Search for Characters *(Minzhong jianzi xinli lunlüe)* [民眾檢字心理論略]," 340~350, in *Selected Library Science Writings of Du Dingyou(Du Dingyou tushuguanxue lunwen xuanji)* [杜定友圖書館學論文選集], ed. Qian Yaxin [钱亚新] and Bai Guoying [白国应](Beijing: Shumu wenxian chubanshe, 1988). Originally in *Education and the Masses(Jiaoyu yu minzhong)* [教育與民眾] 6, no. 9(1925).

27 여기서 두딩유는 코드 0033을 가리키고 있으며, 글자 戀(련)은 4각 시스템 내에서 분류된다.

28 Du Dingyou, "On the Psychology of How the Masses Search for Characters," 340~350.

29 열정적인 기업가인 두딩유는 이 문구의 뒤에서 두 번째 글자를 새로 만들었다는 주장을 내놓았다. 통상적으로는 세 글자로 쓰이는 다음절 단어인 "圖書館"을 나타내기 위해 두딩유는 이 글자를 圕로 작성했다.

30 Lin Yutang, "Features of the Invention," Archives of John Day Co., Princeton University, box/folder 14416, call no. CO123(c. October 14, 1931), 3. "Fact and Fiction: A Chinese Typewriter *(Shishi feifei: Hanwen daziji)* [是是非非: 漢文打字機]," *Nanhua wenyi* [南華文藝] 1, no. 7/8(1932): 103.

31 Lin Yutang, "Features of the Invention," 3.

32 린위탕은 중국교육문화발전재단으로부터 자신의 타자기 프로젝트를 위한 특별 보조금 3500달러를 지원받았다. Edward Hunter, "Increasing Program of China Foundation," *China Weekly Review* (August 8, 1931), 379 참조.

33 Lin Yutang, "Features of the Invention," 3.

34 같은 글, 5.

35 같은 글.

36 Archives of the John Day Company, Princeton University, box 144, folder 6, no. C0123. 린위탕이 처음에 제안한 기계 내부는 곡선 활자 세트를 장착한 해먼드 타자기를 기반으로 했다. 이 기계 활자 세트에 부수, 표음자, 전신문자를 갖추어 페이지에 구축할 것을 제안했다. 그는 각각 32개의 열을 가진 30개의 활자 막대에 배열하고 각 열에는 4자리씩 배치하도록 했다. "이 막대와 기둥은 글자가 어느 그룹에 속했는지를 알려준다." 좌우 글자의 경우에는 캐리지가 전진하지 않는다. 그는 이것을 "기계적 설계"라고 불렀다. 같은 글, 4~5.

37 같은 글, 2. 실제로 이 특정 설명에서 린위탕과 매킨 존스의 관계는 정말 우연일 수 있다. 린위탕의 1931년 편지를 보면 '레밍턴 타자기회사'라는 스탬프 바로 옆에 로버트 매킨 존스의 사인인 RMcKJ가 아주 희미하게 표시되어 있음을 알 수 있다. 4장에서 만났던, 여러 해 전에 중국어 표음식 철자를 전제로 한, 특허에 실패한 레밍턴사의 '활판 장인'이 여기에 있다.

38 같은 글, 4. 1937년과 1938년에 린위탕이 리처드 월시에게 보낸 편지를 추가로 수집하면서 린위탕의 중국어 타자 초기 실험과 밍콰이 이전에 개발한 모델에 숨겨져 있는 역사를 밝힐 수 있게 되었다. 이 세 통의 편지 가운데 1937년 12월 16일자인 첫 번째 편지에서 린위탕은 록펠러 재단의 존 마셜은 그 프로젝트를 실현하기 위해 "예리한 발명 정신을 가진 공대 교수"가 필요할 것이며 "아마도 MIT 또는 다른 기관(라디오 텔레타이프를 발명한 뛰어난 사람을 가진 IBM)이 적합할 것"이라며 추천했다고 적고 있다. 린위탕은 셀스카 건(Selskar Gunn)에게 "두 번째 모델을 만드는 데 돈이 얼마나 필요할지

모르겠다"라면서 자신이 지금 쓰고 있는 책[아마도 『화목란(花木蘭)』]의 원고를 완성하기까지는 이 프로젝트로 돌아갈 수 없다고 고백했다. 1937년 12월 16일 린위탕이 리처드 월시와 펄 벅에게 보낸 편지. Archives of John Day Co., box 144, folder 6, call no. C0123. 정확히 그로부터 일 년 후 두 장의 편지에서 린위탕은 타자라는 문제를 꺼내면서 월시에게 다시 편지를 보냈다. 이 편지는 니콜로가 59에 있는 집에서 작성했는데, 1938년 12월 21일자인 이 편지에서 린위탕은 "나의 계획"이라고 지칭한 건을 상의하기 위해 건과 마셜을 만나서 나눈 얘기를 간략히 적었다. 이 편지에는 린위칭이 "첫 번째 모델"이라 지칭한 두 장의 사진을 동봉한 것으로 되어 있으나 안타깝게도 이 사진들은 남아 있지 않다. "비밀은 자판과 언어 작업에 있으므로 이 자료 모두를 관심 있는 사람들에게 보여주게. 특허 신청은 1931년 겨울에 상하이에 있는 세인트존스 대학의 호레스 만(Horace Mann)의 동생인 뉴욕 변호사를 통해 제출했네." 1938년 12월 13일 린위탕이 리처드 월시와 펄 벅에게 파리에서 보낸 편지. Archives of John Day Co., Princeton University, box 144, folder 6, call no. C0123.

39 "Chinese Project: The Lin Yutang Chinese Typewriter," Mergenthaler Linotype Company Records, 1905~1993, Archives Center, National Museum of American History, Smithsonian Institution, box 3628, multiple dates in 1950 listed, 5.

40 Lin Taiyi, *Biography of Lin Yutang(Lin Yutang zhuan)*(Taibei: Lianjing chubanshe, 1989), 235.

41 같은 책.

42 같은 책.

43 같은 책.

44 Other coverage included Yang Mingshi[楊名時], "The Principles of Lin Yutang's Chinese Typewriter*(Lin Yutang shi Huawen daziji de yuanli)* [林語堂式華文打字機的原理]," *Guowen guoji*[國文國際] 1, no. 3(1948): 3.

45 Lin Taiyi, *Biography of Lin Yutang*, 236.

46 같은 책.

47 남성 타자수라는 생각과 친숙했던 유일한 기업인은 아마도 메르겐탈러 라이노타이프의 임원들이었을 것이다. 라이노타이프 운영이 계속 남성의 영역이었기 때문이다. 하지만 린위탕의 밍콰이 기계는 라이노타이프(주조식자기)가 아니었다. 그것은 사무용 타자기였기 때문에 그들 역시 밍콰이 기계를 '라이노스(linos)'처럼 전 세계 신문 독자를 위해 눈부신 속도로 활자를 만드는 인쇄 장비가 아닌 자기 사무실을 장식하고 있던 기계와 동일시했다.

48 Lin Taiyi, *Biography of Lin Yutang*, 236~237.

49 같은 책.

50 내가 볼 수 있었던 어떤 자료에서도 이 문제의 원인을 특정하지 않았다.

51 Lin Taiyi, *Biography of Lin Yutang*, 237~238.

52 *Chinese Journal*(May 26, 1947), included in Archives of John Day Company, Princeton University, box 236, folder 14, number CO123에서 따옴.

53 "Lin Yutang Invents Chinese Typewriter: Will Do in an Hour What Now Takes a Day," *New York Herald Tribune*(August 22, 1947), 13.

54 이 기념 뉴스 이후 린위탕이 밍콰이 타자기를 설계하는 데 협조했던 이탈리아 기술자가 밍콰이 타자기는 린위탕이 아닌 자신의 발명품이라고 주장하기 시작했다. 린위탕의 전기에는 이름이 나와 있지 않지만 이 이탈리아 기술자는 린위탕에게 소송을 제기한다고 협박했다. 린타이이가 지적하듯이 그녀와 그의 아버지는 중국어를 하지 못하는 이탈리아 사람이 그런 주장을 하는 것이 놀라울 뿐이었다. 린위탕은 변호사를 구했지만 소송 협박은 아무 일 없이 지나간 것 같다. 린타이이의 전기 또는 내가 접했던 어느 자료에서도 이탈리아 기술자 또는 그의 주장에 대한 언급이 없다. Lin Taiyi, *Biography*

of Lin Yutang, 238.

55 "Chinese Put on Typewriter by Lin Yutang," *Los Angeles Times*(August 22, 1947), 2.

56 "Just How Smart Are We," *Daily News New York*(September 2, 1947), clipping included in Archives of John Day Company, Princeton University, box 236, folder 14, number CO123; Harry Hansen, "How Can Lin Yutang Make His New Typewriter Sing?," *Chicago Daily Tribune*(August 24, 1947), C4; "Lin Yutang Invents Chinese Typewriter: Will Do in an Hour What Now Takes a Day," *New York Herald Tribune*(August 22, 1947), 13; "New Typewriter Will Aid Chinese: Invention of Dr. Lin Yutang Can Do a Secretary's Day's Work in an Hour," *New York Times* (August 22, 1947), 17.

57 Letter from Pearl S. Buck to Lin Yutang, May 4, 1947, Pearl S. Buck International Archive.

58 Martin W. Reed, "Lin Yutang Typewriter," Mergenthaler Linotype Company Records, 1905~1993, Archives Center, National Museum of American History, Smithsonian Institution.

59 같은 글.

60 같은 글.

61 같은 글.

62 "Chinese Project: The Lin Yutang Chinese Typewriter," Mergenthaler Linotype Company Records, 1905~1993, Archives Center, National Museum of American History, Smithsonian Institution, box 3628, multiple dates in 1950 listed, 4.

63 같은 글, 4~5.

64 같은 글, 5.

65 "Psychological Warfare, EUSAK Compound, Seoul, Korea(1952)," National Archives and Records Group, ARC identifier 25967, local identifier 111-LC-31798.

제7장. 타자 반란

1 Thomas S. Mullaney, *Coming to Terms with the Nation: Ethnic Classification in Modern China* (Berkeley: University of California Press, 2010).

2 *Ha'erbin shi renmin zhengfu gong'anju zhengzhi baoweichu*(哈尔滨市人民政府公安局政治保卫处). 선별된 보관 기록을 볼 수 있도록 허락한 미카엘 쇤할스(Michael Schoenhais)에게 특별한 감사를 보낸다.

3 As shown by Antonia Finnane; *Beijing shi fu shipin shangyeju dang zu.*

4 일례로, the August 30, 1955 "Qing shi guoqingjie taixiang shunxu wenti(請示國慶節抬像順序問題)," Zhong Gong Hebei shengwei jiyaochu [中共河北省委機要處]가 만든 타자된 보고서를 들 수 있다. 이는 대니얼 리스(Daniel Leese)가 편찬한 보관 기록에서 입증되었다.

5 야곱 아이퍼스(Jacob Eyferth)의 보관 기록에서 볼 수 있다. Chinese Communist Party Baodi County Committee*(Zhongguo gongchandang Baodi xian weiyuanhui)*, "Survey Report on Living Conditions and Political Attitudes in Baodi County*(Zhonggong Baodi xianwei guanyu nongmin sixiang qingkuang de diaocha baogao)* [中共宝鸡县委关于农民思想情况的调查报告]," August 17, 1957.

6 베노 와이너(Benno Weiner)의 작업에서 볼 수 있다.

7 "Whatever Work Aims to Complete and Not to Fail the Five Year Plan, All That Work Is Glorious!

(Renhe laodong, dou shi wancheng wunian jihua buke queshaode laodong, dou shi guangrongde laodong!) [任何勞動 都是完成五年计划不可缺少的劳动 都是光荣的劳动!]," designed by Zhou Daowu [周道悟], March 1956, PC-1956-013, private collection, chinese posters.net.

8   *The Poems of Chairman Mao(Mao Zhuxi shici)* [毛主席詩詞], 1968. Type-and-mimeograph edition by self-identified Red Guard, released on or around International Workers' Day, author's personal collection; *Long Live Chairman Mao Thought. Selections from 1957 and 1958(Mao Zhuxi sixiang wansui 1957 nian~1958 nian wenji)* [毛主席思想万岁1957年~1958年文集], c. 1958. Type-and-mimeograph edition by members of the Yunnan University Mao Zedong-ism Artillery Regiment Foreign Language Division Propaganda Group*(Yunnan Daxue Mao Zedong zhuyi pao bing tuan waiyu fentuan xuanchuan zu)* [云南大学毛泽东主义炮兵团外语分团宣传组], author's collection.

9   Liansu Meng, "The Inferno Tango: Gender Politics and Modern Chinese Poetry, 1917~1980," PhD dissertation, University of Michigan, 2010, 1, 233~234.

10   "A New Typing Record*(Dazi xin jilu)* [打字新記錄]," *People's Daily(Renmin ribao)*(November 23, 1956), 2.

11   같은 글.

12   Ingrid Richardson, "Mobile Technosoma: Some Phenomenological Reflections on Itinerant Media Devices," *fiberculture* 6(December 10, 2005); Ingrid Richardson, "Faces, Interfaces, Screens: Relational Ontologies of Framing, Attention and Distraction," *Transformations* 18 (2010).

13   Pierre Bourdieu, *The Logic of Practice*(Stanford: Stanford University Press, 1992), 57.

14   "Kaifeng Typesetter Zhang Jiying Diligently Improves Typesetting Method, Establishes New Record of 3,000-plus Characters per Hour*(Kaifeng paizi gongren Zhang Jiying nuli gaijin paizifa chuang mei xiaoshi san qian yu zi xin jilu)* [開封排字工人張繼英努力改進排字法創每小時三千余字新紀錄]," *People's Daily(Renmin ribao)*(December 16, 1951). Reprinted from article in *Henan Daily(Henan Ribao)*.

15   장지잉은 처음에는 정저우신화출판사에서 일했다.

16   Zhang Jiying, "How Did I Raise My Work Efficiency? *(Wo de gongzuo xiaolü shi zenme tigao de?)* [我的工作效率是怎麼提高的]," in *Zhongnan* People's Press(Zhongnan *renmin chubanshe*) [中南人民出版社], ed., *The Zhang Jiying Typesetting Method(Zhang Jiying jianzifa)* [張繼英揀字法] (Hankou: Zhongnan renmin chubanshe, 1952), 20.

17   Li Zhongyuan and Liu Zhaolan, "Kaifeng Typesetter Zhang Jiying's Advanced Work Method *(Kaifeng paizi gongren Zhang Jiying de xianjin gongzuofa)* [開封排字工人張繼英的先進工作法]," *People's Daily(Renmin ribao)*(March 10, 1952), 2~4.

18   그 용어의 어원을 일깨워준 캄란 나임(Kamran Naim)에게 감사드린다.

19   Franz Schurmann, *Ideology and Organization in Communist China*(Berkeley: University of California Press, 1966), 59~68; Alan P.L. Liu, *Communications and National Integration in Communist China*(Berkeley: University of California Press, 1971), 139.

20   Li Zhongyuan and Liu Zhaolan, "Kaifeng Typesetter Zhang," 2~3.

21   Zhang Jiying, "How Did I Raise My Work Efficiency?"

22   Sigrid Schmalzer, *The People's Peking Man: Popular Science and Human Identity in*

Twentieth-Century China(Chicago: University of Chicago Press, 2008), 126~128.

23   Zhang Jiying, "How Did I Raise My Work Efficiency?," 21.

24   "Model Workers from Across China Attend International Workers' Day Ceremony*(Ge di lai Jing canjia 'wuyi' jie guanli de laodong mofan)* [各地來京參加五一節觀禮的勞動模範]," *People's Daily(Renmin ribao)*(May 7, 1952), 3; Zhang Jiying, "How Did I Raise My Work Efficiency?," 21.

25   He Jiceng [何繼曾], *Elements of Type Setting(Paizi qianshuo)* [排字淺說](Shanghai: Commercial Press, 1959), 41.

26   징강산에서의 성공에도 불구하고 고향에서 선호하던 장지잉은 여전히 정상을 누리고 있었다. 장지잉은 대장정 기간 동안 1952년의 시간당 3820자 기록을 깨고 시간당 4890자, 5538자, 그리고 6252자를 달성했다고 보도되었다. Wang Shigeng [王世庚], "Zhang Jiying Sets Another Typesetting Record *(Zhang Jiying zai chuang jianzi xin jilu)* [张继英再创拣字新纪录]," *Henan ribao* [河南日报](March 30, 1959), 1 참조.

27   Journalism Research Institute of the People's University of China*(Zhongguo renmin daxue xinwenxue yanjiusuo)* [中国人民大学新闻学研究所], ed., *Typesetting for Newspapers(Baozhi de paizi he pinpan)* [报纸的排字和拼盘](Shanghai: Commercial Press, 1958).

28   합치면 이 네 글자는 "문제를 해결하다"라는 뜻의 문장 解決問題 가 된다.

29   합치면 이 글자는 建設祖國(조국을 건설하다), 提高產量(생산량을 높이다)이 된다.

30   합치면 이 글자는 공유하는 글자 社를 통해 人民公社(인민사회)와 社會主義(사회주의)가 된다.

31   Journalism Research Institute of the People's University of China, ed., *Typesetting for Newspapers*, 29. '정침속선(頂針續線)'은 '정침속마(頂針續麻)'로 더 잘 알려져 있다. 이는 사자성어를 만드는 중국어 단어 게임으로, 앞 사람의 표현에서 끝난 글자로 사자성어를 시작해야 하는 끝말잇기이다. 편집인은 이 방식과 정침속마 게임(적어도 『시경』까지 거슬러 올라가고 송나라와 원나라에서 인기 있었던 게임)을 같은 것으로 본다. '정침속마(골무 연결하기)'는 한 절의 끝에 나오는 글자가 다음 절의 시작에 반복된다는 점에서 중세의 프로방스 음유시에 사용된 코블라스 캡피니다스(coblas capfinidas) 기술과 공통점을 지닌다. 이 게임은 아마도 기억 보조의 한 형태로 구전시 전통에서 진화한 것 같다. Nicholas Morrow Williams, "A Conversation in Poems: Xie Lingyun, Xie Huilian, and Jiang Yan," *Journal of the American Oriental Society* 127, no. 4(2007): 491~506.

32   Journalism Research Institute of the People's University of China, ed., *Typesetting for Newspapers*, 29.

33   같은 책, 30.

34   *Huawen daziji wenzi pailie biao*. Accompanies the *Huawen dazi jiangyi*(n.p., n.d.; produced pre-1928, circa 1917).

35   동일한 조직 체계가 글자 南(난)의 배치에 적용된다. 이 글자 바로 위에 湖南(후난)을 만드는 글자 湖(후)가 있다. 南의 바로 왼쪽에는 雲南(윈난)을 만드는 雲(윈)이 있다. 南의 바로 밑에는 河南(허난)을 만드는 河(허)가 있다. 아마도 가장 정교하게 연결되고 자리 잡은 글자는 西(시)일 것이다. 이 글자 근처에는 藏(장), 陝(산), 廣(광), 山(산)이 있어서 藏西(시장), 陝西(산시), 廣西(광시), 山西(산시)를 만든다.

36   Chen Guangyao [陳光垚], *Essays on the Simplification of Chinese Characters(Jianzi lunji)* [簡字論集](Shanghai: Commercial Press, 1931), 91~92.

37   Shen Yunfen [沈蘊芬], "I Love the Work Allocated Me by the Party with All My Heart*(Wo re'ai dang fenpei gei wo de gongzuo)* [我熱愛黨} 分配給我的工作]," *People's Daily(Renmin ribao)* (November 30, 1953), 3.

38   "Introduction to the 'New Typing Method'*('Xin dazi caozuo fa' jieshao)* ['新打字操作法 介紹],"

People's Daily(Renmin ribao) [人民日报](November 30, 1953), 3.

39   같은 글.

40   *Quanguo qingnian shehui zhuyi jianshe jiji fenzi dahui*(全国青年社会主义建设积极分子大会). 선 원편은 후야오방의 54운동 35주년을 기념하는 연설에서 이름이 인용되었다. 그 연설은 *People's Daily* on May 4, 1954에 게재되었다. Hu Yaobang, "Determine to Be Active Builders and Protectors of Socialism*(Lizhi zuo shehui zhuyi de jiji jianshezhe he baowei zhe)* [立志作社会主义的积极建设者和保卫者]," *People's Daily(Renmin ribao)*(May 4, 1954), 2 참조. She is also cited by name in Cheng Yangzhi [程養之], ed., *Chinese Typing Practice Textbook(Zhongwen dazi lianxi keben)* [中文打字練習課本](Shanghai: Commercial Press, 1956); and in Deng Zhixiu [邓智秀], "The Achievements of Beijing Model Worker Shen Yunfen*(Beijing laomo Shen Yunfen de shiji)* [北京劳模沈蕴芬的事迹]"(Beijing: Dianli laomowang [March 6, 2006]), www.sjlmw.com/ html/beijing/ 20060306/2193.html(accessed January 23, 2010).

41   Fa-ti Fan, "Redrawing the Map: Science in Twentieth-Century China," *Isis* 98(2007): 524~538; Schmalzer, *The People's Peking Man*, 8; Joel Andreas, *Rise of the Red Engineers: The Cultural Revolution and the Origins of China's New Class*(Stanford: Stanford University Press, 2009).

42   Fan, "Redrawing the Map"; Schmalzer, *The People's Peking Man*.

43   Schmalzer, *The People's Peking Man*, 126.

44   Franz Schurmann, *Ideology and Organization in Communist China*(Berkeley: University of California Press, 1966), 59; Michael Schoenhals, *Doing Things with Words in Chinese Politics* (Berkeley: Institute of East Asian Studies, University of California, 1992).

45   Schurmann, *Ideology and Organization in Communist China*, 58.

46   Cheng Yangzhi [程養之], ed., *Chinese Typing Manual for the Wanneng-Style Typewriter(Wanneng shi daziji shiyong Zhongwen dazi shouce)* [万能式打字机适用中文打字手册](Shanghai: Commercial Press, 1956), 1~2.

47   같은 책.

48   같은 책, 2.

49   Tianjin People's Government Local-State Jointly Run Hongxing Factory*(Tianjin shi renmin zhengfu difang guoying huyeju Hongxing huchang)* [天津市人民政府地方國營互業局紅星互廠], "Report on the Improvement of the Chinese Typewriter Character Chart*(Huawen daziji zibiao gaijin baogao)* [華文打字機字表改進報告]," TMA J104-2-1639(October 1953), 10.

50   Tianjin People's Government Local-State Jointly Run Hongxing Factory, "Report on the Improvement of the Chinese Typewriter Character Chart," 31. 하나의 예로, 手(손 수) 부수를 사용하는 두 글자가 실제 사용에서 함께 나타나는 경향이 있는 경우('싸우다'라는 뜻의 복합어를 만드는 打와 拳) 글자판의 설계자는 설령 手 부수 내에서 다른 글자들의 획수 조직화를 방해하더라도 그 글자판을 인접하게 배치해야 한다.

51   *Wanneng Style Chinese Typewriter Basic Character Table(Wanneng shi Zhongwen daziji jiben zipan biao)* [万能式中文打字机基本字盘表]. Included as appendix in Cheng Yangzhi, *Chinese Typing Manual for the Wanneng Style Typewriter*.

52   Tianjin People's Government Local-State Jointly Run Hongxing Factory, "Report on the Improvement of the Chinese Typewriter Character Chart," 10~11.

53   "Reformed"(Gexin) Chinese Typewriter Tray Bed of 1956.

54   Ronald Kline and Trevor Pinch, "Users as Agents of Technological Change: The Social

Construction of the Automobile in the Rural United States," *Technology and Culture* 37 (1996): 763~795.

55 이러한 움직임은 고용 안정의 수단도 제공했을 가능성이 높다. 정부 당국과 제조업체들이 표준화와 호환성을 촉진하기 위해 노력했지만, 글자판이 아주 개인적이고 고유의 방식으로 조직된 후에는 운영자를 쉽게 교체할 수 없었다.

56 Wang Guihua [王桂華] and Lin Gensheng [林根生], eds., *Chinese Typing Technology (Zhongwen dazi jishu)* [中文打字技术] (Nanjing: Jiangsu renmin chubanshe, 1960).

57 같은 책, 11.

58 1960년경에는 왕구이화와 린건성이 단지 한 가지 기술이 아닌 다섯 가지나 되는 기술을 제시할 수 있을 정도로 예측글자판이 충분한 공통성과 완성도에 도달했다.

59 Wang Guihua and Lin Gensheng, *Chinese Typing Technology*, 8.

60 유엔(제네바)에서 사용하던 쌍거식 타자기는 1972년 상하이 계산기 및 타자기 공장에서 제조된 것으로 스위스 로잔에 있는 Musée de la Machine à Écrire에 보관되었다. 유네스코의 중국어 타자기 또한 쌍거식이며 상하이 계산기 및 타자기 공장에서 1971년에 제조된 것인데 Musée de la Machine à Écrire에 보관되었다.

61 "고정하기"에 대해서는 Adele E. Clarke and Joan Fujimura, "What Tools? Which Jobs? Why Right?" in *The Right Tools for the Job: At Work in Twentieth Century Life Sciences,* ed. Adele E. Clarke and Joan Fujimira (Princeton: Princeton University Press, 1992), 7 참조. "재구성"에 대해서는 Lucy Suchman, *Human-Machine Reconfigurations: Plans and Situated Actions* (Cambridge: Cambridge University Press, 2006) 참조.

62 1949년 이후 중국어 타자수들은 언어 분류학에 대한 실험을 극단까지 밀어붙였는데 구두점과 숫자를 예상군에 배치하는 데로까지 밀고 갔다. 유네스코와 유엔의 타자수들은 구두점의 경우 쉼표, 마침표, 물음표, 세미콜론 등을 함께 묶기보다는 20세기 상반기의 중국어 타자기 글자판에서처럼 그것들을 자주 또는 항상 같이 나오는 글자들 근처에 위치시켰다. 물음표의 경우가 가장 예시적이다. 중국어는 제한된 불변화사의 사용을 통해 의문문을 표현하면 물음표가 통상 따르는데, 유네스코의 타자수는 이 불변화사들과 물음표를 함께 위치시키도록 정했다. 특히 물음표는 기계에서 吗(가장 일반적인 의문사), 吧("~는 어때?"라는 제안을 나타내기 위해 문장 끝에서 사용되는 조사), 呢(수사적 질문이나 제안, 구문적으로 특정 의미를 나타내기 위해 문장 끝에서 사용되는 조사)의 옆에 있어서 단어의 순서를 바꾸지 않은 채 문장을 의문문으로 바꾸는 데 사용되었다. 초기 '마오쩌둥'의 예와 마찬가지로 유네스코와 유엔 기계의 차이도 똑같이 드러나고 있다. 이 타자수들이 특정한 분류학적 본능을 공유하고 있었음에도 이들 본능은 상당히 다른 글자판 배치로 나타났다. Song Mei Lee-Wong, "Coherence, Focus and Structure: The Role of Discourse Particle ne," *Pragmatics* 11, no. 2 (2001): 139~153.

63 Geoffrey Bowker and Susan Leigh Star, *Sorting Things Out: Classification and Its Consequences* (Cambridge, MA: MIT Press, 1999). 열 분포도는 자료의 시각화로, 자료의 값이 매트릭스 안에서 색채 값으로 표시된다.

64 Geoffrey C. Bowker, *Memory Practices in the Sciences* (Cambridge, MA: MIT Press, 2005).

65 *Chinese Typewriter Tray Bed Comprehensive Character Arrangement Reference Table (Zhongwen daziji zipan zi zonghe pailie cankaobiao)* [中文打字机字盘字综合排列参考表], appendix of Zhu Shirong [朱世荣], ed., *Manual for Chinese Typists (Zhongwen daziyuan shouce)* [中文打字员手册] (Chongqing: Chongqing chubanshe, 1988).

66 자연 언어 글자판은 당시 아주 유행했으며, 실제로 그 방식은 케임브리지대학교 사무실에까지 이동했다. 2013년 7월 내가 방문했을 당시 케임브리지대학교 도서관의 중국부장인 찰스 아일메르 (Charles Aylmer)는 수십 년 전에 자신이 직접 설계한 중국어 타자기 글자판을 보여주었다.

결론. 중국어 컴퓨팅의 역사와 입력 시대를 향하여

1 Brian Rotman, *Becoming Beside Ourselves: The Alphabet, Ghosts, and Distributed Human Being*(Durham: Duke University Press, 2008).

2 Eric Singer, "Sonic Banana: A Novel Bend-Sensor-Based MIDI Controller," *Proceedings of the 2003 Conference on New Interfaces for Musical Expression,* Montreal, Canada, 2003.

3 이 자판 입력은 광케이블을 통해 오가기 때문에 최근의 폭로로 인해 우리가 더더욱 인식하게 된 감시 같은 것에 이론적으로 취약해졌다는 것은 주목할 만하다. 에드워드 스노던(Edward Snowden)이 누설했던 만큼 동요되고 불안하지는 않더라도 말이다. 하지만 개인 교신에 대한 감시가 늘어난 것에 대한 대중의 주의가 증가함에도 불구하고, 변화하는 기술 기반이 이제는 새로우면서 더 급속히 침투할 수 있는 감시 방법을 가능하게 했다는 것을 우리 모두 간과해 왔다. 누군가는 문자메시지나 이메일을 보낼 때처럼 마이크로소프트 워드 또는 텍스트 에디트를 사용할 때에도 쉽게 다른 사람을 엿볼 수 있게 되었다. Thomas S. Mullaney, "How to Spy on 600 Million People: The Hidden Vulnerabilities in Chinese Information Technology," *Foreign Affairs*(June 5, 2016), https://www.foreignaffairs.com/articles/china/ 2016-06-05/how-spy-600-million-people 참조.

4 David Bonavia, "Coming to Grips with a Chinese Typewriter," *Times*(London)(May 8, 1973), 8.

5 Philip Howard, "When Chinese Is a String of Two-Letter Words," *Times*(London)(January 16, 1978), 12.

6 다음과 같이 설명되어 있다. "박물관의 수집품 중 기이하고 특이한 것을 기념하는 특별 전시. 새를 쫓는 시계, 먼지 상자, 중국어 타자기, 낡은 여행 가방은 얘깃거리가 있는 물건들이다." "Eccentricity: Unexpected Objects and Irregular Behavior," special exhibition, Museum of the History of Science, Oxford, England, 2011.

7 Chinese typewriter formerly employed by Wang Shou-ling in Uppsala, Double Pigeon style, manufactured c. 1970, housed at the Tekniska Museet, Stockholm, cataloged as "Skrivmaskin/Chinese Typewriter," inventory no. TM44032 Klass 1417.

8 원본은 "Hieroglyfer är bildtecken, picktogram ⋯ Dagens trafikskyltar är en sorts piktogram. Även kinesisk skrift är piktografisk och har tiotusentals tecken ⋯ Till skillnad från den piktografiska skriften har de alfabetiska ganska få tecken, 'bokstäver.' Det gor att det är mycket lättare att utveckla tryckteknik om man använder alfabetisk skrift." Visit by author, summer 2010.

9 *The Simpsons,* season 13, episode 1304, "A Hunka Hunka Burns in Love," December 2, 2001.

10 Exchange between Nora(Knoxville, Tennessee) and Cecil on straightdope.com, 1995.

기계 관련 자료

Adji Saka Pallava Typewriter. Manufactured circa 1911(Germany/Meteor Co.). Peter Mitterhofer Schreibmaschinenmuseum/Museo delle Macchine da Scrivere, Partschins(Parcines), Italy.

Blickensderfer Oriental Hebrew Typewriter. Manufactured circa 1900(United States). Peter Mitterhofer Schreibmaschinenmuseum/Museo delle Macchine da Scrivere, Partschins(Parcines), Italy.

Caligraph Typewriter. Manufactured 1892(United States). Peter Mitterhofer Schreibmaschinenmuseum/Museo delle Macchine da Scrivere, Partschins(Parcines), Italy.

Chinese Typewriter Formerly Employed at Chinese Church in London. Superwriter style, manufactured in 1971 by the Chinese Typewriter Company Limited Stock Corporation(Zhongguo dazii zhizaochang) [中國打字機製造倉], a subsidiary of Japanese Business Machines Limited(Nippon keieiki kabushikigaisha) [日本經營機株式會社]. Author's personal collection.

Chinese Typewriter Formerly Employed at the First Chinese Baptist Church in San Francisco, California. Double Pigeon style, manufactured in 1971. Author's personal collection.

Chinese Typewriter Formerly Employed at the United Nations(Geneva). Double Pigeon style, manufactured in 1972 by the Shanghai Calculator and Typewriter Factory(Shanghai jisuanji daziji chang), housed at the Musée de la Machine à Écrire, Lausanne, Switzerland.

Chinese Typewriter Formerly Employed at UNESCO(Paris). Double Pigeon style, manufactured in 1971 by the Shanghai Calculator and Typewriter Factory(Shanghai jisuanji daziji chang), housed at the Musée de la Machine à Écrire, Lausanne, Switzerland.

Chinese Typewriter Formerly Employed by Translator Philippe Kantor at l'École des Mines and Other Institutions in Paris. Double Pigeon style, manufactured in 1972 by the Shanghai Calculator and Typewriter Factory(Shanghai jisuanji daziji chang), housed at the Musée des Arts et Métiers, Paris, cataloged as "Machine à écrire asiatique," inventory no. 43582-0000, location code ZAB35TRE E02.

Chinese Typewriter Formerly Employed by Wang Shou-ling in Uppsala. Double Pigeon style, manufactured circa 1970, housed at the Tekniska Museet, Stockholm, cataloged as "Skrivmaskin/Chinese Typewriter," inventory no. TM44032 Klass 1417.

Chinese Typewriter Formerly Owned by Georges Charpak. Double Pigeon style, manufactured in 1992 by the Shanghai Calculator and Typewriter Factory(Shanghai jisuanji daziji chang), housed at the Musée des Arts et Métiers, Paris, cataloged as "Machine à écrire à caractères chinois," inventory no. 44566-0001, location code ZAB35TRE E02.

Hall Typewriter. Manufactured circa 1880(United States). Peter Mitterhofer Schreibmaschinenmuseum/Museo delle Macchine da Scrivere, Partschins(Parcines), Italy.

Heady Index Typewriter. Manufactured 1924. Peter Mitterhofer Schreibmaschinenmuseum/Museo delle Macchine da Scrivere, Partschins(Parcines), Italy.

Ideal Polyglott German-Russian Typewriter. Manufactured circa 1904(Germany). Peter Mitterhofer Schreibmaschinenmuseum/Museo delle Macchine da Scrivere, Partschins(Parcines), Italy.

Improved Shu Zhendong-Style Chinese Typewriter(Gailiang Shu shi Huawen daziji) [改良舒式華文打字機]. Manufactured circa 1935, housed at the Huntington Library, San Marino, California.

Japanese Typewriter Formerly Owned by H.S. Watanabe. Manufactured in the 1930s by the Nippon Typewriter Company(Tokyo). Author's personal collection.

Malling Hansen Typewriter. Manufactured circa 1867(Denmark?/ Hans Rasmus Johan Malling-Hansen). Peter Mitterhofer Schreibmaschinenmuseum/Museo delle Macchine da Scrivere, Partschins(Parcines), Italy.

Mignon Schreibmaschine Model 2. Manufactured 1905(Germany). Peter Mitterhofer Schreibmaschinenmuseum/Museo delle Macchine da Scrivere, Partschins(Parcines), Italy.

Olivetti M1. Manufactured circa 1911(Italy). Peter Mitterhofer Schreibmaschinenmuseum/Museo delle Macchine da Scrivere, Partschins(Parcines), Italy.

Orga Privat Greek Typewriter. Manufactured circa 1923(Germany). Peter Mitterhofer Schreibmaschinen museum/Museo delle Macchine da Scrivere, Partschins(Parcines), Italy.

Remington 2. Manufactured circa 1878(United States). Peter Mitterhofer Schreibmaschinenmuseum/Museo delle Macchine da Scrivere, Partschins(Parcines), Italy.

Remington 10 Hebrew Typewriter. Manufactured circa 1910(United States). Peter Mitterhofer Schreibmaschinen museum/Museo delle Macchine da Scrivere, Partschins(Parcines), Italy.

Remington Siamese Typewriter. Manufactured circa 1925(United States). Peter Mitterhofer Schreibmaschinen museum/Museo delle Macchine da Scrivere, Partschins(Parcines), Italy.

Simplex Typewriter. Manufactured circa 1901(United States). Peter Mitterhofer Schreibmaschinenmuseum/Museo delle Macchine da Scrivere, Partschins(Parcines), Italy.

Tastaturen-Verzeichnis für die Mignon-Schreibmaschine. AEG-Deutsche Werke, Berlin, Germany. Peter Mitterhofer Schreibmaschinenmuseum/Museo delle Mac-chine da Scrivere, Partschins(Parcines), Italy.

Toshiba Japanese Typewriter. Manufactured circa 1935. Peter Mitterhofer Schreibmaschinenmuseum/Museo delle Macchine da Scrivere, Partschins(Parcines), Italy.

Underwood 5 Russian Typewriter. Manufactured circa 1900(United States). Peter Mitterhofer Schreibmaschinen museum/Museo delle Macchine da Scrivere, Partschins(Parcines), Italy.

Yost 2. Manufactured circa 1882(United States/George Washington Newton Yost). Peter Mitterhofer Schreibmaschinenmuseum/Museo delle Macchine da Scrivere, Partschins(Parcines), Italy.

Yost 10. Manufactured circa 1887(United States). Musée de la Machine à Écrire, Lausanne, Switzerland.

중국어 관련 자료

"Agriculture and Commercial Bureau Grants Five-Year Patent Rights to Typewriter Invented by Qi Xuan(Nongshang bu zi Qi Xuan suo faming daziji pin zhunyu zhuanli wunian) [農商部咨祁暄所發明打字字機品准予專利五年]." *Zhonghua quanguo shanghui lianhehui huibao* [中華全國商會聯合會報報] 3, no. 1(1916): 8.

Baoji County Committee of the Chinese Communist Party(Zhongguo gongchandang Baoji xian weiyuanhui) [中国共产党宝鸡县委员会]. "Survey Report on Living Conditions and Political Attitudes in Baoji County (Zhonggong Baoji xianwei guanyu nongmin sixiang qingkuang de diaocha baogao) [中共宝鸡县县委关于农民思想情况的调查报告]." August 17, 1957.

"Beijing Baoshan and Guangde Chinese Typing Supplementary Schools(Beijing shi sili Baoshan, Guangde Huawen dazi buxi xuexiao) [北京市私立寶善，廣德華文打字補習學校]." BMA J004-002-00579(July 1, 1938).

"Beijing Jiyang Typing School Temporarily Ceases Operation(Beijing shi sili Jiyang Huawen dazi buxi xuexiao zanxing tingban) [北京市私立暨陽華文打字補習學校暫行停辦]." BMA J002-003-00636(January 1, 1939).

Biaozhun zhengkai mingmi dianma xinbian [標準正楷明密電碼新編]. Shanghai: Da bei dianbao gongsi – Da dong dianbao gongsi, 1937. Rigsarkivet [Danish National Archives], Copenhagen, Denmark. 10619 GN Store Nord A/S. 1870~1969 Kode- og telegrafbøger. Kodebøger 1924~1969.

Biography of Yu Binqi. *Shanghai Notables*(1943).

"Business Class Adds Course in Chinese Typing(Shangke tianshe Zhongwen daziji kecheng) [商科添設中文打字機課程]." *Zhejiang shengli Hangzhou gaoji zhongxue xiaokan* [浙江省立杭州高级中学校刊] 119(1935): 841.

"Business News(Shangchang xiaoxi) [商場消息]." *Shenbao* [申報](October 27, 1926), 19~20.

Chen Guangyao [陳光垚]. *Essays on the Simplification of Chinese Characters*(Jianzi lunji) [簡字論集]. Shanghai: Commercial Press, 1931.

Chen Wangdao [陈望道]. *Collected Articles of Chen Wangdao on Language and Writing*(Chen Wangdao yuwen lunji) [陈望道语文论集]. Shanghai: Shanghai jiaoyu chubanshe, 1980.

Chen Youxun [陳有勳]. "Report on a Comparison of Four-Corner Look-Up and Radical Look-Up(Sijiao haoma jianzifa yu bushou jianzifa de bijiao shiyan baogao) [四角號碼檢字法與部首檢字法的比較實驗報告]." *Educational Weekly*(Jiaoyu zhoukan) [教育周刊] 177(1933): 14~20.

Cheng Yangzhi [程養之], ed. *Chinese Typing Manual for the Wanneng-Style Typewriter*(Wanneng shi daziji shiyong Zhongwen dazi shouce) [万能式打字机适用中文打字手册]. Shanghai: Commercial Press, 1956. Appendix includes *Wanneng-Style Chinese Typewriter Basic Character Table*(Wanneng shi Zhongwen daziji jiben zipan biao) [万能式中文打字机基本字盘表].

"China Standard Typewriter Mfg. Co." SMA U1-4-3582(August 7, 1943), 11~13.

"Chinese Inventors Association Preparatory Conference Held Yesterday(Zhongguo famingren xiehui zuori kai choubeihui) [中國發明人協會昨日開籌備會]." *Shenbao* [申報](February 1, 1937), 21.

"A Chinese Typewriter(Huawen daziqi) [華文打字器]." *Half Weekly*(Ban xinqi bao) [半星期報] 18(July 3, 1908): 39.

"Chinese Typewriter: A New Invention(Zhongguo dazi jiqi zhi xin faming) [中國打字機器之新發明]." *Tongwen bao* [通問報] 656(1915): 8.

Chinese Typewriter Character Arrangement Table(Huawen daziji wenzi pailie biao) [華文打字機文字排列表]. Character table included with *Teaching Materials for the Chinese Typewriter*(Huawen dazi jiangyi) [華文打字講義], n.p., n.d.(produced pre-1928, circa 1917).

"Chinese Typewriter Continues to Be Exempted from Export Tariff(Huawen daziji jixu mian chukou shui) [華文打字機繼續免出口稅]." *Gongshang banyuekan* [工商半月刊] 2, no. 17(1930): 12.

"Chinese Typewriter: Lin Yutang's Improvement Successful, in Time Will Match English(Zhongwen daziji: Lin Yutang gailiang chenggong, xu shi yu Yingwen xiangdeng) [中文打字機: 林語堂改良成功, 需時與英文相等]." *Dazhong wenhua* 3(1946): 21.

"Chinese Typewriter Promoted in South China Seas(Huawen daziji tuixiao nanyang) [華文打字機推銷南洋]." *Shenbao* [申報](May 2, 1924), 21.

"The Chinese Typewriter: Resisting Japan and Supporting China(Kang ri sheng Zhong zhi Zhongwen daziji [抗日聲中之中文打字機]." Shenbao [申報](January 26, 1932), 12.

Chinese Typewriter Tray Bed Comprehensive Character Arrangement Reference Table(Zhongwen daziji zipan zi zonghe pailie cankaobiao) [中文打字机字盘字综合排列参考表]. Appendix of Zhu Shirong [朱世荣], ed. *Manual for Chinese Typists*(Zhongwen daziyuan shouce) [中文打字员手册]. Chongqing: Chongqing chubanshe, 1988.

Chow, H.K. [Zhou Houkun]. "Specifications for Asphalt Cement." *Gongcheng*(Zhongguo gongcheng xuehui huikan) 5, no. 4(1930): 517~521.

Commercial Press [商务印书馆], ed. *Ninety-Five Years of the Commercial Press, 1897~1992/The Commercial Press and Me*(Shangwu yinshuguan jiushiwu nian, 1897~1992/Wo he Shangwu yinshuguan) [商务印书馆九十五年/我和商务印书馆]. Beijing: Commercial Press, 1992.

"Commercial Press Establishes Chinese Typewriting Class(Shangwu yinshuguan she Huawen daziji lianxi ke) [商務印書館設華文打字機練習課]." *Education and Vocation*(Jiaoyu yu zhiye) [教育與職業] 10(1918): 8.

Communication between Tianjin Municipal Government Department of Education(Tianjin shi zhengfu jiaoyuju) [天津市政府教育局] and Junde Chinese Typing Institute(Junde Huawen dazi zhiye buxi xuexiao) [峻德華文打字職業補習學校]. TMA J110-1-808(March 5, 1948), 1~12.

Communication between Tianjin Municipal Government Department of Education(Tianjin shi zhengfu jiaoyuju) [天津市政府教育局] and the International Typing Institute(Guoji dazi chuanxisuo) [國際打字傳習所]. TMA J110-1-838(July 6, 1946), 1~15.

"Consulate Purchases Chinese Typewriter(Lingshiguan zhi Hanwen daziji) [領事館置漢文打字機]." *Chinese Times*(Tai Hon Kong Bo) [大漢公報](May 18, 1925), 3. [Published in Vancouver, Canada.]

"Curriculum Vitae of Teaching Staff and Student Roster of the Private Yucai Chinese Typing Vocational Supplementary School in Beiping(Beiping shi sili Yucai Huawen dazike zhiye buxi xuexiao zhijiaoyuan lü li biao, xuesheng mingji biao) [北平市私立育才華文打字科職業補習學校職教員履歷表, 學生名籍表]." BMA J004-00200662(July 31, 1939).

Dan Jinrong [單錦蓉]. "Suggested Improvements to the Method by which Character Tray Beds are Organized on Chinese Typewriters(Jianyi gaijin Zhongwen daziji zipan pailie fangfa) [建議改進中文打字機字盤排列方法]." *People's Daily*(Renmin ribao) [人民日报](July 23, 1952).

Deng Zhixiu [邓智秀]. "The Achievements of Beijing Model Worker Shen Yunfen(Beijing laomo Shen Yunfen de shiji) [北京劳模沈蕴芬的事迹]." Beijing: *Dianli laomowang* [电力劳模网](March 6, 2006), http://www.sjlmw.com/html/beijing/20060306/2193.html(accessed January 23, 2010).

"Diagram Explaining Production of Chinese Typewriter(Chuangzhi Zhongwen daziji tushuo) [創制中文打字機圖說]." *Guohuo yuebao* [國貨月報] 2(1915): 1~12.

"Diagram Explaining Production of Chinese Typewriter(Chuangzhi Zhongguo daziji tushuo) [創制中國打字機圖說]." *Zhonghua gongchengshi xuehui huikan* [中華工程師學會會刊] 2, no. 10(1915): 15~29.

"Discounted Prices Will No Longer Be Available for Typewriters(Daziji jianjia jijiang zaizhi) [打字機廉價即將截止]."

Shenbao [申報](April 24, 1927), 15.

"Draft Proposal Regarding Students Taking Exam to Study Abroad in the United States(Kaoshi liu Mei xuesheng cao'an) [考試留美學生草案]." *Shenbao* [申報](August 8, 1910), 5~6.

Du Dingyou [杜定友]. "On the Psychology of How the Masses Search for Characters(Minzhong jianzi xinli lunlüe) [民眾檢字心理論略]." In *Selected Library Science Writings of Du Dingyou*(Du Dingyou tushuguanxue lunwen xuanji) [杜定友图书馆学论文选集], edited by Qian Yaxin [钱亚新] and Bai Guoying [白国应]. Beijing: Shumu wenxian chubanshe, 1988, 340~350. Originally in *Education and the Masses*(Jiaoyu yu minzhong) [教育與民眾] 6, no. 9(1925).

Editorial Board of Zhonghua Books(Zhonghua shuju bianjibu) [中华书局编辑部], eds. *Zhonghua Books and Me*(Wo yu Zhonghua shuju) [我与中华书局]. Beijing: Zhonghua shuju, 2002.

"Electric Chinese Typewriter a Success(Dianqi Zhongwen daziji chenggong) [電氣中文打字機成功]." *Shoudu dianguang yuekan* [首度電光月刊] 74(April 1, 1937), 10.

"Exhibition of New Chinese Inventions(Guoren xin faming shiwu zhanlanhui zhi jingguo) [國人新發明事物展覽會之經過]." *Zhejiang minzhong jiaoyu* [浙江民眾教育] 4, no. 1(1936): 15~16.

"An Explanation of the Chinese Typewriter and the Twentieth-Century War Effort(Zhongguo daziji zhi shuoming yu ershi shiji zhi zhanzheng liqi) [中國打字機之說明與二十世紀之戰爭力氣]." *The World's Chinese Students' Journal*(Huanqiu) [環球] 1, no. 3(September 15, 1916): 1~2.

"Fact and Fiction: A Chinese Typewriter(Shishi feifei: Hanwen daziji) [是是非非:漢文打字機]." *Nanhua wenyi* [南華文藝] 1, no. 7/8(1932): 103.

Fan Jiling [范繼舲]. *Fan's Wanneng-Style Chinese Typewriter Practice Textbook*(Fan shi wanneng shi Zhongwen daziji shixi fanben) [范氏萬能式中文打字機實習範本]. Hankou: Fan Research Institute Publishing House(Fan shi yanjiusuo yinhang) [范氏研究所印行], 1949.

"A Few Methods for the Creation of Indexes for Chinese Books(Bianzhi Zhongwen shuji mulu de ji ge fangfa) [編織中文書記目錄的幾個方法]." *Eastern Miscellany*(Dongfang zazhi) [東方雜誌] 20, no. 23(1923): 86~103.

Fong, M.Q. *Xinbian yi dianma* [新編易電碼]. N.p., 1912.

Gan Chunquan [甘纯权] and Xu Yizhi [徐怡芝], eds. *Essential Knowledge for Secretaries: Requirements of a Chinese Typist*(Shuji fuwu bibei: yiming Huawen dazi wenshu yaojue) [書記服務必備一名華文打字文書要決]. Shanghai: Shanghai zhiye zhidaosuo [上海職業指導所], 1935.

Ge Yifu [戈一夫]. "Setting More than 5,000 Characters per Hour(Mei xiaoshi jianzi wuqian duo) [每小時揀字五千多]." *People's Daily*(Renmin ribao) [人民日报](June 27, 1958), 4.

He Cun [禾村]. "How Did the Party Branch of the Northern China Military Region Printing Office Oversee the Spread of Advanced Typesetting Methods?(Huabei junqu zhengzhibu yinshuachang dangzhibu shi zenyang lingdao tuiguang xianjin paizifa de) [華北軍區政治部印刷廠黨支部是怎樣領導推廣先進排字法的]." *People's Daily*(Renmin ribao) [人民日报](July 18, 1952), 3.

He Gonggan [何公敢]. "*Danti jianzifa* [單體檢字法]." *Eastern Miscellany*(Dongfang zazhi) [東方雜誌] 25, no. 4(1928): 59~72.

He Gongxing [何躬行]. "Chinese Type Founders(Woguo zhi zhuzi gongren) [我國之鑄字工人]." *Shizhao yuebao* [時兆月報] 29, no. 4(1934): 16~17.

He Jiceng [何繼曾]. *Elements of Type Setting*(Paizi qianshuo) [排字淺說]. Shanghai: Commercial Press, 1959.

Hong Bingyuan [洪秉淵]. "Research on Appropriate Typesetting Methods(Heli de paizi fangfa zhi yanjiu) [合理的排字方法之研究]." *Zhejiang sheng jianshe yuekan* [浙江省建設月刊] 4, no. 8/9(1931): 22~45.

"Hongye Company Agency: Yu's Chinese Typewriters Sell Well(Hongye gongsi jingli Yu shi Zhongwen daziji changxiao) [宏業公司經理俞氏中文打字機暢銷]." *Shenbao* [申報](December 8, 1934), 14.

Hu Shi [胡適]. "*Cang huishi zhaji*(Xu qianhao) [藏晖室札记(续前号)]." *New Youth*(Xin qingnian) [新青年] 3, no. 1(March 1917): 1~5.

Hu Shi [胡適]. "The Chinese Typewriter—A Record of My Visit to Boston(Zhongwen daziji—Boshidun ji) [中文打字機—波士頓記]." In Hu Shi. *Hu Shi xueshu wenji—yuyan wenzi yanjiu* [胡适学术文集—语言文字研究]. Beijing: Zhonghua shuju, 1993.

Hu Yaobang [胡耀邦]. "Determine to Be Active Builders and Protectors of Socialism(Lizhi zuo shehui zhuyi de jiji jianshezhe he baowei zhe) [立志作社会主义的积极建设者和保卫者]." *People's Daily*(Renmin ribao) [人民日报](May 4, 1954), 2.

Hua Sheng [華生]. "Touring the National Domestic Products Exhibition Held by the Shanghai Chamber of Commerce(Shishanghui zhuban de guohuo zhanlanhui xunli) [市商會主辦的國貨展覽會巡禮]." *Shenbao*

[申報](October 5, 1936), 27785.

Improved Shu Zhendong-Style Chinese Typewriter Manual(Gailiang Shu shi Huawen daziji shuomingshu) [改良舒式華文打字機說明書]. Shanghai: Commercial Press, 1938. University of Pennsylvania Archives－W. Norman Brown Papers(UPT 50 B879), box 10, folder 5.

"Introduction to the Achievements of Female Typists in the Shanghai Electric Power Planning Institute of the Water Conservancy and Electric Power Ministry(Shuili dianli bu Shanghai dianli sheji yuan dazi nügong xiaozu shiji jieshao) [水利電力部上海電力設計院打字女工小組事跡介紹]." SMA A55-2-326, n.d.

"Introduction to the 'New Typing Method'('Xin dazi caozuo fa' jieshao) ['新打字操作法介紹]." *People's Daily* (Renmin ribao) [人民日報](November 30, 1953), 3.

"Inventing an Electric Chinese Typewriter(Faming dianli Zhongwen daziji) [發明電力中文打字機]." *Capital Electro-Optical Monthly*(Shoudu dianguang yuekan) [首都電光月刊] 61(1936): 9.

"Invention of a Chinese Typewriter(Zhongwen daziji de faming) [中文打字機的發明]." *Xiao pengyou* [小朋友] 859(1947): 22.

"Investigation: The Bitter Story of a Typesetter(Diaocha: Yige paizi gongren de kuhua) [調查一個排字工人的苦話]." *Shanghai Companion*(Shanghai huoyou) [上海伙友] 3(October 10, 1920): 2~3.

Jiang Yiqian [蔣一前]. *History of the Development of Character Retrieval Systems in China and a Table of Seventy-Seven New Character Retrieval Systems*(Zhongguo jianzifa yange shilüe ji qishiqi zhong xin jianzifa biao) [中國檢字法沿革史略及七十七種新檢字法表]. N.p.: Zhongguo suoyin she [中國索引社會], 1933.

"Jiangsu Department of Industry Hires Zhou Houkun as Advisor(Su shiyeting pin Zhou Houkun wei guwen) [蘇實業廳聘周厚坤為顧問]." *Shenbao* [申報](October 21, 1923), 15.

Journalism Research Institute of the People's University of China(Zhongguo renmin daxue xinwenxue yanjiusuo) [中国人民大学新闻学研究所], ed. *Typesetting for Newspapers*(Baozhi de paizi he pinpan) [报纸的排字和拼盘]. Shanghai: Commercial Press, 1958.

"Joyous News of High Production(Gaochan xibao) [高產喜報]." *People's Daily*(Renmin ribao) [人民日報](August 11, 1958), 3.

"Kaifeng Typesetter Zhang Jiying Diligently Improves Typesetting Method, Establishes New Record of 3,000-plus Characters per Hour(Kaifeng paizi gongren Zhang Jiying nuli gaijin paizifa chuang mei xiaoshi san qian yu zi xin jilu) [開封排字工人張繼英努力改進排字法創每小時三千余字新紀錄]." *People's Daily*(Renmin ribao) [人民日報](December 16, 1951). [Reprinted from article in *Henan Daily*(Henan Ribao)].

"A Large-Scale Public-Private Typewriter Store Newly Opened in Shanghai(Shanghai xin kai yi jia guimo juda de gongsi heying daziji dian) [上海新開一家規模巨大的公私合營打字機店]." *Xinhuashe xinwen gao* [新華社新聞稿] no. 2295(1956).

Li Gui [李圭]. *New Records of My Travels Around the World*(Huanyou diqiu xinlu) [環游地球新錄]. Translated by Charles Desnoyers as *A Journey to the East: Li Gui's A New Account of a Trip Around the Globe*. Ann Arbor: University of Michigan Press, 2004.

Li Xianyan [李獻延], ed. *Newest Stationery Forms*(Zuixin gongwen chengshi) [最新公文程式]. Xinjing: Fengtian Typing Institute [奉天打字專門學校], circa 1932.

Li Zhongyuan [李中原] and Liu Zhaolan [劉兆蘭]. "Kaifeng Typesetter Zhang Jiying's Advanced Work Method (Kaifeng paizi gongren Zhang Jiying de xianjin gongzuofa) [開封排字工人張繼英的先進工作法]." *People's Daily*(Renmin ribao) [人民日報](March 10, 1952), 2.

"Libraries and the Foundation for the Promotion of Education and Culture(Jiaoyu wenhua jijinhui yu tushuguan shiye) [教育文化基金會與圖書館實業]." *Journal of the Chinese Library Association*(Zhonghua tushuguan xiehui huibao) [中華圖書館協會會報] 7(August 1931): 10.

Lin Taiyi [林太乙]. *The Biography of Lin Yutang*(Lin Yutang zhuan) [林語堂傳]. Taibei: Lianjing chubanshe, 1989.

Lin Yutang [林語堂]. "Chinese Typewriter(Zhongwen daziji) [中文打字機]." Translated by Lin Taiyi. *Xifeng* [西風] 85(1946): 36~39.

Lin Yutang [林語堂]. "Explanation of Chinese Character Index(Hanzi suoyin zhi shuoming) [漢字索引制說明]." *New Youth*(Xin qingnian) [新青年] 2(1918): 128~135.

Lin Yutang [林語堂] and Chen Houshi [陳厚士]. "Invention of a Chinese Typewriter(Zhongwen daziji zhi faming) [中文打字機之發明]." *The World and China*(Shijie yu Zhongguo) [世界與中國] 1, no. 6(1946): 32~34.

"Lin Yutang Invents a New Chinese Typewriter(Lin Yutang faming xin Zhongwen daziji) [林語堂發明新中文打字機]." *Wenli xuebao* [文理學報] 1, no. 1(1946): 102.

"Lin Yutang Invents a New Chinese Typewriter(Lin Yutang xin faming Zhongwen daziji) [林語堂新發明中文打字機]." *Shenbao* [申報](August 23, 1947), 3.

"Lin Yutang Invents Chinese Typewriter(Lin Yutang faming Zhongwen daziji) [林語堂發明中文打字機]." *Shenbao* [申報](January 10, 1947), 8.

"Lin Yutang Invents Chinese Typewriter－Gao Zhongqin Invents Electric Typewriter(Lin Yutang faming Zhongwen daziji－Gao Zhongqin faming diandong daziji) [林語堂發明中文打字機－高中芹發明電動打字機]." *Shenbao* [申報](September 19, 1947), 6.

"Lin Yutang's New Character Retrieval System(Lin Yutang shi de jianzi xinfa) [林語堂氏的檢字新法]." *Beixin* [北新] 8(1926): 3~9.

Lu-Ho Rural Service Bureau(Luhe xiangcun fuwubu) [潞河鄉村服務部], ed. *2,000 Foundational Characters for Daily Use*(Richang yingyong jichu erqian zi) [日常應用基礎二千字]. N.p., 1938(November). Rare Book and Manuscript Library, Columbia University. Papers of the International Institute of Rural Reconstruction. MS COLL/IIRR.

MacGowan, D. J. *Philosophical Almanac*(Bowu tongshu) [博物通書]. Ningbo: Zhen shan tang, 1851.

"Manual for Improved Shu-Style Chinese Typewriter(Gailiang Shu shi Huawen daziji shuomingshu) [改良舒式華文打字機說明書]." Shanghai: Commercial Press, 1938. University of Pennsylvania Archives－W. Norman Brown Papers(UPT 50 B879), box 10, folder 5.

Memo from Zhu Hongjuan [朱鴻雋], principal of the Huanqiu Typing Academy of Shanghai to a Mr. Lin [林], Shanghai Special Municipality education bureau chief. SMA R48-1-287(October 27, 1944), 1~11.

"Methods Regarding the Character Retrieval Problem(Duiyu jianzifa wenti de banfa) [對於檢字法問題的辦法]." *Eastern Miscellany*(Dongfang zazhi) [東方雜誌] 20, no. 23(1923): 97~100.

Ministry of Communications(Jiaotong bu) [交通部]. Ministry of Communications Regulations Regarding National Phonetic Alphabet Telegraphy(Jiaotongbu guiding guoyin dianbao fashi) [交通部規定國音電報法式]. N.p., 1928.

Ministry of Communications(Jiaotong bu) [交通部]. *Plaintext and Secret Telegraph Code—New Edition*(Mingmi dianma xinbian) [明密電碼新編]. Nanjing: Jinghua yinshu guan [南京印書館], 1933. Rigsarkivet [Danish National Archives]. Copenhagen, Denmark. 10619 GN Store Nord A/S. 1870~1969 Kode- og telegrafbøger. Kodebøger 1924~1969.

Ministry of Communications(Jiaotong bu) [交通部]. *Plaintext and Secret Telegraph Code—New Edition*(Mingmi dianma xinbian) [明密電碼新編]. N.p.: Jiaotongbu kanxing [交通部刊行], 1946.

Ministry of Communications(Jiaotong bu) [交通部]. *Plaintext and Secret Telegraph Code—New Edition*(Mingmi dianma xinbian) [明密碼電報新編]. Shanghai: n.p., 1916.

"MIT China(Meiguo Masheng ligong daxue Zhongguo) [美國麻省理工大學中國]." *Shenbao* [申報](July 15, 1914), 6.

"MIT China(Meiguo Masheng ligong xuexiao Zhongguo) [美國麻省理工學校中國]." *Shenbao* [申報](July 19, 1915), 6.

"Model Workers from Across China Attend International Workers' Day Ceremony(Ge di lai Jing canjia 'wuyi' jie guanli de laodong mofan) [各地來京參加五一節觀禮的勞動模範]." *People's Daily*(Renmin ribao) [人民日報](May 7, 1952), 3.

"Mr. Hui's Chinese-English Typing Institute(Hui shi Hua Ying wen dazi zhuanxiao) [惠氏華英文打字專校]." SMA Q235-1-1847(1932), 26~49.

"Name List of Students Selected to Travel to America(Qu ding you Mei xuesheng mingdan) [取定遊美學生名單]." *Shenbao* [申報](August 9, 1910), 5.

National Association for the Advancement of Mass Education(Zhonghua pingmin jiaoyu cujinhui) [中華平民教育促進會], ed. *Farmer's One Thousand Character Textbook*(Nongmin qianzi ke) [農民千字課]. N.p., 1933. Rare Book and Manuscript Library, Columbia University. Papers of the International Institute of Rural Reconstruction. MS COLL/IIRR.

Newest Chinese Typing Glossary(Zui xin Zhongwen dazi zihui) [最新中文打字字彙]. Beijing and Tianjin: Nanjing daziji hang [南京打字機行], n.d.

"New Invention(Xin faming) [新發明]." *Guofang yuekan* [國防月刊] 2, no. 1(1947): 2.

"New Invention: A Chinese Typewriter(Zhongguo daziji zhi xin faming) [中國打字機之新發明]." *Shenbao* [申報](August 16, 1915), 10.

"New Invention of a Chinese Typing Machine(Zhongguo dazi jiqi zhi xin faming) [中國打字機器新發明]." *Tongwen bao* [通問報] 656(1915): 8.

"News about China Product Trade Company(Zhongguo wuchan maoyi gongsi xiaoxi) [中國物產貿易公司消息]." *Shenbao* [申報](August 29, 1931), 20.

"A New Typing Record(Dazi xin jilu) [打字新記錄]." *People's Daily*(Renmin ribao) [人民日報](November 23, 1956), 2.

"Patent for Yu-Style Chinese typewriter(Yu shi Zhongwen daziji zhuanli) [俞氏中文打字機專利]." *Shenbao* [申報](August 1, 1934), 16.

Peng Yuwen [彭玉雯]. *Shisan jing jizi moben* [十三經集字摹本]. N.p., 1849. Copy housed at the National Library of Australia.

People's Welfare Typewriter Manufacturing Company(Minsheng daziji zhizaochang) [民生打字機製造廠], ed. *Practice Textbook*(Lianxi keben) [練習課本]. N.p.: circa 1940s.

"Petition Submitted by the Private Yadong Japanese-Chinese Typing Supplementary School of Beijing to the Beijing Special Municipality Bureau of Education Regarding Inspection of Student Grading List, Curriculum Plan, and Teaching Hours for the Regular-Speed Division of the Sixteenth Term, and the Order Received in Response from the Bureau of Education(Beijing shi sili Yadong Ri Huawen dazi buxi xuexiao guanyu di'shiliu qi putong sucheng ge zu xuesheng chengjibiao, kecheng yuji ji shouke shi shu qing jianhe gei Beijing tebieshi jiaoyuju de cheng yiji jiaoyuju de zhiling) [北京市私立亞東日華文打字補習學校關於第十六期普通速成各組學生成績表, 課程預計及授課時數請鑒核給北京特別市教育局的呈以及教育局的指令]." BMA J004-002-01022(January 31, 1943).

Ping Zhou [屏周]. "A Record of Viewing the Chinese Typewriter Manufactured by Commercial Press(Canguan shangwu yinshuguan zhizao Huawen daziji ji) [參觀商務印書館製造華文打字機記]." *Shangye zazhi* [商業雜誌] 2, no. 12(1927): 1~4.

"A Positive Review of the Yu-Style Chinese Typewriter(Yu shi Zhongwen daziji zhi haoping) [俞式中文打字機之好評]." *China Industry*(Zhongguo shiye) [中國實業] 1, no. 6(1935): 1158.

"Preparations for a Chinese Typewriting Class(Chouban Huawen daziji xunlianban) [籌辦華文打字機訓練班]." *Henan jiaoyu*(Henan Education) [河南教育] 1, no. 6(1928): 4.

The Principle and Practice of Five-Stroke Indexing System for Chinese Characters(Wubi jianzifa de yuanli ji yingyong) [五筆檢字法的原理及應用]. Shanghai: Zhonghua shuju, 1928.

Private Shucheng Typing Vocational Supplementary School of Beijing Student Roster(Beijing shi sili shucheng dazike zhiye buxi xuexiao xuesheng mingji biao) [北京市私立樹成打字科職業補習學校學生名籍表]. BMA J004-002-01091(March 23, 1942).

Private Yadong Japanese-Chinese Typing Supplementary School of Beijing Student Roster(Beijing shi sili Yadong Ri Hua wen dazi buxi xuexiao xuesheng mingji biao) [北京市私立亞東日華文打字補習學校學生名籍表]. BMA J004-002-01022(November 7, 1942).

Private Yanjing Chinese Typing Supplementary School of Beijing Student Roster(Beijing sili Yanjing Huawen dazi buxi xuexiao xuesheng mingji biao) [北京私立燕京華文打字補習學校學生名籍表]. BMA J4-1-805(November 1, 1946).

Qian Xuantong [錢玄同]. "China's Script Problem from Now On(Zhongguo jinhou de wenzi wenti) [中國今後的文字問題]." *New Youth*(Xin qingnian) [新青年] 4, no. 4(1918).

Qian Xuantong [錢玄同]. "Why Must We Advocate a 'Romanized National Language'?(Weishenme yao tichang 'guoyu luoma zi'?) [為什麼要提倡國語羅馬字?]." *Xinsheng* 1, no. 2(December 24, 1926). In *The Writings of Qian Xuantong*(Qian Xuantong wenji) [钱玄同文集]. Vol. 3. Beijing: Zhongguo renmin daxue chubanshe, 1999: 385~391.

"Recent News on the Engineering Society at Nanyang University(Nanyang daxue gongchenghui jinxun) [南洋大學工程會近訊]." *Shenbao* [申報](November 10, 1922), 14.

"Regarding the Foundation of the Guangdewen Typing Supplementary School in Beiping(Guanyu chuangban Beiping shi sili Guangdewen dazi buxi xueshe de chengwen ji gai she jianzhang deng yiji shehui ju de piwen) [關於創辦北平市私立廣德文打字補習學社的呈文及該社簡章等以及社會局的批文]." BMA J002-003-00754(May 1, 1938).

"Regarding Type-and-Copy Shops(Guanyu tengxie dazishe) [关于謄写打字社]." SMA Q235-3-503, n.d.

"Regulating the Pricing Problem of Domestically Produced Chinese Typewriters(Wei tiaozheng guochan Zhongwen daziji shoujia wenti) [為調整國產中文打字機售價問題]." Report sent from the Chinese Typewriter Manufacturers Business Association(Zhongwen daziji zhizao chang shanglian) to the

Shanghai Cultural and Educational Supplies Trade Association(Shanghai shi wenjiao yongpin tongye gonghui). SMA B99-4124(January 15, 1953), 52~90.

"Regulations of the Commercial Typing and Shorthand Training Institute(Shangye dazi suji chuanxisuo jianzhang) [商業打字速記傳習所簡章]." SMA Q235-1-1844(June 1932), 49~56.

"Research on Typesetting Methods in China(Zhongguo paizi fa zhi yanjiu) [中國排字法之研究]." *Dongbei wenhua yuebao* [東北文化月報"The Light of Northeast"] 6, no. 2(1927): 40~49.

"Resist Japan and Save the Nation Movement(Kang Ri jiuguo yundong) [抗日救國運動]." *Shenbao* [申報](November 8, 1931), 13~14.

"Resist Japan Association Standing Committee 17th Meeting Memo(Kang Ri hui changwuhuiyi ji di'shiqi ci) [抗日會常務會議記第十七次]." *Shenbao* [申報](November 12, 1931), 13.

"Responses to Criticisms and Suggestions Submitted by Readers of the *People's Daily*(Dui Renmin ribao duzhe piping jianyi de fanying) [對人民日報讀者批評建議的反應]." *People's Daily*(Renmin ribao) [人民日報] (August 27, 1952), 6.

"Second Tianjin Japanese Typewriter Competition(Di'er hui Tianjin Bangwen liancheng jingji dahui) [第二回天津邦文鍊成競技大會]." TMA J128-3-9615(October 9, 1943).

Shanghai Calculator and Typewriter Factory(Shanghai jisuanji daziji chang) [上海計算機打字機廠], ed. *Chinese Typewriter Tray Bed Character Table*(Zhongwen daziji zipan zibiao) [中文打字機字盤字表]. [Accompanies UN Geneva Chinese Typewriter, housed at the Musée de la Machine à Écrire, Lausanne, Switzerland]

Shanghai Calculator and Typewriter Factory(Shanghai jisuanji daziji chang) [上海計算機打字機廠], ed. "Double Pigeon Brand Chinese Typewriter Improvement and Trial Production Summary Report(Shuangge pai Zhongwen daziji gaijin shizhi jishu zongjie) [双鸽牌中文打字机改进试制技术总结]." SMA B155-2-282 (March 22, 1964), 11~14.

Shanghai Calculator and Typewriter Factory(Shanghai jisuanji daziji chang) [上海計算機打字機廠], ed. "Double Pigeon Brand Chinese Typewriter Internal Evaluation Report(Shuangge pai Zhongwen daziji chang nei jianding baogao) [双鸽牌中文打字机厂内鉴定报告]." SMA B155-2-282(March 22, 1964), 9~10.

Shanghai Calculator and Typewriter Factory(Shanghai jisuanji daziji chang) [上海計算機打字機廠], ed. "Evaluation Report on the Double Pigeon Brand DHY Model Chinese Typewriter(Shuangge pai DHY xing Zhongwen daziji jianding baogao) [双鸽牌DHY型中文打字机鉴定报告]." SMA B155-2-284(April 24, 1964), 4~8.

"Shanghai Chinese Typewriter Manufacturing Joint Venture Marketing Plan(Shanghai Zhongwen daziji zhizaochang lianyingsuo chanxiao jihua) [上海中文打字機製造廠聯營所產銷計劃]." SMA S289-4-37 (December 1951), 65.

Shanghai Private Property Revaluation Jury(Shanghai shi siying qiye caichan chonggu pingshen weiyuanhui) [上海市私營企業財產重估評審委員會]. "Revaluation of Property Report: Fusheng Chinese Typewriter Factory (Chonggu caichan baobiao: Fusheng Huawen daziji zhizaochang) [重估財產報表: 富勝華文打字機製造廠]." SMA S1-4-436(December 31, 1950), 22~33.

Sheffield, Devello Z. [謝衛樓]. "Diba zhang taizi duanding liangmin de baoying [第八章太子斷定良民的報應]." *Xiao hai yuebao* [小孩月報] 5, no. 2(1879): 2~3.

Sheffield, Devello Z. [謝衛樓]. "Di'er zhang minshou youhuo weibei huangdi [第二章民受誘惑違背皇帝]." *Xiao hai yuebao* [小孩月報] 4, no. 3(1878): 5.

Sheffield, Devello Z. [謝衛樓]. *Important Doctrines of Theology*(Shendao yaolun) [神道要論]. Tongzhou: Tongzhou wenkui qikan yin [通州文魁齊刊印], 1894.

Sheffield, Devello Z. [謝衛樓]. "Shangfa yuyan diliu zhang liangmin quanren fangzhan huigai [賞罰喩言第六章良民勸人放瞻悔改]." *Xiao hai yuebao* [小孩月報] 4, no. 10(1879): 5.

Sheffield, Devello Z. [謝衛樓]. "Shangfa yuyan disan zhang minshou youhuo fanzui geng shen [賞罰喩言第三章島民受誘惑犯罪更深]." *Xiao hai yuebao* [小孩月報] 4, no. 4(1878): 6~7.

Sheffield, Devello Z. [謝衛樓]. "Shangfa yuyan diyi zhang daomin shou bawang xiahai [賞罰喩言第一章島民受霸王轄害]." *Xiao hai yuebao* [小孩月報] 4, no. 2(1878): 3.

Shen Yunfen [沈蘊芬]. "I Love the Work Allocated Me by the Party with All My Heart(Wo re'ai dang fenpei gei wo de gongzuo) [我熱愛黨分配給我的工作]." *People's Daily*(Renmin ribao) [人民日報](November 30, 1953), 3.

Shen Yuzhong [沈禹鐘]. "Compositors(Paizi ren) [排字人]." *Hong zazhi* [紅雜誌] 2, no. 16(1923): 1~11.

Shu Changyu [舒昌鈺](aka Shu Zhendong [舒震東]). "Chinese Typewriter(Zhongguo daziji) [中國打字機]." *Tongji* [同濟] 2(1918): 73~82.

Shu Changyu [舒昌鈺](aka Shu Zhendong [舒震東]). "Thoughts While Researching a Typewriter for China(Yanjiu Zhongguo daziji shi zhi ganxiang) [研究中國打字機時之感想]." *Tongji* [同濟] 2(1918): 153~156.

Social Service Group(Shehui fuwuzu) [社会服务组]. "Those with Typing Experience Can Register at the Social Service Office(Ji you dazi jishu ke dao shehui fuwuchu dengji) [既有打字技术可到社会服务处登记]." *People's Daily*(Renmin ribao) [人民日报](March 30, 1949), 4.

Song Mingde [宋明得]. "Chinese Typewriter(Huawen daziji) [華文打字機]." *Tongzhou* [同舟] 3, no. 1(1934): 11~12.

"Summer Vacation at the China Railway School(Zhonghua tielu xuexiao shujia) [中華鐵路學校暑假]." *Shenbao* [申報](July 5, 1916), 10.

Sun Ligan [孙礼干]. *Repair Methods for the Wanneng-Style Chinese Typewriter*(Wanneng shi Zhongwen daziji xiulifa) [萬能式中文打字機修理法]. Shanghai: Shanghai kexue jishu chubanshe [上海科學技術出版社], 1954.

"Swimming Expert Yu Binqi(Youyong zhuanjia Yu Binqi nanshi) [游泳專家俞斌祺男士]." *Nan pengyou* [男朋友] 1, no. 10(1932): reverse cover.

Teaching Materials for the Chinese Typewriter(Huawen dazi jiangyi) [華文打字講義]. N.p., n.d.(produced pre-1928, circa 1917).

T'een-piao-hsin-shu(Nouveau Code du télégraphie Chinoise)(Dianbao xinshu) [電報新書]. April 1872. Housed in personal collection of Henning Høeg Hansen, Copenhagen, Denmark.

Tianjin Chinese Typewriter Company(Tianjin Zhonghua daziji gongsi) [天津中華打字機公司], ed. *Chinese Typewriter Training Textbook.* Vol. 1(Zhonghua daziji shixi keben－shangce) [中華打字機實習課本－上冊]. Tianjin: Donghua qiyin shuaju [東華齊印刷局], 1943.

Tianjin Chinese Typewriter Company(Tianjin Zhonghua daziji gongsi) [天津中華打字機公司], ed. *Chinese Typewriter Training Textbook.* Vol. 2(Zhonghua daziji shixi keben－xiace) [中華打字機實習課本－下冊]. Tianjin: Donghua qiyin shuaju [東華齊印刷局], 1943.

Tianjin Municipality Eighth Educational District Mass Education Office Eighth Term Chinese Typing Accelerated Class Graduation Name List(Tianjin shili di'ba shejiaoqu minzhong jiaoyuguan di'ba qi Huawen dazi suchengban biye xuesheng mingce) [天津市立第八社教區民眾教育館第八期華文打字速成班畢業學生名冊]. TMA J110-3-740(November 25, 1948), 1~2.

Tianjin People's Government Local-State Jointly Run Hongxing Factory(Tianjin shi renmin zhengfu difang guoying huyeju Hongxing huchang) [天津市人民政府地方國營互業局紅星互廠], "Report on the Improvement of the Chinese Typewriter Character Chart(Huawen daziji zibiao gaijin baogao) [華文打字機字表改進報告]." TMA J104-2-1639(October 1953), 29~39.

"Two New Chinese Typewriters Invented(Zhongwen daziji liang qi xin faming) [中文打字機兩起新發明]." *Kexue yuekan* [科學月刊] 15(1947): 23~24.

"Typing Class Begins(Dazi ban kaike) [打字班開課]." *Jinlingguang* [金陵光] 6, no. 2(April 1914): 33.

Universal Word List for the Average Citizen(Ping guomin tongyong cibiao) [平國民通用詞表]. Rare Book and Manuscript Library, Columbia University. Papers of the International Institute of Rural Reconstruction. MS COLL/IIRR, n.d.

User's Manual for Chinese Typewriter Manufactured by Shanghai Commercial Press(Shanghai yinshuguan zhizao Huawen daziji shuomingshu) [上海印書館製造華文打字機說明書]. Shanghai: Commercial Press, 1917(October).

"Victory and Success Typing Specialist School(Jiecheng dazi zhuanxiao) [捷成打字專校]." SMA Q235-1-1848(1933), 50~70.

Viguier, Septime Auguste. *Dianbao shuji* [電報書籍]. Shanghai: n.p., 1871. Housed in personal collection of Henning Høeg Hansen, Copenhagen, Denmark.

Viguier, Septime Auguste [威基謁](Weijiye). *Dianbao xinshu* [電報新書]. In "Extension Selskabet－Kinesisk Telegrafordbog." 1871. Arkiv nr. 10,619. In "Love og vedtægter med anordninger." GN Store Nord A/S SN China and Japan Extension Telegraf. Rigsarkivet [Danish National Archives], Copenhagen, Denmark.

Viguier, Septime Auguste. *Dianxin huizi* [電信彙字]. Shanghai: Dianji xinju [電機信局], 1870. Rigsarkivet [Danish National Archives], Copenhagen, Denmark. 10619 GN Store Nord A/S. 1870~1969 Kode- og telegrafbøger.

Viguier, Septime Auguste. *T'een-piao-shu-tsieh*(Code de télégraphie Chinoise). Shanghai: n.p., 1871. Housed in personal collection of Henning Høeg Hansen, Copenhagen, Denmark.

Wan Guoding [萬國鼎]. "Chinese Character Fundamental Stroke Organization System(Hanzi mubi pailiefa) [漢字

母笔排列法]." *Eastern Miscellany*(Dongfang zazhi) [東方雜誌] 2(1926): 75~90.

Wan Zhang [绾章]. "Invention of a New Chinese Character Typewriter(Hanwen daziji zhi xin faming) [漢文打字機之新發明]." *Progress: A Journal of Modern Civilization*(Jinbu) [進步] 6, no. 1(1914): 1~10.

Wang Guihua [王桂華] and Lin Gensheng [林根生], eds. *Chinese Typing Technology*(Zhongwen dazi jishu) [中文打字技术]. Nanjing: Jiangsu renmin chubanshe, 1960.

Wang Yi [王怡]. "The Cultural Value of Shorthand(Suji zai wenhua shang de jiazhi) [速記在文化上的價值]." *Dushu jikan* [讀書季刊] 2, no. 1(1936): 87~92.

Wang Yi [王怡]. *New Style Chinese Shorthand Method*(Zhongguo xinshi sujishu) [中國新式速記術]. Shanghai: New Style Shorthand Institute [新式速記傳習所], 1919 [1906].

Wanneng-Style Chinese Typewriter Basic Character Table(Wanneng shi Zhongwen daziji jiben zipan biao) [万能式中文打字机基本字盘表]. Included as appendix in Cheng Yangzhi [程養之], ed., *Chinese Typing Manual for the Wanneng-Style Typewriter*(Wanneng shi daziji shiyong Zhongwen dazi shouce) [万能式打字机适用中文打字手册]. Shanghai: Commercial Press, 1956.

Wu Qizhong [吳启中] and Ceng Zhaolun [曾昭抡]. "A Countryman's New Invention(Guoren xin faming) [國人新發明]." *Shishi yuebao* [時事月報告] 11, no. 3(1934): 18.

Wu Yue [吳躍] and Guan Honglin [管洪林], eds. *Chinese Typing*(Zhongwen dazi) [中文打字]. Beijing: Gaodeng jiaoyu chubanshe, 1989. [Appendix includes "Zhongwen daziji gexin zipanbiao [中文打字机革新字盘表]."]

"Wuchang Inspection Office Examines Hanyeping Remittances(Wuchang jianting zi cha Hanyeping jiekuan) [武昌檢廳咨查漢冶萍解欵]." *Shenbao* [申報](August 26, 1922), 15.

Xu Bing [徐冰]. "From 'Book from the Sky' to 'Book from the Ground'(Cong Tianshu dao Dishu) [从天书到地书]." Manuscript provided by Xu Bing to author via email, May 15, 2013.

Xue Zhendong [薛振东], ed. *Nanhui County Gazetteer*(Nanhui xianzhi) [南汇县志]. Shanghai: Shanghai shi Nanhui xian xianzhi bianzuan weiyuanhui, 1992.

Yang Mingshi [楊名時]. "Principles of Lin Yutang's Chinese Typewriter(Lin Yutang shi Huawen daziji de yuanli) [林語堂氏華文打字機的原理]." *Guowen guoji* [國文國際] 1, no. 3(1948): 3.

"Yu Binqi and Others Will Establish China Inventors Association(Yu Binqi deng zuzhi Zhongguo famingren xiehui) [俞斌祺等組織中國發明人協會]." *Book Prospects*(Tushu zhanwang) [圖書展望] 1, no. 8(April 28, 1936): 83.

Yu Binqi Chinese Typewriter Character Table(Yu Binqi Zhongwen daziji zibiao) [俞斌祺中文打字機字表]. Shanghai: n.p., circa 1930s(post-1928). Author's personal collection.

"Yu Binqi Defends Himself to the Resist Japan Association(Yu Binqi xiang kang Ri hui shenban) [俞斌祺向抗日會伸辨]." *Shenbao* [申報](November 9, 1931), 11.

"Yu Binqi Invents Steel Type(Yu Binqi faming gangzhi zhuzi) [俞斌祺發明鋼質鑄字]." *China Industry*(Zhongguo shiye) [中國實業] 1, no. 5(1935): 939.

Yu Jun [英君]. "China's Typewriter: The Creation of Zhou Houkun(Zhongguo zhi daziji: Zhou Houkun chuangzao) [中國之打字機:周厚坤創造]." *Qingsheng zhoukan* [青聲週刊] 4(1917): 2~3.

Yu Shuolin [俞碩霖]. "The Birth of the Yu-Style Typewriter(Yu shi daziji de yansheng) [俞式打字机的诞生]." *Old Kids Blog*(Lao xiaohai shequ) [老小孩社区](June 3, 2010), http://www.oldkids.cn/blog/blog_con.php? blogid=124277(accessed June 13, 2011).

Yu Shuolin [俞碩霖]. "The Last Yu-Style Typewriter(Zui hou de Yu shi daziji) [最后的俞式打字机]." *Old Kids Blog*(Lao xiaohai shequ) [老小孩社区](June 9, 2010), http://www.oldkids.cn/blog/blog_con.php? blogid=130259(accessed June 13, 2011).

Yu Shuolin [俞碩霖]. "Two Types of Chinese Typewriter(Liang zhong Zhongwen daizji) [两种中文打字机]." *Old Kids Blog*(Lao xiaohai shequ) [老小孩社区](February 8, 2010), http://www.oldkids.cn/blog/ blog_con.php?blogid=116181(accessed May 12, 2013).

Yu Shuolin [俞碩霖]. "Yu-Style Chinese Typewriter Patent(Yu shi Zhongwen daziji de zhuanli) [俞式中文打字机的专利]." *Old Kids Blog*(Lao xiaohai shequ) [老小孩社区](June 3, 2010), http://www.oldkids.cn/blog/ blog_con.php?blogid=104202(accessed June 13, 2011).

Yu Shuolin [俞碩霖]. "Yu-Style Chinese Typewriter Unlimited Company(Yu shi daziji wuxian gongsi) [俞式打字机无限公司]." *Old Kids Blog*(Lao xiaohai shequ) [老小孩社区](June 7, 2010), http://www.oldkids.cn/blog/ blog_con.php?blogid=130576(accessed June 13, 2011).

Yu Shuolin [俞碩霖]. "Yu-Style Typewriter Factory(Yu shi daziji zhizaochang) [俞式打字机制造厂]." *Old Kids Blog*(Lao xiaohai shequ) [老小孩社区](June 6, 2010), http://www.oldkids.cn/blog/blog_con.php?blogid

=130431(accessed June 13, 2011).

"Yu's Chinese Typewriter: Profits Donated to Flooded Districts(Yu shi Zhongwen daziji ticheng chong shuizai yizhen) [俞氏中文打字機提成充水災義賑]." *Shenbao* [申報](December 22, 1935), 12.

Yu-Style Typing Glossary(Yu shi dazi zihu) [俞式打字字彙]. Shanghai: *Yu shi Zhongwen daziji faxingsuo* [俞式中文打字機發行所], 1951.

Zhang Feng [張風]. "Stroke-Order Character Retrieval Method(Bishun jianzifa) [筆順檢字法]." *Yiban* [一般] 1, no. 4(1927).

Zhang Jiying [張繼英]. "How Did I Raise My Work Efficiency?(Wo de gongzuo xiaolü shi zenme tigao de) [我的工作效率是怎麼提高的]." In Zhongnan People's Press(Zhongnan renmin chubanshe) [中南人民出版社], ed. *The Zhang Jiying Typesetting Method*(Zhang Jiying jianzifa) [張繼英揀字法]. Hankou: Zhongnan renmin chubanshe, 1952, 19~22.

Zhang Jiying [張繼英]. "I Want to Teach Everyone My Typesetting Method(Wo yao ba wo de jianzifa jiao gei dajia) [我要把我的揀字法教給大家]." *People's Daily*(Renmin ribao) [人民日報](June 3, 1952), 2.

Zhang Jiying [張繼英]. "Preparing to Issue a Friendly Challenge to Typesetters Across the Country(Zhunbei xiang quanguo jianzi gongren tichu youyi tiaozhan) [準備向全國揀字工人提出友誼挑戰]." *People's Daily*(Renmin ribao) [人民日報](June 9, 1952), 2.

Zhang Xiumin [張秀民]. *The History of Chinese Printing*(Zhongguo yinshuashi) [中國印刷史]. Paramas: Homa & Sekey Books, 1989.

Zhang Yuanji [張元濟]. *The Complete Works of Zhang Yuanji*(Zhang Yuanji quanji) [張元濟全集]. Vol. 6. Shanghai: Commercial Press, 2009.

Zhang Yuanji [張元濟]. *The Complete Works of Zhang Yuanji*(Zhang Yuanji quanji) [張元濟全集]. Vol. 7. Shanghai: Commercial Press, 2009.

"Zhang Bangyong: National Phonetic Alphabet Bangyong Shorthand(Zhang Bangyong xiansheng guoyin bangyong shuji shu) [張邦永先生國音邦永速記術]." *New World*(Xin shijie) [新世界] 50(1934): 57.

Zhongguo dianbao xinbian [中國電報新編] 1881. Rigsarkivet [Danish National Archives], Copenhagen, Denmark. 10619 GN Store Nord A/S. 1870~1969 Kode- og telegrafbøger. Kodebøger 1924~1969.

Zhongnan People's Press(Zhongnan renmin chubanshe) [中南人民出版社], ed. *The Zhang Jiying Typesetting Method*(Zhang Jiying jianzifa) [張繼英揀字法]. Hankou: Zhongnan renmin chubanshe, 1952.

Zhou Daowu [周道悟]. "Whatever Work Aims to Complete and Not to Fail the Five Year Plan, All That Work Is Glorious!(Renhe laodong, dou shi wancheng wunian jihua buke queshaode laodong, dou shi guangrongde laodong!) [任何勞動都是完成五年計畫不可缺少的都是光榮的勞動!]." 1956. PC-1956-013, personal collection, chineseposters.net.

Zhou Houkun [周厚坤]. "Diagram Explaining Production of Chinese Typewriter(Chuangzhi Zhongguo daziji tushuo) [創制中國打字機圖說]." *Eastern Miscellany*(Dongfang zazhi) [東方雜誌] 12, no. 10(October 1915): 28~31.

Zhou Houkun [周厚坤]. "Patent Document for Common Usage Typewriter Tray(Tongsu dazipan shangqueshu) [通俗打字盤商榷書]." *Educational Review*(Jiaoyu zazhi) [字教育雜誌] 9, no. 3(March 1917): 12~14.

Zhou Houkun [周厚坤] and Chen Tingrui [陳霆銳]. "A Newly Invented Typewriter for China(Xin faming Zhongguo zhi daziji) [新發明中國之打字機]." *Zhonghua xuesheng jie* [中華學生界] 1, no. 9(September 25, 1915): 1~11.

Zhou Yukun [周玉昆], ed. *Chinese Typing Method*(Huawen dazi fa) [華文打字法]. Nanjing: Bati yinshuasuo [拔提印刷所], 1934.

"Zhou and Wang Are Quintessential Scholars(Zhou Wang liang jun juexue) [周王兩君絕學]." *Shenbao* [申報](July 24, 1916), 10.

Zhu Shirong [朱世榮], ed. *Manual for Chinese Typists*(Zhongwen daziyuan shouce) [中文打字员手册]. Chongqing: Chongqing chubanshe, 1988. Appendix includes *Chinese Typewriter Tray Bed Comprehensive Character Arrangement Reference Table*(Zhongwen daziji zipan zi zonghe pailie cankaobiao) [中文打字机字盘字综合排列参考表].

영어 관련 자료

"Accuracy: The First Requirement of a Typewriter." *Dun's Review* 5(1905): 119.

Adal, Raja. "The Flower of the Office: The Social Life of the Japanese Typewriter in its First Decade." Presentation at the Association for Asian Studies Annual Meeting, March 31~April 3, 2011.

Adas, Michael. *Machines as the Measure of Men: Science, Technology, and Ideologies of Western Dominance.* Ithaca: Cornell University Press, 1989.

"Additional Japanese Typewriters and the Engagement of Typists." Memo from Shanghai Municipal Council Secretary to the Co-ordinating Committee. SMA U1-43796(February 15, 1943), 36.

Adler, Michael H. *The Writing Machine: A History of the Typewriter.* London: Allen and Unwin, 1973.

"An Agreement entered into the 10th day of August, 1887 between the Imperial Chinese Telegraph Company and Great Northern Telegraph Company of Copenhagen and the Eastern Extension, Australasia and China Telegraph Company, Limited." Cable and Wireless Archive DOC/EEACTC/1/304 E.Ex.A&C.T. Co. Ltd Agreements with China and Great Northern Telegraph Co. etc.(August 10, 1887), 185~195.

Ahvenainen, Jorma. *The European Cable Companies in South America before the First World War.* Helsinki: Finnish Academy of Sciences and Letters, 2004.

Allard, J. Frank. "Type-Writing Machine." United States Patent no. 1188875. Filed January 13, 1913; patented June 27, 1916.

Allard, J. Frank. "Typewriting Machine." United States Patent no. 1454613. Filed June 8, 1921; patented May 8, 1923.

Allen, Joseph R. "I Will Speak, Therefore, of a Graph: A Chinese Metalanguage." *Language in Society* 21, no. 2(June 1992): 189~206.

"An American View of the Chinese Typewriter." *Shanghai Puck* 1, no. 1(September 1, 1918): 28.

Anderson, Benedict. *Imagined Communities: Reflections on the Origin and Spread of Nationalism.* Rev. ed. New York: Verso, 1991.

Andreas, Joel. *Rise of the Red Engineers: The Cultural Revolution and the Origins of China's New Class.* Stanford: Stanford University Press, 2009.

"Annual Report of the Philadelphia Museums, Commercial Museum." Philadelphia: Commercial Museum, 1923.

Arbisser, Micah Efram. "Lin Yutang and his Chinese Typewriter." Princeton University Senior Thesis no. 13048(2001).

Arnold, David. *Everyday Technology: Machines and the Making of India's Modernity.* Chicago: University of Chicago, 2013.

"At Last—A Chinese Typewriter—A Remington." *Remington Export Review,* n.d., 7. Hagley Museum and Library. Accession no. 1825. Remington Rand Corporation. Records of the Advertising and Sales Promotion Department. Series I Typewriter Div. Subseries B, Remington Typewriter Company, box 3, vol. 3. [No date appears on the copy housed in the Hagley Museum collection, although the drawing of a Chinese keyboard diagram included within the article is dated February 10, 1921].

Baark, Erik. *Lightning Wires: The Telegraph and China's Technological Modernization, 1860~1890.* Westport, CT: Greenwood Press, 1997.

Bachrach, Susan. *Dames Employées: The Feminization of Postal Work in Nineteenth-Century France.* London: Routledge, 1984.

Bailey, Paul J. *Reform the People: Changing Attitudes towards Popular Education in Early Twentieth-Century China.* Edinburgh: Edinburgh University Press, 1990.

Barr, John H., and Arthur W. Smith. "Type-Writing Machine." United States Patent no. 1250416. Filed August 4, 1917; patented December 18, 1917.

Bayly, Christopher. *Empire and Information: Intelligence Gathering and Social Communication in India, 1780~1870.* Cambridge: Cambridge University Press, 1999 [1996].

Beeching, Wilfred A. *Century of the Typewriter.* New York: St. Martin's Press, 1974.

Behr, Wolfgang. "Early Medieval Philosophical Crabs." Presentation at the "Literary Forms of Argument in Pre-Modern China" Workshop, Queen's College, University of Oxford, September 16~18, 2009.

Bektas, Yakup. "Displaying the American Genius: The Electromagnetic Telegraph in the Wider World." *British Journal for the History of Science* 34, no. 2(June 2001): 199~232.

Bektas, Yakup. "The Sultan's Messenger: Cultural Constructions of Ottoman Telegraphy, 1847~1880." *Technology and Culture* 41(2000): 669~696.

Bellovin, Steve. "Compression, Correction, Confidentiality, and Comprehension: A Modern Look at Commercial Telegraph Codes." Paper presented at the Cryptologic History Symposium(Laurel, MD), 2009.

Benjamin, Walter. *The Work of Art in the Age of Mechanical Reproduction.* In *Illuminations.* Translated by Harry

Zohn. New York: Schocken Books, 1968, 217~252.

Bijker, Wiebe E. "Do Not Despair: There Is Life after Constructivism." *Science, Technology and Human Values* 18, no. 1(Winter 1993): 113~138.

Bijker, Wiebe E. *Of Bicycles, Bakelites, and Bulbs: Toward a Theory of Sociotechnical Change.* Cambridge, MA: MIT Press, 1997 [1995].

Bijker, Wiebe E., and John Law, eds. *Constructing Stable Technologies: Towards a Theory of Sociotechnical Change.* Cambridge, MA: MIT Press, 1992.

Bloom, Alfred H. "The Impact of Chinese Linguistic Structure on Cognitive Style." *Current Anthropology* 20, no. 3(1979): 585~601.

Bloom, Alfred H. *The Linguistic Shaping of Thought: A Study in the Impact of Language on Thinking in China and the West.* Hillsdale, NJ: L. Erlbaum, 1981.

Bodde, Derk. *Chinese Thought, Society, and Science: The Intellectual and Social Background of Science and Technology in Pre-Modern China.* Honolulu: University of Hawai'i Press, 1991.

Boltz, William G. "Logic, Language, and Grammar in Early China." *Journal of the American Oriental Society* 120, no. 2(April~June 2000): 218~229.

Bonavia, David. "Coming to Grips with a Chinese Typewriter." *Times*(London)(May 8, 1973), 8.

Borgman, Christine L. *From Gutenberg to the Global Information Infrastructure: Access to Information in the Networked World.* Cambridge, MA: MIT Press, 2003 [2000].

Bourdieu, Pierre. *The Logic of Practice.* Stanford: Stanford University Press, 1992.

Bowker, Geoffrey C. *Memory Practices in the Sciences.* Cambridge, MA: MIT Press, 2005.

Bowker, Geoffrey C., and Susan Leigh Star. *Sorting Things Out: Classification and Its Consequences.* Cambridge, MA: MIT Press, 1999.

Brokaw, Cynthia. "Book History in Premodern China: The State of the Discipline." *Book History* 10(2007): 253~290.

Brokaw, Cynthia J. "Reading the Best-Sellers of the Nineteenth Century: Commercial Publishers in Sibao." In *Printing and Book Culture in Late Imperial China*, edited by Cynthia Brokaw and Kai-wing Chow. Berkeley: University of California Press, 2005.

Brokaw, Cynthia, and Kai-wing Chow, eds. *Printing and Book Culture in Late Imperial China.* Berkeley: University of California Press, 2005.

Brokaw, Cynthia, and Christopher Reed, eds. *From Woodblocks to the Internet: Chinese Publishing and Print Culture in Transition, Circa 1800 to 2008.* Boston and Leiden: Brill, 2010.

Brook, Timothy. *Collaboration: Japanese Agents and Local Elites in Wartime China.* Cambridge, MA: Harvard University Press, 2007.

Brown, Alexander T. "Type-Writing Machine." United States Patent no. 855832. Filed June 29, 1904/reapplied August 8, 1905; patented June 4, 1907.

Brown, Alexander T. "Type-Writing Machine." United States Patent no. 911198. Filed June 29, 1904; patented February 2, 1909.

Brown, William Norman. "Report on the Chinese Typewriter." May 16, 1948. University of Pennsylvania Archives —W. Norman Brown Papers(UPT 50 B879), box 10, folder 5.

Brumbaugh, Robert S. "Chinese Typewriter." United States Patent no. 2526633. Filed September 25, 1946; patented October 24, 1950.

Bryson, Bill. *Mother Tongue: The English Language.* New York: Penguin, 1999.

Bull, W. "A Short History of the Shanghai Station." Shanghai: n.p., 1893. [Handwritten Manuscript] Cable and Wireless Archive DOC/EEACTC/12/10.

Bunnag, Tej. *The Provincial Administration of Siam, 1892~1915: The Ministry of the Interior under Prince Damrong Rajanubhab.* Kuala Lumpur: Oxford University Press, 1977.

Burgess, Anthony. "Minding the Ps and Qs of our ABCs." *Observer*(April 7, 1991), 63.

Buschmann, Theodor Eugen. "Letter-Width-Spacing Mechanism in Typewriters." United States Patent no. 1472825. Filed March 23, 1921; patented November 6, 1923.

Canales, Jimena. *A Tenth of a Second: A History.* Chicago: University of Chicago Press, 2009.

Carter, John. "The New World Market." *New World Review* 21, no. 9(October 1953): 38~43.

Carter, Thomas Francis. *The Invention of Printing in China and Its Spread Westward.* New York: Ronald Press Co., 1955.

Cartoon of Chinese Typewriter. *St. Louis Globe-Democrat*(January 11, 1901), 2~3.

Chan, Hok-lam. *Control of Publishing in China, Past and Present*. Canberra: Australian National University Press, 1983.

Chang, C.C. "Heun Chi Invents a Chinese Typewriter." *Chinese Students' Monthly* 10, no. 7(April 1, 1915): 459.

Chang, Kang-i Sun, Haun Saussy, and Charles Yim-tze Kwong, eds. *Women Writers of Traditional China: An Anthology of Poetry and Criticism*. Stanford: Stanford University Press, 1999.

Characters Formed by the Divisible Type Belonging to the Chinese Mission of the Board of Foreign Missions of the Presbyterian Church in the United States of America. Macao: Presbyterian Press, 1844.

Chartier, Roger. *The Cultural Uses of Print in Early Modern France*. Translated by Lydia G. Cochrane. Princeton: Princeton University Press, 1987.

Chartier, Roger. *Forms and Meanings: Texts, Performances, and Audiences from Codex to Computer*. Philadelphia: University of Philadelphia Press, 1985.

Chartier, Roger. "Gutenberg Revisited from the East." Translated by Jill A. Friedman. *Late Imperial China* 17, no. 1(1996): 1~9.

Chartier, Roger. "Texts, Printing, Readings." In *The New Cultural History*, edited by Lynn Hunt, 154~175. Berkeley: University of California Press, 1989.

Chen, Jianhua. "Canon Formation and Linguistic Turn: Literary Debates in Republican China, 1919~1949." In *Beyond the May Fourth Paradigm: In Search of Chinese Modernity*, edited by Kai-wing Chow, Tze-ki Hon, Hung-yok Ip, and Don C. Price. Lanham, MD: Lexington Books, 2008, 51~67.

Chen, Li. *Chinese Law in Imperial Eyes: Sovereignty, Justice, and Transcultural Politics*. New York: Columbia University Press, 2015.

Chen Lifu. *Storm Clouds Over China: The Memoirs of Ch'en Li-fu, 1900~1993*. Edited by Sidney Chang and Ramon Myers. Stanford: Hoover Institute Press, 1994.

Cheng, Linsun. *Banking in Modern China: Entrepreneurs, Professional Managers, and the Development of Chinese Banks, 1897~1937*. Cambridge: Cambridge University Press, 2007.

Chi, Heuen [Qi Xuan]. Chinese Exclusion Act File. National Archives and Records Administration, Washington, DC.

Chi, Heuen [Qi Xuan]. "Apparatus for Writing Chinese." United States Patent no. 1260753. Filed April 17, 1915; patented March 26, 1918.

Chia, Lucille. *Printing for Profit: The Commercial Publishers of Jianyang, Fujian*. Cambridge, MA: Harvard University Asia Center, 2003.

Chiang, Yee. *Chinese Calligraphy: An Introduction to Its Aesthetics and Techniques*. Cambridge, MA: Harvard University Press, 1973 [1938].

"Child of the Quarantine: One More Passenger on the Nippon Maru List—Baby Born During Angel Island Stay." *San Francisco Chronicle*(July 11, 1899), 12.

"China." *Atchison Daily Globe*(April 11, 1898), 1.

China as It Really Is. London: Eveleigh Nash, 1912.

"China, Commercial Press Exhibit." City of Philadelphia, Department of Records. Record Group 232(Sesquicentennial Exhibition Records), 232-4-8.1 "Department of Foreign Participation," box A-1474, folder 8, series folder 29.

"Chinaman Invents Chinese Typewriter Using 4000 Characters." *New York Times*(July 23, 1916), SM15.

"China Oct 1926." City of Philadelphia, Department of Records. Record Group 232(Sesquicentennial Exhibition Records), 232-4-8.1 "Department of Foreign Participation," box A-1474, folder 7, series folder 28.

"Chinese Characters Sent by Telegraph Machine." *Los Angeles Times*(November 22, 1936), 5.

"Chinese Divisible Type." *Chinese Repository* 14(March 1845): 124~129.

"Chinese Language and Dialects." *Missionary Herald* 31(May 1835): 197~201.

"Chinese Phonetic on a Typewriter." *Popular Science* 97, no. 2(August 1920): 116.

"Chinese Project: The Lin Yutang Chinese Typewriter." Mergenthaler Linotype Company Records, 1905~1993, Archives Center, National Museum of American History, Smithsonian Institution, box 3628. Multiple Dates in 1950 Listed.

"Chinese Put on Typewriter by Lin Yutang." *Los Angeles Times*(August 22, 1947), 2.

"Chinese Romanized—Keyboard no. 141." Hagley Museum and Library. Accession no. 1825. Remington Rand Corporation. Records of the Advertising and Sales Promotion Department. Series I Typewriter Div.

Subseries B, Remington Typewriter Company, box 3, vol. 1.

Chinese Second Historical Archives(Zhongguo di'er lishi dang'anguan), ed. *Historical Materials on the Old Chinese Maritime Customs, 1859~1948*. Vol. 112(1932)(Zhongguo jiu haiguan shiliao) [中國舊海關史料]. Beijing: Jinghua Press [京華出版社], 2001.

Chinese Second Historical Archives(Zhongguo di'er lishi dang'anguan), ed. *Historical Materials on the Old Chinese Maritime Customs, 1859~1948*. Vol. 114(1933)(Zhongguo jiu haiguan shiliao) [中國舊海關史料]. Beijing: Jinghua Press [京華出版社], 2001.

Chinese Second Historical Archives(Zhongguo di'er lishi dang'anguan), ed. *Historical Materials on the Old Chinese Maritime Customs, 1859~1948*. Vol. 118(1935)(Zhongguo jiu haiguan shiliao) [中國舊海關史料]. Beijing: Jinghua Press [京華出版社], 2001.

Chinese Second Historical Archives(Zhongguo di'er lishi dang'anguan), ed. *Historical Materials on the Old Chinese Maritime Customs, 1859~1948*. Vol. 122(1936)(Zhongguo jiu haiguan shiliao) [中國舊海關史料]. Beijing: Jinghua Press [京華出版社], 2001.

Chinese Second Historical Archives(Zhongguo di'er lishi dang'anguan), ed. *Historical Materials on the Old Chinese Maritime Customs, 1859~1948*. Vol. 126(1937)(Zhongguo jiu haiguan shiliao) [中國舊海關史料]. Beijing: Jinghua Press [京華出版社], 2001.

Chinese Second Historical Archives(Zhongguo di'er lishi dang'anguan), ed. *Historical Materials on the Old Chinese Maritime Customs, 1859~1948*. Vol. 130(1938)(Zhongguo jiu haiguan shiliao) [中國舊海關史料]. Beijing: Jinghua Press [京華出版社], 2001.

Chinese Second Historical Archives(Zhongguo di'er lishi dang'anguan), ed. *Historical Materials on the Old Chinese Maritime Customs, 1859~1948*. Vol. 134(1939)(Zhongguo jiu haiguan shiliao) [中國舊海關史料]. Beijing: Jinghua Press [京華出版社], 2001.

Chinese Second Historical Archives(Zhongguo di'er lishi dang'anguan), ed. *Historical Materials on the Old Chinese Maritime Customs, 1859~1948*. Vol. 138(1940)(Zhongguo jiu haiguan shiliao) [中國舊海關史料]. Beijing: Jinghua Press [京華出版社], 2001.

Chinese Second Historical Archives(Zhongguo di'er lishi dang'anguan), ed. *Historical Materials on the Old Chinese Maritime Customs, 1859~1948*. Vol. 142(1941)(Zhongguo jiu haiguan shiliao) [中國舊海關史料]. Beijing: Jinghua Press [京華出版社], 2001.

Chinese Second Historical Archives(Zhongguo di'er lishi dang'anguan), ed. *Historical Materials on the Old Chinese Maritime Customs, 1859~1948*. Vol. 144(1942)(Zhongguo jiu haiguan shiliao) [中國舊海關史料]. Beijing: Jinghua Press [京華出版社], 2001.

"A Chinese Type-Writer." *Chinese Times*(March 1888), 143.

"A Chinese Typewriter." *Peking Gazette*(November 1, 1915), 3.

"A Chinese Typewriter." *San Francisco Examiner*(January 22, 1900).

"A Chinese Type-Writer." *Scientific American*(March 6, 1899), 359.

"A Chinese Typewriter." *Semi-Weekly Tribute*(June 22, 1897), 16.

"A Chinese Typewriter." *Shanghai Times*(November 19, 1915), 1.

The Chinese Typewriter. Written by Stephen J. Cannell. Directed by Lou Antonio. Starring Tom Selleck and James Whitmore, Jr. 78 mins. 1979. Universal City Studios.

"Chinese Typewriter Printing 4000 Characters." *Chicago Daily Tribune*(June 7, 1899), 6.

"Chinese Typewriters." Memo from "The Secretary's Office, Municipal Council" to "The Director." SMA U1-4-3582(July 13, 1943): 6~8.

"Chinese Typewriter, Shown to Engineers, Prints 5,400 Characters with Only 36 Keys." *New York Times*(July 1, 1946), 26.

Chow, Kai-wing. *Publishing, Culture, and Power in Early Modern China*. Stanford: Stanford University Press, 2004.

Chow, Rey. "How(the) Inscrutable Chinese Led to Globalized Theory." *PMLA* 116, no. 1(2001): 69~74.

Chun, Wendy Hui Kyong. "Introduction: Race and/as Technology; or, How to Do Things to Race." *Camera Obscura* 24, no. 170(2009): 7~35.

"Chu Yin Tzu-mu Keyboard—Keyboard no. 1400."(February 10, 1921.) Hagley Museum and Library. Accession no. 1825. Remington Rand Corporation. Records of the Advertising and Sales Promotion Department. Series I Typewriter Div. Subseries B, Remington Typewriter Company, box 3, vol. 3.

City of Philadelphia, Department of Records. Record Group 232(Sesquicentennial Exhibition Records), 232-2.6

"Photographs." Photograph 2427.

Clark, Lauren, and Eric Feron. "Development of and Contribution to Aerospace Engineering at MIT." *40th AIAA Aerospace Sciences Meeting and Exhibit*(January 14~17, 2002), 2.

Clarke, Adele E., and Joan Fujimura, eds. *The Right Tools for the Job: At Work in Twentieth-Century Life Sciences*. Princeton: Princeton University Press, 1992.

Clarke, Adele E., and Joan Fujimura. "What Tools? Which Jobs? Why Right?" In *The Right Tools for the Job: At Work in Twentieth-Century Life Sciences*, edited by Adele E. Clarke and Joan Fujimura. Princeton: Princeton University Press, 1992, 3~47.

Clarke, Stephan P. "The Remarkable Sheffield Family of North Gainesville." N.p.: manuscript provided by author.

"Cleaning of Typewriters, Calculators, etc." Memo from Shanghai Municipal Council Secretary to "All Departments and Emergency Offices." SMA U1-4-3586(April 2, 1943), 35.

Coble, Parks. *Chinese Capitalists in Japan's New Order: The Occupied Lower Yangzi, 1937~1945*. Berkeley: University of California Press, 2003.

Conn, Steven. "An Epistemology for Empire: The Philadelphia Commercial Museum, 1893~1926." *Diplomatic History* 22, no. 4(1998): 533~563.

Conrad, Frank, and Yasudiro Sakai. "Impedance Device for Use with Current-Rectifiers." United States Patent no. 1075404. Filed January 10, 1912; patented October 14, 1913.

The Cornell University Register 1897~1898. 2nd ed. Ithaca: The University Press of Andrus and Church, 1897~1988, 18.

Cost Estimates for Lin Yutang Typewriter. April 20, 1949. Located within File Marked "Lin Yutang Typewriter." Mergenthaler Linotype Company Records, 1905~1993, Archives Center, National Museum of American History, Smithsonian Institution, box 3628.

"Cost for a Japanese Typewriter." SMA U1-4-3789(February 25, 1943), 9.

Cousin, A.J.C. "Typewriting Machine." United State Patent no. 1794152. Filed July 13, 1928; patented February 24, 1931.

Cowan, Ruth Schwartz. *A Social History of American Technology*. New York: Oxford University Press, 1997.

Creel, Herrlee Glessner. "On the Nature of Chinese Ideography." *T'oung Pao* 32(second series), no. 2/3(1936): 85~161.

Culp, Robert. "Teaching Baihua: Textbook Publishing and the Production of Vernacular Language and a New Literary Canon in Early Twentieth-Century China." *Twentieth-Century China* 34, no. 1(November 2008): 4~41.

David, Paul A. "Clio and the Economics of QWERTY." *American Economic Review* 75, no. 2(1985): 332~337.

Davies, E. *Memoir of the Rev. Samuel Dyer; Sixteen Years Missionary to the Chinese*. London: J. Snow, 1846.

Davies, Margery W. *A Woman's Place Is at the Typewriter: Office Work and Office Workers 1870~1930*. Philadelphia: Temple University Press, 1982.

Davis, John Francis. *The Chinese: A General Description of the Empire of China and Its Inhabitants*. Vol. 2. London: Charles Knight, 1836.

DeFrancis, John. *Nationalism and Language Reform in China*. New Jersey: Princeton University Press, 1950.

DeFrancis, John. *Visible Speech*. Honolulu: University of Hawai'i Press, 1989.

Derrida, Jacques. *Of Grammatology*. Baltimore: Johns Hopkins University Press, 1976.

"Descriptions of the Commercial Press Exhibit." Shanghai: Commercial Press, n.d. (ca. 1926). City of Philadelphia, Department of Records. Record Group 232(Sesquicentennial Exhibition Records), 232-4-8.1 "Department of Foreign Participation," box A-1474, box folder 8, series folder 29("China, Commercial Press Exhibit").

Desnoyers, Charles. *A Journey to the East: Li Gui's A New Account of a Trip Around the Globe*. Ann Arbor: University of Michigan Press, 2004.

"Did NBC Alter the Olympics Opening Ceremony?" *Slashdot*(August 9, 2008) http:// news.slashdot.org/ story/08/08/09/2231231/did-nbc-alter-the-olympics-opening -ceremony(accessed March 1, 2012).

Dodd, George. *The Curiosities of Industry and the Applied Sciences*. London: George Routledge and Co., 1858.

Dodge, Elbert S. "Typewriting Machine." United States Patent no. 1411238. Filed August 19, 1921; patented March 28, 1922.

"Doings at the Philadelphia Commercial Museum." *Commercial America* 19(April 1923): 51.

Dolezelová-Velingerová, Milena. "Understanding Chinese Fiction 1900~1949." In *A Selective Guide to Chinese Literature, 1900~1949*. Vol. 1, edited by Milena Dolezelová-Velingerová. Leiden: Brill, 1988.

Dong, Madeleine Yue, and Joshua L. Goldstein, eds. *Everyday Modernity in China*. Seattle: University of Washington Press, 2006.

Douglas, Mary. "Introduction." In *How Classification Works: Nelson Goodman Among the Social Sciences*, edited by Nelson Goodman and Mary Douglas. Edinburgh: Edinburgh University Press, 1992.

Drucker, Johanna. *The Visible Word: Experimental Typography and Modern Art, 1909~1923*. Chicago: University of Chicago Press, 1997.

Du Ponceau, Peter S. "A Dissertation on the Nature and Character of the Chinese System of Writing." *Transactions of the Historical and Literary Committee of the American Philosophical Society* 2(1838).

"Du Ponceau on the Chinese System of Writing." *North American Review* 48(January 1839): 271~310.

Duyvendak, J.J.L. "Wong's System for Arranging Chinese Characters. The Revised Four-Corner Numeral System." *T'oung Pao* 28, no. 1/2(1931): 71~74.

Dyer, Samuel. *A Selection of Three Thousand Characters Being the Most Important in the Chinese Language for the Purpose of Facilitating the Cutting of Punches and Casting Metal Type in Chinese*. Malacca: Anglo-Chinese College, 1834.

Eisenstein, Elizabeth. *The Printing Press as an Agent of Change: Communications and Cultural Transformations in Early-Modern Europe*. Cambridge: Cambridge University Press, 1980.

Engber, Daniel. "What Does a Chinese Keyboard Look Like?" *Slate*(February 21, 2006), http://www. slate.com/articles/news_and_politics/explainer/2006/02/what_ does_a_chinese_keyboard_look_like.html

Escayrac de Lauture, Comte d'. *On the Telegraphic Transmission of Chinese Characters*. Paris: E. Brière, 1862.

Esherick, Joseph. *Reform and Revolution in China: The 1911 Revolution in Hunan and Hubei*. Berkeley: University of California Press, 1976.

"Facsimile May Solve Chinese Telegram Problem." *New York Times*(August 8, 1957), 39.

Fan, Fa-ti. "Redrawing the Map: Science in Twentieth-Century China." *Isis* 98(2007): 524~538.

Fan, Fa-ti. "Science, Earthquake Monitoring, and Everyday Knowledge in Communist China." Paper delivered at Stanford University, History and Philosophy of Science and Technology program, April 22, 2010.

Febvre, Lucien, and Henri-Jean Martin. *The Coming of the Book: The Impact of Printing, 1450~1800*. London: Verso, 2010.

Fenn, Courtenay Hughes. *The Five Thousand Dictionary*. Cambridge, MA: Harvard University Press, 1940.

Ferrier, Claude-Marie, and Sir Hugh Owen. *Exhibition of the Works of Industry of All Nations: 1851 Report of the Juries*. London: William Clowes and Sons, 1852.

Fine, Lisa M. *The Souls of the Skyscraper: Female Clerical Workers in Chicago, 1870~1930*. Philadelphia: Temple University Press, 1990.

Flox, O.D. "That Chinese Type-Writer: An Open Letter to the Hon. Henry C. New-comb, Agent of the Faroe Islands' Syndicate for the Promotion of Useful Knowledge." *Chinese Times*(March 31, 1888), 199.

Fourteenth Census of the United States, 1920. National Archives and Records Administration, Washington, DC, Records of the Bureau of the Census, Record Group 29, NARA microfilm publication T625.

"4,200 Characters on New Typewriter; Chinese Machine Has Only Three Keys, but There Are 50,000 Combinations. 100 Words in TWO HOURS. Heuen Chi, New York University Student, Patents Device Called the First of Its Kind." *New York Times*(March 23, 1915), 6.

Frazier, Mark W. *The Making of the Chinese Industrial Workplace: State, Revolution, and Labor Management*. Cambridge: Cambridge University Press, 2006.

"Front Views and Profiles: Miss Yin at the Console." *Chicago Daily Tribune*(October 10, 1945), 16.

Fu, Poshek. *Passivity, Resistance, and Collaboration: Intellectual Choices in Occupied Shanghai, 1937~1945*. Stanford: Stanford University Press, 1993.

Fuller, Matthew. *Behind the Blip: Essays on the Culture of Software*. Sagebrush Education Resources, 2003.

Furth, Charlotte. "Culture and Politics in Modern Chinese Conservatism." In *The Limits of Change: Essays on Conservative Alternatives in Republican China*, 22~56. Cambridge, MA: Harvard University Press, 1976.

Galison, Peter. *Einstein's Clocks, Poincaré's Maps: Empires of Time*. New York: W.W. Norton and Co., 2003.

Gamble, William. *List of Chinese Characters in the New Testament and Other Books*. N.p., 1861. Library of Congress. G/C175.1/G15.

Gamble, William. *1878 Chinese Characters in William Gamble's List which can be Formed by Divisible Type*(Liangbian pin xiaozi) [兩邊拼小字]. Manuscript. N.p., 1863. Library of Congress. G/C175.1/G18.

Gamble, William. *Two Lists of Selected Characters Containing All in the Bible*. Shanghai: n.p., 1861.

Gellner, Ernest. *Nations and Nationalism*. Ithaca: Cornell University Press, 1983.

Gerth, Karl. *China Made: Consumer Culture and the Creation of the Nation*. Cambridge, MA: Harvard Asia Center, 2003.

Gilbert, Paul T. "Putting Ideographs on Typewriter." *Nation's Business* 17, no. 2(February 1929): 156.

Gitelman, Lisa. *Scripts, Grooves, and Writing Machines: Representing Technology in the Edison Era*. Stanford: Stanford University Press, 2000.

Goldman, Merle, and Leo Ou-fan Lee, eds. *An Intellectual History of Modern China*. Cambridge: Cambridge University Press, 2001.

Goodman, Nelson. *Ways of Worldmaking*. Indianapolis: Hackett Publishing, 1978.

Goodman, Nelson, Mary Douglas, and David L. Hull, eds. *How Classification Works: Nelson Goodman Among the Social Sciences*. Edinburgh: Edinburgh University Press, 1992.

Goody, Jack. *The Interface between the Written and the Oral*. Cambridge: Cambridge University Press, 1987.

Goody, Jack. "Technologies of the Intellect: Writing and the Written Word." In *The Power of the Written Tradition*. Washington: Smithsonian Institution Press, 2000: 133~138.

Gottlieb, Nanette. "The Rōmaji Movement in Japan." *Journal of the Royal Asiatic Society* 20, no. 1(2010): 75~88.

Grant, John Cameron, and Lucien Alphonse Legros. "A Method and Means for Adapting Certain Chinese Characters, Syllabaries or Alphabets for use in Type-casting or Composing Machines, Typewriters and the Like." Great Britain Patent Application no. 2483. Filed January 30, 1913; patented October 30, 1913.

Greene, Stephen Lyon Wakeman. *Absolute Dreams. Thai Government Under Rama VI, 1910~1925*. Bangkok: White Lotus, 1999.

Grose, Thomas K. "London Admits It Can't Top Lavish Beijing Olympics When It Hosts 2012 Games." *U.S. News*(August 22, 2008), http://www.usnews.com/news/ world/articles/2008/08/22/london-admits-it-cant-top-lavish-beijing-olympics-when -it-hosts-2012-games

Gunn, Edward. *Rewriting Chinese: Style and Innovation in Twentieth-Century Chinese Prose*. Stanford: Stanford University Press, 1991.

Guy, R. Kent. *The Emperor's Four Treasuries: Scholars and the State in the Late Ch'ienlung Era*. Cambridge, MA: Council on East Asian Studies, Harvard University, 1987.

Haddad, Selim S. "Types for Type-Writers or Printing-Presses." United States Patent no. 637109. Filed October 13, 1899; patented November 14, 1899.

"The Hall Typewriter." *Scientific American*(July 10, 1886), 24.

Hannas, William C. *Asia's Orthographic Dilemma*. Honolulu: University of Hawai'i Press, 1996.

Hannas, William C. *The Writing on the Wall: How Asian Orthography Curbs Creativity*. Philadelphia: University of Pennsylvania Press, 2003.

Hansen, Harry. "How Can Lin Yutang Make His New Typewriter Sing?" *Chicago Daily Tribune*(August 24, 1947), C4.

Harrison, Samuel A. "Oriental Type-Writer." United States Patent no. 977448. Filed December 15, 1909; patented December 6, 1910.

Harrist, Robert E., and Wen Fong. *The Embodied Image: Chinese Calligraphy from the John B. Elliott Collection*. Princeton: Art Museum, Princeton University in association with Harry N. Abrams, 1999.

Havelock, Eric A. *The Literate Revolution in Greece and Its Cultural Consequences*. Princeton, NJ: Princeton University Press, 1981.

Havelock, Eric A. *The Muse Learns to Write: Reflections on Orality and Literacy from Antiquity to the Present*. New Haven: Yale University Press, 1986.

Havelock, Eric A. *Origins of Western Literacy*. Toronto: Ontario Institute for Studies in Education, 1976.

Hay, John. "The Human Body as a Microcosmic source of Macrocosmic Values in Calligraphy." In *Self as Body in Asian Theory and Practice,* edited by Thomas Kasulis, Roger Ames, and Wimal Dissanayake. Albany: State University of New York Press, 1993, 179~212.

Hayford, Charles W. *To the People: James Yen and Village China*. New York: Columbia University Press, 1990.

Hayles, N. Katherine. *How We Think: Digital Media and Contemporary Technogenesis*. Chicago: University of Chicago Press, 2012.

Headrick, Daniel. *The Invisible Weapon: Telecommunications and International Politics, 1851~1945*. Oxford: Oxford University Press, 1991.

Headrick, Daniel. *The Tentacles of Progress: Technology Transfer in the Age of Imperialism, 1850~1940*. Oxford:

Oxford University Press, 1988.

Headrick, Daniel. *The Tools of Empire: Technology and European Imperialism in the Nineteenth Century.* Oxford: Oxford University Press, 1981.

Headrick, Daniel, and Pascal Griset. "Submarine Telegraph Cables: Business and Politics, 1838~1939." *Business History Review* 75, no. 3(2001): 543~578.

Hearn, Maxwell, and Judith Smith. eds. *Arts of the Sung and Yuan.* New York: Metropolitan Museum of Art, 1996.

Hedtke, Charles H. "The Sichuanese Railway Protection Movement: Themes of Change and Conflict." *Bulletin of the Institute of Modern History, Academia Sinica*(Zhongyang yanjiuyuan jindaishi yanjiusuo jikan) [中央研究院近代史研究所集刊] 6(1977): 353~407.

Hegel, Georg Wilhelm Friedrich. *The Philosophy of History.* Translated by John Sibree. New York: Wiley Book Co., 1900.

Heijdra, Martin J. "The Development of Modern Typography in East Asia, 1850~2000." *East Asia Library Journal* 11, no. 2(Autumn 2004): 100~168.

Hernisz, Stanislas. *A Guide to Conversation in the English and Chinese Languages for the Use of Americans and Chinese in California and Elsewhere.* Boston: John P. Jewett and Co., 1854.

"Highlights of Syracuse Decade by Decade." *Syracuse Journal*(March 20, 1939), E2.

Hill, Michael G. "National Classicism: Lin Shu as Textbook Writer and Anthologist, 1908~1924." *Twentieth-Century China* 33, no. 1(November 2007): 27~52.

"Hiring Telegraphers for China." *New York Times*(September 30, 1887), 1.

Hirth, Friedrich. "Western Appliances in the Chinese Printing Industry." *Journal of the China Branch of the Royal Asiatic Society*(Shanghai) 20(1885): 163~177.

"The History of the Typewriter Recited by Michael Winslow," http://www.filmjunk.com/2010/06/20/the-history-of-the-typewriter-recited-by-michael-winslow/(accessed September 5, 2010).

Hoare, R. "Keyboard Diagram for Chinese Phonetic." Mergenthaler Linotype Collection. Museum of Printing, North Andover, Massachusetts, February 4, 1921.

Hoare, R. "Keyboard Diagram for Chinese Phonetic Amended." Mergenthaler Linotype Collection. Museum of Printing, North Andover, Massachusetts, March 3, 1921.

H.O. Fuchs Engineering Case Program: Case Files. Department of Special Collections, Stanford University Archives, SC 269, box 1—J.E. Arnold, A.T. Ling, MIT, "Chinese Typewriter."

Holcombe, Charles. *In the Shadow of the Han: Literati Thought and Society at the Beginning of the Southern Dynasties.* Honolulu: University of Hawai'i Press, 1995.

Hon, Tze-ki, and Robert Culp, eds. *The Politics of Historical Production in Late Qing and Republican China.* Leiden: Brill, 2007.

Honolulu, Hawaii Passenger and Crew Lists, 1900~1959. National Archives and Records Administration, Washington, DC, Series A3422, Roll 49.

"How Can the Chinese Use Computers Since Their Language Contains So Many Characters?" *Straight Dope*(December 8, 1995), http://www.straightdope.com/columns/read/1138/how-can-the-chinese-use-computers-since-their-language-contains-so-many-characters(accessed January 7, 2010).

Howland, Douglas. *Borders of Chinese Civilization: Geography and History at Empire's End.* Durham: Duke University Press, 1996.

H.R.H. The Crown Prince of Siam. *The War of the Polish Succession.* Oxford: Black-well, 1901.

Hughes, Thomas P. "The Evolution of Large Technical Systems." In *The Social Construction of Technical Systems: New Directions in the Sociology and History of Technology,* edited by Wiebe E. Bijker, Thomas P. Hughes, and Trevor Pinch, 51~82. Cambridge, MA: MIT Press, 1989.

Hull, Matthew. *Government of Paper: The Materiality of Bureaucracy in Urban Pakistan.* Berkeley: University of California, 2012.

Humphrey, Henry Noel. *The Origin and Progress of the Art of Writing: A Connected Narrative of the Development of the Art, its Primeval Phases in Egypt, China, Mexico, etc.* London: Ingram, Cooke, and Co., 1853.

Hunter, Edward. "Increasing Program of China Foundation." *China Weekly Review*(August 8, 1931), 379.

Hunter, Janet. "Technology Transfer and the Gendering of Communications Work: Meiji Japan in Comparative Historical Perspective." *Social Science Japan Journal* 14, no. 1(Winter 2011): 1~20.

Huters, Theodore. *Bringing the World Home: Appropriating the West in Late Qing and Early Republican China.* Honolulu: University of Hawai'i Press, 2005.

Innis, Harold. *Empire and Communications*. Toronto: University of Toronto Press, 1972.

Inoue, Miyako. "Stenography and Ventriloquism in Late Nineteenth-Century Japan." *Language and Communication* 31(2011): 181~190.

International Telegraph Convention of Saint-Petersburg and Service Regulations Annexed(1925). London: His Majesty's Stationery Office, 1926.

International Telegraph Convention with Berlin Revision of Service Regulations and Tariffs(1885). London: Blackfriars Printing and Publishing Co., 1885.

"Invents Typewriter for Chinese Language; First Machine of the Kind Ever Built Is Announced by the Underwood Company." *New York Times*(May 16, 1926), 5.

Ip, Manying. *Life and Times of Zhang Yuanji, 1867~1959*. Beijing: Commercial Press, 1985.

Ishii, Kae. "The Gendering of Workplace Culture: An Example from Japanese Telegraph Operators." *Bulletin of the Health Science University*(Kenkōkagaku daigaku kiyō) [健康科学大学紀要] 2(2005): 37~48.

Ismail, Ibrahim bin. "Samuel Dyer and His Contributions to Chinese Typography." *Library Quarterly* 54, no. 2(April 1984): 157~169.

"It Takes Four Thousand Characters to Typewrite in Chinese." *Popular Science Monthly* 90, no. 4(April 1917): 599.

Jacobowitz, Seth. *Writing Technology in Meiji Japan: A Media History of Modern Japanese Literature and Visual Culture*. Cambridge, MA: Harvard Asia Center, 2015.

Jacobsen, Kurt. "A Danish Watchmaker Created the Chinese Morse System." *NIASnytt*(Nordic Institute of Asian Studies) *Nordic Newsletter* 2(July 2001): 17~21.

"Japanese Typewriters Cleaning and Repair Service." Memo from Sanwa Shoji Company. SMA U1-4-3789(February 12, 1943), 6.

Jin Jian. *A Chinese Printing Manual*. Translated by Richard C. Rudolph. Los Angeles: Ward Ritchie Press, 1954 [1776].

Johns, Adrian. *The Nature of the Book: Print and Knowledge in the Making*. Chicago: University of Chicago Press, 1998.

Jones, Robert McKean. "Typewriting Machine." United States Patent no. 1687939. Filed May 19, 1927; patented October 16, 1928.

Jones, Robert McKean. "Urdu—Keyboard no. 1130—No. 4 Monarch."(March 13, 1918) Hagley Museum and Library. Accession no. 1825.

Jones, Stacy V. "Telegraph Printer in Japanese with 2,300 Symbols Patented." *New York Times*(December 31, 1955), 19.

Judge, Joan. *Print and Politics: Shibao and the Culture of Reform in Late Qing China*. Stanford: Stanford University Press, 1996.

"Judging Eastern Things from Western Point of View." *Chinese Students' Monthly* 8, no. 3(1913): 154.

"Just How Smart Are We?" *Daily News New York*(September 2, 1947). Clipping included in Archives of John Day Co. Princeton University. Box 236, folder 14, call no. CO123.

Kadry, Vassaf. "Type Writing Machine." United States Patent no. 1212880. Filed January 15, 1914; patented January 30, 1917.

"Kamani Eng. Corporation Ltd. Agent of the Olivetti in India." *Rivista Olivetti* 6(December 1951): 12~13.

Kara, György. "Aramaic Scripts for Altaic Languages." In *The World's Writing Systems*, edited by Peter T. Daniels and William Bright. New York: Oxford University Press, 1994, 536~558.

Kaske, Elisabeth. *The Politics of Language in Chinese Education, 1895~1919*. Leiden: Brill, 2008.

Keenan, Barry C. *Imperial China's Last Classical Academies: Social Change in the Lower Yangzi, 1864~1911*. Berkeley: China Research Monographs, University of California, 1994.

Keep, Christopher. "The Cultural Work of the Type-Writer Girl." *Victorian Studies* 40, no. 3(Spring 1997): 401~426.

Kennedy, George A., ed. *Minimum Vocabularies of Written Chinese*. New Haven: Far Eastern Publications, 1966.

Khalil, Seyed. "Typewriting Machine." United States Patent no. 1403329. Filed April 14, 1917; patented January 10, 1922.

Kittler, Friedrich A. *Gramophone, Film, Typewriter*. Translated by Geoffrey Winthrop-Young and Michael Wautz. Stanford: Stanford University Press, 1999.

Kline, Ronald. *Consumers in the Country: Technology and Social Change in Rural America*. Baltimore: Johns Hopkins University Press, 2000.

Kline, Ronald, and Trevor Pinch. "Users as Agents of Technological Change: The Social Construction of the Automobile in the Rural United States." *Technology and Culture* 37(1996): 763~795.

Knorr-Cetina, Karin. *Epistemic Cultures: How the Sciences Make Knowledge.* Cambridge, MA: Harvard University Press, 1999.

Ko, Dorothy. *Teachers of the Inner Chambers: Women and Culture in Seventeenth-Century China.* Stanford: Stanford University Press, 2004.

Kraus, Richard Kurt. *Brushes with Power: Modern Politics and the Chinese Art of Calligraphy.* Berkeley: University of California Press, 1991.

"Kurita, Shunjiro." *Who's Who in Japan* 13~14(1930): 8.

Labor and Cost Estimates Associated with Lin Yutang Typewriter, n.d. (circa late 1948/early 1949). Located within File Marked "Lin Yutang Typewriter." Mergenthaler Linotype Company Records, 1905~1993, Archives Center, National Museum of American History, Smithsonian Institution, box 3628.

Latour, Bruno. *Reassembling the Social: An Introduction to Actor-Network-Theory.* Oxford: Oxford University Press, 2007 [2005].

Latour, Bruno. *Science in Action: How to Follow Scientists and Engineers through Society.* Cambridge, MA: Harvard University Press, 1987.

Latour, Bruno, and Steve Woolgar. *Laboratory Life: The Construction of Scientific Facts.* Princeton: Princeton University Press, 1986 [1979].

Law, John. "Technology and Heterogeneous Engineering: The Case of Portuguese Expansion." In *The Social Construction of Technological Systems: New Directions in the Sociology and History of Technology,* edited by Wiebe E. Bijker, Thomas P. Hughes, and Trevor Pinch. Cambridge, MA: MIT Press, 1989 [1987]: 111~134.

Lee, En-han. "China's Response to Foreign Investment in Her Mining Industry." *Journal of Asian Studies* 28, no. 1(November 1968): 55~76.

Lee, Leo Ou-fan. *Shanghai Modern: The Flowering of a New Urban Culture in China 1930~1945.* Cambridge, MA: Harvard University Press, 1999.

Lee-Wong, Song Mei. "Coherence, Focus and Structure: The Role of Discourse Particle *ne.*" *Pragmatics* 11, no. 2(2001): 139~153.

Lent, John A., and Ying Xu. "Chinese Animation Film: From Experimentation to Digitalization." In *Art, Politics, and Commerce in Chinese Cinema,* edited by Ying Zhu and Stanley Rosen. Hong Kong: Hong Kong University Press, 2010.

Leslie, Stuart. "Exporting MIT." *Osiris* 21(2006): 110~130.

Letter from Lin Yutang to M.M. Reed, circa February 23, 1949. Mergenthaler Linotype Company Records, 1905~1993, Archives Center, National Museum of American History, Smithsonian Institution, box 3628.

Letter from Lin Yutang to M.M. Reed, n.d. (Precedes/Prompts March 10, 1949 Response – Likely Date of February 23, 1949). Found within file marked "Lin Yutang Typewriter." Mergenthaler Linotype Company Records, 1905~1993, Archives Center, National Museum of American History, Smithsonian Institution, box 3628.

Letter from Lin Yutang to Richard Walsh and Pearl S. Buck, December 16, 1937. Archives of John Day Co. Princeton University. Box 144, folder 6, call no. C0123.

Letter from Lin Yutang to Richard Walsh and Pearl S. Buck, December 13, 1938, sent from Paris. Archives of John Day Co. Princeton University. Box 144, folder 6, call no. C0123.

Letter from Mirovitch to Chung-yuan Chang. August 12, 1949. Mergenthaler Linotype Company Records, 1905~1993, Archives Center, National Museum of American History, Smithsonian Institution, box 3628.

Letter from Mirovitch to Chung-yuan Chang. October 1, 1949. Mergenthaler Linotype Company Records, 1905~1993, Archives Center, National Museum of American History, Smithsonian Institution, box 3628.

Letter from Mirovitch to G.B. Welch. March 8, 1949. Mergenthaler Linotype Company Records, 1905~1993, Archives Center, National Museum of American History, Smithsonian Institution, box 3628.

Letter from M.M. Reed to Lin Yu-tang [Yutang]. March 10, 1949. Found within File Marked "Lin Yutang Typewriter." Mergenthaler Linotype Company Records, 1905~1993, Archives Center, National Museum of American History, Smithsonian Institution, box 3628.

Letter from Pearl S. Buck to Lin Yutang. May 4, 1947. Pearl S. Buck International Archive, record group 6, box 3, folder 29, item 10.

Letter from Tao Minzhi to author, February 11, 2010.

Letter from Yu's Chinese Typewriter Mfg. Co. to the Shanghai Municipal Police Administration(Shanghai shi jingchaju) [上海市警察局]. SMA Q131-7-1368(December 13, 1945), 4.

Levering, Gilbert. "Chinese Language Typewriter." *Life* 2311(February 17, 1927): 4.

Li Yu. "Character Recognition: A New Method of Learning to Read in Late Imperial China." *Late Imperial China* 33, no. 2(December 2012): 1~39.

Li Yu. "Learning to Read in Late Imperial China." *Studies on Asia: Series II* 1, no. 1(2004): 7~29.

Lichtentag, Alexander. *Lichtentag Paragon Shorthand, A Vast Improvement in the Art of Shorthand.* New York: Paragon Institute Home Study Department, 1918.

Lin Yutang. "At Last: A Chinese Typewriter." Reprint from *New York Post,* n.d. ("May 24, 1946 Received" stamped on top). Mergenthaler Linotype Company Records, 1905~1993, Archives Center, National Museum of American History, Smithsonian Institution, box 3628.

Lin Yutang. "Chinese Typewriter." United States Patent no. 2613795. Filed April 17, 1946; patented October 14, 1952.

Lin Yutang. "Features of the Invention." Archives of John Day Co. Princeton University. Box/folder 14416, call no. CO123(circa October 14, 1931).

Lin Yutang. *My Country and My People.* New York: Reynal and Hitchcock, 1935.

Lin Yutang. "Newly Invented Chinese Typewriter Has Sixty-Four Keys." *Washington Post*(December 5, 1945), C1.

"A Line O'Type or Two." *Chicago Daily Tribune*(August 31, 1949), 16.

"The Lin Yutang Chinese Typewriter." N.d. Mergenthaler Linotype Company Records, 1905~1993, Archives Center, National Museum of American History, Smithsonian Institution, box 3628.

"Lin Yutang Invents Chinese Typewriter: Will Do in an Hour What Now Takes a Day." *New York Herald Tribune*(August 22, 1947), 13.

"Lin Yutang Solves an Oriental Puzzle: Newly Invented Chinese Typewriter Has Sixty-Four Keys." *Washington Post*(December 5, 1945), C1.

"Lin Yutang Typewriter." Mergenthaler Linotype Company Records, 1905~1993, Archives Center, National Museum of American History, Smithsonian Institution, box 3628. Dates include January 14, 1949; January 19, 1949.

"List of Awards-General, n.d." City of Philadelphia, Department of Records. Record Group 232(Sesquicentennial Exhibition Records), 232-4-6.4(Jury of Awards-Files), box a-1472, folder 17, series folder 1.

"List of Chinese Characters Formed by the Combination of the Divisible Type of the Berlin Font Used at the Shanghai Mission Press of the Board of Foreign Missions of the Presbyterian Church in the United States." Shanghai: n.p., 1862.

"List of Vendors Who Submitted Quotations." February 2, 1949. Found within File Marked "Lin Yutang Typewriter." Mergenthaler Linotype Company Records, 1905~1993, Archives Center, National Museum of American History, Smithsonian Institution, box 3628.

Littell, John Stockton. *Some Great Christian Jews.* 2nd ed. N.p., 1913.

Liu, Alan P.L. *Communications and National Integration in Communist China.* Berkeley: University of California Press, 1971.

Liu, James T.C. "The Classical Chinese Primer: Its Three-Character Style and Authorship." *Journal of the American Oriental Society* 105, no. 2(April~June 1985): 191~196.

Liu, Lydia. *The Clash of Empires: The Invention of China in Modern World Making.* Cambridge, MA: Harvard University Press, 2004.

Liu, Lydia. *Translingual Practice: Literature, National Culture, and Translated Modernity—China, 1900~1937.* Stanford: Stanford University Press, 1995.

Logan, Robert K. *The Alphabet Effect: The Impact of the Phonetic Alphabet on the Development of Western Civilization.* New York: William Morrow & Co., Inc., 1986.

Lovett, R. *History of the London Missionary Society, 1795~1895.* 2 vols. London: Henry Frowde, 1899.

Ma, Sheng-mei. *Immigrant Subjectivities in Asian American and Asian Diaspora Literatures.* Albany: State University of New York Press, 1998.

Maclachlan, Patricia L. *The People's Post Office: The History and Politics of the Japanese Postal System, 1871~2010.* Cambridge, MA: Harvard Asia Center, 2012.

Maddox, Brenda. "Women and the Switchboard." In *The Social History of the Telephone*, edited by Ithiel de Sola Pool. Cambridge, MA: MIT Press, 1977, 262~280.

Maher, John Peter. "More on the History of the Comparative Methods: The Tradition of Darwinism in August Schleicher's Work." *Anthropological Linguistics* 8(1966): 1~12.

Markwyn, Abigail. "Economic Partner and Exotic Other: China and Japan at San Francisco's Panama-Pacific International Exposition." *Western Historical Quarterly* 39, no. 4(2008): 439~465.

Marshall, John. Email communication, October 21, 2011.

Marshman, Joshua. *Elements of Chinese Grammar, with a Preliminary Dissertation on the Characters and the Colloquial Medium of the Chinese.* Serampore: Mission Press, 1814.

Martin, W.A. *The History of the Art of Writing.* New York: Macmillan, 1920.

Marvin, Carolyn. *When Old Technologies Were New: Thinking about Electric Communication in the Late Nineteenth Century.* Oxford: Oxford University Press, 1998.

Massachusetts Institute of Technology Alumni Association, ed. *Technology Review* 18, nos. 7~12(1916). Cambridge: Association of Alumni and Alumnae of the Massachusetts Institute of Technology, 1916.

Mathews, Jay. "The Chinese Language: Sounds and Fury." *Washington Post*(December 28, 1980), C1.

Mathias, Jim, and Thomas L. Kennedy, eds. *Computers, Language Reform, and Lexicography in China. A Report by the CETA Delegation.* Pullman, WA: Washington State University Press, 1980.

Matsusaka, Y. Tak. "Managing Occupied Manchuria." In *Japan's Wartime Empire*, edited by Peter Duus, Ramon H. Myers, and Mark R. Peattie. Princeton: Princeton University Press, 1996, 112~120.

McDermott, Joseph P. *A Social History of the Chinese Book: Books and Literati Culture in Late Imperial China.* Hong Kong: Hong Kong University Press, 2006.

McFarland, George B. *Reminiscences of Twelve Decades of Service to Siam, 1860~1936.* Bancroft Library. BANCMSS 2007/104, box 4, folder 14, George Bradley McFarland 1866~1942.

McNair, Amy. "Engraved Calligraphy in China: Recension and Reception." *Art Bulletin* 77, no. 1(March 1995): 106~114.

Medhurst, Walter Henry. *China: Its State and Prospects, with Especial Reference to the Spread of the Gospel.* London: John Snow, 1842.

Memo from N. Inagaki, Commissioner, Commodity Control Department to "The Secretary, Shanghai Municipal Council." SMA U1-4-3796(February 4, 1943), 43.

Meng, Liansu. "The Inferno Tango: Gender Politics and Modern Chinese Poetry, 1917~1980." PhD diss., University of Michigan, 2010.

Mergenthaler Linotype Company. *China's Phonetic Script and the Linotype.* Brooklyn: Mergenthaler Linotype Co., April 1922. Smithsonian National Museum of American History Archives Center. Collection no. 666, box LIZ0589("History—Non-Roman Faces"), folder "Chinese," subfolder "Chinese Typwriter."

Meyer-Fong, Tobie. "The Printed World: Books, Publishing Culture, and Society in Late Imperial China." *Journal of Asian Studies* 66, no. 3(August 2007): 787~817.

Milne, W. *A Retrospect of the First Ten Years of the Protestant Mission to China.* Malacca: Anglo-Chinese Press, 1820.

"Missionaries of the American Board." *Congregationalist*(September 26, 1872), 3.

Mittler, Barbara. *A Newspaper for China? Power, Identity, and Change in Shanghai's Mass Media, 1872~1912.* Cambridge, MA: Harvard University Asia Center, 2004.

Mizuno, Hiromi. *Science for the Empire: Scientific Nationalism in Modern Japan.* Stanford: Stanford University Press, 2009.

"Monarch Arabic Keyboard—Haddad System—Keyboard no. 724."(October 16, 1913.) Hagley Museum and Library. Accession no. 1825. Remington Rand Corporation. Records of the Advertising and Sales Promotion Department. Series I Typewriter Div. Subseries B, Remington Typewriter Company, box 3, vol. 2.

Morrison, E. *Memoirs of the Life and Labours of Robert Morrison, D.C.* 2 vols. London: Orme, Brown, Green and Longmans, 1839.

Morrison, Robert, comp. *A Dictionary of the Chinese Language, in Three Parts.* 6 vols. Macao: East India Co., 1815~1823.

Mullaney, Thomas S. *Coming to Terms with the Nation: Ethnic Classification in Modern China.* Berkeley: University of California Press, 2010.

Mullaney, Thomas S. "Controlling the Kanjisphere: The Rise of the Sino-Japanese Typewriter and the Birth of CJK." *Journal of Asian Studies* 75, no. 3(August 2016): 725~753.

Mullaney, Thomas S. "How to Spy on 600 Million People: The Hidden Vulnerabilities in Chinese Information Technology." *Foreign Affairs*(June 5, 2016), https:// www.foreignaffairs.com/articles/china/2016-06-05 /how-spy-600-million-people

Mullaney, Thomas S. "The Movable Typewriter: How Chinese Typists Developed Predictive Text during the Height of Maoism." *Technology and Culture* 53, no. 4(October 2012): 777~814.

Mullaney, Thomas S. "Semiotic Sovereignty: The 1871 Chinese Telegraph Code in Historical Perspective." In *Science and Technology in Modern China, 1880s~1940s*, edited by Jing Tsu and Benjamin Elman. Leiden: Brill, 2014, 153~184.

Mullaney, Thomas S. "'Ten Characters per Minute': The Discourse of the Chinese Typewriter and the Persistence of Orientalist Thought." Association for Asian Studies Annual Meeting 2010.

Müller, Friedrich Wilhelm. "Typewriter." United States Patent no. 1686627. Filed January 22, 1925; patented October 9, 1928.

Needham, Joseph. "Poverties and Triumphs of the Chinese Scientific Tradition." In *Scientific Change*(Report of History of Science Symposium, Oxford, 1961), edited by A.C. Crombie. London: Heinemann, 1963.

Needham, Joseph. *Science and Civilisation in China*. Vol. 2. Cambridge: Cambridge University Press, 1956.

Needham, Joseph. *Science and Civilisation in China*. Vol. 5, part 1. Cambridge: Cambridge University Press, 1985.

"New Chinese Typewriter." *China Trade News*(July 1946), 5. Mergenthaler Linotype Company Records, 1905~1993, Archives Center, National Museum of American History, Smithsonian Institution, box 3628.

"New Chinese Typewriter Triumphs over Language of 43,000 Symbols." *New York Times*(October 18, 1952), 26, 30.

Newcomb, Henry C. "Letter to the Editor: That Chinese Type-writer." *Chinese Times* [Tianjin](March 17, 1888), 171~172.

"The Newest Inventions." *Washington Post*(March 21, 1917), 6.

"New Typewriter Will Aid Chinese. Invention of Dr. Lin Yutang Can Do a Secretary's Day's Work in an Hour." *New York Times*(August 22, 1947), 17.

Nineteenth Annual Report of the American Tract Society. Boston: Perkins and Marvin, May 29, 1833.

"No Chinese Typewriters." *Gregg Writer* 15(1912): 382.

"Nothing Serious." *Utica Observer*(April 10, 1900), 1.

"Obituary: Robert McKean Jones. Inventor of Chinese Typewriter Was Able Linguist." *New York Times*(June 21, 1933), 18.

Official Congressional Directory. Washington, DC: United States Congress, 1916(December).

Ogasawara, Yuko. *Office Ladies and Salaried Men: Power, Gender, and Work in Japanese Companies*. Berkeley: University of California Press, 1998.

Olwell, Victoria. "The Body Types: Corporeal Documents and Body Politics Circa 1900." In *Literary Secretaries/Secretarial Culture*, edited by Leah Price and Pamela Thurschwell. Aldershot: Ashgate, 2005.

Ong, Walter J. *Orality and Literacy*. New York: Routledge, 2013 [1982].

Oudshoorn, Nelly, and Trevor Pinch, eds. *How Users Matter: The Co-Construction of Users and Technology*. Cambridge, MA: MIT Press, 2005 [2003].

"Our Benevolent Causes." *Southwestern Christian Advocate*(July 8, 1897), 6.

Passenger and Crew Lists of Vessels Arriving at Seattle, Washington, 1890~1957. National Archives and Records Administration, Washington, DC, Record Group 85, NARA microfilm publication M1383_109.

"Passenger Lists of Vessels Arriving or Departing at Honolulu, Hawaii, 1900~1954." National Archives and Records Administration, Washington, DC, Records of the Immigration and Naturalization Service, Record Group 85. Series/roll no. m1412:6.

Passport Applications January 2, 1906~March 31, 1925. National Archives and Records Administration, Washington, DC, ARC Identifier 583830, MLR, Number A1534, NARA Series M1490, Roll 109.

Paterno, Roberto. "Devello Z. Sheffield and the Founding of the North China College." In *American Missionaries in China*, edited by Kwang-ching Liu. Cambridge, MA: Harvard East Asian Monographs, 1966, 42~92.

Payment Slip for Chung-yuan Chang. Mergenthaler Linotype Company Records, 1905~1993, Archives Center, National Museum of American History, Smithsonian Institution, box 3628, January 17, 1950.

Peeters, Henry. "Typewriter." United States Patent no. 1528846. Filed February 20, 1924; patented March 20, 1925.

Peeters, Henry. "Typewriter." United States Patent no. 1634042. Filed February 20, 1924; patented June 28, 1927.

"Phonetic Chinese." Letter from R. Hoare(Foreign Department) to Chauncey Griffith(January 7, 1921).

Mergenthaler Linotype Collection. Museum of Printing, North Andover, Massachusetts.

Photograph of Fong Sec. *Asia: Journal of the American Asiatic Association* 19, no. 11(November 1919): front matter.

Photograph of Lin Yutang and Lin Taiyi. From "Inventor Shows His Chinese Typewriter." Acme News Pictures — New York Bureau(August 21, 1947).

Photograph of Woman Using Chinese Typewriter at Trade Fair in Munich. November 25, 1953. Author's personal collection.

Photographs. George Bradley McFarland Papers, box 3, folder 15, October 23, 1938. Bancroft Library. University of California, Berkeley.

Poletti, Pietro. *A Chinese and English Dictionary Arranged According to Radicals and Sub-Radicals.* Shanghai: American Presbyterian Mission Press, 1896.

Price Quotes from Typewriter Companies to the General Office, First District of the Shanghai Government. SMA R22-2-776(circa December 21, 1943), 1~28.

"Psychological Warfare, EUSAK Compound, Seoul, Korea(1952)." National Archives and Records Administration, Washington, DC, ARC Identifier 25967, Local Identifier 111-LC-31798.

"Public Works Department — Chinese Typewriters." Memo from Treasurer to Secretary General. SMA U1-4-3582(August 12, 1943), 9.

Qi Xuan [Heuen Chi]. "The Principle of My Chinese Typewriter." *Chinese Students' Monthly* 10, no. 8(May 1, 1915): 513~514.

Rankin, Mary Backus. "Nationalistic Contestation and Mobilization Politics: Practice and Rhetoric of Railway-Rights Recovery at the End of the Qing." *Modern China* 28, no. 3(July 2002): 315~361.

Rawski, Evelyn. *Education and Popular Literacy in Ch'ing China.* Ann Arbor: University of Michigan Press, 1979.

"A Reason Why the Chinese Business Man May Soon Be Tired." *Life* 68(1916): 272.

Receipt from C.Y. Chao for Cleaning Services Sent to Secretariat Office. SMA U1-43582(October 12, 1943), 5.

"Reducing Chinese Letters from 40,000 Symbols to 40: New Typesetting Machine Expected Greatly to Facilitate Elimination of Illiteracy in China — American Invention Will Take Place of Twelve Men." *New York Times*(March 2, 1923), X3.

Reed, Christopher A. *Gutenberg in Shanghai: Chinese Print Capitalism, 1876~1937.* Honolulu: University of Hawai'i Press, 2004.

Reed, Martin W. "Lin Yutang Typewriter." Mergenthaler Linotype Company Records, 1905~1993, Archives Center, National Museum of American History, Smithsonian Institution.

Reich, Donald. "Freezing Assets of Nationalistic China." June 3, 1949. Mergenthaler Linotype Company Records, 1905~1993, Archives Center, National Museum of American History, Smithsonian Institution, box 3628.

Reid, Robert A. *The Panama-Pacific International Exposition.* San Francisco: Panama-Pacific International Exposition Co., 1915.

Reply to Tore Hellstrom. January 20, 1944. Mergenthaler Linotype Company Records, 1905~1993, Archives Center, National Museum of American History, Smithsonian Institution, box 3628.

Review of *Dianbao xinshu. Chinese Recorder and Missionary Journal* 5(February 1874): 53~55.

Richards, G. Tilghman. *The History and Development of Typewriters: Handbook of the Collection Illustrating Typewriters.* London: His Majesty's Stationery Office, 1938.

Richardson, Ingrid. "Faces, Interfaces, Screens: Relational Ontologies of Framing, Attention and Distraction." *Transformations* 18(2010).

Richardson, Ingrid. "Mobile Technosoma: Some Phenomenological Reflections on Itinerant Media Devices." *fibreculture* 6(December 10, 2005).

Robbins, Bruce. "Commodity Histories." *PMLA* 120, no. 2(2005): 454~463.

Rogers, Everett M. *Diffusion of Innovations.* New York: Free Press, 2003 [1962].

Rotman, Brian. *Becoming Beside Ourselves: The Alphabet, Ghosts, and Distributed Human Being.* Durham: Duke University Press, 2008.

Said, Edward W. *Orientalism.* New York: Vintage Books, 1979.

Sakai, Yasudiro. "Armature Winding." United States Patent no. 1156711. Filed February 3, 1910; patented October 12, 1915.

Sakai, Yasudiro. "Electrical Terminal." United States Patent no. 1049404. Filed January 7, 1911; patented January 7, 1913.

Sakai, Yasudiro. "Vapor Electric Apparatus." United States Patent no. 1148628. Filed June 14, 1912; patented August 3, 1915.

Sakai, Yasudiro. "Vapor Electric Device." United States Patent no. 1101665. Filed December 30, 1910; patented June 30, 1914.

"Salmis Journalier." *Milwaukee Journal*(May 3, 1897), 4. Sammons, Thomas. "Chinese Typewriter of Unique Design." Department of Commerce Bureau of Foreign and Domestic Commerce. *Commerce Reports* 3, nos. 154~230(May 24, 1916): 20.

Sampson, Geoffrey. *Writing Systems*. Stanford: Stanford University Press, 1985.

Schleicher, August. "Darwinism Tested by the Science of Language." Translated by Max Müller. *Nature* 1, no. 10(1870): 256~259. Schmalzer, Sigrid. *The People's Peking Man: Popular Science and Human Identity in Twentieth-Century China*. Chicago: University of Chicago Press, 2008.

Schmid, Andre. *Korea between Empires, 1895~1919*. New York: Columbia University Press, 2002. Schoenhals, Michael. *Doing Things with Words in Chinese Politics*. Berkeley: Institute of East Asian Studies, University of California, Berkeley, 1992.

Schurmann, Franz. *Ideology and Organization in Communist China*. Berkeley: University of California Press, 1966. Schwarcz, Vera. "A Curse on the Great Wall: The Problem of Enlightenment in

Modern China." *Theory and Society* 13, no. 3(May 1984): 455~470. "Science and Industry." *Arkansas Democrat*(October 10, 1898), 7. Scott, Edward Benjamin. *Sixpenny Telegrams. Scott's Concise Commercial Code of General Business Phrases*. London: n.p., 1885.

"Secretariat Purchase of Japanese Typewriter." Memo from "S. Ozawa Secretary" to "The Treasurer." SMA U1-4-3582(February 15, 1943), 3. Seeley, Christopher. *A History of Writing in Japan*. Leiden: Brill, 1991. Seybolt, Peter J., and Gregory Kuei-ke Chiang. *Language Reform in China: Documents and Commentary*. White Plains, NY: M.E. Sharpe, 1979.

Shah, Pan Francis. "Type-Writing Machine." United States Patent no. 1247585. Filed October 20, 1916; patented November 20, 1917. Shay, Frank. *Cipher Book for the Use of Merchants, Stock Operators, Stock Brokers, Miners, Mining Men, Railroad Men, Real Estate Dealers, and Business Men Generally*. Chicago: Rand McNally and Co., 1922.

Sheehan, Brett. *Trust in Troubled Times: Money, Banks, and State-Society Relations in Republican Tianjin*. Cambridge, MA: Harvard University Press, 2003.

Sheffield, Devello Z. "The Chinese Type-writer, Its Practicability and Value." In *Actes du onzième Congrès International des Orientalistes*, vol. 2. Paris: Imprimerie Nationale, 1898.

Sheffield, Devello Z. *Selected Lists of Chinese Characters, Arranged According of Frequency of their Recurrence*. Shanghai: American Presbyterian Mission Press, 1903.

Sheridan, Dave. Memo to Sales Staff regarding Remington Japanese Typewriter. Hagley Museum and Library. Accession no. 1825. Remington Rand Corporation. Records of the Advertising and Sales Promotion Department. Series I Typewriter Div. Subseries B, Remington Typewriter Company, box 3, folder 6 "Keyboards and Typestyles-Correspondence, 1906."

"The Shrewd Buyer Investigates." *New Metropolitan* 21, no. 5(1905): 662.

"A Siamese Typewriter." *School Journal*(July 3, 1897), 12.

"Siam's Future King Guest in Syracuse." *Syracuse Post-Standard*(November 4, 1902), 5.

Siegert, Bernard. *Cultural Techniques: Grids, Filters, Doors, and Other Articulations of the Real*. Translated by Geoffrey Winthrop-Young. New York: Fordham University Press, 2015.

"Simplified Chinese." *The Far Eastern Republic* 1, no. 6(March 1920): 47.

The Simpsons. Season 13, episode 1304. "A Hunka Hunka Burns in Love." December 2, 2001.

Sinensis, Typographus. "Initial Notes on Estimate of Proportionate Expense of Xylography, Lithography, and Typography." *Chinese Repository* 3(May 1834~April 1835).

Slater, Robert. *Telegraphic Code to Ensure Secresy [sic] in the Transmission of Telegrams*. London: W.R. Gray, 1870.

Smith, A.H. "In Memoriam. Dr. Devello Z. Sheffield." *Chinese Recorder*(September 1913), 564~568.

So, Richard Jean. "Chinese Exclusion Fiction and Global Histories of Race: H.T. Tsiang and Theodore Dreiser, 1930." *Genre* 34(2006): 1~21.

So, Richard Jean. "Collaboration and Translation: Lin Yutang and the Archive of Asian American Literature." *Modern Fiction Studies* 56, no. 1(2010): 40~62.

Soothill, William Edward. *Student's Four Thousand* 字 *and General Pocket Dictionary.* Shanghai: American Presbyterian Mission Press, 1908.

Specimen of Cuts and Types in the Printing Office of the Shanghai Mission of the Board of Foreign Missions of the Presbyterian Church in the United States. Shanghai: n.p., 1865. Library of Congress. G/C175.6/P92S2.

Spurgin, Richard A. "Type Writer." United States Patent no. 1055679. Filed August 11, 1911; patented March 11, 1913. Standage, Tom. *The Victorian Internet: The Remarkable Story of the Telegraph and the Nineteenth Century's On-line Pioneers.* New York: Berkeley Books, 1999.

Star, Susan Leigh. "Introduction: The Sociology of Science and Technology." *Social Problems* 35, no. 3(June 1988): 197~205. Staunton, George Thomas. *Ta Tsing Leu Lee: Being the Fundamental Laws, and a Selection from the Supplementary Statutes, of the Penal Code of China.* London: Printed for T. Cadell and W. Davies, in the Strand, 1810.

Steele, H.H. "Arabic Typewriter." United States Patent no. 1044285. Filed October 24, 1910; patented November 12, 1912. Stellman, Louis John. *Said the Observer.* San Francisco: The Whitaker & Ray Co., 1903.

"Stenographer Has a Tough Job." *Ludington Daily News*(April 8, 1937), 5. Steward, J. *The Stranger's Guide to Paris.* Paris: Baudry's European Library, 1837. Stewart, Neil. "China at the Leipzig Fair." *Eastern World* 7, no. 10(October 1953): 42~44.

Stickney, Burnham. "Typewriting Machine." United States Patent no. 1549622. Filed February 9, 1923; patented August 11, 1925. Strom, Sharon Hartman. *Beyond the Typewriter: Gender, Class, and the Origins of Modern American Office Work, 1900~1930.* Chicago: University of Illinois Press, 1992.

Su, Ching. "The Printing Presses of the London Missionary Society among the Chinese." PhD diss., University College London, 1996. Suchman, Lucy. *Human-Machine Reconfigurations: Plans and Situated Actions.* Cambridge: Cambridge University Press, 2006.

Su Tow, Julius. *The Real Chinese in America.* New York: Academy Press, 1923.

Tai, Evelyn. Interview. July 11, 2010. London, United Kingdom.

Tao, Wen Tsing. "Mr. H. Chi's New Contribution." *Chinese Students' Monthly* 12(1916): 101~105.

Tcherkassov, Baron Paul, and Robert Erwin Hill. "Type for Type-Writing or Printing." United States Patent no. 714621. Filed November 21, 1900; patented November 25, 1902.

"Telegraphy of the Chinese." *San Francisco Chronicle*(July 5, 1896), 14.

Temporary Catalogue of the Department of Fine Arts Panama-Pacific International Exposition: Official Catalogue of Exhibitors. Rev. ed. San Francisco: The Wahlgreen Co., 1915.

Tsu, Jing. *Sound and Script in Chinese Diaspora.* Cambridge, MA: Harvard University Press, 2011.

Turkle, Sherry, ed. *Evocative Objects: Things We Think With.* Cambridge, MA: MIT Press, 2007.

Turkle, Sherry. "Inner History." In *The Inner History of Devices,* edited by Sherry Turkle, pp. 2~31. Cambridge, MA: MIT Press, 2008.

Twelfth Annual Report of the American Tract Society. Boston: Perkins and Marvin, 1837.

"Typewriter in Chinese." *Denver Evening Post*(May 29, 1897), 1.

"Typewriter Made for Chinese After 20 Years of Toil." *Washington Post*(April 18, 1937), F2.

"Typewriter Notes." *Phonographic Magazine and National Shorthand Reporter* 18(1904): 322.

"Typewriters Built to Correspond with Merchants of China, Servia [sic], Armenia, Russia and Other Countries." *Washington Post*(November 17, 1912), M2.

"Typewriters to Orient: Remington Rand Sends Consignment of 500 in the Mongolian Language." *Wall Street Journal*(April 26, 1930), 3.

"Typewrites in Chinese; Oriental Student at New York Invents Machine." *Washington Post*(March 28, 1915), B2.

"Typewriting in Chinese. Machine Developed upon Which Forty Words a Minute May Be Written by an Expert Operator." *Washington Post*(May 23, 1915), III, 17.

Unger, J. Marshall. "The Very Idea: The Notion of Ideogram in China and Japan." *Monumenta Nipponica* 45, no 4(Winter 1990): 391~411.

University of Illinois Urbana-Champaign, ed. *University of Illinois Directory: Listing the 35,000 Persons Who Have Ever Been Connected with the Urbana-Champaign Departments, Including Officers of Instruction and Administration and 1397 Deceased.* Urbana-Champaign, 1916.

Vella, Walter Francis. *Chaiyo! King Vajiravudh and the Development of Thai Nationalism.* Honolulu: University Press of Hawai'i, 1978.

Wager, Franz X. "Type-Writing Machine." United States Patent no. 829494. Filed November 9, 1905; patented

August 28, 1906.

Wagner, Rudolph G. "The Early Chinese Newspapers and the Chinese Public Sphere." *European Journal of East Asian Studies* 1, no. 1(2001): 1~33.

Wang, Chih-ming. "Writing Across the Pacific: Chinese Student Writing, Reflexive Poetics, and Transpacific Modernity." *Amerasia Journal* 38, no. 2(2012): 136~154.

Wang, Chin-chun [王景春]. "The New Phonetic System of Writing Chinese Characters." *Chinese Social and Political Science Review* 13(1929): 144~160.

Wang Hui. "Discursive Community and the Genealogy of Scientific Categories." In *Everyday Modernity in China*, edited by Madeleine Yue Dong and Joshua L. Goldstein. Seattle: University of Washington Press, 2006, 80~120.

Wang, John [H. L. Huang]. "Technical Education in China." *Chinese Students' Monthly* 11, no. 3(January 1, 1916): 209~214.

Wang Kuoyee. "Chinese Typewriter." United States Patent no. 2534330. Filed March 26, 1948; patented December 19, 1950.

Wang Zheng. *Women in the Chinese Enlightenment: Oral and Textual Histories.* Berkeley: University of California Press, 1999.

Wang Zuoyue. "Saving China through Science: The Science Society of China, Scientific Nationalism, and Civil Society in Republican China." *Osiris* 17(2002): 291~322.

Wasserstrom, Jeffrey N. *Student Protests in Twentieth-Century China: The View from Shanghai.* Stanford: Stanford University Press, 1997.

Waterman, T.T., and W.H. Mitchell, Jr. "An Alphabet for China." *Mid-Pacific Magazine* 43, no. 4(April 1932): 343~352.

Watt, Lori. *When Empire Comes Home: Repatriates and Reintegration in Postwar Japan.* Cambridge, MA: Harvard University Asia Center, 2009.

Wershler-Henry, Darren. *The Iron Whim: A Fragmented History of Typewriting.* Ithaca: Cornell University Press, 2007.

Weston, Timothy B. "Minding the Newspaper Business: The Theory and Practice of Journalism in 1920s China." *Twentieth-Century China* 31, no. 2(April 2006): 4~31.

Wilkinson, Endymion. *Chinese History: A New Manual.* Cambridge, MA: Harvard University Asia Center, 2012.

"William P. Fenn, 90, Protestant Missionary." *New York Times* (April 25, 1993), A52.

Williams, R. John. "The Techné-Whim: Lin Yutang and the Invention of the Chinese Typewriter." *American Literature* 82, no. 2(2010): 389~419.

Williams, Samuel Wells. "Draft of General Article on the Chinese Language." Samuel Wells Williams Family Papers, box 13, folder 38. Yale University Library, n.d.

Williams, Samuel Wells. *The Middle Kingdom: A Survey of the Chinese Empire and Its Inhabitants.* New York: Wiley & Putnam, 1848.

Williams, Samuel Wells. "Movable Types for Printing Chinese." *Chinese Recorder and Missionary Journal* 6(1875): 22~30.

Williams, Samuel Wells, family papers. Yale University Library Manuscripts and Archives. MS 547 Location LSF, series II, box 13.

"Will Typewrite Chinese." *Atchison Daily Globe* (June 1, 1897), 3.

Wilson, Mary Badger. "Fleet-Fingered Typist." *New York Times* (December 2, 1923), SM2.

World War I Draft Registration Card. United States, Selective Service System. World War I Selective Service System Draft Registration Cards, 1917~1918. National Archives and Records Administration, Washington, DC, M1509.

World War II Draft Registration Card. United States, Selective Service System. Selective Service Registration Cards, World War II: Fourth Registration. National Archives and Records Administration Branch locations: National Archives and Records Administration Region Branches.

Wu, K.T. "The Development of Typography in China During the Nineteenth Century." *Library Quarterly* 22, no. 3(July 1952): 288~301.

Wyckoff, Seamans & Benedict. *The Remington Standard Typewriter.* Boston: Wyckoff, Seamans & Benedict(Remington Typewriter Co.), 1897.

Yamada, Hisao. "A Historical Study of Typewriters and Typing Methods; from the Position of Planning Japanese

Parallels." *Journal of Information Processing* 2, no. 4(February 1980): 175~202.

Yamada, Hisao, and Jiro Tanaka. "A Human Factors Study of Input Keyboard for Japanese Text." *Proceedings of the International Computer Symposium* (Taipei)(1977), 47~64.

Yanagiwara, Sukeshige. "Type-writing Machine." United States Patent no. 1206072. Filed February 1, 1915; patented November 28, 1916.

Yang, Daqing. *Technology of Empire: Telecommunications and Japanese Expansion in Asia, 1883~1945.* Cambridge, MA: Harvard University Asia Center, 2011.

Yang, Daqing. "Telecommunication and the Japanese Empire: A Preliminary Analysis of Telegraphic Traffic." *Historical Social Research* 35, no. 1(2010): 66~89.

Ye, Weili. *Seeking Modernity in China's Name: Chinese Students in the United States, 1900~1927.* Stanford: Stanford University Press, 2001.

Yee, James. Email communication, July 6, 2009.

Yen, Tisheng. "Typewriter for Writing the Chinese Language." United States Patent no. 2471807. Filed August 2, 1945; patented May 31, 1949.

Yu, Pauline, Peter Bol, Stephen Owen, and Willard Peterson, eds. *Ways with Words: Writing about Reading Texts from Early China.* Berkeley: University of California Press, 2000.

Zacharias, Yvonne. "Longest Olympic Torch Relay Ends in Vancouver." *Vancouver Sun*(February 12, 2010).

Zhang Longxi. *The Dao and the Logos.* Durham: Duke University Press, 1992.

Zheng, Xiaowei. "The Making of Modern Chinese Politics: Political Culture, Protest Repertoires, and Nationalism in the Sichuan Railway Protection Movement in China." PhD diss. University of California, San Diego, 2009.

Zhou Houkun [Chow, Houkun]. "The Problem of a Typewriter for the Chinese Language." *Chinese Students' Monthly*(April 1, 1915), 435~443.

Zhu Jiahua [Chu Chia-hua]. *China's Postal and Other Communications Services.* Shanghai: China United Press, 1937.

일본어 관련 자료

Advertisement for *The Army Typist*(Jūgun taipisuto) [從軍タイピスト], by Sakurada Tsunehisa [櫻田常久]. *Taipisuto* [タイピスト] 18, no. 3(March 1943) 35.

"Headed Valiantly to the Continent as Typists(Taipisuto to shite ooshiku tairiku e) [タイピストとして雄雄しく大陸へ]." *Taipisuto* [タイピスト] 17, no. 5(May 1942): 36.

"Heading to the South Seas as a Typist(Taipisuto toshite nanyo e) [タイピストとして南洋へ]." *Asahi Shinbun* [朝日新聞](August 24, 1939), E6.

Investigation of Women's Occupations in Tokyo and Osaka(Tōkyō Ōsaka ryōshi ni okeru shokugyō fujo chōsa) [東京大阪両市に於ける職業婦人調査]. Tokyo: n.p., 1927.

Japanese Typewriter Company Divisions. *Taipisuto* [タイピスト] 17, no. 10(October 1942－Showa 16).

Kurosawa Sumiko [黑澤澄子]. "A Snowy Night in Nanjing(Nankin no yuki no yoru) [南京の雪の夜]." *Taipisuto* [タイピスト] 16, no. 4(April 1940): 20~21.

Makimasa [牧正]. "Diary of a Garrison in South China(Nanshi chūgun ki) [南支駐軍記]." *Taipisuto* [タイピスト] 17, no. 1(February 1942): 16~25.

Manchukuo Capacity Research Committee(Manshū nōryoku kenkyūkai) [滿洲能力研究會]. *Efficiency of the Japanese Typewriter*(Hōbun taipurait a˜ no nōritsu) [邦文タイプライターの能率]. N.p., 1936.

"Mantetsu Type Competition Results(Zen Mantetsu jousho kyōgi taikai no seiseki) [全滿鉄淨書競技大會の成績]." *Taipisuto* [タイピスト] 17, no. 10(October 1942－Showa 16): 6~11.

Morita Torao [森田虎雄]. *Japanese Typewriter Textbook*(Hōbun taipurait a˜ kyokasho) [邦文タイプライター教科書]. Tokyo: Tokyo Women's Foreign Language School [東京女子外國語學校], 1934.

"Newly Invented Chinese Character Typewriter(Saishin hatsumei kanbun taipurait a˜) [最新発明漢文タイプライター]." *New Youth*(Shin Seinen) [新青年](June 1927－Showa 2). Reprint of Gilbert Levering. "Chinese Language Typewriter." *Life* 2311(February 17, 1927): 4.

Nippon Typewriter Company [日本イブライター─株式会社], ed. *Character Index for Japanese Typewriter*[邦文タイプライター用文字の索引]. Tokyo: n.p., 1917.

Nippon Typewriter Company Divisions. *Taipisuto* [タイピスト] 17, no. 10(October 1942－Showa 16): 54.

Nishida Masaaki [西田正秋]. "Japanese-Style Female Beauty of Today(Kyō no nipponteki joseibi) [今日の日本的女性美]." *Taipisuto* [タイピスト] 17, no. 7(July 1942): 2~5.

Omi Hironobu [小見博信]. "Japanese Culture and the Mission of the Japanese Typewriter(Nipponbunka to Hōbun taipurait aˉ no shimei) [日本文化と邦文タイプライターの使命]." *Taipisuto* [タイピスト] 17, no. 11(November 1942): 12~13.

Oriental Typewriter Character Handbook(Tōyō taipurait aˉ moji binran) [東洋タイプライター文字便覧: 弐号機用]. Tokyo: Oriental Typewriter Co. [東洋タイプライター], 1923.

Photographs of Japanese Typing School Graduates. *Taipisuto* [タイピスト] 17, no. 1(February 1942－Showa 16): 27.

Photographs of Japanese Typing School Graduates. *Taipisuto* [タイピスト] 17, no. 3(March 1942－Showa 16): 31.

Photographs of Japanese Typing School Graduates. *Taipisuto* [タイピスト] 17, no. 10(October 1942－Showa 16): 27.

"Recommended Words for Common Usage Kanji(Jōyō Kanji amane mi suisen no kotoba) [常用漢字遍覽推薦の言葉]." *Taipisuto* [タイピスト] 16, no. 5(May 1940): 4.

"A Sailor's Inspection of the Typewriter(Suihei-san no taipurait aˉ kengaku) [水兵さんのタイプライター見学]." *Taipisuto* [タイピスト] 16, no. 7(July 1940): 16.

"The Six Patriotic Women Arrive in Tianjin(Tenshin e tsuita aikoku roku josei) [天津へ着いた愛国六女性]." *Asahi Shinbun* [朝日新聞](January 4, 1938), 10.

"Spring Meeting of the Shanghai Branch(Shanhai shibu shunki taikai) [上海支部春季大會]." *Taipisuto* [タイピスト] 16, no. 7(July 1940): 21.

"Telegraph Code(Denshin jigō) [電信字号]." "Extension Selskabet－Japansk Telegrafnøgle." 1871. Arkiv nr. 10.619. In "Love og vedtægter med anordninger." GN Store Nord A/S SN China and Japan Extension Telegraf. Rigsarkivet [Danish National Archives]. Copenhagen, Denmark.

Watabe Hisako [渡部久子]. *Japanese Typewriter Textbook*(Hōbun taipurait aˉ tokuhon) [邦文タイプライター讀本]. Tokyo: Sūbundō [崇文堂], 1929.

Yuji Riichi [湯地利市]. "On the Mantetsu Type Competition(Mantetsu no taipu kyōgi ni tsuite) [満鉄のタイプ競技に就て]." *Taipisuto* [タイピスト] 18, no. 10(October 1943－Showa 17): 2~3.

프랑스어 관련 자료

Bembanaste, V. "Turquie d'hier …" *Rivista Olivetti* 2(July 1948): 56~58.

"A Beyrouth la Olivetti." *Rivista Olivetti* 5(November 1950): 54.

"Cérémonie d'ouverture des jeux olympiques" in "Règlements et Protocole de la Célébration des Olympiades Modernes et des Jeux Olympiques Quadriennaux"(1921), 10.

Châh Nameh, sous le titre: Le livre des rois par Aboul'kasim Firdousi, publié, traduit et commenté par M. Jules Mohl. 7 vols. Paris: Jean Maisonneuve, 1838~1878; "Le Clavier Arabe." *Rivista Olivetti* 2(July 1948): 26~28.

Christian, Arthur. *Débuts de l'Imprimerie en France*. Paris: G. Roustan and H. Champion, 1905.

Convention télégraphique internationale de Berlin(1885): *Publiée par le Bureau International des Administrations Télégraphiques*. Bern: Imprimerie Rieder & Simmen, 1886.

Convention télégraphique internationale de Paris, révisée à Vienne(1868) *et Règlement de service international*(1868)—*Extraits de la publication: Documents de la conférence télégraphique internationale de Vienne.* Vienna: Imprimerie Impériale et Royale de la Cour et de l'Etat, 1868.

Convention télégraphique internationale de Saint-Pétersbourg et Règlement et tarifs y annexés(1875). *Extraits de la publication—Documents de la Conférence télégraphique internationale de St-Pétersbourg: Publiés par le Bureau International des Administrations Télégraphiques.* Bern: Imprimerie Rieder & Simmen, 1876.

Convention télégraphique internationale et règlement et tarifs y annexés révision de Londres(1903). London: The Electrician Printing and Publishing Co., 1903.

Convention télégraphique internationale et règlement y annexé—Révision de Paris(1925). Bern: Bureau International de l'Union Télégraphique, 1926.

Dictionnaire télégraphique officiel chinois en français(Fawen yi Huayu dianma zihui) [法文譯華語電碼字彙]. Shanghai: Dianhouzhai [點后齋], n.d. Rigsarkivet [Danish National Archives]. Copenhagen, Denmark. 10619 GN Store Nord A/S. 1870~1969 Kode- og telegrafbøger. Kodebøger 1924~1969.

Documents de la conférence télégraphique internationale de Berlin: Bureau International des Administrations

Télégraphiques. Bern: Imprimerie Rieder & Simmen, 1886.

Documents de la conférence télégraphique internationale de Lisbonne. Bern: Bureau International de l'Union Télégraphique, 1909.

Documents de la conférence télégraphique internationale de Madrid(1932). Vol. 1. Bern: Bureau International de l'Union Télégraphique, 1933.

Documents de la conférence télégraphique internationale de Paris. Bern: Imprimerie Rieder & Simmen, 1891.

Documents de la conférence télégraphique internationale de Paris(1925). Vol. 1. Bern: Bureau International de l'Union Télégraphique, 1925.

Documents de la conférence télégraphique internationale de Paris(1925). Vol. 2. Bern: Bureau International de l'Union Télégraphique, 1925.

Drège, Jean-Pierre. *La Commercial Press de Shanghai, 1897~1949*. Paris: Publications Orientalistes de France, 1979.

Escayrac de Lauture, Comte d'. *Grammaire du télégraphe: Histoire et lois du langage, hypothèse d'une langue analytique et méthodique, grammaire analytique universelle des signaux*. Paris: J. Best, 1862.

Imprimerie Nationale. *Catalogue des caractères chinois de l'Imprimerie Nationale, fondus sur le corps de 24 points*. Paris: Imprimerie Nationale, 1851.

Legrand, Marcellin. *Spécimen de caractères chinois gravés sur acier et fondus en types mobiles par Marcellin Legrand*. Paris: n.p., 1859.

Legrand, Marcellin. *Tableau des 214 clefs et de leurs variantes*. Paris: Plon frères, 1845.

"La Olivetti au Viet-Nam, au Cambodge et au Laos." *Rivista Olivetti* 5(November 1950): 70~72.

Pauthier, Jean-Pierre Guillaume. *Chine ou Description historique, géographique et littéraire de ce vaste empire, d'après des documents chinois. Première partie*. Paris: Firmin Didot Frères, Fils, et Cie., 1838.

Pauthier, Jean-Pierre Guillaume. *Foe Koue Ki ou Relation des royaumes bouddhiques*. Paris: Imprimerie Royale, 1836.

Pauthier, Jean-Pierre Guillaume. *Sinico-Aegyptiaca. Essai sur l'origine et la formation des écritures chinoise et égyptienne*. Paris: F. Didot Frères, 1842.

Pauthier, Jean-Pierre Guillaume. *Le Ta-Hio ou la Grande Étude, ouvrage de Confucius et de ses disciples, en chinois, en latin et en français, avec le commentaire de Tchou-hi*. Paris: n.p., 1837.

Pauthier, Jean-Pierre Guillaume. *Le Tào-te-Kîng, ou le Livre de la Raison Suprême et de la Vertu, par Lao-Tseu, en chinois, en latin et en français, avec le commentaire de Sie-Hoèi, etc*. Paris: F. Didot Frères, Libraires, 1838.

Pauthier, Jean-Pierre Guillaume. *Ta thsîn Kîng-Kiao; l'Inscription Syro-chinoise de Singan-fou, monument nestorien élevé en Chine l'an 781 de notre ère et découvert en 1625. En chinois, en latin et en français, avec la prononciation figurée, etc*. Paris: Librairie de Firmin Didot Frères, Fils, et Cie, 1858.

Pelliot, Paul. *Les débuts de l'imprimerie en Chine*. Paris: Librairie d'Amérique et d'Orient Adrien-Maisonneuve, 1953.

"Règle 69, 'Cérémonies d'ouverture et de clôture,'" *Charte Olympique*(1991), n.p.

Rosny, L. Léon de. *Table des principales phonétiques chinoises*. Paris: Maisonneuve et Cie, 1857.

Viguier, Septime Auguste. *Memoir on the Establishment of Telegraph Lines in China*(Mémoire sur l'établissement de lignes télégraphiques en Chine). Shanghai: Imprimerie Carvalho & Cie., 1875.

이탈리아어 관련 자료

"Diagramma per Tastiera M. 80: Hindi(Diagram for Keyboard M. 80: Hindi)." August 19, 1954. Simbolo 205-B(46 Tasti). Fase 220. Olivetti Historical Archives.

"Diagramma per Tastiera M. 80: Inglese per Shanghai(Diagram for Keyboard M. 80: English for Shanghai)." July 12, 1950. Simbolo -B. DCUS. Fase 220. Olivetti Historical Archives.

"Diagramma per Tastiera M. 80: Italia(Diagram for Keyboard M. 80: Italy)." December 17, 1953. Simbolo 1-B. DCUS. Fase 220. Olivetti Historical Archives.

"Diagramma per Tastiera M. 80: Londra(Diagram for Keyboard M. 80: London)." October 13, 1948. Simbolo 118-B. DCUS. Fase 220. Olivetti Historical Archives.

"In India con l'Olivetti(In India with Olivetti)." *Giornale di fabbrica* 4~5(August-September 1949): 8.

"La lexicon oltre il Circolo Polare." *Rivista Olivetti* 5(November 1950): 16~17. "Le macchine arabe scrivono a ritroso: A Beirut l'Olivetti vince in arabo e in francese." *Rivista Olivetti* 5(November 1950): 52~53.

"Le macchine Olivetti scrivono in tutte le lingue." *Notizie Olivetti* 55(March 1958): 1~4. "Notizie dall'estero(News from abroad)." *Notizie Olivetti* 36(April 1956): 13~15.

"Notizie dall'estero(News from abroad)." *Notizie Olivetti* 38(June 1956): 14~16. "La Olivetti nei mercati del Medio Oriente: Incontro con gli Arabi." *Notizie Olivetti* 11(November 1953): 8~9.

"La Olivetti nel mondo." *Notizie Olivetti* 21(November 1954): 3.

"Radio Olivetti." *Rivista Olivetti* 4(April 1950): 78~101.

"Un po' d'Europa nel cuore dell'Africa: il Congo(A Little Bit of Europe in the Heart of Africa: the Congo)." *Notizie Olivetti* 32(December 1955): 6~8.

기타 언어 자료

Marakueff, Aleksandr Vladimirovitch. *Chinese Typewriter*(Kitaisckaya pishutcaya mashina). *Memoirs of the Far Eastern State University*(Vladivostok) 1(1932).

헌사

/

당신의 문제는 무엇인가? 삶에서 당신이 가질 수 있는 모든 가능한 의문들 중에서 당신의 정신 흐름 항로를 보여주는 것은 무엇인가? 주제를 바꾸려 할 때 다른 사람들에게(혹은 당신 자신에게) 항상 묻는 질문은 무엇인가? 그리고 왜 이 문제인가? 이 질문들에 답하는 것은 힘들지만 기분 좋은 일이다. 이 질문들에 답하려면 당신이 가지고 있는 모든 것을 걸어야 한다.

바깥 세상에 이 과정을 질서 있게끔 정리되어 보이게 하는 것은 사회적으로나 금전적으로 필수적인 일이다. 우리가 이 모든 일을 장악하고 있는 듯이 보이게 하기 위해서 말이다. 새로운 프로젝트를 시작할 때면 우리는 회의, 그리고 칵테일파티에서 자기 소개서와 자금 제안서를 통해 필요한 말을 하게 된다. 그러나 진실은 다르다. 처음의 수천 마일은 믿음에 의해 추진된다. 이 첫 수천 마일은 당신이 찾게 될 답에 의해서가 아니라 일 자체의 즐거움 속에서 느끼는 믿음과 견뎌낼 수만 있다면 뭔가 의미 있는 것이 기다리고 있다는 부서질 것 같지만 집요한 감각에 의해 추진된다.

친구와 동료들의 절묘한 타이밍, 그리고 균형 잡힌 비판과 믿음이 아니었다면 이런 내면의 감각을 잃기가 너무 쉬웠을 것이다. 알렉스 쿡(Alex Cook)은 내 가장 귀중한 친구 중 한 명이다. 그의 직관, 친절, 그리고 현명한 유머가 없었으면 내가 어디에 있었을지 모르겠다. 또한 맷 글리슨(Matt

Gleeson)에게도 감사를 표하고 싶다. 그는 가까운 친구일 뿐 아니라, 뛰어난 작가이자 오래된 음악 친구이고 내가 같이 일해 본 사람 중에 가장 재주가 많은 편집자이다. 매티 젤린(Mattie Zelin)의 지속적인 지원과 가르침에도 감사한다. 한번 학생은 영원히 당신의 학생이다. 그리고 친족이자 같은 관심사를 지닌 내 가족들에게 감사한다. 톰(Tom), 메리(Merri), 소냐(Sonia), 사랑하는 고 지안카를로[Giancarlo(IK3IES)], 스페란자(Speranza), 스콧(Scott), 모즈간(Mojgan), 캐머런(Cameron), 로라(Laura), 서맨서(Samantha), 마리오(Mario), 파비아나(Fabiana), 알레시오(Alessio), 앤디(Andy), 샐리(Sally), 올리비아(Olivia), 카리(Kari), 애널리스(Annelise), 케이티(Katie), 루벤(Ruben), 사라(Sarah), 데니스(Dennis), 그리고 켈리(Kelly).

스탠퍼드의 내 동료들은 아마도 몰랐을 것 같지만 이 책을 시작하기로 한 내 결정의 상당 부분은 중간 학기 재임용 후 점심시간에 그들과 나눈 비공식 대화로부터 영향을 받았다. 내가 존경하는 선배 동료들이 거둔 것이 내 모든 지적 자아로 하여금 분석하고 조사토록 했다. 불안했지만 나는 불안한 게 좋다. 중국어 타자기에 대한 생각이 당시 시점에서 나를 이미 사로잡고 있었지만, 내 자신에게 진실하기로 ─ 방금 말했던 것처럼, 내면의 감각에 당당하고 근본적이고 그리고 타협하지 않고 진실하기로 ─ 결정한 것은 대부분 이 대화들 덕분이다.

특히 캐런 비겐(Karen Wigen), 타마르 헤어조그(Tamar Herzog), 파울라 핀들렌(Paula Findlen), 그리고 맷 좀머(matt Sommer)의 너그러움과 비판에 감사하고 싶다. 그들은 내게 도선사 같은 존재로서, 내가 표면 밑에 깔린 보이지 않는 산세를 헤치고 항해할 수 있게 도와주었다. 고든 창(Gordon Chang), 론다 쉬빙거(Londa Schiebinger), 로버트 프록터(Robert Proctor), 제피 프랭크(Zephyr Frank), 제시카 리스킨(Jessica Riskin), 스티브 지퍼스타인(Steve Zipperstein), 에스텔 프리드먼(Estelle Freedman), 리처드 로버츠(Richard Roberts), 그리고 프레드 터너(Fred Turner)와 나눈, 아마도 그들은 기억하지 못할(그러나 나는 잊을 수 없는) 셀 수 없이 많은 불완전한 대화에 대해 감사를 표한다. 짐 캠벨(Jim Cambell)에게는 내 손으로 전시회를 큐레이션하도록 격려해 준 데 대해, 그리고 베키 피시바흐(Becky Fischbach)에게는 그 전시회가 잘되었는지 알려준 데 대해 감사한다. 그리고 지적인 여행 친구들 미야코 이노우에(Miyako Inoue), 유미 문(Yumi Moon), 준 우치다(Jun Uchida), 맷(Matt), 하이얀 리(Haiyan Lee), 그리고 모니카 휠러(Monica Wheeler)에게는 이 책의 초기 원고를 읽어준 데 대해 대단히 고맙게 생각한다. 내 학생들에게, 특히 이 프로젝트를 위해서는 지나 탐(Gina Tam), 앤드류 엘모어(Andrew Elmore), 벤 앨런(Ben Allen), 그리고 제니퍼 쉬(Jennifer Hsieh)에게 대단히 감사한다. 기록보관 담당자, 그리고 사서들은 인간성에서나 학문적인 면에서나 최고이다. 그들을 위한 공휴일이 있어야 했다. 내 빚을 일반적으로나 특별하게나 갚을 희망이 없으므로 대신 스탠퍼드대학교의 자오후이 쉐(Zhaohui Xue), 리건 머피 카오(Regan Murphy Kao), 그레이스 양(Grace Yang), 찰스 포슬먼(Charles Fosselman), 지동 양(Jidong Yang), 리사 응우엔(Lisa Nguyen), 샤오팅 린(Hsiao-ting Lin), 그리고 캐럴 리단햄(Carol Leadanham)에게 감사를 전한다. 리웨이 양(Liwei Yang), 그리고 헌팅턴 도서관의 고(故) 빌 프랭크(Bill Frank), 뮤제 데 라 마시네 아 에크레어(Musee de la Machine a Ecrire)의 자크 페리에(Jacques Perrier), 필라델피아 기록사무소의 데이비드 바흐(David Baugh), 나이아가라 카운티 역사 소사이어티의 앤 마리 리나베리(Ann Marie Linnabery), 메티에 미술관(musee des Arts et Metiers)의 시릴 포아소(Cyrille Foasso), 국립 보관기록관리소의 트리나 예클리(Trina Yeckley), 그리고 케빈 베일리(Kevin Bailey), 덴마크 국립기록보관소의 울프 키네브(Ulf Kyneb), 그리고 아네테 옌센(Anette Jenson), 국립 프랑스 도서관의 차오스-헬렌 하니(Taos-Helene Hani), 반크로프트 도서관의 데이비드 케슬러(David Kessler), 국립 암호 박물관의 르네 스테인(Rene Stein), 올리베티 기록보관소의 엔리코 반디에라(Enrico Bandiera), 아르투로 롤포(Arturo Rolfo), 그리고 마르셀로 투르체티(Marcello Turchetti), 펜실베이니아대학교 기록보관소의 낸시 밀러(Nancy Miller), 아카데미아 시니아(Academia Sinia), 스미소니언 박물관의 크레이그 오르(Craig Orr), 캐티 킨(Cathy Keen), 그리고 데이빗 하버스티치(David Haberstich), 니담 연구소(Needham Research Institute)의 존 모펫(John Moffet), IBM 기록보관소의 스테이시 포트너(Stacy Fortner), 예일 대학교 도서관 원고와 기록 부문의 다이안 캐플런(Dian Kaplan), 프린스턴 대학교 희귀 서적과 특별 문집 도서관의 벤 프라이머(Ben Primer), 북미 학술영화보관소의 제프 알렉산더(Geoff Alexander), 카네기의 존 스트롬(John Strom), 웨슬리언대학교의 패트릭 도디(Patrick Dowdey), 사업 역사와 기술 박물관의 토머스 루소(Thomas Russo), 과학과 산업 박물관의 잰 시어스미스(Jan Shearsmith), 포스큐르노 전신 박물관(Porthcurno Telegraph Museum)의 존 허친스(John Hutchins), 세필드대학교의 고다드(G. M. Goddard), 케임브리지대학교 도서관의 찰스 에일머(Charles Aylmer), 필리 히스토리의 뎁 보이어(Deb Boyer), 하글리 박물관 및 도서관의 루카스 클로슨(Lucas Clawson)과 캐럴 로크먼(Carol Lockman), 인쇄 박물관의 프랭크 로마노(Frank Romano), 의회 도서관의 민선 푼(Min-sun Poon), 펄벅 재단의 도나 로드(Donna Rhodes), 코펜하겐의 헨닝 한센(Henning Hansen), 드롤 샤겐의 롤프 하이넨(Rolf Heinen), V&A기록보관소의 빅토리아 웨스트(Victoria West), 과학박물관(런던)의 로리 쿡(Rory Cook), 유엔 기록보관소(뉴욕)의 레미 드뷔송(Remi Dubuisson), 마노아 소재 하와이대학교의 셔먼 세키(Sherman Seki), 델라웨어대학교의 레베카 존슨 멜빈(Rebecca Johnson Melvin), FEBC 인터내셔널의 짐 보먼(Jim Bowman), MIT의 마일스 크롤리(Myles Crowley), 하버드 비즈니스 스쿨의 캐서린 폭스(Katherine Fox), 가상타자기박물관의 폴 로버트(Paul Robert), 컴퓨터역사박물관의 댁 스파이서(Dag Spicer), 한센 슈(Hansen Hsu), 데이비스 브록(Davis Brock), 마게리트 공 핸콕(Maguerite Gong Hancock), 그리고 컴퓨터역사박물관의 파피 하랄손(Poppy Haralson), 베이징시 기록보관소, 상하이시 기록보관소, 상하이 도서관, 톈진시 기록보관소, 칭화대학과 푸단대학의 동료들에게도 감사한다. 현재 중국 기록보관소의 사정 및 기록보관소 인물들과 관련해서는 민감한 점을 감안해 그들의 이름은 올리지 않기로 했다.

19, 20세기의 역사학자들은 많은 우리 동료들은 누리지 못하는 드문 즐거움, 즉 우리 이야기에 나오는 인물들 개개인은 물론이고 그들의 가족 또는 후손들과도 대화를 나누는 즐거움을 누렸다. 이 책을 연구 집필하는 동안 나는 이런 면에서 누구보다도 더 많이 축복받았고 그래서 특히 감사하게 생각한다. 최초의 중국어 타자기 발명가인 데벨로 셰필드(Devello Sheffield)의 손녀딸인 루스 존슨(Ruth Johnson)과 증손자인 켈로그 스텔리(Kellog S. Stelle), 중국에서 처음으로 대량 생산된 중국어 타자기의 발명가 수전둥(舒震東)의 손자 수총후이, 위-스타일 중국어 타자기의 발명가이자 제조업자인 위빈치의 아들 위쉬린, 세상을 떠난 히사카와 와타나베와 그

의 일본어 타자기에 대해 나에게 많은 것을 나눠 준 존 마셜(John Marshall), 스탠 우메다(Stan Umeda), 그리고 크리스틴 우메다(Christine Umeda), 로버 트 슬로스(Rober Sloss)의 아들인 앤드류 슬로스(Adrew Sloss), 내게 연락해 서 내 수집품 중 첫 번째 중국어 타자기를 주었던 제임스 이(James Yee), 그 리고 조이 이(Joy Yee) 목사(이 책에서 잠깐 재론한다), 멋있는 일본어 타자기 를 기부해 준 토니 쿠리야마 목사, 그리고 히데키 쿠리야마에게 감사한다. 이 책을 연구하고 집필하는 과정 동안 한 번 이상 스쳐 지나간 개인들이 보 내준 이메일에 답장을 했던 상쾌한 경험도 가지고 있다. 내게 여러 번 친 절하게 이야기해 준 IPX시스템의 발명가인 찬예에게 특별한 감사와 작별 을 전하고 싶다.

많은 학자들이 이 책의 초고에, 그리고 전반적인 연구 과정에 중요하게 공헌했다. 아직 남아 있는 모든 오류와 결점에 대한 전적인 책임은 물론 내가 지겠지만, 나는 전체 원고를 읽고 귀중한 수정을 해준 애넬리제 하인 즈(Annelise Heinz), 미야코 이노우에(Miyako Inoue), 롭 컬프(Rob Culp), 미. 카엘 깁스 힐스(Michael Gibbs Hills), 캐리언 요코타(Kariann Yokota), 마라 밀스(Mara Mills), 그리고 상당 부분을 읽어준 크리스토퍼 리드(Christopher Reed), 리자 기텔먼(Lisa Gitelman), 앤디미온 윌킨슨(Endymion Wilkinson), 지그리드 슈말저(Sigrid Schmalzer), 유지니아 린(Eugenia Lean), 로이 찬 (Roy Chan), 레베카 슬레이턴(Rebecca Slayton), 앤드류 고든(Andrew Gordon), 라자 아달(Raja Adal)에게 특히 고맙게 생각한다. 제프 보커(Jeff Bowker), 마크 엘리엇(Mark Elliot), 제프 바서스트롬(Jeff Wasserstrom), 에 릭 바르크(Erik Baark), 웬-신 예(Wen-hsin Ye), 닉 태켓(Nick Tackett), 빅토 르 메이어(Victor Mair), 크리스 레이턴(Chris Leighton), 파-티 판(Fa-ti Fan),

글렌 티퍼트(Glenn Tiffert), 존 켈리(John Kelly), 슈민 자이(Shumin Zhai), 잉그리드 리처드슨(Ingrid Richardson), 키릴 갈랑(Cyril Galland), 파울 파이겔펠트(Paul Feigelfeld), 쿠르트 야콥슨(Kurt Jacobson), 킴 반트(Kim Bandt), 짐 헤비아(Jim Hevia), 주디스 파커(Judith Farquhar), 데니스 호(Denise Ho), 조안 저지(Joan Judge), 조시 포겔(Josh Fogel), 리 첸(Li Chen), 미카엘 쉰할스(Michael Schoenhals), 카우식 선더 라얀(Kaushik Sunder Rajan), 제레미 바르메(Geremie Barme), 엠마 텅(Emma Teng), 멜리사 브라운(Melisa Brown), 마이클 피셔(Michael Fischer), 토비 링컨(Toby Lincoln), 니콜 바네스(Nicole Barnes), 클레어-아키코 브리셋(Claire-Akiko Brisset), 제이컵 아이퍼스(Jacob Eyferth), 브라이언 로트먼(Brian Rotman), 스테판 타나카(Stefan Tanaka), 신시아 브로코(Cynthia Brokaw), 리디아 류(Lydia Liu), 빌 커비(Bill Kirby), 리자 오나가(Lisa Onaga), 라메콘 오르비스터(Ramecon O'Arwister), 존 윌리엄스(John Williams), 태호 김(Tae-Ho Kim), 제프 핸델(Zev Handel), 스티브 해럴(Steve Harrel), 팻 에브리(Pat Ebrey), 말런 주(Marlon Zhu), 켄 룬데(Ken Lunde), 조 카츠(Joe Katz), 키스 쿠이켄(Kees Kuiken), 엘리제 웡(Elise Wong), 융-오 빅(Yung-O Biq), 카오 난-핑(Cao Nan-ping), 앤 블레어(Ann Blair), 자나 레미(Jana Remy), 스티즌 바노빅(Stijn Vanorbeek), 볼프강 베르(Wolfgang Behr), 장-루이 루이터스(Jean-Louis Ruijters), 그리고 세 명의 외부 평가자에게도 감사드린다. 글자판 자료 시각화에 도움을 준 앨버트 페프(Albert Pepe), 뤼 루(Riu Lu), 리 멍(Li Meng), 그리고 라나 우(Lanna Wu)에게 감사하고 싶다. 스탠퍼드의 재주 많은 연구 조교들, 특히 서맨서 토(Samantha Toh), 유지아 리(Youjia Li), 모나 황(Mona Huang), 촨 쉬(Chuan Xu), 안나 폴리슈크(Anna Polischuk), 트루먼 첸(Truman Chen), 그리고 위칭

라오(Yuqing Lao), 수전 문(Suzanne Moon), ≪기술과 문화(Technology and Culture)≫에 있는 그녀의 동료들에게 이 프로젝트에 대하여 초기 지원을 해준 것과 잡지의 10월호에 「이동식 타자기: 어떻게 중국인 타자수들은 마오주의의 절정에 예측문자를 개발했는가(The Movable Typewrite: How Chinese Typists Developed Predictive Text during the Height of Maoism)」라는 제목으로 실린 7장 부분을 재인쇄하도록 허락해 준 데 대해 고마움을 전하고 싶다. ≪과학과 중화민국(Science and Republican China)≫(2014)이라는 잡지에 「기호학 주권: 1871년 세계 역사 관점에서의 중국어 전신 부호(Semiotic Sovereignty: The 1871 Chinese Telegraph Code in Global Historical Perspective)」라는 제목으로 실린 2장 부분을 재인쇄하도록 허락해 준 벤 엘먼(Ben Elman)과 징 추(Jing Tsu)에게도 고맙다. 마지막으로 ≪아시아 연구 잡지(Journal of Asian Studies)≫의 2016년 8월호에 「한자문화권 지배(Controlling the Kanji sphere)」라는 제목으로 실린 5장 부분을 포함할 수 있게 허락해 준 제프 바서스트롬(Jeff Wasserstrom)과 제니퍼 멍거(Jennifer Munger)에게도 감사를 드린다.

이 책을 위한 연구는 많은 기관들의 너그러운 지원 덕분에 가능했다. 나는 헬만 교수 재단, 스탠퍼드대학교의 프리먼 스포길 중국 펀드, 국립과학재단, 스탠퍼드대학교 동아시아연구센터에, 그리고 스탠퍼드대학교와 역사학과의 안식년 지원에 대해서도 감사드린다. 특히 국립과학재단의 프레드 크론츠(Fred Krontz)에게 마음속으로부터 감사를 드리고 싶은데, 그의 인내와 격려는 수정과 재제출 같은 실망스러운 과정도 견디게 해주었다(한 차례 겪었던 이상스러운 정치적 마녀사냥은 말할 것도 없다). MIT출판, 특히 케이티 헬케(Katie Helke)에게 감사하고 싶다. 에이미 브랜드(Amy Brand), 케이티 호프(Katie Hope), 미카엘 심스(Michael Sims), 매슈 애베이트(Matthew Abbate), 콜린 래닉(Colleen Lanick), 저스틴 케호(Justine Kehoe), 야스요 이구치(Yasuyo Iguchi), 그리고 데이비드 리먼(David Ryman)에게 고맙다. 웨더 헤드 연구소에서는 캐럴 글룩(Carol Gluck), 그리고 로스 옐시(Ross Yelsey)에게 특히 고맙다.

이제 시작하자. 저자들이 가장 중요한 사람에 대한 감사를 헌사 마지막에까지 기다렸다가 쓰는 것은 내가 절대 이해할 수 없었던 관행이다. 하지만 내가 다시 그러고 있다. 내가 이 책을 썼던 과정을 기억해 내려 할 때 내 마음에 불러 모을 수 있었던 것은 내 삶의 실제 이야기들 사이에 흩뿌려져 있는 수천 개의 단편적인 순간이었다. 나는 이 책을 치아라 당신과 샴파이어와 세인트 입스 사이에, 스칼라 콰란타와 남티롤, 배틀스타와 블랙 베어 여관, 미숀 파이와 멘도치노, 파이 가게와 스노 프로젝트, 도로 여행과 밀크티, 생일케이크와 베이징, 드롤스하겐과 단델리온, 링컨과 레고 모델, 시청과 템페스타 다모르 TV드라마, 토르첼로와 쿠오치 휘얌 TV쇼, 보라색 대나무와 푸치니 사이 어딘가에서 나눈 대화를 바탕으로 썼으므로 이 책은 당신 것이자 당신의 남편의 것이다. 이 책은 당신을 위한 것이다. 당신은 내게 용감함과 균형을 가르쳐주었다. 당신은 쉼터 같은 친구이고 죽여주는 흡혈귀이다. 무엇보다 당신을 사랑한다. 나보다 더. 나는 나를 잘 모르는 사람들이 생각하는 것과 달리 내가 삶에서 하고 있는 일에 대해 아는 게 별로 없고 항상 불안해한다. 그러나 당신 옆에 있을 때에는 난 아무렇지 않다. 당신은 내 아픔을 날려 보낸다.

　토머스 멀레이니는 이 책에서 역사 작업의 의미를 이렇게 규정하고 있다. "무언가를 역사화하고 해체하는 것은 그것을 잠깐 동안 불안정하게 만들어서 시간의 창을 여는 것이다. 모든 것이 사라져버려야 하는 끝없는 시간의 벼랑 끝에서 한순간만 더 가도록 에너지 맥박을 넣음으로써 존재하던 무언가를 붙잡아 끌어올리는 일이 역사 작업이다."

　이 책에서 추적하고 있는 그 무언가는 타자기를 통해 본 중국어의 언어 기술적 발전 역사이다.

　오늘날 중국은 지구상 최대의 IT시장일 뿐 아니라 전자 글쓰기 시대에서 가장 빠르고 성공적인 글을 가진 나라가 되었다. 알파벳이 가장 우수한 문자인 양 세상을 호령하고 있던 세상 속에서, 그리고 급격히 변화하는 언어기술적 환경 속에서 중국어라는 이단아는 어떤 과정을 거쳐 오늘날의 성공을 이루었을까?

　열정 넘치는 이런 명제를 가지고 저자는 학자적 성실함과 끈기로 척박한 환경의 중국어 관련 자료를 10여 년간 모으고 정리하면서 이 책을 썼다. 방대한 자료에 대한 철저한 주석달기, 끝없는 인물들의 이름 거명이 때로는 역자를 질리게도 했지만 그 집요한 탐구정신에 경탄해 마지않는다.

　나는 한자문화를 온몸으로 체득하며 살아온 세대이다. 한자를 모르면 신문이나 책을 읽고 이해하기 어려웠던 시절도 겪었고, 한자 폐지 운동도 겪었으며, 한자를 모르는 세대와의 의사소통에서 답답함도 느끼며 살아왔다. 처음에 한자를 천자문으로 배우면서 비록 한자가 수만 자에 달하긴 하지만 일반적으로 사용하는 한자는 이 천자문으로 대부분 감당된다고 배웠다. 즉, 중국어 글쓰기의 일상용법은 이미 생활 속에 깊이 들어와 있었던 것이다. 인터넷에 한자를 기입하기 위해 수구수입법(搜狗輸入法)을 처음 접했을 때 느꼈던 편리함도 생생하게 기억난다. 더욱이 한자의 많은 기본 문자가 단순한 상형문자가 아니라 인간과 세상에 숨어 있는 다양한 이야기를 풀어 쓴 형상이라는 것을 깨닫고 적잖이 놀랐던 기억도 있다. 이 책은 한자와 관련된 이 모든 역사를 폭넓게 거론하고 있다.

이 책에서 다루고 있는 타자기라는 기계는 이미 30여 년 전에 우리 사회에서 사라져 어느덧 역사적 유물로 취급되고 있으며, 타자기를 박물관에서만 본 적이 있다는 이들도 많다. 어찌 타자기뿐이랴. 타자기 이전에 사용되던 모스부호를 활용한 전신 송신까지 다루고 있는 이 책은 근대의 역사 속에서 비교적 짧은 기간 동안 대단히 큰 변화의 폭을 경험한 중국어 글쓰기를 둘러싼 언어기술적 변화를 추적하고 있다.

이 책은 중국어라는 언어적 이단아가 현대의 언어기술적 변화에 어떻게 적응해 나갔는지 상세히 기록하고 있다는 면에서 큰 의의를 지니고 있다. 중국어 타자기라는 색다른 주제를 다룬 이 책은 분명 사람들에게 매우 큰 흥미를 제공할 것이다. 저자의 투철한 논쟁, 그리고 조금의 오해라도 없애려는 듯한 다소 긴 수식들은 독자들이 현명하게 극복하기 바란다. 편집자 신순남 님의 중국어에 대한 풍부한 지식과 꼼꼼함이 큰 도움이 되었다. 감사를 전한다.

지은이 **토머스 멀레이니**Thomas S. Mullaney

존스 홉킨스대학교에서 석사학위를, 컬럼비아대학교에서 박사학위를 수여받
았다. 2006년부터 스탠퍼드대학교의 중국 역사학 교수로 재직하고 있는 젊은
학자로서, ≪학위논문 리뷰(Dissertation Reviews)≫의 수석 편집인이기도
하다. 어서상, 국립과학재단 펠로십상, 구겐하임 펠로십상, 의회도서관 펠로
상을 수상했다.

옮긴이 **전주범**

서울대학교 상과대학을 졸업하고, 미국 일리노이대학교 어바나-샘페인에서
경영학을 공부했다. 대우그룹 시절 대우전자의 대표이사를 역임했으며, 그
후 서울대학교 공과대학 기술정책과정 초빙교수, 한국예술종합학교 경영학
교수로 재직했다.

한울아카데미 2307

漢字無罪(한자무죄), 한자 타자기의 발달사

지은이 ㅣ 토머스 멀레이니
옮긴이 ㅣ 전주범
펴낸이 ㅣ 김종수
펴낸곳 ㅣ 한울엠플러스(주)
편집 ㅣ 신순남

초판 1쇄 인쇄 ㅣ 2021년 5월 25일
초판 1쇄 발행 ㅣ 2021년 6월 10일

주소 ㅣ 10881 경기도 파주시 광인사길 153 한울시소빌딩 3층
전화 ㅣ 031-955-0655
팩스 ㅣ 031-955-0656
홈페이지 ㅣ www.hanulmplus.kr
등록번호 ㅣ 제406-2015-000143호

Printed in Korea.
ISBN 978-89-460-7307-4 93910(양장)
    978-89-460-8084-3 93910(무선)

※ 책값은 겉표지에 표시되어 있습니다.